중국의 비판적 문화연구와 포스트식민 번역연구

문화과학 이론신서 82

중국의 비판적 문화연구와 포스트식민 번역연구

지은이 | 임춘성

초판인쇄 | 2024년 3월 25일
초판발행 | 2024년 4월 5일

펴낸이 | 박진영
펴낸곳 | 문화과학사

출판등록 | 1995년 6월 12일   제 406-3120000251001995000032 호
주소 | 10881 경기도 파주시 심학산로 12, 302호
전화 | 02-335-0461
팩스 | 031-902-0920
이메일 | moongwa@naver.com
홈페이지 | https://culturescience.kr

값 30,000원
ISBN 978-89-97305-22-3   93910

* 이 저서는 2017년 대한민국 교육부와 한국연구재단의 지원을 받아 수행된 연구임
(NRF-2017S1A5B1021727)

문화과학 이론신서 82

중국의 비판적 문화연구와
포스트식민 번역연구

임춘성 지음

문화과학사

책을 펴내며

'비판적 중국연구'의 여정: 1983~2023

해방 이후 한국에서 사회주의 중국을 비판적으로 연구하기는 쉽지 않았다. 반공 이데올로기가 지배적인 상황에서 기본 정보의 수집조차 불가능했던 중화인민공화국 연구는 한편으로 사회주의 중국을 '죽의 장막' 속 '뿔 도깨비'로 단정하게 만들었고, 다른 한편으로는 금지된 것을 소망하는 수준에서 그것을 '인민 천국'으로 상상하게 했다. 그런 가운데, 반공 이데올로기의 금제 아래 사회주의 중국 연구의 물꼬를 튼 리영희(1977; 1983), '비판적 중국연구'의 깃발을 내건 정치학자 이희옥(2004)과 사학자 백영서(2012; 2023), 세계체계의 틀에서 중국을 고찰한 사회학자 백승욱(2008) 등을 비롯한 수많은 연구자의 성과가 있었다. 그러나 대부분 자기 학문 영역에 사로잡혀 '학제적·통섭적 연구'에는 이르지 못했다. 오히려 '중국 특색의' 제반 관행을 적시하며 '비판적 중국연구'를 새로운 차원으로 끌어올리자고 제안한 문화평론가 이재현(2012a)의 문제제기가 그동안 중국에 매몰되었던 비판적 시야를 환기해주었다. 그럼에도 '비판적 중국연구'로 나아가는 여정은 지금도 험난하다.

이데올로기 지형이 자유로워진 오늘날의 한국에서 '비판적 중국연구'를 제대로 수행하기 위해서는 수많은 쟁점과 과제가 가로놓여 있지만, 그 가운데 근본적인 것은 모던 이후 세계를 지배해온 '유럽중심주의'를 비판하는 것과 그에 대한 반발로 제출된 '중국중심주의'를 경계하는 것이다. 초우(Rey Chow, 周蕾)는 '비판적 중국연구'가 직면한 두 가지 과제를 제시했다. 하나는 중국의 외부, 즉 서양과 미국의 중국학자들에게 공통된 오리엔탈리즘에 대한 비판이고, 다른 하나는 중국 내부, 즉 토착적 중국학자들이 공유하는 내셔널리즘에 대한 비판이다(초우, 2005). 오리엔탈리즘은 문화제국주의의 유산이고 내셔널리즘은 나르시시즘의 산물이다. 그리고 이 두 가지는 결국 보편주의와 특수주의가 상호 강화하는 메커니즘을 구성하면서 지금껏 비판적 중국연구의 발전을 가로막았다. 중국 외부로는 오리엔탈리즘을 비판하고, 중국 내부로는 내셔널리즘과 내부 식민지를 극복하는 것, 바꿔 말하면 보편주의와 특수주의의 문제점을 파악해 문화제국주의의 맥락 안에서 나르시시즘적 가치생산의 문제를 규명하는 일이야말로 비판적 중국연구를 위해 필수불가결한 일이다. 유럽중심주의와 중국중심주의가 심층에서 은밀하게 작동하고 있다면, 일반 대중이 쉽게 접하는 것은 유럽중심주의의 프리즘으로 왜곡된 중국관이다. 이는 끊임없이 '중국위협론'과 '중국위험론'을 부추겨 반중(反中)과 혐중(嫌中) 정서를 조장해왔다.

이 책은 2017년 한국연구재단 우수연구학자 지원 사업의 결과물이지만, 집필하다 보니 지난 40년간 '비판적 중국연구'의 길을 걸어온 필자의 학문적 여정을 집성(集成)하게 됐다. 문학연구가 내 공부의 기반을 구성하고 있다면, 1990년대 시작한 문화연구와 그 연장선상의 도시문화 연구, 2010년대 후반에 시작한 사이노폰 연구, 그리고 문화연구와 사이노폰 연구 사이 어느 시점에 관심을 두게 된 포스트식민 번역연구는 개인 차원에서 비판적 중국연구로 나아가는 여정의 중요한 지점들이다. 그리고 동아시아 담론, 홍콩과 상하이의 문화정체성 연구, 에스노그라피,[1] 포스트사회주의 중국의 비판사상 등도 여정의 중요한 구성요소다. 그 외에도 '비판적 중국연구'의 여정을 뒷받침해준

1_ 'ethnography'는 그동안 민족지, 문화기술지 등으로 번역되었다. 이 책에서는 그 음역인 에스노그라피로 표기한다. 단, 인용문에서는 기존의 표기를 존중했다.

수많은 공부가 존재한다. 마르크스주의, 포스트구조주의, 포스트식민주의, 포스트사회주의, 인지과학, 포스트휴먼, 적녹보라 패러다임 등등이 그 목록이다. 이 목록은 '새로운 대륙'(루이 알튀세르)이라 일컫기에는 부족하지만 '비판적 중국연구'로 나아가는 여정에서 필자가 만나 도움받은 영역들이다. 여기에서는 '비판적 중국연구'를 위한 접근법으로 '비판적 문화연구'와 '도시문화 연구' '포스트식민 번역연구'와 '사이노폰 연구'에 초점을 맞추었다. 이 책에서 다룬 접근법과 과제가 '비판적 중국연구'에 뜻을 둔 문학연구자와 문화연구자에게 도움이 되기를 기대한다. 그에 앞서 문학연구가 처한 위기와 출로에 대해 언급해보자.

1. 문학연구의 위기와 출로

문학은 고대부터 중국에서 독특한 지위를 가져왔다. 그것은 사철(史哲)과 어우러져 '인문(人文)2) 기록의 중요한 부분을 담당해왔고 조비(曹丕)가 『전론(典論)』 「논문(論文)」에서 공식적으로 문학의 독립을 선언한 이후에도 사철 및 정치·경제와 긴밀한 관계를 유지해왔다. 겸제천하(兼濟天下)를 지향했던 지식인들은 대부분 문이재도(文以載道)의 관점에서 문학과 사회의 관계에 관심을 가졌다. 문이재도의 전통은 '근현대'3) 지식인에게도 면면히 이어져 문학은 격동기 대부분의 시간 동안 사회의 중심에 놓여 있었다. 만청(晚晴) 문학혁명, 5·4 신문학운동, 좌익문학운동, 항전 문학운동, 인성론 논쟁, 인문정신 논쟁 등이 그

2_ 여기에서의 人文은 天文·地文과 어울리는 개념으로, 오늘날의 인문학 범주를 뛰어넘어, 인간의 손이 닿은 모든 것을 가리킨다.

3_ 대학원에서도 중국현대문학 강의가 제대로 수행되지 않았던 1980년대 말, 어렵사리 구한 대륙판 『중국현대문학사』를 복사해 세미나를 하면서 갈증을 달래던 필자는 박사학위논문을 마칠 무렵, 한국의 '근대' 및 '현대'의 기의가 중국의 '근대(近代/진다이)' 및 '현대(現代/셴다이)'와 다름을 인지했다. 게다가 1949년 이후를 가리키는 중국의 '당대(當代/당다이)' 개념은 때론 '최근'의 의미로 사용되기도 했다. 이런 혼란을 피하고자 '서유럽의 modern'에 상응하는 '동아시아의 근현대'라는 개념을 사용해왔다.

유력한 증거라 할 수 있다. 그러나 제국주의와 싸우며 천신만고 끝에 건설한 '인민문학'은 선전·선동 문학의 다른 이름인 '정치화된 국민문학(politicized national literature)'이었다. '인민문학' 이념형은 중국공산당 창당 후 수많은 시행착오를 거쳐 「옌안 문예 연설」에서 '정치 우선'과 '인민을 위해 복무하라(爲人民服務)'라는 구호로 정형화되어 사회주의 30년 내내 자유로운 문학의 창작과 향유를 억압했다. 게다가 개혁개방 시기 들어 물밀듯 들이닥친 대중문화의 물결은 문학을 주변화시켰고 문학의 위기를 조장했다. 오랫동안 중국 담론계의 중심에 있었던 중국문학이 위기를 맞이한 셈이다.

문학, 그리고 문학연구가 위기를 맞은 것은 비단 어제오늘의 일이 아니다. 위기를 타개하기 위한 노력은 대개 두 방향으로 진행되었다. 하나는 문학연구 자체를 강화하는 것이고 다른 하나는 문학연구의 외연을 넓혀 '학제적(interdisciplinary) 통섭(通攝) 연구'로 나아가는 것이다. 후자에 대해서는 이미 '문화연구' '여성연구' '지역연구' '영화연구' '도시연구' '포스트식민연구' '번역연구' 그리고 '사이노폰 연구' 등 많은 시도와 성과가 있으므로 여기에서 중복하지 않는다. 그렇다면 문학연구를 강화하기 위해서는 무엇을 어떻게 할 것인가?

앞당겨 말하면, 문학연구의 강화는 문학연구'만'을 강화하는 것으로 성취되지 않는다. 이는 우선 문학 자체의 의미를 다시 검토하는 일부터 시작해야 한다. 한때 많은 청소년이 시집을 들고 다니던 시절이 있었고 그때의 문학은 삶과 직결되었다. 인생의 희로애락을 노래하고 이상과 꿈을 추구하며 삶의 애환과 좌절을 노래했다. 그런 연유로 고리키(Maxim Gorky)는 '문학은 인간학'이라는 대명제를 내세웠다. 고리키가 말한 '인간'이란 특정한 생활환경 속에서 활동하는 사상과 감정, 성격과 영혼을 가진 인간이다. 작가의 주요한 일은 바로 개성이 뚜렷한 살아 있는 사람을 그려내는 것이며 이 같은 사람을 통해 특정 시대의 사회생활을 표상하는 것이다. 그러므로 고대 중국에서 문학은 '문사철(文史哲)'의 으뜸이었다. 승승장구할 때는 겸제천하하고 여의치 않을 때는 독선기신(獨善其身)하던 전통 지식인들이, 정계에서 물러나 마음을 달래며 귀의한 곳이 바로 문학이었다. 2천 년이 넘는 중국문학사는 그리하여 당대 최고의 인재들이 심혈을 기울인 작품들의 '성좌(constellation)'가 되었다. 그러나 작금의 문학연구는 사철을 끌어안지 못하고 사회과학에 끌려다니고 있다. 그도 아니면 그것들과 단절한 채 홀로 텍스트 분석이라는 미명의 고독한 길을 걸어가며 자신과 문학을 게토화하고 있다. 역사·철학 전공자들이 문학을 인문학 범주에서 밀어내려 하고, 최근 동향 파악이나 정세 분석에 소홀하다는 이유로 사회과학 전공자들이 문학연구를 안중에 두지 않고 문학 텍스트를 '보편적 논술의 특수한 사례나 재료'로 삼는 것은, 그들의 문학에 대한 몰지각에 기인한 것이지만, 문학연구가 자신의 본분을 다하지 못했기 때문이기도 하다. 특히 "20세기 중국 지식인이 직면한 최대의 책무는 제국주의의 멍에 아래에서 국민문학을 확립하는 일"(초우, 2005: 149)이었는데도 이 과정에 대한 공정한 이해 없이 근현대 중국(modern China)을 인식하려는 시도는 사상누각이기 십상이다.

포스트학(postology) 또는 포스트주의(postism)가 주류가 되고 제4차 산업혁명이 진행되는 21세기에 문학의 존립 방식은 무엇일까? '문학이 인간학'이라는 명제에 동의한다면, 문학연구도 인간의 공동체인 '사회의 공공 의제(agenda)'에 참여해야 한다. 충실한 텍스트 분석은 문학연구의 기초이지만, 텍스트 분석만으로 '문학과 사회의 관계' 연구 나아가 '사회의 공공 의제 참여'는 불가능하다. '문학과 사회의 관계'를 제대로 이해하기 위해서는 '문화적 과정'과 '정치·경제적 과정'의 복합적이고 역동적인 관계를 분석해야 한다. '사회의 공공 의제' 가운데 인문학자가 가장 취약한 분야는 '4차 산업혁명'이다. '4차 산업혁명'은 정보통신 기술(ICT)의 융합으로 이루어지는 차세대 산업혁명이다. 18세기 초기 산업혁명 이후 네 번째로 중요한 산업 시대에 접어들었다. 이 혁명의 핵심은 빅 데이터 분석, 인공지능, 로봇공학, 사물인터넷, 무인 항공기와 무인 자동차, 3D 인쇄, 나노 기술과 같은 7대 분야에서의 새로운 기술 혁신이다.[4] 이제 문학 연구자는 텍스트의 함닉(陷溺)에서 벗어나, 4차 산업혁명의 성과를 폭넓게 섭렵하고 역사·철학과 사회과학의 성과를 개괄적으로 수용함으로써, '무릇 문학은 국가를 경영하는 큰 사업이자 영원히 썩지 않는 성대한 일(蓋文章, 經國之大業, 不朽之盛事)'[5]이라는 본분을 되찾기 위해 분투해야 할 것이다.

2. 중국의 비판적 문화연구

이 책의 1부에서는 중국의 비판적 문화연구를 다룬다.

먼저, 1장 방법으로서의 문화연구와 '문화에 대한 문화연구'에서는 이론적 검토를 진행한다. 이 부분에서는 문화연구의 본고장인 영국에서 진행된 '문화의 연구(study of culture)'가 고급문화에, '문화연구(cultural studies)'가 대중문화에 국한되었다는 사실을 비판적으로 포착하면서, '문화에 대한 문화연구(cultural studies of culture)'라는 통섭(通攝)적인 제안을 하고자 한다. 이는 한국의 어문학계에 만연한, '문화연구'를 단지 '문화 텍스트 분석'과 동일시하는 오해를 해소하면서, 문화연구 측면에서는 외연을 확장하고 문화 텍스트 분석에는 '학제적 통섭 연구'라는 방법론을 제시함으로써 '방법으로서의 문화연구' 개념을 강조하는 것이다. '문화에 대한 문화연구'는 기존의 고급문화와 대중문화의 구분, 문화의 연구와 문화연구 간의 장벽을 타파하고, 고급문화와 대중문화를 아우르는 '통섭적 문화' 개념을 새롭게 제출하면서 그것을 '문화적으로' 연구하려는 것이다. 고급문화 중심의 리비스주의가 1단계였고, 이를 비판하고 대중문화 중심의 문화연구를 제창한 버밍엄학파가 2단계였다면, 이제는 고급문화와 대중문화를 구분하지 말고 양성(良性) 문화를 발굴하고 악성 문화를 지양하는

4_ <제4차 산업 혁명>. https://ko.wikipedia.org/wiki/%EC%A0%9C4%EC%B0%A8_%EC%82%
  B0%EC%97%85_%ED%98%81%EB%AA%85 (검색일자: 2022.08.02.)
5_ 曹丕, 『전론(典論)』 「논문(論文)」.

새로운 3단계로 나아갈 필요가 있다. 이는 기존 문화연구의 측면에서 보면 연구의 대상을 고급문화까지 확장하는 것이고, 문화의 연구 측면에서 보면 학제적 통섭 연구라는 방법론을 활용하는 장점이 있다. 아울러 비판적 문화연구의 몇 가지 과제를 고찰했다.

2장 리퉈와 '대중문화비평총서'에서는 비판적 문화연구를 수창한 리퉈(李陀)와 그가 주편(主編)한 '대중문화비평총서'의 주요 내용을 일별(一瞥)함으로써 초창기 비판적 문화연구의 성과를 고찰해본다. 리퉈는 1999년 '대중문화비평총서'를 주편함으로써 중국에서 '비판적 문화연구'의 길을 열었다. 그는 총서 '서문'에서, 대중문화의 흥기를 '20세기의 대사건'의 하나로 명명했다. 그것은 두 번의 세계대전, 사회주의와 자본주의의 대치, 구식민주의 체계의 와해와 신식민주의의 형성, 우주 공간의 개척, 인터넷 시대의 도래 등에 못지않은 커다란 사건이라는 것이다. 그런데도 중국에서는 지식인의 엘리트화와 지식의 경전화(經典化)로 인해 대중문화를 경시하는 풍조가 만연되어 있음을 지적했다. 리퉈가 주편한 '대중문화비평총서'는 문화연구와 관련한 중국 최초의 시리즈로, 모두 10권으로 구성되어 있다. '숨겨진 글쓰기'와 '문화영웅 글쓰기'라는 키워드로 1990년대와 세기말을 고찰한 문화연구(戴錦華, 1999; 戴錦華主編, 2000), 1990년대 새로운 계층의 등장에 따른 새로운 이데올로기 분석(王曉明主編, 2000), 진융(金庸)의 무협소설 연구(宋偉杰, 1999), 상하이에서 부활한 노스텔지어 풍조에 편승한 상하이 올드 바에 대한 현지조사를 통해 소비와 상상을 분석(包亞明外, 2001), 전자 매체를 통한 글쓰기 방식의 변화(南帆, 2001), 현대 생활방식으로서의 레저 연구(胡大平, 2002), 중국의 청년문화 연구(陳映芳, 2002), 중국 당대 문학 생산 기제의 시장화 전환이라는 주제 의식으로 문학장 연구(邵燕君, 2003), 최근 중국 일상생활의 소비주의 분석(陳昕, 2003) 등 그 연구 주제가 이전과는 확연히 다른 면모를 드러내고 있다. 리퉈의 대중문화 연구의 창도(唱導)와 '총서' 주편은 중국의 비판적 문화연구의 초석을 다진 작업이라 할 수 있다. 이 가운데 다이진화(戴錦華)와 왕샤오밍(王曉明) 그리고 상하이 도시문화 연구는 별도의 장에서 다룰 예정이므로, 여기에서는 진융 연구, 문학 생산의 시장화 메커니즘, 전자문화 등의 주제에 대해 고찰했다. 아울러 서양 이론의 비판적 수용에 대한 동아시아의 이론적 탐토(探討)로, 루쉰(魯迅)의 가져오기, 다케우치(竹內好)의 '문화적 되감기', 그리고 리쩌허우(李澤厚)의 '전환적 창조'를 검토했다.

영화연구(film studies)와 젠더연구(gender studies) 위주의 문화연구를 수행해온 다이진화는 '탈주하다 그물에 걸림(逃脫中的落網)'이란 표현으로 1980년대와 1990년대 중국의 문화 상황을 포착하고 있다. 그리스 신화 속의 시시포스를 연상시키는 이 말은 '곤경으로부터 탈출했지만 더 큰 그물에 걸린 격'인 포스트사회주의 중국의 사회·문화적 맥락을 비유하고 있다. 1980년대의 '큰 그물'이, 문화대혁명으로부터 탈출했지만 그 '문화심리 구조'를 벗어나지 못한 국가권력이었다면, 1990년대의 '큰 그물'은 지구적 자본에 포섭된 시장이다. 한마디 덧붙이면, 21세기 중국은 내셔널리즘의 환몽(幻夢)에 사로잡혀 있는 것으로 보인다. 이상의 맥락에서 3장에서는 다이진화의 5세대 감독론, 6세대 감독의 도시영화, 젠더 중국에 대해 고찰했다.

4장 왕샤오밍의 혁명전통과 문화연구의 접합에서는 『중국현대사상문선』의 윤곽을 개괄한 후, 왕샤오밍이 연구를 진행한 '개체/개인'과 '제국'에 관해 검토했다. 중국의 혁명전통을 문화연구와 결합하는 시도는 왕샤오밍 문화연구의 독특한 특색이다. 이 작업은 우선 1949년 이전의 좌익 사상자료의 발굴로부터 시작하고 있다. 왕샤오밍은 수년간 관련 자료를 꼼꼼하게 검토한 후 그 결과물을 『중국현대사상문선』으로 출간했다. 왕샤오밍은 「'대동'을 향해—중국 현대 초기의 '개체/개인'론」에서 『중국현대사상문선』 상권의 '개체'에 수록한 6편의 글—캉유웨이의 『대동서』 「서론」, 옌푸의 「『군기권계론(群己權界論)』 번역 범례」, 왕귀웨이의 「홍루몽 평론, 인생 및 미술의 개관」, 장타이옌의 「테정(鐵錚)에게 답함」과 「국가론」, 루쉰의 「악마파 시의 힘」—을 토대로 '개체/개인'에 관한 '현대' 초기 사상가들의 견해를 분석하고 있다. 또한 왕샤오밍은 「현대 초기 중국 사상 중 '제국' 의식」에서 '제국 의식'이 "'중화제국'을 고무하는 이상"일 뿐만 아니라, "'제국'이라는 개념으로 토론할 수 있는 모든 사상"이라고 정의한다. 그리고 '현대 초기' 사상가들이 '제국' 또는 그와 유사한 국가 개념을 강렬하게 비판했다(王曉明·周展安編, 2013: 157)라고 하면서, 캉유웨이의 「청 황제에게 올리는 글(2, 3, 5)」과 량치차오의 이상소설 『신중국 미래기』, 『문선』 상권 '중국' 항목에 수록한 4편의 글—량치차오의 「정치학 대가 블런츠리(Bluntschli, J. K.)의 학설」, 양두의 「금철주의설」, 장타이옌의 「중화민국 해(解)」, 쑨중산(孫中山)의 「민족주의 제6강」—을 주로 검토했다. 아울러 왕샤오밍의 '중토성' 개념에 내재한 중국중심주의를 비판했다.

뤼신위(呂新雨)는 1990년대 중국에서 진행된 신(新)다큐멘터리 운동을 관찰하면서 그 발전의 이론틀을 그리고 있다. 그녀의 관찰과 인터뷰에 따르면, 중국 다큐멘터리는 1995년에 처음 제작되었지만, 다큐멘터리 운동이 1980년대의 정신과 혈연관계에 있다고 판단한다. 그리고 그 발전 방향은 우원광(吳文光)의 <유랑 베이징(流浪北京)>에서 기초를 다졌다. 5장 뤼신위의 다큐멘터리 연구에서는 뤼신위에 기대어 중국 신다큐멘터리 운동을 개괄한 후, '시대의 대변혁에 초점을 맞춰 삶의 작은 이야기를 기록한다'라는 카피를 내걸고 1990년대 이후 변혁 시기, 도시 하층 인물을 소재로 제작한 상하이TV 8채널의 '다큐멘터리 편집실'의 대표 프로그램인 <마오마오 고소 사건>과 <열 살의 마오마오>에 대해 살펴본다. 이어서 중국 다큐멘터리의 새로운 국면을 보여준 '바닥층(底層)' 독립 다큐멘터리를 고찰한다. 그들의 촬영 방식은 "오랜 시간에 걸쳐 하층에서 '함께 걷고' 몸을 매개로 촬영 카메라와 하나가 되어, 카메라가 체온의 형식으로 주체의 느낌을 표현하고 직접 느끼며 몸소 실천하는 것"이다. 그러므로 이들에게 다큐멘터리는 '행동'이고 '동사'다. 지단(季丹), 펑옌(馮艷), 쉬퉁(徐童) 등의 감독들이 대표적인데, 이들 감독은 공동 이상을 추구하며 바닥층에 대해 존엄의 정치를 서술하고 있으며 '하층 타자(subaltern)'를 존엄 집단으로 간주한다. 5장에서는 지단과 펑옌의 대표작도 살펴봤다.

6장 TV 드라마 연구에서는 상하이 문화연구의 주요 구성원들이 '중국 TV 드라마의 중국적 숨결'과 '중국 TV 드라마의 시대 아픔'이라는 주제로 진행한 두 차례의 좌담회와 2012년 7월 '드라마와 당대 문화'라는 주제로 개최한 학술대회를 분석한 후, 한국과 중국의 드라마 역사를 비교 대조하고 중국 역사 드라마 몇 편을 개괄적으로 훑어보았다. 이어서 <낭야방(瑯琊榜)> 세독에서는 '적폐 청산의 방략'이라는 주제 의식을 가지고 텍스트를 분석했다. 2015년 출시된 <낭야방>은 이전 <견환전(甄環傳)>[6] 등의 후궁 드라마가 차지하고 있던 중국 드라마 시장의 판도를 바꿔놓았다. <낭야방>은 역사와 무협을 넘나들며 우리를 위진남북조 시대의 양(梁)으로 보이는 무대로 이끈다. 그 수도도 금릉(金陵)으로 지금의 난징(南京)이고, 드라마 속 양제(梁帝, 蕭選)도 양 무제 소연(蕭衍)을 원형으로 삼았으며, 극중에서 운위되는 구품중정제(九品中正制)도 위진남북조 시대에 시작된 관리 선발법이다. 그러나 주변국(北渝, 北燕, 北狄, 南楚, 東海, 夜秦)의 설정으로 볼 때, 역사 시기를 꼭 위진남북조로 확정할 필요는 없다. <낭야방>은 동명 소설에 근거해 각색한 대형 역사+무협 드라마다. 이 드라마는 '기린재자(麒麟才子)' 매장소(梅長蘇)가 절륜한 지략으로 12년 전 '적염군(赤焰軍) 사건'의 진상을 밝혀내고 태자(景宣)와 예왕(譽王, 景桓)의 황위 계승 경쟁 속에서 아무도 주목하지 않았던 정왕(靖王, 景炎)을 후계자로 세워 새로운 정부를 수립하는 내용이다. 그 과정은 단순하게 주인공이 악의 무리를 무찌르는 수준이 아니라, 오늘날에도 일어났거나 일어날 법한 적폐(積弊)를 청산하

6_ 국내에서는 <옹정황제의 여인들>이라는 표제로 출시.

는 과정이다. 그 기본 방략은 장기간 철저하게 준비(深謀遠慮)하고 물샐틈없는 전술과 전략(神機妙算)으로 임하되 예기치 못한 상황에 임기응변(臨機應變)하는 것이다.

3. 텍스트로 읽는 도시문화

2부는 영화와 소설 텍스트로 읽는 도시문화다. '도시문화'는 '문화연구'와 긴밀한 관계가 있고, 상하이와 홍콩은 근현대 중국을 대표하는 도시인만큼 그에 관한 연구도 상당히 진척되었다. 2부에서는 상하이와 홍콩 그리고 타이완의 문화정체성 연구를 일별하고 문화인류학의 에스노그라피의 방법론을 빌려와 소설과 영화 텍스트 분석에 적용해 본다.

우선, 7장 상하이의 정체성과 노스탤지어에서는 이민과 조계에 초점을 맞춰 상하이의 정체성과 노스탤지어를 다루었다. 1840년 아편전쟁이 일어나고 1842년 난징(南京)조약이 체결된 다음 해 상하이는 개항을 맞이하면서 중국의 새로운 중심으로 부상했다. 난징조약 직후 개항된 상하이에 가장 먼저 온 사람들은 서양인들이었다. 서양인의 뒤를 이은 사람들은 무역에 종사했던 광둥인이었고, 그 뒤를 이어 오랜 도시 경영의 경험이 있던 인근의 닝보(寧波)인들이 몰려왔다. 전자가 상하이의 대외무역을 주도했다면 후자는 주로 금융업(錢莊)에 뛰어들었다. 모던 상하이는 광둥 무역과 닝보 금융의 경험을 받아들인 기초 위에 '몸소 서양을 시험(以身試西)'해 자신의 독특한 정체성을 창안했다. 역사적으로 볼 때 상하이인의 정체성 형성에 몇 가지 중요한 계기가 있었다. 1853~1855년의 소도회(小刀會) 사건과 1870년의 쓰밍공소(四明公所) 사건 등이 대표적이다. 그러나 인구의 유동이 많았던 상하이에서 그 정체성 형성에 결정적인 역할을 한 것은 '조계'와 '신중국' 건설 이후 시행된 '후커우 제도'였다. 외지인이 상하이에 와서 신이민이 되고, 신이민은 일정 기간이 지나면 신상하이인이 되며 신상하이인은 다시 라오상하이인으로 되는 과정, '외지인-신이민-신상하이인-라오상하이인'의 과정이 지속되면서 상하이는 새로운 생기와 활력을 유지했다.

1920~30년대 국제적 수준에 올랐던 상하이의 자본주의는 사회주의 중국 30년 동안 '숨은 구조'로 억압되었다가 개혁개방 시기에 들어 부활한다. 1990년대 중반 이후 중국 전역에서 일어난 '올드 상하이 노스탤지어 붐(老上海懷舊熱)'은 그 부활의 한 형태라 할 수 있다. 그것은 사회주의 이전의 상하이, 특히 1920~30년대 상하이, 즉 '올드 상하이(老上海)'를 주요 대상으로 삼고 있다. 1990년대 이래 중국 전역을 풍미한 중요한 문화현상 중의 하나인 상하이 노스탤지어는 '전쟁'과 '혁명'의 연대를 막 통과한 중국인에게 결핍된 풍요로움에 대한 기억을 상상으로 제공했다. 상하이 노스탤지어 현상에는 기억과 상상이 혼재하고 있다. 개혁개방 시기로 진입한 중국인에게 자본주의적 물질문화는 사회주의 30년의 관행에서 보면 위험한 것이지만 거부하기 어려운 욕망 대상이었다. 위험한 욕망 대상을 안전하게 소비할 수 있게 해준 기제가 '상상된 노스탤지어'인 셈이다.

상하이 노스탤지어 현상 가운데 우리의 시선을 끄는 것은 '상하이 올드 바(酒吧)'다. 바오야밍(包亞明) 등은 1999~2000년 '상하이 바-소비 공간의 생산과 상하이 도시문화 연구'라는 과제를 수행한 결과를 『상하이 바-공간과 소비 그리고 상상』(包亞明等, 2001)으로 출간했다. 그들은 상하이에서 부활한 노스탤지어 풍조에 편승한 상하이 올드 바에 대한 현지조사와 상하이 출신 지식인들—천쓰허(陳思和), 왕원잉(王文英), 주쉐친(朱學勤), 천쯔산(陳子善)—에 대한 인터뷰를 통해 소비와 상상을 중심으로 한 상하이 도시문화를 분석했다. 바오야밍 등은 소비자의 노스탤지어 풍조를 대표하는 것으로 1990년대 후반 헝산루(衡山路)와 마오밍난루(茂名南路) 그리고 황피난루(黃陂南路) 신톈디(新天地) 일대에 출현한 '올드 상하이 바'와 그보다 조금 늦게 출현한 우자오창(五角場)의 바에 주목한다. 전자는 서양 스타일과 올드 상하이 노스탤지어 스타일로 구분되고 후자는 블로거 바(部落人吧)가 주를 이루는데, 이들은 술집, 커피숍, 식당의 기능을 아우르고 있다.

8장부터 10장까지에서는 문학인류학(literary anthropology)과 영화 상하이(film Shanghai)의 방법론을 빌어 문학 텍스트와 영화 텍스트를 통해 상하이 에스노그라피(Shanghai ethnography)를 구성했다. 장별 내용을 요약하면 아래와 같다.

8장에서는 문학인류학의 가능성과 상하이 에스노그라피에 대해 서술한다. 중국 근현대문학사에서 상하이 문학은 상당한 비중을 차지하고 있다. 상하이와 문학을 연계시키는 또 하나의 방법은 '문학 상하이'다. '문학 상하이'는 우선 문학 텍스트를 통한 상하이 연구이고, 문학연구와 도시연구의 유기적 결합, 텍스트 연구와 콘텍스트 연구의 상호작용에 관한 연구이다. 그 가운데 문학인류학과 에스노그라피는 문학 상하이를 구체적으로 보여주는 방식이라 할 수 있다. 흔히 허구라고 인식된 근현대소설 텍스트를 인류학적 텍스트로 설정해보자는 것이다. 그리고 인류학자가 현지에 들어가 일정 기간 참여 관찰(participant observation)을 통해 조사하고 핵심 인물을 심층 인터뷰해서 에스노그라피를 기록하듯이, 작가 또한 현지조사와 참여 관찰 그리고 심층 인터뷰를 하는데, 이런 과정을 거친 작품을 에스노그라피로 설정해보자는 것이다. 전기를 생애사로, 소설가를 현지조사하는 인류학자로, 소설 텍스트를 에스노그라피로, 작중 인물을 정보제공자로 설정하는 것이다. 물론 모든 텍스트와 작가를 에스노그라피와 인류학자로 볼 수는 없다. 가장 중요한 것은 '참여 관찰'의 자세를 취하는 관찰자 화자와 시점이라 할 수 있다.

9장은 소설 텍스트와 상하이 에스노그라피라는 표제를 달고 있다.
우선 19세기 말 상하이의 새로운 주체를 한방칭의 『해상화열전(海上花列傳)』을 통해 확인해본다. 판보췬(范伯群)은 『해상화열전』을 2천 년이 넘는 고대문학 열차에서 근현대문학 열차로 갈아타는 '환승역'으로 설정함으로써, 중국 최초의 근현대소설의 가능성을 가진 텍스트로 자리매김했다. 이 부분에서는『해상화열전』을 상하이 에스노그라피로 가정하고, 19세기 말 상하이 조계와 기루, 상하이의 새로운 주체인 상인과 기녀에 대한 분석을 통해『해상화열전』의 에스노그라피 성격을 고찰했다. 그리고『해상화열전』을 성찰과 개탄의 다성적 텍스트로 파악하는 동시에 그것을 잘 구현하고 있는 천삽(穿揷)과 장섬(藏閃)의 문학 장치의 효용성을 점검했다.

두 번째로는 1930년대 사회 성격과 신흥 계급의 등장을 추적해 보았다. 마오둔의『한밤중』을 에스노그라피로 삼아 1930년대 상하이를 재구성했다. 1930년대 상하이의 인물들은 사회적 총체적 모순과 관련되어 있다.『한밤중』은 1930년대 상하이를 배경으로 자본가와 노동자 사이 갈등의 본질을 깊이 해부했을 뿐만 아니라 산업 자본가와 금융 자본가의 경쟁, 대자본가와 소자본가 사이의 갈등을 고밀도로 리얼하게 드러냈다. 또한 상하이의 다수 지식인을 예리하게 풍자했다. 이 텍스트는 대도시 상하이와 농촌 지역인 쌍차오전을 배경으로 좌와 우를 축으로 하는 계급모순과 중국과 서양 사이의 내셔널 모순을 생생하게 묘사함으로써 내셔널 부르주아지가 어떻게 파괴되었고 소작농들이 어떻게 무너지고 황폐하게 되었는지를 보여주었다.

마지막으로 왕안이의『푸핑』을 상하이 에스노그라피로 설정하고, 1960년대 농촌 여성의 결혼원정기를 탐색해보았다. 주인공 푸핑이 상하이에 진입해 화이하이루에서 쑤저우허로 그리고 다시 메이자차오로 이동하는 과정을 에스노그라피스트의 참여 관찰로 간주했다. 텍스트에서 작가 왕안이는 1964년 상하이로 이주한 푸핑을 초점 인물로 삼아, 그녀가 상하이에서 보고, 듣고, 경험한 것들을 묘사했다. 주관이 강한 여주인공 푸핑은 그다지 훌륭한 관찰자는 아니지만, 그녀는 작가가 안배한 '성찰적 화자'의 도움을 받아 1960년대 상하이 에스노그라피를 완성할 수 있었다. 텍스트를 통해 농민의 도시 진입 상황과 도시에서의 참여 관찰에 대한 넓은 시야와 이해를 얻을 수 있다. 왕안이는

1964~1965년 사이의 상하이 공간과 사람들에 대해 이야기했고, 상하이인들이 어떻게 이주했는가에 초점을 맞춰 서술했다.

10장 '상하이 영화와 영화 상하이'의 간략한 내용은 다음과 같다.

중국영화는 베이징에서 탄생은 하였으나 조계 시기의 상하이에서 성장했다. 조계가 있는 연유로 영화 성장이 번성했던 도시 상하이는 중국영화의 진정한 발상지가 되었다. 알다시피 중국영화에서 '상하이 영화'의 비중은 매우 크다. 상하이 영화 발전에 몇 개의 전환점을 찾아볼 수 있는데, 조계, 최초의 영화 상영, 항전, 신중국, 개혁개방 등이 그 주요한 지점이다. 인민공화국 건국 이전까지 중국영화사는 상하이 영화사라 해도 과언이 아니다. 중국영화는 상하이 영화와 '원주가 비슷한 동심원'이었던 셈이다. '영화 상하이'는 우선 영화를 통한 상하이를 연구하기 위한 개념이고, 그것은 영화연구와 도시연구의 유기적 결합, 텍스트연구와 컨텍스트 연구의 상호작용에 관한 연구이다. 이부분에서는 영화 상하이를 대표하는 영화 텍스트를 선별해 그에 대한 분석을 진행했다. 4·12 정변과 시안(西安) 사변에 초점을 맞춰 <송가황조>를, 조계지의 혁명과 사랑에 초점을 맞춰 <홍색 연인>을, 1930년대 상하이 노동자의 삶을 중심으로 <대로>를, 1940년대 상하이의 미인계와 섹슈얼리티를 주제로 <색·계(色·戒)>를 분석했다. 이어서 상하이인의 정체성 고찰의 일환으로 기억과 역사'들에 초점을 맞춰 펑샤오롄(彭小蓮)의 '상하이 삼부작'을 분석했다. 1990년대를 배경으로 모녀 삼대의 이혼과 주택에 관한 이야기를 다룬 <상하이 여성들(假裝沒感覺)>(2001), 화원양방(花園洋房)을 배경으로 캉(康)씨 부인과 그 자녀(2남 2녀)의 고난과 대단원을 그린 <아름다운 상하이(美麗上海)>(2003 제작, 2005 상영), 그리고 1940년대 말 상하이의 영화 <까마귀와 참새(烏鴉與麻雀)>(1949) 제작 과정과 상하이 영화인들의 삶과 사랑을 그린 <상하이 룸바(上海倫巴)>(2006)가 '상하이 삼부작'이다. 특히 이 세 작품은 상하이의 전형적인 주거 공간인 스쿠먼, 화원양방 그리고 서민 아파트를 배경으로 삼아 상하이의 모습을 그리고자 했다. 펑샤오롄은 지속해서 상하이에서 활동하고 상하이와 상하이인을 집중적으로 조명하고 있으면서도 '상하이 노스탤지어'와는 일정 정도 거리를 두고 있다. 그녀의 작품을 통해 '상하이 노스탤지어'에서 지우고 있는 역사들과 상하이 또는 상하이인에 대한 기억 또는 망각의 일단이 복원되었다. 논의의 편의를 위해 텍스트를 시간상으로 재배열하여 <상하이 룸바>를 대상으로 1940년대의 역사와 기억을, <아름다운 상하이>를 대상으로 문혁 트라우마를, 그리고 <상하이 여성들>을 대상으로 1990년대 상하이 여성의 이혼과 주거 문제를 다루었다.

11장과 12장은 홍콩의 문화정체성과 홍콩영화를 다루었다.

먼저, 11장 '홍콩의 문화정체성 연구 일별'을 보겠다. 1949년 인민공화국이 건국되었을 때 타이완은 국민당이 통치하는 분단지역이었고 홍콩은 영국의 식민지였다. 오랜 분단과 식민지 경험 때문에 문화정체성(文化認同, cultural identity) 문제는 타이완과 홍콩이 해결해야 할 중대한 과제가 되었다. 주요하게는 대륙과의 관계('나는 중국인인가?')에서 비롯되지만 나아가서는 전후 거대한 영향력을 행사한 미국과 타이완의 관계, 홍콩과 식민종주국 영국의 관계, 그리고 내부 거주민 사이의 관계 등으로 인해 복잡한 양상을 드러냈다. 홍콩은 식민지임에도 불구하고 동방의 진주 또는 여의주라고 불리면서 20세기 자본주의가 가장 발전한 지역 중 하나가 되었다. 1997년 반환 이전 '홍콩인'들은 식민지 주민으로서의 치욕감보다는 고도로 발전한 자본주의 사회의 시민으로서의 자부심을 느끼며 살아왔던 것으로 보인다. 그들은 중국인이라 하기에는 너무 오랜 기간 본국과 격리되어 있었다. 그렇다고 그들은 식민종주국인 영국의 국민으로 편입될 수 있었던 것도 아니었다. 반환 이전 홍콩인들은 넓은 의미의 중국에 대해서는 '동일성을 인식'하지만, 당시 대륙 정권에 대해서는 그렇지 않았다. 특히 '문화대혁명' 이후 일부 급진 좌파를 제외하고 대륙에 대해 홍콩인 스스로 '우월한 문명 의식'을 가지고 있었다. 그럼에도 불구하고 홍콩의 발전은 그것이 대륙으로 들어가는 편리한 문호라는 사실에 크게 빚지고 있었다. 사회주의 개조 이후 홍콩은 '죽의 장막'의 틈새에 설치한 통풍구, 다시 말해 신생 사회주의 체제를 보호하기 위해 모두 닫아걸고 오직 하나만 열어둔 창구였다. 아편전쟁 패배 이후 영국에 할양되어 150년 넘게 식민지 상태에서 벗어나지 못했지만, 홍콩은 대륙과의 연계 속에서 경제적으로 발전할 수 있었고 인민공화국 경제 회복에 도움을 주었다. 베이징 쯔진청(紫禁城)에 앉은 통치자의 눈에는 하잘것없는 작은 돌섬에 불과하지만, 해양의 관점에서 바라보면 아시아 각 지역을 정치적, 경제적, 문화적으로 연결하는, 일종의 '네트워크 도시'(하마시타, 1997)라고 할 수 있다. 이 부분에서는 홍콩인의 정체성을 반환 전후 시점과 그 이후로 나누어 고찰하고자 한다. 앞당겨 말하면 반환 전후 시점에는 홍콩인 정체성이 수동적으로 드러난 반면, 21세기 들어서는 적극적으로 표현되고 있다. 이는 중국의 항인치항과 일국양제 정책의 적실성 여부와 관련이 있다.

12장 '홍콩 영화와 영화 홍콩'에서 다룬 내용을 요약해보자. 장이머우(張藝謀)와 허우샤오셴(侯孝賢)이 알려지기 훨씬 전, 우리는 홍콩영화를 중국영화 전부로 알았고 홍콩영화는 한국인의 주요한 오락거리 중 하나였다. <삼인의 협객(邊城三俠)> 이후 지미 웡(Jimmy Wong, 王羽)은 '외팔이 시리즈'와 함께 나에게 친숙한 외국 배우가 되었고 1970년대의 브루스 리(Bruce Lee, 李小龍)가 그 뒤를 이었으며 그 후 재키 찬(Jackie Chan, 成龍)이 나왔다. 여기에 창처(Chang, Cheh, 張徹) - 킹 후(King Hu, 胡金銓) - 추이 학(Tsui, Hark, 徐克)의 무협영화, 그리고 진융(金庸) - 량위성(梁羽生) - 구룽(古龍) 등 '무협소설의 영화화'를 더하면 홍콩의 궁푸(工夫, gongfu) 및 무협영화의 주요 흐름이 요약되는 셈이다. 우리에게 친숙한 오락으로 다가왔던 홍콩영화는 그 밖에도 SFX 영화, 코미디영화, 멜로드라마, 괴기영화 등 다양한 장르로 우리를 사로잡았고, 한때 할리우드에 버금가는 세계적인 영화산업을 일구어낸 바 있다. 홍콩에서 영화는 100주년이 넘었고, 1930년대부터 상하이의 영향을 받아 활발하게 발달했으며, 중화인민 공화국 건국 이후 상하이 영화인들의 남하로 홍콩은 중국영화의 새로운 중심 지가 되었다. 규모 면에서 단지 할리우드에만 첫 번째 자리를 양보할 뿐인 홍 콩영화의 주류는 오락영화였다. 오락영화를 비롯한 대중문화를 학적 연구 대 상으로 삼을 수 있었던 것은 '문화연구' 덕분이다. 오락영화 위주의 홍콩영화 는 1970년대 말 60명이 넘는 신인 감독이 데뷔하면서 뉴웨이브(new wave) 영화 를 통해 작가영화의 새로운 국면을 보여주더니, 1990년대에는 뉴웨이브 2세 대 감독이랄 수 있는 웡카와이(Wong, Kar-wai, 王家衛) 붐이 <2046>(2004)까지 이어지는 한편, 1990년대 말에는 프룻 찬(Fruit Chan, 陳果)의 '97 삼부곡과 '기 녀 삼부곡 등 홍콩 에스노그라피 텍스트가 뒤를 잇고 있다. 여기에서는 웡카 와이의 <동사와 서독>을 망각과 기다림의 서사 관점에서, 웨인 왕의 <차이 니즈 박스>를 변화 없기를 바램과 희망 없는 변화의 관점에서 살펴본다. 그 런 후, 홍콩영화에 재현된 홍콩인의 정체성을 역시 웡카와이와 프룻 찬의 영 화를 중심으로 살펴보고자 한다. 이어서 반환 이후 홍콩의 중국화 상황을 <십년>을 통해 살펴본 후 마지막으로 홍콩영화에 나타난 동남아를, 홍콩에 이주한 동남아인과 동남아에 거주하는 화인으로 나누어 고찰하고자 한다.

13장의 표제는 '타이완의 새로운 문화정체성'이다. 타이완은 1987년 계엄 이 해제되기 전까지 대륙을 수복(還我江山)하겠다는 국민당 정강(政綱)의 억압 아래 일치된 모습을 보였지만, 계엄 해제 후 내성인(內省人)과 외성인(外省人), 원주민(고산족)의 문제, 커자(客家)인 문제 등으로 복잡한 에스닉의 문제를 드 러냈다. 1987년 타이완의 계엄 해제는 세계체계(world system)의 관점에서 보면 '포스트냉전(post cold-war)'의 문제의식과 연계된다. 베이징 쯔진청에 앉아서 내 려다보는 황제의 눈에 멀리 보이는 고구마 모양의 타이완섬이나 가물거려 잘 보이지도 않는 홍콩섬은 그다지 중요하지 않았다. 그래서 강희제는 즉위 후 골치 아팠던 타이완을 정복(1638)하고는 타이완 주민 소개령을 고민했고, 청일전쟁 패배 후 타이완을 일본에 내주었던 것도 타이완의 지정학적 가치를 이해하지 못했기 때문이었으며, 아편전쟁 패배 후 배상금과 함께 홍콩을 할양한 것도 '네트워크 도시'의 가치를 인지하지 못했기 때문이었다. 오히려 이들의 가치를 알아본 것은 포르투갈과 영국 등의 해양 세력이었다. 오랜 항해 끝에 발견한 섬은 '아름다움(Formosa)' 그 자체였고 해양에서 바라본 홍콩은 동아시아 네트워크의 중심이었다. 개혁개방 이후 중국 경제를 이끄는 내부 동력이 장강(長江) 델타와 주강(珠江) 델타라면, 외부 동력은 해외 화인자본이라 할 수 있다. 홍콩은 주강 델타 지역의 중심에, 타이완은 화인자본의 핵심에 놓여 있다.

4. 포스트식민 번역연구와 한중 문화번역의 정치학

대학 4년 '시선(詩選) 강독'의 담당 교수는 왕리(王力)의 『고대한어(古代漢語)』(1933)에서 시선 부분을 발췌해 교재로 삼아 강의를 진행했는데, 주로 학생들이 발표하고 그에 대해 그분이 교정하는 방식으로 진행되었다. 내게 남아있는 그 강의 시간의 기억은 학생들이 열심히 준비해가서 틀리지 않고 번역하면 교단에 의자를 놓고 앉아 계시던 그분은 무릎을 치며 "좋아! 좋아!"를 연발하셨던 장면이다. 시에 문외한이었던 나는 뭐가 좋은지 이해되지 않아, "내가 문학에는 소질이 없구나!"라는 생각을 했었다. 그 과목은 시에 관한 과목이었기에 번역에 이어 감상과 비평이 이어져야 했지만 내 기억에는 무릎을 치며 "음~ 좋아!"라는 평어뿐이었다. 바꿔 말하면 작품 감상과 비평 그리고 문학번역(literary translation) 나아가 문화번역(cultural translation)에 대한 보완이 필요했음에도 불구하고 생략했거나 건너뛰었다. 지금 문학연구와 문화연구의 길을 가고 있는 입장에서 드는 생각은, 그때 뭐가 좋은지, 왜 좋은지에 대해 질문을 했더라면 큰 도움이 됐을텐데 하는 것이다. 문학작품을 읽고 느끼는 감동의 메커니즘! 이야말로 문학 연구자들의 필생의 과제 아닌가? 시 연구자인 동시에 시인 겸 수필가이기도 했던 그분께 문학 감동의 메커니즘에 대한 질문을 진지하게 드렸더라면, 본인도 직관적으로 가지고 있던 생각들을 고민하고 정리해서 자신의 언어로 답변해주지 않았을까 하는 만시지탄(晚時之歎)을 금할 수 없다.

또 한 가지 언급할 것은, 학부와 대학원의 '수련(discipline)' 과정을 거치는 동안 중국어(현대든 고대든)에 대한 분석을 제대로 배운 기억이 없었다는 점이다. 이 문제는 지금도 중문학계에 만연한 '문리(文理)가 트인다'라는 명제와 관련 있는 것으로 보인다. 이 말은 예전 서당 경험이 있는 한학자들이 강조하곤 했다. 문장을 오랫동안 열심히 보면 저절로 깨닫게 된다는 의미일 것이다. 이는 '자기 학습'의 긍정적인 측면이다. 자기 학습은 '스스로 깨치는 방식'으로 '무슨 뜻인지 모르면서도 무조건 암기'하다 보면 '하루 종일 걸려서 그제야 깨닫는' '비능률적인 방법'이지만 '그 성과는 매우 놀라울 정도'(신영복, 2004: 26)일 가능성이 있다. 이 가능성을 현실성으로 바꾸기 위해서는 중국어 문법과 구조에 대한 과학적 분석 방법이 전제되어야 한다. 그렇지 않으면 '멋대로 해석'이 될 가능성이 있다.

외국(문)학을 전공하면 반드시 부딪치게 마련인 번역에 대한 고민은 번역연구(translation studies)라는 학제적 연구를 만나면서 많이 해소되었다. 특히 포스트식민 번역연구는 번역이 단순한 언어번역에서 그치는 것이 아니라 출발언어와 목적언어의 문화번역까지 아울러야 한다는 점과 함께 권력의 문제를 제기했다는 점에서 주목이 필요하다.

3부는 번역연구의 이론 검토와 사례 분석으로 나뉜다.

14장 '번역연구에 대한 역사적 고찰'의 내용을 보자. 번역연구는 문화연구와 긴밀한 관계를 맺고 있다. 1970년대 '문화적 전환(cultural turn)' 가운데 하나가 번역 전환(translation turn)이었다. 바스넷(Susan Bassnett)은 '문화연구에서의 번역적 전환(The translation turn in cultural studies)'이라 했고, 표현을 바꾸면 '번역연구에서의 문화적 전환(The Culture Turn in Translation Studies)'이다. '포스트식민 번역연구'는 번역연구가 '인류학과 에스노그라피 그리고 포스트식민주의와 결합해 탄생한 학제적이고 융합적인 연구 분야로, 번역에 관한 오랜 이원론과는 거리가 있다. '포스트식민 번역연구'는 단순하게 식민지와 관련된 '번역연구'로부터 제국주의가 주변화를 통해 타자를 통제하는 모든 현상을 그 연구 대상으로 아우른다. 이 부분에서는 번역연구 역사의 윤곽을 살펴본 후, '번역과 관련한 철학적 성찰을 전개'함으로써 '번역연구의 서문(Prolegomena)'을 썼다고 평가받는 베냐민(Balter Banjamin)의 역사적 번역철학과 학제적 번역연구의 새로운 장을 연 로빈슨(Douglas Robinson)의 포스트식민 번역연구의 성과를 검토했다.

15장 트랜스내셔널 문화횡단과 문화번역의 정치학에서는 주로 아래의 내용을 다뤘다. 에스니시티(ethnicity) 문제를 재조정했다는 평가를 받는 레이 초우는 그동안 인류학 등의 학문 분야에서 횡행했던 불평등과 불균형에 대한 근본적인 반성과 성찰로『원시적 열정』3부를 시작한다. 초우는 '타문화'를 연구하기 위해 현지에 가서 현지인과 라포(rapport)를 맺고 최소한 1년 이상 머물며 참여 관찰의 질적 연구 방법을 수행하는, 인문·사회과학의 꽃이라 자화자찬한 인류학이 근본적으로 서양 중심이었고, 서양인의 관점에서 현지인을 타자화한 것이었음을 설명해내고 있다. 그녀의 대안은 명료하다. 서양이 타자로 설정했던 현지인의 관점에서 서양을 바라보고 현지인 자신의 문화를 바라보는 '자기 에스노그라피(autoethnography)'가 그것이다. 물론 서양 인류학자들이 범했던 문화제국주의와 그에 대한 반발인 토착주의를 경계하면서 말이다.

16장의 표제는 '중국의 한국문학 번역·출판을 통해 본 문화번역과 문화횡단이다. 중국의 개혁개방 이후 활발해진 한중 문화교류는, 한류 현상으로 인해 한국→중국의 흐름이 주된 것처럼 보이지만, 그것은 대중문화에 국한된 현상일 뿐이다. 한류 이외의 분야, 즉 교육과 번역 그리고 관련 서적의 출판 수량에서 보면 중국→한국의 흐름이 압도적이다. 한국과 중국의 문화교류는 외형적으로 전형적인 번역의 불평등 관계를 노정하고 있다. 물론 한국과 중국의 관계를 피지배 문화와 헤게모니 문화로 규정할 수 없고 양국 문화에서 헤게모니를 행사하는 것은 영어권 문화라 할 수 있으며 한중 문화교류는 지구적 시야에서 볼 때 피지배 문화 사이의 교류로 자리매김할 수 있다. 그런데도 양국 문화의 두터움(thickness)의 차이에서 비롯되는 불균형의 흐름을 부인하기 어렵다. 이 부분에서는 중국의 한국문학 번역·출판에 대한 고찰을 통해 한중 문화교류의 문제점과 대안을 모색했다.

17장 '진융 소설 번역을 통해 본 한중 문화번역의 정치학'에서는 한중 문화횡단의 사례로 진융 무협소설의 번역을 분석한다. 1980년대 후반 한국을 휩쓸었던 '영웅문 열풍'은 문화횡단과 문화번역의 좋은 사례다. 1986년부터 1989년에 이르는 3년간 '영웅문' 시리즈 등 진융의 모든 작품이 번역되었고 학술 연구도 적잖이 진행되었다. 21세기 들어 판권계약을 통해 '사조(射鵰)삼부곡'이 새롭게 번역되기도 했다. 하지만 '영웅문 현상'은 진융 원작 이해와는 거리가 있는 한국의 고유한 문화현상이다. 독자들이 유독 '영웅문'에 집착하고 관련 담론들도 '영웅문'을 중국을 대표하는 무협소설로 간주하고 그것을 독파하면 중국 무협소설을 정복한 것으로 착각하곤 한다. '진융의 사조삼부곡'을 번역한 『소설 영웅문』은 완역이 아니라 양적으로 70% 수준의 번역이었고 그 문체라든가 문화적 측면까지 평가하면 50% 이하의 조악한 번역물로, 번안에 가깝다. '영웅문'의 번안·출판은 한국적 맥락에서 이전 단계의 무협지의 통념을 깨뜨린 사건이었지만, 원작의 의미와 재미를 상당히 훼손시켰다. '영웅문' 시리즈는 진융 텍스트의 두터움을 충분히 번역하지 못하고 그 표층인 무협 층위만을 번역한 점에서 '문화번역'의 부정적인 사례가 되고 말았다. 출판사가 주도했을 표층 번역은 당시 독서 시장 요구에는 부응했을지 몰라도,

그로 인해 우리로서는 중국에 대한 심화 학습의 기회를 놓치고 말았다. 그리고 21세기의 새로운 완역은 그다지 환영받지 못했다. 대중문화에 이미 각인된 문화를 번역하는 일은 단순하지 않다. 진융 번역 사례에서 알 수 있다시피 상업적 번역은 표층에 머물기 때문이다. 그리고 일단 오역되면 바로잡기가 쉽지 않다. '영웅문 키드'들이 완역된 '사조삼부곡'에 그리 관심을 기울이지 않은 것이 그 증좌다. '문화번역'은 심층 번역이라 할 수 있다. 그것은 대중문화 텍스트에 각인된 타국 문화를 자국 문화 맥락으로 가져오는 일이다. 가져오기 전 반드시 타국 문화 맥락에 들어가는 것이 필수적이다. 동아시아 권역에서 문화의 횡단과 소통은 쌍방향/다방향의 들고나는 행위가 반복되고 그 반복의 차이가 축적됨으로써 가능할 것이다.

18장 '리쩌허우 저작의 학술번역에 대한 비평'에서는 번역연구 및 번역비평(translation criticism)의 관점에서 리쩌허우의 번역서를 대상으로 삼아 중한 학술번역을 검토했다. 리쩌허우의 번역서를 대상으로 삼은 이유는 그의 저서가 대부분 번역된 데다가, 필자 또한 그 가운데 한 권을 번역한 경험이 있어 리쩌허우의 사상과 스타일을 어느 정도 이해하고 있다고 생각하기 때문이다. 개인 경험으로 미루어 볼 때, 리쩌허우의 문장은 난해하다. 그 원인으로 '문언문과 백화문의 혼용' 외에, '문장의 호흡이 지나치게 길고', 원전을 단장취의(斷章取義) 식으로 인용해 자신의 논의 전개에 종횡으로 배치하되 그 출처를 생략하는 경우가 많으며, 도치문을 빈번하게 사용하는 것을 들 수 있다. 여기에서 드는 예문은, 주로 오역이 되겠지만, 필자가 리쩌허우에 본격적인 관심을 가지고 그에 관한 글을 쓰다가 번역문을 인용하는 과정에서 원문과 대조해본 결과 '우연히' 발견한 것들이다. 이 부분에서는 '우연히' 발견한 오역들을 분석한 후 중국어 학술번역에서 주의할 점을 언어번역과 문화번역으로 나누어 귀납적으로 정리하고자 한다. 그 전에 2018년 완역된 『루쉰전집』의 의의를 번역연구의 관점에서 일별하고자 한다.

5. 사이노폰 연구

중화인민공화국은 중국 대륙 내의 문학을 '한어(漢語)문학(Chinese literature)'이라하고 대륙 밖의 중국어 문학을 '화문(華文)문학(literature in Chinese)'이라 일컬었다. 화문문학이 문자에 초점을 맞춘 것이라면, 언어에 초점을 맞춰 '화어(華語)문학'이라 하고, 창작 주체에 초점을 맞춰 '화인(華人)문학'이라고도 한다. 한어문학은 대륙에서 다수자 문학이지만, 화문문학/화인문학은 현지(거주국)에서소수자 문학이다. 스수메이(史書美, Shih, Shu-mei)는 다수자 문학으로서의 '한어문학'과 대립하는, 소수자 문학으로서의 '사이노폰문학(Sinophone literature)'을 차별화할 필요성을 주장하고 있다.

19장 레이 초우의 중국적임(Chineseness) 비판과 디아스포라 글쓰기는 다음과 같은 내용을 담고 있다. 초우는 공식적으로 사이노폰 연구를 거론하지는않았지만, '중국적임'에 대한 치열한 비판과 디아스포라 중국 지식인이 '디아스포라의 유혹'에 빠지는 것을 경계함으로써, 스수메이의 '중국적임 비판' 및'디아스포라 반대' 주장의 선성(先聲) 역할을 했다. 여기에서는 '중국적임'에 대한 이론적 검토 후, 서양의 제3세계 연구의 두 가지 편향인 '오리엔탈리즘'과'제3세계주의'에 대한 초우의 비판을 고찰한다. 이어서 '디아스포라 유혹'에빠져 '가면 쓴 헤게모니'를 가지고 제1세계에서는 소수자 코스프레를 하고 제3세계에서는 강자의 모습을 연출하는 제3세계 출신의 디아스포라 지식인의이중적 모습을 비판하는 초우의 논의를 비판적으로 고찰한다.

20장 스수메이의 사이노폰 연구에서는 '중국적임' 비판과 '디아스포라 반대'에 초점을 맞춰 고찰했다. 우리가 흔히 중국인이라 명명하는 실체는 단일하지 않다. 특히 에스닉의 관점에서 볼 때, 중국 문화는 한족을 포함한 56개에스닉 문화들로 구성되었다. 그러나 일상생활에서 중국인은 대부분 한족과동일시되고, 중국 문화는 대부분 한족 문화를 가리킨다. 이는 중국 내에서 소수자를 억압하는 '한족(Han ethnic) - 중화 네이션(Chinese nation) - 중국(China state)'의 '삼위일체 정체성'이라 할 수 있다. 스수메이는 '해외 이주 중국인'과 중국 내 한족 이외의 '소수 에스닉 중국인'의 목소리에 귀를 기울이고자 한다. 전자는 디아스포라에 대한 새로운 성찰—화인은 중국인가?—을 요구하며, 후자는 '내부 식민지(internal colonialism)'의 문제의식을 추동한다. 그러나 스수메이의 문제제기는, 본인의 의도와 무관하게, 궁극적으로 사이노폰의 범주에 중화인민공화국을 배제하게 되는 결과를 낳는다. 스수메이는 다수자 문학으로서의 중국문학과 대립하는, 소수자 문학으로서의 사이노폰문학을 차별화할 필요성을 주장하는 동시에, '사이노폰문학'과 '화문문학'의 차이에도 주의를 기울인다. 우리가 중국어(Chinese)라고 알았던 이민자들의 언어는 만다린에 국한된 것이 아니라 각종 방언을 포함한 '중국어파 언어(Sinitic language)'였다. 그것은 광둥어부터 시작해 푸젠어, 차오저우어, 커자어 심지어 혹로(福佬)어까지 다양한 스펙트럼을 가지고 있었다. 게다가 다양한 스펙트럼의 '중국어파 언어'가 미국, 홍콩, 타이완, 말레이시아 등에서 현지어와 교섭해 나타나는 사이노폰문학의 다양한 혼종화 양상은 단일어로 통합하기 어려운 상황을 드러낸다. 스수메이에 따르면, 디아스포라는 그 종점이 있다. 이민이 안돈(安頓)되면 현지화하기 시작한다. 디아스포라가 1세대 또는 2세대에 국한된 단기적 현상이라면, 사이노폰은 해외 이주를 장기 지속적 현상으로 고찰하는 시도라 할 수 있다. 스수메이는 '역사로서의 디아스포라'와 '가치로서의 디아스포라' 개념을 변별한다. '역사로서의 디아스포라'는 매우 광범위한 것으로 모든 디아스포라 현상을 포함하는데, '가치로서의 디아스포라'는 이러한 경험 속에서 추출한 이론 개념이다. 스수메이는 '역사로서의 디아스포라' 현실은 인정하지만, '가치로서의 디아스포라'는 "과거 또는 고국에 대한 무한한 함닉(陷溺)"으로, 다른 사람에게 해를 끼칠 수 있으므로 어느 시점에 종결해야 한다고 주장한다. '역사로서의 디아스포라'는 부인할 수 없는 현실이지만 디아스포라 현실을 과장하는 '가치로서의 디아스포라'는 조만간 종결해야 하는 이데올로기인 셈이다.

21장 왕더웨이의 '통합의 정치학'에 대한 비판을 보자. 왕더웨이는 『시노폰 담론, 중국문학』의 내용을 네 가지로 분류했다. 만청/청말 소설이 보여주는 '억압된 근현대성', 혁명·계몽 담론과 대화로서의 '서정 담론', '포스트 유민 글쓰기' 및 디아스포라 정치·시학, 사이노폰(Sinophone) 연구라는 사이노폰 바람의 향방이 그것이다. 왕더웨이의 연구는 '20세기중국문학'이 타자화시킨 만청문학과 서정 담론 그리고 해외 화인문학을 복원시켜 이것들을 '20세기중국문학'과 대화시키고자 한다. 20세기중국문학의 역사에서 억압되고 탈구되어 뒤늦게 드러난 '만청문학의 근현대성'과 혁명·계몽 담론에 억압된 '서정 담론'이 내부적 타자라면, 해외 화인들의 창작을 다루고 있는 '포스트 유민(遺民) 글쓰기'와 '사이노폰문학'은 외부적 타자다. 이 부분에서는 '사이노폰문학'이 타이완계 미국인 왕더웨이가 미국 학계의 타자인 동시에 중화인민공화국의 타자라는 '이중적 타자'의 위치(position)에서, 하버드대학 교수라는 상징자본을 등에 지고 본토를 통합하려는 야심찬 기획이라는 비판적 관점에서 왕더웨이의 사이노폰 담론을 분석했다.

마지막으로 맺는 글에서는 비판적 중국연구의 과제로 유럽중심주의 비판과 중국중심주의 비판을 설정했다.

6. '같은 마음으로 살펴보기'(同懷視之)

이 책은 한국연구재단 <2017년도 우수학자지원사업>의 지원을 받았다. 5년에 걸친 한국연구재단의 지원은 이 책을 완성하는 데 커다란 동력과 활력이되었다. "우수학자가 저술을 통해 그동안의 연구업적을 집대성할 수 있도록 안정적인 연구 환경 지원"(17년도 우수학자지원사업 신청요강)을 목적으로 명시한 이 사업은 에드워드 사이드의 '말년의 양식(late style)'7)을 연상하게 만든다. 갈수록 경쟁이 치열해지는 연구재단의 사업이기에 두 번째 시도 만에 지원을 받게 된 것은, 주변의 내로라하는 유수 대학의 교수들도 여간해서는 지원받지 못하는 가운데, 지방대 교수가 누린 행운이었다. 물론 5년의 연구 기간 내내 이 과제에만 전념한 것은 아니지만, '그동안의 연구업적을 집대성'한다는 의식은 뇌리에서 떠나지 않았다. 그 결과, 원래의 '비판적 문화연구'와 '포스트식민 번역연구'라는 두 주제에다가 『소설로 읽는 현대 중국』(1995) 이후 지속해서 진행해온 '텍스트로 읽는 도시문화'와, '비판적 중국연구'의 새로운 급진적 연구 방법인 '사이노폰 연구'를 보완했다. 집대성할 기회를 제공해준 한국연구재단에 감사를 드린다.

신영복 선생은 『담론』의 서두에서 "강의실이 위로와 격려, 약속과 음모, 공감과 소통의 장이 될 수 있기를 기대"한다고 했다. 목포대 강의가 이런 기대를 충족했다고 할 수는 없지만, 그런 경지를 지향했다고 감히 자평해본다. 그러나 작금의 강의실 현장은 이런 기대와 거리가 있다. 공교육보다는 사교육에 의지하고, 자신의 의지와 소망보다는 수능 점수에 맞춰 선택한 학과의 낯선 교과목을 접하는 학생들과 만나는 현장에서 감동을 주고받을 수 있을 거라는 기대는 실망으로 바뀌고 마음을 다잡고 다시 내딛는 발걸음은 이런저런 시행착오로 휘청거리곤 했다. 취업 준비 기관으로 전락한 한국의 대학 현실에서 취업 전망이 불투명한 전공 강의의 교육 성과는 미미했다. '불분불계(不憤不啓)'와 '불비불발(不悱不發)'의 오의(奧義)를 체득하지 못한 결과는 마치 모래를 한 움큼 움켜쥐었다고 생각했는데 어느 순간 손가락 사이로 빠져버린 모양이었다. 그나마 손바닥에 묻어있는 모래알들이나마 감사하게 생각하는 것이 순리일 것이다. 한편 목포대 29년의 시공간은 내 공부에 중요한 환경을 제공했다. 특히 4회 4년의 연구년은 다른 대학에서는 누리기 어려운 혜택이

7_ 에드워드 사이드는 "위대한 예술가들에 초점을 맞춰, 그들의 삶이 막바지에 이르렀을 때 어떻게 그들의 작품과 사상이 새로운 이디엄, 이른바 말년의 양식을 얻는지 논의"(사이드, 2008: 28)하면서, 그들의 "예술이 자신의 권리를 포기하지 않고 현실에 저항할 때"(사이드: 31) '말년의 양식'이 생겨난다고 했다.

었고, 나는 그 기회를 통해 저술 작업을 활발하게 진행할 수 있었다. 때론 '목표대'라는 오기 등으로 왜소한 상징자본의 한계를 체감하기도 했지만, 재직 기간 무난하게 지붕 역할을 해준 목포대학교에 깊은 감사의 마음을 전한다.

이 책은 2017년 출간한 『포스트사회주의 중국의 문화정체성과 문화정치』의 자매서이자 심화 버전이다. 이 책을 같은 출판사에서 내게 된 것은 다행스러운 일이다. 그 취지를 이해하고 흔쾌하게 출판 제의를 받아준 손자희 선생과 박진영 대표에게 감사의 말을 전한다. 특히 손자희 선생은 수고로움을 마다하지 않고 편집과 교열에 심혈을 기울여주셨다. 특별한 감사의 마음을 전한다.

이 여정의 일정 부분을 함께 했던 무수한 동도(同道)의 얼굴이 떠오른다. 석사과정 때부터 진행한 수많은 세미나의 동학(同學)들, 프로젝트 참여자와 연구보조원들, 공저와 공역서 작업을 함께 한 필자들의 얼굴이 판타스마고리아처럼 스쳐 지나간다. 하나하나 거명하지는 않지만, 남은 시간에도 이들과 함께 '서로 다름을 인정하고 얼마간이라도 같은 마음'으로 이 세상을 바라보며 즐겁고 생산적인 대화를 지속할 수 있기를 기대한다! 아울러 한국 중국현대문학학회, 중국학연구회, 『문화/과학』 편집위원회, 맑스 코뮤날레 집행위원회, 지식순환협동조합 대안대학 운영위원회, 목포대학교 민교협과 아시아문화연구소, 청송재(靑松齋), 이론과실천학회 등을 함께한 동지(同志)들에게도 고마움을 전한다.

마지막으로 이 책에 수록한 글들의 출처를 밝혀둔다. 글들은 학술지 또는 단행본 발표 시기 기준으로 세 종류로 나뉘는데, 첫째 2017년 이후 발표한 글들은 약간 수정 보완했다. 둘째 출처를 명시하지 않은 글들은 이 책에서 처음 발표한 것이다. 셋째 이 책이 한국연구재단 우수연구학자 지원 사업의 결과물인 동시에 필자의 학문적 여정을 집성하다 보니, 2017년 이전에 발표한 글들도 포함하게 되었다. 특히 『2부 텍스트로 읽는 도시문화' 부분은 대폭 수정

보완 후 재구성했음을 밝혀둔다.

1장: 「방법으로서의 문화연구와 ‘문화에 대한 문화연구’」(『포스트사회주의 중국의 문화정체성과 문화정치』(2017) 3장 ‘문화에 대한 문화연구’와 ‘문화번역의 정치학 1절과 2절을 토대로 대폭 수정 보완).

7장: 「상하이의 정체성과 노스탤지어」(『상하이영화와 상하이인의 정체성』(2010) 에 실은 「중국영화를 통해 본 상하이와 상하이인의 정체성」과 「이민도시 상하이와 타자화」를 토대로 대폭 수정 보완 후 재구성).

8장~9장: 「문학인류학적 관점에서 고찰하는 상하이 민족지(1)—『해상화열전』」 (『외국문학연구』 56호, 2014); 「문학인류학적 관점에서 고찰하는 상하이 민족지(2)— 『한밤중』」(『중국연구』 63호, 2015); 「문학인류학적 관점에서 고찰하는 상하이 민족지(3)—『푸핑』」(『중국현대문학』 72호, 2015)을 토대로 수정 보완 후 재구성.

10장 3절: 「펑샤오렌의 ‘상하이 삼부작: 기억과 역사’들」(『상하이영화와 상하이인의 정체성』(2010) 에 실은 「상하이에 관한 기억과 ‘역사’들의 재현」을 토대로 수정 보완).

11장~12장: 『홍콩과 홍콩인의 정체성』(2006)에 실은 3편의 글—「홍콩영화를 통해 본 홍콩인의 정체성」, 「홍콩문학의 정체성과 탈식민주의」, 「홍콩영화에 재현된 홍콩인의 정체성과 동남아인의 타자성」—을 토대로 대폭 수정 보완 후 재구성.

14장~15장: 『공존의 인간학』 5호(2021)에 게재한 「포스트식민 번역연구와 레이 초우의 문화 간 번역」을 대폭 수정 보완 후 재구성.

16장: 「중국의 한국문학작품 번역 출판을 통해 본 문화번역과 문화횡단」(『외국문학연구』 33호, 2009, 대폭 수정 보완. 원제: 한중 문화의 소통과 횡단에 관한 일 고찰—중국의 한국문학 번역·출판의 예).

18장: 「리쩌허우 저작의 학술번역에 대한 비평」(『중국현대문학』 86호, 2018, 수정 보완. 원제: 리쩌허우의 번역서를 통해본 중국어 학술번역의 몇 가지 문제점).

20장: 「스수메이의 사이노폰 연구」(『중국사회과학논총』 제3권 제2호, 2021, 수정

보완, 원제: 중국 근현대문학의 자발적 타자, 사이노폰 문학).

　21장: '왕더웨이의 통합의 정치학'에 대한 비판(『중국현대문학』 86호, 2018, 수정 보완. 원제: '이중적 타자'의 '통합의 정치학—왕더웨이의 『시노폰 담론, 중국문학』을 읽고).

　맺는 글: 「비판적 중국연구의 과제」(『문화/과학』 112호, 2022, 대폭 수정 보완. 원제: '비판적 중국연구'를 위한 몇 가지 접근법과 과제).

2024년 2월 17일

임 춘 성

차 례

1부 중국의 비판적 문화연구

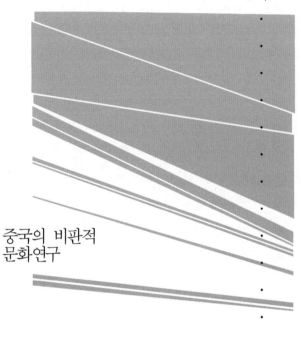

1 부

중국의 비판적
문화연구

1장
방법으로서의 문화연구와 '문화에 대한 문화연구'

'문화연구로의 전환'이 일어난 지 오래되었음에도 한국의 어문학계에서는 그 수용이 더딘 편이었다. 여기에서는 문화연구가 이전 단계의 '문화의 연구' 단계에서 대중문화를 무정부상태라고 비판한 것에 대한 반발로 대중문화 연구에 중점을 두었던 사실을 비판적으로 포착해서, 새로운 단계의 비판적·통섭(通攝)적 문화연구에서는 고급문화와 대중문화 간의 장벽을 타파하고 양성(良性) 문화에 대한 '학제적 통섭 연구'를 진행할 것을 제안한다. 리비스주의(Leavisism)의 '문화의 연구(study of culture)'로부터 버밍엄학파의 '문화연구(cultural studies)'로, 이제 다시 '문화에 대한 문화연구(cultural studies of culture)' 단계로 나아가자는 것이다. 이는 '방법으로서의 문화연구'에 대한 강조로 귀결된다. '한 우물을 파라'는 경구는 '한 가지 일에 몰두하여 끝까지 하라'는 의미지, '우물 안 개구리'가 되라는 말은 아닐 것이다. 다른 지역의 다른 사람은 우물을 어떻게 파는지에 대해서 끊임없이 둘러보면서 '한 우물을 파는 것'이 학제적·통섭적 문화연구의 합리적 핵심이라 할 수 있다. 대륙의 중국 근현대문학 영역만 보더라도 읽을 만한 성과를 낸 학자들은 대부분 자기 전공만 움켜쥐고 있던 사람들이 아니라, 문사철(文史哲)을 토대로 사회과학과 신흥 학문에 관심을 기울이며 전공 주제 연구에 매진한 이들이었음을 교훈으로 삼을 필요가 있다.

1. 문화연구에 대한 오해와 학제적 통섭 연구

'문화연구(cultural studies)'로의 전환이 일어난 지 오래되었음에도 한국의 어문학 연구자들 사이에는 '문화연구'에 대한 오해 또는 몰이해가 존재하고 있다. 이 오해와 몰이해는 주로 비(非) 현대문학 전공자들 사이에 만연되어 있다. 그 가운데 '학제적 통섭 연구'를 근간으로 하는 '문화연구'를 단순한 '문화 텍스트 분석'과 등치하는 것이 대표적이다.

이 문제를 논하기 전에, 먼저 '학제적 통섭 연구'에 대한 정명(正名)이 필요하다.

먼저 '연구(studies)'는 기존 분과학문에서는 독자적으로 해결하기 어려운 연구 영역을 학제적·통섭적으로 연구하기 위해 나온 용어이다. 이를테면 '문화연구'를 비롯해 '여성연구(women's studies)' '지역연구(regional studies)' '영화연구(film studies)' '포스트식민 연구(postcolonial studies)' '도시연구(urban studies)' '번역연구(translational studies)' '에스닉 연구(ethnic studies)' '사이노폰 연구(Sinophone studies)' 등이 그것이다. 혹자는 '연구(studies)'라는 말을 탐탁지 않게 여기곤 '문화학' '여성학' '지역학' '영화학' '도시학' '번역학' 등의 용어를 남발한다. 이는 '~학 (~logy, ~ics)'의 의미를 존중해 신흥 '~학'을 수립하겠다는 맥락에서 그 의도는 가상하지만, 기존 분과학문 체제로는 '해결하기 어려운 분야가 출현했고 이를 해결하기 위해 기존 분과학문 체제를 뛰어넘어 학제적·통섭적으로 '연구'해야 할 새로운 영역을 설정한 의도를 무색하게 하는 행위다. 특히 '중국학 (Sinology)'이라는 용어는 그것을 궁극적인 지향으로 사용하는 것은 가능할지 몰라도, 중국에 관한 '학제적 통섭 연구'라는 차원에서는 '중국연구(Chinese studies)'라는 개념이 명실상부하다. 이런 맥락에서 '비판적 중국학'보다 '비판적 중국연구'라는 표기가 타당하다.

"학제적 연구는 넓은 시야와 지식과 기술, 그리고 상호 연결과 인식론을 교육 환경에서 종합하려는 학문적 프로그램 또는 과정이다. 학제적 프로그램은 어느 정도 일관성이 있지만 단일 분과학문적 관점으로 충분히 이해될 수 없는 주제(예: 여성학 또는 중세학)에 대한 연구를 용이하게 하기 위해 개설될 수 있다. 더 드물게, 그리고 더 발전된 수준에서, 학제적은 제도화된 분과학문의 지식 세분화 방식에 대한 비판이라는 점에서 연구의 초점이 될 수 있다."[8] '학제적'은 'interdisciplinary'의 번역어다. 그동안 주로 '학제간(學際間)' 또는 '학제간(學制間)'으로 번역했다. 전자의 경우, 제(際)와 간(間)은 의미가 중첩된다. 후자의 경우, "훈련, 훈육, 전문지식 분야"의 의미를 가진 'discipline'을 "학교 또는 교육에 관한 제도"의 의미를 가진 '학제(學制)'로 번역했는데, 이는 적절하지 않다. 또 어떤 이는 '간학제' 또는 '간-학제'로 번역하기도 하는데, 이는 'inter'를 '간(間)'으로, 'disciplinary'를 '학제'로 번역한 것이지만, 한자(漢字)의 조자(造字) 원리를 무시한 번역이다. 기존에 'international'을 '국제적(國際的)'으로 번역하는 것을 따라서 'interdisciplinary'를 '학제적(學際的)'으로 번역하면 무난할 것이다.

'consciliance'의 번역어인 통섭(統攝)은 최재천이 "사물에 널리 통하는 원리로 학문의 큰 줄기를 잡고자" 한 윌슨(Edward Wilson)의 저술 의도에 부합하는 용어로 선택했다.[9] 최재천은 통섭(統攝)을 "모든 것을 다스린다" 또는 "총괄하여 관할하다"의 의미로 사용했고 그것이 통섭(通涉)의 의미도 아우르기를 기대했다(최재천, 2005: 13). 'consciliance'는 원래 윌슨 이전에 휴얼(William Whewell)이 제창한 개념이고, 휴얼은 'jumping together' 즉 '더불어 넘나듦'의 의미로 사용했다. 최재천은 월스(Laura Walls)에 기대어 "휴얼의 통섭은 환원주의적 통섭(reductive consciliance)과는 거리가 먼 가법적 통섭(additive consciliance) 또는 융합적 통섭(confluent consciliance)"임을 지적했다. 그러나 최재천은 휴얼의 '강의 유비'의 합류성에는 동의하지만 강물은 한번 흘러가면 영원히 돌아오지 못한다는 약점을 지니므로, "휴얼의 융합적 통섭보다는 윌슨의 환원주의에 입각한 통섭

8_ https://en.wikipedia.org/wiki/Interdisciplinarity (검색일자: 2022.09.10.)
9_ 참고로, consilience는 일본에서는 '통합', 타이완에서는 '융통', 중국에서는 '융통'계합' 등으로 번역되고 있다(최재천, 2005: 12 참조).

을 선호한다"(최재천: 16). 최재천은 "뿌리와 가지를 연결하는 줄기가 통섭의 현장"(17)이라는 '나무의 유비'를 통해 '분석과 종합을 모두 포괄'하는 '상호 영향'적인 통섭의 개념을 조탁해냈다. 최재천은 한 걸음 더 나아가, '설명하는 뇌(explaining brain)'와 '인문학적 과학'을 제안하면서 통섭을 '범학문적(transdisciplinary) 접근 방법'으로 승화한다. 하지만 한자의 통(統)과 통(通)은 그 의미가 천양지차라서 통섭(統攝)이 통섭(通涉)의 의미를 아우르기를 바라는 최재천의 기대는, 위계 구조가 뚜렷한 통합생물학(integrative biology)에서는 가능할지 모르지만, 모든 학문에서 그 기대를 충족하기는 불가능할 것으로 보인다.

한편 심광현은 에드워드 윌슨이 주장하는 (사회생물학 중심의) '환원주의적 통섭'을 반대하고 19세기의 윌리엄 휴얼이 주장하는 '비환원주의적(가법적) 통섭'을 지지한다. 후자라야 "각 학문과 예술들의 상대적 차이들이 유지되면서도 동시에 새로운 연결망이 증식하며 창발되는 '함께 뛰기'가 가능하며, 그 과정에서 '차이들을 유지한 공진화', 다양성이 증진되는 복잡한 연결이 가능하기 때문이다"(심광현, 2009: 11). 그는 휴얼의 '더불어 넘나듦'이라는 원 개념에 근접하게 하려고 '끌어당겨 서로 통하게 하다'의 의미인 통섭(通攝)이라는 번역을 제시한다. 그는 "예술과 학문과 사회 간의 수평적 통섭이라는 역사적 과제"를 해결하기 위해서는 "반성적 판단력과 감정, 이성과 감성을 연결하는 상상력의 자유로운 도약을 매개로 한 예술적/문화적 실험을 통해 자연과 사회, 과학기술과 인문사회과학 간의 수평적/비환원주의적 통섭을 촉진"(심광현: 60)해 '민주적 문화사회'로 나아가는 '새로운 소통과 실천을 위한 교량을 건설'할 것을 제안했다. 심광현의 '통섭(通攝)'은 "학문적 제도의 틀을 넘어 생산되고 유통되고 소비되는 현대사회의 지식들 전반의 횡단과 연결은 물론 지식과 사회적 실천 간의 횡단과 연결을 추진하는 방식을 지칭하기 위해 도입된 개념"(13~14)이므로, 상당히 급진적(radical)이다. 나아가 제도화된 대학의 틀을 뛰어넘어 예술—학문—지식—사회 간의 적극적 통섭의 중요성을 강조하므로, 그동안 분과학문의 철옹성에 갇혀 있던 연구자가 받아들이기 쉽지 않다. 그

러나 "근대에서 탈근대로 이행하는 21세기의 전지구적 공간"은 "근대적 분과
학문의 수많은 성곽들이 해체되면서 불규칙하게 돌출하는 틈새들 사이에서
출몰하는 '가상공간(virtual reality)'들로 부글거리고 있으며, 물리공간과 가상공
간이 결합된 '증강현실(augmented reality)'의 혼성적 공간들 사이를 횡단하는 새
로운 지식들과 행위들이 증식하는 공간이다"(8~9). 이 공간은 미증유의 공간
으로, 분과학문의 전통에 익숙한 연구자들은 그에 익숙하지 않고 심지어 불
편함을 느낄 수밖에 없다. 우리는 모두 이제 선택의 기로에 서 있다. 자신에
게 익숙한 구태를 끌어안고 살지, 아니면 불편함을 감수하고 새로운 통섭의
길로 나아갈지!

정희진(2020a)은 '융합'을 통섭(consciliance)의 맥락에서 '방식'이라는 의미로
사용했지만, 에드워드 윌슨의 통섭이라는 맥락과 최재천의 번역어(統攝)를 달
가워하지 않는다. 정희진은 "제3의 지식, 변형된 물질"로서 '융합'을 사용하고,
"퓨전 혹은 용광(鎔鑛)"이 독자들이 '융합'을 연상하는 데 도움이 되리라 생각
한다. "융합은 충돌하고 같이 도약하는 과정에서(jumping together) 서로의 차이
를 분명히 알고, 새로운 사고방식을 모색하는 것이다"(정희진, 2020b). 이렇게
볼 때 정희진의 '융합'은 '통섭(通攝)'과 상통하는 개념으로 이해할 수 있다.

다시 '문화연구'와 '문화 텍스트 분석'의 등치 문제로 돌아가자. 이와 관련
해 2015년 중국문화연구학회 춘계학술대회는 한국 중어중문학계에서 문화연
구를 바라보는 시각의 편차를 징후적으로 드러냈다는 점에서 주목을 필요로
한다. 학술대회의 주제는 '중국 문화연구의 이론과 실제'였고, '이론'과 '실제'
방면의 각 2편이 발표되었다(중국문화연구학회, 2015). 4편의 발표문은 양적으
로나 질적으로 상당한 공력이 내장되어 있었지만, 학술대회의 주제인 '중국
문화연구의 이론과 실제'를 고려한다면 발표문 사이의 내적 유기성은 거의 없
었다.

기조 발표문이었던 「포스트사회주의 중국의 비판적 문화연구」(임춘성)는
기존의 연구 성과를 토대로 문화연구의 대상과 방법, 역사와 전파, 베이징과

상하이의 비판적 문화연구 상황을 소개했고, 아울러 문화연구의 하위범주이자 새로운 영역으로서 '번역연구'10)와 관련해 '문화번역의 정치학'에 대해 논술했다. 또 다른 이론 탐색의 일환이었던 「문화콘텐츠 연구의 학문적 위상: 문화연구의 계승을 중심으로」(임대근)에서는 문화콘텐츠 연구와 문화연구의 관계를 논구했다. 근대와 학문의 변화라는 맥락에서 문화인류학과 사회학, 지역연구와 문화연구 등과의 관계 속에서 문화콘텐츠 연구의 학문적 위상을 정립하려 했다. 그러나 비판적 문화연구가 자본주의를 겨누고 있지만, 문화콘텐츠 연구는 그런 관점이 빠져있음을 간과함으로써 양자의 계승 관계를 밝히려는 소기의 목적을 달성하기엔 미흡했다. 한편 '실제' 방면에서, 「명대 후기 출판을 통한 지리적 지식의 전파와 그 의미」(최수경)에서는 푸젠판(福建版) 일용유서(日用類書) 「지여문(地輿門)」의 지리학적 지식이 표상하고 의미하는 것을 고찰했고, 「『화어췌편(華語萃編)』에 나타난 교통·통신의 변화와 발전에 따른 사회문화상 연구」(소은희)에서는 일본이 상하이에 설립한 중국어 교육기관인 동아동문서원(東亞同文書院)에서 1916년 출간한 중국어 교재 『화어췌편(華語萃編)』(1~4집)을 분석대상으로 삼아 신종 직업에 초점을 맞춰 연구를 진행했다. 이들은 각각 지도 출판과 외국인을 위한 중국어 교재라는 흥미로운 연구 대상을 선택했음에도 불구하고 학제적 통섭 연구를 시도하지 못하고 평면적인 텍스트 분석에 머물렀다. 이는 단순한 텍스트 분석에서 연구 대상을 확장해 문화 텍스트를 분석하는 것이 그대로 문화연구가 되지는 않는다는 점을 역설적으로 드러낸 것이다. 문화연구는 학제적 통섭 연구이기에 연구자의 전공을 심문하지 않는다. 그러나 단순한 문화 텍스트 분석만으로는 문화연구의 소임

10_ 텍스트 제작자가 '문화연구'를 학습하게 되면 문화콘텐츠 제작에 도움이 되겠지만, 텍스트를 분석하는 외국문학 전공자가 '문화연구'와 결합한다면, 그 분야 중 하나는 '번역연구'가 될 수 있을 것이다. 예전에 번역은 '지적 막노동'으로 취급받았고 '번역연구'는 언어학의 하위구조로 여겨졌지만, 지금은 번역의 문화적 측면, 즉 번역이 발생하는 맥락을 강조하면서 학제적 연구 분야로 인식되고 있다. '번역연구', 특히 '포스트식민 번역연구'는 문화연구의 새로운 연구 분야로 간주할 수 있다.

을 다했다고 말하기는 어렵다.

또 하나 지적할 것은, 한국연구재단의 <학술연구분야분류표>[11]가 불러일으키는 오해다. 이에 따르면, '중국어와문학'의 하위 분야에 '중국문화학(A120212)이 존재한다. 그런데 '중국문화학'의 영문 표기를 'Chinese culture' 즉 '중국문화'라고 함으로써 '중국문화학'의 내포를 모호하게 만들고 있다.[12] 현행 한국연구재단의 <학술연구분야분류표>에는 '문화연구'라는 분야가 어디에도 존재하지 않는 약점을 가지고 있다. 이처럼 '중국어와문학' 분야에서 '중국문화연구'라는 하위 분야가 부재하고 '중국문화(학)' 분야만 존재함으로써 문화 텍스트 분석을 문화연구로 오인할 가능성을 제공했다.

문화 텍스트 분석과 문화연구 사이의 불분명한 경계는 오랜 연원을 가지고 있다. 그것은 문화연구의 발원지인 영국에서 '문화의 연구(study of culture)'와 '문화연구(cultural studies)'로 표현되었다. 문자적으로 말하자면 전자가 후자를 포괄[13]하지만, 내용상으로는 '문화의 연구'에서 문화는 고급문화를 지칭하고 '문화연구'에서의 문화는 대중문화를 가리켰다. 그러므로 '문화의 연구'에서 '문화'와 '문화연구'에서 '문화'는 기표(signifiant)는 같지만 기의(signifié)의 심대한 차이를 내장하고 있다.

이 부분에서는 문화연구의 본고장인 영국에서 진행된 '문화의 연구'와 '문화연구'의 역사적 과정을 검토한 후, 전자가 고급문화에, 후자가 대중문화에 국한되었다는 사실을 비판적으로 포착하면서, '문화에 대한 문화연구'라는 통섭(通攝)적인 제안을 하고자 한다. 이는 한국의 어문학계에 만연한 오해를 해소하면서, '문화연구'의 측면에서는 외연을 확장하고, 문화 텍스트 분석에는

11_ https://www.nrf.re.kr/biz/doc/class/view?menu_no=323 (검색일자: 2022.03.07.)

12_ 인근 학문 분야를 보면, A130207 일본문화학(Japanese culture)과 A160111 프랑스문화학(French culture)이 있고 독일문학 하위에는 A170209 독일문화(German culture)가 있으며, 영문학과 러시아문학의 하위에는 문화 분야를 찾을 수 없다.

13_ 양자의 관계에 대해 리처드 존슨 등은 "cultural studies를 study of culture의 특정한 접근"이라 한 바 있다(Johnson · Chambers · Radhuram · Tincknell, 2004: 1).

'학제적 통섭 연구'라는 방법론을 제시함으로써, '방법으로서의 문화연구' 개념을 강조하는 것이다.

2. 문화연구로 전환

'문화연구로 전환(cultural studies' turn)'은 분과학문의 한계를 절감하고 답답해하던 많은 인문학과 사회과학 연구자들에게 커다란 영향을 주었다. 문화연구의 특징인 '학제적 통섭 연구'의 관점에서 보면, 개혁개방 이후 중국에서 성과를 낸 학자들은 대부분 '한 우물 파기' 식의 분과학문 연구에 몰두한 것이 아니라, 활발하게 학제적 대화를 진행하며 연구에 전념했다는 특징들이 있다. 넓은 의미의 '문화연구' 종사자라 할 수 있다. 포스트사회주의 중국의 '비판 사상'의 시원이랄 수 있는 리쩌허우(李澤厚)는 중국과 서양을 넘나들며 미학과 철학, 사상사 등을 연구하고 말년의 양식으로 '인류학 역사본체론'을 제창했고, 첸리췬(錢理群)은 문학과 사상을 넘나들며 루쉰(魯迅) 연구부터 마오쩌둥(毛澤東) 연구에 전념하는 동시에, 민간 이단사상 연구를 개척했다. 루쉰 연구에서 시작해 사상과 문화연구를 넘나드는 왕후이(汪暉), 중국문학과 일본 사상사를 오가며 동아시아 시야를 확보한 쑨거(孫歌), 그리고 근현대문학 연구에서 시작해 문화연구로의 전환을 분명하게 표명한 왕샤오밍(王曉明) 등이 그들이다.[14] 이들은 하나의 분과학문에 안주하지 않고 자신의 학문적·실천적 의제를 해결하기 위해 인문학의 전통 분야인 문사철(文史哲)을 토대로 삼아, 인류학, 정치학, 사회학 등의 사회과학 범주와 문화연구, 지역연구, 포스트식민 연구, 마음의 과학(science of mind) 등의 신흥 학문까지 아우르면서 '학제적 통섭 연구'에 매진해왔다.

　　'문화연구로 전환'의 구체적 사례로, 푸단(復旦)대학의 천쓰허(陳思和)[15]와

14_ 왕샤오밍에 대해서는 임춘성(2017), 4장 3절과 이 책 4장 참조. 다른 학자들은 임춘성(2021b) 참조.

함께 1980~90년대 상하이지역의 중국 근현대문학 연구를 대표했던 화둥(華東)사범대학의 왕샤오밍에 주목할 필요가 있다. 문학연구 시절 천쓰허의 뒤에 병칭되던 왕샤오밍이 21세기 들어 상하이대학으로 옮기고 문화연구로 전환하면서 이전 단계보다 양적으로나 질적으로 훨씬 풍부한 성과를 냈다. 왕샤오밍은 문학청년에서 유기적 지식인으로의 전변 과정을 밟아나갔는데 그 핵심에는 '문화연구'로의 전환 과정이 놓여 있다. '문학사 새로 쓰기'와 '인문 정신 논쟁' 시점까지 정통문학을 지향했던 왕샤오밍은 2000년을 전후해 문학연구에서 문화연구로 관심을 확장했고, 상하이지역의 문화연구를 주도해 나갔다. 그는 2001년 이후 상하이대학의 중국당대문화연구센터의 주임을 맡으면서 연구 범위와 방법의 전환을 분명하게 선언했다. 문학연구에서 문화연구로의 전환으로 요약할 수 있는 이 선회는, 급변하는 사회 현실 속에서 새로이 등장한 지배적 문화의 생산 메커니즘을 파악하기 위해서는 사회적 영향력이 나날이 약해지고 있는 좁은 의미의 문학만을 연구하는 것보다는 넓은 의미의 문화연구로 나아가는 것이 훨씬 더 유용하고 현실 파악에 더 유리하다는 판단에 근거한 것이다. 그러므로 그는 대중문화의 대표 격인 TV 드라마 연구도 서슴지 않는다. 21세기 중국에서 지배 이데올로기를 고찰하는 데 TV 드라마만 한 것이 없다고 판단하기 때문이다.[16] 단, 그는 양성(良姓)문화의 기준만큼은 견지하고 있다. 왕샤오밍은 서양 이론을 참고하면서도 중국의 혁명 전통

15_ 천쓰허는 개혁개방 이후 일시를 풍미했던 『중국 신문학 정체관』의 저자다. 그는 '20세기중국 문학사'를 작가와 독자 그리고 작품으로 나누어, 주제별로 개관하면서 '문학사 새로 쓰기'의 모범을 보여주었고 이후에도 전쟁문화심리, 민간문화형태, 민간의 숨은 구조, 공명(共名)과 무명(無名) 등 기존 문학 연구자들이 생각지도 못했던 주제와 사유를 폭넓게 운용한 바 있다(陳思和主編, 1999; 천쓰허, 2008). 하지만 1990년대 '인문학 위기' 논쟁 이후 문학으로 환원하면서 그의 글쓰기는 교착상태에 빠진 것으로 보인다.

16_ 왕샤오밍은 TV 드라마가 "자본 동향과 시장 규모, 정부의 대응, 사회심리, 업계 체제, 매체의 작동 등 각 방면의 신속한 변동을 유발해 거대한 덩어리의 스크린을 합성해 오늘 중국의 지배적 문화 및 그 생산 기제의 복잡한 작동을 명료하게 드러내고 있다."라고 평가하고 있다(王曉明, 2013: 396). 일반적으로 1980년대가 '문학의 황금시대'였고, 1990년대가 '영화의 시대'였다면 21세기는 'TV 드라마의 시대'라 할 수 있다.

등을 통해 중국 실정에 맞는 문화연구 이론의 정립을 모색하고 있다. 그뿐 아니라 비판적 지식인의 양성을 위해 강단에서도 실천적 노력을 멈추지 않고 있으며, 중국당대문화연구센터 홈페이지를 통해 비판적 글쓰기, 대중과의 소통을 시도하는 등 문화연구 이론을 바탕으로 현실 개입을 시도하고 있다.

사실 '문화연구로 전환'은 '문화적 전환(cultural turn)'과 긴밀한 관계를 맺고 있다. "문화적 전환은 인문학 및 사회과학 분야의 학자들 사이에서 1970년대 초반부터 문화를 당대 토론의 초점으로 만들기 시작한 운동이다. 그것은 또한 실용주의적 인식론에서 벗어나 의미에 중점을 둔다. … '문화적 전환'은 '지난 세대 인문학과 사회과학에서 가장 영향력 있는 경향 중 하나'이고 … '과거 사회과학의 주변적인 분야로부터 오는 새로운 이론적 충동의 광범위한 배열' 특히 '문화 과정의 인과적 · 사회적 구성적 역할과 의미부여 시스템'을 강조한 포스트구조주의, 문화연구, 문학비평 및 다양한 형태의 언어적 분석과 관련이 있다."[17] 또한 『팔그레이브 영국 사회학 핸드북(*The Palgrave Handbook of Sociology in Britain*)』의 「사회학, 문화연구, 문화적 전환(Sociology, Cultural Studies and the Cultural Turn)」의 필자 맥레넌(Gregor McLennan)은 뒤 게이(Paul du Gay)와 홀(Stuart Hall)의 견해를 종합해 '문화적 전환'의 의미를 다음과 같이 요약한 바있다. "'정치적, 경제적 과정'(구)에서 '문화적 과정'(신)으로; '사회적 실천들(social practices)'에서 사회적 실천들의 '담론적 존재 조건들(discursive conditions of existence)'로; '자연적, 사회적 세계의 사물'에서 언어, 단어 및 의미로; 물질적 요소에서 상징적 요소로; 인프라에서 상부구조로; '핍진성(reality)'에서 '표상(representation)'으로"(McLennan, 2014: 520). 이렇게 볼 때 포스트구조주의(post-structuralism)에서 비롯된 서양의 지적 혁명은 바로 '문화적 전환'의 주제 의식을 가지고 진행되었던 것임을 알 수 있다. 기존의 정치적 · 경제적 과정에 치중해 사회적 실천들과 물질적 요소의 핍진성에 초점을 맞추는 단계에서, 문

17_ https://en.wikipedia.org/wiki/Cultural_turn (검색일자: 2020.01.21.)

화적 과정에 중점을 두고 상징적 요소와 상부구조 그리고 표상에 초점을 맞추는 단계로 전환한 것이다. 특히 표상 가운데 시각적 표상(visual representation)이 중요한 역할을 했다. '문화적 전환'이라는 큰 흐름에는 문화연구 외에도 '공간적 전환(spatial turn)',[18] '번역 전환(translation turn)'[19] 등이 포함된다. 이는 기존의 경제결정론과 경제환원론의 함정을 비판한 것이지만, 그렇다고 정치·경제를 무시하고 상부구조의 상징적 요소와 표상에만 초점을 맞춘다면 또 다른 편향이 될 수밖에 없다. 결국 '문화적 전환'의 합리적 핵심은 정치·경제와 문화를 이분법적 대립 관계로 설정하는 것이 아니라, 기존의 학술 연구가 전자에 치중한 것을 비판하며 후자의 중요성을 전자와 결합하자는 것으로 이해해야 한다. 문화정치, 문화경제, 문화사회, 문화정치경제(강내희, 2014)의 제안은 '문화적 전환'의 문제의식과 상통한다 할 수 있다.

서양중심주의의 사유에서 벗어나 말하면, '문화적 전환'은 동양적 전통에서 '인문 정신의 회복'으로 이해할 수 있다. 'culture'의 번역어로 문화(文化)를 통용하지만, 중국어 맥락에서는 인문(人文)에 해당한다. 이때의 인문은 천문(天文)·지문(地文)에 대응하는 개념으로, 우주(天)와 자연(地)을 제외한, 인간의 손이 닿은 모든 것을 가리키는 개념이고, 이는 넓은 의미의 'culture'에 해당한다. 그러므로 인문학 진흥과 융성을 거론할 때 문화가 운위되는 것은 나름의 합리성이 있는 셈이다. 그러나 서양에서 'culture'는 어느 순간부터 고급문화를 지칭하게 되었고 대부분의 사람들은 그것과 관계를 맺지 못했다. 이런 가운데 고급문화 생산자와 애호가들은 대중들의 문화를 저속한 것으로 간주해 배척했다. 인간의 손이 닿은 모든 것을 가리키던 'culture'가 고급문화와 대중문

18_ '공간적 전환'은 사회과학과 인문학 분야에서 장소와 공간을 강조하는 지적인 운동을 묘사하는 용어다. 그것은 역사, 문학, 지도 제작 및 기타 사회 연구에 대한 양적 연구와 밀접하게 관련되어 있다. 이 운동은 문화, 지역 및 특정 지역 연구를 위해 대량의 데이터를 제공하는 데 큰 영향을 주었다. https://en.wikipedia.org/wiki/Spatial_turn (검색일자: 2017.01.10.)

19_ 이는 바스넷(Susan Bassnett)이 '문화연구에서의 번역 전환(The translation turn in cultural studies)'이라는 맥락에서 사용한 용어다.

화로 이분화되었다. '문화의 연구'에서 대상으로 삼은 것은 고급문화였고, '문화연구'에서는 고급문화 위주의 '문화의 연구' 전통을 비판하면서 대중문화를 연구 시야에 포함했다.

3. '문화의 연구'와 '문화연구'

'문화연구'는 문자 그대로 '문화'와 '연구'로 구성되어 있다. 이는 '문화를 연구하다'라는 의미의 '문화의 연구'와 '문화적으로 연구하다'라는 의미의 '문화연구'로 독해할 수 있는데, 이는 영어에서 'study of culture'와 'cultural studies'에 대응한다. 전자에서 문화가 대상이라면 후자에서는 방식 또는 방법이 연구 대상인 셈이다.

1950년대 문화연구가 발원하기 전 영국에서 '문화의 연구'는 주로 고급문화만을 대상으로 삼고 있었다. 문화연구 분야의 필독 입문서로 꼽히는『문화이론과 대중문화: 입문(*Cultural Theory and Popular Culture: An Introduction*)』의 저자 존 스토리에 따르면, 다수의 대중문화는 항상 소수 권력층의 관심거리였다. 정치 권력을 쥔 자들은 권력이 없는 자들의 문화를 정치적 불안의 '징후'로 보고, 보호와 간섭을 통해 끊임없이 조정하고 규제해야 한다고 생각했다(Storey, 2001; 스토리, 2002). 그런데 19세기 들어 산업화와 도시화로 인해 근본적인 변화가 발생했다. 매슈 아널드는 그 변화를 도시 남성 노동계급에 투표권을 준 것에서 비롯되었다고 본다. 그는『문화와 무정부 상태(*Culture and Anarchy*)』[20]에서 "투표권이 아직 권력에 대해 교육받지 못한 자들에게 권력을 부여했다"(Arnold, 1960: 76; 스토리, 2002: 27 재인용)라고 믿었다. 그에 따라 권력을 쥔 자들이 '종속과 복종'이라는 강한 봉건적 습관'을 잃은 노동계급의 문화를 조절하는 수단을 상실하게 되었다는 것이다(스토리, 2002: 23). 이런 국면을 만회

20_ 국내에서는 같은 책이『교양과 무질서』(매슈 아널드, 윤지관 옮김, 한길사, 2006)라는 표제로 번역·출간되었다.

하기 위해 아널드는 '대중문화'를 '무정부 상태'로 규정하면서 "노동계급에 종속과 복종의 감각을 되살려주는 것이 교육의 기능"(스토리: 27)임을 강조했다. 그는 "대중문화를 제거하는" '문화' 교육을 강화하기 위해 국가의 필요성을 역설했다. 사실 아널드의 주된 관심사는 문화연구가 아니라 문화적 복종과 종속을 통해 획득된 사회질서와 권위이다(29). 이는 관점은 상반되지만, 그람시의 헤게모니론의 이론 구조와 흡사하다. 그람시가 피지배계급의 저항력을 강조한 것에 반해, 아널드는 지배계급의 통합력을 강조한 것이 차이점이다. 아널드는 '엘리트주의 덫'에 걸렸고 그의 주장은 "지배질서에 대한 매우 고루한 방어"임에도 불구하고 "1950년대 말까지 거의 이 분야의 대중문화와 문화정치에 대한 사고방식을 말 그대로 지도해 왔다"(30).

아널드의 관점이 19세기 역사 변화에 대한 지배계급의 첫 번째 문화정치적 대응이었다면, 리비스주의(Leavisism)는 "아널드의 문화정치학을 도입하여 1930년대의 이른바 '문화적 위기'에 적용"(31)한 결과물이었다. F. R. 리비스(Frank Raymond Leavis)는 19세기 이후 지속된 현상을 "문화의 평준화 내지 하향화"(Leavis & Thompson, 1977: 3; 스토리, 2002: 31 재인용)라고 규정하고 있다. 리비스주의는 "문화를 지켜 온 사람은 언제나 소수였다"라는 논거에 뿌리를 두고 있는데, 이들이 '권위의 붕괴'를 경험한 것이다(31). 리비스주의의 또 다른 맹장인 Q. D. 리비스(Queenie Dorothy Leavis)는 아널드와 마찬가지로 전통적 권위의 붕괴가 대중민주주의의 발흥과 동시에 일어난 것으로 보았다. 이 두 현상이 문화화된 소수와 합병하여 '무정부 상태'에 적합한 토양을 만들어 주었다는 것이다. 그녀는 구체적 장르에 대한 비판도 시도해, '보상'과 '오락'에 중독된 대중소설 독서를 "소설에 대한 약물중독"이라 평했고 연애소설의 독자들에게 저런 독서는 "환상을 꿈꾸는 습관을 키워 결국 실생활에의 부적응"을 초래할 것이라 경고했다. 더 나쁜 것은 이런 탐닉이 "소수의 열망에 적합하지 않은 사회환경을 만드는 데 일조한다는 점이다. 이는 사실상 진실된 감정과 책임감 있는 사고에 걸림돌이 된다." 대중소설 외에도 리비스주의는 대중/대량문화 대부분의 장르에 대해 비판했다. 그들에게는 영화도 위험한 존재였다. "영화는 최면술적 수용상태에서 가장 값싼 감정적 호소에 빠지게 하는가 하면, 그것도 무서울 정도로 실생활에 가까운 사실적인 환상으로 호소한다는 점에서 한층 더 교활한 성격을 띤다." Q. D. 리비스에게 할리우드 영화들은 "자위행위와 다름없다." 그리고 대중용 신문은 "대중들의 마음에 가장 강력하게 침투하는 비교육적 매체"로 묘사되며, 라디오는 비판적 생각 자체를 말살시키는 것(Leavis, 2000; Leavis & Thompson, 1977; Leavis, 1930; 스토리, 2002: 33 재인용)이다. 리비스주의는 광고를 "문화 질병의 가장 중요한 징후"로 꼽으면서 "광고의 '끈질기고도 침투성이 강한, 자위행위와도 같은 속임수' 때문"에 "가장 격렬하게 비난"했다(스토리: 33).

소수 엘리트의 권위 붕괴를 한탄하고 대중민주주의의 발흥으로 인해 무정부 상태에 이르게 된 문화 환경을 비판한 리비스주의는 비판받아 마땅하다. 하지만 오늘날 자본에 휘둘리는 대중문화의 상황에 비추어 볼 때, 리비스주의가 대량문화(mass culture)의 부정적인 측면을 비판한 내용 가운데 취할 점이 있다. 이를테면, '보상'과 '오락'에 중독된 대중소설 독서의 폐해와 최면술적 수용상태에서 값싼 감정적 호소에 빠지게 하는 할리우드 영화의 대리만족 그리고 문화 질병의 중요한 징후로 꼽은 광고의 속임수 등에 대한 비판은 주목이 필요하다. 리비스주의는 고급문화의 입장에 섰다는 한계를 가지고 있고, 대량문화의 몇 가지 핵심적인 면들에 대한 리비스주의의 평가는 일면적이고 과도한 측면이 있지만, 상업화된 대중문화가 판치는 오늘날 비판적으로 수용할 부분이 있다.

아널드와 리비스주의의 문화정치학을 비판하면서 등장한 1950년대 문화연구는 "명시적으로 진보적인 지적 기획으로 출발했다". 그것은 "20세기 중엽 대학사회를 지배하고 있던 분과학문체제 중심의 지식생산 방식에 문제를 제기했다는 점"과 "지식생산의 제도화에 대해 매우 비판적 입장을 취했다는 점"에서 진보성을 가지고 있었고, 1950년대 호가트(Richard Hoggart)와 윌리엄스

(Raymond Williams)의 제창에 이어 "1960년대 이후 '이데올로기 비판'의 성격을 강화"했으며 "1980년대까지 문화연구는 매우 호전적인 비판적 지적 기획이었다"(강내희, 2013: 4~5). "영국 문화연구라는 특수한 환경에서 주도적이고 대표적인 인물로 활동"(임영호, 2015: 18)했던 스튜어트 홀은 '문화연구'를 다음과 같이 설명했다.

> 문화연구에는 복수의 담론이 존재하며, 수많은 다양한 역사가 공존한다. 문화연구는 여러 구성체의 총체다. 여기엔 나름대로 다양한 국면과 과거의 계기도 존재한다. 문화연구는 수많은 다양한 유형의 작업을 포괄했다. 나는 바로 이 점을 고수하고 싶다! 문화연구는 늘 불안정한 구성체로 구성되었다. … 문화연구에는 수많은 궤도가 존재했고 수많은 사람들은 다양한 경로로 문화연구를 수행했으며 지금도 그렇게 하고 있다. 문화연구는 수많은 이질적인 방법론과 이론적 입장이 모두 서로 논쟁을 벌이면서 구축되었다. 현대문화연구소의 이론적 저작은 이론적 잡음으로 부르는 게 더 적절했다. 거기서 배출된 저작에는 수많은 나쁜 감정, 주장, 불안정한 불안, 분노의 침묵이 뒤따랐다(홀, 2015: 275).

홀에게 '문화연구'란, 담론이자 역사이고 구성체이자 국면(conjunctures)이고 계기(moments)다. 아울러 작업(kinds of work)이자 방식(patterns)이고 궤도(trajectories)이자 이론적 입장(theoretical positions)이다. 그리고 그것들은 모두 복수(複數)다. 복수로 표기한 것은 거꾸로 구체성과 개별성의 존재를 강조하는 의미다. 홀에 따르면, '문화연구'는 특정 분과학문 영역과는 거리가 멀다. 그것은 어떤 단일한 전통이나 방법론으로 환원되지 않는 것이다. 홀은 오히려 '프로젝트'라는 개념을 선호한다. 문화연구는 "자신이 아직 알지 못하고 이름 붙일 수 없는 부분에 대해 항상 열려있는 프로젝트다. 그렇지만 서로 연계를 맺고자 하는 약간의 의지는 갖고 있으며, 자신의 선택에 어떤 이해관계도 있다"(홀: 275). 그 이해관계란 바로 '정치적/이데올로기적' 측면이다. 정치적/이데올로기적 선택에 따른 이해관계는 이질적인 방법론과 이론적 입장을 야기했기에 '현대문화연구소' 내부에서도 '이론적 잡음'이 존재했다는 것이다. 다시 말해, "한편으로는 분야를 봉쇄하고 관리하는 데 대해 거부하는 입장과, 동시에 다른 한편으로는 어떤 입장을 고수하고 옹호하려는 결심, 이 양자 간에 생겨나는 긴장"(276)이 있게 마련이다. 이들 이론적 잡음 사이에 '대화론적 접근'이 필요하다. 이런 정치가 가능하기 위해서는 '자의적 마감(the arbitrary closure)'이 필요하다. 자의적 마감은 "문화연구가 '제 몫을 요구'하게 된 그 계기, 위치가 중요성을 띠기 시작한 계기"(276)로 돌아가기 위해 꼭 필요한 것이다.

홀의 정의는 복잡한 듯 단순하고, 단순한 듯 복잡하다. 그는 "안토니오 그람시를 본받아 항상 구체적인 역사적 '국면' 분석에 초점을 맞추었고, 이러한 지적 관심사는 또한 (넓은 의미에서의) 현실 정치 문제와 관련되어 있다"(임영호, 2015: 14). 그러기에 홀의 문화연구는 이론적 차원에 머문 것이 아니라 현실 참여 방식이기도 했다. 그람시의 유기적 지식인은 홀에게도 유용했다. 홀은 유기적 지식인의 이론 추구이자 실천 방식으로서의 문화연구를 우리에게 제시한 셈이다.

4. '문화에 대한 문화연구'

앞에서 살펴본 것처럼, '역사적 문화연구21'는 1950년대 말 1960년대 초 영국에서 일어났다. '문화연구'는 당시 영국에서 주류였던 '리비스주의'—고급문화 중심의 '문화의 연구' 전통—를 비판한 동시에 "정통파주의, 교조적 특성, 결정론, 환원론, 불변의 역사 법칙, 메타서사로서의 지위 등"을 특징으로 하는

21_ '역사적 문화연구'란 "1964년에 설립한 '버밍엄현대문화연구CCCS'가 주도한 '영국 문화연구'를 지칭한다'(이동연, 2017: 15). 이동연은 이르게는 2002년 버밍엄대학 문화연구학과의 폐지, 늦게는 2014년 스튜어트 홀의 죽음으로 '역사적 문화연구'가 공식적으로 종말을 고했다고 평가한다. 그는 "역사적 문화연구의 이론과 비평의 궤적은 '이데올로기 비판'과 '정체성의 정치학'을 중심으로 구성되었다'(이동연: 33)고 본다.

마르크스주의에 대한 "비판으로 시작해 그러한 비판을 통해 발전한다"(홀, 2015: 278). 문화연구가 고급문화 중심의 리비스주의를 비판하는 동시에 속류 마르크스주의를 비판하면서 등장했다는 사실은 심오한 의미를 함축하고 있다. 리비스주의가 인류의 손이 닿은 모든 산물을 임의로 고급과 저급으로 나누고, 전자를 문화로 본 반면, 후자를 무정부상태로 간주해 개조 대상으로 삼은 것은 전형적인 계몽'질'이었다. 그러나 자본주의 사회에서 착취당하는 노동자의 해방을 추구했던 마르크스주의 또한 교조니 결정론이니 하면서 리비스주의와 이질동형(isomorphism)의 오류를 범한 것은 마찬가지였다. 문화연구가 발원부터 양자를 비판하면서 등장했다는 것은 문화연구의 성격을 드러내는 선행작업이었다. 하지만 문화연구는 그 진행 과정에서 리비스주의와는 적대적이었지만 마르크스주의와는 비판적 연대 관계를 맺고 있었기에, 대중문화를 주요한 연구 대상으로 삼을 수 있었다.

문화를 고급문화와 대중문화로 나누는 인식이 전제되어 있다면 '문화의 연구'와 '문화연구'는 상호 배척할 수밖에 없다. 실제 영국에서 발원한 '문화연구'는 '(대중)문화연구'를 지향하면서 '(고급)문화의 연구'를 비판했다. 하지만 오늘날 우리는 대중문화와 고급문화를 상호 배척 관계로 설정할 필요가 없다는 점을 잘 인식하고 있다. 심지어 대중문화는 자본과 결합해 미디어를 독점하면서 고급문화를 위협하고 있다. 그러나 이전 단계에 고급문화가 대중문화를 배척했고, 대중문화는 자신의 존재가치를 증명하기 위해 고급문화에 저항해 왔음을 인지해야 한다.

이 글에서는 '문화에 대한 문화연구(cultural studies of culture)', 바꿔 말해 '비판적 문화연구'를 제안한다. 이는 기존의 고급문화와 대중문화의 구분, '문화의 연구'와 '문화연구'의 장벽을 타파하고, 고급문화와 대중문화를 아우르는 '통섭적 문화' 개념을 새롭게 제출하면서 그것을 '문화적으로' 연구하자는 것이다. 고급문화 중심의 리비스주의가 1단계였고, 이를 비판하고 대중문화 중심의 문화연구를 제창한 버밍엄학파가 2단계였다면, 이제는 고급문화와 대중문화를 구분하지 말고 양성(良性) 문화를 발굴하고 악성 문화를 지양하는 새로운 세 번째 단계로 나아갈 필요가 있다. 이는 기존 '(대중)문화연구'의 측면에서 보면 연구의 대상을 고급문화까지 확장하는 것이고, '(고급)문화의 연구'의 측면에서 보면 '학제적 통섭 연구'라는 방법론을 활용하는 장점이 있다.

고급문화와 대중문화의 대립에 대해서는 역사적이고 변증법적인 접근이 필요하다. "고급문화와 대중문화를 객관적으로 서로 연관되고 변증법적으로 상호 의존적인 현상으로서, 자본주의하에서 생산되는 미적 분체들이 서로 분리될 수 없는 쌍둥이 형식들로서 독해해야 한다"(제임슨, 2003: 37). 프레드릭 제임슨은 대중문화가 민중적이므로 고급문화보다 더 진정하다든가, 고급문화가 자율적이므로 타락한 대중문화와 비교할 수 없다는 이원적 가치평가를 뛰어넘어야 함을 강조하고 있다. 그는 '후기 자본주의'가 사회공동체나 계급 등 모든 집단에 대해 "보편적인 상품화와 시장체계라는 부패한 행위를 통해 용해하고 파편화시키거나 원자화시켜 고립되고 동등한 사적 개인들의 덩어리(이익사회 gesellschaften)로 만드는 것"(제임슨: 39)임을 갈파했다. 이제 예전과 같은 '민중'은 존재하지 않고, 모더니즘 예술도 자본에 잠식된 지 오래된 상황에서 "사회적 상황과 미학적 상황을 동등하게 강조해야 한다"(39)라는 것이 제임슨의 생각이다. 가장 대중적인 월드컵 전야제에서 빅 쓰리 테너가 공연하는 후기 자본주의 사회에서 대중문화와 고급문화 가운데 하나만 선택해 강조하는 것은 올바른 태도가 아니다. 대중문화의 사회적 상황과 고급문화의 미학적 상황을 동등하게 고려해 대중문화와 고급문화 사이의 변증법적 대립과 구조적 상호 관련성을 연구하는 것이 바로 비판적 문화연구의 새로운 과제일 것이다.

고급문화와 대중문화의 장벽을 타파하고 모두 연구 대상으로 삼자는 발상은 중국 근현대문학에서 '두 날개 문학사 담론'의 '아속공상(雅俗共賞)'이 가진 문제의식을 공유한다. '새는 좌우의 날개로 난다'라는 리영희 선생의 저서 표제를 연상시키는 '두 날개 문학사 담론'이란 『중국현대통속문학사』의 저자

판보췬(范伯群)의 주장으로, "과거 지식인 담론을 주도적 시각으로 삼은 중국 현대문학사에서 장기간 누적되어 온 뿌리 깊은 굳은 사유의 틀을 타파하고 다원적인 중국 현대문학을 위해 역사를 바로 세우고 지식인문학과 대중 통속 문학의 '상호보완성'을 밝혀야 한다"(판보췬, 2015: 59)라는 취지에서 비롯되었다. 지식인문학과 대중문학, 순문학과 통속문학의 상호보완성의 기제를 밝히는 작업은 쉬운 일이 아니다. 특히 대중 통속문학이 지식인 순문학에 작용하는 방향에 대해서는 거의 주목하지 않았던 것도 사실이다. 1930년대 문예대중화 운동이 '프롤레타리아 문학예술의 실천 운동'이라는 구호를 외치며 대중화를 시도했지만, 현실에서 대중화는 '작품과 독자의 관계'라는 본연의 과제보다는 '혁명을 위한 선전선동의 실천론'으로 전락했던 역사적 경험을 우리는 잘 알고 있다. 이는 바로 대중을 교화대상으로 간주했을 뿐 실천의 주체로 설정하지 않았기 때문이었다.

'두 날개 문학사 담론'의 핵심 가운데 하나가 '아속공상'인데, 이는 "아와 속의 동시적 감상, 즉 한 작품에서 고아한 측면과 통속적인 측면을 동시에 감상"(임춘성, 2013a: 106)하는 것을 말한다. 그러므로 '아속공상'의 경지는 '고아(高雅)'한 소설이나 '통속소설'에서는 맛보기 어렵다. 이와 관련해 천핑위안(陳平原)은 '고급 통속소설'이라는 '제3항'을 제출했다. '고급 통속소설'은 '고급소설'과 '통속소설'의 대립적 양극을 소통시키는 임무를 담당하는 소설이며, 문학성, 취미성, 통속성이 모두 '위에 비하면 모자라고 아래에 비하면 남아서' 의식적으로 '고급소설'과 '통속소설' 사이의 한 자리를 차지한다. 바로 여기에 참다운 '아속공상'이 자리 잡는다고 할 수 있다. 또한 '고급 통속소설'의 보다 중요한 가치는 '고아'와 '통속' 사이에 필요한 평형을 유지하는 데 있다(진평원, 2004: 378~79). 문학성의 기준으로 볼 때, 모든 통속소설이 '아속공상'의 대상이 될 수는 없다. '고급 통속소설'은 바로 문학성과 통속성을 아우르면서 독자들에게 의미와 재미라는 두 마리 토끼를 가져다줄 수 있는 소설을 가리키는 것이다. 개혁개방 이후 대륙에 불어닥친 '진융(金庸) 열풍'은 바로 '아속공상'

개념을 만들게 한 동인이었다. 1990년대 이후 출간된 중국 근현대문학사에는 거의 모두 '진융'에 관한 독립 장(章)이 기록되어 있고, 그 주제어는 대부분 '아속공상'이었다.

'두 날개 문학사 담론'의 방점은 통속문학의 복원에 놓여 있다. 5·4 신문학운동 이후 중국 근현대문학사는 지식인문학 중심으로 기술되었기 때문이다. 반면 '문화에 대한 문화연구'의 핵심은 '문화연구'의 대상을 대중문화에만 국한할 것이 아니라 고급문화 텍스트까지 확장하자는 것이다. 버밍엄학파의 '문화연구'가 고급문화 중심의 리비스주의에 반발하며 형성되었기에 자연스레 대중문화에 중점을 두었던 맥락을 극복해, 고급문화든 대중문화든 소재에 국한되지 말고 그것을 '학제적·통섭적으로' 연구하자는 주장이다. 이는 '비판적 문화연구'의 원래 취지를 살리는 것이다. 이때 '문화'가 '정치'·'경제'와 유기적 관계를 맺고 있는 '문화정치경제'라는 문제의식과 연관된 '문화'임은 말할 나위 없다.

5. 비판적 문화연구의 몇 가지 과제

문화연구가 역사로 끝나지 않고 연구 방법으로서의 현실적인 힘을 가지기 위해서는 여러 가지 문제를 극복해야 한다.

첫째, 문화연구는 정체성 혼란을 경계해야 한다. "연구 범위가 확장되고 연구방법의 학제적 복잡성이 증가함에 따라 문화연구의 정체성 자체가 모호해지는 어려움도 증가해 왔다. 연구 활동의 스펙트럼이 넓어질수록 연구방법이나 공통의 관심사를 찾거나 연구 성과를 공유하기도 점점 어려워졌기 때문"(심광현, 2014: 257)이라는 지적이 바로 그것이다. 문화연구는 절대 무소불위(無所不爲)의 연구 방법도 아니고, 무소부재(無所不在)의 연구 범위를 설정해서도 안 된다. 스튜어트 홀의 의견처럼 '학제적 통섭 연구'라는 공통분모 외에는 어떤 공통점도 발견하기 어려운 연구자 사이에 생산적인 '대화론적 접근'이 필요하다. 문화연구의 발원지였던 버밍엄대학의 현대문화연구센터도 간판을 내린 지금, 서양과 그 이론에만 주목하지도 않고 한국에만 매몰되지도 않으면서, 세계 각 지역과 창조적으로 소통하는 '한국의 비판적 문화연구 학파'의 출현은 필요하다.

둘째, 고급문화와 대중문화로 나누는 이분법을 극복해야 한다. 인간의 노동에 귀천이 없듯이 인간 노동의 산물인 문화도 고하를 나누지 말아야 한다. 물론 많은 이들에게 장기간 사랑받고 존중받는 문화가 있고, 특정 시기 특정 지역에 유행하는 문화가 있을 수 있다. 문화연구는 모든 문화에 대해 차별하지 않고 그 대상으로 삼아야 한다. 양성문화와 악성문화를 변별해야 하지만, 고급문화와 대중문화를 차별해서는 안 된다. 이 부분에서 제창한 '문화에 대한 문화연구'는 바로 인간 노동의 산물인 문화의 고하를 가리지 말고 비판적으로 분석할 것을 주장한다.

셋째, '학제적 연구'를 위해서는 지적 성숙이 필요하다. 대학에서도 학부에 학제적 프로그램을 개설하기는 쉽지 않고 대부분 대학원 과정에 개설하곤 한다. 학제적이란 말은 최소한 두 개 이상 분과학문의 융합을 가리키는데, 전공 개념에 얽매어 한 우물 파기에 익숙한 연구자들이 학제적 연구를 수행하기는 쉽지 않은 일이다. 전공에 충실하되 인근 학문에 관심을 기울여 끊임없이 소통하는 노력을 기울여야 한다.

마지막으로, '문화적 전환'의 핵심은 기존의 '정치적·경제적 과정'에 치중해 사회적 실천들과 물질적 요소의 핍진성에 초점을 맞추는 단계에서, '문화적 과정'에 중점을 두고 상징적 요소와 상부구조 그리고 표상에 초점을 맞추는 단계로 전환한 것이다. 특히 '문화적 과정'은 '사회적 실천들(social practices)'의 '담론적 존재 조건들(discursive conditions of existence)'을 분석하는 만큼, '문화와 사회의 유기적 상호작용'에 초점을 맞추어야 할 것이다.

2장
리퉈와 '대중문화비평총서'

1. 리퉈의 수창(首倡): 문화의 상품화와 문화연구

중국은 한국과 비슷한 시점인 1990년대부터 문화연구에 관심을 가지기 시작했다. 포스트사회주의 중국의 문화연구는 1990년대 중엽 리퉈(李陀)와 다이진화(戴錦華) 그리고 왕샤오밍(王曉明) 등에 의해 산발적으로 수용·소개되었고 1990년대 말에 본격적인 연구가 진행되기 시작했다. 중국의 문화연구는 홍콩과 타이완보다 10년 이상 늦게 시작되었지만, 관련 서적이 번역되고 2004년부터 베이징과 상하이지역의 대학을 중심으로 관련 강좌가 개설되면서 '문화연구 붐'이 형성되었다.22) 중국에 수용된 문화연구는 미국식 문화연구와 비판적 문화연구 두 가지 흐름이 있는데, 전자가 중국의 미래를 미국적 모델로 설정하고 미국식 문화연구를 중국 사회 분석의 잣대로 삼은 반면, 후자는 중국 현실을 비판적으로 바라보면서 버밍엄학파의 '비판적 사회연구'를 계승해 중국 현실을 비판적으로 분석하고자 했다(임춘성, 2017: 127 참조).

이 부분에서는 비판적 문화연구를 수창한 리퉈와 그가 주편(主編)한 '대중문화비평총서'(이하 '총서')의 주요 내용을 일별함으로써 베이징 지역의 비판적

22_ 王曉明, 「文化硏究的三道難題: 以上海大學文化硏究系爲例」, 『上海大學學報(社會科學版)』, 2010年第1期. 이 글은 2009년 9월에 수정 보완해 2010년 발표했는데, 왕샤오밍이 상하이대학으로 옮기면서 실천한 문화연구 관련 사항을 잘 개괄해 놓았다. 여기에서는 王曉明(2012: 264)에서 인용했다.

문화연구를 고찰해본다. 리퉈는 1999년 '대중문화비평총서'를 주편함으로써 중국에서 '비판적 문화연구'의 길을 열었다. 그는 총서 '서문'에서, 대중문화의 흥기를 '20세기의 대사건'의 하나로 명명하고 있다. 그것은 두 번의 세계대전, 사회주의와 자본주의의 대치, 구식민주의 체계의 와해와 신식민주의의 형성, 우주 공간의 개척, 인터넷 시대의 도래 등에 못지않은 커다란 사건이라는 것이다. 그런데도 중국에서는 지식인의 엘리트화와 지식의 경전화(經典化)로 인해 대중문화를 경시하는 풍조가 만연되어 있음을 지적했다(李陀, 1999: 1). 리퉈의 진단은 20여 년 전 중국에서 문화연구가 갓 수용되기 시작한 시점에 나왔지만, 지식인의 엘리트화와 지식 경전화의 문제는 지금껏 제대로 해결되지 않은 상태다. 당시 중국 엘리트 지식인들은 대중문화가 현재 사회와 역사를 인식하는 중요한 지식대상이자 대중문화 연구가 현대 지식체계에 없어서는 안 될 영역이 되었다는 현실을 거부했다. 어느 사이 학생들에게 대중문화는 "시간표에는 없지만 더 중요한 과목"(李陀: 2)이 되었음을 강단 지식인들은 알지 못했다. 물론 이런 상황은 20년이 지난 지금 많이 바뀌었다. 이제 대중문화의 하나인 영화가 대학 강의의 중요한 개설과목이 된 것은 그 중요한 지표다.

리퉈는 먼저 정명(正名)을 시도한다. 그는 대중문화가 'popular culture'의 번역어로, 그것이 통속문화 및 민간문화와 다름을 강조한다. 그는 대중문화가 "당대 대공업생산과 밀접하게 관련되어 있고" "공업 방식으로 소비성 문화상품을 대량으로 생산하고 복제하는 문화형식"(3)이라 정의했다. 그에 따르면, 대공업과 한 몸이 된 대중문화라는 '문화형식'은 '문화시장'을 만들어 생산물의 판매를 조직해 가능한 한 빠르게 최대 이윤을 얻는 경제행위를 포함하고 있다. 베스트셀러 소설, 상업영화, TV드라마, 각종 광고, 대중가요, 레저 잡지, 만화영화, 뮤직비디오, 프로스포츠, 패션모델공연 등은 대중문화의 주요 성분이 되었을 뿐만 아니라 매매 관계를 통해서만 자신의 '문화가치'를 실현할 수 있는 보통 상품이 되었다. 대중문화 형식은 '적나라한 상품성'을 가지고 '자신과 자본의 관계'를 은폐하려 하지 않는다. 상품 형식은 한 사회에서 지배적 지위를 얻게 되면 사회생활의 모든 방면에 침투해 자신의 이미지에 따라 이들 방면을 개조한다. 이 대중문화의 개조는 20세기의 큰 사건일 뿐만 아니라 인류 역사에서 큰 사건이다. 이는 인터넷 시대의 도래 및 '클론' 기술의 혁신에 맞먹는 커다란 사건이라는 것이 리퉈의 판단이다. 베냐민(Walter Benjamin)이 우려했던 '예술의 정치화'에 맞먹는 '문화의 상품화' 현상이 도래한 것이다. 문화연구는 바로 이런 역사 환경에서 출현했다. 1930년대의 프랑크푸르트학파와 1950년대의 버밍엄학파는 대중문화연구를 자본주의 비판과 상호 연계시킴으로써 전에 없던 이론적 성과를 이루었다.

이런 지구적 흐름에 중국도 예외는 아니다. '문화의 상품화'는 줄곧 당대 중국의 '사회 전환'이라는 역사 과정의 중요한 구성 부분이었고 1990년대 문화상품화의 필연적 결과로서의 대중문화는 갑작스레 사회 각 층위와 각 구석을 요원의 불길처럼 뒤덮었다. 짧은 10년 남짓의 시간에 이런 추세는 중국의 문화 경관을 완전히 바꾸었다. 리퉈의 문제제기는 바로 이 지점에서 시작한다. "이론계와 비평계는 어떻게 반응해야 하고 어떻게 해석해야 하는가? 그리고 새로운 이론과 실천 가운데 어떻게 새로운 지식을 발전시켜야 하는가?"(5) 이를 해결하기 위해 그는 우선 서양 이론 학습의 중요성을 강조한다. 대중문화를 연구하는 문화연구는 서양에서 발원했고 상당한 축적이 있으므로 우선 그것을 배우고 모방해 '가져와 사용'해보아야 한다. 물론 리퉈의 가져오기는 조건 없는 가져오기가 아니라 '비판적 가져오기'이다. 가져와 사용해보되, 진지한 분석과 비판을 거쳐 '중국 상황에 맞는 문화연구 이론과 방법을 건립'(8)할 것을 촉구하고 있다. 그러므로 리퉈는 2000년부터 '대중문화연구역총'(이하 '역총')을 편집해 5권23)을 시리즈로 출간했다. '역총' 서문에서 그는 문화연구

23_ 勞拉・斯・蒙福德(Laura S. Monford), 林鶴, 『午后的愛情与意識形態: 肥皂劇女性及電視劇种(*Love and Ideology in the Afternoon: Soap Opera, Women and Television Genre*)』, 林鶴譯, 中央編譯出版社, 2000; 珍妮弗・克雷克(Jennifer Crake), 『時裝的面貌: 時裝的文化研究(*The Face of Fashion*)』, 舒允中譯, 中央編

를 다음과 같이 정의했다.

> 최근 수십 년간 영국의 '버밍엄학파'의 추동으로 성숙해진 일종의 학제적 연구
> 로, 문화연구는 20세기 자본주의적 문화생산과 연관되어 있을 뿐만 아니라 당대
> 자본주의 이데올로기의 구축과 새로운 구조적 억압의 형성과도 연관되어 있고
> 나아가 그것들과 문화·경제 생산 사이의 복잡한 관련과도 연관되어 있다. 그러
> 므로 문화연구는 인간이 스스로 그 속에서 생활하고 있는 당대 사회에 대해
> 반성하고 사색하는 가장 비판적인 인식 활동이라 할 수 있다(李陀, 2015: 206).

리튀는 문화연구를 학제적 연구에서 비판적인 인식 활동으로 승화시키고 있
다. 그 사이에는 자본주의 비판이 놓여 있다. 자본주의의 문화생산과 이데올
로기적 억압 그리고 그것들이 문화·경제의 생산과 소비에 미치는 영향 등이
문화연구의 대상이다.

지나치게 세분화된 지식 분업은 문화연구의 주요 비판 대상이다. 지식 분
업은 애초 학문의 목적을 망각하게 할 지경에 이르렀고 이를 타파하기 위한
노력이 마르크스주의, 구조주의, 페미니즘 등의 흐름과 '연구(studies)'라는 이름
의 학제적 연구로 표현되었다. 문화연구는 그 가운데서도 성과가 두드러진
분야일 뿐만 아니라 마르크스주의, 포스트구조주의, 여성연구, 포스트식민주
의 등과도 깊은 연원을 가지고 상호 영향을 주고받으며 함께 발전해온 역사
가 있다. 그러므로 이와 관련된 연구 성과를 번역·소개하는 작업은 중국 문
화연구에 중차대한 일임을 리튀는 강조했다.

리튀가 주편한 '총서'는 문화연구와 관련한 중국 최초의 시리즈로, 모두

譯出版社, 2000; 安德魯·古德溫(Andrew Goodwin), 加里·惠內爾(Gary Wheeler) 編著, 『電視的眞相
(*Understanding Television*)』, 魏礼慶·王麗麗譯, 中央編譯出版社, 2001; 約翰·費斯克(John Fisk), 『理
解大衆文化(*Understanding Popular Culture*)』, 王曉珏·宋偉杰譯, 中央編譯出版社, 2006; 安吉拉·默克
羅比(Angela McRobbie), 『后現代主義与大衆文化(*Postmodernism and Popular Culture*)』, 田曉菲譯, 中央
編譯出版社, 2006.

10권으로 구성되어 있다. '숨겨진 글쓰기'와 '문화영웅 글쓰기'라는 키워드로 1990년대와 세기말을 고찰한 문화연구(戴錦華, 1999; 戴錦華主編, 2000), 1990년대 새로운 계층의 등장에 따른 새로운 이데올로기 분석(王曉明主編, 2000), 진융의 무협소설 연구(宋偉杰, 1999), 상하이에서 부활한 노스탤지어 풍조에 편승한 상하이 올드 바에 대한 현지조사를 통해 소비와 상상을 분석(包亞明外, 2001), 전자 매체를 통한 글쓰기 방식의 변화(南帆, 2001), 현대 생활방식으로서의 레저 연구(胡大平, 2002), 중국의 청년문화 연구(陳映芳, 2002), 중국 당대 문학 생산 기제의 시장화 전환이라는 주제 의식으로 문학장 연구(邵燕君, 2003), 최근 중국 일상생활의 소비주의 분석(陳昕, 2003) 등 그 연구 주제가 이전과는 확연히 다른 면모를 드러내고 있다. 리퉈의 대중문화 연구의 창도(唱導)와 '총서' 주편은 중국의 비판적 문화연구의 초석을 다진 작업이라 할 수 있다. 이 가운데 다이진화와 왕샤오밍은 별도의 장에서 다루고 상하이 도시문화 연구는 상하이 문화연구에서 다룰 예정이므로, 여기에서는 진융 연구, 문학 생산의 시장화 메커니즘, 전자문화 등의 주제에 대해 고찰하고자 한다.

2. 쑹웨이제의 진융 무협소설 연구

쑹웨이제는 진융과 그 소설의 특징을 거론하면서 '예외'라는 단어로 시작한다. 그에 따르면, 진융의 무협소설은 대중문화 범주에 속하면서도 단순한 통속문학이 아니므로 유행소설의 예외다. 그의 소설은 홍콩에서 창작되었지만 홍콩문학 스타일에서 벗어났고 대륙을 풍미했지만 대륙 당대문학의 틀과도 달라서 대륙 문단과 홍콩 문단의 예외다. 그의 무협소설은 고대 전통이 소홀히 취급되는 근현대 시기에 고전의 우아함과 몽경(夢境)을 보존하고 있으니 또한 당대 주류문학과 선봉(先鋒)문학의 예외다. 게다가 신문업계의 거장이자 무협소설의 명가인 그가 뜻밖에도 옥스퍼드 대학과 케임브리지 대학, 홍콩중문대학과 베이징대학의 명예교수 등의 직함을 받은 것 또한 예외다(宋偉杰, 1999:

1). 일련의 예외는 진융의 소설을 '두터운 텍스트(thick text)'로 만든다. '두터운 텍스트'는 '두텁게 기술(thick description)'된 텍스트로, "다원적인 독자의 기대시야를 다양하게 융합함으로써" "다양하게 해석될 수 있는 복합적인 의미구조를 가진 텍스트"(임춘성, 2013a: 224, 253)다. 두터운 텍스트는 '문화적 두터움(cultural thickness)'을 가지기 마련이다. 진융 독자들은 개인의 기호(嗜好) 차원에서, 연구자는 학술적 목적에서, 진융과 그의 소설을 자리매김하려 하지만, 나름 진융 소설의 핵심을 이해했다고 생각한 순간 더 넓고 깊은 텍스트의 세계를 깨닫기 마련이기 때문에 진융의 텍스트는 단순하고 단일한 해석에 머무르지 않는 두터운 텍스트다.

쑹웨이제는 명시적으로 밝히지는 않았지만, 진융의 텍스트를 각기 다른 장절에서 각기 다른 장르로 다루는 전략을 선택함으로써 진융 소설의 '문화적 두터움'을 드러내고 있다. 이는 각기 다른 논술 맥락에서 의도적으로 진융 소설의 '천의 얼굴을 가진 영웅'의 복잡성과 자리매김하기 어려운 특징을 두드러지게 하려는 것이다. 아울러 진융 소설의 '자리매김'의 어려움에 직면해 쑹웨이제는 '문화연구'의 방법론을 대륙의 '진융 현상' 및 '진융 텍스트'와 결합하려 한다. 그에게 '문화연구'는 서양 기존의 '문화비평' 이론을 단순하게 가져와 중국의 복잡한 문제를 처리하는 수준이 아니라, 자신의 문제와 현상에서 출발해 중국의 당면한 대중문화에 존재하는 겹겹의 곤궁과 도전을 해결하는 것이다. 쑹웨이제는 새로운 시야로 진융 소설의 풍부한 내포를 다시 독해하는 동시에 착종되어 복잡한 진융 현상을 당대 중국어 세계의 사회문화적 맥락과 결합시키고자 한다. 이런 연구 의도는 당대 중국의 '아속(雅俗) 문화'의 관계, '문학사 새로 쓰기', 대중문화연구의 홍기, 구체적 명제와 '패러다임' 전환 등의 주제를 진융 연구에 접합하려는 것이다. 그는 '진융 소설' '진융 현상'과 서양 문화비평의 교차점을 찾아 발견하고 그에 따라 비교문학의 연구방법을 동원해 서양 이론과 중국 문제를 융합하고자 한다.

쑹웨이제가 진융을 연구하는 핵심 주제는 '오락행위에 내재한 유토피아 충동'이다. 그가 볼 때 진융 소설 읽기는 '오락행위'다. 그러나 그것은 단순한 오락행위에 머물지 않는다. 쑹웨이제는 오락에 '도피'와 '만족'의 기능이 있고 유토피아주의를 지향하고 있음에 주목한다. 쑹웨이제가 보기에, 대중문화의 오락행위는 유토피아주의를 요지로 삼고 있는데, 이때의 유토피아는 소비자의 감각과 심리에 호소해 감각 층위에서의 '속죄'와 '직접적이지 않은 보상'을 획득하는 것이다. 그러나 오락행위가 만드는 유토피아주의에는 적극적 기능과 소극적 기능이 공생 공존하고 있다. '도피'와 '만족' 외에 유토피아에는 현존 질서에 대한 '회의'와 '비판'의 측면이 있다. 그러므로 그는 유토피아를 이데올로기와의 관계 속에서 고찰한다.

쑹웨이제는 진융 소설에 대한 징후적 독해를 통해 진융 무협 유토피아의 '공간'과 '사람(협객)'의 구조, '젠더 정치', '개인 표상'과 '네이션-스테이트' 명제, 소수자의 역사 기억과 문화 전승, 진융 소설의 장르 초월 유행 및 당대 사회문화적 맥락에서의 진융 소설 부상 등의 문제를 명확하게 설명하고자 한다. 거시적 각도에서 진융 현상의 당대적 문화 효과를 파악하는 동시에 미시적 시각에서 진융 소설 텍스트에 내장된 구체적인 징후를 해독하려는 것은 그 나름의 문화연구 방법이다. 그 가운데 네이션과 에스닉 그리고 젠더 문제는 다른 무협소설 연구에서는 찾아보기 어려운 주제임이 틀림없다. 여기에서는 정파와 사파, 문제적 세계의 문제적 개인, 젠더, 에스닉 등에 초점을 맞춰 살펴보기로 하자.

쑹웨이제는 진융의 수사 전략 가운데 '사(邪)가 정(正)을 이기지 못함(邪不勝正)'에 주목한다. 무협소설은 '무(武)'와 '협(俠)'으로 구성된 만큼, 당연히 궁극적으로 사파(邪派)가 정파(正派)를 이기는 일은 없어야 할 것이다. 그러나 진융의 소설에서 정파와 사파의 구분은 다른 소설에서처럼 도식적이지 않다. 이른바 '정파' 속에 사악한 인간이 있고 이른바 '사파' 속에도 인간다운 사람이 있다. 심지어 정파에도 속하지 않고 사파에도 속하지 않는 문파와 사람도 있다. 진융은 단순한 이분법을 허용하지 않는다. 그러기에 밝음이 어두운 그림자를 밝힘에도 어두움은 소실되지 않고, 기쁨이 고통을 극복해도 고통을 해소하지는 못하며, '시(是)'가 '비(非)'를 넘어서지만 '비'가 여전히 존재하는 현실을 묘사하고 있다. 이를 통해 무협소설의 장르적 속성이자 한계인 '도식화'를 극복하려 했다. 그러므로 그의 서사 세계인 강호는 '전형인물이 재현되는 전형환경'이 아니라, "'문제적 개안'이 문제적 세계와 만나는 곳"(宋偉杰, 1999: 27)이다. '전형인물과 전형환경의 상호 통일이론'은 엥겔스가 「마가렛 하크네스에게 보내는 편지」에서 전개한 이론이다. 엥겔스는 편지에서 "리얼리즘의 의미는 세부 묘사의 진실성 외에도 전형환경 중의 전형인물을 진실하게 재현해야 한다"라고 하면서, 하크네스(M. Harkness)에게 노동운동이 고양된 시대 상황에서 계급적 역량을 인식한 노동자들을 묘사하지 않은 것을 지적했다. 시대의 보편성을 담지한 전형인물을 묘사하자는 것이다. 그러나 전형이론은 엥겔스의 의도와는 달리 전형적인 환경에 등장하는 인물들을 유형화, 도식화의 함정에 빠트리기 쉽다. 그에 반해 진융의 '문제적 세계' 속의 '문제적 개안'의 형상화는 유형화와 도식화의 함정에 빠지지 않으려는 전술이다. '문제적 개안'은 고대 문화 전통과 강호를 넘나들면서 '문제적 상황'에 도달한다. '문제적 상황'이란 "무학 경계와 인생의 귀착점 사이의 미묘한 분해"(宋偉杰: 27)를 가리킨다. 대부분 주인공은 무공에서 최고 경지에 도달하지만, 거의 예외 없이 강호에서 은퇴한다. 그들은 돌아갈 집이 없는 근현대인처럼 어딘지도 모를 곳으로 은둔한다.

진융의 '문제적 세계'는 주요하게 북송(北宋)부터 청초(淸初)까지 '이족(異族)'이 주인이고 한족이 노예'였던 역사적 배경을 가지고 있다. 나아가 '문제적 세계'는 한족과 이족의 구분, 강세 문화와 약세 문화의 충돌, 중토(中土) 문화와 이역 문화의 부딪힘, 고전 전통과 근현대성의 교접 그리고 수시로 곤경에 빠지는 근현대인의 고단함과 곤혹 등으로 전환되어 보다 광범한 의미 범주로 보편화하고 추상화되었다. '문제적 세계'라는 현실을 정복하는 협객의 역량은 소설 인물의 각종 무공 절기의 '마술적' 색채에 표현되고 아울러 인물의 일상생활에 융합된다. 그리고 이런 유토피아 충동의 가장 중요한 체현은 '강호의 구원'이다. 진융은 '역사'와 '소설'이 교착된 우언(寓言) 구조에서 유토피아를 추구했다. "강호를 함께 다니는 '진실'과 '허구'의 무림 인물의 계보 가운데 구체적이고 추상적인 소설 세계를 구축했고, 아울러 황당한 상황에 대한 남녀 협객의 깬 의식과 실제 행동을 빌어 현실에 대한 상상적인 비판을 달성했다"(91). 이른바 '역사의 강호화'와 '강호의 역사화'는 독자를 역사와 강호가 유기적으로 결합해 만들어 낸 '가상세계'로 이끈다.

문제적 세계의 문제적 개인은 남성 주인공에만 국한되지 않는다. 진융 소설에 등장하는 여성 가운데 특히 '문제적 여성'이 많다. 이 여성들은 '궤도이탈자'로, 강호 가부장 사회의 정상 질서에서 벗어난 '위험한 여성들'이다. 이들은 진융 소설에서 편견을 가진 정파 인사들에 의해 '요녀'로 명명된다. 그녀들이 '요녀'라는 고깔을 쓰게 된 공통 원인은 그녀들이 남성 정파의 강호 세계와 상호 대립하는 사파 또는 조정(朝廷)의 인물이기 때문이다. 『의천도룡기』의 은소소와 조민이 대표적이다. 일반 강호인은 그녀들을 마치 서양 중세의 '마녀'와 같이 취급한다. 사파 여성은 사랑하는 남성 협객의 사회 공간과 개인 공간에 개입하게 되고 그에 따라 부득불 또 다른 질서와 규범을 대면하게 된다. 이와 동시에 사파 여성에게 '미혹'된 정파 남성 협객은 스승의 질책을 받게 되고 심지어 사문에도 용납되지 못한다. 그가 사랑한 여성과 마찬가지로 그도 원래의 신분과 생활에서 유리되어 남녀 두 사람은 모두 각자 집단의 궤도이탈자가 된다. 『벽혈검』의 원승지와 온청청, 『사조영웅전』의 곽정과 황용, 『의천도룡기』의 장무기와 조민, 『소오강호』의 영호충과 임영영 등은 모두 정파 남성 협객과 사파 여성이 결합한 사례이다. 이런 수사 전략에서 여성의 '혁명성'은 남성에게 전환의 계기를 제공함으로써 남성이 낡은 편견을 깨트리고 탁 트인 흉금을 가지게 만드는 점에 존재한다. 이런 의미에서 여성의 남성에 대한 도전과 도움은 결정적인 역할을 한다. 물론 정파 인물들이 '요녀'로 간주하는 여성들은 남성들에게 '각성'의 계기를 제공하지만 궁극적으로 여필종부의 가부장적 구도에서 벗어나지 못하는 한계를 가지고 있다. 이는 당연히 작가 진융의 한계다. 사랑하는 한 남성을 위해 모든 것을 포기하는 여성, 이는 예나 지금이나 남성 독자들의 판타지이다. 진융은 무협소설의 주요 독자인 남성들에게 '무협 판타지'를 제공할 뿐만 아니라 혁명적이면서도 일편단심의 여성 주인공을 등장시켜 또 다른 '젠더 판타지'를 맛보게 하고 있다. 나아가 당시 가부장제에서 허용되었다는 명목으로 일부다처 구조를 수시로 등장시키는 것도 그 연장이다.

진융의 소설 세계에서 한족은 소수자 그룹으로 묘사되고 이족(異族)은 다수자가 되어 한족을 통제하고 있다. 이는 중국 고대사에서 수시로 출현하는 상황이다. 처녀작 『서검은구록』부터 『벽혈검』을 거쳐 마지막 작품 『녹정기』에 이르기까지 모두 만주족과 한족 간의 복잡한 모순을 건드렸고 '사조삼부곡'은 한족과 몽골족 등 간의 에스닉 충돌이 두드러졌으며 『천룡팔부』는 송과 요 양국의 한족과 거란족의 이야기를 묘사했다. 한마디로 말해, 한족, 만주족, 몽골족, 회족, 티베트족, 거란족 등 여러 에스닉 공존의 틀, 심지어 러시아 등 서양적 '타자'가 호시탐탐 중국을 노리는 상황은 진융 소설이 의도적으로 설계한 정경이다. 쑹웨이제가 보기에 진융 소설의 '네이션-스테이트' 문제는 아래와 같은 세 가지 문화 상상의 이상적 경관 가운데 전개된다. 첫째, 초기 텍스트는 개인적 의미의 협객(소협)이 '네이션-스테이트'라는 실체의 도움을 받아 '위국위민(爲國爲民)'하는 대협으로 승화하는 것을 묘사했다. 둘째, 중후기 텍스트는 '내셔널 영웅' 식의 대협이 개인화 협객이라는 국면으로 나아갔고, 복잡하게 엉클어진 '혼종성'의 사례를 들어 순수한 '네이션-스테이트' 관념에 대해 공개적으로 질의하고 한족 또는 특정 에스닉 중심주의 경향을 비판했다. 셋째, 처음부터 끝까지, 진융 소설은 중토 무공문화(특히 소림 무공)의 이역 내원과 본토화 노력의 도움을 받아 무공이 한족 것인지 이족(異族) 것인지의 이원대립 사유에 문제제기하고 무공(문화)의 본질에 문제를 제기하는 동시에 '양화억이(揚華抑夷)'의 콤플렉스를 미묘하게 드러냈다(宋偉杰: 142). 사실 진융 소설의 '국가주의'적 맥락에 대해서는 비판이 필요하다. 비판의 핵심은 근현대적 개념인 네이션이 아직 중국에서 형성되지 않은 소설 내적 역사 시기에 네이션과 에스닉 개념을 무단으로 결합한 점이다. 특히 『천룡팔부』에서 교봉/소봉의 에스닉/내셔널 정체성에 대한 고민과 『녹정기』에서 위소보를 오족공화(五族共和)의 합작품으로 처리한 것은 작가의 의식을 작중 인물에 불어넣었다는 점에서 리얼리즘의 원칙을 위반한 것이다.[24]

박대정심(博大精深)한 내용을 가진 진융 소설은 무협소설, 언정(言情)소설, 탐정소설, 탐험소설, 정치소설 및 광의의 환상소설, 성장소설을 한 몸에 융합하는 과정에서, 그리고 여러 가지 장르의 조화와 탈구 과정에서, 유토피아와 이데올로기가 동반된 사회적 상상, 젠더 정치의 미묘한 단어 배치, '에스닉―네이션―스테이트'와 개인 명제의 부딪힘과 화해, 그리고 인성의 선악 및 미추의 투쟁 등을 풍부하고 섬세하게 탐토(探討)했다. 진융의 작품에서 선한 사람은 절대적으로 선하지 않고 악한 사람도 절대적으로 악하지 않다. 바꿔 말하면, 진융 소설은 선과 악, 미와 추의 명제에 대해 복잡하고 깊이 있게 처리했다. 진융 소설은 사회의 이단자와 낙백자(落魄者) 그리고 실패자를 난세의 협객으로 통합하고, 그들의 생활공간을 이상화된 유토피아 세계로 묘사했다. 진융의 소설은 현대사회에서 출생한 세대를 위해 또 다른 세계를 상상하고 또 다른 생활을 동경하는 환상 방식을 제공했고 아울러 그들이 한 번 또 한 번 읽는 과정에서 '체계적 세계'와 '일상생활'이 그들에게 가져온 좌절과 불평을 구원하고 비판하게 했다(235～36).

그러나 진융은 남성 중심의 가부장제와 한족 중심의 중화 네이션 서사를 거리낌 없이 활용하고 있다. 앞서도 말했지만, 다소간의 혁명성을 가진 여성이 주인공 남성에게 '각성의 계기'를 제공하지만 궁극적으로 여필종부의 가부장적 구도에서 벗어나지 못하는 한계를 보여주고 있다. 진융은 이족이 한족

24_ 이에 대한 자세한 내용은 이 책 17장 '진융 소설 번역을 통해 본 한중 문화번역의 정치학' 참조

보다 강한 역사 시기를 선택해 줄거리를 짰다. 소설의 정치 수사는 '화이(華夷) 의 구분'을 약화하거나 와해시키는 경향이 있었지만, 문화 수사는 오히려 '오 랑캐가 중화를 이기지 못한다'라는 내재적 의미를 암묵적으로 드러냈다. 이족 이 한족보다 강한 역사 시기를 선택해 궁극적으로 한족이 이족을 이겨내는 이야기는 한족 중심의 중화 네이션 서사로 귀결될 수밖에 없다. 이 점은 진융 의 치명적인 약점이자 한계다.

3. 사오옌쥔의 문학장 연구

중국 '당대문학 생산 기제의 시장화 전환(transformation)'이라는 주제 의식으로 문학장을 연구한 사오옌쥔(邵燕君, 2003)은 '기울어진 문학장(傾斜的文學場)'이란 표제를 내걸었다. 사회주의 30년 시기 정치장의 영향에서 벗어나지 못했던 중국 문학장은 개혁개방 이후 잠시 문학의 자주성을 획득한 것 같았으나, 1990년대 개혁개방이 가속화됨에 따라 시장화의 특징을 가진 경제장의 영향 으로 인해 심각한 위기에 봉착하게 되었다. 사오옌쥔의 표현대로 심각하게 기울어졌다. 문학 생산 가운데 온존하는 권력관계와 그 작동 기제를 드러내 는 문화연구의 방법을 운용하는 사오옌쥔은 '시장화 전환'을 고찰하기 위해 부르디외(Pierre Bourdieu)의 문화생산 '장(field)' 이론을 가져온다.

부르디외에 따르면, 이른바 '장'은 서로 다른 권력(또는 자본)을 가진 단체 나 개체가 그들이 점거하고 있는 서로 다른 위치 사이의 객관 관계에 따라 구성하는 '네트워크' 또는 '구조'다. 이들 권력(또는 자본)에 대한 점유는 "이 장 의 특수한 이윤에 대한 통제를 의미하기도 한다"(布爾迪厄, 1997: 142; 邵燕君, 2003: 7 재인용). '문학장'은 문학 자신의 운행과 변화 법칙을 준수하는 공간이 고, 그 내부 구조를 구성하는 단체 또는 개인은 문학잡지, 출판사, 협찬자 등 으로 구성되는 문학 생산기구를 포함한다. 이를테면 비평가, 문학사 저자, 문 학상 심사위원, 대학, 살롱 등으로 구성된 문학 가치 인정기구 및 문학의 직접 생산자인 작가 등이다. 이들 단체와 개인은 자신의 합법성을 얻고 이 '장'의 '특수한 이윤'을 장악하기 위해 끊임없는 투쟁의 와중에 놓여 있다(皮埃爾·布迪厄, 2001: 262~70; 邵燕君: 7 재인용). 샤오옌쥔은 부르디외의 이론 가운데 '문학 자주 원칙'에 관심을 기울인다. 그가 볼 때 '문학장'의 '자주 원칙'은 '전도된' 경제 원칙, 즉 '패배한 자가 이기는 원칙' 위에 건립되었다. 예술가는 경제적으로 실패해야만 상징적으로 이길 수 있다. 순예술 생산자는 자기 생산의 요구 외에 다른 요구를 승인하지 않고 '상징자본' 축적 방향으로만 발전한다. 이 논리는 형식 실험과 창신에 십분 유리하고 많은 전위 운동의 발생은 바로 이에 기대고 있다. '문학장'의 내부 등급은 서로 다른 형식의 '상징 수익' 위에 건립된다. 예컨대, 명망(prestige), 신성화/정화/축성(consecration), 지명도(celebrity) 등. 이런 의미에서 '문화장'은 '신앙의 우주'(皮埃爾·布迪厄, 2001: 99~100; 邵燕君: 7 재인용)다. 샤오옌쥔은 관계와 투쟁을 강조하는 부르디외 문학장 이론을 수용해, 중국 당대문학 생산 기제의 시장화 전환 과정의 연구를 심화하는 한편, 정기간행물, 출판 분야, 문학상 그리고 20세기 말 유행했던 '미녀 문학' 등의 구체적 사례 분석을 결합해 당대 문학장 가운데 중국적 특색을 가진 부분을 중점적으로 연구하고자 했다.

문학장은 사회주의 30년 내내 정치장에서 벗어나지 못했다. 1976년 마오쩌둥 사후 문화대혁명이 종결되고 사상해방운동의 결과 문학장은 정치장으로부터 독립한 듯 보였지만, 개혁개방의 물결을 타고 들어온 자본주의의 영향에서 벗어날 수 없게 되었다. 정치 권력 또한 자본주의에 영합해 "부단한 조정을 통해 '시장 원칙'과의 새로운 결합점을 찾아냈다"(邵燕君: 302). 이를테면 '광범한 주선율(主線律)'을 바탕으로 삼아 주류 이데올로기의 심미 원칙과 대중의 취미를 상호 결합하고, 리얼리즘의 '미적 지도권'을 새롭게 회복하고 있다. 이런 상황에서 샤오옌쥔이 희망하는 문학장의 자주 원칙은 견지 가능한 것일까? 이제 중국에서 문학장은 정치장의 압력뿐만 아니라 경제장의 통합력에도 직면하고 있다. 중국공산당은 창당 이후 프로문학운동을 통해 기층 민중이

문학창작과 감상의 주체가 될 수 있도록 노력을 기울이는 동시에 문학의 선전선동 효과에 관심을 기울였다. 중국공산당은 중화인민공화국 건국 이전까지는 문학이 '신민주주의 혁명'의 선전선동 도구가 되기를 요구했고, 건국 이후에는 문학을 정책으로 지도했으며 개혁개방 이후에는 검열로 통제하고 있다. 선전선동론은 1927년의 '혁명문학논쟁'을 거쳐 1930년대의 '좌익작가연맹'과 1940년대의 '중화전국문예계항적협회'에 관철되었고 「옌안 문예 연설」에서 '인민문학 이념형'으로 정형화되었다. '인민문학'은 건국 이후 '중국전국문학예술공작자대표대회'를 통해 정책으로 관철되었고, 중국공산당은 작가들에게 사회주의적 개조를 강요했다. 개혁개방 초기 일시적으로 사상해방 국면을 맞이했으나 1989년 '톈안먼 사건' 진압 이후 다시 억압 국면으로 전환되어 검열이 강화되고 있다(임춘성, 2021a: 1~2).

검열은 문학장 나아가 문화장에 대한 정치장의 압력을 잘 드러내 준다. 한국도 5공화국까지 검열이 노골적으로 존재했었고, 김대중·노무현의 민주 정부를 거치며 명시적 검열 규정이 없어졌지만, 이명박·박근혜 시절 이른바 '블랙리스트'라는 암묵적 검열 규정이 횡행했었다. 중국은 1949년 이전에도 국민당 정부의 검열이 존재했고, 중화인민공화국 건국 이후에도 이데올로기 통제를 위해 검열은 필수적인 장치였다. 개혁개방 이후 일시적으로 완화되었지만, 시진핑 정부 들어 검열은 강화되고 있는데 직접 통제 방식에서 간접 관리 방식으로 바뀌었을 뿐이다.

개인적 경험[25]은 말할 것도 없고, TV 드라마의 '제편인(制片人)' 제도, 저서 출판 시 책임저자의 '이데올로기 보증서' 제출 등은 검열의 대표적인 사례다.

25_ "필자 개인 경험만 하더라도, 상하이대학 당대문화연구센터 웹사이트에 올린 글의 한 부분에서 <색, 계>의 섹슈얼리티를 논했다가 한동안 검색이 금지되었고, 장뤼(張律) 관련 글(林春城, 2011)을 투고해 세 번 거절당했으며, 『신세기 한국의 중국 현당대문학 연구』(林春城·王光東, 2013)를 편집하는 과정에서 가오싱젠(高行健) 관련 글과 작가의 세계관 지양(止揚) 관련 글을 제외해 달라는 출판사의 요구를 거절할 수 없었고, 한국에서 발표한 첸리췬 관련 칼럼을 중국어로 번역해 보냈더니 난색을 표명해 결국 발표를 유보하기도 했다"(임춘성, 2017: 54).

특히 '제편인'은 우리의 프로듀서 비슷한 개념으로 오해할 수 있지만, 실제로는 "정부의 입장을 대변하면서 동시에 시장과 시청자의 요구를 반영해 TV 드라마 제작부터 배급까지 전체 유통과정을 통제한다"(임춘성, 2017: 56). 구체적으로 살펴보면, 1980년대 국가 이데올로기의 강화와 시장경제의 영향력 증대 그리고 대중의 오락 요구가 상호 충돌하고 상호 융합되어 '제편인'이 초기에는 자발적으로 출현했다가 점차 정부와 시장의 대리인으로 활동하게 되었다. 제편인의 신분은 경영시장의 중개인, 감독인, 제작자를 겸하고 있는데, 그 가운데 시장 관리와 투자자의 이익을 대표하는 중개인의 신분이 가장 중요하다. "제편인은 심사와 각종 규정을 관리하는 '관방 주체'이자, 시장 이윤을 추구하고 관리하는 '경영 주체'인 동시에, 제작과 생산 과정을 지휘하고 참여하는 '생산 주체'이기도 하다"(고윤실, 2020: 47). 한마디로, 제편인은 자본과 관방의 입장을 대표하면서 TV 드라마의 생산과 시장 유통을 통제하고 있다. 제편인으로 대표되는 검열의 존재는 중국 TV 드라마 제작에 큰 영향을 줌으로써, 현실적인 소재를 다루기보다는 역사드라마, 판타지(懸幻)드라마, 무협드라마 등의 장르에 집중하게 했다. 특히 역사드라마는 역사 속 영웅을 소환해 그 업적을 환기함으로써 내셔널리즘 또는 국가주의를 선양하는 점에서 중국 정부의 이데올로기 통제와 불모이합(不謀而合)의 관계를 이루고 있다.

4. 난판의 전자문화 연구

난판(南帆, 2001)은 대중 전파 매체의 산파인 전자기술이 가져온 충격파에 초점을 맞추면서 전자문화를 바라보는 이중 시야를 분석한다. 난판은 '매체는 메시지'라는 매클루언(Herbert Marshall McLuhan)의 언급과 "TV로 대변되는 전자문화가 가져온 정보가 단순한 화면에 그치는 것이 아니라 그것이 조성한 새로운 관계와 감지 모델이고 가정과 집단의 전통 구조의 개변"(鮑德里亞, 2000: 132; 南帆, 2001: 5 재인용)이라는 보드리야르(Jean Baudrillard)의 논단, 그리고 '매체는 이데올로기'라는 밀러(J. Hillis Miller) 등을 참조체계로 삼아 전파 매체와 문화 유형 사이의 역사적 호응에 관심을 기울인다.

난판은 「노래방과 MTV」에서 노래방을 전파 매체에 호응한 대표적인 문화 유형으로 설정하고, 오늘날 노래방 기계와 뮤직비디오 기술이 조작하고 제조하는 대중의 서정 형식에 주목했다. 유구한 전통을 가진 중국인의 서정 형식은 유행가로 구현되면서 새로운 문화전환 현상을 보여주고 있다. 그는 중국 시가(詩歌)를 역사적으로 고찰하면서, 20세기 말 "중국 신시는 이미 대중의 서정 형식을 담보할 능력이 없다"라고 단언하고는 "문학의 입장에서 보면 서정 형식은 이제 공석이 된 셈"(난판, 2009: 125)이라 평가한다. 이 공석을 파고든 것이 덩리쥔(鄧麗君)으로 대변되는 유행 음악이었는데, 이 유행 음악은 개혁개방과 함께 들어온 카세트테이프와 녹음기의 도움을 받아 대륙을 석권했다. 이후 대륙에서도 '음악산업'이 발전해 "유행가 가수들이 근현대적 생산 방식을 보유하고 설비가 뛰어난 녹음실에서 한 구절 한 구절 녹음한 노래들은 기계 복제와 외부 포장, 엄청난 광고를 통해 테이프와 CD로 만들어져 크고 작은 상점으로 팔려나갔고 무수한 팬들을 확보했다"(난판: 126). 이제 시인들은 대중가요 가수와 경쟁하고 인문학자들은 할리우드 영화와 다퉈야 하는 상황이 초래되었다. 물론 이 경쟁에서 승자는 가수와 영화였다. 난판은 이런 현상을 문화전환(cultural turnover)으로 읽고 "문화전환 배후에는 생활방식의 전환이라는 의미가 숨겨져 있다"(126)라고 진단한다. 특히 1960년대 이후 출생한 세대에게 서정시와 인문학은 이제 몰입의 대상이 아니었지만, 대중가요의 향유는 한 세대를 읽어내는 문화적 기호였다. 이들은 시장과 기계에 의해 조직된 서정 대중이다. 이 대중은 전자기술과 기계 그리고 시장의 사회동원 능력에 힘입어 네이션과 국경을 초월하고 있다. 난판은 서정시가 대중가요에 먹힌 사실을 직시하면서 이를 서정시의 죽음으로 읽어내지 않고 대중가요에서 서정시의 흔적을 찾아내고자 한다.

중국에서 시(詩)는 항상 가(歌)와 결합해 시가(詩歌)라고 불렸다. 시경(詩經)

과 초사(楚辭), 악부시(樂府詩), 당시(唐詩), 송사(宋詞), 원곡(元曲)으로 이어지는 중국 운문(韻文) 전통은 대부분 민간에서 백성이 즐겨 부르던 민가에서 유래했다. 이 민가를 문인이 손을 봐 오늘날 우리에게 전해진 것이다. 시경의 채시(采詩)가 대표적이다. 이런 맥락에서 볼 때 오늘날 백성들이 즐겨 찾는 노래방에서 불리는 노래들은 새로운 시대의 새로운 시가(詩歌)의 가능성을 가지고 있는 셈이다. 한때 아파트 문화(옆방에 누가 있는지 모른다)와 사우나 문화(들어갔다 나오면 시원하다)의 혼합이라는 평가를 받던 노래방 문화가 21세기 서민의 새로운 서정 형식을 대변하게 되었다고, 난판은 말하고 있는 듯하다.

난판은 먼저 노래방의 반주 기계인 가라오케에 주목하면서 가라오케로 인해 사람들이 노래 욕망을 발견했다는 사실을 직시한다. 가라오케는 서정 형식을 '듣는' 것에서 '부르는' 것으로 바꾸면서 중요한 전환을 이루어냈다. 이는 '자아 표현'의 실현인 셈이다. 아울러 가라오케는 "모든 방해를 자동으로 제거하고 노래 부르는 행위를 기계가 노래 부르는 사람을 모시는 행위로 바꿔 주었다"(133~34). 이는 '문화 민주'의 실현이라 할 수 있다. 이런 과정을 통해 가라오케는 주체의 환상을 완성했고 소비의 그물을 촘촘하게 짜는 역할을 했다. "물론 사람들은 이것이 전자기술과 기계 성능이 규정하는 서정이고, 기술과 기계야말로 노래의 진정한 주인공이라는 사실을 알지 못했다"(134). 지금은 열풍 단계가 지나갔지만, 많은 사람이 회식 후 필수 코스로 갔던 곳이 노래방이었던 한국의 상황도 중국과 크게 다르지 않다.

한국의 노래방 문화를 "특수한 방식으로 조직화된 음향 매체를 통해 일어나는 '지금, 여기'의 '음악 문화'"(문지현, 2016: 124)로 해석하는 문지현은, 가라오케 노래반주기는 일본에서 들어왔지만, "노래반주기의 탄생은 시공간의 제약을 초월하는 연주의 장(場)을 재생산하며, 청중의 위치에서 일방적인 음악 수용자의 역할에 머물러있던 대중들에게 '비전문적' 가창의 즐거움을 제공하며 음악의 연행 방식을 풍성하게 만들었다"(문지현: 121)라고 한국 노래방 문화를 개괄하고 있다. 특히 1990년대 들어 "MIDI 작곡 방법의 도입과 컴퓨터 메모리칩의 응용은 일본의 기술에 의존하던 한국의 노래방이 하나의 독립된 음악 시장을 형성하는 계기를 마련"(122)한 후 "국민의 90.5% 이상이 경험하는 대중적 오락거리로 번성하고 있으며, 음악산업 분야에서 절반 이상의 매출을 차지할 정도로 경제적 비중 또한 높아졌다(한국콘텐츠진흥원, 2007)"(123)라고 하면서, 노래방이 한국 대중의 광범한 사랑을 받을 뿐만 아니라, "노래방의 지구화는 노래반주기라는 전자 매체가 창출해 낸 음악 문화의 '이산(離散)된 공공 영역'(아파두라이, 2004)이라는 해석도 가능하다"(124)라고 평가하고 있다.

노래방의 또 하나 기능은 뮤직비디오다. 뮤직비디오는 우리를 시와 노래와 춤이 삼위일체로 어우러지는 종합축제의 마당으로 데려간다. 난판은 뮤직비디오의 특징을 신체 영상의 의미, 포스트모던 맥락, 영상 표의체계의 의미라는 세 가지 시야에서 고찰한다. 한국 노래방 문화에서도 뮤직비디오는 빼놓을 수 없는 무대 장치다. 풍경 또는 인물을 배경으로 하던 뮤직비디오가 해당 노래를 부른 가수의 실황을 재연함으로써 노래 부르는 사람이 가수와 함께 부르는 듯한 착각 나아가 그 가수가 된 듯한 환각을 불러일으킨다. 착각과 환각은 원래 대중을 마비시키곤 하지만, 노래방에서의 착각과 환각은 타인에게 피해를 주지 않는다는 점에서 대리만족에 그칠 뿐이다. 자발성과 창의성이 부재한 단순 오락적 성격이라는 비판은 일반 대중문화의 속성을 지적한 것이고, 그것은 역으로 대중성을 확보할 수 있는 요인이기도 하다. 그리고 "'가라오케'와 '노래방'은 단순한 '언어'의 번역을 넘어 '문화'의 번역이라 볼 수 있을 것"(문지현: 162)이라는 지적처럼, 일본 '가라오케'에서 중국과 한국의 '노래방'으로의 전환은 '언어번역'과 '기술 번역'을 토대로 삼은 '문화번역'의 중요한 사례라 할 수 있겠다.

참고로, 노래방 문화와 관련해 점검할 것은 '노래방 가수'의 출현이다. 이런저런 오디션 프로그램에서 '재해석'이라는 미명으로 기성 가요를 다시 부르고 등장한 '가수'들이 지속해서 자신의 노래가 아니라 남의 노래를 다시 부르는 것은 아무리 대중문화라 해도 지나친 표절이다. 또한 기성 가수들도 공영 방송에서 자기 노래가 아닌 노래를 공공연히 부르는 것은 우리 사회의 표절 문화의 심각성을 단적으로 드러내고 있다. 물론 '여섯 단어를 연속으로 주석 없이 가져오는 것'을 표절로 정의한 학술 논문의 엄격함을 대중문화에 그대로 적용하는 것은 과도하겠지만, 그렇다고 지금처럼 무분별하게 남의 노래를 다시 부르는 '노래방 가수'의 범람은 몇 가지 측면에서 우려스럽다. 첫째는 모방과 표절에 심력을 쏟다 보면 창작에 들이는 에너지가 줄어들 수밖에 없다. 1970년대의 '대학가요제' 등의 사례에서 알 수 있듯이, 창작곡 가요제가 불가능한 것이 아니다. 그러나 '낯익게 하기'의 미학 원리가 작동하는 대중문화의 수용 기제에서 주관 방송사는 시청률을 높이기 위해 시청자에게 익숙한 기성곡의 재탕을 선택하게 되고, 이는 결국 가수 지망생들을 단순한 반복 학습의 영역으로 이끎으로써 창작의 고뇌에서 벗어나게 만든다. K-pop을 가능하게 한 동력 중 하나가 가수들의 치열한 창작과 연습인데, 기성 가요 다시 부르기의 오디션 프로그램은 치열함의 방향을 고뇌 어린 창작으로 이끄는 것이 아니라 편곡이라는 미명의 고통 없는 반복 훈련으로 인도한다. 둘째, 노래방 가수의 범람은 복고주의와 표절 문화의 만연을 선도한다. 노래방 가수는 끊임없이 예전 가요를 소환한다. 그들 나름대로 불렀던 곡을 '재재탕'할 수는 없기에 지속해서 자신이 부르지 않았던 '새로운' 노래를 소환하게 되고 이런 흐름은 복고주의를 형성하게 된다. 셋째, '낯설게 하기'보다는 '낯익게 하기'가 편안한 대중들은 자신도 모르는 사이에 원곡을 부른 가수보다 싱싱한 노래방 가수의 재탕곡에 익숙해지게 되고, 주관 방송사는 소기의 시청률 달성을 보며 자신들의 선택이 타당했음에 만족해한다. 이런 상황은 우리 사회가 표절에 둔감해지고 그것이 '도적질'임을 망각하게 만드는 데 일조하고 있다. 아울러 여러 경연 프로그램에서 트로트가 모든 장르를 흡수 통합하는 흐름은 한국 사회 획일화의 흐름과 궤를 같이한다. 이는 대중가요와 사회의 건강하고 다양한 발전을 위해서도 좋은 일이 아니다.

5. 서양 이론의 비판적 수용

리뭐는 중국 문화연구의 개척자이고 그가 엮은 '대중문화비평총서' 10권과 '대중문화연구역총' 5권은 중국 문화연구 개척기의 커다란 성과다. 특히 '대중문화비평총서'의 저자들은 기본적으로 비판적 수용의 자세로 서양 이론을 참조해서 중국 현실을 연구했다. 리뭐의 수창에 호응해 당시 소장 학자였던 저자들은 문화연구라는 방법론을 가지고 서양 학자의 이론을 수용해 중국 현실을 분석하는 도구로 삼았다. 바꿔 말하면, 서양 이론틀에 기대어 중국 현실과 텍스트를 분석했다. 쑹웨이제는 폴 리쾨르의 이데올로기와 유토피아 이론을 참조해 진융 무협소설의 오락성과 유토피아 동경을 해석했고, 사오옌쥔은 피에르 부르디외의 장 이론을 활용해 1980~90년대의 기울어진 문학장을 분석했으며, 난판은 마샬 매클루언, 장 보드리야르, 힐리스 밀러 등의 이론에 기대어 노래방 문화를 분석했다. 그러나 이들은 단순 대입에 그치지 않고 문화연구의 중국적 특색을 보여주었다. 이 지점에서 서양[26] 이론과 비서양 텍스트의 관계에 대해 비판적으로 고찰할 필요가 있다. 여기에서는 루쉰의 '가져오기'와 다케우치 요시미의 '문화적 되감기' 그리고 리쩌허우의 '전환적 창조'에 대해 검토하겠다.

1) 루쉰의 가져오기와 신형식

루쉰의 가져오기(拿來)는 후진국이 선진 문물을 접할 때의 비판적 수용 자세를 가리킨다. 그는 「가져오기주의」(1934.6.7.)라는 글에서 다음과 같이 서술했다. 당시 중국인은 영국의 아편, 독일의 고물 대포와 총, 프랑스의 분(粉), 미국의 영화, 일본의 각종 잡화와 같은 '보내온(送來)' 것에 혼난 적이 있으므로 공포심을 가졌다(루쉰, 2015a: 71). 중국인이 주체적으로 '가져온' 것이 아니고 서양 제국이 '보내온' 것이기 때문이다. 하지만 당시 중국인은 가난한 청년

26_ 여기에서 서양은 서유럽과 미국을 아우르는 개념이다.

처럼 가진 게 없으므로 무조건 배척하지 말고 일단 가져와야 한다. 왜냐하면
"가져오는 것이 없으면 사람은 스스로 새롭게 될 수 없"(루쉰: 73)기 때문이다.
그러므로 그는 외래 문물을 수용하되 다음과 같은 세 가지 그릇된 태도는 비
판한다. 외래 문물에 오염될까 무서워하는 겁쟁이, 자신의 결백을 입증하기
위해 외래 문물을 파괴하는 머저리, 무조건 수용하는 폐물이 그것이다.[27] 이
들의 태도는 새로운 문물을 수용하는 올바른 자세가 아니다. 루쉰의 제안은
'일단 가져오는' 것이다. 그러나 무조건 가져와서는 효과가 없다. "우리는 머
리를 쓰고 눈길을 던져서[28] 스스로 가져와야 한다!"(71) '머리를 쓰고 안목을
발휘해 가져오는 일'이 바로 '외래 문물의 비판적 수용'이다.

　　루쉰이 가져오기를 강조하면서 든 사례도 주목이 필요하다. 이를테면 아편
은 '가져온' 것이 아니라 '보내온' 것이다. 주체적 수용이 아니라 강제적 수입이
다. 그렇다 하더라도 무조건 배척할 필요가 없다. 쓸모가 있다면 적재적소에
활용하면 된다. 그 밖에도 상어지느러미, 아편 담뱃대와 아편 등(燈), 첩 등을
예로 든다. 이것들은 가난한 청년에게는 없었던 것이지만 중국의 관점에서는
'국수(國粹)'에 해당한다. 여기에서 다음의 질문이 필요하다. 루쉰은 왜 '외래 문
물의 비판적 수용'을 논하면서 국수, 즉 전통을 사례로 들었을까? 루쉰을 무소
불통(無所不通)의 신인(神人)으로 설정할 필요는 없지만, 루쉰은 외래 문물의 비
판적 수용을 전통의 창조적 계승과 맞물려 고민한 것으로 이해할 수 있다. 루
쉰은 '전면 서화'를 주장하고 '가져오기'를 제창했지만, 당대 누구보다도 전통
에 대한 조예가 깊었기에 두 가지 과제를 변증법적으로 고찰할 수 있었다.

27_ "예전 저택 주인을 반대하여 그의 물건에 오염될까 봐 바깥에서 빙빙 돌기만 할 뿐 집으로
　　들어가지 못한다면 겁쟁이이다. 화를 노발대발 내며 불을 놓아 저택을 다 태워 버리면 자신의
　　결백은 입증한 셈이지만 머저리라고 할 수 있다. 그렇다고 원래 이 저택의 이전 주인을 부러워
　　했기 때문에 이 김에 모든 걸 받아들여 희희낙락하며 침실에 비척거리며 걸어 들어가 남은
　　아편을 실컷 피운다면 이는 말할 필요도 없는 폐물이다"(루쉰, 2015a: 70).
28_ 여기에서 '눈길을 던져서'의 원문은 '放出眼光'이다. 眼光의 의미는 눈길, 눈빛도 있지만, 안목,
　　식견, 통찰력의 의미도 있는 만큼 '안목을 발휘하다'로 번역할 필요가 있다. 그래야만 앞 구의
　　'運用腦髓(머리를 쓰다)'와 대구를 이룰 수 있을 것이다.

루쉰은 이보다 앞서 「'구형식의 채용'을 논의함」(1934.5.4)이란 글에서, 전통과 외래 문물의 관계에 대해서 언급한 바 있다. "신형식의 탐구는 구형식의 채용과 기계적으로 분리되어서는 안 된다"(48). 문예 형식에 국한한 논단이지만, 루쉰은 전통의 계승과 외래 형식의 수용이 분리될 수 없음을 지적했다. 나아가 그 구체적 과정에 대해서도 간결하게 요약했다. "구형식을 채용하면 삭제되는 곳이 있게 마련이며 삭제되는 곳이 있으면 덧붙여진 부분도 있다. 이 결과가 신형식의 출현이며 이는 변혁이기도 하다"(51). 구형식을 채용할 때 '삭제되는 부분'과 '덧붙여진 부분'을 나누었는데, 이때 '덧붙여진 부분'의 주요 원천은 비판적으로 수용한 외래 형식일 가능성이 크다. 결국 신형식은 '삭제되고 남은 구형식'과 '덧붙여진 부분'으로 구성되므로, 신형식은 전통을 창조적으로 계승한 부분과 외래 형식을 비판적으로 수용한 부분이 접합된 것으로 이해할 수 있다.

루쉰의 가져오기와 신형식은 서양 이론을 그대로 가져오는 것도 아니고, 서양 이론을 버무려 활용하는 것도 아니다. 그것은 시간과 공간의 좌표축에서 '지금 여기'에 필요한 것을 창조적으로 계승하고 비판적으로 수용하는 기본 태도와 결과물을 가리키는 것이다. 그동안 비(非)서양 세계에 무수히 명멸했던 '수입상 지식인'의 행태를 압도하는 이론이라 할 수 있겠다.

2) 다케우치 요시미의 '문화적 되감기'

루쉰 전문가로서 전후 일본 지식계의 침체한 분위기를 일신하는 데 힘을 쏟은 다케우치(竹內好)는 서양 이론과 아시아 현실의 관계에 대한 협상 모델을 '문화적 되감기'라고 제안한 바 있다. 다케우치는 「방법으로서의 아시아」(1960.1.25)에서, 서양의 영향을 받아 근현대화의 길을 걸은 일본만이 아시아의 유일한 형태가 아니라, 중국의 경로를 참고해 '근현대화의 두 가지 형태', 나아가 인도까지 포함한 '세 개의 좌표축'(다케우치, 2011: 47)을 설정해야 한다는 깨달음을 적고 있다. 이는 일본이 난학(蘭學), 즉 네덜란드학을 수용하고 '탈아

입구(脫亞入歐)'의 길에 들어선 후 2차대전 패전까지 달려온 과정에 대한 반성으로, 서양의 모더니제이션과는 다른 아시아의 근현대화 과정에 대한 자각으로 평가할 수도 있겠다. 그다지 촘촘하지 않은 강연 기록29)의 말미에서 다케우치는 "이를 명확히 규정하는 일은 제게도 벅차군요"라는 겸양의 말을 덧붙이고 있다. 하지만 그가 이 강연 기록에서 제안한 서양에 대한 동양의 '문화적 되감기'라는 방법은 나름의 타당성을 가지고 있다.

> 서구의 우수한 문화가치를 보다 큰 규모에서 실현하려면 서양을 다시 한번 동양으로 감싸 안아 거꾸로 서양을 이쪽에서 변혁시킨다는, 이 문화적 되감기 혹은 가치상의 되감기를 통해 보편성을 만들어 내야 합니다. 서양이 낳은 보편가치를 보다 고양하기 위해 동양의 힘으로 서양을 변혁한다, 이것이 동과 서가 직면한 오늘날의 문제입니다. 정치의 문제인 동시에 문화의 문제입니다. 일본인도 이런 구상을 가져야 합니다(다케우치: 64).

다케우치의 '방법'을 요약하면 서양의 우수한 문화가치를 동양의 문화 또는 가치로 되감아 서양을 변혁함으로써 보편성을 만들어내자는 것이라 할 수 있다. 흔히 '가져오기'라고 일컫는 '외래의 비판적 수용'에 그치지 않고, 한 걸음 더 나아가 '동양의 문화 또는 가치로 서양을 되감기' 할 것을 주장하고 있다. 서양을 되감기 위해서는 '주체 형성의 과정'으로서 무언가 '독자적인 것'을 가지고 있어야 한다고 덧붙이고 있지만 '독자적인 주체 형성과정'이 무엇인지에 대해서는 명확하게 설명하고 있지 않다.

'서양과 비서양'이라는 이분법의 정치에 비판의 초점을 맞추는 스수메이(史書美)는 "'서양의 이론과 아시아의 현실'이 일종의 권력 정치를 수행하면서

29_ 1960년 1월 25일에 국제기독교대학 아시아문화연구위원회가 주최한 <사상사 방법론 강좌>에서 '대상으로서의 아시아와 방법으로서의 아시아'라는 제목으로 강연한 기록(다케우치, 2011: 471).

제국주의 혹은 내셔널리즘이 언어적·인종적·문화적 이질성을 어떻게 억압하는지"(Shih, 2010: 465)를 비판적으로 고찰한 바 있다.[30] 스수메이는 다케우치의 진술이 모호하기는 하지만 "핵심은 행위자(agency)에, 또 자신을 주체화할 수 있는 아시아의 능력과 관련되어 있다"(Shih: 471)라고 평가하면서, 다케우치의 '방법으로서의 아시아'를 긍정적으로 해석했다. '방법으로서의 아시아'가 마이너 문학들을 자신 있게 선택하는 것, 모방과 노예적 멘탈리티를 극복하는 것, 유럽 및 아시아의 관념과 가치들을 비본질주의적으로 이해하는 것, 참된 보편성을 만들어 내는 것 등을 통해서 '서양의 이론, 아시아의 현실'이라는 이항 대립을 극복했다(473)는 것이다.

그러나 다케우치가 동양의 문화가치를 통해 서양의 문화가치를 되감아 보편성의 차원으로 승화시킬 가능성을 제시함으로써 아시아가 서양의 이론을 수용해 단순히 적용하는 장소(location)라는 이항 대립을 극복했다는 스수메이의 평가에 온전히 동의하기는 어렵다. 사실 스수메이도 바로 다음 문장에서 '이항 대립'이 지속할 것이라고 고백하고 있기도 하다. 중요한 것은 다케우치의 논단이 전후 일본 현실에 충실한 일본의 이론이지 그것을 아시아 범위에 적용하기는 어렵다는 점이다. 이는 중국과 일본의 근현대화 모델만 가지고 아시아를 대표할 수 있느냐 하는 문제와 연계되어 있다. 또한 다케우치는 중국 근현대문학을 전공하고 중일전쟁에 참전해 침략전쟁의 실상을 직접 겪었음에도 일제의 식민지배에 대한 성찰이 부재하다. 그는 "일본에서 가장 가까운 외국인 조선에 대해 우리는 정말이지 아는 바가 없습니다. 알지 못할 뿐아니라 알려고도 하지 않죠"(49)라는 식으로 일본의 '조선/한국' 인식의 깊이

30_ 스수메이는 19세기 중반 이후 서양 이론과 비서양, 특히 아시아 현실 사이의 관계가 보편과 특수의 관계로 인식되었고, 중국의 경우에서 아편전쟁 패배 이후 위기의식이 팽배해졌고 서양 학습을 통해 새로운 '비판적 사고'를 형성해 왔음도 부인하기 어렵다고 인식한다. "만청의 개혁주의적 사유에서부터 5·4 계몽주의까지, 중국적 마르크스주의에서부터 1980년대의 이른바 제2의 계몽주의까지, 아울러 최근에 발전한 (신)자유주의 및 포스트사회주의 사유까지 우리는 특정한 서양 이론들을 식별해 낼 수 있는데, 이 이론들은 이러한 지적 형성에 대해서 결정적인 정당화 담론 역할 혹은 영적인 매개자 역할을 해왔다"(Shih, 2010: 469).

없음을 인지하고 본인의 인식 체계에도 '조선/한국'은 부재하고 있다. 그러므로 중국과 일본의 모델에 국한해 비교 검토한 후 '방법으로서의 아시아'를 제기한 것이다. 따라서 다케우치의 '방법으로서의 아시아'는 태생적으로 '일반화의 오류'를 내재하고 있었다. 다케우치의 아시아 지평에 대국인 중국은 중요하게 자리하고 있지만 소국인 조선/한국을 배치하지 않은 것은 소수자 배제라는 비판을 면하기 어렵다. 그러나 소수자에 대한 배려는 항상 진리 추구와 밀접하게 연계되어 있다.

3) 리쩌허우의 '전환적 창조'

외래 문물의 비판적 수용과 전통의 창조적 계승의 두 가지 과제에 대한 이론적 정합성은 리쩌허우의 '전환적 창조(轉換性創造)'[31] 개념에서 찾아볼 수 있다. 그는 '전환적 창조'를 다음과 같이 해석했다.

> 역사의 해석자 자신은 현시대의 토대 위에 서서 자신의 역사성을 의식하고, 진부한 전통의 속박을 뚫고 나와 새로운 언어·단어·개념·사고방식·표현방법·회의적 정신·비판적 태도를 끌어들이거나 창조함으로써 '모든 가치를 다시 평가해야 할 것이며, 이렇게 해야만 진정으로 전통을 계승·해석·비판·발전시킬 수 있을 것이다(리쩌허우, 2005b: 99).

리쩌허우의 '전환적 창조'란 외래의 것을 흡수하고 수용해 전통을 개량적으로 창조하는 것으로, 이는 주요하게 '유학 4기' 상황을 가리킨다. '4기설'은 머우쭝싼(牟宗三)과 두웨이밍(杜維明)의 '유학 3기설'[32]을 비판하면서 제출되었다.

31_ 『중국현대사상사론』(2005b)에서는 '창조적 전환'으로 번역했는데, 리쩌허우에 따르면 전환을 통해 창조에 도달하는 의미이고, 다른 글에서 '혁명적 창조' 등과 대조적으로 사용되고 있으므로, 이 글에서는 원문의 의미를 살려 '전환적 창조'로 번역한다.
32_ 3기설에 따르면 선진(先秦) 유학, 공자와 맹자가 1기이고 송명 이학(理學), 주희(朱熹)와 왕양명(王陽明)이 2기이며 20세기의 슝스리(熊十力)와 머우쭝싼이 3기다.

<표 1> 리쩌허우의 유학 4기설[33]

내용별 기별	주요 인물	주제	기본 범주	후대 영향
1기 원전 유학	공자, 맹자, 순자	예악 (禮樂)론	예(禮), 인(仁), 충(忠), 서(恕), 경(敬), 의(義), 성(誠) 등	중국 인본주의의 근기를 다졌다.
2기 한대 유학	동중서 등	천인 (天人)론	음양, 오행, 감응, 상류 (相類) 등	인간의 외재 시야와 생존 경로를 크게 개척했지만, 개인은 이 인위적 체계의 폐쇄적 도식에 굴종하고 곤궁을 겪었다.
3기 송명 이학	정이, 정호, 주자 - 슝스리, 머우쫑싼	심성 (心性)론	이(理)와 기(氣), 심(心)과 성(性), 천리(天理)와 인욕(人欲), 도심(道心)과 인심(人心) 등	인간의 윤리 본체를 극대로 고양했지만 개인은 내면 율령의 속박과 통제 아래 신복(臣服)했고 인간의 자연스러움을 소홀히 했다.
4기 현대 역사본체론	리쩌허우	정감·욕망론	'정(情) 본체', 자연의 인간화, 인간의 자연화, 적전(積澱), 정감, 문화 심리 구조, 두 가지 도덕, 역사와 윤리의 이율배반 등	개인은 처음으로 다원적으로 발전하고 자신을 충분히 실현하는 자유인이 될 것이다.

리쩌허우는 4기설에서 "공자와 맹자 그리고 순자가 1기이고 한대 유학(漢儒)이 2기이며, 송명 이학(理學)이 3기이고 현재 또는 미래에 발전하려면 이전 3기를 계승하면서도 다른 특색을 가진 4기가 되어야 한다"(李澤厚, 2008: 140)고 주장한다.

리쩌허우는 유학의 발전과정을 1기 원전 유학 – 2기 한대 유학 – 3기 송명 이학 – 4기 현대 역사본체론으로 나누고, 각 시기의 주제와 기본 범주, 후대의 영향으로 나누어 논술했다. 그 내용을 도표화하면 위와 같다(<표 1> 참조). 앞

33_ 李澤厚(2008: 154~55)의 내용에 근거해 표로 만들었다.

당겨 말하면, 리쩌허우는 4기 유학의 궁극적인 지향이 자유로운 개인임을 천명했는데, 이는 이른바 '정통 유학'의 지향과는 천양지차가 있음을 분명하게 인지해야 한다.

리쩌허우의 4기설은 당대 현실 문제의 도전에 직면해 제출된 이론이다. 그 도전은 근현대화와 관련이 있다. 중국 유학은 근현대화에 적응하지 못함으로써 반(反)전통과 반(反)유학이 중국 근현대 사조의 주류가 되었다. 리쩌허우는 근현대화와 유리된 유학을 '외래 문물의 비판적 수용'에 실패한 사례로 치부하는 것으로 보인다. 그러므로 중국인이 완전히 서양인으로 바뀌지 않는 한, 중국인에게 오랜 시간 적전(積澱)된 심층 문화심리의 핵심인 유학을 재해석하고 결함을 보완한 기초 위에 유럽과 미국의 풍우를 흡수하고 그에 동화되어 '전환적 창조'를 하게 될 것으로 예견했다.

리쩌허우의 4기설은 역사적 맥락을 중시한다. 이를테면 한대의 유학은 도가와 묵가, 법가와 음양가의 사상을 흡수하고 다른 학파의 합리적 핵심을 자신의 이론적 뼈대로 삼은 토대 위에 사회와 자연 그리고 정치를 하나의 피드백 시스템으로 삼아 고찰함으로써 공자·맹자·순자의 유학을 발전시켰다.

이에 더하여 외래의 것을 흡수하고 수용해 전통을 개량적으로 창조하는 것이 바로 '전환적 창조'다. 이러한 관점을 토대로 한다면, 오늘날 중국 유학도 외국의 모던한 것을 흡수해야 할 것이다. 마르크스주의와 자유주의, 실존주의와 포스트모더니즘 등을 주동적으로 흡수하고 전환적 창조를 통해 새로운 유학, 새로운 중국 문화의 빛을 발하게 해야 할 것이다. 리쩌허우는 '전환적 창조'를 통해 새롭게 태어날 유학 4기의 비전을 다음과 같이 제시하고 있다.

'유학 4기설'은 도구 본체(과학기술-사회발전의 '외왕')와 심리 본체(문화심리 구조의 '내성')를 근본 기초로 삼아 개체 생존의 특수성을 중시하고, 자유 직관('미로 진을 열다')과 자유의지('미로 선을 축적') 그리고 자유 향수(개체의 자연적 잠재력 실현)를 해석하며 '내성외왕의 도'를 새롭게 구축함으로써, 정감이 충만한

'천지국친사(天地國親師)'의 종교적 도덕으로 자유주의 이성 원칙의 사회적 도덕을 범도(范導)하고(규정하는 것이 아니라) 나아가 중국의 '실용이성'과 '낙감문화', '하나의 세계'와 '도(度)'의 예술'의 유장한 전통을 계승한다(李澤厚: 155).

이미 전술한 바처럼 리쩌허우는 '서학의 중국적 응용'을 '전환적 창조'의 방법론으로 간주했을 뿐 아니라, 근현대화와 전통의 모순을 해결하는 사유 방식으로 승화하고 있다. 리쩌허우의 '전환적 창조'는 이전에 운위되던 '혁명적 창조'나 '비판적 창조'가 아니다. '전환적 창조'는 "일종의 '개량적 창조'로, 조급하게 파괴하고 혁명할 필요 없이, 점진적으로 학습하고 개량함으로써 새로운 것을 창조하는 것이다. 경제면에서뿐만 아니라 정치면과 문화면에서도. 이것이야말로 정리와 사리에 맞는 실용이성인 것이다"(李澤厚, 2014: 228~29). 여기서 사용되고 있는 혁명과 개량은 대를 이루고 있음을 알 수 있다. 이 부분을 잘못 이해하고 리쩌허우가 '혁명과 이별을 고했다(告別革命)'라고 왜곡해 그의 '이론적 유효성이 기각'되었다는 평가34)도 나왔다.

또 한 논자는 리쩌허우의 핵심 개념인 '적전(積澱)'과 '계몽'을 "원리적으로는 서로 충돌하는 것"(피경훈, 2021: 102)으로 이해하면서, 리쩌허우가 "한편으로는 '전승과 축적'을 강조하면서, 다른 한편으로는 '계몽과 각성'을 강조"하는데, "이 두 가지가 어떻게 어우러질 수 있는지를 리쩌허우는 자신의 사상 체계 안에서 분명하게 해결하지 못하고 있다"(피경훈: 102)라고 비판하고 있다. 내가 보기에 리쩌허우는 '유학 4기설'과 '서학의 중국적 응용'을 통해 전통으로부터 근현대로의 전환적 창조, 적전과 계몽의 관계를 훌륭하게 해명했다.35) 또한 이 논자는 내가 제기한 '마오쩌둥의 3대 이형동질(異形同質, allomorphism)

34_ 리쩌허우에 대한 비판은 주로 톈안먼 사건 이후 국외 망명과『고별혁명』이 불러일으킨 오해에서 비롯되었다. 후자와 관련해 허자오톈(2018)과 심광현(2017), 하남석(2018) 등의 견해에 대한 비판을 통해 이들의 비판이 "인지적 맹점에서 비롯한 오해와 오인에서 기인했음"을 논증했다(임춘성, 2021b: 151~54 참조).

35_ 이에 대한 구체적 논술은 임춘성(2021b: 1장 4절과 5절)을 참조하라.

의 오류'(임춘성, 2021b: 32~33, 89~90) 가운데 '반봉건을 유보한 반제' 혁명이라는 주장을 "'구망에 의한 계몽의 압도'라는 공식으로부터 그대로 도출되는 것"으로 치부하고, "사회주의 시대를 중국 당대사의 외부로 배제시켰다"라는 허구이메이의 논의[36]에 기대 "계몽과 구망을 이분법적으로 설정하고, 나아가 전자가 후자에 의해 압도당했다는 (리쩌허우의-인용자) 주장은 실상 몰역사적인 관점"(피경훈: 101)이라고 단정했다. 리쩌허우는 이른바 '사회주의 시기'를 타자화하지 않았고 저자 또한 그런 의도가 없다. 이를 판별할 준거는 개념이나 담론이 아니라 그 논자가 강조하는 역사 과정에 대한 검증일 것이다. 내가 보기에 "리쩌허우는 계몽과 구망을 이분법적으로 사고하지 않았다. 반봉건과 반제가 양분될 수 없듯이 계몽과 구망도 상호 침투적이다. 여기에서 마오쩌둥이 시행한 수많은 정책을 일일이 검토할 수 없지만, 중요한 것은 마오쩌둥이 반봉건과 반제의 이중과제를 제시한 것과, 1942년 「옌안 문예 연설」 이후 급격하게 '제고를 유보한 보급' 위주로 기울고 '반봉건을 유보한 반제' 혁명으로 나아간 역사 과정의 차이를 간과하지 말아야 할 것이다. 그리고 옌안 모델이 중화인민공화국을 주도한 모델이 되었음도 잊지 말아야 한다"(임춘성, 2022a: 157). 분명한 것은 리쩌허우는 '조급하게 파괴하는 혁명'과 '점진적으로 학습하는 개량'을 대조하고 있다는 점이다. 그리고 경제와 정치 그리고 문화 전 부면에서의 '점진적 개량'을 말하고 있다. '점진적 개량'을 '급진적 혁명'의 대립면으로 설정하고 그것을 비판해온 제3세계의 마오주의자들이 동의하기는 어렵겠지만, '점진적 개량'의 이면에 마오쩌둥식의 조급하게 파괴하고 변질한 혁명에 대한 비판이 존재하고 있음은 더 강조할 필요가 없을 것이다.

36_ 허구이메이의 논의는 일면적이다. 그녀의 논의대로라면, 문화대혁명 직후 창작된 「상흔」과 「고련」으로 대표되는 이른바 '상흔소설'에 드러난 문화대혁명의 참상은 허구가 될 것이다. 상흔소설에 드러난 '문화대혁명의 후유증'에 대해서는 임춘성(1995: 제4장)을 참조할 것.

3장
다이진화의 영화연구와 젠더연구

1. 1980~90년대의 문화지형도: 숨겨진 글쓰기

1989년 '톈안먼(天安門) 민주운동'[37]은 포스트사회주의 중국에서 획기적인 사건이다. 1980년대 초 덩샤오핑(鄧小平)은 정치체제 개혁 문제를 제기해 중국공산당 제13차 대회에서 체제개혁의 임무를 제시했다. 그러나 덩샤오핑은 민간사회운동을 진압함으로써 정치체제 개혁을 방치하고 경제체제 개혁에 집중해 반쪽의 성공을 거두었다. 덩샤오핑의 개혁은 "일종의 행정개혁이었고, 구체적인 공작제도, 조직제도, 공작방법, 공작작풍에 속하는 개혁"이며, "공산당의 일당전제를 더욱 공고히 하기 위한 것"이고, "공산당의 일당전제에 영향을 주

---

[37] 톈안먼 민주운동에 대해 중국에서는 아직도 공식적으로 명예가 회복되지 않았고, 민주 진영에서도 이론이 분분하다. 하남석(2016)은 '천안문 사건'에 대한 중국 지식인들의 평가를 세 그룹으로 나누어 비교 분석했다. 왕단과 류사오보를 대표로 하는 자유민주주의 그룹은 '톈안먼 사건'을 학생과 시민사회가 주도한 자유민주주의 운동으로 본다. 왕후이를 비롯한 신좌파 그룹은 그 원인을 시장화와 이를 강제한 중국공산당의 정책으로 간주한다. 첸리췬, 왕샤오밍, 왕차오화 등의 민주적 사회주의자는 공민의 권리 주장과 사회주의적 민주에 초점을 맞추었다. 한편 한국의 광주민중항쟁과 '톈안먼항쟁'을 비교 분석한 김정한(2013)은 1980년 광주와 1989년 톈안먼에서 대중들은 지배이데올로기—자유민주주의와 사회주의—의 틀을 벗어나지 못했지만, 해방구에서의 정치적 경험이 대중들을 서서히 변화시켰다고 보면서, '현존하는 상징질서의 좌표를 바꾸는 유토피아적 환상'의 '상상된 공동체'가 형성되어 지배 이데올로기에 균열을 냈다고 분석했다. 그러나 두 항쟁은 공동체 내부의 분열과 정부의 무력 진압으로 무산되고 말았다. 두 항쟁은 각각 자국의 최근 역사에서 중요한 분기점 역할을 했다. 이 글에서는 첸리췬의 맥락에서 '톈안먼 민주운동'으로 표기한다.

거나 이를 약화시키는 어떤 개혁도 덩은 단호하게 거부했다"(전리군, 2012: 313). 첸리췬은 당시 정치 상황이, 덩샤오핑을 중심으로 한 공산당 강경파, 자오쯔양(趙紫陽)을 대표로 하는 공산당 개혁파, 그리고 사회민주 역량의 세 가지 세력으로 구성되어 있다고 보고, "사회민주 역량과 당내 민주 역량의 결합으로 중국 정치체제 개혁을 추동"해야 했지만, 그 역할을 추동할 수 있었던 자오쯔양이 "원로정치의 간섭과 급진적 지식인과 청년 학생의 불만"(전리군: 318)이라는 양난(兩難)에 처해 정치체제 개혁의 호기를 놓치고 말았음을 아쉬워한다. 첸리췬이 볼 때, '1957년의 민주운동'과 '1978~1980년 민주운동'의 연장선에 놓인 '1989년 톈안먼 민주운동'은 바로 이런 맥락에서 사회민주 역량이 공산당 개혁파에게 힘을 실어주기 위해, 또는 공산당이 자신들의 바람을 수용할 것이라는 믿음에서 시작되었다. 하지만 사회민주 역량의 바람은 순진한 착각이었다는 사실이 6·4 톈안먼 민주운동 진압으로 드러나고 말았다. 이리하여 "1980년대에 우렁차게 전개된 사상문화 운동 역시 중상을 입었고, 민간 사회 저항운동 역시 십여 년간의 침체기에 접어들었다"(321). 그리고 이 침체는 시진핑 시대에 한층 무거워지고 있다.

다이진화(戴錦華)는 1980년대부터 1990년대까지 중국 사회 현실에 일어난 거대한 변화에 초점을 맞춘다. 물론 이는 비단 다이진화에 국한된 것은 아니었다. 개혁개방 중국의 운명과 전도에 관심을 두던 많은 지식인은 새로운 듯하면서도 새롭지 않으며 그럴듯하면서도 그렇지 않은 많은 '풍부한' 현상들에 대하여 사고하고 문제를 제기했다. 다이진화는 '원화(原畵)의 복원'이라는 비유를 내세운다. 그녀가 보기에 1990년대 중국의 문화 현실은 마치 유화의 물감이 떨어져 나감으로 인해 화가가 사용했던 물감에 가려져 있던 원래 화면이 드러나게 된 것과 비슷하다고 느끼기 때문이다. 그것은 화가가 부정했던 낡은 그림이다. 그러나 그 그림을 본 적이 없던 사람들은 그것을 오히려 완전히 새로운 그림이라고 여기게 된다는 것이다(다이진화, 2009a: 356). 여기에서 '원화'는 사회주의 이전의 중국을 가리키는 것으로 이해해도 무방할 것이다. 그것은 1949년 이후 인민공화국이 부정했던 그림이다. 그러나 30년의 사회주의 실천을 경험한 중국은 개혁개방이라는 이름으로 '사회주의 현대화'를 추진하면서 '사회주의 중국'이 부정했던 그림을 복원하고 있다.

다이진화는 1980년대 '역사문화 성찰 운동'의 연장선에서, 1990년대를 전환기로 설정하고 그에 대한 문화지형도 작성을 목표로 삼고 있다. 다이진화가 볼 때 1990년대 중국의 사회 전환은 인문학자에게 다음의 세 가지 도전을 던지고 있다. 연구 및 관심 대상의 전이와 확전, 기존 지식구조 및 담론 체계에 대한 문제제기, 발언자의 현실적 입장 및 이론적 입장에 대한 추궁(戴錦華, 1999: 2)이 그것이다. 그리고 도전과 전환의 근원에는 대중문화의 흥기가 자리하고 있다. 대중문화는 일상생활화한 이데올로기의 건설자이자 주요한 담지자일 뿐만 아니라 점차 분열하고 다원화하는 사회의 주류문화 내부에서 당당하게 지분을 요구하게 되었다. 대중문화의 주요 장르인 TV 드라마만 보더라도 다원적인 문화 지위와 복잡한 사회 기능의 측면에서 오늘날 대중매체와 대중문화의 중요하고도 복잡한 역할을 드러내고 있다(戴錦華: 3~4).

영화연구와 젠더연구를 중심으로 문화연구를 수행해온 다이진화는 '탈주하다 그물에 걸림(逃脫中的落網)'이란 표현으로 1980년대와 1990년대 중국의 문화 상황을 포착하고 있다. 시시포스의 신화를 연상시키는 이 말은 '곤경으로부터 탈출했지만 더 큰 그물에 걸린 격'인 포스트사회주의 중국의 사회·문화적 맥락을 비유하고 있다. 1980년대의 '큰 그물'이, 문화대혁명으로부터 탈출했지만 그 '문화심리 구조'를 벗어나지 못한 국가권력이었다면, 1990년대의 '큰 그물'은 지구적 자본에 포섭된 시장이다. 한 가지를 덧붙이자면, 저자의 눈에는 21세기 중국은 '중화 네이션의 부흥'이라는 내셔널리즘의 환몽(幻夢)에 사로잡혀 있는 것으로 보인다.

2. 5세대 감독론

세계 영화계에 중국영화의 출현을 알린 5세대는 '1982년 중국영화사에 나타난 최초의 청년촬영제작팀과 1983년 말과 1984년에 조용히 작품을 발표하여 흥미와 경이를 불러일으킨 청년창작집단'을 가리킨다. 다이진화는 '중국 뉴시네마'라고도 불리는 5세대 영화를 1983년부터 1987년으로 한정(다이진화, 2009b: 119)하면서, 천카이거(陳凱歌)의 <황토지>를 대표작으로 들고 장이머우(張藝謀)의 <붉은 수수밭>을 유럽 영화계에 중국영화의 등장을 확실하게 알린 작품으로 꼽았다. 그리고 베를린영화제의 명명으로 중국 5세대 영화의 국내외적 지위가 확립된 동시에 5세대 영화가 지녔던 '영화언어 혁명'과 문화비판/자기반성의 특정 역할이 종결되고 변경되었다(戴錦華, 2006: 115)라고 평가한다. 이들은 영화사적 의미에서도 중요하지만, 문화대혁명이라는 '문화적 재앙의 유복자'로서 끊임없이 1980년대의 역사·문화적 '성찰' 운동에 참여했고 포스트사회주의 중국문화에 대한 영화의 전면적 개입을 통해 역사와 담론의 주체가되었다. 그 핵심에 장이머우와 천카이거가 자리한다. 다이진화는 중국 영화감독 세대론이 '역산(逆算)의 방식'으로 명명되었음도 밝히고 있다. 1983년에 천카이거나 장이머우 등이 등장하자 '갑자기' 5세대라는 표현이 나타났고, 그로인해 1979년 전후 나타난 감독들은 '역산법'에 의해 4세대가 되었고, 세진(謝晉) 등 사회주의 중국영화의 주력들은 역산으로 3세대라고 불렸다는 것이다 (다이진화, 2009a: 61).

장이머우는 중국영화계의 '복장(福將)'(다이진화, 2007: 289)임이 틀림없다. 그는 포스트사회주의 중국의 영화계와 문화계의 흐름을 잘 타왔다. 초기의 자유로운 실험, 국내외적으로 적절한 시점에서의 국제영화제 수상,[38] 국가권

38_ 1988년 <붉은 수수밭> 베를린 황금곰상, 1990년 <쥐더우> 베니스 입성, 아카데미 출품, 1991년 <홍등> 베니스 금사자상, 아카데미 출품, 1992년 <추쥐 이야기> 베니스 금사자상, 궁리(鞏利) 여우주연상, 1994년 <인생> 칸 심사위원상, 거유(葛尤) 남우주연상, 1999년 <책상서랍 속의 동화> 베니스 금사자상, 2000년 <나의 부친과 모친> 베를린 심사위원상 등을 수상했다. 그 밖에도 중국어권 영화제(中國電影華表獎, 金鷄獎, 百花獎, 金像獎, 金馬獎 등)와 세계

력의 주선율(主旋律)과 시장화의 이중압박에서 국외 자본의 투자유치, 중국식 블록버스터 제작, 2008년 베이징올림픽 총감독 등의 도정은 그를 단순한 영화감독으로 자리매김하기 어렵게 만든다. 다이진화의 장이머우론의 핵심은 이렇다. 장이머우는 중국 '포스트식민 문화의 잔혹한 현실'을 누구보다 잘 인지했고 세계무대로 나가기 위해서는 '동방적 경관(Oriental spectacle)'이 필요함을 인식하여 '이중적 정체성(dual identity)' 전략을 활용해 성공을 거두었다. 그는 이중적 정체성을 활용해 동양과 서양, 본토와 세계를 교묘하게 봉합했다. 그러나 다이진화가 보기에 장이머우의 성공이 가져온 결과는 그의 영화가 세계로 향하는 창이라기보다는 그 시야를 가리는 거울이 되었다는 점이다. 거울에 비친 모습은 대국으로 굴기(崛起)하는 중국이 아니라 서양이라는 타자에 의해 구성된 동방의 이미지였고, 서양 남성 관객이 요구하는 욕망의 시선에 영합한 동방의 여인이었다. 그것은 결코 중국의 본토문화일 수 없는, 상상되고 발명된 중국의 이미지이다(다이진화, 2007: 291). 여기서 주목할 것은 '유럽 오리엔탈리즘과 비유럽 지역의 '셀프 오리엔탈라이제이션(self-orientalization)'의 공모관계다. 장이머우는 누구보다도 '전략으로서의 셀프 오리엔탈라이제이션' 운용에 뛰어났다. 그것은 정치 검열이 존재하고 자율적 시장이 형성되지 않은 제3세계에서 재능과 야망을 품은 감독이 선택하게 마련인 생존 전략이라 할 수 있다. 장이머우는 "이국화와 자연화라는 모순적인 동시에 보완적인 특성의 더욱 미묘한 계략"(Jacquemond, 1992: 153; 로빈슨, 2002: 57 재인용)을 잘 활용한 셈이다. '이국화와 자연화의 전략'은 자크몽(Richard Jacquemond)이 이집트의 노벨상 수상 작가 마푸즈(Nagīb Mahfūz)의 작품을 분석하면서, 마푸즈가 서유럽의 정전(canon)에 순응하는 유럽적 가치를 추구하고 이집트 사회의 파노라마적인 비전에 대한 유럽의 기대를 만족시킴으로써 성공했다고 분석하며 내린 결론이다. '이국화와 자연화의 전략'은 다이진화가 '내재적 유배(internal

---

각국의 영화제에서 수상했다. https://baike.baidu.com/item/%E5%BC%A0%E8%89%BA%E8%B0%8B/147018?fr=aladdin#7 (검색일자: 2022.04.21.)

exile)'라고 비판한 '셀프 오리엔탈라이제이션' 전략의 다른 표현이지만, 중국 정부와 관객은 '이국화와 자연화의 전략'을 활용해 세계무대에서 중국인의 긍지를 심어준 장이머우의 선택에 환호하고 있는 것으로 보인다. 그러나 중국계 미국 지식인들은 "동양적인 이국취미를 서양 관객에게 파는 것"(Zha, 1993: 329; 초우, 2004: 265 재인용)이라 하며 장이머우의 영화에 분노하기도 한다.

다이진화는 장이머우를 특화해 젠더 분석을 진행한다. 다이진화는 오리엔탈리즘과 포스트냉전 시기의 냉전 논리가 교묘하게 얽힌 상황에서 서양 세계의 이중적 기대 시야를 다음과 같이 요약한다.

> 타인의 '안목'을 내면화해 자아의 서술구조를 타인의 이야기로 삼는 것이 모종의 문화 상징 질서 속의 '여성' 역할을 의미한다면, 포스트냉전의 냉전 논리 속에서 '중국 영화예술가'의 명명을 획득하는 것은 의문의 여지가 없는 영웅/남성 주체의 역사 지위를 획득하는 것을 의미한다(戴錦華, 2006b: 118~19).

이는 또한 중국문화와 유럽문화의 황당하면서도 유일한 대화 형식이기도 한데, 중국 감독 가운데 장이머우가 유럽인들의 기대를 충족시킴으로써 국제적인 감독 반열에 올랐다는 것이다. 물론 국제영화제와 중국 정부의 암묵적 공모—중국 체제를 비판한 영화가 국제영화제에서 수상하고 중국 내에서는 상영이 금지됨으로써 당사자가 더 커다란 영향을 가지게 되는 공모—도 한몫을 했다. 장이머우는 첫 영화 <붉은 수수밭>에서부터 서양 남성의 시선을 내면화한 '중국 여성'을 보여줌으로써 국제영화제에서 중국을 대표하는 감독의 지위를 차지한다. 영화에서 "여성 형상은 카메라와 남성 등장인물이 하나가 된 욕망의 시야 속에서 '정확하게 드러났고, 반역자는 여성을 성공적으로 점유하고 아버지가 된 것으로 '합법적인' 주체의 지위를 획득했거나 '추인'받았다"(戴錦華: 115). 다이진화는 장이머우가 국제영화제 원정을 염두에 두고 이 영화를 구상했다고 하면서 "구상 속의 타자/서양 관중의 시야를 만족시키기 위해 남성 주체/내셔널 영웅의 신화는 근현대 사회와 근현대 생활과는 상대적인 타자성을 부여"(116)했다고 평가했다.

장이머우는 서양이 중국영화에 기대하는 시야를 인지하고 셀프 오리엔탈라이제이션 전략을 활용해 서양 세계가 보고 싶어 하는 장면들을 연출해낸다. 다이진화는 이를 '철로 된 방 속의 여성'으로 유비한다. 루쉰의 '철로 된 방 속의 외침'을 패러디한 '철로 된 방 속의 여성'은 "구금되고 욕망이 억압된 여성의 이야기로, 1980년대 역사문화 성찰 운동의 특정한 비판적 글쓰기의 하나다"(120). <쥐더우(菊豆)>와 <홍등>의 '철로 된 방 속의 여성'은 "중국 사회 문화 내부에서는 유사 서사로 6·4 폭력에 의해 중단된 역사 성찰과 정치 비판을 계속 이어받게 한 동시에, 장이머우에게 정치적으로 항의하고 반역하는 문화영웅의 의미를 부여했다. 그뿐만 아니라 중국의 역사와 문물 공간, 간혹 조작된 중국문화 의례가 욕망 시야와 결합한 동방의 아름다움은 서양의 기대 시야 속에서 정의성과 타자성이 충분한 볼거리가 되었다"(120~21). 특히 <홍등>은 동양의 '할렘'을 보여주면서 정작 지배자인 남성을 정면으로 보여주지 않음으로써, 카메라의 시각 주체 지위를 관객, 특히 서양 관객에게 넘겨줌으로써 감독 소기의 목적을 달성한다. 이처럼 장이머우는 중국과 서양, 여성과 남성을 교묘하게 접합시켜 서양 남성에게 '보여지는' 중국 여성을 형상화함으로써 국제영화제의 찬사를 받는다. 그리고 그 찬사를 등에 업고 국내에서 자신의 입지를 다진다.

<영웅(英雄)>(2002)은 국내외적으로 명망을 구축한 '문화영웅' 장이머우가 마음먹고 만든 영화다. 그동안 '오리엔탈리즘의 내면화' 또는 '내재적 유배' 등의 비판을 받아온 장이머우는 기존의 '셀프 오리엔탈라이제이션' 전략을 대폭 수정해서 이제는 자국의 관중을 겨냥한다. 가장 중국적인 무협 요소와 가장 지구적인 할리우드 블록버스터를 결합해 '중국 블록버스터' 즉 '다펜(大片) 시대'를 연 것이다. <영웅>은 중국과 미국에서 흥행에 성공을 거두었고 한국에서도 복잡한 역사적 맥락이 탈각된 채 멋있는 중국영화로 소비되었으며 후속

작 <연인(十面埋伏)>과 <황후화(滿城盡帶黃金甲)>도 환영받았다(임춘성, 2017: 312).39) 이상의 과정을 거친 장이머우는 역사적 인물이 되었다. 나름의 성과를 거두었지만, 다시는 새로움을 보여줄 수 없는 화석이 되었다는 의미에서다. 올림픽 개막식 총감독, '인상 시리즈(印象系列)' 프로듀서로서 대중의 인기를 누릴 수는 있겠지만, 초창기의 문제의식을 지속 발전시켜 '말년의 양식'을 기대하기는 어려운 상황에 놓인 것으로 보인다.

천카이거는 중국영화의 또 다른 거울이다. 그가 초기 작품에서 보여주었던 대범함과 명석함(다이진화, 2007: 317)은 <아이들의 왕(孩子王)>이 1987년 칸 영화제에서 고배를 든 후 사라졌고, 천신만고 끝에 1992년 <패왕별희>로 칸 영화제를 석권했지만, 그것은 추락으로 얻은 구원이자 굴복과 맞바꾼 면류관(다이진화: 330)이었다. 천카이거가 고심해서 재현한 중국 본토문화는 포스트식민 문화라는 문맥 안에 내면화(internalization)된 서양문화의 시점(視點)과 절묘하게 결합함으로써 소실되어버렸다. <황토지>에서 함께 출발한 장이머우와 천카이거가, 이후 각자의 경로를 거쳐 지구화의 지표인 '블록버스터'로 나아간 것은 결코 이상한 일이 아니다. 이들은 역사와 문화의 '큰 그물'에서 벗어나지 못한 것이다. 그들은 "성실하거나 그다지 성실하지 않은 역사의 아들"이었고 "정복된 정복자의 이야기"를 우리에게 남겨 주었다.

다이진화는 1987년 <붉은 수수밭>과 <아이들의 왕>이 유럽의 A급 영화제에 화려하게 입성했지만 전혀 다른 '대우'를 받은 상황을 "중국 내 사회, 정치, 시장의 곤경을 돌파하려는 영화인이 반드시 참조하고 독해해야 하는 '계시록'"(戴錦華, 2006b: 117)으로 해석하고 있다. 이를 통해 중국영화가 '세계로 나가기' 위한 필요충분조건이 무엇인지 알 수 있었다는 것이다. 그건 바로 충분한 타자성과 신기함이었다. 유럽과 미국이 요구한 영화는 향토 중국의 기이한 경관을 가진 중국의 본토성을 충분히 갖추어야 하지만, 그 논리와 정체

39_ <영웅>의 역사 맥락에 대한 비판은 임춘성(2017: 312~13) 참조

성은 본토 위에 세워져서는 안 되고, 유럽과 미국 문화의 결점을 보완해주는 것이다(戴錦華: 117). 다이진화는 이 '계시록'에서 제3세계 지식인과 예술가의 문화적 '숙명'을 읽어낸다. 제3세계 감독이 '세계로 나가는' 좁은 문을 성공적으로 통과하려면 서양 예술영화제 심사위원들의 심사 및 선택의 기준을 반드시 숙지해야 한다는 것이다. 영화제에서 수상하기 위해 그들은 반드시 서양 영화제 심사위원들의 기준과 척도, 동양에 대한 서양의 문화적 기대 시야, 서양인의 마음속 동양 경관에 동일시해야 한다. 다이진화가 보기에 "이러한 동일시는 동시에 새로운 내부 유배의 과정"(118)이었다. 그것은 타자의 눈을 통해 자신의 문화 기억을 관조 대상으로 추방하고 그 구조를 타인의 담론과 표상의 아름다움 속에 동결시키는 것이다. 이렇게 하여 그들은 영예를 얻게 되지만, 그 영예는 자아 표현을 타인의 이야기로 삼아 얻은 영예다. 이처럼 세계영화계에 중국영화의 존재를 알린 5세대의 대표 감독 장이머우와 천카이거는, 경로는 달랐지만, '셀프 오리엔탈라이제이션'이라는 '내부 유배' 또는 '이국화와 자연화의 전략'을 통해 개인의 명망을 한껏 높였다.

3. 6세대 감독의 도시영화와 독립영화

5세대를 비판하며 등장한 젊은 신생대 감독들은 '6세대'라고 불리는데, 이들이 국제영화제를 겨냥해 영화를 제작하는 것이 선배인 장이머우 등에서 배운 것이라는 사실은 아이러니하다. 한국 관객에게 이들의 초기 작품—장위안(張元)의 <베이징 녀석들(北京雜種)>과 자장커(賈樟柯)의 <샤오우(小武)> 등—은 일부 평론가와 소수의 마니아 그룹을 통해 수용되었다.

6세대의 특징으로 도시영화와 독립 제작을 꼽을 수 있다. 전자가 영화의 제재 또는 배경이라면 후자는 제작 방식이다. 1990년대 중반 이후 중국 도시영화는 예술, 정치, 자본, 주변성의 네 가지 요소들이 국내외의 '시장'을 중심으로 협상과 타협을 진행하면서 예술영화, 주선율영화, 오락영화, 독립영화의 지형도를 형성하고 있다(Zhang, 2002: 71~73). 5세대의 명성을 국내외에 날리게 했던 작품들은 대부분 농촌을 배경으로 삼고 있었던 것에 반해 이른바 "도시 환경, 현대적 감수성, 자아도취적 경향, 기획적 이야기, 다큐멘터리 효과, 우연한 상황, 개인주의적 지각, 불안정한 분위기"(Zhang, 2007: 53) 등의 특징을 가지는 '6세대' 감독들은 '도시 리얼리즘'에 관심이 있다. 장전(Zhen Zhang)은 '도시세대(urban generation)'라는 용어를 선호한다. 이 용어는 2001년 봄 한 영화 프로그램40)에서 상영된, 도시화의 경험에 초점을 맞춘 일련의 작품들을 제작한 젊은 영화제작자들을 가리킨다. 이 '도시세대'는 5세대 감독들의 국제적 명성과 억압된 1989년 민주운동이라는 이중 그늘에서 출현했다. '도시세대'라는 용어는 또한 국가 또는 상업적 주류(국내와 초국적)에 의한 '탈영토화'와, 그것을 소외시키거나 주변화하는 똑같은 힘에 의한 부단한 '재영토화' 사이의 역동적 긴장에 사로잡힌 영화 실천을 지칭하고 있다.

최근 중국의 도시영화는 21세기 광범위한 스케일의 중국의 도시화 및 지구화 과정과 맞물려 있다. 사실 20세기 대부분의 시간 동안 중국 도시는 일반적 의미에서 도시화라는 면모에 부합되지 않았다. 중국에서의 도시화는 전쟁과 혁명, 자연재해와 이데올로기 등에 의해 방해받았다. 개혁개방에 힘입어 1990년대에 이르러서야 포스트사회주의 프로그램들이 도시에 가시적 충격을 주기 시작했다. 특히 1990년대 이후 도시에는 활기 넘치는 소비자문화와 대량문화가 뿌리내리기 시작함으로써 본격적인 '도시화'가 진행되고 있다. 이처럼 급속하게 진행되고 있는 '도시화'의 현장에서 그것을 재현하고 있는 '도시영화'는 최근 중국을 이해할 수 있는 적절한 지점이라 할 수 있다(임춘성, 2017: 234).

1990년대 이후 중국 도시영화 지형도에서 주목할 부분은 독립영화라 할

40_ 2001년 봄 '공연예술을 위한 뉴욕 링컨 센터'의 월터 리드 극장(the Walter Reade Theater at New York's Lincoln Center for the Performing Arts)에서 상영된 영화 프로그램. 이 프로그램은 젊은 영화제작자들에 의해 도시화의 경험에 초점을 맞춘 일련의 작품들을 전시한 것이다.

수 있는데, 이는 초기 6세대 감독의 중요한 표지로, 장위안의 <엄마(媽媽)> (1990)[41]를 효시로 한다. 실험적 영화제작자들(장위안, 장밍, 러우예, 자장커, 왕 취안안, 그리고 우원광 및 장웨와 같은 다큐멘터리 감독)과 약간 상업적인 감독들 (예를 들어 장양과 스룬주)이 이 범주에 속한다. 독립영화 제작자들은 미학적 관 점뿐만 아니라 사회적 · 직업적 정체성의 측면에서 국가에 의해 훈련되고 고 용된 앞선 세대와 달랐다. 특히, 1993년 7명의 영화제작자들에게 내려진 금 지[42]령은 독립영화 제작자들에게 하나의 전환점이 되었는데, 이 조치는 일련 의 '심화' 개혁 또는 더욱 철저한 시장화와 동시에 진행되었다. 사회주의 영화 시스템은 이른바 자본주의화 과정을 향한 복잡한 탈바꿈을 시작하면서 한편 으로는 지하영화에 제한을 가하고 다른 한편으로는 상업적이고 무해한 장르 에게 '새해 경축 코미디(賀歲片)'와 같은 특혜를 주었다. 아울러 상영 분야를 자 극하고 관객을 극장으로 끌어오기 위해 국내외 제작영화에 적용되는 분장제 (分掌制)가 시행되었다. 어려운 여건에서도 젊은 독립 영화제작자들은 스튜디 오와 시장경제의 변화 때문에 만들어진 틈새 공간을 탐험하면서 1994년부터 1996년까지의 가장 어려운 시절에 도전적인 영화들을 발표하였다. 장위안의 <광장>과 <동궁서궁>, 왕샤오쉬이의 <한랭>과 <짐꾼과 아가씨>, 관후의 <헝클어진 머리카락>, 러우예의 <주말의 연인>, 허젠쥔의 <우편배달부>, 닝잉의 <민경 이야기>, 장밍의 <우산의 비구름> 등이 그것이다. 이 영화들 은 엄격한 검열 또는 이익에 쫓긴 배급자와 상영자의 무관심으로 인해 중국 관객들에게 접근이 제한적이었음에도 불구하고, 대부분은 다양한 국제영화제 에서 비평적 찬사와 상을 받았다(Zhang, 2007: 9~12 요약).

41_ 이 작품은 최초로 국영 스튜디오 밖에서 제작해 국제영화제에 출품하는 길을 개척했다. 이를 통해 영화제작비를 모금할 수 있었지만, 중국 내에서는 상영불가 처분을 받았다. 이후 왕샤오 쉬이, 허젠쥔, 자장커 등 젊은 감독들이 이 길에 합류했다(McGrath, 2007: 83 참조).

42_ 장위안을 비롯한 7인의 감독은 1993년 도쿄영화제와 1994년 로테르담 영화제에 당국의 공식 승인을 받지 않은 채 작품을 제출했다가 당국에 의해 징계를 받았다. 이로 인해 이들은 국영 스튜디오 등의 시설을 사용할 수 없게 되었다. 이런 연유로 많은 젊은 영화제작자들이 뮤직비 디오나 TV 제작물에 종사하게 되었다.

다이진화는 '6세대'라는 명명에 대해 신중하게 접근한다. 6세대는 선배 세대와 달리, "비교적 명확한 창작 집단이나 미학적 기치, 작품의 서열이 없었다". 그들은 서로 다른 문화적 갈망과 문화적 결핍이 만든 복잡한 문화 현실의 산물이었다. 다이진화는 6세대가 "서로 연관되고 중복되며 때론 전혀 상관없기도 한 세 종류의 영상 현상, 예술적 실천과 관계있다"(다이진화, 2007: 453)라고 진단한다. 1990년대에 출현하여 관변의 제작시스템과 영화 검열제도 외곽에서 개인 자금이나 구미의 문화 기금으로 영화 제작 자본을 마련한 독립 제작자들, 1989년과 1991년에 베이징영화대학을 졸업한 촉망받는 젊은 감독들, '위안밍위안 화가마을'로 세상에 이름을 알린 베이징 유랑 예술가 집단과 밀접한 연관을 지니는 다큐멘터리 제작자들이 그들이다. 다큐멘터리 제작자들은 톈안먼 민주운동이 좌절된 폐허에서 새로운 출로를 모색했던 '신(新)다큐멘터리 운동'[43])의 주역이 되었다는 점을 고려하면, 극영화 부분에서 주목할 그룹은 5세대에 이어 베이징영화대학을 졸업한 후 체제 외곽에서 활동한 독립 제작자들이다. 이들은 체제 밖에서 활동했기에, 대부분 도시를 배경으로 삼아 독립제작 방식으로 다큐멘터리 촬영 기법을 활용해 자신의 영화를 제작했다. 장위안의 <베이징 녀석들>, 왕샤오솨이(王小帥)의 <샤오둥과 샤오춘의 나날들(冬春的日子)>, 후쉐양(胡雪楊)의 <남겨진 여인(留守女士)>, 러우예(婁燁)의 <주말 연인(週末情人)> 등이 초기 대표작이다. 다이진화는 독립제작자와 베이징영화대학 졸업생을 연계시킨 배후에 포스트냉전시대 서양문화 수요의 투사와 외래자의 시선이 허구화시킨 매듭이 존재한다고 보았다. 그러면서 동시에 의식적 또는 무의식적으로 이 '허구'를 참조해서 만들어진 피드백 반응과 오로지 순항만을 생각하는 본토문화의 낙관적 돛이 존재함을 날카롭게 지적했다(戴錦華, 2006a: 353~54).

다이진화는 6세대를 '안개 속 풍경(霧中風景)'으로 묘사한다. 그녀에 따르

43_ '신(新)다큐멘터리 운동'에 대해서는 이 책 5장 '뤼신위의 다큐멘터리 연구' 부분을 참조할 것.

면 "6세대는 갖가지 명명과 갖가지 담론, 갖가지 문화와 이데올로기 그리고 욕망으로 얽히고 은폐된 문화적 현실"(戴錦華, 2006a: 352)을 가리킨다. 그러므로 중국 언더그라운드 영화, 중국의 다른 정견을 가진 자들의 영화, 독립영화인, 독립 창작 운동, 신영상 운동, 신도시영화 등의 명명도 존재했다. 이들은 '1989년의 거대한 동요', 즉 톈안먼 민주운동의 좌절로 인해 1980년대의 낙관주의와 이상주의의 연이은 봉우리로부터 계곡 바닥으로 떨어지는 놀라운 경험을 겪었다(戴錦華: 359). 게다가 상업화의 조류를 타고 흥성한 대중문화와 TV 방송의 확장은 6세대에게 커다란 시련이었다. 한마디로 말해 출발부터 '영화계 밖으로 내던져지는 운명'에 놓인 6세대는 약간의 시행착오를 거쳐 베이징 유랑 예술가 집단에 들어가거나 TV드라마, 광고, 뮤직비디오를 제작하거나 여기저기 제작팀에서 아르바이트하면서 영화에 대한 몽상에 집착했고 아울러 형언하기 어려운 초조감 속에서 영화계 주변인의 신분으로 베이징을 유랑했다(360). 이런 상황에서 6세대 영화인들이 선택한 것은 독립 제작이었다. 영화 제작권(廠標)도 구하지 못하고 시나리오 심사도 통과하지 못한 상태에서 사영 기업으로부터 제작비를 빌려 영화를 찍고 나서 심의를 받았다. 실경 촬영 방식과 아마추어 배우 기용을 특징으로 하는 이 길은 장위안의 <엄마>가 개척했고 이후 많은 6세대 영화인들이 나아간 길이다. 장위안은 한 걸음 더 나아가 직접 영화를 들고 프랑스 낭트에서 열린 '3대륙영화제'에 참가해 비평가상과 대중상을 수상한 것을 필두로 20여 개의 국제영화제에 출품함으로써 세계로 나갔다. 이 또한 6세대 감독들의 또 다른 '계시록'이 되었다.

6세대는 5세대와 자주 비교되곤 한다. 도시 배경과 농촌 배경의 대비가 대표적이다. 다이진화는 5세대가 '아들 세대의 예술'을 표방했음에도 "부권(父權)을 깊이 내재화한 심리적 문화적 현실"을 그림으로써 전 세대로부터 탈주하고자 했지만 그로부터 벗어나지 못한 것에 반해, 6세대의 영화는 새로운 세대의 문화적 선언이자 예술적 선언으로 볼 수 있다고 했다. 특히 저능아이자 언어장애를 겪는 남자아이를 통해 새로운 세대의 문화적 우언을 보여준 장위안의 <엄마>에서, 아들의 저능과 우둔함은 아버지와 부권에 대한 거부로, 전 오이디푸스 단계에 대한 집요함으로 이해할 수 있고 언어장애는 상징계라는 아버지의 이름과 언어 및 문화에 대한 배척으로 독해할 수 있다(戴錦華: 361). 랭(Tony Rayns)도 "<엄마>가 6세대 감독의 토대가 될 작품"(雷恩, 1993: 11; 戴錦華: 363 재인용)이라고 예언한 바 있다. 장위안은 중국 로큰롤의 개척자 추이젠(崔建)과 합작해 <베이징 녀석들>(1993)을 제작했다. 이 작품은 로커 추이젠, 소녀 마오마오, 작가 다칭의 베이징 생활의 애환을 그려낸다. 추이젠은 연습장을 찾아 헤매고 마오마오는 남자친구와 출산 문제로 다툰다. 이 영화 역시 체제와 타협하려는 노력을 전혀 기울이지 않고 독립 제작 방식으로 찍었다. 장위안은 또다시 영화를 들고 수많은 국제영화제를 돌아다녔다.

독립 제작과 국제영화제 순례를 특징으로 하는 장위안의 선구적 노력과 왕샤오쉬이, 허젠쥔, 우디 등의 후속 노력 덕분에 "독립 제작이 중국영화의 잠류를 형성하기 시작했다"(戴錦華: 363). 그 뒤를 이어 후쉐양(胡雪楊)의 <동년 왕사(童年往事)>, 러우예의 <주말 연인>과 <위험에 빠진 소녀>, 관후의 <헝클어진 머리> 등이 등장했다. 이들의 "독립 제작 영화는 장이머우의 '철방'/낡은 집에서 목 졸려 죽은 여인의 욕망 이야기와 근현대 중국사의 장면에 출연한 운명 비극(톈좡좡田壯壯의 <푸른 연>, 천카이거의 <패왕별희>, 장이머우의 <인생活着>)의 뒤를 이어 서양이 중국영화에 주목한 세 번째 인지 방식이자 판별 방식이었다"(369). 유럽 영화제와 미국 영화인들은 중국 6세대 감독의 작품에 '선의'와 '관용'을 보여주었다. 하지만 다이진화는 이 '선의'와 '관용'의 '일면성'과 '타자화'를 문제 삼는다. 사실 '일면성' 문제는 서양의 '언더그라운드 영화'라는 명명에서부터 드러난다. 서양 영화인들은 6세대 영화의 예술적·문화적 성취는 도외시하고 그 정치적 의의를 크게 강조했다. 더 문제가 되는 것은 '타자화다.

장이머우와 장이머우식 영화가 서양인의 오랜 오리엔탈리즘의 거울 이미지를 제공하고 풍부하게 만들었듯이, 6세대가 서양에서 입상한 것은 다시 한번 '타자'가 되어서 서양 자유주의 지식인들이 가졌던 1990년대 중국 문화 경관에 대한 기대를 완성하는 데 이용되었다. 그리고 다시 한번 거울 이미지가 되어 서양 자유주의 지식인들이 중국의 민주와 진보, 반항과 시민사회, 그리고 주변인을 묘사하는 데 사용되었다. 그들은 6세대가 직접적으로 표현한 중국의 문화 현실을 무시했을 뿐 아니라, 6세대 영화인의 문화적 바람도 무시했다(戴錦華: 370; 다이진화, 2007: 475~76 번역 참조).

앞에서 살펴보았듯이, 다이진화는 장이머우 방식을 세계와 소통하는 문이 아니라 자신을 비추는 '거울'로 평가했지만, "새로운 영화인들의 독립 제작이 서양 영화계와 각축을 벌일 수 있는 첩경"(戴錦華: 371)이라고 평가했다. 문제는 서양 영화제와 중국 정부의 암묵적 공모다. 다시 말해, 서양 영화제에서 중국 체제를 비판했다는 점이 어필해서 입상한 작품에 중국 당국이 상영금지령을 내림으로써 서양 영화제의 일면적 평가를 정당화해준 것이다. 그럴 의도가 없었더라도 국제영화제와 중국 당국의 의도적이거나 비의도적인 공모로인해 6세대 본인들은 반체제 인사가 되었다. 국제영화제의 일면적 평가에 즉자적으로 대응해오던 중국 당국이 대응 방식을 바꾼 것은 1990년대 후반이다. 중국 당국은 '언더'에서 활동하는 젊은 감독들을 체제 안으로 포섭하기 위해 1998년 '젊은 감독 희망 프로젝트(靑年導演希望工程)'를 출범시킨다. 베이징 스튜디오와 상하이 스튜디오가 중심이 되어 6세대 감독들과 새로운 신인들을 지원했다. 아울러 새로운 종류의 유연한 '독립영화'가 정책 변화와 기관 제한의 새로운 물결이라는 맥락 속에서 출현하기 시작했다. 이들은 1990년대 중반의 정책 개혁 와중에서 대중적이고 상업적인 전환을 시도했다. 장원(姜文)의 <햇빛 찬란한 날들>, 장양(張揚)의 <사랑의 마라탕>, 스룬주(施潤玖)의 <아름다운 신세계> 등이 그런 작품이다.

4. 젠더 중국

봉건 중국에서 가부장제의 억압 아래 있었던 여성은 사회주의 중국에서 '하늘의 절반'이라는 수사와 함께 해방되었다. 그러나 사회주의 중국에서의 여성해방은 많은 성과를 거두었음에도 '무성화(無性化)'의 방향으로 진행되었음을 부인하기 어렵다. 신중국 건국 후 '남자는 하늘, 여자는 땅'이라는 남존여비 사회로부터 여성이 남성과 동등한 '하늘의 절반'으로 격상된 사회주의 사회로 변모했다. 그러나 서유럽 페미니즘 학자들이 참관하러 올 정도로 성공했다는 평가를 받은 사회주의 중국의 여성해방은 치명적인 약점이 있었다. 그것은 바로 여성해방이 스스로 쟁취한 것이 아니고 위로부터 주어진 것이라는 점이다. 따라서 토대가 취약했다. 아울러 기초 간부에는 여성이 많이 배치되어 있지만, 고위 간부, 이를테면 대학의 서기와 총장급에서는 찾아보기 어렵다. 특히 중국공산당 최고권력기구인 정치국 상무위원의 명단에서 여성을 찾아보기 어렵다는 측면에서 여전히 '유리천장'이 존재하고 있음을 알 수 있다.

다이진화는 중국의 여성해방 현실을 다음과 같이 요약한다. 중국 여성은 공산당 정권이 세워진 후에 해방되었기 때문에, 공산당 정권이 대륙에서 합법성을 가지게 된 근거의 하나가 되었다. 나아가 국가는 여성의 노동력을 동원하고 조직하여 전후 재건에 힘썼고 여성들은 전면적인 공업화 과정에도 적극적으로 이바지했다. 그러나 사회주의 이데올로기의 핵심인 계급 담론은, 여성을 효과적으로 지배, 통합하는 중요한 경로가 되었다. 해방이라는 전제하에 '젠더와 에스닉 의제'는 1949년 이후 중국문화 속에서 점차 모습을 감추었고, 계급론의 기초 위에 사회주의라는 이름의 가부장제 이데올로기가 확립되었다(戴錦華, 2006b: 19~20; 다이진화, 2009b: 25). 이렇게 보면 중국 여성은 봉건 가부장제 및 자본주의 가부장제에서 벗어나 해방의 기쁨을 만끽할 사이도 없이 다시 계급론으로 무장된 '사회주의 가부장제'의 억압을 받게 된 셈이다.

아버지를 대신해 남장하고 종군한 <화목란(花木蘭)>의 영화화 현상을 검토한 다이진화는 '화목란식 상황'을 남성 규범(여성에 대한 남성 규범이 아니라 남성 규범 자체)이 유일한 절대적 규범이 된 상황으로 해석한다. 그 상황은 여성이 사회의 주체적 지위를 얻게 되는 동시에 젠더의 주체적 지위를 향유하거나 표현할 전제와 가능성도 상실한 상황이다. "남성의 각도에서 마오쩌둥 시대가 무성화(無性化) 시대였다면, 여성의 각도에서 보면 오히려 남성화 과정"(戴錦華: 78; 다이진화: 87)이라는 표현처럼, 여성은 이제 남성이 요구하는 여성상에 부합할 필요가 없었지만, 남성과 똑같이 사회노동에 참여하게 되었다. 여성은 계급과 차별이 없는 사회에서 남성과 '어깨를 나란히 하고 전투'했다. 이는 남녀평등을 성취한 것처럼 보이지만, 그 평등은 마치 '군대 가산점 제도'를 주장하는 논자들이 여성도 군대에 가면 평등하게 된다는 논리와 유사하다.

신중국 여성이 직면한 '화목란식 상황은 원래 신여성이 필연적으로 만날 수밖에 없는 사회적인 숙명이며 해방된 여성이 짊어져야 했던 자유의 족쇄였다. 그런데 여기서 문제는 사회주의 중국에서 이런 현실을 만든 국가 행위와 국가 의지를 의심하고 반성하는 것을 용납하지 않았으며, 여성이 처한 분열된 생존 공간, 역할 규범과 생명 체험이 거의 이름 붙여질 수 없고 말할 수 없는 상태에 놓였다는 사실이다. 이런 상황에서 개혁개방을 맞은 중국에서 여성의 지위는 마치 '원화가 복원'된 것처럼 사회주의 이전의 상태로 회귀하는 것 같았다. "여성으로서 사회 젠더 이론을 가진 비판적 지식인이 1978년 전후로 시작된 '현대화로 완곡하게 불렸던' 과정에서, 남성 권력 질서의 전면적인 재건 및 자본주의 문화 특히 지구적 자본주의화 과정과 초국적 자본 운행 내부의 가부장제 구조와 논리를 무시할 수 없었다"(戴錦華, 2006b: 18; 다이진화, 2009b: 23). 요컨대, 가부장제 전통은 사회주의 체제에서 극복되거나 최소한 완화된 것처럼 보였지만 개혁개방 시기에 지구적 자본주의와 결합함으로써 새로운 면모로 부활한 것이다.

구체적으로 살펴보면, 다이진화는 당다이 중국 여성의 '역사적 조우의 역설'을 지적한다. 인민공화국 건국 이후 중국 여성은 해방됨으로 인해 역사 시야에서 사라졌고, 자신의 젠더 정체성과 제한된 표현 공간을 새롭게 얻은 동시에 역사적 퇴보 과정을 겪었다는 것이다(戴錦華, 2006a: 111). '해방됨으로 인해 사라졌다'라는 지적은 예리하다. 이전의 여성은 노예와 다름없었지만 해방되어 인간다움을 회복했다면 인간다운 여성성이 보장되어야 할 텐데 그러지 못하고 여성성은 탈각시키고 인간다움만 남았으며, 그 '인간다움'은 '남성성'과 동일한 것이었다. 그러므로 다이진화가 사회주의 30년의 여성해방 과정을 '무성화(無性化)'로, 나아가 '남성화'로 요약하는 것은 이상하지 않다. 그러나 이런 여성해방은 무의식중에 남성을 기준으로 삼고 여성을 남성화하기 마련이다. 이는 마치 노동해방 운동에서 노동자를 자본가로 만드는 것과 같고, 소수 에스닉을 한족으로 바꾸려는 것과 같다. 결국 노동자와 소수 에스닉이 내부 식민지가 되었듯이 사회주의 중국에서 여성도 내부 식민지가 되었다.

위로부터 주어진 해방에 안주하던 여성은 신시기 상흔문학과 성찰(反思)문학 작품에서 해방된 여성이 아니라 차별받는 약자의 형상으로 출현했다. "마오쩌둥 시대에 혁명/계급해방의 이름으로 여성을 사회 역사의 주무대에 등장시켰다면, 신시기가 시작되면서 '역사'는 다시 한번 인성/해방의 이름으로 여성을 사회역사의 무대 앞/은막의 전경으로부터 후경으로 후퇴시켰다"(戴錦華: 113). 결국 사회주의 30년의 세월을 우회해서 도달한 지점은 역사 무대의 뒤꼍이었다. 이를 잘 구현한 영화가 셰진(謝晉)의 <톈윈산 전기>[44]였다. 영화에 1남 3녀가 출연하는데, 세 여성의 "의미와 가치는 의심할 여지 없이 상대 남성/사회정치적 기능을 참조해 정의되었다"(114). 바꿔 말해, 조강지처 펑칭란, 옛 약혼녀 쑹웨이, 신세대 여성 저우위전(周瑜貞)은 모두 남주인공 뤄췬과의 관계 속에서 의미와 가치가 부여된다. 특히 사회주의 사회에서 성장한 저우

44_ <톈윈산 전기(天雲山傳奇)>는 상하이영화제작소에서 출품한 극영화로 셰진이 감독하고 스웨이젠(石維堅), 왕푸리(王馥荔), 스젠람(施建嵐)이 주연을 맡아 1981년 11월 14일에 개봉했다. 이 영화는 1957년 지식인 뤄췬(羅群)이 우파로 몰리면서 약혼녀 쑹웨이(宋薇)가 떠나고, 쑹웨이의 동창인 펑칭란(馮晴嵐)이 위난의 시기에 그와 가정을 이루며 함께 난관을 헤쳐나가는 이야기를 그렸다. https://baike.baidu.com/item/%E5%A9%E4%BA%91%E5%B1%B1%E4%BC%A0%E5%A5%87/6819031?fr=aladdin (검색일자: 2022.11.18.)

위전이 "개성이 선명하고 독립적인 '새로운' 신여성의 색채를 씻어내고 … 순교자가 되어 새로운 무덤에 묻힌 아내의 지위를 대신해 엄연하게 현명하고 사리에 밝은 구식 신부가 되었다"(114)는 것은 사회주의 30년의 여성해방 운동이 무위로 끝났음을 상징적으로 보여준다. 사회주의 중국은 농촌의 희생을 바탕으로 여덟 차례의 위기(원톄쥔, 2016)를 넘겼듯이, 그리고 농민공의 희생 위에 포스트사회주의의 경제 발전을 이루었듯이, 여성의 희생을 대가로 새로운 역사의 진보를 주도할 수 있었다. 바꿔 말하면, 도시의 문제를 농촌으로 전가했듯이, 중국 사회의 문제를 여성에게 전가한 것이다.

결론적으로 다이진화는 1949년 이후 중국 여성의 상황을 다음과 같이 요약했다. "그녀들은 해방된 여성으로 역사 과정에 들어간 동시에 젠더 집단으로서는 오히려 조용히 역사 시야의 밖으로 사라져 버렸다. 현실적 해방의 도래는 여성이 담론과 역사의 주체가 될 가능성을 다시금 무망하게 만들었다"(戴錦華: 80). 위로부터의 혁명으로 이루어진 여성해방은 당연히 수반되어야 할 문화혁명이 결여됨으로써 "중국 여성은 사회 권력과 담론 권력을 나눠 누리도록 허가받은 동시에 자신들의 젠더 전체성과 그 담론의 젠더 정체성을 잃어버렸다. 그녀들은 진실로 역사에 참여한 동시에 여성의 주체적 정체성은 비젠더화한(정확히 말해 남성적인) 가면의 배후로 소실되었다"(88~89). 결국 사회주의 30년 시기에 중국 여성은 주체적 지위를 얻기 위해 '여성'을 초월하거나 버려야 했다. 이로 인해 '여성'은 '텅 빈 기표'가 되어버렸다. 젠더 정체성은 사라지고 그 자리를 계급 정체성이 차지했다. 공식 담론에서 젠더 정체성이 사라졌다는 것은 개인의 욕망과 개인주의가 제거되고 억압되었다는 의미다. 사회주의 30년 동안 부정되었던 개인의 욕망은 포스트사회주의 시기에 자본의 욕망과 결합해 중국 사회를 강타했다.

단순하게 말하면, 바라보는 남성의 욕망 시선은 성공적으로 제거되었지만 남성 중심의 핵심인 가부장 이데올로기를 극복하지는 못했다. 오히려 강화되었다고 해도 과언이 아니다. 중화인민공화국의 여성해방 운동은 여성이 정신적인 젠더에 구속받지 않도록 했고 자신에게 부과되었던 육체적 노역을 없애는 동시에 '여성'을 일종의 허구적 존재로 만들어버렸다. "여성은 역사적 멍에를 벗어버리는 동시에 자신의 정신적 젠더를 잃어버렸다"(86). 근현대 중국 문화사에서 여성적인/여성해방의 주제란 끊임없이 대(大)시대에 의해 부각되면서 대시대에 의해 은폐된 사회문화적 명제였다고 말할 수 있다.

4장
왕샤오밍의 혁명 전통과 문화연구의 접합

1. 문화연구로의 전환과 이데올로기 분석

왕샤오밍(王曉明)은 자신의 학문 방향을 루쉰의 말을 빌려 '비껴서기(橫站)'라 했다. 그의 말을 들어보자.

이렇게 어지러운 시대에 처해 당신은 때로 다음과 같이 느낄 것이다. 보기에 매우 복잡한 많은 논설이 사실은 모두 어떤 것을 은폐하거나 회피하는 것이라고. 그러므로 우리는 얼버무리거나 터무니없고 전면적인 것 같지만 저의가 의심스러운 논설의 진흙탕에 빠져 사회가 더욱 기울어져 움직이지 못하는 것을 눈으로 보는 것보다, 거리낌 없이 그 진흙탕에서 나와 단도직입적으로 생각하는 대로 말하는 것이 더 좋을 것이다. 이는 비록 거칠고 단순하지만 짙은 안개를 헤치고 급소를 찌르는 것이다. 그러나 때로 당신은 또 강렬하게 느낄 것이다. 더욱 복잡해지는 이 문화적·사회적 상황에 직면해, 특히 1980년대 대부분 시간처럼, 한 가지를 붙잡고 전력을 투입하는 것, 심지어 '심층적인 일면을 붙잡고 스스로 즐거워하는 것은 너무 부족한 것이라고. 그러므로 우리는 더욱 복잡하게 생각해야 하고 가능한 한 서로 다른 방향을 함께 고려해야 한다. 왜냐하면 오늘날 많은 민감한 지식인들은 사실상 이미 루쉰이 말한 '비껴서기'의 위치에 놓여 있기 때문이다. 게다가 이 '비껴서기'의 의미는 결코 '적군과 아군'의 확인에 국한되지 않는다(王曉明, 2001: 12).

진흙탕 현실을 인지하고, 그런 사실을 은폐하거나 회피하기보다는, 단도직입적으로 급소를 찔러 출로를 헤쳐나가는 것은 전사의 행동양식이다. 그러나 진흙탕 현실은 그가 생각하는 것처럼 단순하지 않다. '자랑스럽게 나아가 부서지는 것'은 장렬할지 몰라도 진흙탕 현실을 해결하는 데 그다지 도움이 되지 못한다. 특히 20세기 후반을 지배했던 진영 체제가 무너지고 어제의 적이 오늘의 친구로, 그리고 어제의 친구가 오늘의 적으로 변하기도 하는 지구화 시대의 날로 복잡해지는 문화적 · 사회적 상황에 직면해, 단순히 진흙탕에서 빠져나오는 것으로는 충분치 않다. 복잡한 현실에 단순하게 대응하는 것은 해결책이 아니다. 이제는 경계가 모호해진 진흙탕뿐만 아니라 그 바깥도 함께 살펴야 한다. 그러기 위해서는 모든 것을 살필 수 있는 '비껴서기' 자세가 필요하다. '비껴서기'는 '나그네 정신' '절망에 반항' '역사적 중간물' 등과 더불어 루쉰 정신의 핵심이라 할 수 있다. 왕샤오밍은 위의 글에서 루쉰의 '비껴서기'를 전유하면서 거기에 사이드(Edward Said)의 동시다발적 투쟁과 관련된 지식인론을 접합시켰다. 사이드는 1993년의 BBC 방송 리스 강좌(Reith lecture) 강연 내용을 단행본으로 묶으면서, 그 서문에서 '지식인의 과업'을 "인간의 사고와 의사전달을 극도로 제한하는 진부한 고정 관념들과 환원적 범주들을 분쇄하는 것"(사이드, 1996: 16)이라 정의했다. 아울러 지식인들이 "각자 자신의 언어, 전통, 그리고 역사적 상황을 지닌 동일 국가의 구성원들"이고 '학문기관, 교회, 전문직업인 조작' 등의 '제도들'에 어느 정도 '종속'되고 어느 정도 '적대적'이라고 진단했다. 특히 "우리 시대에는 세속적 권력이 상당한 정도로 지식인 계층을 흡수고용(co-op)하고 있다"(사이드: 24)라는 그의 평가는 루쉰과 왕샤오밍의 비껴서기가 그런 상황에 유효한 것임을 입증하고 있다. 루쉰의 '비껴서기'를 전유한 때로부터 오랜 시간이 지난 이 시점에 '비껴서기'는 더욱 절실하다. 이 복잡한 지구화 시대에 단면적인 사고방식으로는 아무것도 해결할 수 없기 때문이다. 그러므로 그는 자신의 10년의 사유와 글을 모아 '비껴서 기'(王曉明, 2013)라는 핵심어로 개괄했다(임춘성, 2017: 141~43 참조).

2. 혁명 전통과 문화연구의 접합

신민주주의 혁명의 결실로 세워진 인민공화국의 전기 30년은 폐쇄적인 시공간이었다. 이에 대한 반작용으로 1980년대는 서양 이론을 끌어와 중국의 험난한 사회 변천을 해석하려 했지만, 1980년대 말 1990년대 초 그에 대한 새로운 성찰이 이뤄진다. 왕샤오밍은 '외래의 비판적 수용'이라는 차원에서 문화연구를 방법론으로 삼아 중국의 새로운 사회 현실을 해석하고 중국적 특색을 가진 문화연구를 수립하고자 한다. 내가 보기에 중국의 혁명 전통을 문화연구와 결합하는 시도는 왕샤오밍 문화연구의 독특한 특색이다. 이 작업은 우선 1949년 이전의 좌익 사상자료의 발굴로부터 시작하고 있다. 왕샤오밍은 저우잔안(周展安)과 함께 수년간 관련 자료를 꼼꼼하게 검토한 후 그 결과물을 『중국현대사상문선』(이하 『문선』)으로 출간했다.

『문선』은 주제별 20장으로 나누어 120편의 문장을 1,062쪽의 편폭(篇幅)에 수록[45]하고, 편마다 해제(題記)를 달았다. 수록된 글의 필자만 해도 궁쯔전(龔自珍) · 웨이위안(魏源) · 왕타오(王韜)부터 시작해 캉유웨이(康有爲) · 탄쓰퉁(譚嗣同) · 량치차오(梁啓超) · 홍슈취안(洪秀全) · 왕궈웨이(王國維)를 거쳐, 쑨중산(孫中山)과 장타이옌(章太炎), 류스페이(劉師培) · 옌푸(嚴復) · 리다자오(李大釗) · 차이어(蔡鍔) · 옌시산(閻錫山) · 천두슈(陳獨秀) · 루쉰(魯迅) · 취추바이(瞿秋白) · 랴오중카이(廖仲愷) · 장제스(蔣介石) · 다이지타오(戴季陶) · 마오쩌둥(毛澤東) · 량수밍(梁漱溟) · 펑유란(馮友蘭) · 슝스리(熊十力) · 옌푸(嚴復) · 페이샤오퉁(費孝通) 등이 망라되어 있다.

45_ 그 가운데 편폭이 긴 문장은 목록만 기록했다.

왕샤오밍은 총론 격인 「서(序)」[46]에서 기존의 '삼분법(近代—現代—當代)'을 타파하고 '현대(現代)'라는 용어로 1880년대부터 최근까지를 아우르고 있다. '현대'는 왕샤오밍이 독특하게 사용하는 용어로, 이전 단계의 삼분법 시기를 모두 포괄하면서도 그 시기 구분과 꼭 일치하지는 않는다. 그 기점을 1880년대로 잡은 것은 캉유웨이 등이 주도한 변법자강운동을 중시한 것으로 보인다. 왕샤오밍의 '현대'는 '20세기중국문학' 등에 의해 이미 균열이 생긴 '삼분법'을 뛰어넘었지만, 그 기준과 근거를 명확히 밝히지는 않았다. 구체적으로 살펴보면, 왕샤오밍은 '현대'를, 1880~1890년대에서 1940~50년대에 이르는 약 60년간의 시기, 1940~50년대에서 1980년대까지 약 40년간, 그리고 1990년대 이후 약 20여 년의 세 단계로 나누고 있다. 관점을 달리해서 말하면, 사회주의 30년(1949~1978)에 1980년대의 과도기 10년을 더한 40년을 2단계로 삼고, 그 이전 60년을 1단계로, 그 이후 20년을 3단계로 설정한 것이다. 그리고 1단계를 특별히 '현대 초기(早期)'라고 지칭하면서 초기 사상에 대한 세밀한 검토를 통해 '중국이 어디로 갈 것인가'에 대한 계시를 찾고자 한다. 그는 '현대 초기' 혁명사상의 특징으로, 늘 피억압자와 약자 편에 서고, 정신과 문화의 관점에서 변혁을 구상하며, 새로운 중국과 세계의 창조를 제일 동력으로 삼고, 부단하게 실패를 기점으로 삼으며, 고도로 자각적인 실천 및 전략 의식을 구비했음을 들었다(王曉明 · 周展安編, 2013: 6~14). 수많은 중국 학자들이 빠지곤 하는 중국중심주의의 함정을 경계한다면, 중국의 비판적 혁명의 사상자원을 가져와 우리의 사상자원으로 삼을 수 있고, 나아가 동아시아의 공유 자원으로 삼을 수 있기를 기대하지만, 그것이 말처럼 쉬운 일은 아닐 것이다.

여기에서는 『문선』의 윤곽을 개괄한 후, 왕샤오밍이 연구를 진행한 '개체/개인'과 '제국'에 관해 검토하고자 한다.

46_ 이 글은 2013년 6월 29일 개최된 한국 문화연구학회 국제학술대회에서 발표했고, 『상하이학파 문화연구: 비판과 개입』(2014)에 「문화연구 관점에서 바라본 중국 현대 초기 사상과 혁명」이라는 표제로 수록되었다.

『문선』은 서문을 제외하면 20장으로 구성되어 있다. 각 항목의 표제를 보면, '삼천 년간 없었던 변국(變局)' '시세(時勢)' '구세(救世)' '심력(心力)' '중국' '체용(體用)' '정체(政體)' '신민(新民)' '개체' '대동(大同)'(이상 상권) '혁명'(1)(2), '사회주의' '혁명 철학' '농국(農國)' '사회과학과 '사회성질', '문화 본위' '국제주의'와 '세계혁명', '영혼의 깊이' '신중국'(이상 하권)의 20장이다. '만청(晚晴)부터 민국(民國) 말기까지', 즉 '현대 초기'의 사상자료를 대상으로 삼았다. 위의 주제들을 일별해보면, 우선 인문학과 사회과학이 중심인 것을 쉽게 알 수 있다. 하지만 관점을 달리해서 엄격하게 평가하면, "이 주제들 중에는 과학·기술·산업 등에 관한 것과 근대적 자유·평등·권리 등에 관한 것이 누락되어 있다(젠더·섹슈얼리티 등에 관한 것이라든가 민족주의·한족·소수민족 등에 관한 것은 물론이고)"(이재현, 2017: 278). 그러나 『문선』의 문헌목록과 내용을 꼼꼼히 살펴보면 이재현이 누락되었다고 지적한 분야가 완전히 배제된 것은 아님을 알 수 있다. 옌푸의 「천연론」, 타이쉬(太虛)의 「천연종을 교정함(訂天演宗)」은 과학·기술에 속하고, 류스페이의 「아시아 현세론(亞洲現勢論)」은 아시아 소수자 국가의 상황과 여성 문제를 다루고 있으며, 양두(楊度)의 「금철주의설(金鐵主義說)」은 주요하게 '경제적 군국주의'를 다루면서 자유 인민과 책임 정부를 논하고 있고, 쑨중산의 「민족주의」는 오족공화(五族共和)의 내셔널리즘을 논함으로써 주제를 "민족주의·한족·소수민족"으로 확대하고 있다. 오늘날 수준에서 볼 때 유치한 수준의 내용도 있지만 당시 상황에 비춰보면 문제의식을 제기한 것만도 나름의 의미를 부여할 수 있을 것이다.

『문선』의 특징 가운데 또 한 가지는 그동안 철학사나 사상사에서 거의 거론되지 않았지만 중요한 역할을 했던 이름이 여럿 눈에 띈다는 점이다. 당시 쩡궈판(曾國藩)과 병칭되고 차이어 등에게 영향을 주었던 군사전문가 후린이(胡林翼, 1812~1861), 탄쓰퉁·장타이옌·샤쩡유 등에게 불학(佛學)을 전수한 양원후이(楊文會, 1837~1911), 양원후이에게 불법(佛法)을 배우고 진화론을 소개한 정치 승려 타이쉬(太虛, 1890~1947), 혁명을 지지하고 장타이옌·쑨중산

등과 왕래했던 승려 황쭝양(黃宗仰, 1865~1921), 양원후이에게 불법을 배우고 량수밍(梁漱溟)·슝스리(熊十力)에게 전수해준 어우양젠(歐陽漸, 1871~1944), 위안스카이(袁世凱), 칭제(稱帝)를 도왔지만 장쉰(張勛), 복벽(復辟)을 반대하고 제1차 국공합작을 적극적으로 지지하고 중국공산당에도 가입했던 양두(楊度, 1874~1931), 1905년 2월 상하이에서 창간된『국수학보(國粹學報)』의 편집위원이었던 경학자(經學者) 황제(黃節, 1873~1935),「국수는 유럽화에 장애가 되지 않음을 논함」의 필자 쉬서우웨이(許守微, 생졸년 불상), 군국민주의(軍國民主義)를 주장했던 군사전문가 차이어(蔡鍔, 1882~1916),『상학보(湘學報)』를 주편하고 1911년 황화강(黃花崗) 봉기 실패에 격분하여 자살한 양두성(楊篤生, 1871~1911), 1904년 1월 상하이에서 창간된 월간지『여자세계』에「국민 모친 주조에 대해(論鑄造國民母)」를 게재한 야터(亞特, 생졸년 불상), 1920년 마르크스주의연구회를 발기하고 항일운동에도 참여하고 1945년 이후 민주건국회 성원으로 광범하게 정치 활동에 참여했던 스춘퉁(施存統, 1899~1970), 동경제국대학에 유학하고 신해혁명 후 귀국해 쑨중산의 비서를 지냈으며, 마르크스주의 철학을 비판하기 위해 1930년대 '유물변증법 논전'에 참여했으며 국민당 헌법 제정에 참여했고, 해방 후에는 중앙인민정협위원 등을 지냈던 장둥쑨(張東蓀, 1887~1973), 황제(黃節) 등과『국수학보』를 창간했던 덩스(鄧實, 1877~1951), 수재 출신으로 일본에 유학해 동맹회에 가입하고 귀국해 여학교를 세웠고 우창(武昌) 봉기가 일어난 후 농민군 봉기를 지도했던 스푸(師復, 1884~1915), 홍콩과 미국 등에서 공부하고 프랑스에서 중국 노동자 복지 활동을 관리한 경험이 있으며 귀국 후 평민 및 농민 교육 활동과 향촌 건설에 종사했던 옌양추(晏陽初, 1890~1990), 농촌경제와 정치경제학을 전공한 공산당원 쉐무차오(薛暮橋, 1904~2005), 칭화대학을 졸업하고 미국에 유학해서 동물학과 우생학을 전공하고 귀국 후 칭화대학에서 교편을 잡았던 판광단(潘光旦, 1899~1967), 일본 교토대학에서 경제학을 전공하고 중국공산당에 가입했으며 창조사, 좌련 등에서 활동했고 건국 이후에도 여러 대학에서 근무했던 왕쉐원(王學文, 1895~1985) 등이 그들이다.

그러면 『문선』의 구체적인 내용에 대한 왕샤오밍의 견해를 '개체'와 '제국'이라는 핵심어를 중심으로 살펴보자.

3. '대동'으로 나아가는 '개체/개인'

왕샤오밍은 「'대동'을 향해—중국 현대 초기의 '개체/개인'론(通向'大同'—中國現代早期的個體/個人'論)」에서 『문집』 상권의 '개체'에 수록한 6편의 글—캉유웨이의 『대동서』「서론(緒論)」, 옌푸의 「『군기권계론(群己權界論)』 번역 범례」, 왕궈웨이의 「홍루몽 평론, 인생 및 미술의 개관」, 장타이옌의 「톄정(鐵錚)에게 답함」과 「국가론」, 루쉰의 「악마파 시의 힘」—을 토대로 '개체/개인'에 관한 '현대' 초기 사상가들의 견해를 분석하고 있다.

그는 텍스트 분석에 들어가기 전 중국 사상가들이 '사람'에 초점을 맞춘 이유를 세 가지로 개괄하고 있다. 첫째, 각종 원인으로 서양(러시아와 일본 포함) 제국주의의 중국 침략 가속화는 중국이 자아 개혁으로 망국을 피할 시간이 많지 않았음을 알게 해주었고, 둘째, 중국이 허약한 근본 원인은 중국인 상하층이 모두 우매하여 정신과 육체 양 측면에서 현대 세계의 엄혹한 환경에 적응하지 못했으며, 셋째, 중국의 자아 개혁이 현행 정치·경제·군사 조건의 지지를 얻기 어렵고 유일하게 동원하고 믿을 수 있는 역량이 '사람'뿐이고 이는 수많은 우매한 중국인의 각성과 변화라고 생각했다(王曉明, 2013: 138). 그러므로 당시 중국은 근본적인 혁명이 필요했고 혁명은 중국을 개혁하는 것인데, 그 출발점은 '새로운 중국인'의 육성에서 시작해야 함은 너무도 당연한 일이다.

새로운 중국인으로서의 사람은 집단 역량, 고도의 정치적 역량, 행동자 그리고 지도자의 역량을 갖추어야 했고, 왕샤오밍은 이를 '혁명 주체로서의 집단 신분'(王曉明: 140)으로 요약했다. 새로운 중국인의 혁명 '주체' 신분과 관련된 용어로 '국민' '평민' '노동자계급' 등이 있었고 그들을 아우르는 '정당'이 있었으며 그에 대한 '이론'이 있었다. 왕샤오밍은 이에 관한 논술에서 혁명 '주체'로서의 새로운 중국인이 '정신적'이고 '창조되어야 함'(140~41)을 지적했다. 이런 흐름은 19세기 중엽 궁쯔전에서부터 시작했고 19세기 말에는 '불학 부흥 운동'과 연계되었는데, 본격적인 논의는 옌푸에서 비롯되었다. 옌푸가 보기에, '개체/개인'의 기본 특징은 '자유 추구'이지만, "무리에 들어간 후 내가 자유로우면 다른 사람도 자유롭다. 만약 제한과 구속이 없으면 강권 세계로 들어가 상호 충돌하게 된다"(「『군기권계론(群己權界論)』번역 범례」). 옌푸는 한 걸음 더 나아가, 자유의 다소(多少)가 '진화'의 수준을 체현한다고 했다. 이는 제국주의 '사회진화론'의 영향을 받은 것이다. 옌푸는 또한 '아(我)'를 추상적으로 심화시켜, 사회의 사람과 사람의 관계를 해석할 뿐 아니라 세계적 지평에서 나라와 나라의 관계를 해석하기도 했으며, 심지어 '아'를 '자유'와 함께 사용해 서양 열강이 왜 중국을 업신여길 수 있는지 그리고 중국은 어떻게 분발해서 열세를 개혁해야 하는지를 해석했다. 재미있는 것은 "자유의 즐거움은 자치력이 큰 사람만이 누릴 수 있다"라는 논리에 근거해, '개체/개인'을 소수의 걸출한 인물을 실증하는 특별한 정의로 활용했다는 점이다. "사실을 말하고 진리를 추구하면 첫째 옛사람에게 속지 않고, 둘째 강권에 굴복하지 않는다." 옌푸는 한유(韓愈)와 주희(朱熹) 그리고 왕부지(王夫之)를 예로 들었다. 이처럼 옌푸는 '개체/개인'으로 내재적 장력을 형성했을 뿐만 아니라 추상과 실증의 양 끝을 향해 양방향으로 이동했다.

장타이옌은 「국가론」에서, 크게는 우주부터 작게는 먼지에 이르기까지 대천(大千)세계의 모든 층위에서 '개체는 진실하고 단체는 환상'이므로, '개체'는 그 대립면인 '단체'와 마찬가지로 고도로 추상적이고 모든 층위에 운용할 수 있는 개념이며 그것은 어떤 층위에 고착되지 않고 어떤 구체적 실체와 동등해질 수 없다고 주장하면서, 다음과 같은 예를 들었다. 일국 내에서 한 국민은 '개체'고 국민이 합해져 이뤄진 국가는 '단체'지만, 세계의 층위에서 한

국가는 '개체'이고 전 지구는 '단체'가 된다(王曉明·周展安編: 145). 여기에서 장타이옌의 '개체'와 '단체'의 관계는 절대적이지 않고 상대적이다. 옌푸와 마찬가지로 '개체/개인'을 소수 걸출한 인물에 실증했을 뿐 아니라, 거기서 한 걸음 더 나가 '개체/개인'을 바깥의 도움에 기대지 않고 완전히 모종의 정신적 역량에 기대 분투하는 개인으로 확정했다(「톄정에게 답함」). 루쉰이 1908년 제기한 '정신계의 전사'(「악마파 시의 힘」)는 바로 장타이옌의 후자의 사유 경로를 따라 '개체/개인'을 이해한 것이다. 왕샤오밍은 이상의 논의를 다음과 같이 개괄했다. "장타이옌처럼 사상 방법으로서의 '개체'도 좋고, 옌푸부터 루쉰까지 최소한 양 세대 지식인이 극구 고무한 홀로 황야를 거니는 '전사'도 좋으며, 왕궈웨이가 묘사한 심미로 물욕에서 벗어나 힘써 현실에서 도피한 '아(我)' 등은 모두 반항의 개념과 형상이며, 창조를 통해 반항을 유발하고 지탱하며 '주체'를 창조하고 국인(國人)을 재조(再造)하는 지난한 역정을 개척하는 정신적 도구다"(148~49).

왕샤오밍은 이어서 「『대동서』 서언」의 '불인지심(不忍之心)'을 가진 일인칭 화자 '캉유웨이'의 자문자답을 통해, 캉유웨이가 당시 사람들에게는 낯선 '개체/개인'의 형상을 묘사함과 동시에 '개체/개인' 담론이 '대동' 이상의 논리적 기점임을 드러냈음을 밝힌다. '개체'에 기초한 '단체'의 원만함의 표현이 '대동'이라는 것이다. 왕샤오밍이 보기에, '단체'의 원만한 표현으로서의 '대동'에 대한 견해는 캉유웨이만 제기한 것이 아니라, 장타이옌(「국가론」과 「오무론」), 왕타오, 쑨중산, 류스페이, 우즈후이, 차이허썬(蔡和森), 리다자오 등의 글에서도 볼 수 있다. '대동' 이상은 수많은 사람이 서신, 길고 짧은 문장, 전문저서, 선언, 소설 등 각종 장르를 활용해 '공상'으로 풍자되기도 한 각종 미래의 풍경을 묘사했다(153). '대동'이란 단어로 대표되는 미래 풍경은 현대 초기의 중국 사상의 주류—'중국 혁명' 담론—의 기본 경계를 구축했다. 그것은 중국을 중심으로 삼은 것이 아니라 천하를 중심으로 삼았고, 현실 공리에 국한되지 않고 이상주의 또는 유토피아 정신으로 충만했으며, '문명국가'가 주재하는 '야만적 세계'를 근본적으로 개혁하려 했고, 서양식 '모던'의 길을 빌어 새로운 방향을 개척하려 했다(153~54). '대동' 이상은 오늘날 GDP로 사회 '발전'을 측정하고 자산 축적을 개인 '성공'의 으뜸 지표로 삼는 시대에 여전히 '공상'이라 비웃음을 사고 있다. 그러나 '중국은 어디로 가는가?' 신자유주의 '미국의 길로 가야 하는가? 이런 질문에 답하기 위해 선인들의 '대동' 담론에 주의를 기울이지 않을 수 없다.

4. 비판적 '제국' 의식: 반제

왕샤오밍은 「현대 초기 중국 사상 중 '제국' 의식(現代早期中國思想中 帝國意識)」에서 '제국 의식'이 "'중화제국'을 고무하는 이상"일 뿐만 아니라, "'제국'이라는 개념으로 토론할 수 있는 모든 사상"이라고 정의한다. 그리고 '현대 초기' 사상가들이 '제국 또는 그와 유사한 국가 개념을 강렬하게 비판했다(157)라고 언급하면서, 캉유웨이의 「청 황제에게 올리는 글(2, 3, 5)」과 량치차오의 이상소설 『신중국 미래기』, 『문선』 상권 '중국' 항목에 수록한 4편의 글—량치차오의 「정치학 대가 블런츠리(J. K. Bluntschli)의 학설」, 양두의 「금철주의설」, 장타이옌의 「중화민국 해(解)」, 쑨중산의 「민족주의 제6강」—을 주로 검토한다.

광서(光緖) 황제에게 올리는 글에서 캉유웨이는 두 가지를 주청(奏請)했다. 첫째, 위로부터 아래로의 정치와 사회 개혁을 통해 '서양'을 전면 학습하면 중국은 짧은 시간 내에 철저하게 개혁해 세계에서 주목받는 강대국이 될 것이고, 둘째, 중국이 부강한 국가가 된 후 자신의 거대한 역량을 운용해 새롭게 전체 세계를 지도해야 한다(160~61). 캉유웨이의 문맥만 보면 중국은 또 하나의 새로운 제국이 될 것으로 보이지만, 그 심층 맥락은 당시 서양 제국들에 의해 고통받는 세계 질서를 개혁해 새로운 세계체계를 구축하려는 것이 캉유웨이의 주장이고, 『신중국 미래기』의 주장이라는 것이다. 약간의 견강부회가 없지 않지만, 현대 초기 사상가들에게서 교훈을 찾아내려는 왕샤오밍의 의도를 전제한다면, 억지춘향식의 해석은 아닌 것으로 보인다. 왜냐하면 량치차오가 그리고 있는 '신중국'은 공화(共和)를 국체로 삼고 강대한 국력을 배경으로 삼아 억압된 다른 국민을 해방하고 평등한 세계의 새로운 질서를 창조하기 때문이다(164). 물론 그 구상이 단순하고 유토피아적이라는 지적은 해두어야한다. 그리고 캉유웨이의 상소문과 량치차오의 이상소설은 선전 기능을 염두에 둔 것이라는 점도 고려해야 한다.

　왕샤오밍이 보기에 비교적 심층적이고 복잡한 견해는 양두와 장타이옌의 글이었다. 양두는 「금철주의 설」에서 제국주의에 의해 과분(瓜分)되지 않기 위해 신중국은 반드시 대국의 규모를 유지해야 하므로, 영토와 국민, 정치통치권의 세 방면에서 청나라의 상황을 유지해야 한다고 주장했다(165). 장타이옌은 신중국이 과거 중국의 판도를 유지해야 하지만, 계승할 판도는 과거 한족 제국의 영토 유산이고, 과거 한(漢) 제국에 속했던 기타 에스닉 지역이 독립하겠다면 신중국 중앙정부는 이를 무력으로 진압하지 말아야 한다고 주장했다(165). 왕샤오밍은 장타이옌의 주장이 현대 초기의 '신중국' 상상의 가장 중요한 특징을 명확하게 표현했다고 평했다(166). 이런 주장은 '중국이 서양 제국주의의 거대한 압박을 받는' 현실 경험에서 형성되었다. 그런데 이상한 것은 상당히 많은 중국 사상가들은 중화제국의 판도를 해체하고 중등 규모의 국가로 축소된 중국의 전경을 수용할 수 없게 만들었다. 반대로 그들은 자신의 혁명 시기의 급진적 주장을 위반하고 신중국이 반드시 과거 제국의 판도를 계승해야 함을 강조했다(166). 과거 찬란한 역사를 가진 중국의 주류 입장에서 볼 때 당연할 수 있지만, 대국(大局)적인 견지에서 보면 이것은 바로 '악순환'이다. 다행히도 일부 사상가들은 서양 강국을 학습하는 과정에서 중국은 어떻게 새로운 제국주의 강국으로 변하지 않을까에 대해 고민했다. 그리고 상당히 많은 사상가는 '강대해진 이후의 중국은 반드시 다른 국민과 국가를 억압하지 않아야 한다'라고 강조했다. 그 대표 논자가 바로 쑨중산이다. 그가 주장한 '민족주의'의 가장 중요한 원칙은 '중국 주위의 다른 피압박 국민이 모두 해방해야만 중국인은 자신의 내셔널리즘을 완성했다'라는 것이다. 이런 맥락에서 보면, 현대 초기의 중국 사상가들의 '제국 의식'의 중요한 특징은 '반제국'이다(167).

흔히 마오쩌둥이 주도한 혁명의 특징을 '반제반봉건'으로 개괄하는데, 왕샤오밍은 '반제'의 특징이 마오쩌둥이 창조한 것이 아니라 선인들의 축적에 기초한 것임을 밝히고 있다. 그러나 문제는 대국으로 굴기(崛起)한 후의 중국이 과연 '반제'의 길을 걷고 있는가의 여부다. 2008년 베이징올림픽 직전 '올림픽에 집중된 전 세계인의 이목을 끌기 위한 티베트 에스닉 내셔널리즘(Tibetan ethnic nationalism)'을 비롯해, 1995년 2월 '네이멍구 민주동맹' 사건, 1996년 4월 신장 자치구의 '동투르키스탄 민족혁명전선' 사건, 1997년 2월 신장 자치구의 이닝(伊寧)시 폭동, 2008년 위구르 유혈 사태 진압 등 중국 정부의 제국주의적 행태는 열거하기 어렵다. 중국은 이미 제국주의를 내면화하여 티베트와 위구르 등에서 스스로 제국주의 정책을 펴고 있고 타이완에 대해서는 제국주의적 침략을 감행하려 한다. 그리고 톈안먼(天安門) 광장에서 자국 인민을 학살했으며 동북공정에서 주변국의 역사에 대해 제국주의적 태도를 여실히 드러내기도 했다.

미국의 중국 사학자인 퍼듀(Peter Perdue)와 윌리-코헨(Joanna Waley-Cohen) 등은 만청왕조(the Manchu Qing dynasty) 연구에서 18세기 중엽 청조를 서유럽 제국과 유사한 아시아 내륙의 제국(inner Asian empire)으로 규정하고 있다(史書美, 2017: 11~12). 실제로 만청을 극복하고 한족이 중심이 된 공화국을 세운 '중화민국'과 사회주의를 표방한 '중화인민공화국'은 청제국이 확보한 대륙 식민지역을 무비판적으로 계승함으로써 스스로 제국주의적 성격을 내면화한 셈이 되었다. '반제반봉건'의 기치를 내세웠던 중국 혁명은 이렇게 무의식적으로 자기모순적인 제국주의의 길을 걸었고, 이른바 소수 에스닉 성원과 그 지역을 내부 식민화하고 있음을 부인하기는 어렵다.

5. '중토성' 비판

왕샤오밍의 '중토성' 개념은 "'지구'와 '중국'을 일체로 보고, '지구' 속의 '중국' 영향과 '중국' 내의 '지구'적 요소를 동시에 체험하고 살필 수 있는 시야와 이해력을 가리킨다"(王曉明, 2012: 277). 이는 기존의 '중화성' '중국성'과는 달리, 글로벌리티(globality)와 로컬리티(locality)의 합성어인 글로컬리티(glocality)에 가깝다(임춘성, 2017: 161). 그러나 이재현은 왕샤오밍의 '중토성' 개념의 위험과 한계에 대해 날카롭게 비판했다. 그는 왕샤오밍의 중토성을 글로컬리티에 가까운 것으로 이해한다 하더라도 어느 나라의 지식인도 "한토성, 미토성, 일토성, 러토성, 인토성, 브토성, 영토성, 독토성, 불토성 따위를 말하지는 않는다"라고 지적하면서 "'중토성만이 특별히 특권적으로 강조될 이유나 필요가 없다"라고 비판한다. 그가 보기에 "'중토성'은 매우 위험하고 불길한 개념"(이재현, 2017: 280)이다. '중토성만이 특권적으로 강조될 이유나 필요가 없다는 것과, '중토성'이란 개념적 표현이 다양하고 무수한 '로컬'의 가능성과 차이를 배제하거나 억압하거나 무시할 수 있다는 이재현의 지적은 설득력이 있다. '중토성'은 '중국적임'과 마찬가지로 통합 지향적이다. 그리고 통합적인 개념으로는 한족을 제외한 55개 에스닉 문화와 해외 이주민 문화를 드러낼 수 없다. 왕샤오밍은 문화연구의 핵심을 '지배이데올로기 생산기제 파악과 비판'으로 이해하고 본인의 문화연구도 새로운 이데올로기 지형 분석과 새로운 계급 분석으로 시작(왕샤오밍, 2009a)했다. 또한 노동자와 농민에 대해 지속적인 관심을 기울이고, 학생들에게 '기존의 사회 재생산에 필요한 인간이 되는 것을 특별히 경계'하고 다섯 가지 능력을 공들여 배양할 때 노동자와의 소통 능력을 강조한 것(왕샤오밍·임춘성, 2012: 106~7) 등은 그의 소수자에 대한 관심을 방증하는 것이다. 그러나 왕샤오밍의 중토성은, 스스로 경계함에도 불구하고, 외부에서 볼 때 '중국중심주의(Sino-centrism)', 내부적으로는 '대(大)한족주의(great Han-ism)' 혐의를 지우기 어렵다. 그리고 '대한족주의'는 국내 소수 에스닉 거주지를 내부 식민지로 경영하는 '중국 특색의 제국주의(imperialism with Chinese characteristics)'로 나아갈 가능성을 내포하고 있다. '대한족주의'를 분명하게 인지해 그것을 명쾌하게 비판하지 못한 것은 그의 한계라 할 수 있다.

여기에서 우리의 비판적 사유의 균형을 위해 '유럽중심주의'—이재현의 용어를 빌면 '유토성'—비판이라는 시야를 추가할 필요가 있다. '유럽중심주의 비판'의 시야에서 관망하면 한국의 수많은 담론에서 '영토성' '독토성' '불토성' '미토성' 등의 표현을 쓰지는 않지만, 그것들이 '특권적으로 강조'되는 사례는 무수히 많음을 알 수 있다. 이를테면 아르놀트 하우저의 『문학과 예술의 사회사』, 테리 이글턴의 『문학이론입문』 등은 유럽 또는 그 일국의 사례에 지나지 않지만 우리는 그것을 필독 고전으로 설정하고 한국의 특수한 상황에 대입 내지 적용하느라 씨름해왔다. 서양의 많은 사상과 담론의 합리적 핵심을 비판적으로 수용하는 과제와는 별도로, 비서양 사회에서 유럽이나 서양의 사상과 담론이 보편적 기준으로 작동하고 있고 우리는 그것을 의식적·무의식적으로 수용해온 것이다. 명시적인 '중토성'의 강조는 비판받아 마땅하지만, 우리 사회에 명시적으로 암묵적으로 만연한 '유토성'의 추종 또는 승인 역시 재고되어야 할 것이다.[47] 그리고 중토성을 비판하기 위해서는 중토성과 유토성의 관련성에 주목해야 한다. "현대 중국 내셔널리즘의 흥성이 지난 수세기 서양 제국주의 침략에 대한 일종의 대응이라는 복잡한 역사를 망각하고 혼동"(Chow, 1992: 99)하지 말아야 할 것이다. 동아시아 사회에 내면화된 서양 중심주의의 침윤에 대응하면서 내셔널리즘의 부작용에 함닉되지 않는 균형을 유지하는 것은 쉬운 일이 아니다.

47_ '유럽중심주의 비판'에 대해서는 이 책 결론의 관련 부분을 참조하라.

5장
뤼신위의 다큐멘터리 연구

1. 신(新)다큐멘터리 운동

혁신적이고 사회적으로 주목받는 신다큐멘터리 운동은 1989년 톈안먼 민주운동 진압 이후 체제의 안과 밖에서 거의 동시에 출현했다.

뤼신위(呂新雨)는 1990년대 중국에서 진행된 신다큐멘터리 운동을 관찰하면서 그 발전의 이론틀을 그리고 있다. 그녀의 관찰과 인터뷰에 따르면, 중국 다큐멘터리는 1995년에 처음 제작되었지만, 다큐멘터리 운동이 1980년대의 정신과 혈연관계에 있다고 판단한다. 그리고 그 발전 방향은 우원광(吳文光)의 <유랑 베이징(流浪北京)>에서 기초를 다졌다. 뤼신위는 <유랑 베이징>의 영향을 다음과 같이 요약했다. 주변인과 사회의 이방인들을 영상작품의 주인공으로 삼아 그들의 생활을 주류에 항거하는 생활방식으로 삼아 볼거리를 제공했고, 감독은 친구의 신분으로 촬영 대상과 서로 아끼는 관계를 형성했으며, 형식 면에서도 롱테이크와 핸드헬드(hand held), 패러랭귀지(paralanguage) 등의 다큐멘터리 기법을 채용했다(呂新雨, 2003: 5). 1990년대 다큐멘터리의 효시인 <피안(彼岸)>의 감독 장웨(蔣樾)는 다큐멘터리 제작 과정 자체가 "자아 해부이자 자아비판"이고 "정화과정"(呂新雨: 3)이라고 표현했다. 바꿔 말하면, "다큐멘터리의 본능이 그렇게 만든 것이다. 다큐멘터리는 감독이 엘리트들의 자기 폐쇄적인 작은 굴레를 자각적으로 벗어나 더 광활한 현실 인생을 직면하게 만든 것이다. 이것이 바로 중국 신다큐멘터리 운동 정신의 소재이다"(3). 그녀가 보기에 중국의 신다큐멘터리 운동은 중국 사회변혁 및 사회 담론 공간의 개편과 심층적으로 연계되어 있다. 특히 "새로운 이상주의가 신앙되고 실천된 시대, 새로운 유토피아 시대"였던 1980년대는 신다큐멘터리 운동에 큰 영향을 주었다(1). 1989년 톈안먼 민주운동은 "유토피아를 추구하다가 그 폐허에서 침착하게 중국 현실 문제를 사색"(5)하게 된 계기라 할 수 있다. 그러므로 이 운동은 다큐멘터리 운동을 직접 촉발했고 초기 작품들은 모두 톈안먼 운동의 선명한 낙인이 찍혀 있다. 톈안먼 민주운동을 직접 겪은 <피안>의 감독 장웨는 이를 유토피아 운동으로 독해한 바 있고 <피안>은 바로 '피안'을 추구하다 맞은 파산을 그린 것이라 할 수 있다. 이들은 그 폐허에서 다시 현실로 돌아왔다. "그 동기는 중국의 현실 문제와 사람 문제를 파헤치고 현실에 관심을 가지고 사람, 특히 사회 바닥층(底層)과 주변에 있는 사람에 관심을 두게 된 것이다"(5). 이들은 주로 '문화 난민(文化盲流)'으로, 1980년대 전국 각지에서 베이징에 모여들었고 1990년대 들어 작품을 만들었다. 이들의 움직임을 하나의 운동이라 명명한 모임이 있었으니, 그것은 1992년 장위안(張元) 집에 10명 가까이 모여 다큐멘터리의 독립성 문제를 토론했는데, 그들은 운영의 독립과 사상의 독립에 대해 토론하고 상호 연대를 희망했다고 한다(13). 이들은 '독립'을 견지하기 위해 '진실'과 '개인화'가 필요하다고 인식했다.

뤼신위는 중국 다큐멘터리 운동의 특이한 점으로 그 운동이 체제의 안과 밖에서 동시에 시작한 점을 들고 있다. 위에서 살펴본 것이 체제 밖이라면, TV 다큐멘터리는 체제 내의 산물이다. 이들은 기존의 대형시리즈 주제편(專題片)48)을 비판하면서 "다큐멘터리 촬영, 인터뷰, 현장 녹음, 롱테이크 등 일련의 새로운 방법을 확립해 다큐멘터리 스타일의 체제 내 확립의 길을 닦았

48_ 주제편은 한 주제에 대해 논술하는 장르로, 대개 어떤 사물이나 과학 현상을 설명한다. 이는 뉴스와 TV 예술 사이에 놓여 있는 형태로, 뉴스의 진실성과 예술의 심미성을 겸비한다. http://baike.baidu.com/view/278179.htm (검색일자: 2013.02.09.)

다"(16). 이들의 노력에 힘입어 다큐멘터리는 '프로그램화'라는 성과를 거두었다. 상하이TV 8채널의 '다큐멘터리 편집실' 프로그램과 '동방 시공' 등이 대표적이다. 그러나 다큐멘터리의 프로그램화는 한편으로는 시청률이라는 지렛대에 좌우되기 쉽고 다른 한편으로는 1995년부터 본격화된 영화 산업화의 영향으로 곤경에 직면하게 되었다. 뤼신위는 이에 대해 다음과 같은 세 가지 대책을 제시하고 있다. 첫째 다큐멘터리와 관중이 만날 수 있는 가장 직접적이고 작용을 발휘할 수 있는 경로인 다큐멘터리 프로그램화의 틀을 견지하고, 둘째 독립 제작에 더 광활한 생존 공간을 제공하기 위해 민간 자본과 민간 시각의 통합을 통해 체제 내부에 갇힌 다큐멘터리의 운영 모델을 타파하고 여러 가지 방법을 종합해야 한다. 그래야만 활력과 신선함을 유지할 수 있다. 셋째, 공감대에 기초해 다큐멘터리 가치평가 기준을 수립하고 그 영향을 받는 프로그램 시장을 세워야 한다(22)라는 것이 그것이다.

'진짜 같아지기' 위한 민감한 욕망을 내재하고 있는 다큐멘터리는 '즉흥 촬영(spontaneous shooting)' 또는 '현장 리얼리즘'을 특징으로 하며, 주류 다큐멘터리와 달리 설교 포맷을 결락시켰다. 다큐멘터리 트렌드는 평범한 사람들과 그들의 일상생활의 관심에 대해 토로하면서 텔레비전의 급속한 확장과 심각한 상업화에 편승해, 1990년대 텔레비전에 생겨난 공공 공간 형성에 일조했다.

그러나 독립영화로 시작했다 하더라도 중장기적으로는 국영 스튜디오 제도나 세계 예술영화 시장에 연결된 국제제작사와의 협력이 필요하게 된다. 이 지점에서 극단적인 양분법은 지양되어야 한다. 다행히 최근 '도시세대' 영화인들은 타협할 것은 타협하고 견지할 것은 견지하는 유연한 자세를 취하고 있다. 그러나 문제는 유연한 융통성이 어느 순간에 권력과 자본 그리고 그것들이 어우러지는 시장의 기제에 통합될 개연성이 크다는 점이다. 5세대 대표인 장이머우가 어느 순간부터 전략적으로 체제와 타협했는지 아니면 원래 체제 비판과는 거리를 두었는지에 대한 논란이 별 의미가 없는 것처럼, 독립영화 제작자들이 도시 리얼리즘과 다큐멘터리 기법을 견지하면서도 제작비를 마련하기 위해 그리고 관객을 만나기 위해 권력 및 자본 그리고 시장과 타협하는 것은 불가피할 것이다. 특히 상업화와 소비주의가 주도하는 21세기 중국에서 권력과 자본을 도외시하고 순수 예술만을 추구하거나 주류 이데올로기와 대중을 무시하며 주변부에서 영상물을 제작하기란 불가능하다. 한두 번은 가능할지 몰라도 지속성을 유지하기는 쉽지 않은 노릇이다.

이 부분에서는 뤼신위가 체제 내 다큐멘터리의 대표작으로 꼽은 <마오마오 고소 사건>과 <열 살의 마오마오>에 대한 뤼신위의 분석과 '바닥층' 서사의 윤리 문제를 고찰하고자 한다.

2. <마오마오 고소 사건>과 <열 살의 마오마오>

1993년에 방영된 <마오마오 고소 사건(毛毛告狀)>은 '신다큐멘터리 운동이 사회체제 안에 확립되었음을 알려주는 중요한 표지'인 상하이TV 8채널의 '다큐멘터리 편집실' 대표 프로그램이다. '다큐멘터리 편집실'은 '시대의 대변혁에 초점을 맞춰 삶의 작은 이야기를 기록한다'라는 카피를 내걸고 1990년대 이후 변혁 시기, 도시 바닥층 인물을 소재로 작품을 만들어 '다큐멘터리를 제목에 넣은 첫 TV 프로그램'으로, 36퍼센트의 높은 시청률을 기록해 드라마를 압도했다(뤼신위, 2009: 244). 뤼신위의 다큐멘터리 연구의 시발점으로 작용하기도 한 <마오마오 고소 사건>은 제작된 지 10년 후 속편 <열 살의 마오마오(毛毛十歲)>를 제작해 마오마오와 그의 부모에 관한 후일담을 다루었다. 뤼신위는 두 편의 다큐멘터리와 관련 자료를 중심으로 다큐멘터리에 작용한 대중매체의 시선에 초점을 맞추었다. 앞당겨 말하면, 전자는 상하이인의 입장에서 마오마오의 양육 문제를 다루었다면, 후자는 농촌에서 도시에 온 다궁메이(打工妹)의 입장에서 바라봤다.

<마오마오 고소 사건>은 후난에서 온 다궁메이와 상하이 뒷골목 룽탕(弄

堂)의 남자 장애인 사이의 미혼 가정에서 태어난 아이 이야기다. 마오마오가 태어나고서 아버지는 자신의 장애가 아이를 키우기에는 너무 심각하다고 생각해 마오마오를 자기 자식으로 인정하려 들지 않았다. 그러자 어머니는 석 달 된 딸아이를 데리고 법원을 찾아가 그를 상대로 소송을 걸었다. 다큐멘터리 감독의 개입에 따라, 어린 마오마오는 친자감정을 받았다. 카메라 앞에서 아버지는 눈물을 흘렸다. 그는 희비가 교차하는 듯 딸을 자기 자식으로 인정했다(뤼신위: 246). 뤼신위는 우선 <마오마오 고소 사건>의 현실 이야기에 대해 극찬한 왕안이(王安憶)의 논단(王安憶, 1997: 7~9; 뤼신위, 2009: 247~48 참조)[49]에 대한 비판으로 자신의 논의를 시작한다. 일단 뤼신위는 여성이 향촌 중국의 기표가 되는 점에 문제를 제기한다. 특히 장이머우의 <추쥐의 소송(秋菊打官司)>[50]에 대해 "더는 진짜 같을 수 없다"라는 왕안이의 평어에 동의하지 않는다. 추쥐가 향(鄉)에서 진(鎮)으로 다시 시(市)로 올라가 소송하는 동기는 촌장이 "남편의 중요한 곳을 걸어찼기 때문"이었고 이는 "남권 중심의 봉건 종법 의식"(呂新雨, 2008: 24)이 심층에 자리하고 있기 때문이었다. 관객들은 추쥐의 우직한 의지에 감동하지만, 추쥐 소송의 봉건적 동기는 근현대 사회와 시대적 탈구를 드러냄으로써 희화화되고 있다. 결국 농촌 여성 추쥐는 농촌과 여성이 결합한 이중적 타자 형상으로 출현함으로써 그 진실성을 의심받게 된다.

이어서 뤼신위는 사실(fact)에 기반하는 다큐멘터리 작품인 <마오마오 고소 사건>의 진실성(truth)에 의문을 제기한다. 거칠게 요약하면, 농촌에서 도시로 진입한 다궁메이가 도시 남성과 결혼하는 '대단원(大團圓, happy ending)'의 결말은 흔한 일이 아니다. 그런데 후난의 시골에서 상하이에 온 천명전(諶孟珍)은 자오원룽(趙文龍)이라는 중증 장애 남성을 만나 동거하다가 마오마오를

49_ 주요 내용은 <마오마오 고소 사건>의 진실성이 소설의 진실을 뛰어넘는다는 것으로, 비슷한 텍스트로 <추쥐의 소송>과 <황산에서 온 아가씨>를 들었다.
50_ 국내에는 <귀주 이야기>라는 이상한 표제로 출시되었다.

낳고 마침내 결혼해서 상하이 후커우(戶口)를 얻게 되었다. 그러나 그 과정은 간단치 않았다. 자오위안룽이 마오마오를 자신의 딸로 인정치 않아 천밍전은 친자 확인 소송을 거쳤고, 그 과정에서 천밍전은 상하이 남성의 딸의 엄마라는 정체성을 부여받게 되고 그것이 확인되고 나서야 상하이인으로 받아들여졌다. 뤼신위는 연출자 왕원리(王文黎)의 개입을 문제 삼는다. 연출자이자 탐사 기자인 왕원리는 있는 그대로 촬영한 것이 아니라 적극적인 서술자 겸 행동가의 신분으로 이야기를 풀어나간다. 그녀는 '농민공 물결'을 배경으로 삼아 마오마오와 아버지의 관계에 초점을 맞추어 다큐멘터리 <마오마오 고소 사건>을 '연출'했다. 있는 그대로 찍는 것으로 이해되는 다큐멘터리에도 연출이 있고 최소한의 편집 작업도 거치기 마련이다. 그러나 왕원리는 연출과 편집을 넘어 사건에 개입해 '대단원'으로 유도한 혐의를 받는다. 심지어 그녀는 상하이인의 입장에서 자오위안룽을 편애하고 외지인 천밍전을 차별한다. 마오마오가 중요한 이유는 그녀가 상하이 남성 자오위안룽의 딸이기 때문이고 천밍전은 마오마오의 엄마이기 때문에 할 수 없이 용인하는 것이다. 이런 연출자의 애증은 <마오마오 고소 사건>에 고스란히 녹아들어 시청자들을 감염시켰다. 왕원리는 법정 연령도 되지 않은 마오마오를 친자감정으로 내몰았고, 자오위안룽과 천밍전의 결혼도 중재함으로써 상하이 시청자들이 원하는 해피엔딩으로 막을 내리게끔 이 가정에 개입했다.

그러나 10년 후 젊은 연출자가 제작한 <열 살의 마오마오>의 서사는 왕원리의 서사와 충돌했다. 특히 전작이 자오위안룽에 초점을 맞춘 까닭에 발언 기회가 적었던 천밍전의 입장을 많이 소개했다. 그에 따르면, "천밍전에게 소송의 최종 목적은 결혼이 아니라 마오마오의 양육비를 얻어내서 자신의 결백을 증명하는 데 있었다"(뤼신위: 266). 하지만 천밍전의 목적은 왕원리의 개입으로 달성되지 못했다. 왜냐하면 왕원리는 자오위안룽과 마오마오의 부녀 재결합을 상하이 시청자에게 보여주는 것이 목적이었기 때문이었다. 그 목적은 자오위안룽과 천밍전의 결혼을 통해서 이룰 수 있었다. 그러나 이는 천밍전이

원한 것이 아니었다. 그녀는 왕원리의 적극 중재로 자오원룽과 결혼함으로써 상하이 후커우는 얻었지만 별다른 이익을 얻지 못했다. 왕원리의 개입으로 이뤄진 해피 엔딩을 뤼신위는 '봉합'이라는 단어로 요약한다. "'해피 엔딩' 은 방송이 소독제와 빨간약, 그리고 여타의 화학 약제를 섞어 봉합해 낸 상처 였다. 그것은 상처가 아문 것인 듯 위조했다. 그러나 상처 밑에는 진실이라는 고통이 자리 잡고 있었다"(呂新雨: 36). 고통스러운 진실을 외면하고 상하이 시청자들이 보고 싶어 하는 해피 엔딩으로 이끈 왕원리는 이후 <마오마오 고소 사건>에 대한 비판을 달가워하지 않고 상하이텔레비전의 <명작 다시 보기> 라는 프로그램에서 <마오마오 고소 사건>을 다룰 때도 출연을 거절했으며 속편 제작에도 참여하지 않았다. 이렇게 <마오마오 고소 사건>은 시청률에 휘둘린 연출자의 선정적 작품으로 '타락'하고 말았다.

이 지점에서 다큐멘터리의 '윤리' 문제가 대두한다. 뤼신위는 2011년 난징 포럼에 참석해 왕샤오루(王小魯)의 발표문[51]의 게시를 받고 쓴 글(呂新雨, 2012) 에서 다음과 같은 문제를 제기했다. 계약은 다큐멘터리의 윤리 문제를 해결 할 수 있는가? 다큐멘터리 감독은 피촬영자와 계약서를 쓰는가, 계약하면 또 어떻게 되는가?(뤼신위, 2014: 273) 그러나 현실에서 계약서를 쓰는 목적은 대개 피촬영자를 보호하기보다는 영상 촬영이 완성된 이후에 생길 법률 소송을 피할 수 있도록 촬영자를 보호하는 것이다. 법률의 시각에서 문제를 해결하지만, 그러나 계약 자체로는 다큐멘터리의 윤리 문제를 결코 해결할 수 없다는 것이 뤼신위의 대답이다. 그렇다면 '타자'인 감독이 피촬영자에 개입하는 것이 합법적인가? 그녀는 이 문제를 '바닥층'[52] 서사의 윤리 문제로 치환해 해답을 구하고자 한다.

51_ 王小魯, 「南京政治, 倫理與美學 獨立記錄片論壇[上]」. http://www.chinaiff.org/html/CN/xinwen/xinwenliebiao/2011/1231/1775.html

52_ 원문은 '底層'이다. 이는 'subaltern'의 의미와 상통하는 것으로 보인다. 여기에서는 중국어에 '下層'이란 표현이 있는데도 '底層'을 쓴 필자들의 의도를 고려하고 '底'의 사전적 의미를 살려서 '바닥층'으로 번역했다. 문맥에 따라 '바닥층 사람'으로 번역하기도 했다.

3. '바닥층' 서사의 윤리

'바닥층'을 활발하게 걸으면서(行走) 촬영하고, 평자들의 담론화 대상이 된 '바 닥층' 독립 다큐멘터리는 우리에게 중국 다큐멘터리의 새로운 국면을 보여주 고 있다. 뤼신위에 따르면 이들 "다큐멘터리의 핵심은 윤리 문제"로 "촬영자 와 피촬영자의 관계는 모든 다큐멘터리의 구조로 이 관계가 사라지면 다큐멘 터리가 사라진다. 그것은 다큐멘터리의 원죄이며 원죄는 운명의 체현이자 신 의 뜻"(뤼신위, 2014: 277)이라고 한다. 뤼신위는 '중국 독립 다큐멘터리 감독들 의 가장 중요한 촬영 방식'이 "오랜 시간에 걸쳐 바닥층에서 '함께 걷고' 몸을 매개로 촬영 카메라와 하나가 되어, 카메라가 체온의 형식으로 주체의 느낌 을 표현하고 직접 느끼며 몸소 실천하는 것"(뤼신위: 279)이라 정의한다. 그러 므로 이들에게 다큐멘터리는 '행동'이고 '동사'다. 지단(季丹), 사칭(沙靑), 펑옌 (馮艶), 허위안(和淵), 쉬퉁(徐童) 등의 감독들이 대표적인데, 이들 감독은 공동 이상을 추구하며 바닥층에 대해 존엄의 정치를 서술하고 있으며 바닥층을 존 엄 집단으로 간주하고 있다(280~81). 이들은 마치 러시아 나로드니키의 '성스 러운 바보'처럼 '고난의 신성화'를 추구(282)한다. 이들은 대체로 일본의 오가 와(小川紳介)로부터 영향을 받은 것으로 보인다. '난징 선언'[53]은 이들의 혁명 성을 극명하게 보여주고 있다.

'급진적 독립 다큐멘터리 감독'은 자신의 신체와 카메라를 일치함으로써 카메라 가 감독의 육체와 직각(直覺)의 확장 혹은 상징이 되게 한다. 그것은 '본능'에 대한 충실, '본능'의 진실성과 생동을 강조하며 육체의 거절과 반항으로 주체의 존재감을 획득한다. 이러한 급진적 태도 속에서 '동사'로서의 다큐는 '섹스'이며,

---

53_ 제8회 CIFF(중국독립영화제)에서 지단, 충평, 양청 등 독립영화감독들이 "샤먼·동물"이라는 제목을 내걸고 선언하고 서명했던 것으로, 이를 '난징 선언'이라 부른다. 선언의 내용은 학자 와 평론가들이 독립 영상에 대해 엘리트적인 태도와 이론으로 담론을 전개하고 있음을 비판하 면서 창작자와 작품의 복잡성과 풍부함을 존중해 달라고 요구하는 것이다(뤼신위: 288, 각주 16 참조). http://site.douban.com/117186/widget/notes/5494326/note/181581347/

다큐는 일종의 성애 방식이 되고 카메라는 페니스가 된다. 육신은 바닥층이며 페니스인 카메라는 바닥층을 육신으로 삼아 흥분하고 배설하며 침범하고 혹은 윤리 도덕을 위반한다. 즉 반항, 반격 혹은 정복한다(뤼신위: 288~89).

이 가운데서도 여성 감독의 '여성 바닥층 다큐멘터리'는 여러 가지 면에서 새로움을 보여주고 있다. 특히 주목할 것은 카메라의 시선 권력을 배제하려는 감독들의 노력이다. 그들은 자신을 '바닥층'으로 설정/이동하고 피촬영자와 라포(rapport)를 형성한 후 촬영을 시작한다는 공통점을 가지고 있다.

먼저 펑옌 감독의 <빙아이(秉愛)>(2007)를 보자. <빙아이>는 감독과 주인공의 10년 사귐을 토대로 만든 작품이다. 내가 이 다큐멘터리를 보며 주목했던 지점은 주인공이 농민이라는 점과 '존엄'이라는 키워드다. <빙아이>는 싼샤(三峽)댐 건설로 수몰된 농가와 농지를 지키는 농민 여성 빙아이의 이야기다. 내게도 비슷한 외조부의 기억이 있다. 평생 지켜오던 집이 저수지로 구획되자 그걸 막으려고 온갖 노력을 기울이다가 자신의 노력이 가망이 없음을 깨닫고는, 그 보상금으로 대처로 나가자는 외삼촌들의 건의를 못 들은 체하곤 기존 가옥을 해체해 위쪽에 다시 재건축했던 완고한 외조부에 대한 기억이 있는 나에게, "이주를 거부하며 자신의 터전을 지켜나가는 장빙아이", 그녀의 "모습을 10년에 걸쳐 카메라에 담아내고 있"는 펑옌, 그리고 빙아이와의 관계 속에서 "자신의 가치관이 빙아이로 인해 조금씩 변해가고 있는 것을 느꼈다"(馮艷, 2014)라는 감독의 고백은 진정한 다큐멘터리가 무엇인지를 깨닫게 해주었다. 이는 감독 스스로 '바닥층'에 속해 있다고 느끼면서 "위에서 내려다보는 듯한 시선"을 절대적으로 배격함으로써, "바닥층의 능력을 목격"할 수 있게 되었고 그것을 카메라에 담을 수 있었던 것으로 보인다. 작품 속에서 존경/존엄이라는 용어는 특히 주목해야 한다. 장빙아이는 도시 생활을 동경하지 않았고 부당한 수단으로 돈을 번 도시인들을 경멸했다. 그녀는 스스로 당당함을 유지하고 그런 삶을 통해 자녀들에게 존경을 받고자 했다.

지단 감독의 <위험한 둥지(危巢)>(2011)는 덩샤오핑의 '선부론(先富論)'을 연상시킨다. 그러나 그 과정은 애처롭고 지난하다. 주인공 샤, 링, 강의 이모(阿姨)가 되어 이들 3남매의 교육과 관련된 문제를 카메라에 담는 감독은 때론 피촬영자의 생활에 개입하기도 한다. 감독의 발제문(季丹, 2014)에서 '자는 척하는 사람'이란 표현이 나온다. 근현대 중국의 키워드 가운데 하나가 바로 '마비/아편'으로, 루쉰은 '철방에서 자는 사람들'을 깨우기 위해 큰 소리로 외쳤고(『吶喊』), 수많은 지식인의 계몽 언설이 난무했었다. 그리고 이제 좌절과 굴욕의 세기를 극복하고 '글로벌 차이나의 굴기'라는 '차이나 드림(中國夢)'의 시대에, 감독은 여전히 잠자고 있는, 아니 '자는 척하는 사람'들을 발견하고 놀란다. 루쉰의 시대에 '자는 사람들'을 아무리 깨우려 해도 깨우지 못해 루쉰들은 '방황'했다. 그런데 선지선각자들의 피와 땀 덕분에 잠에서 깨어났음에도 불구하고 사람들은 지금도 자는 척하고 있다. 자는 척하는 사람을 깨우는 것은 자는 사람을 깨우기보다 어렵다는 사실을 감독은 잘 알고 있다. 감독 자신은 자는 척할 수 없기에 부득불 땅속을 구석구석 누비고 다니는 '지렁이의 노선'을 취한다. 깨어 있는 사람을 위해 그리고 언젠가 위장의 가면을 벗어던질 사람을 위해 '하나의 살아 있는 세포'를 만들고자 한다. 무엇보다도 자신을 위해!

4. 존엄의 정치

돌이켜 볼 때, 사회주의 신중국은 계몽적 지식인에게 하방이라는 형태로 사회주의적 개조와 참회를 강요했지만, 그 방식은 계몽적 지식인이 대중에게 행했던 일방통행과 다를 바 없었고 게다가 국가권력의 개입은 일시적 효과를 보장할 뿐 장기적으로 스며들기에는 역부족이었다. 그러므로 개혁개방 이후 "지식인들은 마침내 '빈농과 바닥층, 중농의 재교육을 받아들여야 한다'라는 하방 담론에서 해방되었으며 지식인들은 농민 형상의 약점을 통해 새로이 자신을 긍정하게 되었다." 타의적 참회를 강요하는 하방 담론에서 해방된 논리는 바로 그것이 강요했던 '노동자와 농민에게 학습'할 것이 없다는 것이었다. 포스트사회주의 중국에서 노동자와 농민, 그리고 그 기괴한 결합인 '농민공'은 "대중문화의 타자가 되어 지속적으로 소비되고 있다"(쉐이, 2011: 206, 207). 이 지점에서 신민주주의 혁명과 사회주의 30년은 무효가 되고 '이럴 거면 혁명은 왜 했어?'라는 질문에 답할 길이 없게 된다. 5·4신문학에서 농민이 계몽 대상이었다면 사회주의 혁명문학에서는 주체로 묘사되었다. 계몽주의 담론에서 농민은 우매하고 마비된 모습으로 그려져 사회적으로 극복해야 할 대상이라면, 혁명문화에서의 농민은 즐겁고 개방적이며 진취적인 긍정적 형상으로 바뀌게 된다. 그러나 개혁개방 직후 급변 시기에 농민은 다시 타자화되고 있다. 이는 사회주의 시기 농민의 주체화 과정이 실패했음을 반증하는 것이다. 이는 "혁명문화 시대에는 계몽주의적 현대성 서술이 억압되었지만 신시기에는 혁명문화의 현대성 서술이 억압"(쉐이: 208) 된 것과도 관련이 있다. 신시기에는 계몽주의와 혁명문화가 공통으로 억압했던 '욕망'이 부상했는데, 농민은 사회주의 이전에 '계몽'에도 무관심했고 사회주의 시기 '혁명'에도 무감각했던 것처럼, 포스트사회주의 시기에 어떻게 '욕망'할지도 무지하다. 그들은 언제나 '타자'였다. 때로는 지식인의 계몽 대상이 되고, 때로는 국가권력의 조종 대상이 되고, 때로는 대중문화의 조롱 대상이 되는 차이가 있을 뿐이다.

이 감독들은 자신을 현장에 투입해 피촬영자와 라포 관계를 형성하고 피촬영자가 자발적으로 촬영에 임하도록 안배하면서 그들의 삶을 카메라에 담고 있다. 참여 관찰과 비공식적 (심층) 인터뷰를 하는 에스노그라피스트(ethno-graphist)와 마찬가지로, 감독들은 자신이 보고 겪은 일들을 카메라에 담고 있다. 그 과정을 통해 촬영자와 피촬영자는 상호침투하면서 소통하고 점차 변화하는 모습을 보여주고 있다. 이런 맥락에서 볼 때 바닥층을 걸으면서 바닥층 사람들에게 초점을 맞추고 있는 바닥층 다큐멘터리 감독들의 작품은 마오쩌둥이 예상하지 못했던 차원에서 지식인의 하방, 나아가 지식인과 바닥층

민중의 결합을 구현하고 있다. 우리는 이들 바닥층을 걷는 감독들의 다큐멘터리를 통해 중국 '바닥층'의 현실을 인지할 수 있다. 마오쩌둥이 꿈꿨던 사회주의적 개조, 그래서 강제로 시행해 '공산 독재'라는 오명을 남겼던 지식인의 하방(下放)은 우연히 이들에 의해 구현되고 있다.

하지만 중국 특색의 자본주의가 날로 기세를 떨치고 있는 시기에 이들의 '바닥층 걷기'가 어떤 규모에서 얼마나 지속할지는 짐작하기 어렵다.

6장
TV 드라마 연구와 <낭야방(瑯琊榜)> 세독

1. TV 드라마를 통한 지배 이데올로기 분석

TV 드라마(이하 드라마) 연구는 상하이대학 '센터'의 1단계 연구과제의 주요 항목 가운데 하나였다. '센터'의 구성원 각자가 개별적으로 연구하고 상호 토론하는 과정을 거쳐 2012년 7월 '드라마와 당대 문화'라는 주제로 개최한 학술대회를 주목할 필요가 있다. 학술대회의 취지는 다음과 같다.

> 당대 사회의 큰 특징은 '통속'과 '오락화'의 문화형식이 나날이 '우아'하고 '경전적인 문화형식을 대체해 지배적 문화 또는 총체적 사회구조 재생산의 결정적인 고리가 되었다는 점이다. 오늘날 중국에서 드라마는 이미 사회적 영향력이 가장 큰 문예 형식이 되었다. 그 제작과 시청, 평론 및 각종 후속 반응(각종 파생 산물의 제작과 판매)은 사회와 인심을 표상하고 문화지향에 영향을 주는 중요한 활동이 되었다. 드라마는 문화 활동으로 그치지 않고 경제 활동이자 정치 활동이 되었다.[54]

54_ 「宗旨」, 『第八屆中國文化論壇: 電視劇與當代文化暨國産革命歷史題材電視劇靑年論壇』(資料集), 2012. 7.14.~16. 이 학술토론회는 중국문화논단(이사장 董秀玉)의 위탁을 받아 상하이대학 중국당대문화연구센터와 화둥사범대학 대외한어학원이 주관했고, 그 결과물은 王曉明主編(2014)으로 출간되었다.

이런 취지 아래 드라마 제작자와 작가, 드라마 평론가와 연구자, 문화연구 및 문학 전공자 등이 참여해 가능한 여러 방면에서 심층적으로 오늘날 '드라마 붐'의 전후 맥락과 사회적 영향을 분석하고자 했다. 구체적으로 고찰해보자.

상하이 문화연구의 핵심 구성원들은 '중국 TV 드라마의 중국적 숨결'과 '중국 TV 드라마의 시대 아픔'이라는 주제로 학술대회 이전에 이미 두 차례의 좌담회55)를 진행했다. 첫 번째 좌담회에서는 21세기 초 '사회적 효과와 경제적 이익'이라는 이중의 수확을 이루어내는 중국의 드라마가 보여주는 중국적 풍경에 대해 토론한다. <양검(亮劍)>,56) <암산(暗算)>,57) <사병돌격(士兵突擊)>,58) <우리 부대장, 우리 부대(我的團長我的團)>,59) <잠복(潛伏)>,60) <관등

55_ 두 차례의 좌담회 기록은 孫曉忠編(2011)에 수록되어 있고, 「21세기 중국의 TV 드라마(좌담)」 (김서은 옮김)라는 표제로 번역되어 임춘성 엮음(2014)에 수록되었다.

56_ 드라마 <양검>은 2006년 방영된 총 36부작 드라마로, 팔로군(八路軍) 독립부대 부대장 리윈룽(李雲龍)과 수비부대 358단 단장 추윈페이(楚雲飛) 두 사람의 우정을 그렸다. 두 사람은 항일전쟁 시기 진시베이(晋西北)에서 만나 친구가 되었으며 얼마 후에 다시 화이하이(淮海) 전쟁에 참여하게 되었다. 그 전쟁에서 리윈룽은 톈위(田雨)의 수혈을 받아 생명을 구했으며 후에 두 사람은 약혼한다. 한국전쟁이 발발하고 리윈룽은 전쟁에 직접 참여하지 못하고 난징(南京)군사학원에 들어가 공부한다. 그의 실전 경험을 바탕으로 그는 새로운 군사 이론을 수립한다. * 이하 드라마들의 줄거리는 임춘성 엮음(2014) 제3부의 '옮긴이 주'를 참고했음을 밝혀둔다.

57_ <암산>은 총 40부작으로, 크게 제1부 '바람을 듣다, 제2부 '바람을 보다, 제3부 '바람을 잡다'의 세 부분으로 구성되어 있다. 제1부는 도청하는 사람들의 이야기다. 이들은 "귀로 천하를 다스리는" 사람들로, 이들의 귀는 천지 밖의 소리도, 없는 소리도, 비밀스러운 소리도 다 들을 수 있다. 제2부는 암호 해독자의 이야기다. 이들은 "묘한 계책에 능한" 사람들이다. 그들의 혜안은 그 어떤 기밀도 다 꿰뚫어 볼 수 있으며 난해한 글을 해독하고, 글자가 없는 책마저도 읽을 수 있다. 제3부는 지하 공산당원의 이야기다. 국민당이 백색공포를 시행하던 시기, 그들은 희생자이자 전사였다. 그들은 변장하여 호랑이 굴에 들어가 투쟁해 인민공화국을 위한 불후의 업적을 남겼다.

58_ 2006년 방영된 <사병돌격>은 란샤오룽(蘭曉龍)의 동명 소설을 각색한 총 30부작 드라마다. 군사 활동과 젊은이를 격려하는 주제로 농촌 출신의 보통 사병 쉬싼둬(許三多)가 자신을 포기하지 않을 뿐만 아니라 동료를 방기(放棄)하지 않는 불굴의 정신으로, 마침내 뛰어난 정찰병으로 성장하는 과정을 그려냈다.

59_ <우리 부대장, 우리 부대>는 란샤오룽의 동명 소설을 각색한 43부작 드라마로 2009년 방영되었으며 중국 원정군을 제재로 삼았다. 1942년 말 윈난(雲南)의 한 마을에 오로지 생존을 위해서 시간을 보내던 패잔병과 백성들이 나라의 흥망을 위해 항전하러 떠나면서 벌어지는 이야기다.

60_ <잠복>은 룽이(龍一)의 단편소설을 각색한 총 30부작의 드라마다. 항일전쟁이 승리하기 전,

에 뛰어들다(闖關東)>,[61] <세상 바른길은 굴곡이 많다(人間正道是滄桑)>,[62] <달팽이 집(蝸居)>,[63] <생사선(生死線)>,[64] <이명(沂蒙)>[65] 등의 드라마들은 당대 중국의 기본 문제를 다루고 있거나 시청자들의 민감한 신경을 건드렸고 보편적인 역사 기억을 일깨웠다. 그것들은 또한 적지 않은 집단 무의식을 형상화했고, 그것들이 제작하고 생산한 것들은 이미 유행어가 되었을 뿐만 아니라 현시대의 심미 심리와 문화적 공감각, 사회적 공감대 나아가 이데올로기가 되었다. 이 드라마들이 사랑받는 이유는 서양 드라마의 욕망 논리로 중

국민당의 '국민정부군사위원회조사통계국(國民政府軍事委員會調査統計局, 이하 '군통)' 요원인 위쩌청(餘則成)은 국민당의 부패에 불만을 품고 공산당의 지하 공작원이 되어 '군통' 텐진(天津) 지부에 '아미봉(峨眉峰)'이라는 암호명을 가지고 잠복해 들어간다. 임무 수행을 위해 그는 결단력 있고 올곧은 여성 유격대장 추이핑(翠平)과 가짜 부부행세를 한다. 그러나 추이핑은 관리 부인으로 사는 것에 적응하지 못해 임무에 불만을 느끼게 된다. 이에 가짜 부부의 충돌은 끊이지 않고 위험이 계속 이어지는 상황에 부닥친다. 위쩌청의 연인인 쭤란(左藍)도 텐진에서 임무를 수행하는데 두 사람은 타의에 의해 서로 낯선 사람 행세를 하게 된다. 특수공작원의 임무를 둘러싸고 세 사람은 각종 위험에 맞닥뜨리게 된다.

61_ '관둥에 뛰어들다(闖關東)'는 중국 근대사에서 화베이(華北) 지역 농민들이 둥베이(東北) 지역으로 이민하는 운동을 일컫는다. 2008년 산둥(山東)영화드라마제작소와 다롄(大連)방송국이 투자하여 제작 방영한 <관둥에 뛰어들다>는 52부작 드라마로, 청말부터 9.18사변(만주사변) 발생 전까지 산둥 사람들이 생존을 위해 고향을 버리고 둥베이 지역으로 이주하면서 일어나는 사건들을 다뤘다. 주인공 주카이산(朱開山)의 복잡하고도 순탄치 못한 일생을 배경으로 주카이산이 둥베이로 이주하는 길에 만나는 각종 고난과 역경을 그려냈다.

62_ 50부작 드라마로 감독 장리(張黎)와 <량검>의 작가 장치타오(江奇濤)의 작품이다. 1925년부터 1949년 사이에 양(楊)씨 형제자매들의 서로 다른 인생역정을 다루었다. 작품은 특히 황푸(黃埔) 시기 국공합작에서 공산당이 국민당에 승리하여 국민당이 타이완으로 갈 때까지의 혼란한 시기를 생동감 있게 그려냈다는 평가를 받는다.

63_ '달팽이 잡은 매우 협소한 주거 공간을 지칭하는 말이다. 2009년 드라마로 방영했던 <달팽이 집>은 2007년 출판된 류류(六六)의 동명 장편소설을 각색한 것이다. 현대인들의 가장 큰 고민거리이자 가장 보편적인 사회문제인 주택문제를 배경으로 보통사람들이 상하이 도시 생활에서 겪는 갖가지 풍파를 그려냄으로써 많은 시청자의 공감을 얻었다.

64_ 2009년 방영된 드라마 <생사선>은 48부작으로, 란샤오룽의 동명 소설을 각색한 작품이다. 직업, 신분, 성격이 모두 다른 네 남자의 우정을 중심으로 평민들의 항일전쟁 이야기를 그려냈다.

65_ 드라마 <이명>은 항일전쟁 시기 이멍산(沂蒙山)의 마무츠(馬牧池)라는 작은 산촌에 사는 가족을 배경으로, 역사 사건과 개인의 운명이 얼마나 긴밀하게 결합하고 있는지를 보여준다. 우여곡절이 많은 이야기를 생동감 있게 엮어내어 바오전(寶珍), 리중허우(李忠厚), 리양(李陽) 등 개성 강한 인물들을 만들어냈다.

국의 역사와 혁명 제재를 구성한 것이 아니라, 중국적인 생활 모습을 그대로 보여주고 있기 때문이었다. 21세기 초의 중국 드라마들은 중국의 숨결, 중국의 생활, 중국의 감정을 이야기했다. 이는 현실이든 역사든 모두 중국인 자신의 이야기를 새롭게 하려는 시도였다. 물론 이런 시도는 양면성을 가지고 있다. 초우가 말하는 '자기 에스노그라피'의 가능성을 내포하고 있는 반면, 내셔널리즘 또는 국가주의에 포섭될 가능성 또한 열려있다.

두 번째 좌담회는 중국 드라마에 담겨 있는 사회의 고통에 초점을 맞추었다. 흥미로운 것은 이런 드라마들이 과거로부터 에너지를 얻을 뿐만 아니라 오늘날의 억압되고 부정된 에너지들을 긍정적인 것으로 전환할 수 있다는 것이다. 혁명역사 제재 드라마가 환영을 받는 이유는 생활에서 보기 힘든 생활 태도와 인격 정신을 표현했기 때문이었다.

상하이 문화연구 학자들은 21세기 중국의 지배 이데올로기의 작동방식을 고찰할 수 있는 장르로 혁명 제재 드라마와 첩보 드라마에 주목했다. 마오젠(毛尖)은 「혁명역사 정극(正劇)의 재건: '총알받이(炮灰)'를 화두로 삼아」(2014)에서 최근 몇 년간 중국에서 인기를 끌었던 혁명을 주제로 하는 영화와 드라마의 공통된 제재인 '총알받이'를 분석했다. 그녀는 21세기 이후 제작된 주선율 드라마를 통해 그간 관방(官方)에 의해 조명받지 못했던 '민간', 영웅에 묻혀 스러져갔던 수많은 '개인들'의 이야기가 중국적임과 혁명의 기본 바탕을 구성함으로써 영상 기억과 '혁명역사 정극'의 본질을 회복하기 위한 가능성을 제공하고 있음을 밝혀내고 있다. 21세기 이후 중국의 주선율 드라마의 '세속화'는 중국의 정치, 경제, 사회 정책들과 함께 맞물려 있으며, 새로운 소비 세대의 등장과 첨예한 현실 의식에 기반을 두고 있다. 드라마의 영상적 표현들 가운데 드러나는 '중국적임'은 마오젠이 말한 '중국의 육신(肉身)'이며, 혁명의 기저에 깔린 인민들의 풀뿌리성 그 자체이다. 마오젠은 이것이야말로 이데올로기의 틀을 뛰어넘어 중국인과 중국 전통 그리고 중국 혁명을 다시 집결시킬 가능성을 만들어내며 진정한 '혁명역사 정극'의 본질을 회복할 수 있는 중요한 요소로 보고 있다. 물론 '중국적임'의 강조는 내셔널리즘 또는 국가주의에 잠식당할 가능성이 농후하다.

니웨이(倪偉)는 「당대 첩보 드라마에 드러난 신앙과 문화적 징후」(2014)에서 2009년부터 중국에서 인기를 끈 첩보 드라마 <영원히 사라지지 않을 전파(永不消失的電波)>,[66] <암산>, <잠복>, <낭떠러지(懸崖)>[67] 등을 통해 드라마에서 운위되고 있는 신앙의 문제와 그 심층에 놓인 문화적 징후들을 짚어냈다. 중국에서 첩보 드라마는 수사드라마와 홍색(紅色) 제재의 역사드라마가 접목해 탄생한 것인데, 첩보 드라마가 종종 신앙을 그 주제로 삼고 있다는 점에서 홍색 경전의 흔적을 찾아볼 수 있다. 니웨이는 '신앙'이라는 주제어를 통해 홍색 경전에서 당대 첩보 드라마로 이어지는 드라마의 맥락을 짚었다. 이러한 과정에서 공동체 본위에서 개인 본위로 편중되는 사회적 변화, 가치의 상대화 등의 문제를 다루면서 첩보 드라마가 어떠한 방식으로 이데올로기를 생산하게 되는지, 그리고 어떻게 사람들의 생각을 지배하게 되는지를 고찰했다. 이를 통해 첩보 드라마에 내재한 위험성과 함께 그것이 당대 중국인들에

66_ <영원히 사라지지 않을 전파>는 상하이의 비밀 지하당원이었던 리징안(李靜安, 리바이[李白]로도 알려져 있다)과 친훙쥔(秦鴻鈞) 두 사람의 실화를 바탕으로 1958년에 출품된 영화다. 1949년 5월 30일 공산당이 상하이를 점령한 지 사흘째 되던 날, 상하이 시장으로 임명된 천이(陳毅)에게 전보 하나가 전달된다. 전보는 중국공산당 중앙정보부 부장 리커눙(李克農)이 보낸 것으로, 리징안 동지의 행방을 찾아달라는 내용이었다. 천이는 조사 결과 리징안은 5월 7일 밤 적에게 희생당했다는 사실을 알게 되고, 6년여의 세월을 들여 책임자인 예단추(葉丹秋)와 여간첩 뉴하이보(鈕海波)를 처형한다. 영화는 이런 역사 사실을 바탕으로 손에 땀을 쥐게 하는 혁명 투쟁을 평범하고 일상적인 가정생활에 녹여내어 리샤(李俠)라는 낙관적이며 굳세고 위험을 두려워하지 않으며 용감하게 자신을 희생하는 공산당원 형상을 만들어냈다. 또한 지하 공산당의 비밀 첩보 활동을 그려내어 관중들에게 큰 재미를 가져다주었다.
67_ <낭떠러지>는 1938년의 동북지역을 배경으로 하고 있다. 저우이(周乙)는 공산당의 특수공작원이다. 그는 국민당 내부로 들어가 잠복근무를 하기 위해 정보 전달 임무를 맡은 구추옌(顧秋妍)과 가짜 부부행세를 하게 된다. 그러나 저우이의 직속상관인 가오빈(高彬)은 두 사람의 관계를 시험해 보기 위해 저우이에게 압박을 가하고, 저우이는 자신의 진짜 아내가 눈앞에서 총살당하는 것을 지켜볼 수밖에 없게 된다. 동시에 '가짜 부부' 관계도 서서히 변한다. 구추옌과 저우이가 모두 위험에 닥친 상황에서 저우이는 결국 하얼빈으로 구추옌을 구하러 가지만 돌아올 수 없는 길에 들어서게 된다.

게 미치는 긍정적 의의도 짚었다.

이상으로 상하이 문화연구 학자들의 드라마 연구를 통해 21세기 초 10년 동안의 중국 드라마 연구 현황의 윤곽을 살펴보았다. 왕샤오밍은 중국 드라마 연구를 통해 드라마의 각도에서 사회를 이해하고, 양성(良性)문화의 생기를 탐구하려는 목적을 아래와 같이 표현했다.

> 오늘날 중국의 정치, 경제, 사회구조와 이들 구조의 재생산 과정은 모두 1990년대 이전과 완전히 달라졌다. 문화 각도에서 보면 오늘 중국의 지배적 문화와 그 생산 기제, 그것과 사회적으로 배합되지 않고 그것에 복종하지 않는 문화 역량의 충돌 방식 또한 20~30년 전과 완전히 다르다. 엉망인 것은 우리가 매일 이 거대하고 대개는 격렬한 변화에 말려 들어가 점점 심각하게 그것들에 의해 개조됨에도 불구하고 우리는 이들 변화를 진정으로 이해하지 못하고 그것들의 성인이 어떠한지, 그것들이 우리를 어디로 데려가는지 알지 못한다는 점이다. 이런 엉망을 의식해 초조함이 날로 심해지는 때 국산 드라마가 크게 유행해 자본 동향과 시장 규모, 정부의 대응, 사회심리, 업계 체제, 매체의 작동 등 각 방면의 신속한 변동을 유발해 거대한 덩어리의 스크린을 합성해 오늘 중국의 지배적 문화 및 그 생산 기제의 복잡한 작동을 명료하게 드러내고 있으니, 나는 당연히 목을 빼고 뚫어지게 볼 것이다(王曉明, 2013: 395~96).

드라마는 당대 지배 이데올로기를 비판적으로 분석해 그 가운데에서 양성문화의 생기를 찾아 그것을 토대로 새로운 문화를 만들려는 왕샤오밍의 목적에 잘 들어맞는 연구 대상인 셈이다. 그 속에는 위의 인용문에서 이미 지적했듯 자본의 동향, 시장의 규모, 정부의 대응, 사회심리, 업계 체제, 매체의 작동 등이 한데 어우러져 있으므로 지배문화와 그 생산 기제를 명료하게 살펴볼 수 있다. 그뿐만 아니라 왕샤오밍은 1989년의 톈안먼 학생운동과 2008년의 대지진 자원봉사활동처럼, 잠류하던 '땅속의 불'이 적당한 조건에서 폭발할 것으로 기대한다. 왕샤오밍이 보기에 <달팽이 집>, <잠복>, <우리 부대장, 우리 부대>의 높은 시청률은 그런 표현의 하나다. <격정 불타는 세월> 등에 출현한 혁명군과 굳센 노동자들이 매일 저녁 많은 시청자의 주목 대상이 되고, <우리 부대장, 우리 부대>에 등장하는 남루한 차림의 쓰촨(四川) '총알받이'들이 지속해서 수많은 시청자의 관심을 끌어들이는 현상은 왕샤오밍의 주장에 설득력을 더해주고 있다.

그러나 상하이 문화연구 학자들의 드라마 연구에는 함정이 도사리고 있다. 앞에서도 지적한 것처럼 내셔널리즘 또는 국가주의에 포섭될 가능성이 크다는 점이다. 왕샤오밍의 '중토성'은 '중국의 진보적 혁명 전통을 창조적으로 계승하는 한편 외래의 문화연구를 비판적으로 수용해, 양자를 접합시키려는 기획'이지만, 중국 혁명 전통의 계승은 내셔널리즘 또는 국가주의의 선전선동과 중첩되어 있다. 주선율 드라마에서 작은 인물의 성장 과정에 초점을 맞춘 마오젠의 '중국적임' 또한 중국인이 아니면 알 수 없는 음식 등을 언급함으로써 중국중심주의라는 비판에서 벗어나기 어렵다. 니웨이의 '신앙'도 구체적인 내용은 국가와 공산당에 대한 신앙이다.

이들의 또 하나의 문제점은 연구 대상이 협소하다는 점이다. 상하이 문화연구 학자들의 드라마 연구는 당대 지배 이데올로기를 비판적으로 분석하고 새로운 문화를 촉진하려는 그들의 목표에 제한받고 있음을 지적해야 한다. 혁명역사 드라마와 첩보 드라마에 초점을 맞춘 그들의 드라마 연구는 이데올로기 지형의 표층이나 중층을 겨냥하고 있다. 그러나 필자가 보기에 중국 인민들의 눈과 귀를 사로잡고 중국 인민의 심층 이데올로기 형성에 영향이 큰 장르는 역사(제재)드라마다. 특히 <한무대제>, <삼국>, <미월전>, <견환전>, <낭야방>, <대군사 사마의>, <대진제국의 굴기>(1~4부) 등은 무협 드라마와 함께 수천을 헤아리는 중국 TV 채널뿐만 아니라 한국 케이블TV에서도 끊임없이 재방영되는 단골 메뉴로 꼽히고 있다. 대중문화를 "피지배계층의 저항력과 지배계층의 통합력 사이의 투쟁의 장"으로 보는 그람시의 견해에 동의한다면, 대중문화 연구의 지향점은 피지배계층의 저항력을 강화하고 지배계층의 통합력을 비판하는 것이 될 것이다. 상하이 문화연구 학자들의 드라마 연구는 전자에 치중하는 경향을 보인다. 이에 반해 역대 지배계층의 지도력을 합리화하는 역사드라마를 전복적으로 독해함으로써 지배계층의 통합력의 약점을 파헤치고 그것에 개입하는 전술의 창안 또한 문화연구의 진정한 과제가 될 것이다.

2. 한중 드라마 비교

일부 논자들은 '한국은 드라마 공화국'이라 평가한다. 나아가 서민들을 드라마에만 관심을 가지게 하고 정치에는 무관심하게 만드는 '드라마 통치(dramacracy)'라는 조어도 나왔고, '드라마 망국론'이라는 견해도 존재했다. 심지어 "드라마 공화국은 스트레스 공화국의 다른 얼굴"(김환표, 2012)이라는 진단도 있었다. 중국도 한국에 못지않게 드라마가 성하다. 특히 21세기 들어 드라마 제작 규모와 편당 제작비에서 한국을 압도하고 있다. 중국인의 드라마 선호에는 한국 드라마가 크게 공헌했다. 한류(K-pop)가 명시적 현상이라면, 화류(C-pop)는 저인망식으로 한국 시청자를 사로잡고 있다.

한국 대중문화사에서 드라마는 대중가요 및 영화와 더불어 가장 중요한 분야다. 드라마는 60년 전후의 역사가 있다. 1960년대 단막극에서 매주 1회 방영되는 연속극으로 발전했고, 1970년대에는 일일연속극이 뿌리내려 시청자를 매일 같은 시간에 TV 앞에 앉게 했다. 1970년대는 한국 드라마의 성장기라 할 수 있다. 그 특징은 일일극이 주가 되고, 주로 스튜디오에서 촬영하고 대가정 이야기가 중심이다. 1990년대는 전변기로, 그 특징은 대하드라마와 미니시리즈(16회 기준) 위주이고 매주 2회 방영하며 점차 스튜디오에서 벗어났다. "1990년대 말부터 제작된 드라마들이 한류의 주역이 되기 시작한 것은 당연하다. 어느 문화권에서나 보편적으로 이해할 수 있는 성격의 인물, 일관성

있는 극적 사건과 구성, 정제되고 균형감 있는 화면 등이 보편화"(이영미, 2012)
되었다.

정영희(2014)는 '감정 구조(structure of feeling)'를 기준으로 삼아 한국 드라마
의 역사를 8단계로 나누었다. 규율적 통제의 시대(1962~1964), 소외와 갈등의
시대(1965~1969), 규제와 억압의 시대(1970~1974), 억압과 저항의 시대(1975~
1980), 희망과 좌절의 시대(1981~1986), 정치·문화 과도기(1987~1991), 문화정
치의 시대(1992~1995), 경제·문화적 좌절기(1996~현재). 그녀는 한국 사회의
변화 속에서 그에 조응하는 드라마의 역사 변화를 고찰함으로써 그 심층을
관통하는 감정 구조를 새롭게 구축했다. 한편 김환표(2012)는 '설움 위로'와
'통속화' 속에서(일제강점기~1971년), '국민 동원 수단'과 '저속 퇴폐의 멍에' 속
에서(1972~1979년), '충성 경쟁'과 '자기 검열' 속에서(1980~1991년), 'SBS 개국'
과 'IMF 한파' 속에서(1992~2002년), '인터넷 열풍'과 '한류 열풍' 속에서(2003~
2005년), '머니 게임'과 '미드 열풍' 속에서(2006~2008년), '막장 드라마'와 '친정
부 드라마' 논란 속에서(2009~2010년)의 7단계로 구분했다. 그는 드라마가 한
국인이 관심 가지는 가치와 정서를 변주하고 재현했을 뿐만 아니라 현재 한
국의 현실과 시대 정신 그리고 한국인의 욕망을 담고 있으며, 한국인은 드라
마 속에서 다양한 사회적 의미를 해독한다고 주장했다.

역사드라마는 한국에서도 환영받는 장르다. 통계에 따르면, 해방 이후 한
국에서 129편의 역사드라마를 제작했는데, 그중 해방 이후 역사를 다룬 것이
37편, 일제강점기를 다룬 것이 14편이고 81편은 고대 역사를 다뤘다. 고대 드
라마 가운데 조선 시대를 배경으로 삼은 것이 97편, 고려 시대를 배경으로 삼
은 것이 14편, 삼국시대를 배경으로 삼은 것이 18편이다.[68] 역사드라마 가운
데 시청자의 뜨거운 환영을 받은 작품은 건국 시조의 이야기다. 조선 태조와

68_ <대한민국의 역사 드라마 목록>. https://ko.wikipedia.org/wiki/%EB%8C%80%ED%95%9C
%EB%AF%BC%EA%B5%AD%EC%9D%98_%EC%97%AD%EC%82%AC_%EB%93%9C
%EB%9D%BC%EB%A7%88_%EB%AA%A9%EB%A1%9D (검색일자: 2023.08.31.)

태종을 묘사한 <용의 눈물>(1996, 159회), 고려 태조를 그린 <태조 왕건>(2000, 200회), 발해 태조를 묘사한 <대조영>(2006, 134회), 고구려 태조의 이야기 <주몽>(2006, 81회) 등이 그 목록이다. 2000년 이후 50%의 시청률을 넘긴 7편의 드라마(김환표, 2012: 10)[69] 가운데 4편이 역사드라마였다.

중국 드라마는 60여 년의 역사를 가지고 있다. 그 가운데 중청샹과 천유췬(仲呈祥·陳友軍, 2010)은 중국 역사드라마의 발전 단계를 초창기(1958~1966), 문혁기(1966~1976), 회복기(1976~1981), 발전기(1982~1989), 성숙기(1990~지금)의 5시기로 구분한다. 중청샹과 천유췬이 시간을 기준으로 삼았다면, 우바오허(吳保和, 2011)는 장르를 기준으로 삼아 탄생과 정체(1958~1977), 회복과 발전(1978~1989), 성숙과 번영(1990~2009)의 3시기로 나누었다. 그 가운데 제7장의 표제가 '역사제재 드라마'다. 우바오허는 역사 이야기에 대한 흥미와 관심은 중국문화 유전자의 하나로, 1990년대부터 역사제재 드라마는 드라마의 뜨거운 영역이 되었고 중국 수천 년의 문명 발전사가 드라마에서 전면적으로 전개되었다(吳保和: 91)라고 평가하고 있다.

이렇게 보면, 드라마는 그 속에 매몰되는 것을 경계한다면 사회 현실과 시대 정신 그리고 개인의 욕망을 독해할 수 있는 텍스트임이 틀림없다. 대중문화연구의 기본 태도는 '무차별적으로' 텍스트를 분석하는 것이지만, 개인별로 기호의 차이는 있기 마련이다. 나는 유독 역사드라마에 흥미를 느낀다. 내가 처음 흥미롭게 본 중국 역사드라마는 <한무대제(漢武大帝)>(胡玫, 2004, 64집)다. 이어서 도원결의로 시작해 제갈량의 죽음으로 끝나고 나머지는 여담처럼 진행됐던 『삼국연의』의 이야기 방식과는 달리, 조조의 동탁 암살 시도에서 시작해 사마의의 죽음으로 끝나는 <삼국(三國)>(高希希, 2008, 95집)도 흥미롭게 감상했다. 시대 초월이 가미된 <보보경심(步步惊心)>(李國立, 2011, 40집),

---

69_ <허준>(63.7%, 2000.6.27.), <태조 왕건>(60.2%, 2001.05.20.), <대장금>(57.8%, 2004. 03.23.), <진실>(56.5%, 2000.02.24.), <야인시대>(51.8%, 2002.12.09.), <나는 김삼순>(51.1%, 2005.07.21.), <주몽>(50.3%, 2007.01.30.).

후궁 이야기로 풀어낸 <견환전(甄环傳)>(鄭曉龍, 2011, 76집)은 강희(康熙)와 옹정(雍正) 시기의 역사와 대조해서 볼 만하다. 아울러 진용(金庸)의 무협소설을 드라마로 만든 작품도 '무협과 역사의 만남'이라는 진용 소설의 특성으로 인해 역사드라마의 성격이 농후하다.

3. 중국 역사드라마 감상 찰기(札記)

아래에서 몇 편의 드라마를 선택해 살펴보기로 하자.

한나라 초기 역사에 익숙한 중국인 시청자를 겨냥한 <한무대제>[70]의 첫 장면은 사마천(司馬遷)과 한 무제 유철(劉徹)의 대담이라는 점에서 의미심장하다. 특히 '『사기(史記)』와 『한서(漢書)』에 근거해 개편·창작했다'라는 사전 설명은 저자와 텍스트 속 인물의 만남을 연상시킨다. 『사기』 속 인물인 무제가 저자 사마천과 논쟁을 벌이는 꼴인데, <한무대제>의 제작자는 철저하게 무제 편이다. 마지막 회에서도 반복되는 사마천의 등장은 불후의 명저 『사기』의 저자라 하기에 지극히 초라하다. 중서령(中書令)이 황제를 알현하는 모습은 그럴 수 있다 치더라도, 무제는 사마천의 저작을 독파하고 그 집필 의도[71]를 간파했지만, 사마천은 무제의 흉중을 헤아리지 못한 채 「효무본기(孝武本紀)」[72]를 제대로 기록하지 못했음을 자인하고 있다. 이 드라마는 무제가 어렵게 황제가 되고 즉위한 후에도 수많은 난관을 거쳐 국내외의 혼란을 수습하고 한나라를 반석 위에 올려놓은 영웅이었다는 사실에 초점을 맞추어 이야기를 진

70_ 중국 중앙TV에서 제작해 2005년에 방영. 총감독 후메이(胡玫), 총제작 한싼핑(韓三平), 각본 장치타오(張奇濤), 천바오궈(陳寶國, 무제 역), 자오황(焦晃, 경제 역), 구이야레이(歸亞蕾, 두황후 역) 등 출연. 64부작.

71_ 무제가 사마천의 책을 읽고 난 후 책을 불태우고 그를 죽임으로써 사마천은 천추만대의 충성을 다하다 희생된 사람으로 남고 무제는 폭군으로 남는다는 식의 추측. 그러나 이런 추측은 사마천의 『사기』 집필 목적과는 상당한 거리가 있다.

72_ 『사기』 130권은 12본기, 10표, 8서(書), 30세가, 70열전으로 구성되어 있다. 본기 마지막 편인 「효무본기」는 한 무제에 대한 기록으로, 지금까지 진위가 미해결로 남아있다.

행하고 있다.

한나라는 고조 유방(劉邦)이 숙적 항우(項羽)를 꺾고 건국한 이후 안으로는 개국공신과 친인척의 정리, 밖으로는 흉노족과의 전쟁으로 분주했다. 한나라가 안정기에 들어간 시기는 바로 무제의 아버지 경제(景帝)때부터였다. <한무대제>는 한 경제 즉위 초(前元 원년, 기원전 156년)부터 한 무제의 죽음(後元 2년, 기원전 87년)까지, 기본적으로 역사서에 기재된 중요한 사건들을 대부분 재현했다. 주요한 것으로 7국의 난, 조착(晁錯) 요참(腰斬), 경제의 동생 양왕 유무(梁王劉武)의 야심, 금옥장교(金屋藏嬌), 도가(道家)에서 유가(儒家)로의 전환 과정, 한 무제 시기의 경제 및 인사 정책, 삭번(削藩), 흉노와의 전쟁, 장건(張騫)의 서역(西域) 출사, 소무(蘇武)의 목양(牧羊), 무고(巫蠱)의 난 등이 있다. 그뿐만 아니라 한대의 풍속과 복식, 의전 등도 충실하게 고증한 것으로 평가받았다. 이 드라마는 경제와 무제 시대의 역사와 문화를 이해하는 데 훌륭한 텍스트이다.

그러나 드라마에서 흉노와 한족이 대우(大禹)의 후손이라 설정한 것은 지극히 한족 중심적인 문화 해석이다. 이는 거란족의 요(遼) 왕조, 몽골족의 원(元) 왕조와 만주족의 청(淸) 왕조 등을 '이족(異族) 에스닉 왕조'로 취급하다가 중국 내 '소수 에스닉 정권'으로 재해석하는 것과 맥락을 같이 한다. 사실 인민공화국 이전의 역사는 한족 중심으로 기술되었고 원과 청은 이족 에스닉 정권으로, 타도 대상이었다. 쑨원(孫文)의 '오족공화(五族共和)' 이후 만주족 정권의 황제들[73])에게서 타자의 고깔을 벗겨준 것은 '중화 네이션 대가정'이라는 '문화 중국'의 논리다. 이 논리에서 원과 청은 이족 에스닉의 왕조가 아니라 소수 에스닉 정권으로 변모한다. 이런 재해석은 베네딕트 앤더슨의 '상상된 공동체(imagined community)'를 연상시킨다. <한무대제>는 우(禹) 임금의 같은 자손이었던 한족과 흉노족이 하(夏) 멸망 이후 갈라졌다가 장기간의 모순과 투쟁을 거쳐 통일되었다는 네이션 대융합의 이야기로, 몽골족과 만주족뿐만

73_ 청 건국 시조인 홍타이지나 만주족의 조상인 누르하치에 대한 영상물은 찾아보기 힘든 반면, 중국화(中國化)된 강희(康熙)·옹정(雍正)·건륭(乾隆) 등은 영상화의 주요 대상으로 선택받는다.

아니라 그보다 훨씬 앞선 흉노족도 한족과 하나의 네이션이었음을 견강부회(牽强附會)하고 있다. 근현대적 개념인 네이션을 고대 역사 해석에 적용하고 한족과 흉노족의 에스닉 전쟁을 네이션 대융합의 미담으로 둔갑시켰다.

2010년 처음 방영된 드라마 <삼국(三國)>[74](高希希, 95회)은 나관중(羅貫中)의 『삼국지연의』를 새롭게 해석하고 있다. 1994년 제작된 <삼국연의(三國演義)>(84회)가 유비, 관우, 장비의 도원결의로 시작해 제갈량의 죽음으로 끝나고 나머지는 여담처럼 진행됐던 『삼국지연의』의 이야기 방식을 충실하게 재현했다면, <삼국>은 조조의 동탁 암살 시도에서 시작해 사마의의 죽음으로 끝나면서 주제를 '기다림'으로 잡고 있다. 이는 25사의 하나인 진수(陳壽) 『삼국지(三國志)』의 이른바 '정통' 관점이기도 하다. 천하를 통일하려 동분서주하던 조조는 적벽대전의 패배를 계기로 직접 천하 통일을 완수하려던 계획을 접고 '사후래자(思後來者)' 단계로 들어간다. 그는 사마의의 건의를 받아들여 더는 정벌에 나서지 않고 역내를 안정시키며 후사(後嗣)에 치중한다. 결국 <삼국> 이야기의 결말은, 조조 때부터 능력을 인정받으면서도 조비와 조예의 경계 대상이었던 사마의가 신정(新政)을 추진한 동시에 은인자중하면서 여러 차례의 고비를 넘기고 쿠데타로 위(魏)의 정권을 잡은 후 그 손자인 사마염에 가서 진(晉)을 세우고 전국을 통일하는 것으로 끝난다. 물론 진 이후의 이야기는 계속되지만, 일단락된 이야기의 교훈은 준비하며 기다리라는 것이다. 적벽대전 이후 조조의 기다림과 제갈량의 지속적인 공격에 지지 않는 방어로 일관한 사마의의 기다림이야말로 궁극적인 승리의 초석이었던 셈이다.

74_ <삼국>은 중국 중국미디어대학 TV제작센터(中國傳媒大學電視制作中心)와 베이징 샤오마펀텅 영상문화발전유한공사(北京小馬奔騰影視文化發展有限公司) 등이 연합 출품한 고전 역사드라마다. 가오시시(高希希)가 감독했고 천젠빈(陳建斌), 위허웨이(于和偉), 루이(陸毅), 허룬둥(何潤東), 니다홍(倪大紅), 위룽광(于榮光), 장보(張博), 네위안(聶遠), 천하오(陳好), 린신루(林心如), 황웨이더(黃維德) 등이 출연했다. 이 드라마는 2010년 5월 2일 장쑤위성TV(江蘇衛視), 안후이위성TV(安徽衛視), 충칭위성TV(重慶衛視), 톈진위성TV(天津衛視)에서 처음 방영되었다. <三國-百度百科>, https://baike.baidu.com/item/%E4%B8%89%E5%9B%BD/5470006?fr=aladdin (검색일자: 2022. 03.09.)

그러나 조조의 입장에서 보면, 자신이 시작한 천하통일 위업이 사마의에게 계승되어 사마의 손자에 의해 완성된 것을 어떻게 평가할까? '천하위공(天下爲公)'의 관점에서 보면 성공이지만 조조는 사마의를 후계자로 생각하지 않고 자신의 후손을 보좌할 사람으로만 여겼다. 반면 유비는 죽기 전 제갈량에게 불초(不肖)한 아들 유선 대신 대권을 물려받아 통일 대업을 완수할 것을 당부한다. 단 유비는 마지막 순간에 교활했다. 그 판단을 제갈량에 넘긴 것이다.

제갈량의 품성으로 대권을 물려받으려 하지 않을 것임을 모르고 당부했다면 유비는 멍청한 것이다. 조조와 유비는 사마의와 제갈량에게 후계자의 능력이 있다는 사실을 알았으면서도 천하위공의 입장에 서지 못했다. 캉유웨이(康有爲)의 대동(大同) 유토피아의 관점에서 보면, 조조와 유비 등이 행정관으로 선출되어 천하의 업무를 수행하고 그들을 계승하여 제갈량과 사마의 등이 행정관으로 선출되어야 했다. 요에서 순으로, 순에서 우로 넘어가듯이. 단 선양(禪讓)이 아니라 선출(選出)로!

<대군사 사마의>(大軍師司馬懿, 1부 軍師聯盟 42회, 2부 虎嘯龍吟 44회)[75]에서는 '위-진'이 삼국을 통일한 공을 위(魏)의 내정 혁신과 외교 정책으로 돌린다. 물론 그 핵심에 사마의(吳秀波 분)가 자리하고 있다. 여러 차례에 걸친 조조(于和偉 분)의 시험을 통과한 사마의를 조조는 조비의 조력자로 삼아 후사를 도모한다. 사마의는 젊은 시절 신중한 서생이었는데 조조의 눈에 들어 등용되고 조비(李晨 분)를 도와 권좌에 오르게 한다. 그는 최선을 다해 조비가 구품중정(九品中正)[76] 등의 신정(新政)을 시행하고 사족(士族)들의 편을 들고 종실(宗

75_ 국내에서는 <사마의1: 미완의 책사>, <사마의2: 최후의 승자>라는 표제로 방영되었다. https://baike.baidu.com/item/%E5%A4%A7%E5%86%9B%E5%B8%88%E5%8F%B8%E9%A9%AC%E6%87%BF%E4%B9%8B%E5%86%9B%E5%B8%88%E8%81%94%E7%9B%9F/20818349?fr=ge_ala (검색일자: 2023.08.31.)

76_ 구품중정제(九品中正制)는 구품관인법(九品官人法)이라고도 하며, 위진남북조 시기 중요한 관리 선출 제도로, 조비(曹丕)가 황초 원년(黃初元年, 220년) 상서령(尙書令) 진군(陳群)에게 명해 법률적 의미를 갖춘 제도를 만들었다. 이 제도는 서진에서 점차 완비되었고 남북조 시기에는 약간 변화되었다. 이 제도는 위에서 시작해 수당 과거제도가 확립되기까지 약 4백여 년간 존재했다.

室)을 제어해서 위나라의 안정과 부강을 위해 공헌했다. 밖으로는 기산(祁山)에 여섯 차례 출격한 제갈량(王洛勇 분)과 겨루어 패배하지 않는 전쟁을 수행한 결과 최후의 승자가 되었다. 그는 말년에 종실 귀족들의 압력을 견뎌내며 은인자중하다가 반격을 가해 실권을 장악했다. 사마의는 위의 뒤를 이은 진(晉)이 삼국을 통일하는 데 초석을 놓았다.

같은 인물이 중첩된 <삼국>과 비교할 때 <대군사 사마의>의 등장인물 가운데 현격한 차이를 보이는 인물이 몇 보인다. <삼국>에서 유비 역을 맡았던 위허웨이는 <대군사 사마의>에서 조조 역을 맡음으로써 초기에 시청자의 몰입을 방해한다. 그러나 위허웨이의 조조 연기는 <삼국>에서 천젠빈(陳建斌)의 조조 연기 못지않은 내공을 보여주었다. <삼국>에서 사마의는 적벽대전 이후 조조에게 발탁될 때 가문의 배경도 없는 인물로 출현하지만, <대군사 사마의>에서는 문벌(門閥)지주 출신으로 나온다. 순욱(荀彧, 王勁松 분)과 최염(崔琰, 王澤淸 분)도 그러하다. 이들은 국가의 흥망보다 가문의 존속 여부를 중요시한다. 사마의는 초기에 조씨 권력의 수하가 되기를 거부하고 혼란한 정국에서 사마씨(司馬氏) 일가를 수호하는 데 진력한다. 그러나 가문을 보호하기 위해서는 정국의 중심으로 들어가는 것이 낫다고 판단하고는 조비를 도와 후계자 경쟁에 적극적으로 뛰어들어 승리로 이끈다. 이 과정에서 사마의는 정세를 면밀히 파악하고 조조와 조비의 사람됨을 완벽하게 이해하고 대응하며 집에서도 부친(司馬防, 張志忠 분)의 뜻을 거스르지 않으면서도 가문이 나아갈 길을 모색하고 부인(張春華, 劉濤 분)의 마음을 헤아리면서 시간을 가지고 설득하는 등의 역할을 천의무봉(天衣無縫)하게 수행한다. 인구에 회자하는 제갈량(諸葛亮, 王洛勇 분)의 서성(西城)의 공성계(空城計)도 사마의가 양국

구품중정제는 위로는 양한의 찰거제(察擧制)를 계승해 아래로 수당의 과거제도에 영향을 주었다. 중국 고대 정치제도사에서 대단히 중요한 지위를 차지했다. 이는 중국 봉건사회의 3대 관료 선발제도의 하나였다. https://baike.baidu.com/item/%E4%B9%9D%E5%93%81%E4%B8%AD%E6%AD%A3%E5%88%B6/1711003?fromtitle=%E4%B9%9D%E5%93%81%E4%B8%AD%E6%AD%A3&fromid=761307&fr=aladdin (검색일자: 2021.07.25.)

정세를 충분히 고려해 제갈량의 의도를 받아주는 것으로 해석된다.

또한 <삼국>에서는 위왕(魏王)의 세자가 되기 위해 부친의 눈치를 보며 전전긍긍하고 심지어 조조가 후계자로 염두에 둔 막내아우를 독살한 혐의가 있는 인물로 묘사된 조비가 <대군사 사마의>에서는 '무릇 문학은 국가를 경영하는 큰 사업이자 영원히 썩지 않는 성대한 일(蓋文章, 經國之大業, 不朽之盛事)'77)이라는 언술의 발화자에 걸맞은 초점 인물로 재현되었다. 그는 아우 조식을 편애하는 부친 조조를 경외하면서도 그 앞에서 당당한 모습을 보이고, 대업을 위해 꼭 필요하다고 판단한 사마의를 자기 사람으로 만들기 위해 최선을 다해 결국 사마의의 마음을 얻는다. 특히 좋아하는 문학창작에 자신의 재능을 쏟아붓지 않고 국가를 경영하는 큰 사업을 위해 자신의 역량을 분배하는 일대 영웅의 풍모를 보여준다. 흔히 중국문학사에서 건안(建安) 풍골(風骨)을 운위할 때 삼조(三曹)와 건안칠자(建安七子)를 거론하는데, 삼조에서 조비를 마지막으로 꼽곤 하지만, 곽황후(郭照, 唐藝昕 분)가 애송하는 조비의 시구는 시청자의 심금을 울린다. 정치적으로도 조조의 위명(威名)에 가려 그 정치적 업적이 두드러지지 않은 조비는 <대군사 사마의>에서 황제 즉위 후 구품중정제와 둔전제 등의 신정을 추진한다. 사마의와 진군(陳群, 褚栓忠 분)이 주도하는 신정에 반대하는 조진(曹眞, 章賀 분)을 중심으로 한 조씨 일가의 반대를, 첨예한 대립으로 몰아가지 않고 조화를 이루며 신정의 성공을 이끄는 조비의 모습은 뛰어난 정치가의 면모를 드러내기도 한다. 결국 삼국통일의 기치를 내건 것은 조조였지만, 그 경제적·정치적 기반을 다진 것은 조비의 공로로 돌려야 할 것이다.

<옹정왕조(雍正王朝)>(胡玫, 1999, 44집)에서 옹정황제는 근면·청렴하고 우국(憂國)·우민(憂民)하며 의지가 굳고 결단력 있으며 보살 같은 마음으로 벽력같은 수단을 시행하는 대청제국의 주인 형상으로 그려졌다. 이 형상은 이

77_ 曹丕, 『전론(典論)』「논문(論文)」.

전 강희황제의 조서를 위조해 황제 자리를 찬탈하는 음험하고 악독하며 고집 불통인 옹정의 형상과 크게 다르다. 그런데 <견환전(甄嬛傳)>(鄭曉龍, 2011, 76집)의 옹정황제의 모습은 다시 변했다. 옹정은 형제와 공신을 마구 죽인 예전의 형상을 회복하고 마지막에는 후궁에게 까맣게 속아 넘어간[78] '현군'을 가장한 혼군(昏君)으로 그려졌다.

4. <낭야방(瑯琊榜)> 세독: 적폐 청산의 방략

2015년 출시된 <낭야방(瑯琊榜)>[79]은 이전 <견환전> 등의 후궁 드라마가 차지하고 있던 중국 드라마 시장의 판도를 바꿔놓았다. <낭야방>은 역사와 무협을 넘나들며 우리를 위진남북조 시대의 양(梁)[80]으로 보이는 무대로 이끈다. 그 수도도 금릉(金陵)으로 지금의 난징(南京)이고, 드라마 속 양제(梁帝, 蕭選, 丁勇岱 분)도 양 무제 소연(蕭衍)을 원형으로 삼았으며,[81] 극중에서 운위되는 구품중정제(九品中正制)도 위진남북조 시대에 시작된 관리 선발법이다. 그러나 주변국(北渝, 北燕, 北狄, 南楚, 東海, 夜秦)의 설정으로 볼 때, 역사 시기를 꼭 위진남북조로 확정할 필요는 없다. <낭야방>은 하이옌(海宴)의 동명 인터넷소설[82]에 근거해 각색한 대형 역사+무협 드라마다. 이 드라마는 '기린재자(麒麟

78_ 76집에서 옹정은 죽기 전 견환에게 묻는다. "홍염(弘曕)은 과연 짐의 아들인가?" 견환이 대답하기를, "물론입니다. 천하 만민은 모두 황상의 자민(子民)이지요."

79_ <낭야방>은 2015년 9월 山東影視傳媒集團, 山東影視制作有限公司, 北京儒意欣欣影業投資有限公司, 北京和頌天地影視文化有限公司, 北京圣基影業有限公司, 東陽正午陽光影視有限公司가 공동으로 출시한 드라마다. 총 54부, 감독: 쿵성(孔笙)・리쉐(李雪), 원작: 하이옌(海宴), 출연진: 매장쑤(胡歌), 예황(劉濤), 정왕(王凱), 위왕(黃維德), 몽즈(陳龍), 태자(高鑫), 비류(吳磊), 경예(程皓楓), 예진(郭曉然) 등.

80_ 양(梁: 502년~557년)은 남북조 시기 남조의 세 번째 왕조로, 옹주자사(雍州刺史) 소연(蕭衍, 양 무제)이 남제(南齊)를 대신해 제위에 올랐고 건강(建康: 지금의 南京)에 도읍을 정했다. https://baike.baidu.com/item/%E5%8D%97%E6%9C%9D%E6%A2%81/9617814?fr=aladdin (검색일자: 2021.07.25.)

81_ 竹映月江, <南梁出了末"明君", 若沒有他和尙還在吃肉>, 2019.03.07. https://baike.baidu.com/tashuo/browse/content?id=abb5f0b7bd6af1dcd8c7743b&lemmaId=9617814&fromLemmaModule=pcRight (검색일자: 2021.07.25.)

才子)' 매장소(梅長蘇, 胡歌 분)[83]가 절륜한 지략으로 12년 전 '적염군(赤焰軍) 사건'의 진상을 밝혀내고 태자(景宣, 高鑫 분)와 예왕(譽王. 景桓, 黃維德 분)의 황위 계승 경쟁 속에서 아무도 주목하지 않았던 정왕(靖王. 景炎, 王凱 분)을 후계자로 세워 새로운 정부를 수립하는 내용이다. 그 과정은 단순하게 주인공이 악의 무리를 무찌르는 수준이 아니라, 오늘날에도 일어났거나 일어날 법한 적폐(積弊)를 청산하는 과정이다. 그 기본 방략은 장기간 철저하게 준비(深謀遠慮)하고 물샐틈없는 전술과 전략(神機妙算)으로 임하되 예기치 못한 상황에 임기응변(臨機應變)하는 것이다.

1) 사건의 발단

대량(大梁)의 최고 통치자인 황제 소선은 스스로 쿠데타를 통해 황위에 올랐기에 황권을 공고히 하기 위해 온갖 수단을 동원한다. 신하들을 상호 견제시키고 영향력이 큰 신하를 제거한다. 자신과 동문수학하고 자신의 쿠데타를 도와준 임섭(林燮, 鄭胜利 분)도 예외가 아니고 황장자 기왕(祁王, 季晨 분)도 그 견제에서 벗어나지 못한다. 드라마의 근원사건이라 할 적염군(赤焰軍) 몰살은 바로 황제의 이런 의심증을 이용해 현경사(懸鏡司) 수존(首尊) 하강(夏江, 王永泉 분)과 영국후(寧國侯) 사옥(謝玉, 劉奕君 분)이 당시 뭇 신하들과 백성들의 신망이 높은 임섭의 적염군을 역모죄로 몰아 몰살하고 태자 기왕에게도 임섭과의 연관을 물어 사약을 내린 사건이다. 임섭의 아들인 주인공 임수는 매령(梅嶺) 전투에서 구사일생했지만 화한독(火寒毒)[84]에 중독되었고, 이를 치료하기 위

82_ 하이옌(海宴)의 인터넷소설 『낭야방』은 2006~2007년 <起点女生网>에 처음 연재되었고, 2007년 朝華出版社에서 출판되었다.

83_ 극중 본명은 임수(林殊, 린수)이고 몽지(蒙挚, 멍즈) 등 주변 지인들은 소수(小洙, 샤오수)라고 부르고, 예전 부하들은 소수(小帥, 샤오솨이), 즉 작은 사령관이라 부른다. 임수의 아버지 임섭(林燮, 린셰)을 임수(林帥, 린솨이), 즉 임 사령관이라 부르는 것과 짝을 이룬다. 드라마가 시작될 때 임수는 소철(蘇哲, 쑤저)이라는 가명으로 대량(大梁)의 수도 금릉(金陵)에 입경한다. 매장소는 당시 강호의 최대 방파인 강좌맹(江左盟)의 종주(宗主)로 출현한다. 이 글에서는 특별한 경우를 제외하고 매장소로 통칭한다.

해 수명 단축을 감수한다. 그리고 12년의 세월을 들여 철저한 준비를 거쳐 수도 금릉으로 들어온다.

대량의 태자와 5황자 예왕은 6황자가 태자가 된 북연의 사례를 듣고 낭야각(瑯琊閣)[85]을 찾아가, '천하를 얻으려면 기린재자를 얻어야 한다'라는 답안을 듣는다. 그 기린재자가 강좌맹 종주 매장소라는 사실을 인지하고 그를 얻기 위해 노력하는데, 예왕은 삼고초려(三顧草廬)를 불사하지만, 태자는 가능성이 희박해지자 사옥에게 제거를 명한다.

황제는 혼기가 꽉 찬 예황(霓凰, 劉壽 분)의 혼인을 위해 무술대회를 개최한다. 예황은 운남(雲南) 목(穆)왕부의 수장이자 철기병 10만을 거느린 일품 군후(軍候)로 무공과 지략이 뛰어나다. 하지만 황제의 비무초친(比武招親: 사위 선발 무술대회)에는 관심이 없다. 그녀의 마음속에는 어려서부터 함께 해온 정혼자 임수가 자리잡고 있기 때문이다. 모두 매령 전투에서 사망한 것으로 여기지만 그녀는 그럴 리 없다고 여기고 살아가고 있다. 이즈음에 매장소는 소경예(蕭景睿, 程皓楓 분)와 언예진(言豫津, 郭曉然 분)을 따라 금릉에 들어온다.

드라마 벽두의 정세와 관련해 2회 20분 지점의 장면은 상징적이다. 정왕이 서산영 임무 교대를 마치고 돌아와 황제에게 보고하는데 태자와 예왕이 황제의 좌우에 서 있다. 이 둘은 현재 황제를 도와 정사에 참여하므로 정왕을 비롯한 신하들에게는 주군(主君)이나 다름없다. 황제가 보고서를 읽는 동안 태자와 예왕은 정왕에게 시비를 건다. 부황(父皇)을 뵈러 오면서 군복을 입고 왔다는 둥, 정왕의 성질이 되먹지 못하다는 둥 면박을 준다. 황제도 업무는 잘 처리했지만 성질이 좋아지지 않았다고 태자의 역성을 들어준다. 이처럼 현재

84_ 화한독은 중화상을 입은 사람이 매령(梅嶺) 설산 속에 사는 설개충에 물려 생기는 극독이다. 훗날 하동의 부군인 섭봉(聶鋒) 치료 시 확인되지만, 화한독 치료에는 두 가지 방법이 있다. 하나는 수를 누리되 언어 기능을 잃는 것이고, 다른 하나는 언어 기능을 회복하되 수명이 단축되는 것이다. 섭봉은 전자를 택하지만, 임수는 자신의 소명을 위해 후자를 선택한다.

85_ 낭야각은 일종의 민간 정보기관으로, 거대 컴퓨터를 연상시키는 시스템(전서구와 분석관 등)을 갖추고 매년 각 분야의 순위를 발표한다. 드라마 표제인 낭야방은 '낭야각의 순위 차트'쯤으로 이해하면 되겠다.

정세는 황제가 주도하면서 태자와 예왕이 권력을 분점하고 있다. 태자 편에는 영국후 사옥을 필두로 호부상서, 예부상서, 병부상서가 속해 있고, 예왕 편에는 이부상서, 형부상서, 공부상서와 군부의 경국공이 속해 있다. 육부(六府)와 군부가 태자와 예왕의 황위 다툼에 휘말려 있는 셈이다. 드라마가 시작되면서 경국공의 부패 사건을 둘러싸고, 경국공을 지키려는 예왕과 처단하려는 태자의 대결이 벌어지지만 경국공의 부패 사건이 황제의 치국 방침과 연관된 만큼 황제는 경국공을 처벌하게 된다.

2) 적폐 청산 1단계—사옥 타도

매장소의 관점에서 보면 적폐 청산의 1차 과제는 태자와 예왕의 수족을 자르는 동시에 적염군 사건 원흉의 하나인 영국후 사옥을 타도하는 것이다. 그에 앞서 황제가 마련한 예황의 비무초친이 있고 그 과정에서 황장자 기왕의 유복자인 정생(庭生, 張巨明)을 액유정(掖幽庭) 노비 신분에서 구출하고 월귀비(越貴妃, 楊雨婷 분)의 모략에 빠질 뻔한 예황의 정사요(情絲繞) 위기를 임기응변으로 구한다. 이어서 비밀요정 난원의 여성 시신 사건을 통해 태자 편의 호부상서를 잘라내고, 기방 살인사건을 통해 예왕 편의 이부상서와 형부상서를 잘라내며, 다시 예법 논쟁을 통해 태자 편의 예부상서를 처리한다. 아래에서 하나씩 살펴보자.

(1) 비무초친

비무초친 첫날 매장소는 경예·예진과 함께 무술 시합을 보러 갔다가 극중 주요 인물들과 두루 마주친다. 우선 태자 및 예왕을 처음 만나 수인사를 주고받는다. 또한 태후와 월귀비, 리양 장공주(莅陽長公主, 張棬琰 분)와 예황 군주 등이 태황태후(鄭毓芝 분)의 위엄을 빌어 매장소 등을 부른 자리에서 태황태후는 매장소/임수를 알아보는 듯하다.[86] 이어서 예황과 궁중을 거닐다가 정생과 정왕을 만나고 퇴궐하는 길에 금군 통령 몽지(蒙挚, 陳龍 분)를 만난다. 태황태후 외에 임수를 알아본 이는 몽지가 유일하다. 물론 몽지는 이미 임수와 연락을 주고받아 살아있음을 알았기에 가능한 일이었다.

매장소는 황제가 예황의 군권을 아우 목청(穆淸, 孫桀 분)에게 넘기고 결혼시키려는 의도를 파악하고 예황에게 변수가 일어나지 않도록 북연 대표로 강좌맹 소속의 백리기(百里奇, 李龍 분)를 사전에 안배해 놓는다. 그리고 임기응변을 발휘해 백리기를 정생 구출에 활용한다. 정생을 구출하기 위해 매장소는 예황 및 몽지와 합을 맞추어 황제의 허락을 받아낸다. 이 과정은 극 중에서도 금릉 시내의 화젯거리가 되었을 뿐 아니라, 시청자들도 땀을 쥐게 할 만큼 긴장되는 과정이었다. 그러나 매장소의 임기응변과 기지가 최고로 발휘된 사건은 바로 정사요 사건이었다. 정사요는 작고한 태후, 즉 현 황제의 어머니가 딸 리양 장공주에게 마시게 해서 사옥과 결혼할 수밖에 없게 만든 최음제다. 월귀비는 태자의 후계자 구도를 강화하기 위해 태자의 측근인 사마뢰(司馬雷)를 예황의 부군으로 만들기 위해 예황을 자기 궁으로 유혹해 정사요를 마시게 만든다. 예황이 월귀비의 초대를 받아 갔다는 사실을 인지한 매장소는 전날 리양 장공주로부터 들은 정사요 정보에 기초해 사건의 전모를 파악하고, 급히 몽지를 불러 정왕에게 월귀비 처소로 가 예황을 구출하도록 안배한다. 그 짧은 시간에 매장소는 언황후(言皇后, 方曉莉 분)에게 이 사실을 알리고 목청에게 월귀비의 처소(소인궁) 외곽에 사람을 매복시켜 사마뢰를 사로잡도록 한다. 그런 후 자신은 예왕을 찾아가 선후(善後), 즉 뒤처리를 부탁한다. 이 모든 일을, 보통 사람은 생각해내기도 어려운 조치들이지만, 매장소는 짧은 시간에

86_ 이 장면은 중국어를 이해해야만 이해할 수 있다. 태황태후, 즉 현 황제의 할머니는 수많은 증손주 가운데 임수를 특히 예뻐했다. 현재 소철로 행세하고 있는 임수를 태황태후는 샤오수(Xiao Shu)라는 애칭으로 부르는데, 다른 사람들은 샤오쑤(Xiao Su)로 잘못 알아듣고는 태황태후가 노망기가 있어 소철(蘇哲, 쑤저)을 친근하게 부른다고 여긴다. 그러나 그 후의 행동, 즉 임수를 불러 '제일 좋아하는 간식'을 주고 예황을 불러 둘의 손을 겹쳐놓으며 언제 혼례를 치르느냐고 묻는다. 이로 미루어보아, 태황태후는 화한독 치료 후 아무도 알아보지 못하는 임수를 알아본 것이다. 이런 맥락은 중국어 자막에 소슈(小殊)로 표기된 것에서 확인할 수 있다.

금군 통령 몽지를 통해 안배한다. 물론 매장소의 임기응변 외에도, 현장에서의 정왕의 담대함(태자를 인질로 삼음)과 언황후의 기민함(태황태후를 모시고 소인궁으로 감) 덕분에 정왕은 정사요에 취한 예황을 구출할 수 있었다. 그리고 매장소는 예왕을 찾아가 이 모든 것이 예왕의 안배로 마무리된 것으로 처리한다. 이렇게 매장소의 임기응변과 신기묘산으로 예황은 월귀비의 음모에서 벗어나고 태자와 월귀비는 처벌받는다. 이처럼 매장소는 '심상치 않음을 예민하게 살펴 조짐을 꿰뚫어 보고 때맞춰 결단을 내림'으로써 예황 군주를 구출한다. 그리고 이 사건으로 인해 예왕은 매장소의 뛰어난 능력을 실감하고 그를 자신 편으로 끌어들이려는 결심을 굳힌다. 물론 이 결심은 매장소에게 농락당하는 원인이 된다. 하지만 정작 정왕은 모든 사람을 바둑판의 돌처럼 움직이는 매장소의 모략을 혼연하게 생각하지 않는다.

(2) 당파 세력 처리

난원 사건은 연락을 담당한 동로(童路, 魏偉 분)의 여동생이 희생된 기녀 암매장 사건이다. 경예의 초청으로 사옥의 집에 머물던 매장소는 금릉에 새로운 거처를 구하던 와중에 난원을 소개받아 매입하고 경예·예진과 살펴보다가 낡은 우물을 발견했는데, 그 우물에 10여 구의 유골이 버려져 있었다. 알고 보니 난원은 예전에 비밀기방(暗娼園子)이었다. 호부상서 누지경(樓之敬, 尹元章 분)에 따르면, 난원은 공개적으로 기생집에 가지 못하는 관원들이 비밀리에 드나들던 기방이었고, 그곳에서 손님들의 놀이가 지나쳐 죽어 나간 기녀들을 당시 난원 주인 장진(張晉)이 원내 우물에 버린 것이었다. 누지경은 자신의 과실을 덮으려 장진의 집사인 사균(史鈞)의 입을 막으려 했는데 실패했고, 사균은 목숨을 보전하고자 예왕을 찾아가 비밀 장부를 폭로한다. 결국 난원 사건은 형부로 넘어가고 호부상서는 참형을 당하게 된다.

매장소의 다음 대상은 이부상서다. 여기에도 전사가 있다. 기방 양류심(楊柳心)의 쌍둥이 기녀 심양(心楊)과 심류(心柳)의 남동생은 13세 때 문원백(文元伯)

의 아들 구택(邱澤)에게 맞아 죽었다. 사건 당일 궁우(宮雨, 周奇奇 분)는 양류심에서 구택과 하문신(何文新)의 경쟁심리와 질투심을 자극해 싸움을 붙이고 하문신이 구택을 살해하게 만든다. 하문신은 바로 이부상서 하경중(何敬中)의 3대 독자다. 이부상서의 아들을 구하기 위해 예왕은 형부상서 제민(齊敏)을 시켜 사형수 바꿔치기라는 편법을 강행하지만, 발각되어 이부상서와 형부상서 두 사람은 파직되고 만다.

이어지는 사건은 사옥이 연종미제(年終尾祭)[87] 때 태자 생모인 월귀비(월빈으로 강등)의 자리(제사에 직접 참여할지 아니면 바깥에서 꿇어앉을지)를 놓고 예부상서(陳元直)에게 문제를 제기케 함으로써 발생했다. 예왕 또한 매장소의 도움을 받아 월귀비가 황후와 동등한 자격으로 제사에 참여하는 것이 타당한지에 대해 문제를 제기함으로써 결국 조당논례(朝堂論禮), 즉 조정에서 예에 대해 토론하게 되었다. 태자와 예왕은 각각 자기편을 들어줄 학자들을 대거 초빙하지만 당대 최고의 석학인 주현청(周玄淸)이 등장함으로써 예법 토론은 예왕의 승리로 마무리된다. 주현청은 은둔한 대학자로 아무도 그를 움직일 수 없었지만, 임수는 주현청이 자신의 스승 여숭(黎崇)에게 옥선(玉蟬)을 신물(信物)로 맡긴 사실을 알기에 목청에게 옥선을 들려 보내 주현청을 모셔온 것이다.

그런데 이 사건은 뜻밖의 인물을 소환한다. 바로 황제와 동문수학한 언궐(言闕, 王勁松 분)이다. 현 황후의 친오빠이기도 한 언궐은 임섭과 함께 어려서부터 황제 소선의 글동무 노릇을 했고 이후 소선의 황제 등극에 혁혁한 공을 세웠지만 임섭이 역모죄를 뒤집어쓰고 죽은 이후 현실 정치에 대한 관심을 끊고 살아가고 있다. 언궐에게는 남모르는 심사(心事)가 있었으니, 바로 임섭의 동생 임악요(林樂瑤)에 대한 사랑이었다. 그녀를 사랑했지만 황제가 된 소선이 신비(宸妃)로 입궁시키는 통에 자신의 마음을 제대로 표현하지도 못한

87_ 황궁에서 치르는 일종의 종무식. 음력 2월 2일에 두제(頭祭 또는 頭牙)를 지내고 음력 12월 26일 미제(또는 尾牙)를 지낸다. https://tieba.baidu.com/p/4125727695?red_tag=3575487301 (검색일자: 2022.01.24.)

채 황제에게 빼앗겨버린 것이다. 그러나 언궐은 사적인 감정에 휘둘리는 사람은 아니다. 동문수학한 소선이 등극 후 하강과 사옥의 감언에 속아 황장자 기왕과 임섭을 역모죄로 죽이고 현 태자와 예왕이 후계 다툼에 여념이 없어 국사와 민정을 제대로 돌보지 않는 것에 환멸을 느끼다가 마지막으로 자신과 아들의 목숨 및 멸문을 각오하고 연종미제 때 황제를 폭사시키려 했지만, 다행히 매장소가 언황후의 병환과 화약 밀반입[88] 그리고 예진이 가져온 감귤의 화약 냄새 등의 몇 가지 징조를 보고 그 계획을 사전에 차단하게 된다. 이를 계기로 매장소는 언궐과 만나 동맹의 기반을 다진다.

(3) 소경예 25세 생일: 사옥 타도

사옥은 금위군 통령 몽지의 직위를 흔들기 위해 황제가 연말 연회에서 고위 관료에게 하사한 음식을 전달한 내관과 호위 금군을 살해한다. 이때 탁정풍(卓鼎風, 劉昊明 분)이 사용한 초식이 비조투림(飛鳥投林)이다. '나는 새가 숲에 투신하다'쯤으로 번역할 수 있는데, 드라마 장면을 보면 일종의 어검술(馭劍術)[89]이다. 황제는 공식적으로 몽지에게 해결하라 명하지만, 현경사의 하춘(夏春, 劉冠霖 분)과 하동(夏冬, 張齡心 분)을 별도로 불러 수사를 명한다. 하동 등은 탁정풍이 이 초식을 사용할 줄 아는 것을 증명하기 위해 갖은 애를 쓰지만 탁정풍은 결코 사용하지 않는다. 이 모든 것을 헤아린 매장소는 강좌맹의 고수 견평(甄平, 趙一龍 분)을 시켜 사옥과 탁정풍이 불러들인 강호 고수들을 하나하나 처리함으로써 몽지를 낙마시키고 자신이 금군 통령이 되려는 사옥의 음모를 분쇄한다.

88_ 밀반입된 화약 대부분은 호부상서가 태자의 명을 받아 사적으로 폭죽을 제조하는 데 사용되었다. 이를 알아챈 예왕은 진반약의 계략을 받아들여 사설 폭죽공장을 폭파하면서 수많은 인명 사고로 발전하고 태자에게 치명상을 준다. 그러나 폭파 공작 사실이 드러나 훗날 예왕에게 부메랑으로 돌아온다.

89_ 무협에서 어검(馭劍)은 검술의 최고 경지이다. 어검은 다시 수어검(手馭劍)–목어검(目馭劍)–심어검(心馭劍)의 단계로 나뉜다.

이 지점에서 사옥과 탁정풍의 관계에 대한 설명이 필요하다. 이야기는 소경예의 출생으로 거슬러 올라간다. 이야기는 예진의 표층 서사와 궁우의 심층 서사로 나뉜다. 먼저 예진의 말에 따르면, 사옥의 부인 리양 공주와 탁정풍의 부인은 우연히 같은 절에서 해산하게 되었는데, 그때 거의 동시에 태어난 두 아이를 유모가 목욕을 시키다 미끄러트려 누구의 아이인지 확인할 수 없게 된 상황에서 하나가 사고를 당한다. 나중에 알고 보니 이는 사옥의 사주를 받은 궁우 아버지의 소행이었다. 이 소식을 들은 황제가 하나 남은 아이에게 황제의 성을 하사해서 두 집의 아이가 되게 한다. 그 아이가 바로 소경예다. 이후 두 집안은 긴밀한 관계를 맺는데, 사옥은 탁정풍의 천천산장의 강호세력을 활용해 자신의 정적을 제거한다.

아무튼 사옥은 적염군 역모 사건을 조작한 원흉의 하나이고 현재 태자의 편에 서서 후계자 다툼에서 온갖 음모를 꾸미는 흉수로, 매장소의 적폐 청산 1호 대상이다. 매장소는 사옥을 타도하기 위해 신중에 신중을 기한다. 일단 사람이 많이 모이는 경예의 생일을 거사일로 잡고 사전 준비작업을 진행한다. 우선 낭야각주 인신(藺晨, 靳東 분)을 시켜 남초에서 대량으로 혼인 사절단을 보내게 한다. 경예의 친부인 우문림(宇文霖)의 딸이자 경예의 이복 여동생인 우문념(宇文念)은 경예 생일에 경예가 사옥의 아들이 아님을 폭로한다. 거사 이전에 궁우를 시켜 사옥을 습격하다가 실패하고 상처를 입은 채 진반약(秦般弱, 王鷗 분)의 구원을 받음으로써 자연스레 궁우의 아버지와 사옥의 관계를 진반약을 통해 예왕의 귀에 들어가게 하고, 사건 당일 사옥과 탁정풍의 연대를 파괴한다. 그 외에도 비류(飛流, 吳磊 분)를 시켜 사옥 저택의 무기고에서 활끈을 끊고 예왕의 사병을 준비시키는 등 만반의 준비를 한다. 사옥 또한 만만치 않다. 궁우의 폭로로 탁정풍과 사이가 틀어지게 되었음에도 침착하게 자신이 관할하는 순방영의 군사까지 동원해 예왕 사병의 진입을 막고 매장소 등을 진압하려 한다.

그러나 상황은 의외로 쉽게 정리된다. 양쪽이 팽팽하게 맞서있을 때, 오히려 사옥 쪽이 우세를 점했을 때 리양 장공주가 자신의 목숨을 담보로 사옥을 위협해 포기하게 만든다. 사옥의 순순한 포기는 그동안 사옥의 성격과 부합하지 않아 시청자를 당황스럽게 만들긴 하지만, 아무튼 이렇게 사옥 타도는 성공적으로 마무리된다. 하지만 매장소는 사옥을 끌어 내리는 것에 그치지 않고 사옥과 하강의 연대를 깨고 훗날 적염군 사건을 뒤집기 위한 복선을 만든다.

3) 적폐 청산 2단계—하강 타도

(1) 위쟁 구출: 하강의 이간책과 매장소의 장계취계

하강은 사옥이 투옥된 후 등장한다. 장기간 폐관 수련 후 복귀하자마자 하동이 당쟁에 연루되었음을 질책하고 황제의 윤허를 받아 사옥을 면회해 자신과 사옥의 연대에 함구할 것을 요구한다. 하강은 정보부 수장답게 주도면밀하다. 적염군 사건 이후 10년이 넘었음에도, 어려서부터 기왕을 따르던 정왕을 예의주시하고 적염군 잔당 색출에도 소홀함이 없다. 특히 후자와 관련해, 적염군 주요 장수들이 팔찌를 끼고 있는데 그중 2인의 팔찌를 찾지 못했기에 계속 주목하고 있었다.

그러던 차에 이재민 구제(賑災)와 관련된 뇌물 사건으로 황제의 총애를 잃은 예왕은 진반약의 소개로 하강과 연대하게 된다. 하강은 연대의 선물로 두 가지를 내놓는다. 하나는 매장소/임수의 부장 위쟁(衛峥, 李帥 분)을 사로잡는 것이고 또 하나는 정왕과 매장소를 이간하는 일이다. 하강에게는 공식 기구인 현경사와 비선 조직인 홍수초(紅袖招)가 있다. 전자는 정보기관으로, 기왕이 황제에게 폐지를 건의했었다. 그걸 알아차린 하강은 기왕이 즉위하면 현경사 폐지를 추진할 것으로 예측하고 기왕을 제거하기로 맘먹는다. 홍수초는 진반약이 관장하는 활족(滑族) 조직으로, 진반약의 스승인 선기(璇璣) 공주가 조직하고 진반약이 물려받았다. 황제 소선은 자신의 야망을 이루기 위해 활족과 연합한 후 활족을 독립시켜주겠다는 언약을 지키지 않았다. 그 과정에서 활족의 영롱(玲瓏) 공주와 관계를 맺는데, 상빈(祥嬪)으로 출현하는 예왕의 생모가 바로 그녀다. 이 사실을 알게 된 예왕은 반란을 도모한다. 선기 공주는 액유정에서 지내면서도 활족 여성들을 조직하고 하강 부부의 호감을 사 액유정을 나와 하강을 유혹해 내연 관계를 맺게 된다. 이로 인해 하강은 조강지처 및 아들과 헤어진다.

하강은 위쟁이 약왕곡 소천추(素天樞)의 양자 소현(素玄)으로 신분을 바꾸었음을 알아내고 제자 하추(夏秋)를 매복시켜 사로잡게 한다. 아울러 정비의 시녀 샤오신(小新)을 시켜 정왕과 매장소를 이간질한다. 공교롭게도 매장소는 병이 도져 제대로 대응하지 못한다. 두 가지 공작은 성공을 거두었고 정왕은 매장소를 불신하면서 스스로 위쟁을 구하기로 맘먹는다. 하지만 뚜렷한 방법은 없고 무모하게 현경사로 쳐들어가 하강이 쳐놓은 그물에 뛰어들 생각이다. 결국 매장소는 정왕을 설득하고 마침 위쟁을 구하러 온 약왕곡 사람들의 도움을 받아 대리시(大理寺)에 갇힌 위쟁을 구출해내면서, 장계취계(將計就計)하여 하강과 예왕을 곤경에 빠트린다.

하강과 예왕의 계략은 주요하게 정왕의 심성(心性)에 초점을 맞추었다. 위쟁을 사로잡아 현경사에 가두면 그 소식을 들은 정왕이 위쟁을 구하려고 어떤 행동을 취할 것이고 하강과 예왕은 그 행동을 약점으로 잡아 정왕을 함정에 빠트리는 이른바 '마음을 공격(攻心)'하는 심리전이다. 그리고 그런 계략을 성공시키기 위해 정왕에게서 매장소를 떼어놓아야 했고, 일단 정비(靜妃, 劉敏濤 분)까지 연루시킨 이간책은 성공을 거두었다. 정왕은 매장소와 연결된 비밀통로를 차단하게 되고, 위쟁 구출에 반대했던 매장소는 부득불 정왕의 신뢰를 회복하기 위해 위쟁 구출 작전을 세운다. 이렇게 매장소와 하강의 첫 번째 대결이 성사된다.

하강의 계획은 다음과 같다. 위쟁을 사로잡아 현경사 뇌옥에 가두어 정왕이 구출하러 오게 하는 미끼로 삼고, 정왕의 구출이 임박해서 위쟁을 대리시 감옥으로 빼돌리고 현경사 감옥에 온 정왕 일행을 폭사시키는 것이었다. 매장소는 하강이 위쟁을 사로잡은 의도를 파악했기에 그에 맞춰 신기묘산의 계획을 짜서 위쟁을 구하고 하강에게 타격을 입힌다. 그러나 하강은 만만치 않다. 위쟁을 빼앗긴 후 바로 황제에게 달려가 고변(告變)해 정왕을 소환케 한다. 아울러 예왕은 정비의 시녀 소신을 통해 알아낸 정보—정비가 신비의 위패를 모시고 제사를 지내는 것—를 언황후에게 알려주어, 한쪽에서는 황제 앞에서 정왕이 위쟁 구출에 연루되었다고 몰아치고, 다른 한쪽에서는 황후가 정비의 처소를 수색해 신비의 위패를 찾아내게 한다. 두 가지 일은 누가 봐도 상승효과를 기대할 수 있는 완벽한 계략이었지만 예왕과 하강이 모르는 한 가지가 있었다. 그것은 바로 신비의 위패 준비는 황제가 정비에게 지시했다는 사실이다. 결국 예왕이 기대했던 상승효과는 오히려 정왕에게 유리하게 상승작용을 일으켰고 정왕은 일단 혐의를 벗는다. 이후 하강은 황제의 윤허를 얻어 매장소를 현경사로 압송해 심문한다. 이 과정에서 하강은 매장소가 기왕(祁王)과 깊은 연관이 있음을 확신하지만, 매장소의 사전 안배—하동이 위쟁을 압송하는 장면을 기왕(紀王)이 목격하게 하는 등—로 황제는 하강을 불신하게 되고 급기야 현경사를 봉쇄하고 하강을 체포하라는 명령을 내린다. 황제가 격노한 원인은 역대로 황제에게만 충성해온 현경사가 예왕과 작당해 당쟁에 뛰어들었기 때문이다. 게다가 이전 사설 화약 공방 폭파사건도 예왕의 교사였음이 밝혀지자 황제는 하강뿐만 아니라 예왕까지 내치게 된다. 이로써 매장소는 하강과의 1차 대결에서 완승한다.

(2) 예왕의 역모와 하강의 최후 반격

하강이 투옥되고 화약방 폭파사건으로 이주(二珠) 친왕으로 강등된 예왕은 실의에 잠겨 술로 세월을 보낸다. 그를 일으켜 세우는 것은 하강과 진반약이다. 특히 진반약에게는 스승 선기공주가 남겨 준 금낭(錦囊)이 있었는데, 이를 하강과 함께 열어보니, 다름 아닌 예왕의 생모인 상빈, 즉 영롱공주가 예왕에게 남긴 편지였다. 자신이 활족임을 인지한 예왕은 3월 구안산(九安山) 봄사냥

(春獵) 때 황제와 정왕이 궁궐을 비운 사이, 황후의 조령(詔令)으로 금군을 장악하고 인근의 경력군(慶歷軍) 5만을 임의로 동원해 황제와 정왕을 공격하는 모반을 일으킨다. 그러나 이 또한 매장소와 정왕의 적절한 대응—행궁을 사수하고 기성군(紀城軍)을 동원—을 통해 수습되었고, 사로잡힌 예왕은 결국 스스로 목숨을 끊고 만다.

예왕이 수도를 장악한 틈을 타 감옥에서 풀려난 하강은 다시 월빈을 통해 황제에 선을 넣는다. 그 내용은 다름 아닌 매장소의 정체가 임수라는 사실을 폭로한 것이기에 황제는 그 말을 반신반의하면서 진위를 검증하고, 마지막에는 매장소와 하강을 대질심문한다. 그 자리에서 매장소는 심리전을 통해 의연하게 위기를 벗어나고 격분한 하강은 매장소를 공격하다가 근위대에 제압당한다. 하강은 끌려가면서도 "잘못 죽일지언정, 실수로 놓쳐서는 안 된다(寧可錯殺, 不可錯放)"라고 하면서 마지막까지 황제의 마음을 공격한다. 의심 많은 황제는 매장소에게 독주를 내리지만, 정왕이 저지하면서 뜻을 이루지 못한다.

4) 적폐 청산 3단계—적염군 사건의 명예 회복

적염군 사건을 바로잡는 일은 매장소/임수 개인의 소망인 동시에 적폐 청산을 마무리하는 과제이기도 하다. 적염군 사건은 하강과 사옥이 공모했고 황제가 최종 판결을 내렸다. 먼저 하강은 서생 이중심을 시켜 하동이 소지한 섭봉의 편지를 모방해 구원을 요청하는 편지를 위조한다. "사령관 임섭이 역모를 꾀하는 것을 내가 발견했다. 비밀 누설을 막기 위해 나를 사지에 몰아넣었다. 구원 바란다!"라는 섭봉 명의의 위조 편지였다. 사옥은 섭봉을 구한다는 명목으로 천릿길을 달려가 막 북위의 주력군과 사투를 벌인 적염군을 습격해 섬멸하고는, 이중심이 위조한 섭봉의 편지를 적염군 역모를 고발한 증거로 삼아 섭봉이 임섭에게 죽임을 당했다고 황제에게 아뢴다. 그리고 임섭이 황장자 기왕을 황제 자리에 올리려 했다고 날조해 기왕에게 사약을 내리게 하여 자신들의 세력을 공고히 한다. 기왕은 현경사 폐지를 주장했었고 황제는 친아들 기왕의 위세가 커지는 것을 마뜩잖게 생각하던 중, 이를 눈치챈 하강이 사옥과 공모해 기왕과 임섭의 역모죄를 조작한 것이다. 위조 편지를 쓴 이중심을, 하강은 하동이 알지 못하도록, 사옥에게 처리를 암시하고 사옥은 탁정풍을 시켜 이중심을 죽인다. 이로써 둘 사이에는 철의 연대가 구축되었다. 이런 사실을 매장소는 감옥에 있는 사옥을 만나 이해득실을 설명해 실토하게 만든다. 그리고 사옥이 유배형을 떠날 때 매장소의 의견을 받아들여 자신의 죄과를 세밀하게 적어 부인 리양 장공주에 맡겨 하강의 위협에 대비한다.

적염군 사건 명예 회복의 어려움은 하강과 사옥의 음모를 밝히는 것에 그치지 않고, 황제가 내린 최종 판결을 뒤집어야 한다는 점에 있다. 그러므로 진정한 명예 회복은 황제 스스로 잘못을 인정하고 사건 진상을 재조사하라는 칙령을 내리게 만들어야 하는데, 이는 황제 전제 국가에서는 거의 불가능한 일이다. 결국 매장소와 정왕은 황제의 생일잔치에서 장공주의 고발과 군신들의 재청(再請)을 등에 업고 황제를 압박하여 적염군 사건 재조사의 성과를 만들어낸다. 이는 정왕이 황제로 등극해 적염군 사건을 재조사하는 것과는 천양지차가 있다.

5) 몇 가지 교훈

우리는 <낭야방> 감상을 통해 적폐 청산의 몇 가지 방략을 배울 수 있다. 적폐를 청산하기 위해서는 적폐를 옹호하는 세력을 발본색원해야 한다. 그 이전에 우리는 한 가지 편견을 극복할 필요가 있다. 흔히 민중의 끈질긴 혁명적 정서를 풀과 불에 비유하지만, 지배계급의 생명력은 민중의 그것을 능가한다는 점이다. 전자를 대표하는 표현으로 '민초(民草)'와 '요원의 불(燎原之火)'이 있다. 『논어』 「안연(顔淵)」편에 "초상지풍필언(草上之風必偃)"이라는 문구가 나온다. "풀 위에 바람이 불면 풀은 반드시 눕는다"라는 의미다. 그러나 이 구절에는 "수지풍중초부립(誰知風中草復立)"이라는 대구가 있다. "바람 속에서도 풀이 다시 일어서는 걸 누가 알리요?" 신영복은 김수영이 위의 대구에 착상해 「풀」에서 풀이 바람보다 먼저 눕지만 바람보다 먼저 일어난다고 노래했다(신영복, 2015: 33)고 해설했다. 여기에서 바람은 지배계급이고 풀은 백성이다. 지배계급의 억압이 강력하더라도 민중은 그에 굴하지 않고 장기지속적으로 그에 저항하며 자신의 생명력을 지속한다. 하지만 우리가 간과하지 말아야 할 것은, 개혁의 칼바람이 휘몰아칠 때 적폐 세력도 백성의 지혜를 배워 고개를 수그리지만, 그 바람이 잠잠해지면 다시 고개를 든다는 점이다.

마오쩌둥은 「한점의 불꽃이 들판을 태울 수 있다」(1930.1.5)에서 현재 혁명 세력에게 미미한 역량밖에 없을지라도 급속하게 발전할 것(毛澤東, 1971: 96)이라는 낙관적 의미로 '요원의 불'을 사용했다. 마오쩌둥의 표제는 『상서(尙書)』「반경(盤庚)」의 "약화지요어원, 불가향일, 기유가복멸(若火之燎于原, 不可向邇, 其猶可撲滅)"(屈萬里, 1980: 74)이라는 문구의 의미를 전복한 것이다. 「반경」은 상(商)나라 왕 반경이 엄(奄, 훗날 魯)에서 은(殷, 지금 河南 安陽의 殷墟)으로 천도하는 과정에서 일어난 일을 훗날 기록한 글이다(屈萬里: 70). "요원의 불길은 접근할 수 없지만 그래도 끌 수 있다"라는 의미는 지배계급의 입장에서 백성들의 불만을 잠재울 수 있다는 맥락이다. 마오쩌둥은 이 의미를 전복해 미미한 역량의 혁명 세력이 발전할 것이라고 선전했지만, 많은 적폐 세력은 '요원의 불길'을 당장 해결할 수는 없지만 결국 박멸(撲滅)할 수 있을 거라는 굳은 신념을 가지고 버텨내어 역사의 주인 노릇을 톡톡히 하고 있음을 우리는 잘 알고 있다. 그들은 자신의 부와 명성을 지키기 위해 백성처럼 경거망동하지 않고 은인자중하며 때를 기다린다. 역사는 백성의 기다림보다 이들의 기다림이 훨씬 더 효과적이었음을 입증하고 있다. 중국의 3천 년 역사에서 '민초'의 '요원의 불'은 왕조를 타도하는 데에는 성공했지만, 새로운 민초의 나라를 세우는 데는 실패했다. 대부분 전 왕조 지배계급의 비주류에 속하는 집단이 새로운 왕조 건립의 주축이 되곤 했다. 한국의 경우 지배계급은 중국에, 일본에 그리고 미국에 기대어 자신의 기득권을 효율적으로 수호하고 확대해왔음을 지난 역사가 여실히 보여주고 있다.

루쉰은 신해혁명 이후 개혁 세력에게 용서받은 적폐 세력의 속성을 '물에 빠진 개(落水狗)'로 비유했다. "중국에서 가장 흔한 것은 오히려 왕도(枉道: 왜곡하는 도)여서 물에 빠진 개를 때리지 않아 도리어 개에게 물리고 만다"(루쉰, 2010a: 398). 그는 「『무덤』 뒤에 쓰다」에서, 「'페어플레이'는 아직 이르다」가 "비록 내 피로써 쓴 것은 아니지만 내 동년배와 나보다 나이 어린 청년들의 피를 보고 쓴 것"(루쉰: 412)이라 하여 이 글이 신해혁명 이후 개혁 세력이 적폐 세력에게 죽임을 당하는 것을 목도하고 쓴, "여러 가지 고통과 바꾼 참말"(417)임을 고백했다. "우리는 물에 빠진 개를 때리지 않고 그놈들이 자유롭게 기어 올라오도록 내버려 두어야 한다고 말했다. 그리하여 그놈들은 기어 올라왔고, 민국 2년 하반기까지 엎드려 있다가 2차혁명이 일어났을 때 갑자기 나타나서 위안스카이를 돕고 수많은 혁명가들을 물어 죽였다"(397). 이는 개혁 세력이 개의 속성을 모르기 때문에 벌어진 일이다. 일단 루쉰은 개가 '도의(道義)' 같은 것을 전혀 모르고 그런 성격이 변하지 않기 때문에 "사람을 무는 개라면" "다 때릴 수 있는 예에 속한다"(395)라고 했다. 루쉰의 결론은 이러하다. "개혁자에 대한 반反개혁자의 해독害毒은 지금까지 결코 느슨해진 적이 없었으며, 수단의 지독함도 이미 더 보탤 것이 없는 수준에 이르렀다고 나는 감히 단언한다. 다만 개혁자만이 여전히 꿈속에 있으면서 늘 손해를 보고 있으며, 그리하여 중국에는 도무지 개혁이라는 것이 없었으니 앞으로는 반드시 태도와 방법을 고쳐야 한다"(404). 충서(忠恕)의 도를 추구하는 사람은 인간의 탈을 쓴 '물에 빠진 개'를 보면 불인지심(不忍之心)을 발휘하여 너그럽게 용서하곤 한다. 대중이 애호하는 무협소설에서도 주인공은 대개 협의지사(俠義之士)로 출현해 상대방의 비열한 행위를 끝없이 용서한다. 다행히 무협소설에서 주인공은 마지막까지 살아남아 대단원을 장식하지만, 현실에서는 늘 손해를 본다. 그리고 그 손해는 목숨을 잃는 지경에 이른다. 루쉰은 바로 그런 해독(害毒)을 방지하기 위해 '물에 빠진 개'인 적폐 세력을 두들겨 패야 한다고 설파했다.

<낭야방>에서 적폐 청산의 기본 방략은 장기간 철저하게 준비(深謀遠慮)하고 물샐틈없는 전술과 전략(神機妙算)으로 임하되 예기치 못한 상황에 임기응변(臨機應變)하는 것이다. 그 외에 우리가 되새길 만한 교훈을 요약하면 아래와 같다.

"하려고만 하면 방법은 있기 마련(只要想做, 辦法總是有的)." 이 말은 매장소가 정왕을 처음 만나는 자리에서 정생 구출 문제를 거론하며 한 말이다. 액유정에 간힌 아이를 꺼낼 수 없음을 익히 아는 정왕과 예황이 '지켜보겠다'라며 반신반의하지만, 매장소는 예황의 '비무초친' 대회에서 만일을 위해 배치해둔 백리기를 격파하는 장면을 연출함으로써 액유정의 세 아이를 구출해낸다. 물론 그 가운데 하나가 정생임은 두말할 나위 없다. 이는 의지와 방법을 가리킨다. 목표를 세우고 그것을 관철하기 위한 적절한 방법을 마련하는 것이다. 매장소는 적염군 역모 사건의 진상을 바로잡고 가문의 누명을 설욕하는 목표를 달성하기 위해 "하려고만 하면 방법은 있기 마련"이라는 낙관적 희망을 품고 12년에 걸친 심모원려의 준비와 신기묘산의 계책 그리고 예상치 못한 상황에 임기응변으로 임해 우여곡절 끝에 목표를 달성한다.

심리전에 능하고 정보에 밝다. 이를테면 황제가 정왕을 경국공 사건의 주심으로 임명할 때, 황제에게 다른 인선이 없었고 정왕을 그다지 아끼지 않기에 비난받을 수 있는 사건의 주심으로 임명하는 것을 알지만, 이를 계기로 정왕이 정무에 첫발을 내딛게 한다. 정왕이 경국공 사건의 주심을 맡으면, 인심을 얻을 수 있고 위엄과 명망을 세울 수 있으며 재주와 능력을 드러낼 수 있다고 판단했기 때문이다. 특히 정왕을 도와 국가를 이끌어갈 인재(이른바 純臣 또는 良臣)를 물색해 정왕에게 제공한다. 순신과 양신들은 자연스레 세를 구축해 정왕의 편에 서게 된다.

자신을 아는 밝음(自知之明). 한문에 약간의 조예만 있으면 알게 되는 용법 가운데 '자(自)'의 용법이 있다. 자는 '스스로'라는 부사의 의미(예: 自然)와 함께

'도치된 빈어(賓語)'의 역할을 한다. 우리에게 익숙한 대부분의 용법이 이와 관련이 있다. 자신에게서 비롯한다는 자유(自由),[90] 자신을 돕는다는 자조(自助), 자신을 주인으로 삼는 자주(自主), 자신을 세운다는 자립(自立) 등도 같은 용법이다. 드라마 속의 수많은 인물 가운데 자신을 아는 밝음을 가진 자는 몇 되지 않는다. 대부분 자신의 능력을 헤아리지 못하고(不自量力) 능력 밖의 일을 도모하다가 파멸을 맞는다. '너 자신을 알라'라는 경구는 동서고금을 막론하고 통용되는 진리임을 알 수 있다.

갑자기 위급을 고하는 파발마가 외적의 침입을 알리고, 이를 격퇴하는 마지막 회는 에피소드에 해당한다. 결국 매장소는 임수로 돌아가 임무를 완수하고 짧은 생애를 마감한다. 황제 자리에 오른 정왕은 임수를 기려 그가 지휘했던 부대에 '장림군(長林軍)'이라는 휘호를 내린다. 이는 <낭야방2: 풍기장림(風起長林)>에서 정생이 '장림왕'으로 나오면서 새로운 이야기를 풀어나가는 단초를 제공한다.

드라마에 몰입한 시청자라면 눈물 없이 볼 수 없는 명장면들이 있다. 예황이 임수를 확인하는 장면, 임수가 섭봉을 인지하는 장면, 매장소와 정비가 처음 대면하는 장면 등이 대표적이다. 그리고 정사 장면은 말할 것도 없고 그 흔한 키스 장면 하나 없이 남녀 간의 애절한 사랑을 진솔하게 표현한 것은 그런 장면을 당연한 양념으로 여기는 현대 시청자에게 신선한 충격을 주었다.

90_ 자유(自由)는 '인재강호, 신불유기(人在江湖, 身不由己)'의 '유기(由己)', 즉 '자신으로부터 비롯한다'라는 의미와 같다.

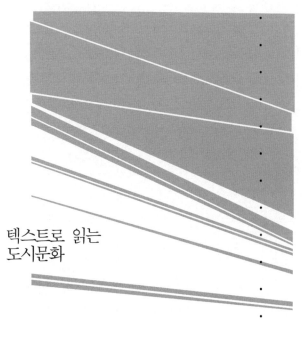

2부

텍스트로 읽는
도시문화

7장
상하이의 정체성과 노스탤지어

1. 상하이 문화연구

나는 지금까지 상하이 연구와 관련된 책 여섯 권의 출간을 주관했다. 상하이 대학 당대중국문화연구센터(이하 센터)[91]의 왕샤오밍과 공동으로 편집한 『21세기 중국의 문화지도—포스트사회주의 중국의 문화연구』(2009)를 필두로, 『상하이영화와 상하이인의 정체성』(2010)과 『20세기 상하이영화: 역사와 해제』(2010), 『상하이학파 문화연구: 비판과 개입』(2014)과 『가까이 살피고 멀리 바라보기: 왕샤오밍 문화연구』(2014), 그리고 『韓國漢學中的上海文學硏究』(2021)가 그 목록이다.

첫 번째 책은 '문화연구'의 필요성을 인식하고 2000년부터 진융의 무협 소설, 홍콩인의 정체성 등의 연구를 진행하던 상황에서 비슷한 경로를 통해 '문화연구로 전환'한 왕샤오밍 교수를 만나가는 과정에서, 2005년 여름 중국의 문화연구 성과를 한국에 소개하자는 나의 제안으로 기획한 책이다. 당시 화둥사범대학 중문학부의 인적 네트워크와 상하이대학의 제도적 지원이라는 인프라를 확보한 왕샤오밍은 센터를 설립하고 활발하게 활동하는 중이었다. 왕샤오밍이 9편을 추천했고, 내가 다이진화와 왕샤오밍의 글 각 1편을 보완하

91_ 상하이대학 당대중국문화연구센터(Center for Contemporary Cultural Studies)에 대해서는 임춘성(2017: 133~38) 참조.

고 중국 문화연구에 대한 개괄적인 글 1편을 더해 출간했다. 두 번째와 세 번째 책은 한국연구재단의 지원을 받은 '상하이 영화와 상하이인의 정체성' 프로젝트의 결과물로, 전자는 연구 결과를 모은 논문집이고 후자는 상하이 영화 288편의 데이터베이스 기록에 해당한다. 네 번째 책은 2011~12년 한국연구재단의 지원을 받아 상하이대학에 방문학자로 머물면서 상하이의 문화연구 학자들과 직접 교류하던 중, 때마침 편집위원회에 합류하게 된 『문화/과학』을 통해 소개한 상하이 문화연구 관련 글들을 모은 것이다. 그리고 다섯 번째 책은 왕샤오밍의 한국 제자들이 꾸준히 번역한 왕샤오밍의 글 가운데 중요한 것들을 추려 모은 것이다. 마지막 책은 상하이사회과학원 문학연구소의 왕광둥(王光東) 교수의 요청에 부응해 한국의 상하이문학 연구 성과를, '문학으로 읽는 상하이', 즉 '문학 상하이'에 초점을 모아 엮었다.

특히 네 번째 책을 단독으로 엮으면서 '상하이학파(Shanghai school)'라는 명명을 시도했다. 왕샤오밍이 주축인 '상하이학파'는 '비판적 분석과 촉진적 개입의 절합'과 '중국 혁명전통과 문화연구의 접합'을 특징으로 삼고 있다. 당시 「서문」에서 아래와 같이 서술했다.

이들이 다른 학파와 변별되는 가장 중요한 특징으로 '중국 혁명전통과 문화연구의 접합'을 들 수 있다. 대부분 이론은 그 이론이 나온 시대와 지역의 경험에 근거하고 있다. 이른바 '여기 지금'(here and now)에 기초한 것이다. …이를 위해 사회주의 혁명 이전의 비판적 혁명사상을 발굴해 그것을 사상자원으로 삼아 오늘과 미래를 가늠하는 시금석을 벼리고자 한다. 1천 쪽이 넘는 『중국 현대사상 문선』은 그 최초의 성과물이다.

(…중략…)

'비판적 분석과 촉진적 개입의 절합'을 특징으로 삼는 '상하이학파'(Shanghai school)는 센터와 문화연구학부라는 진지를 구축해 4세대를 아우른 집단연구를 지향하고 있고, '비판적 현지 조사'라는 독특한 연구방법을 실험하고 있다. '비판적 현지 조사는 기존의 사회과학에서 실시하는 정량적 현지 조사에서 한 걸음 나아가 질적 연구를 지향하는 것으로, 인류학의 '민족지'(ethnography) 연구방법과 겹친다(임춘성, 2014a: 8〜9).

센터를 진지로 삼아 4세대로 구성되었던 상하이학파는 교학과 연구 그리고 국내외 교류와 출판에 걸쳐 활발하게 활동하다가 현재 발전적 해체 과정을 겪고 있는 것으로 보인다. 돌이켜보면, 아마도 네 번째 책에 실린 글들은 상하이 문화연구 그룹의 화양연화(花樣年華) 시절의 결과물이 될 가능성이 크다.

2. 중서 교류와 모던 상하이의 부침

1840년 아편전쟁이 일어나고 1842년 난징(南京)조약이 체결된 다음 해 상하이는 개항을 맞이하면서 중국의 새로운 중심으로 부상했다. 역사를 되돌려보면, 명나라 정화(鄭和)의 대항해가 바로 이곳에서 시작했고, 1685년 청 강희제가 개방했던 4곳의 항구 가운데 하나인 강해관(江海關)이 상하이 인근인 쑹장(松江)에 자리하고 있었다. 1843년 개항 이전부터 상하이는 인근 도시의 기능을 흡수하고 있었다. 상하이는 개항 이전부터 난징(南京), 양저우(揚州), 닝보(寧波), 항저우(杭州), 쑤저우(蘇州) 등 인근 도시들의 기능을 서서히 통합92)하면서 1930년대에 국제적인 도시 '대(大)상하이'가 되었고 1950년대 이후 중화인민공

92_ 상하이는 난징조약 이전부터 번성하기 시작했다. 아편전쟁이 일어나기 8년 전인 1832년 6월 21일 영국 상선 애머스트(Amherst)호가 청나라의 금령을 깨고 상하이에 들어와 18일간 머문 적이 있었다. 그 배의 선장이던 린제이는 중국 해안 경비태세를 자세히 정찰했고 훗날 영국 정부에 중국 침략을 진언하기도 했다. 그가 동인도회사에 제출했던 보고서에 따르면, 애머스트 호가 입항하고 일주일 동안 상하이에 들어온 상선이 400척을 넘었는데, 배의 크기가 100톤에서 400톤까지였고 선적도 톈진(天津), 푸젠(福建), 광둥(廣東)뿐만 아니라 타이완(臺灣), 류추(琉球), 안남(安南), 타이 등 다양했다. 개항 이전부터 상하이는 동남아시아와 교역이 이루어졌던 곳이다(진순신, 2000: 206〜7 참조). 이로 미루어보면 상하이는 1830년대 초에 이미 국내외 해상무역의 중심지로 부상했음을 알 수 있다.

화국의 장자(長子)가 되었다. 이렇듯 상하이의 지정학적 가치는 일찌감치 주목을 받아왔었고 1843년의 개항을 계기로 집약적인 발전을 하게 된 것이다.

난징조약 직후 개항된 상하이에 가장 먼저 온 사람들은 서양인들이었다. 경제지리학자 후자오량(胡兆量)은 서양인들의 상하이 이주에 대해 다음과 같이 서술했다. 1843년 개항 이래로 상하이에는 세계 각지에서 오는 이민의 행렬이 끊이지 않았다. 나라 안팎에서 전쟁의 포화가 그치지 않는 가운데, 상하이는 정치적 이민의 '세외도원(世外桃園)'이 되었다. 1917년 러시아 10월 혁명이 발발하자, 수만 명의 러시아 귀족과 부르주아들이 상하이로 이주했고, 제2차 세계대전 기간에 히틀러가 유대인을 박해하자 상하이는 유대인들의 피풍항(避風港)이 되어, 유럽을 탈출한 1만 8천 명에 달하는 유대인들이 대거 상하이로 이주해 들어왔다. 이들이 기존의 5천여 유대인들과 합류하면서 상하이는 세계적인 유대인 집결지 가운데 하나가 되었다. 당시 상하이 이민자의 수는 10만 명에 달했다. 상하이는 '전세계 모험가들의 낙원'이라는 명성을 얻게 되었다. 이 때문에 외국 상인들의 상하이 쇄도가 상하이 상공업 발달을 크게 촉진했다는 객관적인 평가도 가능하다(후자오량, 2005: 489~90).

서양인의 뒤를 이은 사람들은 무역에 종사했던 광둥인이었고, 그 뒤를 이어 오랜 도시 경영의 경험이 있던 인근의 닝보(寧波)인들이 몰려왔다. 전자가 상하이의 대외무역을 주도했다면 후자는 주로 금융업(錢莊)에 뛰어들었다. 여기에서 '13공행(公行)'을 대표로 하는 광둥 무역체제에 대해 언급할 필요가 있다. 1840년 이전 광저우(廣州)는 국가의 공인을 받은 특허상인인 '13공행'을 대표로 하는 광둥 무역체제의 중심이었다. 13공행은 서양과의 무역뿐만 아니라 외교업무도 관장했다. 아편전쟁 이전 월해관은 중서 해상 교통의 중요한 교차로이자, 나라의 재화와 부가 모이는 곳이었다. 또 대외무역의 전통과 해안 방어에서 특수한 지위를 가진 곳이었다. 그러므로 광저우는 중서 무역의 중심이 될 수 있었고 그 중심에 광저우 13행이 자리하고 있었다. 그러나 광저우는 마치 양날의 검처럼 새로운 문화를 수입하는 동시에 엄청난 재앙을 불러들이고 있었다. 광저우 13공행은 "월해관 대신 세금을 징수하는 등 관청의 승인을 받은 유일한 대외무역 대리상이었다. 그들이 광저우항의 모든 대외무역을 담당했으므로, 내륙의 화물들은 반드시 그들에게 수속비를 낸 뒤 그 이름을 해관에 보고해야만 수출할 수 있었다. 행상은 많은 이익을 남겼지만, 책임 또한 무거웠다"(리궈룽, 2008: 48). 17~18세기 중서 무역을 총괄했던 13공행은 19세기 중엽 국가 위기의 희생양이 되었다. 그들은 아편전쟁의 배상금 부담과 5구통상으로 독점적 지위가 상실되었다. 13공행은 상업 무대에서 완전히 사라졌고, 행상들도 파산하거나 외국 상인들에게 매판으로 고용되는 등 저마다 다른 길을 걷게 되었다. 일부 영리하고 모험심 강한 상인들은 새로운 개항 항구인 상하이로 가서 떠오르는 부자가 되기도 했다. 1850년대 상하이는 광저우를 대신해 중국 최대의 무역항이 되었다.

모던 상하이는 광둥 무역과 닝보 금융의 경험을 받아들인 기초 위에 '몸소 서양을 시험(以身試西)'해 자신의 독특한 정체성을 창안했다. 1949년 상하이 금융인들 상당수는 마오쩌둥(毛澤東)뿐만 아니라 장제스(蔣介石)의 손아귀에서도 벗어나기 위해 홍콩을 선택했다. 이들은 서유럽식 금융업과 상업 실무를 습득한 최초의 중국인으로, 서양의 규칙에 따라 국제적인 금융게임에 참가했다. 그리고 금융산업이 세계 경제를 주도하기 시작한 1960년대부터 형성된 전 세계 화교들의 국경 없는 네트워크 형성에 주도적인 역할을 했고 1980년대 개혁개방에 지대한 공헌을 했다.

중서교류의 관점에서 볼 때, 중국 측 창구는 1840년 이전의 광저우, 1843년 개항 이후 중화인민공화국 건국 직전까지의 상하이, 1950년대 이후의 홍콩, 1980년대 개혁개방 이후의 광저우와 선전(深圳), 1990년대 이후 상하이가 중심 역할을 했음을 알 수 있다. 크게 보면 주장(珠江) 삼각주와 창장(長江) 삼각주 사이를 오간 셈이다. '중국의 장기 근현대(the long-term modern China)'의 관점(임춘성, 2021b: 18~26)에서 볼 때, 상하이는 가장 오랜 시간 동안 중국의 대외 창구 노릇을 했다. 외국인 조계와 국내외 이주를 통해 중국의 새로운 중심으로 부상한 모던 상하이는 1930~40년대 이미 세계적인 국제도시로 이름을 날렸다. 그러나 1949년 공산화 이후 그 영광을 홍콩에 넘겨주었다. 식민지였으면서도 20세기 자본주의 정점의 하나를 구축했던 홍콩의 발전은 상하이의 후광에 힘입어 이루어졌던 셈이다. 1930년대 서양인들에게 '동양의 파리' 또는 '모험가들의 낙원'으로 일컬어졌던 상하이가 왕년의 영광 회복을 선언하고 나선 것은 1990년대 들어와서였다. 푸둥(浦東) 지구 개발로 뒤늦게 개혁개방을 시행한 상하이는 10여 년 만에 중국 최고 수준의 발전을 이루는 저력을 과시하고 있다. 상하이는 중국 근현대사의 진행 과정을 압축적으로 구현하고 있다. 따라서 상하이와 상하이인의 정체성을 파악하는 것은 근현대 중국의 핵심을 이해하는 것이기도 하다.

3. 상하이인의 정체성

역사적으로 볼 때 상하이인의 정체성 형성에 몇 가지 중요한 계기가 있었다. 1853~1855년의 소도회(小刀會) 사건93)과 1870년의 쓰밍공소(四明公所) 사건94) 등이 대표적이다. 그러나 인구의 유동이 많았던 상하이에서 그 정체성 형성에 보다 결정적인 역할을 한 것은 '조계'와 '신중국' 건설 이후 시행된 '후커우(戶口) 제도'였다.

1842년 8월 29일 중국과 영국은 '난징조약'을 체결했는데, 조약의 제2관에

93_ 소도회 사건: 1854년 광둥성에서 청조를 무너뜨리고 자신의 왕국을 세우기 위해, 천카이(陳開)를 중심으로 한 천지회(天地會)가 반란을 일으켰으며, 이 반란은 곧이어 전성에 있던 천지회의 호응을 얻으면서 큰 세력을 떨쳤다. 또 태평천국이 난징에 도읍을 정하자, 상하이 부근에 있던 천지회 계열의 소도회(小刀會) 집단도 1853년에 이에 호응하는 반란을 일으키면서 상하이 부근의 현성들을 일시 점령했다(北京師範學院歷史系中國近現代史教研室, 1985).

94_ 쓰밍 공소 사건: 쓰밍 공소는 닝보상인이 상하이에 세운 동향회관이다. 1874년 프랑스가 조계를 확장하기 위해 쓰밍 공소의 묘지를 통과해 철도 부설을 강행하다가 인민의 반대에 부딪쳐 철회했다. 그후 1898년 다시 도로를 확장하려 했는데, 이에 상하이의 닝보인과 상하이 주민이 투쟁을 벌였다(北京師範學院歷史系中國近現代史教研室, 1985).

서 다음과 같이 규정했다. "지금 이후 영국인은 가족을 데리고 광저우, 푸저우, 샤먼, 닝보, 상하이 등 5개 항구에 정주하고 무역 통상에 종사할 수 있다. 영국은 영사와 관리 등을 파견해 5곳에 거주하며 상업 업무를 전담한다"(熊月之·周武, 2007: 53). 이 조약에 의거 1843년 11월 8일 최초의 대표단이 상하이에 와서 조차(租借)를 시작했고, 2년 후 '상하이 토지장정'이 공포되었는데, 이는 상하이 조계의 근본법으로 간주되었다(熊月之·周武: 54). 조계 인구는 1851년까지 265명이었지만, 대외무역 규모는 1852년 광저우와 맞먹었고 1855년에는 광저우의 두 배가 되어 무역의 중심이 되었다(58). 개항 이후 조계가 중심이 된 상하이는 이주민과 대외무역 증가뿐만 아니라 여러 가지 방면에서 급속한 변화를 겪는다. 도로 확장과 건설, 조명, 수도, 소방, 우정, 전화 등은 말할 것도 없고 항운과 금융 그리고 공업의 발달은 상하이를 완전히 새로운 근현대 도시로 탈바꿈시킨다. 조계를 중심으로 형성된 근현대 도시 시스템과 서양 상품 그리고 서양문화는 이후 상하이 도시문화의 주류가 되고 수많은 이주민은 그것을 지향하면서도 거리감을 느끼게 된다. '동방의 뉴욕'으로 표기되는 이민과 금융의 도시, 그리고 '동방의 파리'라는 기표가 전달하는 유행과 대중문화의 중심, 조계로 대표되는 상하이 도시문화의 특징을 한마디로 요약하면 그것은 바로 서양 자본주의 외래문화를 수용한 상업문화라 할 수 있다. 상업문화의 기조 아래 인간관계와 이성, 감정도 이익을 추구하게 되고 전통 도덕은 약화하기 마련이었다.

조계가 서양 제국주의에 의해 강제로 구획되었다면, 그보다 100년 후 자발적으로 시행한 신중국의 후커우 제도는 1951년 도시에서 먼저 시행되었고, 1955년 농촌에 확대 적용을 거쳐, 1958년 1월 9일 "사회질서를 유지하고 공민의 권리와 이익을 보호하며 사회주의 건설에 복무하기 위해" '후커우등기조례(戶口登記條例)'가 '주석령'으로 공포·시행되었다.[95] 중국의 후커우 제도는 일

95_ <中華人民共和國戶口登記條例>. https://baike.baidu.com/item/%E4%B8%AD%E5%8D%8E%E4%BA%BA%E6%B0%91%E5%85%B1%E5%92%8C%E5%9B%BD%E6%88%B7%E5%

반적인 의미에서 한국의 주민등록제도와 유사하지만, 단순한 인구등록제도나 인구통계제도를 넘어선 성격을 지니고 있다. 국가는 후커우 등기와 후커우 관리를 통해 직간접적으로 인구이동의 양과 방향에 개입한다. 후커우 제도는 후커우의 분류상 상주 지역과 식량의 조달 경로라는 이중의 범주를 사용하고, 후커우의 천이(遷移)와 관련해 '정책(政策)'과 '지표(指標)'라는 이중의 통제를 사용한다. 후커우 제도는 공민이 상주 지역에 따라 등기하는 이외에, 식량을 어떻게 해결하느냐에 따라, 농업 후커우와 비농업 후커우로 나뉜다. 공민이 농촌에서 도시로 이주할 때는 상주 지역 등기(農村戶口, 城鎭戶口)를 변경해야 할 뿐만 아니라 '농업 후커우를 비농업 후커우로 전환'(=약칭으로 '農轉非' 혹은 '戶口農轉非'라 불림)해야 한다. 농업 후커우를 비농업 후커우로 전환하는 것은 하나의 행정적 과정이지만, 국가의 '정책'과 '지표'의 이중적인 속박을 받는 것으로서 정부의 간섭이 매우 강한 절차이기도 하다. 많은 연구는 이것을 도-농간 인구이동의 장애물로 간주하고 있다(이강원, 2006: 161). 후커우 제도의 주요 목적은 국가가 농촌에서 도시로의 인구이동을 제한하려는 것이었고, 이는 인민공화국 건국 이후 이민 도시 상하이의 이민 행렬을 가로막는 역할을 했다. 이로 인해 상하이는 외부 인구 유입을 가로막는 '빗장 도시(gated city)'가 되었다. '후커우등기조례'가 시행된 이후 도시와 농촌 사이에는 거대한 장벽이 세워졌고 이는 도시와 농촌 사이에 여러 방면의 불평등을 초래했다.

인구 대국인 중국은 전통적으로 기아 문제가 정권 초미의 관심사였다. 중국사를 종관(縱觀)해 보면, 매 왕조의 몰락에 농민봉기가 주요하게 작용했다. 통일 진(秦)은 진승(陳勝)·오광(吳廣)의 봉기로, 서한(西漢)은 적미군(赤眉軍) 봉기로, 동한(東漢)은 황건적(黃巾賊) 봉기로 붕괴하기 시작했고, 또 수(隋)말 와강군(瓦崗軍) 봉기, 당(唐)말 황소(黃巢)의 봉기, 송(宋)말 방랍(方臘)의 봉기, 원(元)말

8F%A3%E7%99%BB%E8%AE%B0%E6%9D%A1%E4%BE%8B/7957932?fromtitle=%E6%88%B7%E5%8F%A3%E7%99%BB%E8%AE%B0%E6%9D%A1%E4%BE%8B&fromid=3140860&fr=aladdin (검색일자: 2022.05.10.)

홍건군(紅巾軍) 봉기, 명(明)말 이자성(李自成)의 봉기, 청(淸)말의 태평천국운동도 각 왕조의 몰락에 결정적인 작용을 했다. 역대 농민봉기의 원인을 일률적으로 단정하기는 어렵지만, 지주들의 토지 겸병(兼倂)으로 인해 자작농이 소작농으로 전락하고 갈수록 심해지는 착취를 견디지 못하고 호구지책으로 '산적패가 되었음(落草爲寇)'을 알 수 있다. 대부분의 농민봉기 지도자는 농민에게 호구지책을 제공한 동시에 이들을 종교로 통제했다. 황건적의 오두미교(五斗米教)와 태평천국운동의 배상제회(拜上帝會) 등이 대표적이다. 농민봉기를 지도하거나 그 도움을 받아 새로 집권한 왕조의 초미의 관심사는 봉기에 참여한 농민의 요구를 어떻게 처리하는가였다. 농민은 식량 생산의 근본이자 세수의 원천이라는 사실을 인지한 새로운 왕조는 합리적인 토지정책을 시행했다. 정전제(井田制), 둔전제(屯田制), 균전제(均田制), 양세법(兩稅法), 모역법(募役法) 등의 정책이 그것이다. 그러나 초기의 나름 합리적인 제도는 시간이 지나면서 지주들의 토지 겸병으로 유명무실해졌고 다시 농민봉기로 이어지는 악순환을 겪었음을 지난 역사가 증명하고 있다(이상 白壽彝 주편, 1991 참조). 농민혁명의 성격이 농후한 과정을 통해 건국된 인민공화국은 역사의 교훈을 새기면서 토지정책을 시행했다. 이런 맥락에서 볼 때, '후커우등기조례'는 식량 생산에 종사할 농업 인구를 확보한다는 점에서 긍정적인 측면이 있었지만, 개혁개방 시기에 접어들면서 도시와 농촌 사이의 불평등을 초래하는 주요 원인으로 전락하게 되었다.

1980년대부터 최근까지 '농촌 중국 공화국'을 현지조사한 결과, 후커우 제도가 도시와 농촌 사이의 불평등에 커다란 영향을 미쳤다고 진단한 로젤(Scott Rozelle)과 헬(Natalie Hell)의 연구(2022)가 있다. 최근의 눈부신 경제성장으로 '대국으로 굴기(崛起)'했지만, 여전히 '중진국 함정'에서 벗어나지 못한 중국은 '정치 시스템 내부의 몇 가지 구조적 문제'[96]로 인해 다른 중간소득 국가들보다

96_ "후커우 제도, 교육과 보건에 대한 지방분권적 자금 지원, 지방 지도자들에 대한 단기 성장 인센티브라는 세 가지 구조적 문제는 중국의 정치 제도와 결합되어 있다"(로젤·헬, 2022: 270).

'인적 자본 위기'에 더 취약하다. 현재 위기의 원천 가운데 한 가지는 바로 '후커우 시스템'이다. "후커우가 중국의 도시와 농촌 주민 사이에 거의 뚫고 들어 갈 수 없는 장벽을 만들었다. … 도시-농촌 간 거대한 불평등은 세계 많은 나라에 존재하지만, 중국은 이 불평등을 법으로 유지하고 강화하는 유일한 나라다. … 중국의 후커우는 국가가 후원하는 카스트 제도 같다"(로젤 · 헬, 2022: 259). 애초에 식량 확보를 위해 농민이 쉽게 농촌을 떠나지 않도록 하려 는 취지에서 제정된 후커우 제도가 대다수 농민을 카스트 제도에 비견할 만 한 불평등의 늪에 빠트린 결과를 초래했다는 것이다.

> 후커우 제도의 기원은 1950년대 국가 계획 시대로 거슬러 올라가는데, 지금도 중국 인구를 두 개의 필수적인 범주, 도시 신분을 가지고 특권을 누리는 소수의 사람(오늘날 인구의 약 36%)과 농촌 신분을 가지고 특권에서 배제된 훨씬 많은 다수의 인구(64%)로 나누고 있다. 이 신분은 출생과 함께 부여되며, 부모의 신분 에 따라 결정된다. 도시의 부모를 가진 아이는 도시 후커우를 가지고 농촌 부모 를 가진 아이는 농촌 후커우를 가지게 된다. 수십 년 동안 도시와 농촌 사람들은 완전하게 분리된 경제 시스템 안에서 살아왔다. … 1980년대 개혁으로 농촌 주민들도 도시로 가서 일할 수 있게 허용되었다. 이 변화로 농촌에서 도시로 대규모 이주가 일어났고, 이것이 기록적인 성장률의 핵심 역할을 했다. 오늘날 에도 전국적으로 사회적 서비스는 후커우에 기반을 두고 할당되는데, 이것이 불평등과 인적 자본 축적에 심각한 영향을 주고 있다(로젤 · 헬: 260).

후커우 제도로 인해 약 36%의 도시민과 64%의 농민으로 나뉘어 '완전하게 분리된 경제 시스템' 안에서 살아왔고 도시와 농촌 사이의 불평등이 초래되었 는데, 로젤과 헬은 이런 현상을 '두 개의 분리된 국가'—'농촌 중국 공화국'과 '도시 중국 공화국'—라고 명명하고, 전자를 '보이지 않는 중국(Invisible China)' 이라 한다. 이들은 불평등한 현상 분석에 그치지 않고, 후커우 시스템이 '인적 자본 축적'에 심각한 영향을 줌으로써, 이후 중국이 '중진국 함정'에서 벗어나기 어렵게 만들고 있다고 진단한다.

1993년 이래 상하이의 후커우 인구는 자연증가를 멈춘 것으로 알려졌다. 따라서 상하이와 같은 대도시의 인구 증가는 외래 '유동 인구'에 의한 것으로 파악된다. 이 '유동 인구'의 대부분을 차지하고 있는 것은 '농민공[97])이라고 불리는 비정규직 노동자다. 후커우 제도는 근현대도시 상하이 발전의 기본 동력이라 할 수 있는 이주민의 전입을 근본적으로 봉쇄했다. 그리하여 한편으로는 '새로운 상하이다움(new Shanghai-ness)'의 수혈을 저해했지만, 다른 한편으로는 이주가 금지되었던 약 30년 동안 형성된 상하이다움을 돌아보고 다듬을 수 있게 되었다. 다시 말해 이주의 각도에서 볼 때 이 30년의 공백은 그 전과 후를 나눌 수 있는 분기점이 되었고, 이전의 상하이와 상하이인의 정체성을 돌아보고 다듬을 수 있는 시간이 되었다. 흔히 이 공백기 전의 상하이와 상하이인을 '라오상하이(老上海)', '라오상하이인(老上海人)'이라 하고, 개혁개방 이후의 상하이에 이주한 사람을 '신상하이인(新上海人)'이라 일컫는다. 그리고 '신상하이'란 '신상하이인'만의 상하이가 아니라 그들이 '라오상하이인'과 함께 만들어가는 상하이를 가리키는 것으로 보아야 한다. 물론 양자 사이의 역학 관계가 충분히 고려되어야 할 것이다. 이 글에서는 '라오상하이인'과 '신상하이인'이라는 역사적 개념을 전제하되, 양자를 불변하는 고정된 개념으로 설정하

97_ 개혁개방 이후 대도시로 몰려드는 '농민공'들의 경우, 대도시의 호구를 얻지 못하면 임금을 1/3 수준으로 받게 된다. 약 2억 명에 달하는 농민 호구의 도시 노동자인 '농민공'은 도시-농촌 차별, 노동자-농민 차별, 육체노동의 차별을 한 몸에 가지고 있다(황희경, 2007: 131~32). 포스트사회주의 중국 경제의 비약적 발전 이면에는 '농민공'의 희생이 존재하고 있다. 또한 왕샤오밍은 시장경제개혁은 30년간 지속된 사회주의 계층 구조를 뒤흔들었고 그로 인해 새로운 네 계층이 등장했다고 분석했다. 첫째 신부유계층, 둘째 사무직(白領), 셋째 실업 노동자, 넷째 농민공이 그것이다. 그중 농민공은 상하이에서 200만 명이 넘지만 도시 호구가 없기 때문에 상하이인으로 취급되지 않고 항상 존재하지 않는 것처럼 무시된다. 그들은 이미 상하이 노래방과 영화관의 열렬한 관중이고 무협·애정 등 염가 통속잡지의 주요한 독자층이 되었으며 그들의 문화 취향은 점차 노래방과 영화관, 출판사와 통속잡지에 영향을 주고 있다(王曉明, 2003: 4~5). 최근에는 농민공을 '신노동자'라고 일컫기도 한다.

지 않고, 양자가 끊임없이 섞이고 호동(互動)함으로써 '상하이안'의 문화정체성을 생성하는 것으로 본다. 다시 말해, 신상하이인과 라오상하이인의 구분은 고정적인 것이 아니라 유동적으로 변화하는 과정에 놓여 있다. 즉 외지인이 상하이에 와서 신이민이 되고, 신이민은 일정 기간이 지나면 신상하이인이 되며 신상하이인은 다시 라오상하이인으로 되는 과정, '외지인-신이민-신상하이인-라오상하이안'의 과정이 지속되면서 상하이는 새로운 생기와 활력을 유지하게 되는 것이다.

이주의 각도에서 볼 때 상하이는 베이징과 대비된다. 이전의 과거(科擧) 응시로 대변되던 입신양명을 추구한 사람들이 베이징으로 몰렸다면, 상하이 이민들은 돈을 벌기 위해 몰려왔다. 베이징의 경우, 수많은 베이징 토박이(老北京)가 존재했기에 새로 온 이민이 기존의 베이징문화에 동화된 측면이 강했다면, 신천지 상하이는 '온갖 하천을 받아들이는 바다(海納百川)'와 같이 새로운 근현대적 도시문화를 형성해갔다. 그러나 외지인이 상하이인으로 변모하는 과정이 순탄하지는 않았다. 이민도시에는 주도권이란 문제가 존재하기 때문이다. '권력의 위계구조'(헬드 외, 2003: 449)라고 명명된 이 문제는, 서로 다른 곳에서 서로 다른 시간에 온 서로 다른 집단의 불평등한 접근성이 이민 집단 사이의 갈등과 대립을 조성하기 마련이라는 점을 요약적으로 나타낸다. 필자는 뉴욕을 재현한 영화―<갱즈 오브 뉴욕>(2002), <원스 어폰 어 타임 인 아메리카>(1984), <대부> 삼부작(1972, 1974, 1990), <똑바로 살아라>(1989)―분석을 통해 뉴욕 이민사의 윤곽을 분석한 바 있다. 그에 따르면, "'요카-아이리쉬-유대안-프렌치/도이차-시실라-흑인·히스패닉·아시안으로 이어지는 이민의 행렬은 그 선후에 의해 먼저 온 이민이 주인 행세를 하고 후에 온 이민은 그에 적응하면서 주도권을 노리는 상황을 연출한다. 그리고 이 과정에는 표층적 폭력과 심층적 권력이 도사리고 있다'(임춘성, 2017: 287).

'국내 이주' 중심이었던 상하이에서도 이주의 선후에 의해 '권력의 위계구조'가 형성되었다. 에밀리 호니그에 의하면 상하이에서 원적(原籍)은 에스닉

(ethnic)의 함의를 가지게 된다. 고향에서는 의식하지 못하고 있다가, 상하이에 와서 다른 지역 사람들을 만나게 되면서 자신의 정체성을 의식하게 되는데, 그것은 단순한 지역의 차이가 아니라, 우리와 타인을 구분하는 기준이 된다. 뉴욕 초기 이민에 요커와 아이리쉬, 백인과 유색인종의 구별이 있었듯이, 상하이에도 크게 볼 때 장난인(江南人)과 쑤베이인(蘇北人)의 차별이 있었다. 뉴욕에서 초기에 요커가 원주민을 자처하면서 아이리쉬를 주변화시킨 것처럼, 상하이에서는 장난인이 쑤베이인을 타자화시키면서 상하이 정체성을 구성한 것으로 볼 수 있다. "장난인이 보기에 쑤베이는 우선적으로 북방에서 온 가난한 난민을 하나로 묶은 용어이고, 그로써 그들 자신과 이 계층 사이의 구별을 두드러지게 하려 했다. 실제로 장난인은 자신들의 우월감을 수호하기 위해 언어·개성·문화 그리고 지리상의 구별을 과장했을 것이다"(韓起瀾, 2004: 112).

　　장이머우의 <상하이 트라이어드>(1995)에 폭력조직이 등장하는데, 이들은 동향의 동성을 조직의 근간으로 삼고 있다. 조직의 보스와 류수(六叔) 그리고 수이성(水生)은 모두 탕(唐)씨다. 배신으로 얼룩진 암흑가에서 믿을 수 있는 사람은 동향의 친척뿐이라는 사실은 이민도시 상하이에서 동향 조직이 번성할 수밖에 없음을 상징적으로 보여주고 있다. 천카이거의 <풍월(風月)>(1996)에도 비슷한 조직이 등장하는데, 보스(大大)가 충량(忠亮)의 누나가 사는 장난(江南) 팡(龐)씨네 사정을 손바닥 들여다보듯이 꿰고 있는 것으로 보아 장난 출신으로 상하이에 자리 잡은 동향 조직일 가능성을 보여준다.

　　이처럼 주도권은 이주 시기의 선후와 숫자의 다소에 의해 결정되기 쉽다. 19세기 후반 상하이에 꾸준히 유입된 이주민은 주로 광둥(廣東)과 저장(浙江), 특히 닝보(寧波) 출신이 주종을 이루었다. 이 두 지역의 이주민은 이후에도 지속되었고, 그 결과 20세기 초에는 상하이에서 이들 두 지역 출신자들이 사회, 경제적으로 가장 영향력 있는 집단으로 떠오르게 된다(전인갑, 2002: 37). 아편전쟁 이전 '광둥 무역체제'에 힘입어 서양 상인들과 긴밀한 관계를 맺고 있던 광둥 상인들이, '광둥 무역체제'의 붕괴와 함께 서양 상인들을 따라 상하이에 먼저 들어온 것은 당연한 일이었다. 또한 상하이와 인접한 닝보는 오랜 도시 경험을 가진 도시로, 근현대로 들어서면서 인구밀도가 높아지면서 땅이 비좁아진 현상이 두드러졌다. 여기에 자연경제가 해체되는 시기에 유구한 경상(經商)의 전통을 바탕으로 신흥 도시 상하이에 진출했다(李玲, 2000: 35~41). 그리하여 상하이의 닝보인에게는 "닝보인이 없으면 도시가 형성되지 않는다(無寧不成市)"라는 말이 나올 정도였다. 시간의 선후 면에서는 외국 상인과 일찍부터 관계를 맺어온 광둥 상인이 앞섰지만,[98] 숫자 면에서는 인접성으로 인해 닝보인이 다른 지역에 비해 단연 우세했다. 이들은 오랜 도시 경험과 유구한 경상 전통에 기초해 서서히 상하이를 접수했다. 반면 쑤베이인은 자연재해로 인한 생계형 이민이 주종을 이루었다. 그들은 밥을 먹고 살 수만 있기를 희망하며 상하이로 몰려들었다. 그러기에 직종을 가리지 않고[99] 일했으며, 그들은 자연스레 상하이의 바닥층을 형성하게 되었다. 그러나 이민의 숫자가 증가하면서 "쑤베이인이 상하이에 정착하려는 시도는 이미 자리 잡은 장난의 중국 엘리트 집단과 외국 통제 하의 시정부의 견제를 촉발했다. 쑤베이인은 중국 엘리트 집단이 추구하는 모던하고 고아한 정체성에 위협이 되었고, 상하이 공부국은 그들이 이 통상항구의 모범 거주구라는 지위에 손상을 줄 것으로 생각했다. 중국과 외국의 엘리트들에게 쑤베이인은 외인 또는 객민(客民)이었다"(韓起瀾: 35). 상하이에서 똑같은 이민이면서 쑤베이인은 외지인이고 이미 자리 잡은 장난인은 본지인으로 자처했다. 그들은 쑤베이인을 차별했다. 이런 현상은 '쑤베이·쑤베이인·쑤베이문화의 주변화'라고 할 수 있다. 그리고 그 주체는 쑤베이인 자신이 아니라 장난인(江南人)이었다. 신흥 도시 상하이에서

98_ 화계의 광둥 상하이인의 대표로 1930년대의 대표적 여배우인 롼링위(阮玲玉)를 꼽을 수 있다. 그녀는 1937년 3월 7일 자살했는데, 그 주요한 원인으로 당시 언론 권력과의 불화를 꼽는다. 다른 각도에서 볼 수도 있다. 스탠리 콴(Stanley Kwan, 關錦鵬 분)의 동명 영화에서 자살하기 전날 파티가 유성영화와 관련된 것이었음은 시사하는 바가 크다. 즉 언어 측면에서 상하이와 접목하지 못한 광둥 출신 여배우가 유성영화 시대로 접어들면서 자신의 시대가 끝났음을 자인한 것이기도 하다.

99_ <新上海灘>의 딩리(丁力, 劉德華 분)와 그 집단들도 쑤베이인으로 볼 수 있다.

주도권을 행사하려는 노력은 자연스레 자신과 다른 집단을 '타자화'하면서 진행되기 마련이었다. 이는 새로운 도시문화를 규정하기 위한 각 이민 집단의 쟁탈전이었다. 그 결과 쑤베이인의 문화는 상하이문화로 인정받지 못하고, "홀로 존재하고 주변에 처하게 되었다"(48). 이런 현상은 해납백천이라는 특색을 가진 상하이의 명성을 무색하게 할 만큼 모든 분야에서 진행되었다. 쑤베이문화의 주변적 위치는 언어 방면 특히 상하이 방언 발전에서 일목요연하게 드러난다. 상하이 방언은 그 유일한 진정한 본지인, 즉 푸둥인(浦東人)의 언어에 기초한 것이 아니라, 각 지역 이민의 각종 방언의 혼합이다. 그러나 사실상 그것은 우위(吳語)에서 내원한 쑤저우 방언과 닝보 방언이 큰 영향을 주었다. "닝보에서 상하이로 이주해온 대다수가 상인이다. … 닝보 상인의 지위가 상대적으로 높아서 사람들은 즐겨 그들의 언어를 사용했다"(周振鶴·游汝杰, 1986: 50; 韓起瀾, 2004: 49 재인용). 이런 현상은 상하이문화의 지배적인 한 축을 형성했는데, 상하이인의 정체성은 '닝보인이 중심이 된 장난인(江南人)이 쑤베이인을 타자화시키면서 형성되어간 것'이라고 할 수 있겠다.

2001년 9월 상하이 증대연구소(證大硏究所)가 개최한 '신상하이인'에 관한 학술토론회는 개혁개방 이후 밀려 들어오는 새로운 이주민에 대한 학술적 토론이었다. 그러나 '신상하이인'을 규정하기 위해서는 자연스레 '라오상하이인'과의 관계에 초점을 맞추게 된다. "모두 다음의 사실에 동의했다. '신상하이인'은 상하이 자체와 마찬가지로 끊이지 않는다. 신상하이인이 라오상하이인으로 변하고 라오상하이는 끊임없이 전국 각지에서 오는 서로 다른 배경의 신이민과 상하이 본지 거주민을 받아들여 도시에 끊이지 않는 새로운 관념과 새로운 지식을 가져올 뿐만 아니라 신상하이인을 파생시킨다"(上海證大硏究所, 2002: 1). 이처럼 신상하이인과 라오상하이인의 구분은 고정적인 것이 아니라 유동적으로 변화하는 과정에 있다. 즉 외지인이 상하이에 와서 신이민이 되고, 신이민은 일정 기간이 지나면 신상하이인이 되며 신상하이인은 다시 라오상하이인으로 되는 과정, 외지인－신이민－신상하이인－라오상하이인의 과정이 지속되면서 상하이는 일관된 생기와 활력을 유지하게 되는 것이다. 그러므로 "상하이는 이민도시이기 때문에 그 역사가 오래될 수 있지만 낡지는 않을 것이다"(上海證大研究所: 2).

스룬주(施潤玖)의 <아름다운 신세계(美麗新世界)>(1999)는 시골 청년이 상하이에 와서 적응하는 과정을 보여줌으로써 상하이 드림을 형상화한다. 당첨된 아파트를 받기 위해 장바오건(張寶根, 姜武 분)은 처음으로 상하이에 온다. 잠시 머물 숙소가 필요한 바오건은 이모할머니(毛阿菊)집을 찾아오지만, 이모할머니는 죽고 그 딸인 진팡(金芳, 陶虹 분)을 만나 그 집에 임시로 거처하게 된다. 바오건은 근면하고 착실해서, 빌린 돈으로 생활하는 진팡과 사사건건 부딪친다. 그러나 바오건은 아무 말 없이 진팡에 맞추어 생활한다. 어느 날 밤, 바오건이 자신을 훔쳐본다고 오해한 진팡은 바오건을 욕하고, 다음날 바오건은 거처를 옮긴다. 알고 보니 바오건이 당첨된 아파트는 현재 건설 중으로 준공까지 1년 반이나 남았다. 수많은 친지의 등쌀에 고향으로 돌아갈 수도 없는 바오건은 상하이에서 이런저런 일을 하게 된다. 그러나 대도시 생활에 쉽게 적응하지 못하고 실직한다. 다시 진팡의 집에 기거하게 된 바오건은 진팡의 허황한 꿈에 말려 가지고 있던 얼마 안 되는 돈을 증권에 털리지만, 증권거래소에서 본 도시락 판매에 흥미를 느끼고 손을 댄다. 진팡의 무시와 반대에도 불구하고 도시락 판매업은 날로 번창하고, 진팡과도 화해하고 상하이에서 자신의 아름다운 세계를 만들어간다. 이 영화에서 신상하이인 바오건은 라오상하이인 진팡과 여러 면에서 대조적인 모습을 보인다. 처음 오는 상하이지만, 바오건은 나름대로 자신의 목적을 진팡에게도 알리지 않는 신중함을 가지고 있다. 그리고 여간해서는 지갑을 열지 않는다. 그리고 시가 70만 위안짜리 아파트를 10만 위안을 줘서 돌려보내려는 부동산회사 사장의 화려한 언사에도 속아 넘어가지 않는다. 진팡의 일확천금의 허황한 꿈에 휘말리지 않고 5위안짜리 도시락 장사를 시작해서 상하이에서 자리 잡는 과정을 보노라면, 바오건이 상하이인다움을 더 많이 가지고 있는 것으로 보인다. 이렇게 볼 때 상하이인다움은 많은 상하이인이 가지는 특성이기는 하지만, 상하이인이면 가지게 되는 기계적인 특성은 아님을 알 수 있다. 그러나 '신상하이인'이 '상하이인'으로 편입되는 과정은 평탄치 않다. TV 드라마 <孽債(얼채)>의 분석을 통해 "이주민에 의해 형성된 도시 상하이가, 이주하기를 희망하는 타지인에게 얼마나 절망적인 곳인지"(유세종, 2005: 168)를 보여준 사례는 여성을 비롯한 소수자가 상하이에서 주류가 되는 것이 얼마나 어려운지를 알려준다.

4. 상하이 노스탤지어의 명과 암

한 가지 문화 전통이 다른 문화 전통에 의해 억압되어, 표면적으로는 소멸되었지만 '숨은 구조(hidden structure)'의 형식으로 심층에 숨어 있다가, 새로운 환경에서 회복 내지 부활하는 현상을 '근현대 전통의 부활'이라 명명할 수 있다. 1920~30년대 국제적 수준에 올랐던 상하이의 자본주의는 사회주의 중국 30년 동안 '숨은 구조'로 억압되었다가 개혁개방 시기에 들어 부활한다. 1990년대 중반 이후 중국 전역에서 일어난 '올드 상하이 노스탤지어 붐(老上海懷舊熱)'은 그 부활의 한 형태라 할 수 있다. 그것은 사회주의 이전의 상하이, 특히 1920~30년대 상하이, 즉 '올드 상하이(老上海)'를 주요 대상으로 삼고 있다. 상하이 노스탤지어는 '전쟁'과 '혁명'의 연대를 막 통과한 중국인에게 결핍된 풍요로움에 대한 기억을 상상으로 제공하면서 1990년대 이래 중국 전역을 풍미한 중요한 문화현상 중의 하나이다.

천쓰허(陳思和)는 이런 문화현상을 비판적으로 고찰하면서 개혁개방 이후 전개된 상하이 노스탤지어 현상을 세 단계로 나누었다. 첫 단계는 재미 화가이자 영화감독인 천이페이(陳逸飛)의 회화에서 비롯되었다. 그가 1984년 장쑤(江蘇)성 저우좡(周庄)의 쌍교(雙橋)를 제재로 삼아 그린 <고향의 추억—쌍교(故鄕的回憶—雙橋)>와 상하이 여성을 그린 <해상구몽(海上舊夢)> 및 <심양유운(潯陽遺韻)> 등은 서양 세계의 모호한 동방 환상을 환기함으로써 상하이 및 인근 지역의 관광 붐을 불러일으킨 바 있다. 둘째 단계는 올드 상하이를 배경으로 삼은 영화다. 천이페이의 <인약황혼(人約黃昏)>(1995), 장이머우의 <상하이 트라이어드(搖啊搖, 搖到外婆橋)>(1995), 천카이거의 <풍월>(1996)은 상하이 노스탤지어의 대중적 확산으로 일컬어진다. 그러나 이들 영화에서 재현된 상하이 형상은 순수하고 소박한 올드 상하이가 아니라 동방 상하이에 대한 서양 문화시장의 식민 상상에 영합한 것이라 할 수 있다. 셋째 단계는 1995년 장아이링(張愛玲)의 죽음으로 인해 다시 한번 장아이링 읽기 붐이 일어난다(陳思和, 2003: 380). '서양 문화시장의 식민 상상'에 영합하지 않는 '순수하고 소박한 올드 상하이'라는 문제의식은 대중문화가 범람하는 상업 시장에서 문학예술의 가치를 수호하려는 천쓰허의 기본 입장인 문학예술과 대중문화를 변별하려는 이분법적 태도와 긴밀하게 연계되어 있다. 그러나 회화와 영화 그리고 장아이링 붐만으로는 상하이 노스탤지어의 목록을 완성할 수 없다. 와이탄(外灘), 신톈디(新天地)의 스쿠먼(石庫門), 형산루(衡山路)와 우자오창(五角場)의 카페 등과 상품 광고를 추가해야만 1990년대 올드 상하이 노스탤지어의 목록이 완비될 것이다.

상하이 노스탤지어 현상에는 기억과 상상이 혼재하고 있다. 올드 상하이 노스탤지어 현상을 지구화와 지역성의 문제, 현상과 담론이라는 문제의식으로 고찰한 박자영은 지구적 현상으로서의 노스탤지어에 대한 담론들[100]을 점검한 후, 올드 상하이가 "부르주아 공간을 안전하게 소비하고자 하는 욕망"과 결합해 1990년대 상하이 거주민들이 겪어보지 못했던, 존재하지 않았던 것에 대한 '상상된 노스탤지어'를 제공한다고 분석했다(박자영, 2004: 99). 개혁개방 시기로 진입한 중국인에게 자본주의적 물질문화는 사회주의 30년의 관행에서 보면 위험한 것이지만 거부하기 어려운 욕망 대상이었다. 위험한 욕망 대상을 안전하게 소비할 수 있게 해준 기제가 '상상된 노스탤지어'라는 것이다. 박

100_ 터너의 '의도적인 노스탤지어(Turner, 1994), 로버트슨의 '전지구적 제도화(Robertson, 1992), 제임슨의 소비주의적 노스탤지어(Jameson, 1989), 아파두라이의 상상된 노스탤지어(Appadurai, 1996) 등.

자영의 분석은 문화심리 구조 차원에서는 탁월하지만, '상상된 노스탤지어'의 형성 주체를 밝히지 않고 중국인을 피동적인 향수 주체로만 간주했다는 점에서 미흡하다.

'상상된 노스탤지어'란 아파두라이(Arjun Appadurai)가 제기한 개념으로, '고향으로 돌아가고 싶어 심신이 아픈 상태'란 뜻의 '노스탤지어'의 본래 의미와는 거리가 있다. 그것은 주로 대중 광고에서 활용하는 전략인데, "결코 일어난 적이 없는 상실의 경험들을 만들어냄으로써 광고들은 '상상된 향수imagined nostalgia'라고 불릴만한 것, 다시 말해 결코 존재하지 않았던 것에 대한 향수를 만들어내고 있다. 이런 이유에서 이 상상된 향수는 판타지의 시간적 논리(주체에게 일어날 수 있거나 일어날 법한 것을 상상하라고 가르치는)를 뒤집고, 단순한 선망이나 모방, 욕심이 만들어 낼 수 있는 것보다 한층 더 깊은 소망들을 창조하는 것이다"(아파두라이, 2004: 140). 이로 미루어 볼 때, 아파두라이는 '대중 소비의 정치학' 맥락에서 노스탤지어를 고찰했음을 알 수 있다. 그는 우선 맥크랙켄(Grant McCracken)의 '파티나(patina)'라는 개념을 끌어와 노스탤지어와 유행의 차이를 변별한다. '고색(古色)'이란 사전적 의미가 있는 '파티나'란 "상품이 오래될수록 높은 가치를 지니게 될 때, 그 상품을 그렇게 만드는 속성을 가리키는 말이다"(McCracken, 1988; 아파두라이: 137 재인용). 파티나는 오래되어 마모(磨耗)된 것을 가리키는데 이는 손상(損傷)된 것과는 다르다. 우리가 진품 골동(骨董)을 귀히 여기는 것은 '상당한 관리를 요구하는 복합적인 자산'이기 때문이다. 그것은 자칫 천박한 교양과 사회적 위선의 기호가 될 뿐만 아니라, 결핍의 기호가 될 수 있고, 나아가 위조와 미숙한 취급에 열려 있다(아파두라이: 137). 그러므로 파티나는 바로 잡동사니와 변별되는 진품 골동의 특색이라 할 수 있다. 아파두라이는 "파티나 없는 노스탤지어는 값싼 취향의 유행으로 그치기 마련"(136)이라 단정했다. 특히 마모되는 시간을 함께한 소유주가 "특정한 삶의 방식이 상실되었음"에 대해 가지는 "미묘한 슬픔"(138)과 같은 것은 돈으로 살 수 없다. 그런데도 현대적인 판매 전략의 핵심적인 특징은 지나가 버린 삶의 양식들과 물질들의 집합, 삶의 단계, 풍경, 장면 등에 대한 노스탤지어를 동원하는 것이다(139). 하지만 판매 전략으로서의 노스탤지어 환기는 잃어버린 바 없는 것을 그리워하라고 가르칠 뿐, 감정의 환기는 아니다(Habwachs, 1980; 아파두라이: 140 재인용). 아파두라이는 이를 '상상된 노스탤지어(imagined nostalgia)'라고 명명한다. '상상된 노스탤지어'는 "생생한 경험이나 집단의 역사적 기억을 가지고 있지 않은 향수'라는 점에서, 그리고 파티나에 대한 미묘한 슬픔이 결여되었다는 점에서 '안락의자의 노스탤지어(armchair nostalgia)' (142)라고 할 수 있다.

제임슨은 '지구화(globalization)의 지속적인 흐름'을 "현재에 대한 노스탤지어(Nostalgia for the Present)"(Jameson, 1989; 아파두라이: 55 재인용)라고 묘사하면서, 사람들이 "결코 잃어버린 바가 없는 세계"를, 특히 오락과 레저 부문에서 그리워하고 있다고 설명한다. 필리핀인들이 미국의 대중음악에 친근감을 느끼는 것이 좋은 예다. 필리핀인들에게 미국의 대중가요는 친근하지만 '잃어버린 바가 없는 세계'인 셈이다. 그것은 "(자신의) 능력을 뛰어넘는 수준의 재생산에 대한 필리핀인들 특유의 욕망"에서 비롯되었다. 아파두라이는 '잃어버린 바가 없는 세계'는 '기억과 무관한' 심지어 '기억이 배제된 향수'(55)라고 부연 설명한다. 노스탤지어의 상기는 특정 지역에만 국한된 현상이 아니다. 그것은 지구적 자본주의가 도시민의 소비 욕망을 겨냥한 상업전략의 핵심이기도 하다. 그것은 역사와 기억을 소비 상품으로 유통한다. 그래서 수많은 중국인은 부자의 꿈을 안은 채 공부를 하고 주식을 하며 부동산을 하며 살아간다. 이는 또한 사회주의 이전의 자본주의 착취에 대한 '기억이 배제된 노스탤지어'이기도 하다. 그러기에 상하이 노스탤지어 현상은 탈역사적이고 탈영토적이다.

그러나 잊지 말아야 할 것은, 노스탤지어 현상 이면에 존재하는 소수자 또는 타자화(otherization)에 대한 '역사들'과 '또 다른 기억'이다. 그것은 노스탤지어의 주체들[101]에게는 지워버리고 싶은 역사들이고 '망각하고 싶은 기억'이다. 개혁개방과 '사회주의 현대화'의 구호에 가려진 '중국적 사회주의'의 실험이 전자를 대표한다면, '동방의 파리'라는 기표에 가려진 소외된 계층의 존재는 후자의 주요한 측면이다. 인민공화국 건국 이전 조계와 이민의 도시 상하이에서, 외국인은 중국인을 타자화시켰고[102] 똑같은 이민이면서 먼저 온 사람은 나중에 온 사람을 주변화시켰으며 중상층은 바닥층(底層)을 소외시켰고 자유연애와 모던 신여성의 등장에도 불구하고 남성은 여전히 여성을 억압했다. 그리고 개혁개방 이후 시장은 혁명을 포섭했고 자본주의는 사회주의를 통합했다. 어쩌면 올드 상하이 노스탤지어 현상은 19~20세기 중국의 근현대 경험 가운데에서 "경험이라면 진저리가 날 정도인 생존자들의 현실 과거에서 경험이 배제된 순수 과거가 생기게"(아스만, 2003: 15) 되는 것일 수도 있다. 다시 말해 문화대혁명으로 대표되는 사회주의 역사와 기억을 배제하다 보니 그 이전으로 돌아갈 수밖에 없게 된다는 것이다.

그러나 이런 의문은 여전히 남는다. 설사 사회주의 실험이 실패했다 하더라도, 사회주의 이외의 역사, 다시 말해 자본주의의 역사는 아름답고 순수한 기억일까? 이런 문제설정(problematic)은 '순수 과거'의 밖에 존재하는 '현실 과거'를 되살리는 작업을 요구하게 된다. 그 작업은 때로는 기억을 위한 투쟁이 될 수도 있지만, 때로는 기억의 고통[103]을 수반하기도 한다. 거대서사에 대한 미시 서사의 탐구, 정치사에 대한 생활사의 복원, 전통과 근현대의 중층성에 대한 고찰, 근현대성의 양면성에 대한 성찰, 포스트식민주의적 접근 등은 바

101_ 상하이 노스탤지어의 주체는 우선 상하이 거주민들이고, 확대하면 전체 중국인들이다. 1980년대 이후 상하이 거주민들은 대략 세 부류로 나눌 수 있다. 우선 1980년대 이전부터 상하이에 거주한 사람과 1980년대 이후 상하이로 이주한 사람으로 나누고, 후자는 다시 상하이 호구를 취득한 사람과 그렇지 않은 사람으로 나눌 수 있다. 첫 번째 부류를 라오(老)상하이인, 두 번째 부류를 신(新)상하이인이라 할 수 있고, 세 번째 부류를 유동 인구라 할 수 있다.
102_ 이에 대한 예증으로 홍커우 공원 앞에 놓인 유명한 팻말('중국인과 개는 출입금지')만으로도 충분할 것이다. <홍색 연인(紅色戀人, *Time to Remember*)>의 내레이터 닥터 페인(Payne)도 "very special privileges"와 "It was a terrible time to be Chinese"로 대비한 바 있다.
103_ 몸속에 저장된 기억이 의식에 의해 전적으로 단절되었을 경우, 이를 우리는 트라우마(trauma, 정신적 외상)라 한다. 그것은 몸으로 캡슐화된 일종인데, 경험으로, 증상으로 나타나고 회상할 수 있는 기억을 차단한다(아스만, 2003: 24).

로 이런 문제의식과 연결되어 있다. 그러나 이 기억 또는 망각의 과정에서 "현재는 오케스트라의 단원들을 지휘하듯 과거를 지휘한다"(Svevo, 1959: 467; 아스만, 2003: 19 재인용)104)라는 사실을 염두에 두기로 하자. 역사와 기억의 고통에서 자유로운 '현재'는 도래 가능한 것일까? 어떤 한 가지 역사와 기억을 복원하게 되면 그로 인해 새롭게 고통받는 개인이 없을 것이라는 보장을 누가 할 수 있을까? 이제는 역사가 된 '현실 사회주의' 실험의 실패가 가져온 고통을 극복 또는 망각하기 위한 방안으로서의 올드 상하이 노스탤지어 현상은 사회주의가 극복하려 했던 자본주의의 모순을 별다른 교정 없이 다시 수용하는 것으로 귀결되고 상품화의 수단으로 전락하고 말았다.

한편 한지은은 "장소 기억의 심미화를 통해 부정적 차원이 희석되면 문화적 기호와 상징으로서 역사경관은 노스탤지어의 대상으로 상품화될 수 있다"(한지은, 2014: 9)라는 맥락에서 상하이의 도시재생을 고찰했다. 그녀는 사회주의 체제의 자본주의적 전환이라는 개혁개방의 과정에서 근대 시기, 즉 올드 상하이는 지우고 싶은 대상에서 노스탤지어의 대상으로 극적으로 변화했고, 나아가 근대 역사경관은 도심재생의 과정에서 적극적으로 이용되고 있다고 진단하면서, 근대 역사경관의 노스탤지어가 도심재생에 이용되는 맥락을 크게 정치적·경제적 영역과 상징적·문화적 영역으로 구분하고, 도심재생을 만들어내는 다양한 행위자들 간의 역학에 대한 제도주의적 분석과 장소 기억의 심미화를 통해 근대에 대한 노스탤지어가 도심재생과 결합되는 과정에 대한 문화정치적 해석을 시도했다(한지은: 243). 흔히 '사회주의 현대화'로 포장되는 개혁개방을 '사회주의 체제의 자본주의적 전환'으로 이해하는 한지은은 올드 상하이의 식민지 역사경관이 사회주의 30년 시기에는 부정적인 극복의 대상이었다면, 포스트사회주의 시기에 들어 올드 상하이의 역사경관을 도심재생의 주요 소재로 삼아 장소 기억을 심미화함으로써 식민지 경험과 기억을

104_ 아스만은 "스베보의 언술은 체계적 기억이론을 선취하고 있는데, 이 이론에 따르면 과거가 그때마다의 토양 위에서 자유롭게 재구성된다는 것이다"(아스만: 20)라고 보완하고 있다.

희석하고 노스탤지어의 대상으로 변모시켰다고 분석했다. 나아가 그 맥락을 정치적·경제적 측면과 상징적·문화적 측면으로 나누어 고찰했다.

그녀에 따르면, "오늘날 상하이의 도심재생은 역사경관을 판매와 개발이 가능한 경제적 상품으로 전환하는 정치경제적 과정과 식민주의와 관련되어 있던 부정적 장소 기억을 긍정적인 것으로 전환하는 문화적 과정이 동시에 작용한 결과"이므로 상하이 "역사경관을 둘러싼 역사와 문화, 경제적 힘과 그 관계에 관한 포괄적 이해가 필요하다"(21)고 본다. 올드 상하이 노스탤지어는 도시의 정치경제적이고 문화적 과정의 중심에 놓여있다. 이제 노스탤지어는 지우고 싶은 식민시대의 기억장소를 다시 소유하고 싶은 전성기에 대한 열망으로 전환시킨다.

현대 소비주의의 열쇠를 '쾌락'으로 파악하는 아파두라이는, 소비자를 훈육하는 노스탤지어의 내재 원리로 '순간성(ephemerality)의 쾌락'(아파두라이: 151)을 제시한다. '다양한 사회적·문화적 층위'에서 '순간성을 안정적으로 포획하는 작업'이야말로 노스탤지어의 핵심이라는 것이다. 상품 광고가 노스탤지어를 활용해 소비자를 훈육하더라도 그것을 수용하는 것은 소비 주체의 몫이다. '순간성의 쾌락'은 바로 소비 주체가 노스탤지어를 자기화하는 미학 기제인 셈이다. 그러므로 아파두라이는 다음의 결론을 내린다. "순간성의 미학은 유연한 축적의 세련된 대응물이며, 상상력의 작업은 상품의 순간성을 감각의 즐거움과 연결시켜주는 것이다. 소비는 이런 방식으로 '자본주의에 대한 향수'와 '자본주의적 향수' 사이를 연계하는 핵심적인 고리가 된다"(153). 사회주의 30년을 경과한 상하이인 나아가 중국인은 사회주의 이전 중국 자본주의 발전의 정점이었던 올드 상하이의 자본주의를 그리워한다. 그런데 그리워하는 시점이 사회주의 체제의 자본주의적 전환이라는 개혁개방 시기다. 이 두 개의 자본주의 시기를 잇는 것은 바로 소비가 불러일으킨 "전성기로 되돌아가고 이를 다시 소유하고 싶은 '회고적 열망(nostalgic longing)'"(Boyer, 1994; 한지은: 15 재인용)이라는 환몽(幻夢)이다.

5. 상하이 올드 바 연구

상하이 노스탤지어 현상 가운데 우리의 시선을 끄는 것은 '상하이 올드 바(酒吧)'다. 바오야밍(包亞明) 등은 1999~2000년 '상하이 바—소비 공간의 생산과 상하이 도시문화 연구'라는 과제를 수행한 결과를 『상하이 바—공간과 소비 그리고 상상』(包亞明等, 2001)으로 출간했다. 그들은 상하이에서 부활한 노스탤지어 풍조에 편승한 상하이 올드 바에 대한 현지조사와 상하이 출신 지식인들—천쓰허(陳思和), 왕원잉(王文英), 주쉐친(朱學勤), 천쯔산(陳子善)—과의 인터뷰를 통해 소비와 상상을 중심으로 한 상하이 도시문화를 분석했다. 바오야밍 등은 소비자의 노스탤지어 풍조를 대표하는 것으로 1990년대 후반 형산루와 마오밍난루(茂名南路) 그리고 황피난루(黃陂南路) 신톈디 일대에 출현한 '올드 상하이 바'와 그보다 조금 늦게 출현한 우자오창의 바에 주목한다. 전자는 서양 스타일과 올드 상하이 노스탤지어 스타일로 구분되고 후자는 블로거 바(部落人吧)가 주를 이루는데, 이들은 술집, 커피숍, 식당의 기능을 아우르고 있다.

바오야밍 등은 상하이 바를 대표로 하는 오락성 소비 공간의 발전을 단순하게 지리 공간의 변화와 갱신에 그치지 않고 나날이 발전하는 소비주의 오락 판도로 보면서 다음의 층위에 초점을 맞추고 있다. 첫째, 상하이 바는 '비(非)본토화(non-localization)'의 방식으로 강림했고 목표 고객도 현지의 소비 집단이 아니며 상하이 바 자체 또한 외래문화가 갑작스레 주입된 결과로 그 탄생부터 현지의 일상생활과는 일정한 거리가 있었다. 상하이 바는 시종 신분 지위와 취미를 구별하는 공간이었고 예전에 그랬던 것처럼 상당히 긴 시간 동안 현란한 소비의 무대가 될 것이다. 둘째, 상하이 바는 10년이라는 시간에 자신의 현지 소비 집단을 배양했다. 이는 상하이 바가 끊임없이 현지화한 빛나는 성과일 뿐만 아니라 상하이라는 도시가 부단히 지구화(globalization)를 가속하는 과정의 위대한 수확이기도 하다(包亞明等, 2001: 9~10). 현지의 소비 집단은 주로 상하이에서 일하거나 방문한 외부인, 현지의 사무직, 지식인, 자유

직업인과 외지의 관광객 등이다. 바오야밍 등은 상하이 바가 소비주의와 지구화에 대한 찬양을 통해 혁명 담론을 완전히 억압하는 자본의 서사로 변모할 가능성이 있는데, 이는 국가 이데올로기적 입장과는 차이가 있고 심지어 저촉된다. 그러나 상하이 바가 주장하는 소비주의적인 자본 지향은 오히려 지구화에 대한 국가 이데올로기의 문화 상상을 만족시켰다(包亞明等: 13)라고 분석하고 있다. 이들에 따르면, 국가 이데올로기는 상하이 바의 소비주의가 혁명 담론을 억압하는 것을 반대하지만 지구화에 대한 문화 상상에는 동의하는 모순을 가지고 있다.

이들은 참여 관찰(participant observation)이라는 질적 방법론을 동원해 사샤(Sasha's), 카이원(凱文), 맨디(Mandy's), 오말리(O'Malley's), 1931, 스광다오류(時光倒流) 등의 카페에 대해 진행한 현지조사에 기초해, 공간의 생산과 소비주의, 이국적 정서, 신체와 젠더, 노스탤지어의 정치, 청년성의 해소, 레저와 소비 그리고 문화 전환 등에 대해 해석을 시도한다. 이 부분에서는 노스탤지어와 정체성(identity)에 초점을 맞춰 바오야밍 등의 연구 결과를 검토하고자 한다.

바오야밍 등은 상하이 바가 소비 공간의 상징인 동시에 공공영역으로서의 가능성이 있음을 배제하지 않으면서 그에 대한 문화연구가 '상하이를 해석하는 방법과 가능성'에 연계되어 있다고 설정하고 있다. 그 의미는 다음과 같다.

첫째, 상하이 정신의 존재 여부는 정태적으로 이해되거나 토론될 수 있는가? 상하이 정신은 상하이 바를 해석하는 유효한 분석 범주나 척도가 될 수 있는가? 둘째, 상하이 바의 번영은 도대체 얼마만 한 독립적 성분을 가지고 있는가? 국가권력이 그 성장을 추동했을 때 설마 표면적인 화려함과 형식적 국제화에 관심을 기울이지 않았는가? 그러나 문제는, 이런 표상/본질의 이원적 구분은 결국 상하이 바를 해석하는 이론 동력인가 아니면 '상하이 정신' 자체의 허구성과 이론 해석의 무력감을 반영하는가?(包亞明等: 17)

이른바 '상하이 정신'이란 '2000 상하이 미술 비엔날레'에서 나온 말로, 지구적 도시와 모더니티의 맥락에서 제출된 개념이었다. 비엔날레 큐레이터 허우한 루(侯翰如)는 '상하이식 근현대성'이 '상하이 정신'의 핵심이라 하면서 문화 개 방성, 다원성, 혼합성 그리고 적극적인 창신(創新) 태도를 그 내용으로 들었다 (侯翰如, 2001; 包亞明等: 16 재인용). 이에 대한 비판도 있었지만, 상하이 정신은 지식계의 화제가 되는데 이는 결국 정체성(identity) 문제로 귀결된다. 허우한루 가 꼽은 '상하이식 근현대성'의 핵심 가운데 개방성과 혼합성에 주목할 필요 가 있다. 상하이의 개방성은 '해납백천', 즉 바다가 모든 강물을 받아들이는 것처럼 상하이에 들어오는 인적·물적 요소를 가리지 않고 수용하는 것이다. 상하이의 개방성을 한눈에 이해할 수 있는 것이 바로 '이민'이다. 통계에 따르 면, 상하이 거주민이 1843년 약 20만 명, 1853년 50만 명을 넘어서고 1949년 초 546만 명에 달해, 100여 년 사이에 20여 배 증가했다(熊月之, 2002: 63). 그리 고 지금은 3,000만 명을 넘는 메트로폴리스가 되었다. 끊임없이 유입되는 이 민은 새로운 상하이인이 되었고 그들이 가져온 새로움은 원주민(老上海人)을 자극해 상하이의 정체성을 형성했다. 이렇게 볼 때 상하이의 정체성은 원주 민과 이민의 관계에서 형성되었다고 해도 과언이 아니다. 상하이의 혼합성 (hybridity)은 '이신시서(以身試西)', 즉 '몸소 서양을 실험'하는 환경에서 형성되었 다. 그 대표적 환경이 바로 조계(租界)다. 다른 조계와 달리 상하이 조계는 화 계(華界)와 엄격하게 구분되지 않아 많은 중국인이 조계에 거주함으로써 서양 인과의 빈번한 접촉을 통해 서양 문물을 습득하게 되었다. "조계에서 '몸소 서 양을 시험'한 경험과 국민당 정권의 시련을 가지고 있는 상하이 경제 엘리트" (임춘성, 2017: 283~84)를 지칭하는 '상하이 보이들은 바로 상하이 혼합성을 대변한다. 이들은 1949년 이후 홍콩으로 넘어가 홍콩의 경제발전을 주도하기 도 했다.

다시 상하이 바로 돌아가자. 바는 원래 서양에서 유입된 것이지만, 끊임없 이 현지화함으로써 이제는 상하이를 대표하는 어엿한 문화 경관으로 자리 잡게 되었다. 바오야밍 등은 헝산루의 '동방 샹젤리제' 거리에 대한 현지조사를 통해 그곳을 '지구화의 문화 상상을 향한 통로'(包亞明等: 87)로 자리매김했다. 그러나 지구화의 상상은 계층마다 달랐다. 보행자와 보통 시민의 눈에 상하이 바는 구체적이면서도 실재적인 지리 공간이고, 자유 자본의 눈에는 레저 산업의 보금자리이며, 매체의 눈에는 끝없는 이야기를 내장하고 있고, 국가권력의 시야에서는 무럭무럭 자라는 문화의 새로운 경관이며, 소비자의 눈에는 스트레스를 푸는 골목이고, 엽기자의 눈에는 이국정조가 넘실대는 '이색 지대'이며, 노스탤지어의 눈에는 읽어도 끝이 없는 역사이고, 신인류의 눈에는 생활의 바탕이며, 전위 작가의 눈에는 욕망 공연의 무대이고, 지식인의 눈에는 가상의 문화 이미지다. 이와 동시에, 헝산루 바는 의미가 모호한 공공영역이지만, 자본주의 문화가 지구적으로 확산한 흔적으로 경계하고 비판해야 할 대상이기도 하다(95). 이처럼 상하이 바는 계층에 따라, 관점에 따라 다르게 인지될 만큼 문화적 두터움(cultural thickness)을 가지고 있고 그 두터움은 중국인의 삶의 다양성을 여실히 알려주고 있다.

이들은 상하이 바를 "1970년대에 출생한 신인류의 생활방식을 구성하는 한 부분이며 동시에 신인류 작가의 주요한 묘사대상"(바오야밍, 2009: 401)으로 이해한다. 올드 상하이 바는 1930년대 올드 상하이를 1990년대 중국인 앞에 호명(interpellation)하는 역할을 하고 있다. 그것은 심지어 1930년대 상하이를 배경으로 한 작품을 쓴 '신감각파 소설'과 1990년대 '신인류 소설'을 이어주는 매개이기도 하다. 그리고 이들에게 공통된 것은 사회주의 30년 동안 금지되었던 '자본주의적 욕망'이다. 개혁개방 이후 자본주의를 수용한 중국에서 '개인의 발견'은 의미심장하다. 재발견된 개인은 억압되었던 자유와 진리를 추구하는 개인이기도 하지만, 자신의 이익만을 추구하며 다른 사람의 행복에는 아랑곳하지 않는 개인이기도 하다. 특히 후자의 개인이 '신부유층'을 형성하면서 이들은 '새로운 이데올로기'105)를 주도하는 계층으로 등장한다. '새로운 이데올로기'는 자본주의 복권의 길을 지향한다. 올드 상하이 바는 바로 신부유층 및 이들을 추종하는 중산계급의 취향 기준과 그들의 권력 형식을 성공적으로 연역하고 있다.

바오야밍 등의 상하이 바 연구는 노스탤지어 풍조를 대상으로 삼은 동시에 상하이 도시문화를 분석한 지식인 담론이자 도시공간에 대한 연구이기도 하다. 이 가운데 바오야밍은 다이진화의 두 가지 글쓰기—엘리트 지식인의 노스탤지어 글쓰기'와 '유행으로서의 노스탤지어'—에 기초해 상하이 노스탤지어와 관련된 상하이 글쓰기를 소비자의 '노스탤지어 풍조', 조망자의 '엘리트 서사', 비판자의 '지식인 담론'으로 나누고, 각각 천단옌(陳丹燕)과 쑤쑤(素素), 왕안이(王安憶), 다이진화를 그 대표로 거론했다. 바오야밍은 이 세 가지를 '상하이 노스탤지어'에만 국한하는 데 머물지 않고 '상하이 글쓰기'로 확대 적용하고 있다. 그러기에 왕안이가 상하이 노스탤지어로 분류되는 것을 거부한 『장한가』를 '엘리트 서사'라는 항목에서 다루었고, 상하이 노스탤지어에 비판적인 다이진화를 '지식인 담론'의 범주로 분류했다. 바오야밍은 이 세 가지가 당대 중국 사회에서 국가, 시장, 지식인의 관계 속에서 복잡한 방정식을 구성하고 있다고 주장하고 있다. 그에 의하면, '노스탤지어 풍조'는 주류 이데올로기의 입장과 거리가 있으며 심지어 저촉되는 부분도 있지만, 노스탤지어 풍조가 주장하는 소비주의 시장 성향은 오히려 주류 이데올로기의 지구화에 대한 문화적 상상을 만족시킨다. '엘리트 서사'는 노스탤지어 풍조의 화려한 꿈의 서사를 제약하고 이를 인정하지 않으면서도 소비주의와 지구화에 대한 직접적인 비판을 회피하고, 현실 지역적(local) 주체의 결여를 전제로 노스탤지어

105_ 왕샤오밍에 의하면, "노동자, 농민, 국가 간부, 군인, 지식인 같은 기존의 계층" 이외에 "연해 지구와 중·대형 도시에서는 새로운 계층이 출현하고 있다." 상하이를 중심으로 새롭게 나타난 계층을 살펴보면 다음과 같다. "수천만 혹은 그 이상의 개인 자산을 소유하고 있는 '신부유층', 깨끗하나 표준화된 사무실에서 힘들게 일하는 화이트칼라, '면직(下崗)', '휴직', '퇴직 대가' 등의 이름으로 존재하는 실직노동자, 그리고 대부분 상하이의 비기술적 육체노동에 종사하는, 농촌에서 온 농민공(民工)"(왕샤오밍, 2009a: 59~60). 그리고 이들 가운데 '새로운 이데올로기'와 직접 관계가 있는 것은 "1990년대 중국의 가장 중요한 비밀이 집중"(왕샤오밍: 65)되어 있는 '신부유층'이다.

풍조와는 다른 방식으로 지역적 담론 재건의 가능성을 탐색한다. '지식인 담론'은 노스탤지어 비판과 현실 문제에 대한 직접적 개입을 통해 소비주의와 지구화의 지역적 공간에 동질화 영향을 막으려고 노력한다(바오야밍: 413). 노스탤지어 풍조는 자본주의의 승리에 기울어 있지만, 지식인 담론은 사회주의 견지(堅持)에 가까우며, 엘리트 서사는 그 중간 어디쯤 위치하는 셈이다.

8장
문학인류학의 가능성과 상하이 에스노그라피

1. 상하이 문학과 문학 상하이

상하이는 중국 근현대 도시문화의 발상지이자 서식지라 할 수 있다. 그러므로 중국 근현대문학과 예술은 최소한 그 탄생과 발전의 초기 단계에 자연스레 상하이를 중심으로 삼았다. 일반적으로 근현대문학은 대도시의 시민을 주요 독자로 삼기 마련이고 도시 대중을 기본 독자로 삼자면 매체의 힘을 빌어야 한다. 경제발전은 상하이 도시문학 흥성에 큰 도움을 주었다. 우선 독자층이 증가했고 그와 비례해 문학 간행물이 성행했다. 판보췬(范伯群)에 따르면, 1949년 이전 중국에 세 차례의 문학 간행물 붐이 있었다고 한다. 1902~1907년의 『신소설(新小說)』과 『수상소설(繡像小說)』 등, 1909~1917년의 『소설시보(小說時報)』와 『소설대관(小說大觀)』 등, 그리고 1921년의 『소설월보(小說月報)』와 『토요일(禮拜六)』 그리고 『자라란(紫羅蘭)』 등이 그것이다(范伯群, 2007; 판보췬, 2015: 3, 6, 9장). 이 잡지들은 대부분 상하이에서 발간되었다. 사실 루쉰이 4대 견책(譴責)소설의 하나로 지목했던 『관장현형기(官場現形記)』의 작가 리보위안(李伯元)은 대형신문 『지남보(指南報)』(1898.6.6. 창간)의 주필을 이어받았을 뿐만 아니라 이미 중국 최초의 소형신문(小報)인 『유희보(遊戲報)』(1897.6.24. 창간)의 주편을 맡아 소형신문 붐을 일으켰다. 이후 신해혁명 이전까지 상하이에는 약 40종의 소형신문이 간행되었는데, 위의 4대 견책소설은 바로 이 소형

신문에 연재되면서 근현대 상공업의 번영과 대도시의 흥성을 반영하고 피드백하는 사회소설의 역할을 했다(范伯群, 2007; 판보췬, 2015: 2장).

상하이 학술과 문화 또한 근현대 중국의 중심으로서 손색이 없다. 리쩌허우(李澤厚)가 중국 근대의 3대 선진 사조의 하나라 일컬었던 변법유신의 선행자들인 궁쯔전(龔自珍), 웨이위안(魏源), 펑구이펀(馮桂芬), 왕타오(王韜) 등이 상하이에서 개혁을 시작했고 변법유신 주창자인 캉유웨이(康有爲), 량치차오(梁啓超), 탄쓰퉁(譚嗣同) 등이 여기에서 변법을 선전하고 개량주의 문학을 제창했다. 또한 혁명파라 일컫는 류야쯔(柳亞子), 쑤만수(蘇曼殊), 장타이옌(章太炎) 등도 이곳에서 결사하고 학당을 세우고 간행물을 내면서 애국주의 문학을 주창했다(邱明正, 2005: 4).

베이징이 정치의 중심으로 고급문화가 주류를 이루고 많은 작가가 엄숙문학을 지향한 반면, 중국 경제의 심장이자 대중문화의 중심인 상하이는 개방적이고 전위적이다. 본격적인 근현대문학의 기점인 5·4신문학은 베이징에서 시작됐지만 그 성과를 상하이에서 꽃피웠고 1920~1930년대의 좌익문학의 중심 역시 상하이였다. 1930~1940년대 '신감각파'를 중심으로 한 도시문학도 상하이에서 그 절정을 맞이했다. 문화대혁명의 이념 지옥에서 살아남은 사람들이 상처의 흔적을 적나라하게 보여준 '상흔(傷痕)문학과 그 상처의 원인을 반추한 '성찰(反思)문학은 포스트사회주의 시대의 새로운 기풍을 상하이에서 열었다. 상하이의 대표적 지식인 왕샤오밍(王曉明)과 천쓰허(陳思和)는 '문학사 새로 쓰기'(1988)와 '인문학 위기'(1993) 등의 논쟁을 주도했다.[106] 상하이에서 성장해 상하이와 상하이인을 형상화하고 있는 왕안이는 1940년대 장아이링과 더불어 근현대 상하이를 이해하는 데 중요한 작가로 대두했다. 그 대표작 『장한가』(1995)는 서양 문화시장의 식민 상상에 영합하려는 '상하이 노스탤지어'를 극복하고, 순수하고 소박한 올드 상하이를 충실하게 재현함으로

106_ 왕샤오밍이 문화연구학부를 개설하고 '중국 당다이 문화연구센터'를 세워 문화연구를 겸업하고 있는 반면, 천쓰허는 문학의 진정성을 수호하는 측면이 강하다.

써 '도시의 민간서사'라는 평가를 받았다.[107] 그리고 인터넷 시대에 새로운 매체를 바탕으로 중국을 뜨겁게 달군 최초의 인터넷문학[108] 웹사이트인 룽수샤(榕樹下)[109]도 상하이에서 시작되었고, 현재 최대의 인터넷문학 웹사이트인 성다문학주식회사(盛大文學股份有限公司)도 본사를 상하이에 두고 있다.

1949년 이전의 중국 영화사가 상하이 영화사와 비슷한 원주의 동심원을 그린 것 못지않게, 중국 근현대문학사에서 상하이 문학은 상당한 비중을 차지하고 있다 해도 과언이 아니다. 일부 논자들은 상하이 문학을 따로 논하기도 한다. 천보하이와 위안진이 주편한 『상하이 진다이문학사』(陳伯海·袁進, 1993)는 가장 이르게 출간된 상하이 문학사로, 도시와 문화라는 특징과 연계시켜 상하이 진다이문학을 시, 소설, 희극으로 나누어 논술했다. 양젠룽의 『상하이 문화와 상하이 문학』(楊劍龍, 2007)은 주로 상하이의 대표적인 문학 현상인 통속문학과 대표 유파인 '신감각파' 그리고 상하이 작가들을 다룬 논문들을 모았고, 양양 등의 『해파문학』(楊揚·陳樹萍·王鵬飛, 2008)은 해파문화와의 관련 속에서 상하이 문학에 영향을 준 요소, 간행물, 작가 작품 등을 다루었다. 이 가운데서 주목할 저서는 『상하이 문학 통사』(2005)다. 상하권 1,172쪽에 달하는 방대한 분량을 자랑하는 이 저서는 구성에서도 고대, 진다이(近代), 셴다이(現代), 당다이(當代)의 네 부분으로 나누어 종적으로 고금을 '통'달하고, 횡적으로 외국문학과 연'통'하며, 내적으로는 상하이의 문학창작과 문학사조를 소'통'시키고, 외적으로 문학 본체와 사회 역사의 혈육 관계를 교'통'시키려 했다(邱明正, 2005: 14~15). 그러나 '통사'에 의미를 부여한 나머지 고대문학사

107_ 이를 뒤이어, 20세기 말 신생대 작가 웨이후이(衛慧)는 『상하이 베이비(上海寶貝)』(1999)와 『나의 선(我的禪)』(2004) 등에서 상하이 화이트칼라 계층의 욕망과 소비문화를 그려냈다.

108_ 왕샤오밍은 최근 15년간의 중국문학을 조감하면서 크게 인쇄문학(紙面文學)과 인터넷문학(網絡文學)으로 나누고, 다시 인쇄문학을 엄숙문학, 신자본주의문학, 제3의 방향으로, 인터넷문학을 성다(盛大)문학을 대표로 하는 웹사이트문학, 블로거문학, 휴대폰문학 등으로 나눠, 이른바 '6분천하'라 유비했다(王曉明, 2011).

109_ 초기 인터넷문학의 대표적 웹사이트. 1997년 가을 재미화교 주웨이롄(朱威廉)이 개인 차원에서 시작해 1999년 정식으로 회사를 꾸려 웹사이트를 운영(七格·任曉雯, 2010: 3~4).

의 경우에는 '상하이'라는 개념이 형성되기 이전부터 고찰한 까닭에 건강부회를 면치 못하는 한계점을 가지기도 했다. 그 외에도 텍스트별 해제의 성격을 띤 『화설 상하이문학』(陳靑生, 2009)이라는 입문서가 출간되기도 했다. 이처럼 상하이문학은 중국 근현대문학사 내에서 독립적인 지분을 요구할 만큼 규모와 독특함을 갖추었다. 그러나 한국 근현대문학사를 논하면서 '서울 문학'을 따로 논하지 않듯이, 상하이문학은 중국 근현대문학과 분리될 수 없다. 특히 문학사의 주류이자 다수파를 차지하고 있는 상하이문학을 독립적으로 고찰하는 것은 그다지 현명한 일이 아닌 것으로 보인다.

상하이와 문학을 연계시키는 또 하나의 방법은 '문학 상하이'다. 필자는 일찍이 『소설로 보는 현대중국』에서 "중국의 근현대소설은 중국 근현대사를 이해하는 데에 있어서 가장 풍부하고도 재미있는 사료적 성격을 가진다"(임춘성, 1995: 6)라는 점에 착안해 분석방법을 '지안문(地安門)을 통해 보는 천안문(天安門)'으로 유비한 바 있다. 지안문(근현대소설)을 통해 천안문(근현대사)의 전모를 파악하고 천안문을 통해 지안문의 섬세한 결과 애환을 이해하는 것을 중국 이해의 경로로 삼았다. 필자의 문제의식과 불모이합(不謀而合)으로 왕더웨이는 "소설이 중국 현대화 역정을 기록"한다는 의미와 "역사와 정치 논술 속의 중국에 비해 소설이 반영한 중국이 더 진실하고 실재적일 수도 있다"(王德威, 1993: 3)라는 맥락에서 '소설 중국'이라는 개념을 제출했다. 자오시팡(趙稀方, 2003)과 천궈추(陳國球, 2000)도 각각 '소설 홍콩'과 '문학 홍콩'이라는 용어를 사용했다. 또한 천쓰허(陳思和, 2003)도 왕안이(王安憶)의 『장한가』를 분석하면서 '문학 상하이'라는 표현을 사용하고 있다.

여기에서 사용하는 '문학 상하이'는 우선 문학 텍스트를 통한 상하이 연구이고, 문학연구와 도시연구의 유기적 결합, 텍스트 연구와 콘텍스트 연구의 상호작용에 대한 연구이다. 그 가운데 문학인류학과 에스노그라피는 문학 상하이를 구체적으로 보여주는 방식이라 할 수 있다.

상하이에 대한 대표적인 서사로 쑤퉁(蘇童)의 「여자의 일생(婦女生活)」[110]

을 들 수 있는데 이 작품은 근현대 중국의 질곡을 거친 여인의 삶을 3대에 걸쳐 조명했다. 셴(文閑, 씨엔)과 그녀의 딸 즈(芝) 및 손녀 샤오(簫, 씨아오)에 걸친 3대 여인의 이야기는 각각 1930년대, 1950~60년대, 1980년대를 배경으로 한 중국 근현대 상하이와 맞물려 전개된다. 1930년대 사진관을 운영하는 편모슬하에서 자란 셴은 영화사 사장의 눈에 띄어 꿈에 그리던 영화배우가 되었다가 그의 아이를 밴다. 이때 항일전쟁이 발발하여 사장은 홍콩으로 달아나고 그녀는 집에 돌아와 딸 즈를 낳는다. 1950년대 중국공산당 집권 시절, 항상 집을 떠나고 싶어 했던 즈는 사랑하는 남자 저우제와 서둘러 결혼한다. 하지만 아기를 가질 수 없었던 부부는 아이를 입양하게 된다. 삶이 불만으로 가득했던 즈는 후에 남편과 양녀 사이의 관계를 의심하게 되고 결국 저우제는 이를 견디다 못해 자살하고 즈 역시 정신분열로 집을 나가버린다. 중국이 개혁개방으로 치닫던 1980년대, 할머니의 손에서 자란 손녀 샤오는 남자친구 샤오두(小杜)와 결혼하여 임신한 지 얼마 안 돼 그에게 다른 여자가 생긴 걸 알게 된다. 그녀는 단호하게 이혼을 통보하고 할머니가 죽자 혼자서 아이를 낳을 준비를 한다. 문화적으로 3대의 모녀는 상하이 여성의 정명(精明)함을 상징한다. 『장한가』가 왕치야오를 중심으로 변모하는 상하이의 모습을 그리고 있다면, 쑤퉁의 「여자의 일생」은 시대별로 할머니─딸─손녀를 배치하여 상하이의 모습을 시대에 따른 세대의 변모와 함께 보여줌으로써 좋은 대조를 이루고 있다.

2. 에스노그라피 글쓰기와 허구화

평판이 좋은 한쪽(사회과학-인용자)은 내세우고 그렇지 않은 쪽(문학-인용자)은

110_ 이 작품은 국내에서 「부녀생활」로 번역되어 쑤퉁(2007)에 수록되어 있다. 또 허우융(侯詠)에 의해 <모리화(茉莉花開)>(2006)로 영화화되었는데 조안 천(陳沖)과 장쯔이(章子怡)의 1인 3역 연기가 이채로웠다.

억압하는 우리는, 이를테면 말이 자신의 어미라는 것은 자랑스러워하면서도 당나귀가 아비라는 사실은 모른 척 무시하고 싶어 하는 북아프리카 노새와 어떤 면에서는 가족처럼 닮았는지도 모른다(기어츠, 2014: 19).

그동안 사회과학적 성격을 강조하던 인류학자들의 에스노그라피가 "세계를 종이에 담아내는 글쓰기의 일종일 수도 있다는 생각"(기어츠: 11)은 '에스노그라피 글쓰기'에 대한 비전공자의 호기심을 자아내기에 충분하다. 왜냐하면 예전부터 에스노그라피가 문학작품과 유사한 측면이 많다고 생각했고 실제로 『슬픈 열대』(레비-스트로스, 1998)나 『린 마을 이야기』(황수민, 2008) 같은 에스노그라피를 한 편의 소설로 보아도 손색이 없다고 생각해온 나로서는, 에스노그라피의 문학적 성격을 강조하는 기어츠(Clifford Geertz)의 위의 언급에 주목할 수밖에 없었다. 그는 인류학/에스노그라피가 문학이라는 아비와 사회과학이라는 어미 사이에서 태어났으면서도 아비의 혈통은 부인하고 어미만을 인정하고 있다는 점을 지적 또는 고백하고 있다. 당연하게도 기어츠는 "진지한 이야기를 우리에게 전하는 인류학자의 능력"을 "정확한 시선이나 개념의 정밀성 여부와는 별로 관련이 없다"라고 보고, "그보다는 그들이 실제로 다른 생활 세계에 침투해보았고 … , 이런저런 방식으로 실제 '그곳에 있어본' 결과라고 믿게 만드는 능력이 더 중요하다"(기어츠: 14)라고 생각한다. 결국 기어츠가 제시한 '에스노그라피 글쓰기'란 "먼 곳의 삶을 가까이서 겪고 그 인상을 산문으로 전달하는 능력"(16)이라는 것이다. 다른 곳의 삶을 직접(처럼) 겪고 그 인상을 산문적으로 전달하는 능력은 바로 '문학적 글쓰기'에서 비롯되는 것이다. 이는 그의 학부 전공이 영문학이라는 점을 감안한다면 그다지 놀랄 일은 아닐 것이다.

이런 생각 위에서 기어츠는 문학비평과 마찬가지로 '인류학적 글쓰기'에 대한 비평도 "인류학적 글쓰기 자체에 참여하면서 발전해나가야 한다"(17)라고 제시하면서, '저자(author)란 무엇인가' 그리고 '작품-에스노그라피란 무엇인가라는 화두를 '에스노그라피 글쓰기'에 던진다. 푸코(Michel Foucault)의 「저자란 무엇인가?」의 문제의식111)을 경유하면서 기어츠는 쟁점을 이렇게 요약한다. "저자가 강하게 드러난 텍스트의 표현 관습과 … 저자가 부재하는 텍스트의 표현 관습 간의 충돌은 사물을 소유하려는 입장과 그것을 있는 그대로 보겠다는 입장 간의 충돌로 여겨졌다"(20). 그동안 에스노그라피 글쓰기에서 저자가 부재하는 텍스트의 표현 관습에 따라 사물을 있는 그대로 보겠다는 입장이 주류였고, "자신이 현지에 있었다는 점과 자신의 민족지가 현지인의 관점을 충실하게 재현한다는 점을 강조하면서 타문화를 전지적 화자의 입장에서 총체적으로 설명하는 전통적인 민족지 서술방식"(33)을 지칭하는 '에스노그라피 리얼리즘'이 그 표현이었다면, 기어츠의 문제제기는 이제 전자—저자가 강하게 드러난 텍스트의 표현 관습—의 문제도 고려해야 한다는 것이다. 다시 말해, "민족지학자들은 자신들이 정말로 '그곳에 있었다'라는 것뿐만 아니라 만약 우리가 그곳에 있었더라면 자기들이 본 것을 우리도 보고, 자기들이 느낀 것을 우리도 느끼며, 자기들이 내린 결론을 우리도 내릴 것이라고 설득해야 한다"(27~28)라는 것이다. 이는 에스노그라피가 어미, 즉 사회과학의 전승만 내세울 것이 아니라 아비, 즉 문학과의 연계에 눈을 돌려야 한다는 것이다. 이런 맥락에서 "현지조사에 대한 매혹으로부터 글쓰기의 매혹으로 눈을 돌"(35)려야 한다는 주장은 설득력 있게 다가온다.

에스노그라피 글쓰기가 문학 글쓰기로부터의 계승을 인정했다면, 문학 글쓰기가 에스노그라피 글쓰기와 공유하는 지점은 과연 무엇일까? 에스노그라피는 분명 있었던 일을 기록한다는 점에서 역사 글쓰기와 유사하지만, 양자 사이에는 추상도의 차이가 존재하는 것으로 보인다. 그에 반해 문학은 있을 법한 일을 기록한다는 면에서 차이가 있다. 그렇다면 에스노그라피는 문학으

111_ 저자를 '저자 기능'으로 대체, 또는 저자와 저자-기능을 분리한다. 저자가 놓인 맥락, 즉 권위를 부여하는 토대(권력적인 지형)를 사유해야 한다는 의미에서 저자는 죽었다라고 선언한 것이다(푸코, 1989).

로부터 무엇을 가져왔을까? 앞당겨 말하면 그것은 '이야기 능력'이다. '스토리텔링(storytelling)'이라 불리는 이야기 능력은 '허구화(fictionalization) 능력'이기도 하다.

'스토리텔링' 또는 '허구화 능력'은 문학 고유의 것으로 치부되었지만, 인지과학의 연구 역량에 힘입어 이제 그것은 인간의 본능이자 인류의 보편적 욕망으로 인식되고 있다. 갓셜(Jonathan Gottschall)은 "스토리텔링의 마음을 가진 유인원"을 "호모 픽투스(Homo fictus, 이야기하는 인간)"(갓셜, 2014: 14)라고 지칭하면서, 인간이 왜 이야기를 만들고 소비하기를 좋아하는지에 대해 진화론에 입각해 인지과학(cognitive science)적으로 규명하고자 했다. 그에 따르면, "이야기를 만들고 소비하려는 인간의 충동은 문학, 꿈, 공상보다 훨씬 깊은 곳에 잠재한다"(갓셜: 39). 인간이 왜 이야기에 빠져드는가를 밝히는 노력으로 '부산물 이론' '현실 도피론' '모의 비행 장치' 등이 거론되었는데, 갓셜은 "전 세계 픽션에는 보편 문법, 즉 주인공이 말썽과 맞서 이를 극복하려고 분투하는 심층 패턴이 있"(81)는데, 다시 말해, 이야기가 "인물+어려움+탈출 시도"(226)로 구성되어 있다는 것이다. 이런 패턴은 우리 뇌에 영향을 주는데, "'뇌의 픽션 반응' 연구들은 스토리텔링의 문제 시뮬레이션 이론에 부합"(90)한다고 주장한다. 여기서 그의 주장을 종합적으로 소개할 수는 없지만 우리는 스토리텔링이 단순한 기교에 머무는 것이 아니라 인간의 속성인 동시에 그것이 끊임없이 진화해 왔다는 사실을 직시해야 한다. "이야기는 진화한다. 생명체처럼 환경의 요구에 끊임없이 자신을 적응시킨다"(220). 갓셜은 스토리텔링의 미래를 '실연(實演) 롤플레잉 게임' 또는 'MMORPG'112)에서 발견하면서 다음과 같은 말로 자신의 가설을 마무리하고 있다. "인간은 이야기에 탐닉하도록 진화했다.

112_ MMORPG는 '대규모 다중 사용자 온라인 롤플레잉 게임(Massively Multiplayer Online Role-Playing Game)'의 줄임말이다. '대규모 다중 접속자 온라인 역할 수행 게임'이라고 하기도 한다. 이는 온라인 게임 중 동시에 수천 명 이상의 플레이어가 인터넷을 통해 모두 같은 가상세계에 접속하여 각자의 역할을 맡아서 플레이하는 롤플레잉 게임(RPG)의 일종이다. https://mirror.enha.kr/wiki/MMORPG (검색일자: 2014.09.24.)

이 탐닉은 전반적으로 인간에게 유익했다. 이야기는 쾌감과 교훈을 준다. 우리가 현실에서 더 잘 살 수 있도록 세상을 시뮬레이션한다. 우리를 공동체로 결속하고 문화적으로 정의한다. 이야기는 인류에게 귀한 은인이었다"(238). 한마디 덧붙이면, 이야기는 우리에게 지금도 귀한 은인이고 앞으로도 소중한 은인일 것이다. 여기에서 허구(fictum)는, 진리에 반하는 허위(falsum)와 달리, 진리를 다른 각도에서 보여준다(김용석, 2022). 허구를 허위, 거짓과 구별해야 하는데 특히 이야기에서 허구는 이야기꾼의 공백을 메워주는 역할을 한다.

갓셜은 그 이후 후속 연구(Gottschall, 2021)에서 한 걸음 더 나아가 '이야기 과학'을 제창하면서 스토리텔링의 이중성에 주목한다. 그에 따르면, "진화는 이야기를 **위해** 마음을 빚었으므로 마음은 이야기에 **의해** 빚어질 수 있다"(갓셜, 2023: 47. 강조-원문). 바꿔 말하면, 거대하고 복잡한 메커니즘인 문화에 대한 정보를 간수하고 전달하는 수단이 이야기라는 것이다. 스토리텔링은 인간의 모든 지혜를 이해하고 전달하고 설득하고 실행하는 해법이다(Damasio, 2010: 293; 갓셜, 2023: 46 재인용). 스토리텔링의 주요한 기능은 '서사 이동(narrative transportation)'이다. 서사 이동이란 "책을 펼치거나 텔레비전을 켜고 일상에서 벗어나 대안적 이야기 세계로 정신적 순간이동을 하는 미묘한 감각"(갓셜, 2023: 52)인데, 이 서사 이동에는 치명적인 양면성이 있다. 반 래어(Tom van Laer)에 따르면, "서사 이동은 신중한 판단과 논증 없이도 지속적 설득 효과를 낳는 정신 상태다"(van Laer, Ko de Ruyter, Visconti, and Wetzels, 2014; 갓셜, 2023: 54 재인용). 그런데 서사에 설득되면 인간의 합리적 사유 능력이 '무력화'되어, 서사에 담긴 정보를 독자에게 '주입'할 수 있다. 그 정보가 옳든 그르든, 선의적이든 악의적이든 '설득당한 사람들'은 개의치 않는다. 최근 한국 사회는 과장되고 위조된 비논리적인 스토리텔링에 설득당한 사람들이 부지기수다. 이제 TV 뉴스를 비판적으로 시청하듯, 이야기도 비판적으로 선별해야 한다. "평화와 자신의 영혼을 위해, 이야기에 말 그대로 반할 수밖에 없는 가련한 자들을" 위로하는 순기능을 포기하지 않으면서 과장되고 위조된 비논리적인 "이야기를 증오하고 거부"(갓설: 285)한다.

이상의 논의를 전제로 이 글은 다음과 같은 가정에서 출발한다. 흔히 허구라고 인식된 근현대소설 텍스트를 인류학적 텍스트로 설정해보자는 것이다. 그리고 인류학자가 현지에 들어가 일정 기간 참여 관찰을 통해 조사하고 핵심 인물을 인터뷰해서 에스노그라피를 기록하듯이, 작가 또한 현지조사와 참여 관찰 그리고 인터뷰를 하는데, 이런 과정을 거친 작품을 에스노그라피로 설정해보자는 것이다. 전기를 생애사로, 소설가를 현지조사하는 인류학자로, 소설 텍스트를 에스노그라피로, 작중 인물을 정보제공자로 설정하는 것이다. 물론 모든 텍스트와 작가를 에스노그라피스트와 인류학자로 볼 수는 없다. 여기서 강조되는 점은 '참여 관찰(participant observation)' 자세를 취하는 관찰자 화자와 시점이라고 볼 수 있다.

3. 문학인류학과 상하이 에스노그라피

대학원에 갓 입학해 문학연구를 시작할 즈음 한 세미나에서 문학과 역사의 차이를 기연(旣然)과 미연(未然)으로 개괄한 적이 있었다. '역사는 있었던 일을 기록하고 문학은 있을 수 있는 일을 기록한다'라는 논의였다. 그리고 그 구분을 '사실(fact)'과 '허구(fiction)'라 요약했고, 문학과 역사의 경계에 놓여 있는 사시(史詩)와 역사소설에 대해서도 논쟁을 했다. 요즘은 팩션113)이란 장르가 사실과 허구를 가로지르면서 그 구분을 모호하게 만들고 있다. 허구를 현실에서 절대로 일어나지 않는 황당한 일로 오해하지 않고 일어날 수 있는 개연성으로 이해할 때 문학 글쓰기는 역사 글쓰기 등에 비해 자유로운 것이 사실이

113_ 팩션(Faction)이란, 팩트(fact)와 픽션(fiction)을 합성한 신조어로, 역사적 사실에 근거하여 새로운 시나리오를 재창조하는 문화예술 장르를 가리킨다. 주로 소설의 한 장르로 사용되었지만 영화, 드라마, 연극, 게임, 만화 등으로도 확대되는 추세이며 문화계 전체에 큰 영향을 미치고 있다. http://ko.wikipedia.org/wiki/%ED%8C%A9%EC%85%98 (검색일자: 2012. 01.31.)

다. '상상력'을 문학 글쓰기만의 고유한 속성으로 인식했고 다른 글쓰기에서는 그것을 넘보지 않았기 때문이다. 물론 자유로움은 역으로 엄밀하지 못하다는 비판을 불러오기도 했다. 그러나 사회과학에서도 상상, 특히 집단 상상을 연구대상으로 삼게 되었을 뿐 아니라, 그 글쓰기에서도 상상의 요소를 배제하지 않고 있는 것이 현실이다. 특히 포스트주의(postism) 담론 지형에서 볼 때 역사 글쓰기도 문학 글쓰기와 마찬가지로 재현/표상(representation)의 일종이고 담론구성체(discourse formation)의 일부일 뿐이다. 이제 인문학과 사회과학 내부에서 글쓰기 규범의 엄격한 경계는 모호해졌다.

인도 출신의 문화인류학자인 아파두라이(Arjun Appadurai)는 매체(media)와 이주(migration)의 결합이 지구화 시대의 근현대적 주체성을 구성하는 '상상력의 작업(work of the imagination)'에 어떤 영향을 미치는가를 탐구하고 있다(아파두라이, 2004: 10). 아파두라이는 전자 매체의 등장과 대량 이주 현상이, 현재의 세계가 단순히 기술적으로 새로운 흐름에 직면해 있는 것이 아니라, 상상력의 작용을 요구하는(때로는 강제하는) 새로운 종류의 힘에 노출되어 있다는 점을 지적한다. 상상력 작업은, '순수하게 해방적인 것'도 '전적으로 규율에 종속적인 것'도 아니다. 상상력 작업은 논쟁하고 경쟁하는 공간이며, 그 속에서 개인들과 집단은 그들이 실천하고 있는 현대성을 세계적인 것과 결합하려 한다. 그가 볼 때 "상상력은 그 자체로 하나의 집단적이고 사회적인 사실로서 형성되어왔다"(아파두라이: 14). 특히 그것이 집단의 자산으로 기능할 때 이른바 '정서적 공동체(community of sentiment)'가 형성된다. '정서적 공동체'는 아파두라이가 1990년에 제기한 개념으로, 함께 상상하고 사물을 감각할 수 있는 집단의 능력을 의미하는데, 글 읽기와 비평 및 향유의 집단성이라는 조건에서 대중매체가 만들어 낼 수 있던 것 중 하나라고 본다. 아파두라이가 보기에 전자매체의 등장과 대량 이주 현상을 특징으로 하는 지구화 시대에, 상상 또는 상상력은 개인의 차원에서 집단의 차원으로, 예술의 차원에서 사회 전 국면으로 확산했고 심지어 대부분 평범한 개인들의 일상생활 전반에 작용하고 있다는 것이다. 그러므로 집단적이고 사회적인 사실로서의 상상력은 사회과학의 연구 대상이 된다. 이제 상상은 개인뿐만 아니라 집단이 사회적 삶을 재가공하고 재구성할 수 있는 영역을 제공하는 것이다.

'독자-반응 이론'으로 문학연구자들에게 알려진 이저(Wolfgang Iser)는 1980년대 말부터 문학인류학(literary anthropology)으로 전환했다는 평을 듣는데, 우리에게 허구화를 상상의 방법으로 제시한다. 그는 전통적인 현실과 허구의 이원대립 대신, '현실-허구-상상의 삼원합일(三元合一)'을 주장한다. 그가 보기에 삼원합일의 관계는 문학 텍스트 존립의 기초다. 바꿔 말하면 모든 문학 텍스트는 현실과 상상 그리고 양자를 연결하는 허구화로 구성되어 있다. 이저는 "허구화 행위는 상상과 현실 사이의 유대"(Iser, 1991; 沃爾夫岡·伊瑟爾, 2011: 3)라고 표현했고 그 특징은 부단히 '경계를 초월(越界)'하는 것으로 보았다. 그가 볼 때 허구는 선택, 융합, 자기 해석이라는 세 가지 기능을 가지고 있다. 이저의 논의에서 또 하나 주목할 것은 인간의 '가소성(可塑性, plasticity)'이다. 그는 가소성을 어디에도 머물지 않고 변천하는 본질적 특징으로 본다(沃爾夫岡·伊瑟爾: 11). 가소성의 기본 특징은 허구와 상상이며 양자의 융합과 상호 추동은 문학을 생성한다. 인간의 가소성은 현존 문화 규범과는 상호 충돌되는 다른 영역, 패권 지식 담론의 억압을 받아 침묵 상태에 있는 기타 지식 담론, 문화 질서와 배리(背理)되는 독특한 생명 체험, 심지어 인지의 한계를 초월하고 모호하며 불확정적인 존재 영역 등과 관련되어 있다. 문학은 바로 인간이 가소성을 추구하게 부추기는 충동이자 인간이 자아 해석을 모색하는 욕망인 인간의 '허구화 충동'을 표장하고 있다. 이저는 가소성을 특징으로 삼는 허구화를 문학의 속성에 국한하지 않고, 문화적 맥락에서 인간의 보편적 욕망으로 확대해석하고 있다. 그는 아파두라이가 언급한 상상력의 해방적 성격에 초점을 맞추어 허구화를 규정하고 있는 셈이다. 이저는 여기에서 한 걸음 더 나아가 문학인류학으로 넘어간다.

인류학은 사회과학이면서도 인문학과의 경계에 놓여 있다. 일정 기간 참여 관찰을 통한 현지조사를 요구하는 인류학적 글쓰기를 '에스노그라피'라고 한다. 문화인류학자 홍석준은 에스노그라피를 "장기간 체류하는 인류학적 현지조사는 인류학자가 문화상대주의cultural relativism를 몸소 터득하여 문화를 올바로 이해하기 위한 과정이나 지식을 생산하는 과정"이라 정의한다. 그리고 그것을 "전문적인 인류학자가 되기 위한 일종의 통과 의례rite of passage"(홍석준, 2003: 34)라고 보고 있다. 이를 위해 열린 마음과 자세를 갖추고 현지 사람들과 함께 생활하며 신뢰에 바탕을 둔 친밀한 관계인 '라포rapport'를 형성한 기초 위에 '그곳 사람들의 일상생활에서 보고, 듣고, 느낀 것들을 기록'한다(홍석준: 35~36). 나아가 현지조사자가 된다는 것이 곧 '현지사람이 되는 것(going native)'을 의미하지는 않는다는 크레인과 앙그로시노(1996)의 논지에 기대, 현지조사의 주요 기법으로 참여 관찰과 비공식적 (심층) 인터뷰(informal [in-depth] interviews)를 들고 있다(38~39). 인류학자가 현지조사를 바탕으로 하여 특정한 문화에 대해 기술해 놓은 글인 '에스노그라피' 작성은 인류학적 연구의 가장 기본적인 형식인데, "에스노그라피를 작성할 때 인류학자는 현지문화의 여러 측면들 간의 상호 연관성이 최대한 잘 표현될 수 있도록 노력을 기울인다. 즉, 하나의 행위 혹은 제도를 설명할 때도 다른 행위나 제도들과의 연관 관계, 즉 문화적 맥락을 가능한 한 폭넓게 고려하고, 또한 현지사람들 스스로는 거기에 어떠한 의미를 부여하는지도 고려하여 설명하고자 하는 것이다"(43). 인류학자의 이런 태도를 '총체론적 관점 혹은 접근'이라 한다. 이를 통해 인류학적 에스노그라피는 구체적이고 체험적인 성격을 지니게 된다.

이 글에서 주목하는 지점은 에스노그라피도 재현(representation)의 일종이라는 점이다. 인터뷰라 하더라도 요약과 개괄을 해야 하고 어떤 부분은 묘사가 필요하기 때문이다. 앞에서도 언급했지만, 에스노그라피는 문학작품과 유사한 측면이 있다. 모든 에스노그라피를 문학작품으로 볼 수는 없지만『슬픈 열대』와 같은 모범적인 인류학 에스노그라피가 빼어난 문학작품으로 읽히는 것도 이상하지 않다. 중국의 경우를 예로 들자면, 푸젠(福建)성 샤먼(厦門) 시 인근 린(林) 마을의 당 서기 예원더(葉文德)의 생애사(life history)를 기록한 황수민

(黃樹民)의 『린 마을 이야기』 또한 한 편의 소설로 보아도 손색이 없다. 황수민은 "1949년 공산주의 혁명 이후 중국 동남부의 한 마을에서 변화하는 농민 생활에 관한 역사 지향적인 사례연구"(Huang, 1989; 황수민, 2008: 35 재인용)를 진행했다. "지난 35년 동안 린 마을에서 일어난 변화를 예증하기 위해 생애사적 접근을 시도"했고 "린 마을에서 자라고 그곳에서 당 서기가 된 예원더의 경험에 초점을 맞추어서 중국 현대사의 중요한 시기를 구성하는 격동의 사건들을 조명"(황수민, 2008: 36)했다. 그는 '참여 관찰에 입각'해서 "일곱 달 동안 이 마을에 머물면서 마을공동체의 모든 영역에 속하는 수많은 사람과 심층면접을 실시하여 그들의 가족사, 개인생활, 경제활동, 그리고 종교 활동에 대하여 알게 되었다"(황수민: 37). '극적인 이야기'를 '전기적 서술'로 재구성함으로써 '혁명 이후에 일어난 농촌의 엄청난 변화'를 독자에게 보여줄 수 있었다. 실제로 주인공 예원더를 중심으로 한 마을의 35년간의 부침을 기록하고 있는 『린 마을 이야기』를 읽다 보면 한 편의 리얼리즘 소설을 읽는 느낌이 든다.

그렇다면 역의 경우는 어떨까? 일정한 요건을 갖춘 리얼리즘적 문학작품을 에스노그라피로 읽는 것도 가능한가? 또 이 글은 이런 가정에서 출발하기도 한다. 흔히 허구라고 인식된 근현대소설 텍스트를 에스노그라피 텍스트로 설정해보자는 것이다. 그리고 에스노그라피스트가 현지에 들어가 일정 기간 참여 관찰을 통해 조사하고 핵심 인물을 인터뷰해서 에스노그라피를 기록하듯이, 작가 또한 현지조사와 참여 관찰 그리고 인터뷰를 하는데, 이런 과정을 거친 작품을 에스노그라피로 설정해보자는 것이다.

이런 문제의식과 연계된 것이 '문학인류학'이라는 분과학문의 등장이다. 예수셴(葉舒憲)은 역사적 관점에서 문학의 전환에 대해 다음과 같이 논술하고 있다. 지난 20세기 인문학과 사회과학 발전에서 많이 논의된 중요한 전환으로는 초기의 '언어학적 전환'과 후기의 '생태학적 전환'이 있었다. 여기에서 논의하는 '인류학적 전환' 혹은 '문화적 전환'은 '언어학적 전환'의 뒤를 이어 학술계에 출현한 비교적 보편적인 지식관이자 연구 패러다임의 확장이다. 그것은 문사철(文史哲)뿐만 아니라 정치학, 경제학, 법학, 예술 등 각 학과에 각각 두드러진 성과가 있었기에 '전환'이라는 표현에 부족함이 없다(葉舒憲, 2010: 40). 구조주의 및 형식주의 언어학의 영향을 '언어학적 전환'이라 한다면, '문학의 인류학적 전환'은 문자 그대로 인류학의 영향 아래 이루어진 것이다. 전자가 문학 텍스트를 언어의 구조물로 보고 과학적으로 분석하려는 노력이라면, 후자는 과학적, 언어학적 분석이 반드시 텍스트를 온전하게 해석할 수 있는 것이 아니라는 자각에서 비롯된 것으로 이해할 수 있다. 예수셴은 문학인류학이 비교문학 연구에서 진전된 것으로 보는 반면, 타오자쥔(陶家俊)은 해석학과 인류학의 영향 아래 형성된 것으로 본다.

류항(劉珩)은 문학인류학의 방법론과 연구 패러다임의 전환에 초점을 맞춘다. 방법론적 전환이란 많은 문학연구자가 인류학적 연구의 계시를 받은 것을 가리키는데, 신화학과 같은 것은 문학과 인류학의 교차점으로 일컬어진다. 문학의 인류학적 연구 패러다임은 인류학과 에스노그라피의 관련된 개념을 빌어 문학 텍스트 연구 방법과 대비하고 해석함으로써 에스노그라피의 글쓰기 스타일과 형식 그리고 표현 전략을 확장하는 것을 가리키는데, 대략 세 가지로 나눌 수 있다. 첫째, 에스노그라피 식의 전기(傳記)를 인류학자의 '생애사'와 연계시키는 것이다. 둘째, 소설가를 인류학자로 간주하고 그 작품을 에스노그라피로 간주하며 인류학 개념과 이론을 운용해 작품을 에스노그라피식으로 독해함으로써 허구를 통한 사실을 발견하는 것이다. 셋째, 소설 인물을 에스노그라피 속의 정보제공자로 간주해, 현지조사에서의 정보제공자와 대조하는 것이다(劉珩, 2011: 141~42). 요컨대, 전기를 생애사로, 소설가를 현지조사하는 인류학자로, 소설 텍스트를 에스노그라피로, 작중 인물을 정보제공자로 설정하는 것이다. 물론 모든 텍스트와 작가를 에스노그라피와 인류학자로 볼 수는 없다. 중요한 것은 '참여 관찰'의 자세를 취하는 '관찰자 화자와 시점'이라 할 수 있다.

한 가지 문제는 '장기간 체류하는 인류학적 현지조사'에서 '장기간'의 시간

규정이다. 인류학자들은 최소한 1년 이상의 현지조사가 필요하다고 입을 모은다. 그러나 현행 대학 제도에서 현지조사를 위한 1년 이상의 장기체류가 쉽지 않다. 물론 연구년을 이용해 현지조사를 할 수 있지만, 7년에 한 번이라는 점과, 미국 등으로 가고 싶은 가족들과 자신의 전공 지역으로 가야 하는 연구자 사이의 간극을 메우기는 쉽지 않다. 연속적인 장기체류가 쉽지 않음을 인지하고 방학을 이용해 불연속적으로 여러 차례 현지조사를 하는 방법이 있다. 인류학자들이 주가 되어 '21세기 중국 민간의 조각보'를 기록하겠다는 『민간 중국』의 엮은이가 쓴 개괄에서 "지난 20년 사이 저자들이 중국에서의 현지조사나 장기 교류를 통해 만나온 다양한 개인, 가족, 지역 주민이 등장한다"(조문영, 2020: 12)라는 문구를 보면, 불연속적인 현지조사의 시간을 '20년'으로 표현할 수밖에 없는 안타까움을 읽을 수 있다. 불연속적인 장기 현지조사 기록은 자칫 신변잡기 또는 여행기로 전락할 가능성도 크다. 거꾸로 가이드북 작가라 하더라도 "14년간 수없이 홍콩을 들락거리며 도시와 사람들을 살펴"(전명윤, 2021) 본 기록은 여느 인류학자의 에스노그라피 못지않은 내용을 우리에게 전달하고 있다.

한편, 대학 제도에 얽매이지 않는 일반인도 1년 이상의 장기체류가 가능하다. 그러나 여기에도 함정은 있다. 장기체류가 질적인 현지조사를 담보해주는 것은 아니기 때문이다. 사업과 지사 근무로 장기간 중국에 거주한 경험을 바탕으로 책을 출간하고 그것이 독자의 호응을 받는 경우가 종종 있는데, 이 또한 신변잡기에 머물 가능성을 배제하기는 어렵다. 그에 반해 '전업 작가'는 에스노그라피스트와 비슷하게 장기간 현지조사가 가능하다. 일례로 『태백산맥』의 작가 조정래는 『정글만리』를 쓰기 위해 중국 관련 신문기사를 스크랩한 수첩이 90권이고 중국에 관해 읽은 책도 80권이며 현장에는 2년간 여덟 번을 오갔고, 한 번 가면 두 달씩 머물렀으며, 거기서 얻은 정보가 또 수첩 20권에 달하는 준비를 했다(이도은, 2013)고 한다. 역시 불연속적이긴 하지만, 2년간 16개월의 체류는 웬만한 인류학자의 현지조사에 맞먹는 공력을 들인 셈이고, 그 결과 『정글만리』는 '최근 중국 시장에 관한 에스노그라피이자 중국의 역사와 문화에 관한 학습 보고서'(임춘성, 2013b)라는 평가에 손색없는 텍스트가 되었다.

앞에서 살펴본 것처럼, 상상력이 문학의 전유물이 아니게 된 것처럼, 에스노그라피 또한 인류학만의 전유물이 아니게 되었다. 나아가 역사든 사회과학이든 인류학이든 그것이 글쓰기로 귀결되는 바에는, 글쓰기의 속성인 허구화를 떨쳐버릴 수 없다는 사실도 인지해야 한다.

9장
소설 텍스트와 상하이 에스노그라피

1. 19세기 말 상업도시의 새로운 주체: 한방칭의 『해상화열전』

1) 상하이의 환락과 상심의 역사

나는 중국근현대문학사 담론의 역사와 변천을 검토하는 글에서 다음과 같이 개괄한 바 있다.

> 중국 근현대문학사는 새롭게 구성되고 있다. 이전의 관행이었던 5 · 4기점이 부정된 지 오래고 범위도 지속적으로 확장되고 있다. 기점 면에서 첸리췬 등의 20세기 중국문학사가 1898년을 기점으로 제시했고, 판보췬은 1892년으로 앞당겼으며 옌자옌은 1890년으로 설정하고 있다. 왕더웨이에 따르면 1851년 태평천국 시기로 앞당겨진다. 『해상화열전』을 기준으로 본다면 5 · 4에 비해 약 30년 가까이 거슬러 올라가는 것이다(임춘성, 2013a: 66).

판보췬(范伯群)의 주장에 힘입어 『해상화열전(海上花列傳)』은 2천 년이 넘는 고대문학 열차에서 근현대문학 열차로 갈아타는 '환승역'(范伯群, 2007: 14; 판보췬, 2015: 62)으로 명명됨으로써, 중국 최초의 근현대소설의 가능성을 가진 텍스트로 자리매김되었다. 판보췬 이전에도 『해상화열전』에 대한 긍정적 평가가 존재했다. 작가 한방칭(韓邦慶)과 동시대 인물 가운데, 쑨자전(孫家振)은 『퇴성려실기(退醒廬室記)』에서 「해상화열전 조」를 별도로 두어 논했고, 덴궁(顚公)은 『나와수필(懶窩隨筆)』에서, 장루이짜오(蔣瑞藻)는 『담영실필기(譚瀛室筆記)』에서 그리고 자오징선(趙景深)은 『소설희곡신고(小說戲曲新考)』에서 각각 사료 가치가 있는 기록을 남겼다고 한다(歐陽麗花, 2012: 78). 5·4 이후 이른바 신문학 진영의 맹장인 루쉰, 류반눙(劉半農), 후스(胡適)와 1930년대 장아이링(張愛玲)도 『해상화열전』에 관한 평론을 남겼다.

우선 루쉰은 「중국소설의 역사 변천」 '제6강 청대 소설의 4대 유파와 그 말류'에서 『해상화열전』을 다음과 같이 평했다.

> 광서 중기中期에 이르러 『해상화열전』海上花列傳이 나왔는데, 마찬가지로 기녀를 묘사하고는 있지만, 『청루몽』에서와 같이 이상적이지만은 않고, 오히려 기녀 가운데에도 좋은 사람도 있고, 나쁜 사람도 있다고 묘사하여, 비교적 사실에 가깝다. 광서 말년에 이르러서는 『구미귀』九尾龜류의 소설이 나왔는데, 기녀는 모두 나쁜 사람으로 묘사되고, 압객 역시 무뢰한들이나 다를 바 없어 『해상화열전』과는 다른 면모를 보이고 있다. 이렇듯 작자가 기방을 묘사하는 것만 해도 세 차례의 변화가 있었는데, 처음에는 지나치게 미화하다가, 중간에는 사실에 가까워졌고, 나중에 가면 지나치게 나쁘게 그리는 한편으로 고의로 과장하고 욕설까지 하게 되었다(魯迅, 2005b: 348~49; 루쉰, 2015b: 842).

루쉰에 따르면, 『해상화열전』은 의고파, 풍자파, 협의파와 함께 청대 4대 유파로 분류된 '인정파'에 속한 협사(狹邪)소설인데, 이는 다른 협사소설과는 달리 '진실에 근접'한 소설이었다. 루쉰은 『중국소설사략』에서는 다음과 같이 평했다. "자오푸자이와 관련을 맺고 있는 조계(租界)의 상인 및 방탕한 생활을 하는 젊은이들을 등장시켜, 그들이 이런 곳에 빠져들어 향락을 추구하는 모습을 서술했고, 아울러 화류가에 대해서는 '상등 기녀(長三)'에서부터 '하등 기녀(花烟間)'에 이르기까지 모조리 서술하고 있으니, 대개 『유림외사』와 같이 끊어질 듯 이어질 듯 장편으로 엮었다'(魯迅: 272). 이어서 '기술이 사실적이고 과장이 적으며(272), '평담하고 자연스럽다'(275)라고 평했다. 루쉰의 평가는 이후 『해상화열전』 텍스트 연구의 출발점이 되었다. 그리고 후스는 「『해상화열전』서」(胡適, 1996)에서 그간의 자료—쑨자전, 덴궁, 장루이짜오, 자오징선 등—를 수집 정리함으로써 작가 작품 연구의 초석을 놓았다. 장아이링은 10여 년에 걸쳐 『해상화열전』을 두 차례나 번역했다. 처음에는 영어로, 다시 현대 중국어로 번역했다. 두 차례 번역을 통해, 장아이링은 『해상화열전』을 이해하고 해석하는 데 중점을 두었다.

이상의 작품론과는 달리, 판보췬은 『해상화열전』의 선구적인 의미로 근현대 대도시에 초점을 맞춘 점, 상하이의 상인을 주인공 또는 이야기를 이끌어가는 핵심 인물로 삼은 점, 신흥 이민도시의 거대한 흡인력과 대도시 상하이에 거주하는 다양한 이민자들의 초기 생활을 반영한 점 등을 들어 『해상화열전』을 고전문학에서 근현대문학으로 갈아타는 환승역으로 설정했다. 그의 말을 자세히 들어보자.

첫째, 『해상화열전』은 최초로 채널과 렌즈를 '현대 대도시'에 맞춘 소설로서, 작품 속의 도시 외관이 현대화 모델을 따라 구성되었을 뿐만 아니라 등장인물의 사상과 관념에도 심각한 변화가 발생하고 있었다. 이 작품은 최초의 현대통속소설 작품이다.

둘째, 이 소설은 개항 이후 '온갖 상인이 모이는 곳萬商之海'이 된 상하이의 상인을 주인공 또는 이야기를 이끌어가는 핵심인물로 삼았다. 봉건사회에서 상인은 '사농공상士農工商' 중 가장 말단이었으나, 상공업이 발달한 대도시에서 상인의 사회적 지위는 빠른 속도로 상승했다. 개인의 신분이 '지갑'의 크기로 가늠되기 시작했던 것이다. 이미 이 소설에는 자본주의가 야기한 계급·계층 간의 상승과 하강이 초보적이나마 분명히 드러나고 있다. …

셋째, 당시 소설들 가운데서『해상화열전』은 '시골 사람이 도시로 진입하는 선구적 시점을 택했다. … 이 작품은 이를 단서로 삼아 상하이라는 신흥 이민도시의 거대한 흡인력과 상하이에 거주하는 다양한 이민자들의 초기 생활을 반영했다.

넷째,『해상화열전』은 오어吳語 문학의 최초 걸작으로, 일찍이 후스胡適는 이 작품을 언어 방면에서의 '계획된 문학혁명'이라고 여겼다. …

다섯째, 작가는 소설 구조상의 예술성을 스스로 밝혔다. 우선 '교차은현交叉隱現 플롯'을 사용함으로써 소설의 문장이 산만한 것 같지만 끝까지 읽게 되면 그 혼연일체를 느끼게 되는 것이다. 예술적으로도 최고의 작품이자 가장 뛰어난 작품이다.

여섯째, 작가 한방칭(韓邦慶)은 개인적으로 문학 간행물을 발간한 최초의 인물로,『해상화열전』을『해상기서』海上奇書에 연재했는데, 이는 그가 신문매체를 이용하며 작품의 인쇄와 판매를 수행한 것이다. 그는 현대화된 운영방식을 통해 그 속에서 두뇌노동의 보수를 얻어냈다(판보췬, 2015: 62~64).

주지하다시피, 판보췬은 오랫동안 통속문학을 연구한 결과를 '두 날개 문학사' 담론으로 요약한 바 있다. "그 문학사적 의미는 '20세기 중국문학사'가 '우파 문학을 해방시킨 것에 뒤이어, '신문학사'가 배제시켰던 '통속문학'(구문학, 전통문학, 특히 전통 백화문학, 본토문학, 봉건문학)을 중국 근현대문학사의 연구 시야로 끌어들인 점이다"(임춘성, 2013a: 35). 그리고 그 개산지작(開山之作)으로『해상화열전』을 내세웠다. 천쓰허(陳思和, 2002)가 이 작품을 '해파문학의 전통으로 자리매김하고, 롼메이젠(欒梅健, 2009)이 근현대문학의 기원으로 삼은 것도 비슷한 맥락이라 할 수 있다.

이상의 문학사 평가를 바탕으로『해상화열전』의 에스노그라피 성격을 살펴보자.

『해상화열전』제1회는 특이하게 시작한다. 화자는 첫 문장에서『해상화열전』이야기의 작가인 화예롄눙(花也憐儂)을 소개[114]한다. '꽃도 당신을 연민한다'는 의미를 가진 작가는 '꽃바다(花海)' 즉 기원에 오랫동안 꿈처럼 살던 사람임을 강조하고 있다. 화예롄눙은 한방칭의 화신으로 볼 수 있는데, 실제로 한방칭은 당시 기생들 세계를 잘 알고 있었던 것으로 보인다. 그리고 화자는 『해상화열전』을 화예롄눙이 '날마다 꿈속에 살면서도 꿈이라 여기지 않고 쓴 책'이라 소개하고 있다. 작가에게는 '꿈속의 책'이지만 독자에게는 '책 속의 꿈'이 될 이야기는 바로 기원(妓院)에 관한 것이다. 화자의 해설을 보면, 저자는 '꽃바다'에서 헤매다가 상하이 화계(華界)와 조계의 경계 지점인 루자스차오(陸家石橋)에 떨어져 "뜻밖에 꿈을 꾸었구나!"라고 탄식하며 현실로 돌아와 이야기 주인공의 하나인 자오푸자이(趙朴齋)와 부딪치면서 본 이야기를 시작한다. 오늘날로 치면 서문 또는 프롤로그에 해당하는 이야기를 본 이야기가 시작되는 1회 앞에 배치해 이야기의 연속성을 드러내고 있다. 이후 화예롄눙은 다시 등장하지 않고 화자는 이야기를 계속한다. "화예롄눙은 관조의 태도로 기생과 고객의 관계를 우리에게 보여주고 있다. 여기에서 관조는 일상적이고 세속적 생존으로부터 나온, 인생에 대한 연민과 융통성 있는 관조다. 그러므로 작가의 의도는 윤리 도덕 판단의 층위를 뛰어넘어 은폐된 측면을 우리에게 보여주고 있다"(李野, 2003: 36). 관조는 고요한 마음으로 관찰하는 것이니 성찰에 가깝다. 기원에서 기생과 고객의 관계를 묘사하는 협사소설의 수준에서 인생에 대한 폭넓고 깊이 있는 성찰을 진행함으로써 기원의 표층 이야기에 가려진 심층의 인간관계를 독자에게 보여주고 있다.

류반눙도 『해상화열전』의 진정한 가치를 다음과 같이 파악했다.

114_ "원래 옛 괴안(槐安)국 북쪽에 흑첨(黑甜)향이 있었는데 그 주인이 지라(趾離)씨였고 천록대부(天祿大夫)를 지내고 예천군공(醴泉君公)에 봉해서 중향국(衆香國)의 온유향(溫柔鄕)에 머물게 되어 스스로 화예롄눙이라 호했다. 그러므로 화예롄눙은 사실 흑첨향 주인으로, 날마다 꿈속에서 살면서도 자신은 꿈이라 생각지 않고 사실로 생각해 책을 쓰기 시작해 꿈속의 책을 날조하기에 이르렀는데, 그런 연후에야 책 속의 꿈에서 깨어났다. 독자들이여 당신은 거기에서 꿈을 꾸지만 않고 이 책을 보면 꽤나 괜찮을 것이다"(韓邦慶, 2009a: 21~22).

한방칭은 기원에 머물면서 한편으로 그들과 더불어 노닐었고, 다른 한편으로 냉정한 눈으로 그들을 관찰했는데, 관찰이 매우 세심해 이를 글로 옮길 때 당연히 풍부한 자료로부터 정화를 취했다 … 기원의 기생들뿐만 아니라, 형제, 하녀, 큰언니, 서로 돕는 수단, 마음씨와 성격, 생활, 처지 또한 모두 관찰했다. 심지어 기원을 찾는 손님, 위로는 관료, 공자(公子)로부터 아래로는 보부상, 매국노 등, 그리고 더 아래로 내려가서 손님들이 거느린 하인들의 품성, 기질, 생활, 경험 역시 모두 관찰했다. 그가 수집한 소재들은 이처럼 풍부했으며, 또한 커다란 노력으로 그것을 전부 포함하기에 충분했으며, 그의 냉정한 머리는 그것을 꿰뚫어 보기에 충분했다. 또 그의 문체는 매우 섬세하고 유연해서 그것을 전달하기에 충분했다. 그래서 그가 쓴 책이 비록 『해상화』라 칭해졌지만, 사실 그 내용은 꽃에 그치는 것이 아니라, 잡초도 있었고 나무도 있었으며 어려움과 더러움도 있었다. 바로 상하이 사회 속의 '어지럽게 섞여 사는' 사람들의 **즐거움과 상심의 역사**였던 것이다. 이것을 이해하고 이 소설을 보면서 그 시선을 몇몇 기녀와 그녀들의 손님에게만 두지 않는다면, 비로소 이 책의 진정한 가치를 확인할 수 있다(劉復, 1934: 241; 范伯群, 2007: 17~18 재인용; 판보췬, 2015: 68 참조-강조는 인용자).

류반눙이 『해상화열전』을 읽고 내린 평가의 핵심은, 작가가 상하이 조계의 기원에서 생활하면서 관찰한 것은 단순히 기생과 손님이 아니라, 사회 속에서 섞여 사는 상하이 사람들의 '즐거움과 상심의 역사'였다. 바꿔 말하면, 기원을 제재로 삼은 『해상화열전』은 협사소설에 그치지 않고, 도시 사회의 삶과 애환을 그렸다는 것이다. '인생에 대한 연민과 융통성 있는 관조'의 자세로 '즐거움과 상심의 역사'를 관찰하고 성찰한 결과물인 『해상화열전』은 에스노그라피스트가 '참여 관찰'의 결과로 기록한 에스노그라피와 유사한 성격임을 확인할 수 있다.

2) 19세기 말 상하이 조계와 기원

모던 상하이는 '바다가 모든 하천을 받아들이듯(海納百川)' 광둥 무역과 닝보 금융 등의 경험을 받아들인 기초 위에 '몸소 서양을 시험(以身試西)'해 자신의 독특한 정체성을 창안했다. 개항 이후 가장 큰 변화는 조계에서 비롯되었다.

개항 이후 조계가 중심이 된 상하이는 이주민과 대외무역의 증가뿐만 아니라 여러 가지 방면에서 급속한 변화를 겪는다. 도로 확장과 건설, 조명, 수도, 소방, 우정, 전화 등은 말할 것도 없고 항운과 금융 그리고 공업의 발달은 상하이를 완전히 새로운 근현대 도시로 탈바꿈시킨다. 조계를 중심으로 형성된 근현대 도시 시스템과 서양 상품 그리고 서양문화는 이후 상하이 도시문화의 주류가 되고 수많은 이주민은 그것을 지향하면서도 거리감을 느끼게 된다. '동방의 뉴욕'으로 표기되는 이민과 금융의 도시, 그런가 하면 '동방의 파리'라는 기표가 전달하는 유행과 대중문화의 중심도시, 조계로 대표되는 특징적인 도시, 이같은 상하이 도시문화의 특징들을 집약해보면 상하이 전체를 지배하는 문화는 서양 자본주의 외래문화를 수용한 상업문화라 할 수 있다. 상업문화의 기조 아래 인간관계와 이성, 감정도 이익을 추구하게 되고 도덕은 약화하기 마련이었다.

그 가운데 기원(妓院)은 상하이에서 그리고 조계에서 특수한 지위를 차지하고 있다. 기원은 대략 명말청초부터 상하이에서 영업을 시작한 것으로 보인다. 그리고 상하이현성의 서문에 집중되어 있던 기원은 태평군이 상하이를 공격해 서문을 점령하자 대부분 조계로 이전했다. 통계에 따르면, 1918년 상하이에는 상등기녀(長三)가 1천여 명 있었고, 중등기녀(幺二, yaoni)가 약 5백 명, 그리고 하등기녀(野鷄)가 5천여 명 있었다고 한다(熊月之・周武, 2007: 319). 조계에서 번성한 기원은 "한편으로는 도덕의 타락, 이욕의 마음 지배, 낭비 등을 상징하고, 다른 한편으로는 마음대로의 생활 향수 및 선경에서와 같은 애정 생활을 의미한다"(羅萌, 2010: 18). 그러므로 "기원은 현대 도시 정신을 상징하는 전형적인 공간'(羅萌: 18)이고, 협사소설은 바로 근대 중국 조계 상공업 홍성이라는 배경을 가지고 "죄악과 매혹에 관한 변증적 서술"(18)로 대중들의 인기를 끌었다. 다시 말해, "19세기 상하이는 경제가 번화한 욕망의 도시이고 기원은 그 속에서 성장한 '악의 꽃'"이고 "『해상화열전』은 상하이 청루(靑樓)의 기녀와 손님들 이야기를 통해 상하이 도시문명을 반영했는데, 이 도시문명은 일상생활 상업화, 인간관계의 비도덕화, 이성 정감의 공리화라는 기본 특징을 가지고 있다"(樊玉梅·劉上生, 2006: 73). 상업화, 비도덕화, 공리화를 특징으로 삼는 자본주의 상업문화는 상하이 조계 지역의 기원에 전형적으로 구현되었다.

협사소설의 대표작인 『해상화열전』의 주요 공간인 고급 기원(長三書寓)은 상인들의 유흥 장소인 동시에 상무(商務) 공간[115]이었고 기생들의 생존 공간일 뿐만 아니라 문화 집산지였다. 『해상화열전』은 유행의 풍향계 역할, 관리와 상인이 상호 견제하고 균형을 이루는 명리의 현장, 자아 매력을 드러내는 공간이자 무대라는 기원의 특징을 드러내고 있다. 사실 조계의 기원은 사회 전환 시기인 만청에 출현한 새로운 현상으로, 이는 "동서 문화 충돌 및 중국 사회 현대화 역정의 표징"(申欣欣·張昭兵, 2008: 12)이 되었다. 19세기 상하이는 상업문화가 지배하는 욕망의 도시이고, 기원은 그곳에서 성장한 '악의 꽃'이었던 셈이다.

이 소설은 또한 근현대 도시 발전과 조계 기원문화 사이의 상호 추동 관계를 묘사했는데, 구체적으로는 장삼서우 기녀들이 조계라는 새로운 사회 문화적 맥락에서 어떻게 새로운 공간을 획득하고 자신의 여성 공간의 범위를 정했는지를 보여주었다. 만청 상하이 조계는 파리 못지않은 근현대 도시문화와 물적 설비가 갖춰져 있었고, 이는 전통문화를 바꿔 새로운 시간과 공간 관

115_ 이를테면 『해상화열전』에 등장하는 홍산징은 기원에서 왕롄성을 위해 일을 처리하고 그 과정에서 이익을 취한다. 또 주아이런이 동생 주수런을 데리고 기원에 가는 이유는 그가 기원에서 장사를 배우고 세상 물정을 익히게 하기 위함이다.

념을 형성했다 할 수 있다.

19세기 상하이 조계의 기원은 유흥공간이자 사교공간의 공공성과 유사(類似) 가정 공간의 사인성이 혼합된 장소이기도 했다. 장삼서우식 기원은 전통 가정 모델을 대체한 유사 가정이라 할 수 있고, 그녀들의 거처는 외형적으로 보통 민가와 다를 바 없었으며, 다만 입구의 특수 장식을 통해 알아볼 수 있었다고 한다(羅萌, 2010: 20~21). 오늘날로 치면 가정식 고급 식당/술집에 해당하는 것이다. 손님은 일회적으로 서비스를 받는 수준이 아니라, 한 가정의 가장으로 자리 매겨지고 따라서 술자리 비용만이 아니라 이런저런 생활 비용까지 책임지게 된다. 이는 기존의 가정에서 따뜻함—장아이링의 표현대로라면 연애 감정—을 느끼지 못한 남성들이 가정 밖에서 그에 대한 대리만족을 구하려는 심리에서 비롯된 것으로 볼 수 있다. 그러므로 장삼서우는 가정 구조에 대한 형태적 모방으로 기존의 가정 관념을 전복하고 있는 셈이다. 기원은 본질적으로 개방된 공간이지만 장삼서우식 기원은 유사 가정의 성격을 묘하게 섞어놓고 있다. 그러므로 남성에게는 한편으로는 비즈니스 현장이자 유흥공간이면서도 다른 한편으로는 가정의 편안함을 맛볼 수 있는 사적 공간이 되는 것이다.

『해상화열전』에는 도시 서사와 협사(狹邪) 요소가 교차하는데, 이는 장면 묘사 통계에서도 드러나고 있다. 텍스트의 "196개의 장면묘사 가운데 실외 장면은 7개에 불과하고 나머지는 모두 실내 장면이며, 실내 장면 가운데 기원 장면이 133개로 68%에 달하고, 그 가운데 장삼 기원이 104개로 78%에 달한다. 그러므로 『해상화열전』의 장면은 대다수 장삼서우의 고급기원임을 알 수 있다"(李默, 2010: 29). 양적 통계로 볼 때 『해상화열전』은 기원과 기생 이야기에 불과하고 당시 이런 협사소설은 부지기수였다. 그러나 『해상화열전』이 기타 협사소설과 달리 후인들의 주목을 받은 것은 그것이 가진 도시 서사 전망 때문이었다. 텍스트는 협사소설이면서 협사 제재를 초월한 도시 서사를 성취했고, 그 속에는 도시 주체가 체현되어 있다. 텍스트에서 새로운 도시 주체의 주역은 바로 상인과 기녀였다.

3) 상업도시 상하이의 새로운 주체, 상인과 기녀

기원은 사실 매우 전통적인 공간이었다. 과거에 낙방하거나 회재불우(懷才不遇)의 문인들이 울분을 토하고 정신적 보상을 찾던 곳이었다. 물론 기원 손님 가운데 호기를 부리려고 오는 이도 있었지만, 대부분 문인은 주류 담론에서 배척되었을 때 기원을 찾았다. 그러나 근현대 들어, 특히 조계 도시 상하이에서 기원의 주인공은 더는 문인이 아니었다. 서양 부르주아 문화의 영향을 받아 상업 도시로 성장한 상하이, 더구나 서양인들이 주도하던 조계에 있었던 기원은 근현대적 도시와 전통적 거주민 양자가 혼재되어 있었다. 물론 상인들이 서양적 가치관의 영향을 받았다곤 하지만 인습이라는 것이 쉽게 바뀌는 것은 아닌지라 서양화되어가는 전통적 상인들이 근현대도시에서 살아가고 있다고 보는 것이 타당하다. 기원은 근현대도시에서 오히려 전통적 잔재에 흠뻑 젖은 장소라 할 수 있다.

상업문화가 주류였던 상하이에서 새로운 주체는 단연 상인이었다. 『해상화열전』에 등장하는 인물 가운데 비교적 중요한 손님이 27명이고, 그 가운데 상인 16명, 문인 3명, 관리 2명, 한량공자 4명, 건달 2명이라고 집계한 연구도 있다(陳文婷, 2008: 94). 이를 통해 보면, 상인이 문인을 대신해 기원 나아가 상하이의 주인공이 되었음을 알 수 있다. 이들은 기원을 상무(商務)공간으로 활용했을 뿐만 아니라 유흥공간이자 자유연애 공간으로 삼아 새로운 도시문화를 추동했다. 개항 후 몇십 년 만에 상무가 발달하고 상업이 흥성한 상업 도시에서 활동했던 이들은 공간이나 시간 또는 행위 등에서 농업을 생업으로 삼고 있던 전통 도시 거주민들과는 확연히 달랐다. 상하이는 이제 "상업문화의 왕국이자 소비의 천당"(池麗君, 2010: 61)이 되었고 상인들은 바로 상하이의 새로운 주역으로 등장한 것이다.

기원과 관련된 상인들의 가장 큰 변화는 우선 야간 활동에서 찾을 수 있다. 이들은 거의 매일 저녁 기원에서 모임을 열고 서로 초대해 식사한다. 이 때 단골 기생도 배석하기 마련이다. 이들은 마치 서양인들이 돌아가면서 자기 집으로 친구들을 초대해 파티를 여는 것처럼 모임을 열었다. 그 자리는 무엇보다 유흥공간이다. 식사하고 술 마시고 시권(猜拳) 놀이를 통해 벌주 마시기 내기를 하는 등 유흥이 주를 이룬다. 그리고 유흥의 주역인 남성들에게는 반드시 파트너로 단골 기생이 배석해서 술을 따라주고 음식을 집어주며 심지어는 술을 대신 마셔주기도 한다. 이들은 임시 파트너가 아니라 거의 고정되어 있다. 왕롄성에게는 선샤오홍이, 뤄쯔푸에게는 황추이펑이, 그리고 주수런에게는 저우솽위가 따라다닌다. 허우샤오셴(侯孝賢)이 이 작품을 영화화[116]했을 때 중심인물로 다뤘던 왕롄성과 선샤오홍의 관계는 마치 부부와도 같다. 왕롄성이 다른 기생에게 마음을 빼앗겼을 때 선샤오홍의 질투는 마치 정실부인의 그것이었고, 반대로 선샤오홍이 경극 배우와 바람이 났을 때 왕롄성의 반응도 격렬했다. 또한 저우솽위는 주수런과 부부가 되기로 약속했지만 주수런이 집안의 압력으로 다른 여성과 약혼하자, 저우솽위는 아편을 삼키고 동반자살을 시도하기도 했다. 물론 기생들에게는 금전적 고려[117]가 전혀 없지 않았던 건 아니고 상대 남성들도 순진무구한 것만도 아니었으며, 오로지 계산속으로 고객을 대한 기생도 많았음을 지적해두어야 한다. 이와 관련해 당시 기원 고객과 기생의 관계를 연애 감정으로 해석한 장아이링의 탁견(卓見)을 살펴볼 필요가 있다.

장아이링은 『해상화열전』의 주제를 '에덴동산에 열린 금단의 열매'라고 말했다. 그녀의 해설을 들어보자. "맹목적으로 결혼한 부부 역시 결혼 후에 애정이 생겨나기는 하지만, 먼저 성(性)을 먼저 경험하고 나중에 사랑이 생기기 때문에 그들 간에는 긴장과 염려, 동경과 신비감이 결여되어 있으므로 연

116_ 侯孝賢, <海上花>, 1998, 劉嘉玲, 梁朝偉, 李嘉欣, 羽田美智子(MICHIKO HADA) 등 출연.
117_ 예를 들어 선샤오홍의 사나움과 장후이전의 은인자중(隱忍自重)을 고객 왕롄성을 잡기 위한 상술이자 생존 수단의 일환으로 이해할 수 있다.

애가 아니었다"(張愛玲, 2009: 322). 이는 중국 전통 혼인·연애 제도에 대한 분석에 기초한 것이다. 남녀가 엄격히 구분된 사회에서 미성년자들은 성애와 연애를 거의 경험하지 못한다. 그러다 이들은 "일단 성년이 되면 기원이라는 더럽고 복잡한 구석진 곳에서 기회를 얻게 되곤 한다"(張愛玲: 322). 일찍 결혼한 남자는 성에 대해 이미 신비감을 상실하고, 기원에서 '기생'이 주는 '연애'의 감정을 맛보게 된다는 것이다. 이것은 주로 남성을 중심에 둔 분석이다.

그러면 이들 남성의 파트너인 당시 기생은 어떠했는가? 장아이링은 다음과 같이 말하고 있다.

> "매춘부는 정이 없다"는 말은 일리가 있는 말로, 그녀들의 표면적 호의는 직업 활동의 일부분이다. 그러나 『해상화』를 보면, 적어도 당시 고급 기원—이류 기녀를 포함해서—에서 기녀의 첫 경험이 그리 빠르지 않았고 받는 손님도 그리 많지 않았다. … 여인의 성심리가 정상이라면 조금이라도 마음에 드는 남성에게 반응이 있기 마련이다. 만약 상대방이 참을성이 있다면 왕래가 잦아져 자연히 감정이 생겨날 것이다(張愛玲: 320).

장아이링의 해석에 따르면, 상하이 조계의 기원은 봉건 중국에서 자본주의 근현대로 전환하는 기간에 자유연애를 구현할 수 있는 공간이었던 셈이다. 기원을 찾는 남성들은 봉건 혼인제도로 말미암아 제대로 연애 한번 못 해보고 정혼했으며, 혼인 후 육체적 성에는 눈을 떴지만 연애 감정은 맛보지 못했다. 한편 여성도 돈을 벌기 위해 부득이 기원에 뛰어들었지만 당시 단골손님 중심 시스템은 기녀들에게 일정 정도 선택권을 부여했다. 그러므로 손님과 기생 사이에 애인 관계로 발전하거나 심지어 유사 가정을 꾸린 것도 있을 수 있는 경우였다. 근현대 중국에서 자유연애와 자유결혼을 공개적으로 주장한 것은 5·4신문화운동 이후 입센 열풍이 불기 시작한 1920년대인 만큼, 장아이링이 『해상화열전』을 "백 년 전 인생의 중요한 공백을 메웠다"(322)라고 평한 것은 과도기 혼인 형태의 실상을 엿볼 수 있는 텍스트로 평가한 것이었다.

기생은 한편으로는 봉건 잔재이면서 다른 한편으로는 자유연애라는 근현대적 가치를 구현하는 직업여성이라 할 수 있다. "기생이란 삶의 방식 그 자체가 남성 중심의 공공영역과 전통적인 여성의 사적영역, 개방적이고 근대적인 공간과 폐쇄적이고 전통적인 공간 사이의 경계를 넘나들며 위험한 줄타기를 하고 있는 것이다. 그러나 역설적이게도 그 내적 모순과 균열의 방식을 통해 그녀들은 가장 먼저 서구적인 생활방식과 전통적인 가치의 충돌을 경험했고 이로부터 더 나아가 최신의 유행사조와 근대적인 문화가치를 창출할 수 있었다. 19세기와 20세기가 교차하는 시점에서 '근대'의 집중적인 스포트라이트를 받는 존재로 급부상한 고급 기생들은 '모던'을 앞서 이해하고 선도하는 새로운 문명의 중개자로 각광받았다"(김수연, 2005: 41). 이 김수연의 언급에서 핵심은 개항 이후 상하이 조계지, 특히 쓰마루(四馬路)에 집중되어 있던 상하이 기생이 공공영역과 사적영역의 '경계 넘기(越界)', 개방적인 근대 공간과 폐쇄적인 전통 공간의 '경계 넘기'를 통해 근대적인 문화가치를 창출하고 선도적인 문명의 중개자로 각광받았다는 점이다. 이와 비슷한 맥락에서 19세기 말 상하이 조계 고급 기원의 기생들—리수팡의 치정(癡情), 선샤오훙의 자기 뜻 존중, 자오얼바오의 순정 등—을 '신여성'의 선성(先聲)(章萱珺, 2008: 129)으로 보는 견해들이 있다. 개항 이후 상하이의 표상을 '이민'과 '조계'로 설정하고 그 주요한 특징을 '해납백천(海納百川)'과 '이신시서(以身試西)'로 파악해온 필자의 입장에서 볼 때, 기녀는 또 하나의 중요한 연구대상임이 틀림없다. 그녀들의 '경계 넘기'는 본인들의 의도와는 무관하게 상하이 근현대의 혼종적 징후(hybrid symptom)를 구현하고 있다.

근현대 혼종적·개방적 징후가 가장 두드러진 분야는 소비다. 당시 기녀들은 단순하게 술을 따르고 몸을 팔아 돈을 챙긴 것이 아니라 고객들에게 유사 가정을 제공함으로써 고객들이 자신과 딸린 식구들에게 필요한 경비를 지출하게 했다. 이런 과정에서 기생들의 씀씀이는 사치스러웠다. 그녀들은 자신의 가치를 소비행위에서 구현했다. 그녀들은 의류와 장신구에서 유행의 첨단을 달렸을 뿐만 아니라, 전통문화의 상징인 연극 관람과 서양문화의 대표인 마차 타기와 사진 찍기 등에 열중함으로써, 상업 도시 상하이의 소비 주체로 우뚝 섰다.

4) 다성악적 텍스트(polyphonic text)

작가는 제1회에서 "지금은 서시보다 아름답지만 등 뒤에서는 야차보다 악랄하고, 오늘은 조강지처보다 달콤하지만 나중에는 사갈보다 독랄함을 알 수 있다"(韓邦慶, 2009a: 21)라고 했는데, 이는 작가 스스로 작품의 주제를 요약한 것이다. 이는 표층적으로는 기생이 고객을 대하는 기제를 지적한 것이지만, 상업 도시 상하이의 이익을 추구하는 인간관계를 압축한 것이기도 하다. 그러므로 기원은 당시 상하이의 금전만능 풍조를 가장 전형적으로 드러내는 지점이다. 작가는 기원을 통해 욕망과 타락이 충만한 '십리양장(十里洋場)'의 조계를 우리에게 드러내고 있다. 그리고 자본주의적 전변을 겪고 있는 상하이라는 근현대 도시가 잃어버린 것에 대한 성찰과 개탄을 다성악적으로 보여주고 있다.

작가는 '예언(例言)'에서 자신의 작품 기법을 천삽(穿揷)과 장섬(藏閃)으로 개괄한 바 있다.

전체 작품의 필법(筆法)은 『유림외사(儒林外史)』에서 나온 것이다. 다만 '천삽'과 '장섬' 방법은 지금껏 다른 소설에 없었던 것이다. 물결 하나가 잠잠해지기 전에 다른 물결이 일어나고, 혹은 연이어 열 번의 물결이 일어난다. 동쪽에서 일어났다가 서쪽에서 일어나고, 남쪽에서 일어났다가 북쪽에서 일어나고 손이 가는 대로 묘사하다 보니 한 가지도 제대로 된 것이 없지만 빠트린 것은 하나도 없다. 읽다 보면 그 배후의 문자가 없는 곳에 여전히 많은 문자가 있음을 느낄 것이다. 비록 명확하게 묘사하지는 않았지만 의미를 깨달을 수 있을 것이다.

이를 '천삽(穿揷)'이라 한다. 갑작스럽게 출현해 독자가 영문을 몰라 급히 뒷부분을 읽으려 하지만, 뒷 문장은 다른 이야기를 서술한다. 다른 이야기 서술이 끝나고 나서 다시 앞 사건의 원인이 서술되지만 그 원인은 여전히 분명하지 않다. 전체가 모두 끝나야지만 비로소 앞에서 묘사한 내용 가운데 허튼 글자가 하나도 없었다는 것을 알게 된다. 이를 '장섬(藏閃)'이라 한다(韓邦慶, 1993: 4; 范伯群, 2007: 23 재인용; 판보췬, 2015: 78 참조).

한방칭은 『시품』과 『문심조룡』부터 『인간사화』까지 중국 전통의 어떤 수사학 서적에서도 거론된 적 없는 '천삽'과 '장섬'이란 필법을 스스로 작명해 소개하고 있다. '천삽'은 여러 개의 이야기가 서로 맞물려서 진행되는 것을 가리키는데, 애초에 『해상기서(海上奇書)』라는 간행물에 8개월간 연재했고 실제 소설도 8개월간의 이야기를 다룬 만큼, 당시 독자는 '공시적 체험'(羅萌, 2010: 20)을 했을 것으로 보인다. 그렇지만 바로 연재라는 형식으로 인해 한 이야기를 충분하게 성숙시켜 마무리하지 않고 다른 인물의 사건으로 넘어갔다. 그러므로 소설 각 장의 연계가 그리 긴밀하지 않고 심지어 같은 장 내에서도 전후 관계가 명확지 않다. 그러나 작가는 이를 단점으로 여기지 않고 오히려 여러 가지 사건과 이야기가 나름의 논리를 가지고 발전하다가 나중에 상호 연계되어 독자가 일목요연하게 이해할 수 있을 것으로 기대한 것이다. '장섬'은 '천삽'을 보조하는 장치로, 여러 가지 이야기의 관계를 드러내지 않고 있다가 어느 순간 섬광처럼 비춤으로써 독자가 전체를 파악할 수 있게 해주는 것이다. 그러므로 판보췬은 이를 "교차하면서 '감추고 드러나는' 플롯을 사용함으로써 소설의 문장이 산만한 것 같지만 끝까지 읽게 되면 그 혼연일체를 느끼게 되는 것"(范伯群, 2007: 15)이라 평했다. 천삽과 장섬은 기원이라는 공간을 묘사하는 데 적합한 장치다. 한 공간에 모인 여러 쌍의 고객-기생의 이야기를 다루려면 부득이 특정한 개인에게만 초점을 맞출 수는 없는 법, 자연히 모든 사람의 모든 이야기를 곡진하게 하지 못하고, 한 이야기를 하다가 적절한 순간에 다른 이야기로 넘어갈 수밖에 없는 것이다. 그러나 작가는 그것으로 끝나지 않고 독자가 작품을 완독하게 되면 여러 가지 이야기를 모두 꿰뚫을 수 있게 조직한 것이다.

이 두 가지 장치는 악기 하나가 독주하는 방식이 아니라 여러 가지 악기가 각자 자기 나름으로 연주하고 결국 전체적으로 조화를 이루는 것과 유사하다. 전형적인 다성악적 기법이다. 바흐친(Mikhail Mikhailovich Bakhtin)에 따르면, "도스또예프스끼는 다성악적(多聲樂的) 소설(polifoniceskij roman)의 창시자이다. 그는 본질적으로 새로운 소설적 장르를 창조했다. 그의 창작은 어떠한 틀 속에도 들어가지 않기 때문에 우리가 유럽소설의 제현상에 흔히 적용해 왔던 역사적·문학적 도식에도 속하지 않고 있다. 인습적 유형의 소설에서 우리는 다름 아닌 작가의 목소리를 들을 수 있듯이 도스또예프스끼의 작품 속에서는 주인공의 목소리를 들을 수 있게 되어 있다"(바흐찐, 1989: 11). "다성은 원래 퓨그, 캐논, 대위법과 같이, 여러 가지 멜로디가 각자 독립성을 유지하면서도 전체적으로 조화를 이루는 음악 형식이다. 바흐친은 음악의 비유를 사용하여, 저자가 특권적 위치를 차지하지 않고, 등장인물과 동등한 입장에서 대화적으로 상호작용하는 방식의 소설을 '다성적 소설(polyphonic novel)'이라고 지칭하였다. … 톨스토이의 소설이 상대적으로 독백적임에 비해, 도스토옙스키의 소설은 대화적이고 다성적이다. 도스토옙스키 이전의 소설 양식에서 저자는 작중인물에 대해 '잉여적 전망(surplus of vision)'을 지니는 특권적인 위치에 있었다. … 도스토옙스키는 저자로서의 특권을 포기하고, 작중인물들이 스스로 자유롭게 생각하고 행동하고 자신의 운명을 결정할 수 있는 자율권을 부여하였다. 등장인물들 사이의 관계도 마찬가지이다. 각 인물의 의식, 혹은 자의식은 타자의 의식, 혹은 타자의 '외적 언어'와의 끊임없는 '내적 대화'(internal dialogism)의 과정에 연루되어 있다. 각 인물들의 내적 대화의 목소리는 다른 인물들의 다양한 목소리와 '카니발적'으로 공존하면서 상호작용하는 가운데, 전체적으로 다성적 소설의 '큰 대화' 구조를 형성한다."118) 중국 텍스트를 서양 이론과 연결하는 것이 섣부를 수 있지만, 한방칭이 『해상화열전』에서 보여준 관찰 태도는 도스토옙스키의 귀 기울여 듣는 태도와 닮았다. 한방칭은 각 인물의 소리에 주의했을 뿐 아니라 각종 다른 인물 사이의 대화 관계도 중시했다. 『해상화열전』은 천삽과 장섬이라는 다성악적 텍스트의 기교를 통해 '성찰과 개탄'이라는 주제를 훌륭하게 드러내고 있다.

루쉰은 한방칭이 "'서술이 의미를 담고 있고, 그려내는 사건이 실제 사실에 부합하며, 인물과 상황에 대해 글이 살아 있는 듯 생동하게 묘사하겠다(『해상화열전』 제1회)'는 자신의 약속을 능히 실천해낸 사람"(魯迅, 2005a: 192~93)이라고 칭찬했다. 이는 아마도 『해상화열전』에 대한 최고의 찬사일 것이다.

2. 1930년대 사회 성격과 신흥 계급의 등장: 마오둔의 『한밤중』

1) 문학편년사

5·4신문화운동의 세례를 받고 중국공산당에 가입한 마오둔(茅盾)은 1921년 『소설월보』 혁신을 주도해 그것을 '문학연구회' 기관지로 변모시켰다. 1920년대 혁명사상을 의식 차원에서 선취하고 의욕적으로 혁명 실천에 투신했지만, 생활에서 혁명과 괴리를 절감하고는 좌절하게 된다. 그러나 마오둔은 좌절에 굴복하지 않았다. 그는 문예이론가 겸 혁명 활동가로서의 생활을 반성하면서 새로운 방식을 모색했고 그 모색은 소설 창작으로 귀결되었다. 마오둔 연구자 왕자량은 "그의 모든 소설이 생동하면서도 깊이 있는 근현대 중국사회의 '편년사'를 구성"(王嘉良, 1989: 34)하고 있다고 평했고, 첸리췬(錢理群) 등은 '20세기 중국문학' 이념을 구현한 『중국현대문학 30년』에서도 '혁명적

118_ [네이버 지식백과] 다성 [多聲, Polyphony, Polifoničnost] (문학비평용어사전, 2006.1.30, 국학자료원).
http://terms.naver.com/entry.nhn?docId=740198&cid=41799&categoryId=41801 (검색일자: 2014.
10.09.)

리얼리즘 소설 예술의 고봉'이라는 표제로 명명하면서 마오둔 소설이 "5·4 운동부터 해방전쟁 전야까지 중국 사회편년사를 제공했다"(錢理群·吳福輝·溫儒敏·王超氷, 1987: 244)고 본다. 이 두 평자의 공통어는 '중국 사회편년사'다. 편년사란 "역사적으로 중요한 사건을 연대순으로 적은 기록"을 뜻하는데, 마오둔은 이를 문학적으로 수행했다는 것이다. 이는 에스노그라피스트의 에스노그라피 글쓰기와 유사하다.

실제로 그의 작품들을 작품 내 시기순으로 살펴보면, 1940년대 후기에 쓰인 『이월의 봄꽃처럼 붉은 서리 맞은 나뭇잎(霜葉紅似二月花)』은 20세기 초와 5·4운동 전야의 중국사회의 일각을 드러내었고, 1929년에 쓰인 『무지개(虹)』는 중국 지식 청년들이 5·4운동부터 5·30사태까지 가졌던 개인주의로부터 집단주의로의 고난에 찬 역정을 묘사했다. 『식』 삼부작은 대혁명의 역사와 대혁명 실패 후의 사회심리를 반영하고 있으며, 1932년에 발표된 『한밤중』은 자신이 처한 시대를 모든 분야에 걸쳐 정면으로 묘사하여 1930년대 중국사회의 축도를 보는 듯 그리고 있다. 『첫 단계의 이야기(第一階段的故事)』, 「주상강위(走上崗位)」, 『단련(鍛鍊)』 제1부는 상하이 8·13사변부터 상하이 함락까지의 사회생활을 배경으로 삼아 항일전쟁 초기 각 계층 인민의 생활과 사상의 격렬한 변화와 동향의 복잡한 흐름을 광범하게 반영했다. 또한 『부식(腐蝕)』은 환남사변(晥南事變)으로 대표되는 국민당 정부의 제2차 반공 고조기를 배경으로 삼아 국민당의 파시즘 특무통치의 잔혹함과 추악한 면모를 폭로했고, 1945년에 창작된 유일한 극작 『청명 전후(淸明前後)』는 항일전쟁 후기의 중국 민족 부르주아지의 몸부림과 고투를 묘사했다(錢理群·吳福輝·溫儒敏·王超氷: 245~47). 그의 리얼리즘적 창작 정신과 '사회편년사'적 작품의 창작실천은 수미일관하게 그의 전 문학 생애를 관통하고 있음을 알 수 있다.

1930년 5월부터 7월까지의 시간을 배경으로 자본가와 금융가, 노동자와 농민, 수많은 지식인을 등장시켜 중국사회의 정면과 이면을 총체적으로 조감한 『한밤중(子夜)』은 살아 있는 역사서와 같은 가치를 지니고 있다. 작품 완성에 도움을 줬다(陳思和, 2003: 321)는 취추바이(瞿秋白)가 "장래 문학사에서 1933년은『한밤중』출판을 기록할 것임에 의문의 여지가 없다"(樂雯, 1985: 927)라고 평한 이래, 그에 상응한 문학사적 주목과 평가를 받아왔다.『한밤중』은 반식민지 반봉건 사회인 중국에서 정상적인 자본주의 발전의 길은 불가능할 뿐만 아니라 민족부르주아지의 출로가 암담하다는 사실을 문학적으로 답하고자 썼다고 작가가 그 창작의도를 분명하게 밝힌 바 있다.

작품이 창작된 시점은 '계몽과 구망의 상호촉진' 단계에서 '구망의 계몽 압도'로 바뀐 1930년대였다. 리쩌허우(李澤厚)에 따르면, "구망의 정세, 국가의 이익, 인민의 기아와 고통이 모든 것을, 지식인이나 지식인 집단의 자유·평등·민권·민주주의와 갖가지 아름다운 이상에 대한 추구와 요구를, 개인의 존엄·개인의 권리에 대한 주의와 존중을 압도"(리쩌허우, 2005b: 79)했던 상황이었다. 문학적 심미 추구의 여정이 험난할 수밖에 없었을 뿐만 아니라 그에 대한 평가도 역사적인 것에 치중했던 것이 중국 근현대문학사 현실이었다. 신시기 이후 그에 대한 역사적 성찰의 차원에서 심미적 평가가 득세하는 듯하지만, 그러한 심미적 평가 또한 역사적 평가와 결합할 때 비로소 정당성을 확보할 수 있을 것이다. 또한 문학사에서의 선후 영향 관계에 대한 평가와 작품 자체의 예술성에 대한 평가의 문제는 변별해야 할 것이다. 이와 관련, "마오둔과 같은 내함이 풍부하고 복잡하며 영향이 대단히 심원한 문화 거인"(溫儒敏外, 2005: 342)이라는 평가에 주목할 필요가 있다.

『한밤중』은 마오둔의 창작 중에서 최고의 작품이고 문학사에서도 반드시 언급되는 작품이다. 그러나『한밤중』에서 비롯된 '주제선행' 모식119)은 이후

119_ 1980년대에 열렸던 '문학사 새로 쓰기' 토론에서 '주제선행' 모식이라는 비판과 그에 대한 반박이 제기되었는데, 그 핵심은 "마오둔 장편의 대표작인『한밤중』의 의의는 마오둔 창작의 높이를 보여주는 데 그치지 않고, 현대적 의의와 현대적 형태를 가진 이후의 중국 장편소설의 창작에 하나의 규범과 틀, 제약을 주고" 있고, "주제선행화의 창작원칙과 창작수법" 및 "단순화시키고 기계화시킨 변증법 개념"을 소설 창작에 그대로 적용한 "생경한 이원적 대응 모식"이라는 것이었다(陸梅林·盛同 主編, 1991: 1812, 1814 참조).

소설 창작에 바람직하지 않은 영향을 미친 것은 사실이다. 하지만 『한밤중』은 인물 형상화, 이야기 줄거리의 박진감과 재미, 심리나 상황묘사의 핍진함 등 1930년대뿐만 아니라 중국 근현대문학사 어디에 놓더라도 손색이 없는 작품임에 의심의 여지가 없다. 발자크의 『인간희극』이 부르주아지 상승기의 프랑스 귀족사회의 몰락과정을 여실히 보여줌으로써 살아 있는 근대 프랑스의 역사서 역할을 하고 있고, 숄로호프의 『고요한 돈강』이 카자흐 지방의 적군과 백군의 혼란한 내전 관계를 묘사함으로써 차르 몰락 전후의 러시아 사회상을 보여주고 있다면, 마오둔의 『한밤중』은 1930년대 초 중국사회의 정치사회적 격동과 불안, 신구(新舊)의 부상과 몰락, 사라지는 시대와 떠오르는 시대를 총체적으로 보여주고 있다고 하겠다.

2) 1930년대 사회 성격

1929년부터 1934년 사이 젊은 지식인들을 중심으로 일어난 '중국 사회 성격 논쟁'은 "중국이 도대체 어떤 성격의 사회인가"에 대한 "격렬한 학술논쟁"(리쩌허우, 2005b: 127)으로, '신생명파' '신사조파' '동력파' 등을 중심으로 진행되었다.[120] 역사는 때로 반복되기도 한다. 1930년대 사회 성격 논쟁은 기본적으로 중국 자본주의 발전의 길을 모색하는 과정에서 당시 중국 사회가 자본주의 사회인가 봉건주의 사회인가를 주요 쟁점으로 삼았다. 이로부터 60년이 지난 1990년대에 '자유주의와 신좌파의 논쟁'에서도 자본주의는 여전히 문제적이었다. 첸리췬의 평가에 따르면, "신좌파는 중국 사회의 자본주의화가 세계자본주의 체계의 유기적 구성부분이라고 보았고, 중국 사회의 질적 변화를 표지한다고 보았다. 이는 현재 중국 사회의 주요한 위험이고 마땅히 주요한 비판 대상이 되어야 할 것이다. 자유주의자는 사회 성격과 사회제도 측면에서 1990년대 중국 사회는 마오쩌둥 시대와 일맥상통하며, 사회주의라는 이름

120_ 1930년대 사회성격 논쟁의 구체적인 쟁점과 진행과정에 대해서는 리쩌허우(2005b: 2장 2절)와 임춘성(1995: 2장 3절)을 참조할 것.

하에 실행되는 전제였고, 수천 년의 봉건적 잔재가 중국의 전진을 가로막고 있으며, 따라서 중국 특색의 집권(集權)전제에 대한 비판이 역시 미완성의 임무라고 보았다"(전리군, 2012하: 384). 신좌파는 현 중국을 자본주의 사회로 보고 있는 반면, 자유주의자는 봉건제와 사회주의가 혼합된 사회로 보고 있다.

1930년대는 워낙 국민당과 공산당이 생사를 건 계급투쟁을 수행하고 있던 시절인지라, 사회 성격 논쟁은 기본적으로 학술논쟁임에도 불구하고 학술 범위를 뛰어넘어 정치투쟁의 성격을 띠고 있었다. 리쩌허우는 이 논쟁의 의미를 "반(半)봉건·반(半)식민지적 사회성격은 다시 과학(학술)적으로 긍정되었으며, 반제·반봉건 혁명의 임무는 의심할 나위 없이 명확해졌다"(리쩌허우, 2005b: 136~37)고 평가했다. "마르크스주의 원리와 당시 중국의 실제가 결합한 창조적인 이론의 산물이었으며, 이 논쟁의 가장 큰 수확"(리쩌허우: 137)이라는 것이다. 그러나 상호 변증법적으로 접합되어야 할 계몽과 구망의 균형이 무너지고 "계몽을 구망의 궤도에 종속시키는 현대 사상사의 두 번째 이정표"가 되어 "'과학적 인생관을 좀 더 구체화하고 혁명화하여 사람들에게 토지혁명과 반제·반봉건을 위해 생활하고 투쟁하라고 했다"(137). 식민지 반봉건사회론을 주장한 『신사조』파의 입장에서 보면, 당시 "중국 사회는 기본적으로 농촌경제의 기초 위에 건립되었으며, 농촌경제는 기본적으로 봉건적 토지제도, 즉 지주의 농민에 대한 경제외적 강제에 의한 착취를 주체로 하고 있었다. 제국주의는 침입을 개시했지만 결코 광범위한 농촌의 자연경제를 와해시키거나 소멸시키지는 못했다. … 제국주의와 자본주의의 경제적 영향과 침투는 결국 연해지역과 중·대도시 주변의 농촌에 국한될 수밖에 없었고, 완전한 지배 지위나 그것을 주재할 만한 지위에 오르는 것과도 아예 거리가 멀었다"(136). 국가적으로는 농촌 자연경제 또는 봉건적 토지제도가 주된 생산양식이지만 연해지역과 대도시에는 제국주의와 자본주의가 어느 정도 침투했다는 의미다.

이 논쟁에 대해 허우와이루(侯外廬)는 다음과 같이 회고했다. "이 논쟁의 범위는 아주 광범했으며 지속시간도 상당히 길었고 논쟁이 된 문제도 많았다. ··· 첫째, 아시아적 생산양식 문제. 둘째, 중국 역사가 노예제 단계를 거쳤는가 하는 문제. 셋째, '봉건사회'란 무엇이며, 중국 봉건사회의 역사적 시대구분(斷限)과 특징 문제. 넷째, 이른바 '상업자본주의 문제' ··· 논쟁을 거쳐 몇 가지 문제들은 해결되었지만 몇몇 문제들은 어느 정도 일치된 결론을 얻지 못했으며, 지금도 논쟁이 이루어지고 있다"(侯外廬, 1985: 225; 리쩌허우, 2005b: 138 재인용).

1930년대 사회 성격을 식민지 반봉건사회로 인식한 마오둔은 『한밤중』의 창작 목적을 아래와 같이 명확하게 밝히고 있다.

> 내가 이 소설을 쓴 것은 형상적 표현으로 트로츠키파와 부르주아 학자에게 다음의 내용을 회답하려는 것이었다. 중국에는 자본주의로의 발전의 길이 없다. 중국은 제국주의와 봉건세력 그리고 관료매판계급의 압박 아래서 더욱더 반봉건화 반식민지화 되었다. 중국의 민족부르주아지 중에는 비록 프랑스 부르주아지와 같은 성격을 갖는 사람이 있다. 그러나 1930년의 반식민지 반봉건의 중국은 18세기의 프랑스와 다르며 중국의 민족부르주아지의 전도는 대단히 암담했다. 그들은 연약할 뿐만 아니라 동요했다. 당시 그들이 나아갈 수 있었던 길은 제국주의에 투항하여 매판화의 길로 나아가거나 봉건세력과 타협하는 두 길만이 있을 뿐이었다(茅盾, 1984: 83).

마오둔이 『한밤중』을 창작한 목적은 1929년부터 진행된 '중국 사회성격 논쟁'에 대해 반식민지 반봉건 사회인 중국에서 정상적인 자본주의 발전의 길은 불가능할 뿐만 아니라 민족부르주아지의 출로 역시 암담하다는 사실에 문학적으로 답하기 위함이었다. 마오둔은 자신의 창작 목적을 관철하기 위해 애초에 '도시-농촌 교향곡'을 구상했다. "나는 최초에 이 도시-농촌 교향곡을 도시 부분과 농촌 부분으로 나누고 도시 부분을 삼부작으로 쓰려 했으며 초보적 개요도 썼다"(茅盾, 1984: 83).[121] 그러나 이러한 초기 계획은 창작과정에서 변모되어 처음에 구상했던 '도시-농촌 교향곡'은 완성되지 않았다. 그러나 소설에 중심인물 우쏜푸의 고향인 쌍차오전(雙橋鎭)을 배치함으로써 최초의 창작계획의 흔적을 살펴볼 수 있게 했고, 농촌 문제에 대해서는 별도로 '농촌 삼부작'을 창작함으로써 '도시-농촌 협주곡'을 완성했다. 그리하여 그는 "첫째, 제국주의 경제 침략의 압박, 세계 경제공황의 영향, 농촌파산 등의 상황에서 민족공업은 스스로를 보존하고자 더욱 잔혹한 수단을 사용하여 노동자계급의 착취를 강화하고 있다. 둘째, 이로 인해 노동자계급의 경제적, 정치적 투쟁을 야기하고 있다. 셋째, 당시의 남북대전, 농촌경제의 파산 및 농민폭동이 민족공업의 공황을 더욱 심화했다"(『茅盾硏究資料』中, 1983: 28)라는 사실에 집중하여 이를 작품 속에 반영했다. 다시 말해, 중국에서의 자본주의 발전의 문제를 노동자 및 농민과의 관계 속에서 깊이 해부하고자 했다.

『한밤중』은 대도시 상하이를 주 무대로 삼아, 자본가와 노동자 갈등의 본질을 깊이 있게 해부했을 뿐만 아니라 민족 산업자본가와 매판 금융자본가, 대자본가와 중소자본가의 갈등도 밀도 있게 파헤쳤다. 나아가 '신유림외사(新儒林外史)'라고 일컬어질 만큼 자본가의 주위에 맴도는 다양한 지식인들의 군상을 예리하게 풍자하고 있다. 이 글에서는 지구적 자본주의(global capitalism)에 편입되어가는 중국의 중심 도시 상하이의 주요 공간인 공채시장과 공장에 초점을 맞추어 1930년대 상하이 에스노그라피를 재구성하고자 한다.

3) 공채거래소의 자본가

개항 이후 중국의 새로운 중심으로 부상한 상하이의 주인공은 더는 사대

121_ 그의 초기 구상은『棉紗』,『證券』,『標金』의 三部로 이루어져 있었다. 그리고 이 개요에는 표현의 요점, 이야기 개요, 구성 등에 대한 개략적인 메모가 포함되어 있다(茅盾, 1984: 83~87 참조). 그러나 "개요를 다 쓰고 나자 이러한 형식이 이상적이지 못하다고 느꼈다. 농촌 부분도 삼부작으로 써야 하는가, 이 도시 삼부작과 농촌 삼부작을 어떻게 배합시키고 호응시켜야 하는지 등등은 모두 처리하기가 쉽지 않았다. 그리하여 나는 이 계획을 취소했다"(茅盾: 87).

부와 지주가 아니었다. 소설에서 우쑨푸의 부친 우나으리가 자본주의 물질문명에 대해 아무런 방비도 없이 급습을 받아 풍화되었다면, 강남(江南)에서 피난 온 지주 펑윈칭(馮雲卿)은 자본주의의 그물망에 뛰어들었다가 서서히 침몰하는 형상을 보여주고 있다. "'동방의 뉴욕'으로 표기되는 이민과 금융의 도시, 그리고 '동방의 파리'라는 기표가 전달하는 유행과 대중문화의 중심, 조계로 대표되는 상하이 도시문화의 특징을 한마디로 요약하면 그것은 바로 서양 자본주의 외래문화를 수용한 상업문화라 할 수 있다"(임춘성, 2014b: 266~67). "상업문화가 주류였던 상하이에서 새로운 주체는 단연 상인이었다"(임춘성: 269). 이들은 19세기 시행착오를 거쳐 20세기 들어 어엿한 자본가로 성장했다. 이들은 공장을 운영하는 산업자본가로 발전했고 나아가 공채에 투자하는 금융자본가로도 장성했다. 이제 상업문화가 주도하는 상하이에서 전통 신사(紳士)와 지주는 생존하기 어렵게 된 것이다. 여기서는 1930년대 중국 공채거래소(交易所)에서 치열한 헤게모니 쟁탈전을 벌였던 산업자본가와 금융자본가의 본질과 갈등과정을 살피고자 한다.

식민지 반봉건 중국의 자본주의를 대표하는 상하이에서 경제의 심장은 공채거래소였다. 『한밤중』 11장에 거래소의 풍경이 아래와 같이 묘사되어 있다.

> 증권거래소는 청과물시장보다도 훨씬 떠들썩했다. 꽉 들어찬 사람들로 거래소 안은 질식할 것 같은 땀 냄새로 가득 찼다. … 테이블을 두드리는 사람, 전화통을 붙들고 있는 사람들의 얼굴이 벌겋게 열을 올리고 있었다. 그들은 손을 쳐들고 입을 크게 벌리며 외쳐대고 있었다. 칠팔십여 명 되는 중개업자, 그들의 보조원들 백여 명, 그리고 무수한 투기꾼들이 숫자를 부르는 와자지껄하는 소리가 마치 천둥치는 소리 같아서 어느 누구의 귀에도 확실히 들리질 않았다(마오 둔, 1989: 236~37).[122]

요즘이야 인터넷상에서 온라인으로 거래하지만 당시 오프라인 거래는 모두 거래소에서 이루어졌다. 그리고 주식시장을 재현한 대부분 영화에서 표상된 것처럼 거래소는 전쟁터를 방불케 하고 있다. 투자자/투기꾼들뿐만 아니라 중개인과 보조원들로 북새통을 이루어 정보를 수집하고 일분일초를 다투어 사고파는 거래소의 풍경은 전쟁터와 마찬가지였다. 그러므로 그들에게 자금은 '총알'로 비유되었고 총알이 떨어지면 전장에서 물러나야 했다. 텍스트에서는 '후방병원'처럼 '공채전선에서 패배하여 후퇴한 사람들이 한숨을 내쉬며 모여 앉은' '기다란 목제의자'의 풍경을 다음과 같이 묘사하고 있다.

벌건 얼굴에 핏발 선 눈을 부릅뜬 채로 쑥덕거리며 서로 얘기하고 있는 그들의 관자놀이에는 지렁이 같은 푸른 핏줄이 튀어나와 있었다. 그 가운데 혼자 고개를 숙인 채 아무 말이 없는 한 사람은 실패한 사람임에 분명했다. 그의 얼빠진 듯한 눈앞에 땅 팔고 빚에 쫓겨 도망가는 비참한 환영이 어른거리고 있는 듯했다(237).

이제는 증권을 통해 대박을 노리다가 쪽박을 찬 얘기들이 심상해졌지만, 예나 지금이나 그런 얘기들은 여전히 끊이지 않고 재생산되고 있다. 스룬주(施潤玖) 감독의 <아름다운 신세계(美麗新世界)>(1999)에서도 상하이 여성 진팡(金芳, 陶虹 분)은 힘들게 번 돈을 일확천금의 허황된 꿈을 안고 주식에 투자하고 심지어 남주인공 장바오건(張寶根, 姜武 분)의 돈까지 털어넣지만 결국 모두 날리고 만다. 소설 속 증권교역소의 모델이었을 '상하이 화상(華商)증권거래소'는 1933년 새롭게 단장했는데, 중국에서뿐만 아니라 동아시아에서 시설이 완비되고 규모가 가장 큰 증권거래소였지만, 항일전쟁 발발 후 영업이 정지되었다.[123] 이곳은 1990년 12월 19일 새로 개장한 '상하이증권거래소'의 전신이

122_ 이후 본문에서 인용 시 괄호 속에 쪽수만 표시함. 단 고유명사는 국립국어원 외래어표기법에 따라 수정했음. 참고로, 이 작품은 같은 역자가 1986년 번역한 바 있다.

기도 하다.

『한밤중』에서는 바로 거래소를 배경으로 우쑨푸와 자오보타오(趙伯韜)의 운명을 건 한판 대결이 벌어진다. 먼저 우쑨푸를 보자. 그는 『한밤중』에 출현하는 수많은 인물의 중심에 있다. 도입부에서 묘사된 그의 외모는 강인한 인상을 주고 있다. 쑨지런(孫吉人)과 왕허푸(王和甫) 등의 대자본가들로부터 합작을 제의받아 이중(益中)신탁회사를 설립하여 그 결정권을 행사할 뿐만 아니라, 주인추(朱吟秋)나 저우중웨이(周仲偉) 등의 중소자본가로부터는 구원의 요청을 받을 만큼 재계에서 능력과 신망이 높았다. 이처럼 그의 "재력과 수완, 매력에 대해 그들은 오래전부터 앙모해왔었다"(68). 심지어 그의 주요한 경쟁상대인 자오보타오로부터도 끊임없이 합작 제안과 회유를 받기도 한다. 그는 민족공업의 발전에 자신의 모든 것을 바쳐 나라를 발전시키겠다는 이른바 '산업구국'의 포부를 가지고 있었고, 이를 위해서는 가정생활조차도 사업에 종속시키는 인물이었다. 그의 경영관 역시 독특했다. 그는 "견식이나 수단, 담력이 없는 사람들이 그저 무사안일하게 기업을 이끌어 가는 것을 매우 증오했다. 이런 기업가들에 대해 우쑨푸는 늘 가차 없이 욕을 퍼부었고, 그런 기업들을 자신의 '철로 된 손아귀'에 넣어 버렸다"(70). 그러므로 대자본을 소유하고 있지만, 판단력과 담력이 뒤지는 두주자이(杜竹齋) 같은 부류의 사람들이 토지와 금괴와 공채를 전문으로 하는 일에 손을 대는 것은 반대했다. 민족자본가이면서 산업자본가적 철학이 철저한 그에게 자오보타오처럼 외국과 은밀하게 손잡고 국내 시장을 조종하려는 행위는 반민족적, 반국가적 매국 행위로 보였다. 『한밤중』은 강인하고 능력 있으며 사업에 헌신적인 데다가 산업 입국의 고귀한 포부까지 겸비한 산업자본가 우쑨푸가 매판 금융자본가 자오보타오와 벌이는 한판 대결을 이야기의 주선으로 삼고 있다.

우쑨푸의 반대편에서 우쑨푸를 공채 투기에 끌어들이고 끊임없는 회유와

123_ 「南京國民政府時期的交易所」. http://zhidao.baidu.com/question/233510776.html (검색일자: 2015. 02.20.)

협박으로 그를 자신의 휘하에 편입시키려는 인물이 금융자본가 자오보타오다. 그는 착상이 기발하고 판단력이 빠른 데다가 행동이 대담하며 주위의 시선을 아랑곳하지 않는다. 그는 미 제국주의를 위해 길러진 매판자본가(唐金海, 孔海珠編, 1983: 1012)로서, 미국 자본을 근거로 하여 자금난을 겪는 작은 공장들을 인수하고 어느 정도 자본이 축적된 기업들을 합병하여 트러스트를 조직하려 하고 있다. 이러한 그는 산업 입국을 표방하는 우쑨푸나 산업자본가들의 연합체인 이중회사는 눈엣가시가 될 수밖에 없다. 우나으리의 장례식에서 처음 등장하는 그는 우쑨푸를 유인하는 미끼로 공채 투기의 조그만 비밀을 제공하여 우쑨푸를 뛰어들게 만든다. 기본적으로 우쑨푸가 작품 전편을 통해 공채의 수렁에서 헤어나지 못하게 된 것은 바로 자오보타오가 던진 이 미끼를 문 것에서 기인했다. 이후의 과정은 낚싯바늘에 걸린 물고기가 발버둥 치다가 결국에는 잡아먹히는 과정을 그린 것이라 할 수 있다. 우쑨푸가 험난한 풍파를 뚫고 성장한 대어임에는 분명하지만 우쑨푸를 요리하는 자오보타오는 그야말로 산전수전 다 겪은 노련한 낚시꾼임이 틀림없다. 그는 주인추의 누에고치 자금이라든가 이중회사의 예금 인출 등의 낚싯줄을 늦추지 않고 대기하고 있다가 마지막 대결에서 우쑨푸에게 치명타를 가한다. 이 과정에서 그가 주로 사용한 방법은 바로 우쑨푸 주위에 있는 인물의 매수였다. 우쑨푸의 공채시장 대리인 한멍샹(韓孟翔)과 정보원 류위잉(劉玉英)을 매수하여 우쑨푸에게 등을 돌리게 했을 뿐만 아니라, 우쑨푸의 자형이자 사업 동료인 두주자이로 하여금 공채시장에서 우쑨푸 진영을 이탈하여 자신의 진영에 가담하게 했다. 이처럼 자오보타오는 온갖 경제적 수단을 동원하여 우쑨푸를 옥죌 뿐만 아니라, 기존의 가치관을 완전히 무시한 채 자신은 말할 것도 없고 타인에게까지 비도덕적이고 비윤리적인 일탈을 강요함으로써 자신의 궁극적 승리를 노린다.

우쑨푸와 자오보타오 등 대자본가 외에 주목할 만한 인물로 류위잉(劉玉英)을 들 수 있다. 소액 투자자이자 대투자자의 정보원 노릇을 자처하는 류위

잉은 "총명한 여인이었다."

> 그녀의 아버지는 십여 년 전 증권시장의 파동으로 파산하여 자살했다. 그녀의 오빠 역시 '투기꾼'으로, 그의 반평생은 '횡재'와 '야간도주'의 되풀이였다. …
> 그녀의 시아버지인 루쾅스(陸匡時)와 이미 세상을 떠난 남편은 모두가 입만 뻥긋했다 하면 '입찰가격'이니 '공채'니 하는 얘기만 하던 이들이었다. 최근엔 그녀 자신도 증권거래소를 낮 동안의 '집'으로 삼고는 '도박을 하는' 심정으로 만 원어치를 사들였다 다시 오천 원어치를 팔았다 하고 있었다. 거래에 있어서 그녀는 냉정했다. 그녀는 아버지와 오빠 심지어 남편의 전철을 거울삼아 견실하게 행동했다(236).[124]

그녀는 안정적으로 자금을 운용하되 "자신의 몸을 밑천으로 이용"(236)할 줄도 알았기에 자오보타오와의 교류도 '투기'의 일환으로 활용하고자 했다. 그러기에 그녀는 공채거래의 정보를 캐내기 위해 자오보타오의 호텔 방을 찾아가는 것을 서슴지 않았고 심지어 그가 다른 여자와 같이 있는 것도 개의치 않았다. 이런 그녀의 입장에서 볼 때 거래소에서 일희일비하는 소액 투자자들을 바라보면 웃음이 나오지 않을 수 없었다. 거래소를 조종하는 거물들은 "소파에 몸을 기댄 채 시가나 물고 있을 테니 얼마나 '우스꽝'스러운 일인가'라고 생각했다"(237).

이처럼 1930년대 상하이 공채거래소에는 전란을 피해 상하이로 온 지주 펑윈칭부터 민족자본가 우쑨푸와 매판자본가 자오보타오, 중개인 한밍상과 정보원 류위잉 등이 어우러져 한 폭의 풍경화를 구성하고 있었다. 여기에 지식인과 정객 그리고 군인 등도 한몫을 차지하고 있었음은 말할 나위 없다.

124_ 茅盾, 1984: 316의 해당 부분을 참조해 일부 수정했음.

4) 신흥 계급의 등장

공장은 산업자본주의의 심장이다. 그러나 『한밤중』에서 공장은 생산 현장으로 묘사되는 것이 아니라 파업을 추동하는 노동자와 그것을 막으려는 회사 측의 대응으로 점철되어 있다. 1930년 5월부터 7월까지 우쑨푸의 위화(裕華) 제사공장은 자본주의의 심장 역할을 정상적으로 수행할 수 없었다. 우쑨푸가 보기에 "지금의 노동자들은 이미 이전의 노동자들이 아니기 때문이었다"(114). 이전의 노동자들과 다른 노동자들은 바로 자각한 노동자들이다. 그 동안 중국의 노동자들은 수많은 투쟁을 통해 단련되기도 했지만, 훨씬 더 많은 좌절의 경험도 맛보았다. 그들은 제국주의, 자본주의, 봉건주의라고 하는 삼중의 압박(김계일, 1987: 24) 아래 유례없는 생활의 고통을 받고 있었는데 그 현장이 바로 공장이었다. 마오둔은 우쑨푸가 경영하는 위화 제사공장에서 일하는 노동자들의 움직임을 집중적으로 묘사하여 당시 노동자의 현실을 드러내고자 했다. 특히 투쟁하는 노동자는 신흥계급인 노동자 가운데서도 선진적인 그룹이었다.

이들은 각성한 노동자로, 자신의 계급적 현실과 사회구조의 모순을 깨닫고 공장 내에서 일반 노동자 대중을 계몽시켜 파업을 지도하는 그룹이다. 천웨어(陳月娥), 허슈메이(何秀妹), 주구이잉(朱桂英) 등이 이들을 대표한다. 그들은 공산당 활동가들의 지도를 받아 공장 내에서 타오웨이웨 등과 대립하면서 암암리에 일반 대중에 대한 자신들의 영향력을 확대하려는 노력을 전개한다. 그들은 '야학'을 통해 글자를 깨치고 '노동자 문예소조'[125]에서 문학적 소양을 배양하여 노동자 통신원의 주체가 되었다. 이들은 이미 자신의 열악한 생활 조건 속에서 자연적으로 각성을 해나가기도 했다. 주구이잉의 궁핍한 생활과

125_ 좌련(左聯)이 결성된 후 산하에 대중화공작위원회를 두었는데, 이 기구의 주요한 활동 형식이 바로 '노동자 문예소조'와 '야학'이었다(吳奚如, 1987: 401 참조). 우시루(吳奚如)는 이 시기에 吳保太, 高而에게 문학창작을 지도하여 자신이 주편하던 『대중문예』에 발표시키기도 했고, 야학에서는 高橫顥 등을 만났는데, 高橫顥는 당시 胡風, 葉紫, 歐陽山 등의 문인과 친분을 가지고 있었다고 회고했다.

분노, 의지가 그 전형적인 예이다. 비참한 생활 속에서도 희망과 용기를 가지고 버텨온 그녀에게 가뜩이나 낮은 임금에서 다시 2할이나 인하한다는 이야기는 죽으라는 것과 다름없었다. 그녀가 현재의 생활을 인내할 수 있는 것은 미래에 대한 기대 때문이다. 열심히 일하면 언젠가는 다른 사람들처럼 행복하게 살 수 있다는 생각이 바로 현재의 그녀를 지탱해 주는 기둥이었다. 그러나 미래의 기대에 희망을 걸고 산다고 하더라도 현재의 자신을 버티게 해주는 최소한의 생계는 해결되어야 한다. 최저 수준의 생존까지도 위협하는 임금 인하 소문은 그녀의 분노를 일으키기에 충분한 것이었다. 게다가 땅콩 행상을 다니는 그녀의 어머니가 무심결에 공산당 선전물을 포장지를 사용했다고 해서 물건을 압수당한 사건까지 일어났다. 사방을 둘러보아도 아무런 해결책도 발견되지 않는, 악화일로로 치닫는 상황은 그녀가 새로운 길을 모색하게 했다.

노동자의 각성 여부가 기존의 부조리한 체제에 순응하느냐, 아니면 그것에 반항하느냐의 여부로 귀결될 수밖에 없었던 것이 이 시기 중국 노동자의 현실이었다. 그러나 공장 내의 지도책임을 맡은 천웨어의 모습에서 1930년대의 선적 노동자들의 지식수준과 의식 수준이 그다지 높은 편이 못됨을 쉽게 읽어낼 수 있다. 연대파업의 가능성을 판단하기 위한 회의에서 비교적 자유분방한 여성 활동가인 차이전(蔡眞)이 공장의 상황을 묻자 이에 대해 "천웨어는 떠듬떠듬 힘들고 간단한 어투로 오늘 낮 작업장의 상황과 방금 야오진펑(姚金鳳)의 집에서 가졌던 집회에 관해 설명했다"(285). 그녀가 '투쟁정서가 고양되어 있으므로' '파업에 돌입'할 수 있다고 대답한 부분은 사실 일반 노동자 대중과는 거리가 있다. 천웨어의 답변은 조직에서 요구하는 것에 대한 모범답안이었다. 그녀는 주체적인 입장을 확보했다기보다는 자신을 지도한 활동가들의 의견을 주입 받는 것이다. 이런 의미에서 그녀의 각성은 아직은 진정한 의미의 각성에까지는 이르지 못했다고 할 수 있다. 그녀가 자신의 견해를 주체적으로 가지기 시작한 것은 파업이 실패한 후 소집된 회의에서 마진(馬金)

의 의견에 동조한 때부터라고 할 수 있다. 마진은 리리싼(李立三) 노선의 화신인 커쭤푸(克佐甫)의 견해에 대립하는 의견을 제시했었다. 또한 파업 현장에서 보여주었던 수동적 태도는 천웨어를 중심으로 하는 공장 내의 지도그룹의 현주소를 여실하게 보여준다.

이처럼 초보적으로 각성한 노동자들은 아직 자신의 문제조차 스스로 해결할 수 있는 출로를 찾지 못했다. 이들에게는 길 안내자가 필요했다. 커쭤푸, 차이전, 마진, 쑤룬(蘇倫)이 바로 그러한 역할을 담당한다. 이들은 지식인 출신의 공산당 활동가들인데, 그동안의 혁명 과정을 겪으면서 이들 내부에서도 일치된 의견이 존재하지 않았다. 작품에서는 커쭤푸―차이전 대 마진―쑤룬의 형태로 표현되고 있다. 회의에서의 결정은 책임자인 커쭤푸의 주장대로 관철되는데, 그는 리리싼 노선을 추종하고 있다. 마오둔은 이들의 회의 장면을 핍진하게 묘사함으로써 좌경 모험주의 노선을 측면에서 비판하고 있다.

5) 신유림외사

문학인류학은 문학과 인류학의 접경지대라 할 수 있는데, 문학의 인류학적 연구 패러다임은 인류학과 에스노그라피의 관련된 개념을 빌어 문학 텍스트 및 방법과 대비하고 해석함으로써 에스노그라피의 글쓰기 스타일과 형식 그리고 표현 전략을 확장하는 것을 가리킨다. 작가 마오둔은 관찰자의 눈으로 1930년 5월부터 7월까지 상하이 공채거래소와 위화 제사공장을 중심으로 이 시대의 새로운 주역인 자본가와 노동자의 모습을 기록하고 있다. 작가의 관찰에 따르면, 자본가와 노동자의 근본적인 모순이 존재할 뿐만 아니라, 자본가 내부에서도 대자본가와 중소자본가 사이의 이해관계가 충돌하고 있고, 특히 산업자본가와 금융자본가 사이에 주요한 관점의 차이가 존재하고 있다. 물론 노동자 내부에서도 각성한 노동자와 그렇지 못한 사람들, 그뿐만 아니라 사리사욕을 위해 자본가의 주구 노릇을 하는 이들까지 다양하게 등장하고 있다. 작가는 이들을 파노라마처럼 우리에게 보여주고 있다. 특히 『한밤중』

에서 독특한 점은 작가가 자신의 현실 인식을 작중인물을 통해 드러내고 있다는 점이다. 그 대표적인 인물은 판보원(范博文)과 리위팅(李玉亭)이다.

판보원은 시인이고 리위팅은 경제학 교수인데, 이 두 사람은 상당히 정확한 현실 인식을 하고 있다. 판보원이 우나으리의 죽음에서 봉건 잔재의 풍화를 직감한 것이 작가적인 직관에 기초한 것이라면, 장쑤쑤(張素素)가 던진 이 사회가 어떤 사회인 것 같냐는 질문에 대한 리위팅의 대답, 금융계의 거물과 공업계의 거두가 모여 있는 우쑨푸의 응접실을 중국 사회의 축소판으로 비유하고 상하이에 오자마자 숨이 끊어지려 하는 우나으리를 사라지는 봉건시대의 상징으로 비유하면서 대조시키는 언변(34~35)은 경제학자의 정세 감각에 기초하고 있다. 곳곳에서 보이는 두 사람의 현실 인식의 정확성은 날카로운 분석력에 의해 뒷받침되고 있다. 판보원이 우나으리의 뇌출혈의 원인을 추정하는 장면(32)이라든가, 리위팅이 정세를 분석하는 장면(193~94)은 그들의 논리적인 분석력을 증명하는 예이다.

그러나 현실 인식은 가치 지향과 불가분의 관계를 맺는다. 가치 지향의 지도를 받는 현실 인식과 현실 인식에 기초한 가치 지향은 변증법적인 관계에 있다. 판보원과 리위팅은 가치 지향의 측면에서는 커다란 차이가 있다. 이들은 반봉건(反封建)의 측면에서는 공통된 가치 지향을 가지고 있었지만, 직업과 기질의 차이로 인해 당시 상하이로 재현되는 자본주의 세계에 대해서는 태도가 달랐다. 로맨틱한 시인인 판보원은 자본주의에 대해 상당한 반감을 품고 있었다. 문상객들이 모여서 공채에 대해 갑론을박하면서 시끄럽게 떠들자 그는 "투기의 열광이여! 투기의 열광이여! 그대 황금의 홍수여! 범람하누나, 모든 제방을 무너뜨리고"(43)라는 식으로 조소한다. 또한 장례식 날 으슥한 곳에서 남성들에게 둘러싸여 춤을 추는 쉬만리(徐曼麗)의 모습을 보고는 "이것은 저들의 '죽음의 춤'이야. 농촌은 갈수록 파산하고 도시의 발전은 갈수록 기형적으로 변해 가네. 금값이 오를수록 쌀값도 오르고, 내전의 포화는 더욱 왕성해지는데, 농민의 폭동 역시 더욱더 퍼져 간다네. 그러나 저들, 돈 있는 자들의 '죽음의 춤'은 갈수록 더 미쳐만 간다네!"(63)라고 냉소적으로 노래한다. 이러한 풍자는 그가 '돈 있는 자들'에 속해 있지 않고, 그리고 그들 속에 편입되고 싶어하지도 않는 자세에서나 가능한 비판이다.

이에 반해 냉철한 이론가인 리위팅은 금융자본가가 산업자본 쪽으로도 세력을 확장하려고 하는 속셈(153)을 알아차리고, 내셔널리즘의 입장에서 금융자본가와 산업자본가가 협력하기를 바라는 마음으로 우쑨푸에게 미리 그 정보의 일부를 알려주면서 넌지시 충고했다. 그러나 우쑨푸와 자오보타오의 대립이 근본적으로는 경제적 측면에만 국한된 것이 아니라 첨예한 정치 노선의 차이도 개재되어 있음을 간파했다. 그는 주인추, 우쑨푸, 자오보타오로 대표되는 중소자본가, 민족자본가, 매판자본가의 연합전선을 구축하여 노동자 농민계급에 대응하려고 생각했었다. 그러나 우쑨푸의 부탁을 받고 자오보타오와 협상하러 갔다가 실패한 후 돌아오는 길에 공산당 전단을 보고는 다음과 같은 생각을 하게 된다. "'우쑨푸가 주인추의 목을 조르고 자오보타오는 뒤에서 우쑨푸의 머리를 움켜쥐고 결사적으로 싸우고 있다. 그들은 옆에서는 누군가 칼을 들고 기다리고 있는 것에는 정신 팔 겨를도 없다(203)"(茅盾, 1984: 271~72 참조). 이러한 "괴이한 환상"을 인식하는 순간 리위팅은 자기 생각이 실현 불가능함을 깨닫고는 스스로 자오보타오를 선택한다. 이처럼 이들은 궁극적으로 타협하는 성격을 가지고 있다. 자본주의와 자본가에 대한 비판의 강도에 차이는 있지만 그들의 생활은 자본가를 둘러싸고 이루어지고 있기 때문이다.

이 글에서는 1933년 발표된 마오둔의 『한밤중』을 에스노그라피로 설정하고 그것을 통해 1930년대 초 상하이를 재구성해보았다. 1930년대의 상하이의 인물들은 당시 사회의 총체적 모순과 연결되어 있다. 소설은 1930년대 상하이를 무대로 삼아, 자본가와 노동자 갈등의 본질을 깊이 있게 해부했을 뿐만 아니라 민족 산업자본가와 매판 금융자본가, 대자본가와 중소자본가의 갈등도 사실적으로 밀도 있게 파헤쳤다. 나아가 '신유림외사(新儒林外史)'라고 일컫어질 만큼 당시 상하이의 다양한 지식인 군상을 예리하게 풍자했다. 이 작품은 당시 반봉건·반식민적 성격이 주요한 측면이었던 중국사회의 모순이 가장 첨예하게 드러났던 대도시 상하이와 한 농촌을 배경으로 좌와 우, 중국과 외국의 대립을 주축으로 하는 계급모순과 민족모순을 여실하게 보여주고 있다. 민족 내부와 계급 내부에서 진행된 계층별 첨예한 암투를 반영하고, 그 결과 중국에서의 민족자본가가 어떻게 파멸되어 갔는가와 중국의 농촌과 농민이 어떻게 황폐해지고 몰락해 갔는지를 총체적으로 재현했다.

3. 1960년대 농촌 여성의 결혼원정기: 왕안이의 『푸핑』

1) 도시에 진입한 농민

그들은 선량하며 정직하고, 까칠하지 않으며, 특기도 없고, 수수하며 이름이 세상에 알려지지도 않고 마치 칭찬할 만한 것도 없는 듯하다. 그들은 몸은 쉽게 움직이지만 입은 쉽게 놀리지 못하는 사람들이고 노동은 잘하지만 사색은 잘 못 하는 사람들이다. 그들은 순진해서 손해를 보고도 추궁을 할 줄 모르고, 단순해서 속임을 당하더라도 아무것도 깨닫지 못할 것이다. 그들은 기꺼이 고액의 대가를 지불하고 지극히 낮은 수준의 생활 조건을 받아들이며, 초인적인 고난을 견디면서 즐거움은 거의 얻지 못한다. 그들은 환상이 거의 없고 실제 생활에 힘쓸 뿐이다. … 그들의 단점은 확실히 끔찍하다. 그들의 단점이 변하지 않는다면 중국은 또 다시 황제를 배출하게 될 것이다(高曉聲, 1980; 쉐이, 2014: 204~5 재인용).

이는 「천환성의 도시 입성(陳奐生上城)」[126]의 작가 가오샤오성(高曉聲)이 작품 주인공에 대해 언급한 것으로, 개혁개방 직후 도시에 진입한 농민의 특징을 개괄했다. 작가가 보기에, 농민들은 선량하고 정직하고 수수하며 실천적인 등등의 장점이 있는 반면, 봉건적이고 노예적인 단점을 가지고 있다. 이는 사회주의 혁명을 통해 새로운 사회에서 30년 이상 살아온 농민의 양면성을 종합한 평가임에도 불구하고, 우리는 그것이 사회주의 혁명 이전과 크게 다르지 않음을 알 수 있다. 천환성의 형상에서 아큐를 발견할 수 있고 천환성의 모습에 샹쯔(祥子)가 중첩되어 있음을 알 수 있다. 5·4신문화운동의 핵심 과제인 계몽은 여전히 미완이고 루쉰이 소설 창작 목표로 내세웠던 국민성 개조는 실현되지 않았다.

중국 근현대 지식인은 대개 계몽적 성격을 가지고 있었다. 그것이 '민주와 과학'이든, '반제 구망(救亡)'이든, '휴머니즘과 개성해방'이든 시대와 역사가 그들에게 부여한 과제를 계몽 차원에서 해결하고자 노력했다. 그들의 노력은 간혹 성과를 거두기도 했지만, 대부분 좌절과 실망, 현실과 타협, 죽음 등으로 귀착된 것이 역사 현실이었다. 계몽자들은 대부분 실패와 수난을 겪고 좌절하기 마련이다. 이러한 좌절을 딛고 일어서게 하는 힘의 원천은 참회에서 비롯된다(임춘성, 1995: 16. 수정 보완). 5·4신문화운동 100주년이 넘은 시점에서 돌아볼 때, 5·4 계몽자 가운데 진정한 참회 수준에 도달한 지식인이 몇이나 있었을까? 리쩌허우가 "루쉰은 불후하다"(리쩌허우, 2005a: 743)라고 평했을 때 바로 이 점을 염두에 둔 것이었을 것이다.

사회주의 신중국은 계몽적 지식인에게 사회주의 개조와 하방(下放)이라는 형태로 참회를 강요했지만, 그 방식은 계몽적 지식인이 대중에게 행했던 것과 다를 바 없었고 게다가 국가권력의 개입은 일시적 효과는 있었지만 장기적으로 스며들기에는 역부족이었다. 개혁개방 이후 "지식인들은 마침내 '빈농과 바닥층, 중농의 재교육을 받아들여야 한다'는 하방담론에서 해방되었으며 지식인들은 농민형상의 약점을 통해 새로이 자신을 긍정하게 되었다"(쉐이,

---

126_ 『人民文學』 1980年第2期. 이 단편소설은 '신시기' 문학의 경전이 되었고 중학교 교과서에 실렸다.

2014: 206). 사회주의 시기 지식인들에게 타율적 참회를 강요하는 하방담론에서 해방된 논리가 바로 그것이 강요했던 '노동자와 농민에게 학습할 것이 없다는 것이었다. 포스트사회주의 중국에서 노동자와 농민, 그리고 그 기괴한 결합인 '농민공'은 "대중문화의 타자가 되어 지속적으로 소비되고 있다"(쉐이: 207). 이 지점에서 신민주주의 혁명과 사회주의 30년은 무효화되고 '이럴 거면 혁명은 왜 했어?'라는 질문에 답할 길이 없게 된다. 개혁개방 직후 급변 시기에 농민이 다시 타자화되고 있는 상황은 사회주의 시기 농민의 주체화 과정이 실패했음을 반증(反證)하는 것이다. 이는 "혁명문화 시대에는 계몽주의적 현대성 서술이 억압되었지만 신시기에는 혁명문화의 현대성 서술이 억압"(208)된 것과도 관련이 있다. 좀 더 풍부하게 말해보면, 신시기에는 계몽주의와 혁명문화가 공통으로 억압했던 '욕망'이 부상했는데, 농민은 예전에 '계몽'에도 무관심했고 '혁명'에도 무감각했던 것처럼, 어떻게 '욕망'할지에 대해서도 무지했다. 그들은 언제나 '타자'였다. 때로는 지식인의 계몽 대상이 되고, 때로는 국가권력의 조종 대상이 되고, 때로는 대중문화의 조롱 대상이 되는 차이가 있을 뿐이다.

자본주의 발전에 따라 산업화와 도시화가 진척된 것이 근현대화(modernization) 과정이었다. 특히 농민의 도시 진입은 근현대화의 특징 가운데 하나다. 쑨즈강(孫志剛) 사건으로 인해 2003년 중국에서는 '농민공 조류' 및 '삼농(三農)' 문제가 논쟁의 수면 위로 떠 올랐다. 사실 농민공 조류는 '중국 특색의 자본주의'라 할 수 있는 개혁개방이 시작되면서 1980년대 중후기부터 출현했다. 그런데 이는 개혁개방 이후 처음 나타난 현상이 아니었다. "1920년대 말에서 1930년대 초의 '농민공 조류'는 대략 1,500만 정도로 추정할 수 있다"(池子華, 1998; 뤼신위, 2012: 301 재인용)라는 지적은 농민공 문제를 사회주의 실천 과정에서 국가의 '도농 이원대립' 정책에서 비롯되었다고 보는 중국 내 자유주의 논자들의 지적을 역사적 관점이 부재한 근시안적인 분석으로 만들어버렸다. 뤼신위(呂新雨)는 자유주의자들의 논조를 반박하며 '농민공 조류'를 도농 간의 불평등한 사회구조적 차이가 드러난 문제로 파악한다. 그녀는 사회구조적 전제를 살펴보는 과정에서 '농민공 조류'에 대한 시간적, 공간적 배경을 확장하고 있다. 뤼신위는 농업과 시장, 토지와 인구, 도시와 농촌의 세 가지 측면에서 1980~90년대 '농민공 조류'의 발생 원인을 분석해, 그것이 첫째 농업의 위기, 둘째 토지 수용이 불가능한 잉여 노동력 문제, 셋째 도시와 농촌 관계 악순환의 결과임을 밝히고 있다(뤼신위: 304~7). 역사적으로 고찰해볼 때 농촌에서 도시로 가는 사람들은 대부분 '파산한 농민'이었다. 농촌에서 더 먹고 살 수 없어서 도시로 간 것이었다. 그러나 이들이 도시에 진입했다고 해서 바로 시민 또는 노동자가 되는 것은 아니었다. 이를테면 라오서(老舍)의 『낙타 샹쯔(駱駝祥子)』에서 주인공 샹쯔가 그렇게 발버둥쳤지만 결국 도시 유랑민으로 전락하고 말았음을 우리는 잘 알고 있다.

도시에 진입한 농민이라는 주제 의식으로 중국 근현대문학사를 조감해보면 중국 근현대화의 다양한 양상을 관찰할 수 있을 것이다. 특히 '약 30년간 빗장도시(gated city)[127] 상태'인 상하이에 진입한 시골 처녀의 상하이 정착이라는 점에서 왕안이(王安憶)의 『푸핑(富萍)』은 주목을 요한다. 앞당겨 말하면, "당시 상하이의 호적은 들고 나기가 쉬워, 이후처럼 나가기는 쉬워도 들어가기는 어려운 때와는 달랐다"(왕안이, 2014: 350).

『푸핑』은 1964년 상하이로 진입한 시골 처녀를 초점 인물로 삼아 그녀가 상하이에서 보고 듣고 겪은 일을 서사하고 있다는 점에서 특이하다. 이 작품을 통해 우리는 사회주의 시기 농민의 도시 진입 상황과 농민이 관찰한 도시 상황을 살펴볼 수 있다는 것이다. 『푸핑』은 전작인 『장한가』와 여러 가지 면에서 대조적이다. 『장한가』는 1940년대 후반 '미스 상하이'로 뽑힌 왕치야오

127_ 이 개념은 이주민의 전입이 근본적으로 봉쇄된 도시를 가리키는 말이다. 이는 신중국의 후커우제도와 관련 있다. "신중국의 호구제도는 1951년 도시에서 먼저 시행되었고, 1955년 농촌에 확대 적용되었다. 1958년 호구등기조례(戶口登記條例)가 국가주석령으로 공포되면서, 전국적인 범위에서 엄격하게 실시되기 시작하였다"(이일영 외, 2006: 155).

의 운명과 삶의 부침을 묘사했는데, 이 주인공의 1940년대의 젊음과 사회주의 30년의 중년 그리고 포스트사회주의 시기의 말년을 통해, 상하이의 부침과 운명을 그려냈다는 점에서 에스노그라피적 성격을 가지고 있다.[128] 그런가하면 『푸핑』에서는 시골 처녀 푸핑을 초점 인물로 삼아 문화대혁명 직전 상하이의 세 공간과 그곳 거주민의 생활상을 보여주고 있다. 『푸핑』에서 이야기하는 것은 1964년과 1965년의 상하이의 공간과 사람이다. 작가는 이주에 초점을 맞춰 상하이인이 어떻게 이 도시에 모이게 되었는지를 묘사했다. 소설 속 푸핑은 어려서 부모를 잃고 작은아버지 집에서 자라다가 '할머니'의 손자와 혼약하게 되어 상하이에 온다. 이 글에서는 시골 처녀 푸핑이 상하이에 진입해 보고 듣고 겪은 일들을 통해 1960년대 도시 이민이 참여 관찰한 상하이 에스노그라피를 재구성해보고자 한다.

2) 바닥층과 그 생활공간

『푸핑』은 양저우(揚州) 시골 처녀가 상하이로 이주해 생계를 도모하는 이야기로 20장으로 구성되어 있는데, 주인공 푸핑은 건강하고 부지런하지만 우둔하지 않다. 그녀는 처음에는 번화가 화이하이루에 살다가 이후 쑤저우허 쓰레기 운반조 사공 일을 하는 외숙 집으로 옮겼다. 지금까지 왕안이 소설에서 이 두 곳은 자주 등장하는 곳으로, 작가는 이들 거리의 생활에 늘 친밀함을 갖고 있다. 그런데 소설이 끝나갈 무렵 18장에서 왕안이와 그 독자들에게 익숙하지 않은 공간이 등장하는데 그곳이 바로 메이자차오이다. 이곳은 쓰레기장 위에 지어진 낡고 허름한 빈민굴이다. 왕안이의 소설 세계에서는 거의 처음 출현하는 곳이다. 더 중요한 것은 작가의 서술 태도의 변화로, 그녀는 푸핑을 통해 이곳 사람들이 "외부에서 온 사람들에게 한결같이 겸손하고 공손한 태도를 취하였다"라고 묘사하고 있다. 그리고 그것은 '자기비하'가 아니

128_ 『장한가』의 에스노그라피적 성격에 대해서는 임춘성(2012)을 참고하라.

라 "일종의 자애의 성격을 띠고 있었다"(왕안이: 341)라고 해설하고 있다. 그들은 비록 고물을 줍고 막일을 하여, "사람들에게 불결한 인상"을 주지만, "성실하게 일해서 의식주를 해결하였고, 땀 흘리지 않고 번 돈은 한 푼도 없었다. 그래서 이렇게 뒤죽박죽이고 구질구질한 생계 이면에는 착실하고도 건강하며, 자존적이고 자족적인 힘이 감추어져 있었다"(340). 푸핑은 외숙집이 답답할 때면 메이자차오를 자주 쏘다니면서 점점 마음이 끌리고 마침내 어느 모자(母子)를 만나게 된다.

이 작품은 "상하이 생활을 풀어내는 소설인데도 그 불빛은 거의 모두 삶의 변두리, 즉 시골에서 온 아가씨, 쑤저우강의 뱃사공, 관리사무소의 목수, 신장(新疆)에 가서 정착한 여학생 등을 비추고 있으며, 중심인물인 '할머니'와 뤼펑셴(呂風仙) 등도 모두 가정부이고 뒤쪽 곁채에 살면서 뒷문으로 드나든다"(왕샤오밍, 2014a: 30). 그리고 아파트와 서양식 건물 모습이 보이기도 하지만, 텍스트는 "서유럽적이지도 않고 사회주의적 규범에 부합하지도 않는 삶을 소설세계의 중앙에 위치시켰다. 소설에서 대부분의 서술이 메이자차오의 바깥을 둘러싸고 진행되는 것처럼 보이지만, 자세히 음미해보면 그것들은 최종적으로는 거의 모두가 메이자차오를 가리키고 있음을 알 수 있다. 바로 개막을 알리는 기나긴 징과 북이 마지막에 진정한 주역을 끌어내는 것처럼 말이다"(왕샤오밍: 34). 메이자차오 빈민굴이 상하이 이야기의 주역을 맡게 된 것이다. 왕샤오밍은 작가의 의도를 파악하려면 1990년대 상하이를 이해해야 한다고 말한다. 앞당겨 말하면, 작가가 『푸핑』에서 메이자차오 빈민굴에게 주역을 맡긴 것은 바로 1990년대 유행했던 '상하이 노스탤지어'를 비판하기 위해서였다. 상하이 노스탤지어로 인해 "새로운 역사 '기억'이 점점 이 도시의 구석구석을 뒤덮을 때, 많은 상하이인들이 현실과 미래를 대면하는 심정은 분명 하루하루 더 안정되어 가는 것 같다"(46).

왕안이는 노스탤지어에 가려진 상하이의 진면목을 이야기하기 위해 1960년대 상하이로 갔다. 그리고 양저우에서 올라온 아가씨의 상하이 진입을 통해 상하이 노스탤지어 이야기가 얼마나 허망한 것인지를 묘사하고 있다. 이에 대해 왕샤오밍은 왕안이 글쓰기의 달라진 점을 아래와 같이 조목조목 들고 있다.

> 왕안이는 자연히 곳곳에서 새로운 이데올로기가 편찬한 옛 상하이 이야기와 거리를 벌리려고 했다. 그녀도 상하이의 이야기를 하고 있지만 다른 사람과는 아주 다르다. 다른 사람들은 줄곧 이야기가 1920년대나 30년대에 일어나게끔 하는 데 비해, 푸핑은 1960년대에 상하이로 왔으며, 다른 사람들이 독자를 고층 빌딩과 술집, 고급주택의 거실로만 이끌 때, 푸핑은 그 집의 문간방에 머물며 나중에는 아예 말없이 그곳을 떠나 직접 수상노동자의 거주구역으로 들어간다. 다른 사람들의 펜 아래 상하이는 와이탄과 샤페이루, 징안쓰루로 그려지지만, 푸핑이 만나는 상하이는 대개가 자베이와 쑤저우허 양안이다. 다른 사람들의 이야기 속 인물들은 늘 거실에서 피아노 소리를 들으면서 등나무 덩굴로 뒤덮인 구식 양옥집을 바라보며 쓸쓸함을 금치 못하는데, 푸핑은 판자촌의 고생스러움과 '인의'만을 느끼며 가난한 모자의 평안함과 자존적인 모습에 매료된다. 다른 사람들의 서술이 보통 화려하며 학자 냄새가 가득하여 마치 어느 비탄에 빠진 시인이 세상사의 큰 변화에 탄식하는 듯하다면, 『푸핑』은 대부분 아주 간단한 글자를 쓰고 문장도 짧아 마치 구어 같으며 서술 리듬은 빠르지 않지만 조금도 꾸물거리지 않아 이 농촌 아가씨의 신분과 아주 잘 어울린다(왕샤오밍: 51~52).

왕샤오밍은 새로운 이데올로기, 즉 신자유주의가 권장하고 있는 올드 상하이 노스탤지어 풍조와 거리를 두고 있는 왕안이의 글쓰기에 박수를 보내며 그 차이점을 열거하고 있다. 왕안이는 양저우 출신의 푸핑을 사회주의 신중국의 1960년대 상하이로 진입시키는데, 그녀는 화이하이루의 문간방에 거주하다가 '수상노동자의 거주구역'으로 이동했다가 다시 메이자차오의 빈민굴로 가 보금자리를 튼다는 점에 의미를 부여하고 있다.

왕샤오밍의『푸핑』해석이 일리가 없는 것은 아니지만 과장된 면도 없지 않다. 기승전결의 플롯 측면에서 보면, 마지막에 배치된 모자의 메이자차오가 주역이라는 점에 이의가 있을 수 없다. 그러나『푸핑』을 푸핑 한 사람의 이야기로만 볼 수 없는 요소들이 곳곳에 존재하고 있다. 이를테면 2장의 주인집, 4장의 뤼펑셴, 6장의 사기꾼 계집애, 7장의 치 사부, 12장의 닝보 노부인 등의 이야기는 푸핑과 직접 관련이 없는 사람들의 이야기지만, 작품에서 차지하는 비중이 작지 않다. 그들은 푸핑을 비롯해 그녀와 직접 관련이 있는 할머니, 외숙 쑨다량과 외숙모, 샤오쥔 등에 못지않게 상하이의 파노라마를 구성하는 인물들이다. 그들은 대부분 외지에서 이주해온 이민들로, 그들 각각의 상하이 정착 과정이 이 소설의 주제라면 주제라 할 수 있다. 물론 푸핑의 비중이 크지만, 이는 역으로 푸핑을 초점 인물로 삼아 수많은 상하이 이민 군상들의 역정과 생활을 그리고 있다고 볼 수 있다. 공간도 그동안 상하이 서사에서 화이하이루가 차지하는 비중이 큰 것은 사실이지만, 그로 인해 쑤저우허와 메이자차오에 대한『푸핑』의 공간 서사가 특이한 것도 부인할 수 없지만, 세 공간은 결국 상하이를 구성하는 요소다. 그러므로 푸핑을 통해 바라보는 화이하이루는 고급주택만 존재하는 것이 아니라 뒷문을 드나드는 바닥층민들과 남의 눈치를 보는 타오쉐핑과 관리사무소 기술자 치 사부 등도 생활하는 공간임을 보여주고 있다는 점에서 중요하다. 우리는 1990년대 유행한 '상하이 노스탤지어 서사에 대한 비판'으로서의『푸핑』이라는 왕샤오밍의 해석에 동의하면서도 그런 해석이 1960년대 상하이 에스노그라피로서『푸핑』의 두터움 (thickness)을 감소시킬 수 있다는 점을 지적하고자 한다.

그러면 푸핑의 동선을 따라 1960년대 상하이의 공간과 거주민에 대한 에스노그라피 답사를 시작해보자. 이 글에서는 푸핑의 동선을 가족 찾기 여정, 바꿔 말하면 '결혼원정기'129)로 설정해보았다.

129_ 이 용어는 황병국 감독의 <나의 결혼원정기>(2005)에서 힌트를 받았다.

3) 농촌 여성 푸핑

푸핑은 무척 독특한 캐릭터다. 그녀는 텍스트 내에서 거의 말이 없고 대부분 타인에 의해 묘사되고 있다. 그녀는 겉으로는 어눌해 보이지만 속으로는 총명하고, 유순해 보이지만 매우 굳세어서, 매사에 모두 자신의 주장이 있다. 푸핑이 상하이로 들어와 이동한 주거공간은 왕샤오밍의 관찰처럼 화이하이루에서 쑤저우허 그리고 메이자차오로 귀결되지만, 그녀의 공간 이동을 꼼꼼하게 관찰해보면 그녀 나름의 의식적/무의식적 목표가 있었다. 앞당겨 말하면, 그것은 다름 아닌 '가족 찾기'다. 그녀는 어려서 고아가 되어 친척 집에 맡겨졌기에 가족애에 목말라 있었던 것으로 보인다. 그런 그녀이기에 예비신랑의 수양 할머니에게서 그 가능성을 타진해보고, 외숙 가족에게서 희망을 찾아보지만 여의치 않다. 우연히 만난 모자에게서 자신이 찾던 가족의 분위기를 찾아내고 거기에 안착한다. 이런 맥락에서 보면 『푸핑』은 바로 주인공 푸핑이 상하이에 와서 자신이 추구하는 가족을 찾는 여정을 그린 텍스트라할 수 있다.

푸핑은 자신의 주거공간과 가족을 주체적으로 선택했다. 왕샤오밍의 『푸핑』론이 정치경제학적 관점에서 주거공간을 고찰한 것이라면, 이 글에서는 문화사회학적 관점에서 결혼원정기로 보고자 한다. 푸핑은 본인의 의사와 무관하게 정혼을 하고 약혼자의 수양 할머니가 일하는 상하이 화이하이루 룽탕(弄堂)의 문간방으로 이주하면서 상하이 생활을 시작한다. 명목은 약혼자 리롄화의 수양 할머니 거처에 머물면서 대처 구경도 하고 결혼 준비도 하는 것이었지만, 푸핑의 속마음은 그게 아니었다. 자신이 속한 공간과 환경으로부터 탈출하고 싶었고 그게 상하이행으로 연결된 것이었다. 그녀는 조실부모하고 작은아버지 집에 얹혀살며 눈칫밥을 먹어봤기에 자신만의 가정을 꿈꾸고 있었고 그녀의 상하이행은 본인이 의식하지 못하는 가운데 가정 찾기 여정이 되었다.

앞당겨 말하면, 푸핑은 애초부터 리롄화와 결혼할 생각이 없었다. 푸핑에게 남자를 고르는 기준이 있었다고 말하기는 어렵지만, 리롄화의 조건은 그 동안 자신이 겪어왔던 환경보다 결코 좋은 것이 아니었다. 조그만 희망도 가질 수 없는 조건이었다. 푸핑은 그걸 본능적으로 감지하고 그런 조건에서 벗어나기 위해 상하이행을 결행한 것이었다. 푸핑은 설 이후 상하이에 온 리롄화에게 요구한다. "우리 분가해서 살아요"(왕안이: 303). 그러나 리롄화에게 분가란 불가능하다. 그는 평생 업보처럼 가족과 친척을 짊어지고 살아야 하고 그것에서 벗어나려고 하지 않기 때문이다. "이 젊은이는 자신의 운명에 대해 순종적이었다." "일종의 책임 정신이 깃들어 있으며, 그것은 때로 상당히 강인하고 심지어는 반항보다도 훨씬 강력했다"(294). 결국 그녀는 고향으로 돌아가지 않고 외숙을 찾아갔다. 그러나 외숙 부부에 대해 서운함이 있었다. 고아가 되었을 때 외숙이 자신을 거두지 않았기 때문이다. 상하이에 거처가 없어 찾아가긴 했지만 어렸을 때의 서운함은 몸에 새겨져 있었고, 더구나 외숙모가 자신의 조카 광밍의 짝으로 맺어주기 위해 자신을 받아들였음을 인지하고는 더욱 거리감이 줄어들지 않았다. 그러던 차에 우연히 극장에서 만난 모자와 가까워진다.

사실 푸핑의 상하이행은 본인은 의식하지 못했지만 새로운 삶과 가정을 찾기 위한 여정이었다. 리롄화와 정혼했을 때부터 그녀는 리롄화 본인보다 그가 떠안고 가야 할 환경에 넌더리를 냈다. 어려서 부모를 잃고 작은아버지 댁에서 눈칫밥을 먹어야 했던 그녀는 자신의 삶과 가정을 가지고 싶었던 것인데, 리롄화와 결혼해서는 자신의 바람이 가망이 없음을 내다보는 혜안이 있었던 셈이다. 여하튼 리롄화를 통해 상하이로 오게 된 푸핑은 화이하이루, 쑤저우허를 거쳐 메이자차오에 정착하게 된다. 푸핑은 결코 에스노그라피스트에 걸맞은 인물은 아니다. 고집이 센 만큼 주관이 강하기에 관찰에 능한 편이 아니다. 다행히 작가는 푸핑에 의존한 일인칭시점을 채택하고 있지 않다. 세부 묘사에 능하면서도 대국적인 안목을 가진, 『장한가』의 화자와 비슷한 성찰적인 화자를 등장시키고 있다. 그럼 푸핑의 동선을 따라 1963년과 1964

년의 상하이의 대표적인 세 공간과 그 공간을 대표하는 인물들을 고찰해보자.

푸핑은 서두에서 양저우 농촌에서 상하이로 진입한 후 지속해서 경계를 넘나든다. 그녀가 처음 도착한 곳은 화이하이루 룽탕의 스쿠먼(石庫門) 주택이었지만 뒤이어 쑤저우허 판자촌으로 이동한 후 두 곳을 넘나든다. 하지만 스쿠먼도 판자촌도 그녀의 안식처는 아니었다. 결국 그녀가 정착한 곳은 메이자차오의 빈민굴이었다. 그 과정을 따라가 보자.

4) 화이하이루와 할머니

할머니는 스스로 상하이인 그것도 화이하이루로 대표되는 상하이 중심에 정체성을 두고 있다. 그녀는 "열여섯 살 때부터 상하이로 와서 남의 더부살이를 한 지 30년이나 되었으니, 상하이 토박이인 셈이었다"(왕안이: 8). 그러나 성찰적 화자가 보기에 그녀는 도시 여자도 시골 아낙도 아닌, 양자가 반반씩 섞인 혼종적 성격을 가지고 있었다. 화자는 이렇게 말한다. "요컨대 할머니는 상하이에서 30년을 살아왔지만, 결코 도시 여자가 될 수 없었고, 그렇다고 더이상 시골아낙 같지도 않았다. 결국 반반씩이라고나 할까. 어쨌든 이 반반씩의 아낙이 합쳐져 하나의 별난 사람이 된 셈이다. 한길을 걸어가는 그녀들을 바라보면 한눈에도 가정부임을 알 수 있었다"(11). 그녀는 도시 사람과 시골 사람의 피부와 말투가 섞인 그런 혼종적인 상황이 된 것이다. 그러나 역으로 보면 이것이 바로 상하이인의 정체성이다. 상하이인의 정체성은 "'라오상하이인'과 '신상하이인'이라는 역사적 개념을 전제하되, 양자를 불변하는 고정된 개념으로 설정하지 않고, 양자가 끊임없이 섞이고 호동(互動)함으로써 '상하이인'이라는 문화적 개념을 생성"(임춘성, 2006: 295)하는 것으로 보아야 한다. 그러므로 할머니는 상하이에서 거주한 지 일정 시간이 지난 후 외지에서 상하이로 이주한 주인집들을 지도하여 상하이인으로 교화시키는 역할을 할 수 있게 된 것이다. 그녀의 지도를 통해 거친 산둥(山東) 군인들도, 약간 점잖은 저장(浙江) 인들도 세련된 상하이인으로 거듭나고 있음을 화자는 여실하게 보여준다.

"그녀들의 고향인 시골 양저우(揚州)에는 여자들이 예로부터 밖에 나가 가정부가 되는 전통이 있었다"(왕안이: 11). 그런데 이들에게는 묘한 자부심이 있었다. 바로 자신들이 상하이 중심에 산다고 여기는 것이다. "그녀 역시 도시 한복판의 주민이라는 선입견을 지니고 있었으며, 화이하이루만이 상하이라 일컬을 만하다고 여겼다"(12). 그러기에 자베이(閘北)나 푸퉈(普陀) 지역을 황량한 시골로 간주하고 쑤저우허 주변에 거주하는 사람들과는 전혀 왕래하지 않았다. "그녀는 상하이에서 마음 내키는 대로 자유롭게 생활하였으며, 가정부라는 직업에 대해서도 자부심을 갖고 있었다. 일할 집은 그녀가 선택하는 것이지 남이 자기를 선택해서는 안 되었다. 또한 그녀는 서쪽 지구의 화이하이루에서만 일하기로, 그리고 상하이 사람의 집에서만 일하기로 정했다"(16). "그녀는 젊은이들보다 오히려 이 도시에 대해 더 잘 알고 있었다"(19). 기이한 소문이나 해괴한 이야기부터 유괴범 이야기, 귀신 이야기, 연극 이야기, 할리우드 영화, 자기 고향 이야기 등등. 그러나 그녀는 은행과 같은 서양 제도에 대해서는 익숙해지려 하지 않고 "믿음직한 돈을 꽉 움켜쥐고 있는 게 낫다"(24)고 생각했다. 영화와 같은 새로운 문화는 쉽게 받아들였지만 제도에 대해서는 오히려 거부감이 있었다. 그래서 생각해낸 것이 노후를 대비하기 위해 큰아버지의 손자인 리톈화를 양자로 들이는 것이었다.

화이하이루는 할머니의 판단대로 상하이의 중심이었다. 우선 신식 문물의 상징인 영화관과 병원 그리고 신식 학교가 가까웠다. 그러면 상하이에 갓 진입한 푸핑의 눈을 통해 화이하이루 룽탕을 관찰해보자. 할머니가 거처하는 화이하이루 룽탕에 대해 푸핑은 처음에는 전설 속의 수정궁 같은 느낌이 있었다. 그러나 수정궁은 푸핑에게 속한 것이 아니었기에 그녀는 수정궁 같은 룽탕에 대해 서먹서먹한 거리감을 가지고 있었다. 그녀에게는 비현실적이었기 때문이었다. 화자는 이렇게 말한다. "푸핑은 영화보다 이 거리의 삶에 훨씬 흥미가 있었다"(60). 영화보다 실재 삶에 훨씬 흥미를 느끼는 시골 처녀 푸핑은 『장한가』의 주인공 왕치야오의 영화적 삶과 극명한 대조를 이룬다. 영화의 도시 상하이에서 푸핑은 진정한 주인공이 될 수 없었다. 그러기에 그녀는 영화가 아닌 현실 생활에 관심을 가진다. 그녀가 정말로 흥미를 지닌 것은 사실 다른 것, 이를테면 문 두 짝 크기의 포목점이고 조그마한 잡화점이고 재봉 가게였다. 이 가게와 거기에서 일하는 사람들을 통해 "푸핑은 수정궁처럼 화려한 거리의 이면에 노동과 밥벌이를 위한 삶이 존재하고 있음을 보았다. 이것이 그녀에게 이토록 번화한 거리에 다가서도록 해주었으며, 서먹서먹한 거리감도 말끔히 씻어주었다"(58). 이처럼 상하이 노스탤지어에서 서사하는 화려함 이면에 자신의 노동력에 의존해 생활하는 사람이 있고, 푸핑도 그들로 인해 상하이에 친근감을 느끼게 된다.

이렇게 다양하게 생계를 꾸리는 사람들을 통해 푸핑의 시야는 넓어져간다. 그러나 그들의 삶을 들여다볼수록 모두 복잡한 역사를 지니고 있고 집집이 두터운 장부를 지니고 있었으며 그들은 마치 "영화나 연극 속에서 연기하는 배우 같았다." 그래서 푸핑은 깨달음을 얻는다. "푸핑은 처음에 상하이 사람들이 복을 타고난 사람들이라 생각했다. 그런데 이제야 비로소 무엇이 사람을 살아가기 팍팍하게 만드는지 알게 되었다. 상하이 사람들이 바로 그렇다"(60). 이제 푸핑은 상하이의 중심인 화이하이루에 사는 사람들의 실체를 파악하게 되었다. 그곳은 더는 푸핑이 살고 싶은 곳이 아니었다. "상하이 말도 대충 이해하게 되었고, 속어와 입에 발린 실속 없는 말들도 어느 정도 알아듣게 되었"(61)을 무렵, 푸핑은 자베이 지구 동역 부근의 쑤저우허 판자촌으로 이동하게 된다.

5) 쑤저우허와 쑨다량

쑤저우허는 황푸장(黃浦江: 長江의 지류)의 지류인 우쑹장(吳淞江)의 상하이 관통 부분을 가리키는 속칭으로, 그 연안은 상하이가 처음 형성되고 발전한 중심이다.130) 6세대 감독 러우예(婁燁)는 동명 영화의 서두에서 "쑤저우허의 전설과 이야기, 기억과 쓰레기 등을 카메라에 담아왔다"라고 묘사한 바 있다.

쑤저우허는 상하이인, 특히 서민들 삶의 애환이 깃든 상하이의 젖줄이라 할 수 있다. 특히 쑤저우허 연안의 자베이 지구는 해방 전부터 판잣집 밀집 지역이었다. 판자촌(棚戸區)은 상하이시가 형성되면서부터 외부에서 진입한 바닥층 민의 거주지로 주로 부둣가에 형성되었다. "1930년대 쑤베이인의 붕호구(棚戸區)는 외국조계를 둘러싸면서 형성되어 거의 완벽한 원을 형성할 정도로 넓은 공간에 많은 인구가 집중되었다"(임춘성, 2006: 306). 통계에 따르면, 1949년 5월 상하이가 해방되었을 때 200호 이상의 판자촌은 322곳이나 있었는데, 그 가운데 2천 호 이상이 4곳, 1천 호 이상이 39곳, 500호 이상이 36곳, 300호 이상 159곳, 200호 이상이 93곳이었다. 그 면적은 322만 7천 제곱미터였고, 거주민이 115만 명에 달했다(陳映芳主編, 2006: 15~16). 한때 상하이시 중심을 포위하듯 형성되었던 판자촌은 해방 이후 지속적인 도시계획에 따라 대규모 판자촌은 사라졌지만, 21세기 들어서도 "옛 성곽 주변, 쑤저우허와 황푸장 양안과 철로 인근 지역에 분포되어 있다"(陳映芳主編: 21).

"쑨다량(孫達亮)은 열두 살에 고향을 떠나 큰아버지를 따라 뱃일을 했다"(왕안이: 170). 중간에 큰아버지의 배려로 9개월간 공부한 것을 제외하고는 30년 가까이 쑤저우허에서 생활한 셈이었다. 그가 쑤저우허에 온 것은 "상하이가 점령당했던 이듬해였다"(179). 그때는 상하이가 경제적으로 어려운 시기였고 "쑤저우는 곳곳마다 일본인 천지였다. 불안하고 초조한 느낌이 이별과 변고의 슬픔을 한 켠으로 내몰았다." 그래서 쑨다량은 학업을 중단하고 "집안일을 도맡지 않으면 안 되었다"(181). 배가 일본 사람에게 징발되는 등 고난이 끝나지 않을 것 같았지만 그는 버텨나갔다. 쑨다량은 이처럼 쑤저우허에서 뱃일을 하면서 일본군 점령시기를 보냈고 이후 국민당 통치시기를 거쳐 신중국의 인민이 되었다. 이 과정을 작가는 이렇게 묘사했다.

삶은 이렇게 조금씩 조금씩 버텨나갔다. 완전히 무너져 내렸다가 다시 조금씩

130_ http://baike.baidu.com/subview/141056/8048069.htm (검색일자: 2015.02.15.)

조금씩 호전되었다. 일본인들이 떠난 뒤, 국민당도 떠났다. 쑤저우허에 점차 평화가 찾아왔고, 분뇨 부두는 국유로 귀속되었다. 크고 작은 똥두목들도 더 이상 큰소리를 칠 수 없게 되었다. 비록 여전히 노동을 하고 밥을 먹었지만, 그래도 이 두 가지는 항상 보장되었다. 1950년, 쑨다량은 스물두 살의 나이에 아내를 맞아들였다(183).

중화인민공화국의 역사는 쑨다량에게 그대로 투영되고 있다. 1956년 합작사가 세워진 후 그는 "쓰레기 운반조에 배치되었다"(184). 그는 부인과 함께 '강 언덕 위의 집'을 삶의 목표로 삼고, 친척들을 돌보고 1960년의 기근을 극복하면서 1963년 드디어 "강 언덕에 22평방미터짜리 허름한 단칸집을 사들였다"(186~87).

사실 푸핑 어머니가 세상을 떴을 때 외숙인 쑨다량이 상하이에서 와 장례를 치렀다. 푸핑 아버지가 세상을 떠난 지 벌써 3년이나 되었기에 푸핑이 갈 곳은 두 군데밖에 없었다. 한 곳은 외숙 집이고, 다른 한 곳은 작은아버지 집이었다. 그런데 당시 외숙이 상하이에 호적을 올리는 문제가 쉽지 않다는 핑계로 책임을 회피하는 바람에, 푸핑은 작은아버지 집으로 오게 되었다. 여러 해 동안 외숙은 책임을 떠맡을까 봐 아예 왕래도 끊고 편지조차 없었다. 사실 푸핑도 외숙을 잊은 지 오래였다.

푸핑은 재회 후 "외숙에 대해 상당히 멀고 낯선 느낌을 갖고 있었다"(153). 그럴 수밖에 없는 것이, 오랫동안 더부살이의 고단함으로 인해 외숙에게 서운함이 있었기 때문이었다. "일찍 부모를 여읜 푸핑은 작은아버지네를 따라 살았다. 그러다 보니 자신의 혼사처럼 중요한 일에도 끼어들지 못하고 그저 마음만 졸일 따름이었다. 푸핑은 자기의 혼사 이야기가 나오면 내내 고개를 숙인 채 좋다 궂다 말 한마디 하지 못했다"(8). 이처럼 종신대사인 결혼에서조차도 자기주장을 내세울 수 없었던 푸핑은 그에 대한 일말의 책임이 외숙과 외숙모에게 있다고 생각해 왔는지도 모른다.

이런 내구(內疚)가 있었기에 푸핑은 쑤저우허 판자촌의 외숙 집 다락방이 편하지 않다. 달리 갈 곳이 없기에 부득불 그곳에 머물던 그녀는 우연히 외숙을 따라 메이자차오를 방문하게 되면서 친근감을 느끼게 되고 이후 그곳을 드나들다가 예전에 극장에서 만났던 모자와 재회하게 된다.

6) 메이자차오와 모자

푸핑이 모자를 만난 내력은 이러했다. 외숙모의 안배로 푸핑은 광밍 등과 연극 공연을 보러 갔는데, 자리다툼에 휘말린 광밍이 극장 밖으로 쫓겨나고 망연자실 서 있던 푸핑을 잡아끈 사람이 노부인이었다. "노부인은 몹시 여위었지만, 얼굴빛은 맑고 담백해 보였다. 노부인은 옆자리 아들에게 안쪽으로 당겨 앉으라 하고서 억지로 푸핑을 자리에 앉혔다. 아들 역시 마른 편에 안경을 쓴 젊은이였다"(왕안이, 228). 그러나 그뿐 그들의 만남은 이후 지속되지 못했는데, 푸핑이 메이자차오를 돌아다니다가 우연히 다시 만나게 된 것이었다. 아니 어쩌면 푸핑은 그들을 찾으러 메이자차오를 돌아다녔을 수도 있다.

모자의 내력 또한 간단치 않다. 장쑤(江蘇) 류허(六合)에서 온 모자는 중국은행 말단 직원이었던 가장이 장티푸스로 세상을 뜨자 생활고에 시달리다가 가장의 고향인 류허에 가서 기탁해보지만 그것도 여의치 않게 되자 엄마는 아이의 미래를 위해 굳게 결심하고 상하이로 되돌아와 생활전선에 뛰어든다. 그녀는 남편의 옛 동료가 구해준 메이자차오 곁채 한 칸에서 머물면서, "적당하고도 안정적인 일자리는 아예 꿈꾸지도" 못하고, "고생해본 솜씨를 쌓아야 하는 일"을 하면서 생계를 꾸리고 아들을 학교에 보냈다. 아들은 엄마의 보살핌 아래 "성적도 괜찮아 해마다 표창을 받았다." 고등학교 진학은 하지 못하고 지역에서 일을 배정해준다 했지만 대공업지구에서 "장애인에게 적합한 수공업 공장은 아주 드물었다"(351). 아들은 몹시 고달프게 자랐지만 "고통 속에서 조금이나마 느꼈던 따스함은 그에게 깊고도 풍성한 인상을 남겼다"(351~52). 모자 "둘은 이렇게 조심스러웠으며, 남들에게 받아들여진 신세임을 한시라도 잊어서는 안 된다는 것을 잘 알고 있었다." 이들은 '자신의 처지를 아는 밝음(自知之明)'을 가지고 눈치껏 분별 있게 굴어온 것이다. 화자는 이들에 대해 다음과 같이 평가하고 있다. "약자의 자존자애(自尊自愛)란 자신의 처지에서 자연스럽게 길러지는 법이다"(354).

그는 기계 종류를 좋아해서 작은 수리공이 되었다. 장애인 생활 보조를 받으면서 종이상자 공장 일을 하게 된 모자는 우연히 양저우 아가씨를 알게 되었다. 이들과 가까워진 "푸핑은 마음이 아주 느긋했다. 이들 모자 모두 성품이 아주 안온한 데다, 이 두 사람의 처지가 자기보다 나을 게 없지만 그래도 살만했기 때문이다"(357). 그리고 서서히 함께 밥을 먹는 식구(食口)가 되었다.

7) 상하이 이주민의 에스노그라피

이 글은 흔히 허구라고 인식된 소설 텍스트를 에스노그라피 텍스트로 설정했다. 에스노그라피스트가 현지에 들어가 일정 기간 참여 관찰을 통해 조사하고 핵심 인물을 인터뷰해서 에스노그라피를 기록하듯이, 작가 역시 현지 조사와 참여 관찰 그리고 인터뷰를 하는데, 이런 과정을 거친 작품을 에스노그라피로 설정한 것이다. 이 부분에서는 왕안이의 『푸핑』을 상하이 에스노그라피로 설정하고, 주인공 푸핑이 상하이에 진입해 화이하이루에서 쑤저우허로 그리고 다시 메이자차오로 이동하는 과정을 에스노그라피스트의 참여 관찰로 간주했다. 주관이 강한 푸핑은 그다지 훌륭한 관찰자는 아니지만, 그녀는 작가가 안배한 '성찰적 화자'의 도움을 받아 1960년대 상하이 에스노그라피를 완성할 수 있었다.

그녀는 수정궁 같고 영화 같은 상하이에는 서먹한 거리감을 느끼지만 자신의 노동에 의존해 생계를 꾸리는 사람들에 대해서는 친근감을 느낀다. 이런 맥락에서 볼 때 푸핑의 다스제(大世界) 나들이는 상징적이다. 푸핑은 두 차례 나들이를 나가는데 한 번은 샤오쥔과 또 한 번은 할머니, 뤼펑셴, 치사부 등과 함께 간다. 두 차례 모두 그녀는 새로운 즐거움을 느끼지만 처음에는 발에 물집이 생기고 두 번째는 아예 길을 잃는다. 조금 단순화하면 푸핑은 상하이 상징인 다스제에 어울리지 않는 것이다. 그러기에 푸핑의 발길은 계속 주변부를 향한다. 화이하이루에서 쑤저우허로, 그리고 다시 메이자차오로.

결혼이라는 화두와 연계시켜보면, 푸핑에게 화이하이루는 리롄화와 긴밀하게 연계되어 있다. 사실 푸핑은 리롄화의 운명에 동참하고 싶지 않았다. 그녀는 지금까지 자신의 운명만으로도 버거웠기 때문이다. 그녀는 그 운명에서 벗어나기 위해 상하이로 왔다. 그녀는 결국 화이하이루를 떠나 자베이 판자촌으로 이동했다. 그러나 거기도 안식처가 아니란 걸 그녀는 잘 알고 있었다. 외숙모는 사람의 도리와 팔대 조상을 들먹이며 푸핑에게 돌아가라고 윽박지른다. 푸핑은 외친다. "저를 낳아준 어머니는 있어도 길러준 어머니는 없어요. 팔대 조상님이 절 위해 해준 게 뭐가 있어요?"(312~13). 한동안 외숙네 살림을 도와주던 푸핑은 우연히 메이자차오를 방문하게 되고 거기에서 종이상자에 풀칠하며 생계를 꾸리는 모자를 만나면서 그녀의 결혼원정기는 마무리된다.

『푸핑』을 상하이 에스노그라피로 본 이 글의 목표는 푸핑의 결혼원정기를 통해 절반이 완성되었다. 상하이 에스노그라피로서의 『푸핑』의 두터움은 다른 인물들의 이야기를 더해야 드러날 것이다. 텍스트에는 쑤저우 출신의 뤼펑셴, 사기꾼으로 매도되어 신장으로 간 타오쒜핑, 푸둥에서 온 치 사부, 외숙 이웃인 샤오쿤, 닝보 출신의 노부인 등 저마다 개성이 강한 인물 군상이 등장한다. 1963년과 1964년의 상하이 이주민의 에스노그라피는 이들에 대한 참여 관찰과 인터뷰 기록에 대한 심층 분석을 통해 완성될 수 있을 것이다.

10장
상하이 영화와 영화 상하이

1. 상하이 영화와 영화 상하이

중국영화는 오래된 제왕의 도시 베이징에서 탄생했지만, 조계(租界) 시기의 상하이를 자신의 성장지로 선택했다. 영화 성장에 적합한 토지였던 상하이는 중국영화의 발상지가 되었다(楊金福, 2006: i). 알다시피 중국영화에서 '상하이 영화'의 비중은 매우 크다. 상하이 영화 발전에 몇 개의 전환점을 찾아볼 수 있는데, 조계, 최초의 영화 상영, 항전, 신중국, 개혁개방 등이 그 주요한 지점이다. 인민공화국 건국 이전까지 중국영화사는 상하이 영화사라 해도 과언이 아니다. 중국영화는 상하이 영화와 '원주가 비슷한 동심원'이었던 셈이다. 근현대도시, 이민도시, 국제도시, 상공업도시, 소비도시 등의 표현은 영화산업 발전의 요건을 설명해주는 명칭이기도 하다. 영화가 상하이로 인해 입지를 확보하고 영역을 넓힐 수 있었다면, 상하이는 영화로 인해 근현대화를 촉진할 수 있었다. 그러므로 상하이의 영화산업은 상하이 나아가 중국 근현대화의 핵심이라 할 수 있다. 특히 영화의 유통과 소비는 상하이 경제와 문화의 중요한 부분을 차지했다. 참고로, 중국 근현대문학의 비조 루쉰도 상하이 시절 택시를 전세내 영화감상을 즐겼다고 한다. 반제반봉건의 기수이자 엄숙문학과 진보문화의 상징이었던 그가 즐겨본 영화는 아이러니하게도 제국주의의 대명사 할리우드의 '타잔' 영화였다고 한다. 대중문화에 대한 이성적 차원의 비판과 정서적 차원의 향유라는 중층적 수용을 루쉰의 영화 기호에서도 발견할 수 있다.

이 글에서 관심을 가지는 '영화 상하이'는 '영화 속의 도시'이고 '상하이를 재현한 영화'이다. 그러나 이 개념에는 '상하이 영화'로 포괄할 수 없는 부분이 존재한다. 즉 상하이에서 제작되지도 않고 상영되지도 않았지만, 상하이를 재현한 영화가 그것이다. 이를테면 <인디아나 존스 2 – 마궁의 사원>(1984)이라든가 <미션 임퍼서블 3>(2006) 등의 외국영화와 <아나키스트>(2000) 등의 한국영화에서 재현된 상하이는 '상하이 영화'의 범주에 귀속될 수 없다. 나아가 중국 내의 다른 지역, 특히 홍콩에서 제작된 상하이 재현 영화[131]의 비중은 상하이 연구에 무시할 수 없는 비중을 차지하고 있지만 '상하이 영화'에 포함되지 않는다. 그러므로 우리는 '영화 상하이'를 '상하이 영화'와 중복되면서도 독립적인 개념으로 다루어야 할 것이다. '영화 상하이'는 우선 영화를 통한 상하이를 연구하기 위한 개념이고, 그것은 영화연구와 도시연구의 유기적 결합, 텍스트 연구와 컨텍스트 연구의 상호작용에 관한 연구이다. 이 부분에서는 시대별로 영화 상하이를 대표하는 영화 텍스트를 선별해 그에 대한 분석을 진행하고자 한다.

2. 상하이 영화와 중국혁명

1) 〈송가황조〉: 4 · 12 정변과 시안(西安) 사변

이 작품은 신해혁명 전후부터 '중화민국'이 타이완으로 철수하기까지의 약 40년의 역사를 보여주고 있다. 그 방식은 국민당 4대 가족의 하나인 쑹(宋)씨의 세 자매 중 둘째 칭링(慶齡, 張曼玉 분)과 셋째 메이링(美齡, 陽君梅 분)의 회상과 독백이다. 하나는 베이징의 병상에서 그리고 다른 하나는 뉴욕의 휠

131_ 콴(Stanley Kwan, 關錦鵬)의 상하이 재현 영화—< 흰 장미 붉은 장미>, <롼링위>, <장한가>, 후이(Ann Hui, 許鞍華)의 <반생연> 등이 대표적이다.

체어에서. 회상의 첫 장면은 바로 칭링과 메이링이 베이징 천단(天壇)에 있는 메아리벽(回音壁)에서 말놀이를 하는 것이다. 이 메아리벽은 한쪽 끝에서 말하면 다른 끝에서 들을 수 있게 설계되었다고 한다. 그렇지만 둘 사이의 이어지지 않는 대화는 양자의 소통이 쉽지 않음을 암시하고 있다. 이어서 국산품 애용 운동에서 인형을 불태워버리라는 아버지의 명령에 대한 세 자매의 각기 다른 태도—버리려 하지 않는 메이링, 동생 인형까지 함께 불 속에 던지는 칭링, 그리고 하나를 소매 속에 감추는 아이링(藹齡, 楊紫瓊 분)—는 이후 이들의 삶의 행로에 결정적인 영향을 주는 각자의 기질을 징후적으로 보여준다.

세 자매의 아버지 찰리 쑹(宋查里, 姜文 분)은 개명한 지식인이다. 일찍부터 서양을 학습하여 서양문화에 밝고 인쇄소를 경영하고 있으며 친구인 쑨원(趙文瑄 분)을 도와 혁명 전단도 인쇄하고 자금도 마련해 주는 등 혁명에 종사한다. 세 자매는 아버지 찰리 쑹에 의해 신여성으로 양육되었다. 어려서부터 영어를 배우고 피아노와 바이올린을 익혔으며 10살 전후하여 미국으로 유학을 떠났다. 이들은 시대적 과제인 반봉건 계몽의 유력한 방법으로 인식된 서양 학습의 선구자였던 셈이다. 찰리 쑹은 혁명 동료인 쑨원을 적극적으로 지원하는 한편 자녀들에게 '송가황조'의 꿈을 기탁(寄託)했고 그 꿈은 세 딸에 의해 구현되었다.

세 자매가 각각 부호 쿵샹시(孔祥熙, 牛振華 분), 혁명가 쑨원, 그리고 북벌군 총사령관 장제스(吳興國 분)와 결혼한 것은, 아버지의 뒷받침에 힘입은 바도 있지만, 각자의 주체적인 선택이 주요하게 작용했다. 어려서부터 물건에 대한 애착이 많았던 아이링은 산시(陝西)의 대부호를 선택했고, 대의명분을 중시했던 칭링은 국가와 민족을 위해 모든 것을 바치는 혁명가를 사랑하게 되었으며, 메이링은 결혼 당시 최고의 실력자를 선택했다. 이때 메이링은 이렇게 말한다. "한 여자가 남자를 선택하는 것은 그녀 일생 최대의 도박이자 최대의 권리이다. 큰 언니가 쿵샹시를 선택하고 둘째 언니가 쑨원을 선택한 것도 일종의 도박이 아니겠는가?" 메이링의 도박은 칭링의 반대에도 불구하고 아이링의 적극적인 지지를 얻어 '중화민국 주식회사'를 완성했고 둘은 대주주가 된다.

우리에게 '자유중국'이라는 이름으로 친숙한 중화민국은 1912년 중화혁명당(훗날 중국국민당으로 개칭)에 의해 건국되었다. 그 지도자 쑨원은 좌우 이데올로기의 대립을 뛰어넘어 모든 중국인에게 국부로 추앙받는 인물이다. 쑨원 사후 장제스는 황푸(黃埔)군관학교 교장의 자리를 이용하여 병권을 장악하고 이어서 당권과 대권을 손에 거머쥔다. 그는 쑨원에 의해 발탁되었지만 집권 후 그의 정책을 근본적으로 바꾸었다. 특히 중국 내의 모든 정치세력을 규합하여 새로운 국가를 건설하려던 쑨원의 의도는 장제스에 의해 전복되고 말았다.

황푸군관학교가 장제스의 군사 기반이었다면 그 경제적 기반은 '국민당 4대 가족'이었다. 장(蔣介石), 쑹(宋子文, 찰리 쑹의 아들), 쿵(孔祥熙), 천(陳果夫, 藍衣社)의 4대 가족은 혼인 등을 통해 재벌그룹을 형성하여 '국민당과 중화민국'이라는 주식회사'를 독점 지배했다. 그 주식회사는 아이링이 쿵샹시와 결혼함으로써 시작되었고 메이링이 장제스와 결혼함으로써 완성되었다. 영화에서 이 프로젝트는 주로 아이링에 의해 주도되고 있다. 그러나 칭링은 이 프로젝트에서 제외되었을 뿐만 아니라 그것과 대립하고 그것을 타파하려 했다. 칭링이 반대한 이유는 '중화민국 주식회사'가 쑨원의 이상과 꿈에 어긋났기 때문이었다.

정치적인 대립에도 불구하고 자매간의 우애는 곳곳에서 드러난다. 국민당을 비판하는 칭링을 해치려는 음모가 국민당 내에서 진행되지만 이를 막은 것은 동생 메이링이었다. 그리고 메이링이 시안(西安) 사변으로 위기에 처했을 때 그녀를 도운 것은 언니 칭링이었다. 시안 사변의 해결 과정에서 세 자매의 위력은 여실히 드러났다. 시안 사변은 국민당과 공산당의 내전 및 중국과 일본의 전쟁 과정에서 일어난 매우 특이한 사건이다. 그것은 '공산당을 우선 섬멸한 후에 일본을 물리치겠다'라는 장제스의 전략에 불만을 가진 장쉐량(張學良)이 주도했다. 독전(督戰)하러 시안을 방문한 장제스를 연금해버린 것이다. 내전을 중지하고 공산당과 합작하여 항일전쟁을 수행할 것을 요구하는 장쉐량과 연금된 상황에서도 그럴 수 없다고 강경히 버티는 장제스, 두 사람의 대치 국면이 경색되어 갈 때 시안으로 날아온 사람이 메이링이었다. 그녀는 장제스에게, 공산 홍군을 폭격한다는 명분 아래 장제스까지 제거하려는 국민당 내의 복잡한 갈등을 전달해주었고, 칭링은 공산당의 저우언라이(周恩來)와 연락하여 시안으로 달려가 장제스와 장쉐량을 중재하게 했다. 이로 인해 장제스는 간신히 마음을 돌려 제2차 국공합작에 구두로 동의하게 된다. 중국 근현대사의 중요한 고비였던 시안 사변은 이렇게 세 자매에 의해 연출되었다.

홍콩에서 주로 활동하고 있는 여성 감독 장완팅(張婉婷)은 이 영화로 홍콩 스타일에서 탈피하는 데 성공한 것으로 보인다. 한 편의 영화에서 많은 것을 보여주려 한 감독의 의도는 이 영화의 장점이기도 하지만, 화면에서 잠시만 눈을 떼도 스토리를 따라잡기 어려운 전개는 문제점으로 지적될 수도 있다. 영화에서 직접 다루는 사건만 해도 신해혁명(1911)부터 1차 국공합작(1924), 군벌과의 전쟁(北伐), 4·12 반공 쿠데타(1927), 시안 사변(1936), 2차 국공합작(1937), 항일전쟁, 중화인민공화국 건립(1949)까지 다양한 화면을 제공하고 있다. 이 사건들을 제대로 이해하고 이 영화를 감상한다면 보다 깊은 재미를 맛볼 수 있을 것이다.

여기에서 주목할 사건은 상하이에서 일어난 4·12 사건이다. 중국공산당은 이 사건을 '백색 테러'로 규정한다. 3만 2천여 명이 체포·구금되고 3만 7천여 명이 살해·처형되었다니, 지나친 표현은 아니다. 게다가 그 피해자는 대부분 공산당원이거나 공산당의 지도를 받은 노동조합원과 무장규찰대원들이었다. 1925년 3월 쑨원 사후 국민당은 좌우로 나뉘어 당권 경쟁 단계로 돌입했다. 1924년 설립된 황푸군관학교의 교장이던 장제스는 자연스레 병권을 장악했고 그것을 기반으로 당권 장악에 유리한 고지를 차지했다. 장제스는 1924년 9월 쑨원이 추진했던 북벌 총사령관을 맡아 국민혁명군 10만을 거느리고 북상했다. 북벌 전쟁은 새로운 애국정신으로 무장한 국민당과 기층 민중의 결합으로 승승장구하면서 펑위샹(馮玉祥)과 연합해 직예(直隸)파 및 봉천(奉天)파 등의 군벌을 굴복시키고 창사(長沙), 우한(武漢), 주장(九江), 난창(南昌)

등 주요 도시를 점령하고 1927년 4월 상하이 등지로 진군했다. 장제스의 북벌이 진행되는 동안 상하이에서는 3차례의 무장투쟁이 전개되었다. 두 번의 실패를 교훈 삼아 공산당과 총노동조합은 주도면밀한 계획을 수립해 1927년 3월 21일 세 번째 무장투쟁을 감행해 쑨촨팡(孫傳芳) 군대를 격파하고 상하이의 지배권을 쟁취했다. 쑨원에 의해 '국공합작'이 이뤄졌지만, 장제스는 공산당에 대해 고도의 경각심을 가지고 있었다. 그는 특히 국민혁명군의 상하이 무혈입성을 가능케 한 세 번째 무장투쟁을 주도한 공산당의 역량을 과소평가하지 않았다. 1927년 4월 12일 상하이를 중심으로 광둥성, 푸젠성, 저장성 및 난징 등에서 공산당 지도를 받는 좌파 노동조합들을 일제히 탄압하고 파괴하는 동시에 무장규찰대원들을 체포·살해하는 반공 쿠데타를 단행했다. 4월 18일 장제스는 국민당 좌파가 주도하는 우한정부와는 별도로 난징정부를 수립하고 공산당과 결별을 선언한다.

　　<송가황조>에서 4·12 사건은 장제스와 쑹메이링의 결혼 전 배경으로 처리된다. 감독은 장제스가 쑹메이링과 결혼하기 위한 관문의 하나인 기독교 개종을 위해 『성경』을 탐독하는 장면을 노동조합을 탄압하고 무장규찰대원을 체포·살해하는 장면과 오버랩시킨다. 양치기가 면양(綿羊)과 산양을 구별하는 구절을 낭독하면서 자신의 말을 듣지 않는 공산당원을 산양으로 간주해 차별해도 된다는 표정을 짓는 장제스의 모습은 자신을 여호와나 예수로 자처하는 듯하다. 자신은 아무런 죄가 없기에 자신과 다른 견해를 가진 공산당이 잘못을 저질렀고, 자신은 당연히 잘못을 저지른 공산당원을 처단할 권리를 가진 듯한 모습은 자기 신격화의 극치로 보인다.

2) 〈홍색 연인〉: 조계지의 혁명과 사랑

오래전 나는 올드 상하이(老上海, old Shanghai)에 살았다. 그곳에 머물렀던 모든 외국인과 마찬가지로 나는 '아주 대단한 특권들'(very special privileges)을 누렸다.

우리는 고향으로 돌아갈 시간을 거의 잊어버리고 있었다. 동방의 파리, 상하이에서 불황은 결코 우리를 건드리지 않았다. 그러나 중국인으로 살기에는 끔찍한 시절이었다(It was a terrible time to be Chinese). 하지만 아무것도 우리를 귀찮게 하는 것은 없어 보였다. 우리는 그곳에서 행복한 시간을 보냈다.

이 인용문은 영화 <홍색 연인>(紅色戀人, Time to Remember)의 화자 닥터 페인(Payne, Todd Babcock 분)의 회고적 독백이다. 이어서 1936년 상하이, 푸둥(浦東) 방향에서 와이탄(外灘)의 조계지(International Settlement and Concession)를 원경(遠景)으로 잡으면서 어느 술집(酒吧)의 장면이 줌업(zoom-up)된다. 테이블 위에서 춤추는 중국 무희, 그녀를 받아 함께 어울리는 닥터 페인, 주위에 자유롭게 자리잡은 동서의 남녀들, 공공조계의 영국인 경찰 클라크(Clarke, Robert Machray 분), 그리고 중국 국민당 특무요원 하오밍(皓明, 陶澤如 분) 등이 등장한다. 영화의 주인공 '홍색 연인' 진(靳, 張國榮 분)과 추추(秋秋, 梅婷 분)가 아직 등장하지 않은 시점이지만 우리는 페인의 독백과 이어지는 장면에서 1930년대 상하이를 해석하는 실마리를 찾을 수 있다.

우선 흥미를 끄는 것은, 중국계 감독 입잉(葉纓, Yip Ying)이 중국에 관한 영화를 상하이에서 제작했음에도 불구하고 서양인 화자를 선택했다는 점이다. 지구적 맥락에서 근현대화를 선도하면서 기타 지역을 타자화시켰던 서양, 바로 그 서양인의 시점에서 사건을 기술하고 이야기를 전개하고 있다. 그뿐만이 아니다. 이 영화는 대사의 80% 이상이 영어로 진행되고 있다. 요컨대 이 영화에서 상하이를 지배하고 있는 것은 서양인이고 서양 언어다. 일반 서양인보다 양심적 지식인의 풍모를 가진 페인이 '아주 대단한 특권들'이라고 표현한 부분과 맥락이 닿아 있다. 그리고 페인은 '중국인으로 살기에는 끔찍한 시절'이었다는 말을 덧붙임으로써 관객의 신뢰를 확보하고 있다. 이처럼 조계지 상하이는 서양의 지배력이 강력하게 관철되고 있는 곳이었다.

'특권을 가진 서양인'과 '끔찍한 삶을 사는 중국인'이 공존하고 있는 도시 상하이. 그 내면에는 영국인 경찰 클라크와 국민당 특무 하오밍의 갈등과 연계가 있고, 혁명가 진 및 추추와 페인의 유대가 있다. 또 변절자와 혁명가의 관계가 있으며 아버지와 딸의 관계가 그 위에 중첩되기도 한다. 그리고 상대방을 위해 자신의 목숨을 버리는 숭고한 사랑 이야기도 있고 사랑하는 여인의 아이를 수양딸로 키우는 순애보도 있다. 이렇듯 1930년대 상하이는 이미 단일한 정체성을 거부하고 '중층적 네트워크' 속에서 작동하고 있었다.

3) 〈대로〉: 1930년대 상하이 노동자의 삶

올드 상하이 영화의 시공간은 1930년대 '올드 상하이(old Shanghai)'이다. 이 시기에 무성영화와 유성영화가 공존하며 활발하게 창작되었고 이 공간에 영화제작사가 편중되어 있었으며, 영화 제작 편수와 관객 등도 가장 많았다. 이런 점을 볼 때 1949년 인민공화국 건국 이전까지는 중국영화의 메카가 상하이였다는 사실을 부인하기 어려울 것이다. 이후 둥베이영화제작소(東北電影制片廠)를 중심으로 베이징(北京) 등 여러 지역으로 나뉘어 영화 제작이 이루어졌다. 그 과정에서 상하이에 집중되었던 영화제작 거점이 분산되었고 신시기에 들어서는 지난날의 명성도 차츰 시들해졌지만, 1990년대 들어서는 '올드 상하이'를 회상하는 영화가 꾸준히 제작되고 있다.

중국에서 첫 영화는 1896년 8월 11일 상하이의 자베이 탕자룽(閘北唐家弄)에 위치한 쉬위안(徐園)의 찻집 유이춘(又一村)에서 방영된 '서양 그림자극(西洋影戲)'이었다. 무성영화 시기인 1913~1931년 사이 모두 722편의 영화가 상하이에 있는 영화제작소에서 제작되었다. 이런 추세를 타고 영화산업은 급속도로 발전하다가 1931년 9·18사변과 이듬해 1·28 상하이 사변으로 30개의 영화제작사가 문을 닫았다. 그런데도 1932~1937년 동안 상하이의 영화제작사에서는 442편의 극영화를 제작했다. 1937년 쑹후 대전을 치르고 나서 상하이 조계는 '외딴 섬'으로 남게 되지만, 일본 점령시기(1938~1941)에도 무려 100여 편의 극영화를 제작한다. 당시 베이징의 영화제작소에서는 1926년부터 1948

년까지 통틀어 고작 27편의 영화가 제작되었을 뿐이었다.

1930년대 중국영화의 거장 쑨위(孫瑜)의 <대로>(大路, The Highway)는 '중국의 루돌프 발렌티노'라고 불렸던 상하이의 조선인 영화 황제 진옌(金焰)이 주인공을 맡은 작품이기도 하다. 1935년 롄화영화사(聯華影業公司) 출품작으로, 상영 시간은 102분이다. 주인공 진거(金哥)의 부모는 고향의 굶주림을 피해 대도시 상하이로 이주한다. 그 도중에 모친은 사망하는데, 죽기 전 남편에게 "앞으로 가세요"라는 말을 남긴다. 부친은 도시에서 막노동하며 진거를 양육한다. 진거는 자연히 막노동 현장에서 잔뼈가 굵어가고 부친마저 잃은 후에는 막노동판의 중심인물로 성장한다. 그는 노동자 사이의 갈등, 골목길에서의 사건 등을 도맡아 해결한다. 실지(失地)로 걱정하는 라오장(老張)을 격려하고, 동료들 간의 갈등을 해결하며, 길가는 아가씨를 희롱하는 장다(章大)를 훈계하고, 심지어 좀도둑으로 몰린 한(韓)을 구해주고 그를 자신의 그룹에 받아들인다. 그리고 그들 6인의 그룹은 도로공사 현장에서 지도그룹을 형성한다. 진거는 리더답게 일자리를 찾지 못해 불안해하는 동료들에게 내지 도로공사를 제안한다. 그들은 "타인이 통치하는 도회에서 구차하게 사는 것"을 포기하고 내지로 가서 도로를 건설하고자 한다. 이때 타인의 기의는 분명치 않다. 가까이는 그들을 해고한 사장(또는 그들의 대리인)일 수 있고 멀리는 외국인일 수도 있다. 어쨌든 이주 노동자에게 대도시는 삶을 도모하기에 쉽지 않은 곳이다. 결국 그들은 그동안의 삶의 현장을 떠나 내지의 도로공사 현장으로 떠나야 했다. 물론 '애국'이라는 명분 아래. 평상시 쌓아둔 진거의 신망 덕분에 다른 실업 노동자들도 자연스레 합류하게 된다.

영화에서 명확하게 언급되지는 않지만, 당시 상하이의 일반 상황과 영화 속 이들의 친밀한 관계로 미루어 볼 때, 이들은 동향 출신일 가능성이 크다. 그렇지 않더라도 최소한 동업조직이다. 어려서 부모를 따라온 진거가 대도시 공사판에서 자라면서 터전을 닦고 그를 바탕으로 그룹이 형성되어간다. 그러기에 도시 공사장에서 해고된 후 일자리를 찾던 중 내륙의 도로공사 현장으로 가자는 진거의 제안에 그룹 성원들은 혼쾌히 따라나설 수 있었다. 이들의 구성은 고아, 대학생, 좀도둑 등으로 다양하다. 이들은 도시 변두리에 거처하면서 서로 의지하며 삶을 도모한다. 서로 다투기도 하지만 내부 갈등은 리더에 의해 조정된다. 그들의 삶은 고달프지만 나름대로 삶의 여유를 가지고 있다. 후에 언급하겠지만, 이들은 대부분 생계형 이민이므로, 당시 장난(江南)에서 가장 좋지 않은 환경일지라도 자신의 고향보다 좋다고 느끼기 때문이다.

27년 전 진거의 어머니는 어린 아들을 남편에게 맡기며 "아이를 안고 빨리 가세요, 길을 찾아서, 앞만 보고 가세요"라는 유언을 남기며 피난 중에 죽게 되는데, 그로부터 20년이 흐르고 진거는 건강한 청년으로 성장하고 뜻이 통하는 여러 친구를 만나게 된다. 묵묵하고 강직한 라오장(老張), 진실하고 의리가 있는 장다(章大), 꾀가 많은 한샤오류쯔(韓小六子), 어린 샤오뤄(小羅), 총명하고 박식한 정쥔(鄭君)과 함께 진거는 도시에서의 착취당하는 생활을 접고 내륙에서 군사용 도로를 만드는 작업대에 참가하게 된다.

도로 건설이 한창인 현장에는 이들이 식사를 대고 먹는 정씨네 식당이 있는데 식당주인 딸 딩샹(丁香)과 예인 출신인 모리(茉莉)가 함께 일을 돕는다. 전시 상황은 긴박하게 변하고 현장 작업대와 군인들은 밤낮기 없이 공정을 진행시키는데 적군은 이 길이 자신들에게 불리하다고 판단하고 부근의 매국인사를 시켜 이 공정을 막도록 한다. 매국인사는 작업대에서 영향력이 있는 진거와 친구들을 집으로 초대하여 이들을 매수하려고 했으나 뜻대로 되지 않자 지하 감옥에 가둔다. 딩샹과 모리는 그들이 돌아오지 않자 음식을 배달한다는 명목으로 그 집에 찾아가고 꾀를 써서 이들을 구출해낸다. 도로가 개통된 직후 적기의 습격을 받게 되고 이 자리에서 진거와 친구들은 도로를 보호하기 위해 투쟁하다가 모두 전사한다. 유일하게 살아남은 딩샹은 마침내 군대가 이 길을 따라 전진하는 것을 보면서 마치 진거와 청년들이 앞으로 나아가는 것 같은 환상에 빠진다. 이때 멀리서 '대로가(大路歌)'가 울려 퍼진다.

이 영화는 감독이자 시나리오를 쓴 쑨위의 작품으로, 비슷한 시기 그의 다른 작품과 마찬가지로 사회적인 주제들을 대중적 감성으로 담아내는 데 성공한 영화로 평가받는다. 국민당의 영화 검열로 직접적인 정치성을 드러낼 수 없었다는 점은 오히려 이 영화의 대중적인 코드를 돋보이게 하는 기제로 작용했다.

대중적인 코드와 관련해 첫째, 신체 미학적 관점은 <대로>를 읽는 중요한 코드이다. 지방 도로 건설 현장에서 일하는 남성 노동자의 육체는 강렬한 패티시로 전시된다. 특히 그들이 강가에서 목욕하는 장면이나 남성들을 하나씩 호명하여 상상하는 모리의 시선에서 그들의 육체는 클로즈업을 통해 재현과 욕망의 대상이 된다. 모리의 시선은 일방적인 권력화된 시선을 분열시키는, 혹은 되돌려줌으로써 주체적인 시선을 확보하고자 하는 감독의 의도로 읽을 수 있다.

두 번째로, 영화에 삽입된 노래 장면에 주목할 수 있다. 1930년대 중국영화에 빈번하게 등장하는 노래 장면이 사랑의 슬픈 감정이나 식민지적 상황을 효과적으로 전달한 것처럼, 이 영화에서도 사랑의 감정을 전하는 '연연가(燕燕歌)'나 현실적 재난을 슬퍼하는 '봉황가(鳳凰歌)' 역시 이러한 역할을 한다. 특히 '봉황가'를 부르는 노래 장면에서 모리의 시선과 그녀를 바라보는 관객의 시선 사이에 전쟁 관련 다큐멘터리가 삽입되면서 쇼트-리버스 쇼트라는 인과관계의 구도가 파괴되고 시선의 확장이 확보된다. 캐릭터, 관객, 중국 민중으로의 시선 확장은 사회적 메시지를 선동적으로 전달하는 일방적인 방식이 아니라 기존 형식의 틀을 파괴하면서 파생되는 간극을 통해서 주체적인 인식의 시공간이 확보되면서 리얼리티의 진정성을 극대화한다. 한편 이 노래 장면은 할리우드 뮤지컬 양식이 중국화를 거치면서 만들어 낸 협상과 중재의 번역물로 볼 수 있다.

이 영화의 결말 처리 또한 특기할만하다. 영화의 서사적 측면에서 '밝은 결말'의 처리는 1930년대 영화 관객과의 협상의 장으로서 위치하는데, <대로>에서는 주인공들의 죽음이라는 비극적 결말이 선행되고 난 후 딩샹의 시선 속에서 환상으로 되살아난다. 모리의 시선과 동일시되던 관객들은 현실의 비극성을 환상 양식을 통해서 벗어나게 되는 것이다. 환상 시퀀스는 그 자체로 완전히 '현실적'이지도 완전히 '비현실적'이지도 않는 그 둘 사이의 어딘가에 놓이기 때문에 관객은 '현실 너머'의 그 어느 곳을 상상할 수 있는 공간을 부여받을 수 있다는 점에서 의미있다.

베리(Chris Berry)는 「한-중 스크린 커넥션: 파편들의 역사를 향하여」(2015)라는 글에서, 트랜스내셔널(transnational)을 지향하면서도 네이션의 감옥에 갇히고 마는 현실에서, '방법론적 내셔널리즘'을 경계하면서 트랜스내셔널 시네마 연구의 본래의 목적들을 환기하기 위한 하나의 반증으로 한-중 필름 커넥션에 초점을 맞추고 있다. 베리는 그동안 불충분한 자료 발굴과 복원으로 인해, 그리고 방법론적 내셔널리즘에 '막힌(occluded)' 파편들을 발굴해, 그것들을 토대로 삼아 기존의 내셔널 시네마 역사에 흠집을 내고자 한다. 이는 궁극적으로 트랜스시네마 연구방법론의 설득력을 강조하기 위해서이다. 특히 한-중 커넥션을 글로벌라이제이션에 선행한 동시에 글로벌주의적 이데올로기에 반대하는 또 하나의 방법으로 자리매김하는 것은 의미 있어 보인다. 베리는 특히 중국영화사에서의 방법론적 내셔널리즘은 <대로>의 주인공인 진옌의 한-중 트랜스내셔널 지위를 가로막았다고 평가하고 있다. 그러나 또 다른 가능성도 있다. 그는 조선인으로 태어났지만 조선인 정체성을 거부하고 중국인 정체성을 선택한 것이었을 수도 있다는 것이다. 이는 당시 정치적 좌익의 반(反)식민주의자들로 구성된 '상하이의 한국문화 커뮤니티'에 대한 총체적인 연구와 결합해 해명해야 할 과제다.

4) 〈색·계〉(色·戒): 1940년대 상하이의 섹슈얼리티와 미인계

다이진화(戴錦華)는 1990년대 중국 도시에 관한 글쓰기에서 '엘리트 지식인의 노스탤지어 글쓰기'를 '유행으로서의 노스탤지어'와 구별한 바 있다(戴錦華, 1999: 107). 노스탤지어 유행에 대한 다이진화의 해석은 독특하다. 그가 보

기에 중국의 노스탤지어 유행은 세기말 정서라기보다는 새로운 밀레니엄으로 나아가는 희망의 여행을 의미하고 있다. 그 배경은 이러하다.

> 1980~90년대 이래 중국문화 내부에 지속적이고 유효했던 노력 가운데 하나가 매혹적인 '서양'이라는 거울을 의식적으로 구성하고 강화하는 동시에 이 마술 거울 앞에 '동양'의 신화를 구성하는 것이었다면, 노스탤지어 정서의 유행은 이런 구성행위 가운데 하나일 뿐 아니라 그 구성물에 필수적인 오독이자 해석이 기도 하다. 그러므로 어떤 노스탤지어 글쓰기도 오리지널을 복원시키지 못한다 (戴錦華: 108).

그러므로 그녀가 보기에 20세기 말 중국에서 유행한 노스탤지어는 "기억의 공백과 결여를 보완하고 면면한 역사의 상상 과정에서 정체성 표현을 만들어 내는 동시에 재현의 소비와 소비의 재현을 완성하고 있다"(戴錦華: 114). 여기 에서 다이진화가 운위한 중국 도시의 전형적 예가 상하이라는 것은 자명하다. 노스탤지어는 급격한 도시화 또는 도시현대화의 산물이다. 상하이 노스탤지 어는 상하이에 국한되지 않고 전국적인 규모에서, 개인의 정서를 위무하는 차원에서 사회적 소비를 만들어내고 이끌어가는 차원으로 올라서게 된다.

다이진화는 상하이 노스탤지어와 연계해 리안(李安, Ang Lee)의 <색·계>(2007)를 분석한다. 리안의 <색·계>는 '두터운 텍스트(thick text)'다. 다이 진화는 그것을 감상하는 다양한 경로로, 내셔널 정체성(national identity), 희몽인 생(戲夢人生), 진아(眞我, real self) 찾기, 분열 이야기, 여인과 반지의 이야기, 판 본으로 인한 홍콩과 대륙의 자존심 문제, 관음자, 포스트모던 누아르 등을 들고 있다(戴錦華, 2008). <색·계>의 두터움은 우선 서사구조에서 비롯된다. <색·계>는 최소한 세 개의 이야기 층위로 구성되어 있다. 다이진화가 '러 시아 인형 마트료시카로 표현한 이야기 층위는 바깥에서부터 보면, 리안의 <색·계>, 장아이링의 「색·계」, 그리고 딩모춘(丁默村)－정핑루(鄭苹如) 사건

(일명 '시베리아 모피점 사건')이다. 심층의 '시베리아 모피점 사건'은 미인계 간첩 이야기다. 이는 장제스 정부(南京→重慶)와 왕징웨이(汪精衛) 정부(武漢→上海)에 관계된 국민당 내부 모순과 관련되어 있고, 나아가 일본과 연계되어 있다. 장아이링은 이 사건을 토대로 「색·계」에서 이(易) 선생과 왕자즈(王佳芝)의 이야기를 모던한 '재자+가인'의 수준으로 발전 또는 승화시켰다. 논자들에 의하면 이 '재자+가인' 모델에는 후란청(胡蘭成)에 대한 장아이링의 정서가 녹아있다고 한다.

장아이링의 「색·계」는 길지 않은 단편소설이지만 상당히 난삽하고 이해하기 어려운 텍스트다. 특히 외국 독자에게는 더욱 그러하다. 「색·계」 독해를 어렵게 만드는 원인은 여러 가지가 있을 것이다. 예를 들어 '윤함구(淪陷區)'이자 '고도(孤島)'라 불린 상하이의 특수한 상황과 후란청에 대한 장아이링의 특별한 감정, 그리고 장아이링의 홍콩대학 경험 등이 그러하다. 특히 관찰자 시점 서술에 주인공 화자가 수시로 개입하는 것 또한 중요한 원인이라 할 수 있다. 이는 직접화법과 간접화법을 자유롭게 넘나드는 '자유 간접화법'이다. 소설 서두에 관찰자 시점으로 관료 부인들의 마작 장면을 묘사하다가 바로 주인공 왕자즈의 주인공 시점이 삽입된다. 이런 시점의 자유로운 넘나듦과 운용은 전체 텍스트에 수시로 출현함으로써 독자들은 그 말들이 누구의 말인지 구별하기 어렵다. 구체적인 예를 들어보면, 첫 장면에서 이(易) 부인이 마(馬) 부인에게 "이틀간의 뉴스를 보도(報道這兩天的新聞)"할 때 다음과 같은 표현이 나온다. "다 앉지 못해 의자를 더 가져왔지만 여전히 다 앉을 수 없어서 랴오 부인이 내 뒤에 앉았어. 내가 그랬지, 그래도 내가 부른 애가 예쁘다고 그녀가 다 늙었는데 아직도 자기를 놀란다고 하더군. 그래서 내가 그랬지, 마파두부는 오래된/단단한 두부가 좋다고!(坐不下添椅子, 還是擠不下, 廖太太坐在我背后. 我說還是我叫的條子漂亮! 她說老都老了, 還吃我的豆腐. 我說痲婆豆腐是要老豆腐嘛!)" 이 말에서 대명사가 누구를 대신하는지를 분명하게 이해하지 않으면 오해를 초래할 수 있다. 이들의 대화를 직접화법으로 바꾸면 다음과 같다.

이 부인 왈, "그래도 내가 부른 애가 예쁘네!(還是我叫的條子漂亮!)"

랴오 부인 왈, "(내가) 다 늙었는데, 아직도 나를 놀리시는군요((我) 老都老了, 還吃我的豆腐.)"

이 부인 왈, "마파두부는 오래된/단단한 두부가 좋지!(麻婆豆腐是要老豆腐嘛!)"[132]

「색·계」의 주제는 단순하다. 연애 경험이 없고 따라서 성 경험도 없는 젊은 여학생이 애국을 위해 '기꺼이 나서(義不容辭)' 이른바 '미인계' 특무공작에 투신하는 것이다. 그녀는 당연히 특무공작 훈련을 받은 적이 없다.

특무공작은 반드시 전문적인 훈련을 거쳐야 한다. 그것은 전문 가운데 전문이다. 훈련 도중 조그만 약점이 발견되면 도태될 수 있다. 왕자즈는 일시적인 애국심의 충동으로 … 몇몇 뜻이 맞는 동학들과 특무공작을 시작했다.… 비전문적 특무공작은 자칫하면 생명도 잃게 된다(張愛玲, 1995: 355).

결국 그녀는 자신의 동정도 희생하고 자신의 연애 감정도 희생하고 최종적으로 동학들의 생명과 자신의 생명도 희생했다. 그녀의 '미인계'는 실패한 것이다. 연애 경험이 없는 젊은 여성이 노련하고 교활한 중년 남자를 유혹하는 역할을 하기란 쉽지 않다. 특히 대상은 정보부 책임자다. 그러나 왕자즈도 남녀 관계에서는 그녀 나름의 방법이 있었다. 13세 때부터 쫓아다니는 남자가 있었고 15~6세 때부터 남성들의 공세를 막아내느라 바쁘게 지낸 경험이 있었다. 그녀는 40~50대의 키 작은 중년 남성에게 반한 젊은 부인 역을 연기하기 위해, 한편으로는 그에게 신뢰를 얻어야 하고 다른 한편으로는 그가 의심할 것을 걱정해 자연스러운 표정을 지어야 했다. 이렇게 복잡하고 섬세한 정서 공작은 연애 경험도 없고 성 경험도 없으며 특무공작 훈련도 받지 않은 젊은

132_ 국내 번역본(장아이링, 2008)은 랴오 부인의 말을 제대로 옮기지 못한 것으로 보인다.

여성에게는 대단히 어려운 일이다. 그러나 그녀는 자신의 많지 않은 연극 경험에 기대어 미인계 특무공작을 수행해냈다. 그러다가 자신의 연기에 충실한 나머지 상대방을 진짜 사랑하게 되었고, 그로 인해 특별 임무를 망치고 말았다. 이런 의문이 든다. 왕자즈가 진정으로 사랑한 것은 공작 대상인 이선생이었을까? 아니면 열렬하게 연기한 자기 자신이었을까?

리안의 <색·계>는 장아이링의 「색·계」를 토대로 삼아 많은 공백을 메우고 있다. 일종의 매체 간 문화번역인 셈이다. 리안은 "(장아이링의-인용자) 소설은 종점이 아니라 나의 기점(起點)이다"라는 말도 남겼다(李鷗梵, 2008: 58). 이선생을 이모청(易默成: 丁默村+胡蘭成)으로 명명하고 왕자즈에게도 홍콩대학 생활을 부여함으로써 장아이링의 그림자를 투영시켰다. 이모청이라는 캐릭터는 특이하다. 그는 오랫동안 아무도 믿지 않는 고독한 인물이며, 어두운 곳을 싫어해 영화관에도 가지 않고, 손님이 적기 때문에 맛이 없는 식당을 골라 다니는 인물이며, 가벼운 화제를 올리기도 어려운 인물이고, 모든 인간의 눈에서 두려움을 읽어내는 인물이며, 동창생을 처단한 후 애인과 밀애를 즐기는 인물이다. 그러므로 타이완 출신의 리어우판은 "개편 후의 <색·계>는 장아이링의 원작보다 훨씬 정채롭다! 리안은 장아이링의 음영(陰影)으로부터 자신의 길로 걸어 나갔다"(李鷗梵: 32)라고 평가했다. 그리고 문학과 영화, 역사와 재현, 현실과 사이버, 기억과 망각 등의 문제가 놓여있고 아울러 베드신(床戲)과 클립형(자궁 속 태아) 체위 등도 텍스트의 두터움에 일조를 하고 있다. 또한 금구(禁區)를 정면으로 다룸으로써 '금지된 것을 돌파하는 즐거움'도 제공하고 있다.

이야기의 배경에 1940년대 초 상하이가 놓여있어 그 '문화적 두터움'을 더해주면서 관객을 사로잡고 있다. <색·계>에 재현된 1942년의 상하이 또한 '상상된 노스텔지어'의 자장권에서 크게 벗어나지 못하고 있다. 물론 기타 재현물과는 다른 풍경을 드문드문 보여주고 있기는 하다. 특히 외국인의 모습이 두드러진다. 상점(커피숍, 보석점 등) 직원부터 교통정리, 레스토랑의 피아니스트 등에 이르기까지. 심지어 배급으로 연명하는 줄을 선 외국인들과 가창으로 보이는 외국 여성도 눈에 띈다. 리어우판이 상하이 도시문화 전문가의 관점에서 그리고 동향인의 입장에서 영화에 재현된 상하이에 대해 공과를 논하고 있지만, 대로의 모습은 난징로(南京路)를 벗어나지 못하고 주인공의 패션은 『양우화보(良友畵報)』의 수준을 넘어서지 못한다. 치파오 여성과 서양식 정장 남성의 조합은 모던한 '재자+가인'의 패턴을 창출했다. 수십 곳의 치수를 재야 하는 모던 치파오는 '순수하고 소박한 올드 상하이'가 끼어들 여지가 없는 억압으로 변모하여 그 속의 사람들이 숨쉬기 어렵게 만든다. 리안이 구성한 상하이는 또 다른 공간인 침실과 마찬가지로 '상상된 공간'인 것이다.

2007년 가을과 겨울 사이 홍콩과 타이완 그리고 대륙에서 리안의 <색·계>는 대대적으로 환영받았고 심지어 상하이에서는 영화가 끝난 후 관중들이 기립 박수와 함께 "리안 만세, 만만세!"를 외쳤다. 2007년 베니스영화제 금사자상 수상으로 또다시 국제적 공인을 받은 리안은 '화인의 빛(華人之光)'이 된 것이다. 리안 신화, 리안의 기적, 세계적으로 공인된 감독, 할리우드에서 성공한 중국계 감독 등의 수식어가 어색하지 않게, 그는 상업과 예술을 초월하고 대륙·홍콩·타이완을 넘나들고, 중국어 세계와 영어 세계를 초월하고 나아가 이속(雅俗)을 초월해 이속공상(雅俗共賞)의 경지를 구축했다.

똑같은 베니스영화제 금사자상 수상작임에도 불구하고 자장커(賈樟柯)의 <스틸 라이프(三峽好人)>는 일부 지식인에게 호평[133]을 받았지만, 중국 대중의 반응은 냉랭했다. 또한 <색·계>와 비슷한 수준의 노출과 금구(禁區)를 다뤘음에도 불구하고 러우예(婁燁)의 <여름 궁전(頤和園)>은 중국 당국으로부터 5년의 페널티를 받았다. 왜 중국 대중은 <색·계>에 환호하고, 왜 중국 당국은 <색·계>에 관대한가? 똑같은 매국노를 소재로 했지만 옌하오(嚴浩)

133_ 대표적인 것으로, 李陀·崔衛平·賈樟柯·西川·歐陽江河·汪暉(2007)가 있다.

의 <곤곤홍진(滾滾紅塵)>은 상영 금지되었음에도 <색·계>는 왜 버젓이 상영되었을까? 과연 <색·계>의 감동의 원인은 무엇일까? 우선 '사랑의 진정성(authenticity)'에서 그 답을 찾을 수 있다. 이 선생이 자신을 진정으로 사랑하고 있음을 느낀 왕자즈는 '빨리 도망치세요(快走!)'라고 말한다. 이 말을 할 때 후과를 예상했는지는 모르지만, 그 대가로 그녀는 채석장에서 6명의 동창과 함께 총살당한다. "여성의 마음에 이르는 길은 음도(陰道)를 통한다"라는 장아이링의 언급(또는 인용)을 남성이 체득하기는 불가능하지만, 왕자즈가 다이아몬드 반지와 육체적 쾌락으로 구현된 이선생의 사랑을 '진정'으로 받아들인 것은 분명하다. 게다가 리안의 <색·계>는 섹슈얼리티(sexuality)로 넘쳐난다. 베드신 연출은 포르노 뺨치는 수준이다. <색·계>의 베드신은 인위적이고 깔끔하며 특이한 체위와 미장센을 보여준다. 인위적으로 구성된 몸에 관객들은 열광하는 듯하다. 두 개의 판본에 얽힌 이야기도 석연치 않다. 해외판(타이완·홍콩 포함, 157분)에 비해 9분이 짧은 대륙판(148분)으로 인해 홍콩인들이 우월감을 느꼈다는 기사도 가십 수준이고, 중국 검열 당국이 '자른' 것이 아니라 감독이 직접 편집했다는 사실은 두 개의 판본 가능성을 운위할 수 있게 하지만, 운 좋게 구해본 대륙판을 검토해보면 노출(홍콩에서 왕자즈의 두 번째 베드신 등)과 폭력(曹德禧를 난도질하는 장면 등)이 과도한 부분을 '자기 검열'함으로써 중국 검열 당국에 약간의 성의를 보인 것으로 해석할 수 있다. '총명'하거나 '교활'한 소위다.

'색계 현상'은 상하이 노스탤지어와 섹슈얼리티, 그리고 국제적 공인 등이 중층적으로 교직된 결과라 할 수 있다. 물론 국제적 공인의 배후에는 미국의 권위가 존재하고 있고, 미국의 권위에 의해 인정받은 감독에 환호하는 것은 현 중국의 미국 숭배와 미국 상상을 드러내는 것이기도 하다. 그리고 그 이면에는 대국굴기(大國崛起)를 욕망하는 문화 내셔널리즘의 기제가 자리하고 있다.

3. 펑샤오롄의 '상하이 삼부작': 기억과 역사들'

이 부분에서는 상하이인의 정체성 고찰의 일환으로 펑샤오롄(彭小蓮) 감독의 '상하이 삼부곡'을 선택했다. 1953년생인 펑샤오롄은 후난(湖南) 차링(茶陵)인으로, 1982년 베이징필름아카데미(北京電影學院) 감독과를 졸업하고, 같은 해 상하이영화제작소에 입사했다. 주요 작품으로, 고등학생들의 건강하고 활발하며 풍부하고 다채로우며 단결의 모습을 보여준 <나와 동학들(我和我的同學們)>(1986), 미국 시민권을 가진 중국인 기자 궈사오바이(郭紹白)의 회상으로 진행되는 1948~49년 배경의 <상하이 기사(上海紀事)>(1998), 1990년대를 배경으로 모녀 삼대의 이혼과 주택에 관한 이야기를 다룬 <상하이 여성들(假裝沒感覺)>(2001), 화원양방(花園洋房)을 배경으로 캉(康)씨 부인과 그 자녀(2남 2녀)의 고난과 대단원을 그린 <아름다운 상하이(美麗上海)>(2003 제작, 2005 상영), 그리고 1940년대 말 상하이의 영화 <까마귀와 참새(烏鴉與麻雀)>(1949) 제작 과정과 상하이 영화인들의 삶과 사랑을 그린 <상하이 룸바(上海倫巴)>(2006) 등이 있다. 특히 뒤의 세 작품은 상하이의 전형적인 주거공간인 스쿠먼, 화원양방 그리고 서민아파트를 배경으로 삼아 상하이의 모습을 그리고자 했는데, 이 세 작품을 '상하이 삼부곡'이라 한다.

　지속해서 상하이에서 활동하고 상하이와 상하이인을 집중적으로 조명하고 있으면서도 '상하이 노스탤지어'와는 일정 정도 거리를 두고 있다는 점이 그녀의 작품을 이 글에서 분석대상으로 선택한 주요 이유이다. 그녀의 작품을 통해 '상하이 노스탤지어'에서 지우고 있는 역사들과 상하이 또는 상하이인에 대한 기억 또는 망각의 일단을 복원시키고자 한다. 논의의 편의를 위해 텍스트를 시간상으로 재배열하여 <상하이 룸바>를 대상으로 1940년대의 역사와 기억을, <아름다운 상하이>를 대상으로 문혁 트라우마를, 그리고 <상하이 여성들>을 대상으로 1990년대 상하이 여성의 이혼과 주거 문제를 다루고자 한다.

1) 1940년대 역사와 기억의 복원

평샤오롄의 영화를 보노라면 같은 세대의 대표주자인 장이머우·천카이거와 달리, 화려하지 않다. 그리고 필모그래피에서 알 수 있다시피, 졸업 후 바로 '상하이영화제작소'로 배치되어 상하이를 집중적으로 재현하고 있다. 그녀의 화려하지 않은 영상은 다중(多衆)의 시선을 잡기에는 어렵겠지만, '보통 상하이 도시인의 일상생활'을 자연스럽게 묘사134)하기에는 적합하다 할 수 있다. 특히 그동안 불 밝히지 않았던 어둠 속에 묻힌 기억135)을 밝히기 위해 또 다른 촛불을 들이대는 것은 자신이 넘어서려는 메커니즘을 반복하는 우를 범하기 마련이므로, 그다지 밝지 않은 빛은 전체를 바라볼 수 있는 시좌를 마련해줄 수 있다는 점에서 그녀의 화려하지 않은 영상은 장점이 될 수 있다. 노스탤지어 붐이라는 촛불로 인해 더욱 어두워진 다른 역사들과 기억들을 밝혀주되 노스탤지어를 어둠에 묻어버리지 않을 정도의 빛이 필요하다. 왜냐하면 노스탤지어와 문화적 기억은 이제 소재의 문제가 아니라 '구성'의 문제이기 때문이다.

'상하이 삼부곡'을 보기 전 '상하이 해방 50주년을 기념하며'라는 헌사를 달고 있는 <상하이 기사>를 먼저 보자. 이 영화는 동창으로 보이는 세 남녀의 삶을 통해 해방 직전 상하이와 상하이인이 처한 상황을 환기하고 있다. 쑨원의 사진을 걸어두고 부정부패를 자행하는 국민정부의 고급관리, 이를 전복하려는 공산당과 지하운동원, 그리고 그 양자를 공정하게 보도하려는 자유주의자의 모습이 그것들이다. 역사 기억과 결부시켜 우선 주목할 부분은 해방

134_ 감독의 '순기자연(順其自然)'적 스타일은 때로 '디테일의 진실성'을 훼손하기도 한다. 평샤오롄은 <상하이 여성들> 창작노트에서 뤼리핑(呂麗萍)과 같은 원숙한 연기자에 대해 이렇게 말하고 있다. "이런 배우에 대해 나는 너무 많은 제한을 하지 않는다. 나는 그녀와 자주 이야기를 나누고 연기 연습을 한다. 그녀가 (등장) 인물의 감각을 찾고 나서 스스로 발휘하도록 그녀에게 자유로운 공간을 준다"(彭小蓮, 2002: 96). 그러나 원숙한 연기자라도 때로는 자신의 재능을 제대로 발휘하지 못할 수도 있다.

135_ 베이컨의 '촛불효과': 우리가 구석으로 촛불을 들고 갈 때 방의 나머지 부분은 어두워진다(아스만, 2003: 533).

군의 상하이 입성 장면이다. 궈사오바이가 새벽안개 속에서 조용히 휴식을 취하고 있는 공산군의 모습을 발견하는 장면과 점령군이 분명함에도 고급장교가 음식점에 가서 쌀로 음식값을 내는 장면 등은 해방과 해방군의 대의가 '숭고한 것'이었음을 우리에게 상기시키고 있다. <상하이 기사>에서 펑샤오롄은 공산군의 상하이 입성 전후의 장면들을 재현함으로써 상하이 역사의 숭고했던 순간들을 환기한다. 사회주의 혁명, 특히 문화대혁명이 부정되거나 문화상품으로 소비되고 있는 현실에 대해 그 초심(初心)을 환기하는 것이다.

그러나 쑨원의 지순했던 대의명분과 1940년대 말의 부패, 1949년 해방의 숭고함과 1990년대 중국 사회의 상황, 두 개의 근현대 국민국가(nation state)의 초기 구상과 이후 진행 상황을 보여주는 이 두 쌍이 유비관계를 이루는 것인지는 별도의 논의가 필요하지만, 펑샤오롄이 1949년 해방 전후의 숭고했던 역사를 되살리고 있는 것은 분명하다.

삼부작의 마지막 작품인 <상하이 룸바>는 시간상으로 1940년대 말을 배경으로 하면서 1949년 쿤룬영화사(昆侖影業公司)가 제작한 정쥔리(鄭君里) 감독의 <까마귀와 참새>136) 등의 영화 제작 과정을 재현하고 있다. 아울러 여성

136_ 이 영화의 시놉시스를 보자. 1948년 겨울, 인민해방군은 화이하이(淮海) 전투에서 승리했고, 상하이 국민당 정권의 부하들은 두려움에 떨며 한층 더 악랄하게 인민들을 약탈했다. 국민당 국방부 과장인 허우이바이(侯義伯)는 원래 건물주인 노장교 쿵유원(孔有文)이 아들을 신사군에 보냈다는 핑계로 상하이 골목의 한 건물을 점거하고 있었다. 허우이바이는 2층에 자신의 정부(情婦)인 샤오잉(小英)을 살게 하고 자신은 매주 토요일에 한번 사업투자를 논의하러 온다. 그는 팅쯔젠(亭子間)을 중학교 교사인 화제즈(華潔之)에게 빌려주고, 사랑채는 '샤오광보(小廣播)'라는 별명을 가진 미국 제품을 파는 상점의 샤오(肖)사장 부부에게 빌려주며 쿵유원은 좁은 후당으로 보내버린다. 국민당의 패배를 예감한 허우이바이는 타이완으로 도망가고자 집을 팔아서 돈을 챙기려 한다. 그는 손님들을 빨리 방에서 내쫓으려 하지만 세입자들은 서로 다른 생각들 때문에 허우이바이와 단호하게 투쟁하지 못한다. 쿵유원은 신문사에 자리를 찾아봤으나 실패하고 돌아온다. 화제즈는 학교에 계속 머물고 싶었지만 특무교장은 그 대가로 방값을 원하며 그에게 학생운동을 제지하라고 하지만 화제즈는 이를 거절한다. 한편 샤오 사장은 자기가 똑똑하다고 생각하며, 가지고 있는 모든 금 장신구와 양약을 허우이바이에게 뇌물로 주면 황금투기사업으로 집을 살 돈을 마련할 수 있을 것이라 생각한다. 하지만 건달을 만나 다치게 된다. 쿵유원의 집도 허우이바이의 졸개들에 의해 부서진다. 화제즈는 학생운동을 선동한 죄로 붙잡혀 투옥되고, 허우이바이는 또 기회를 틈타 화부인을 희롱하며

의 사회노동 문제가 중첩되어 있다. 영화는 국민당 정권의 어지러운 통치 시기였던 1947년 성탄절에 시작된다. <상하이 룸바>는 일견 '상하이 노스탤지어'에 호응하는 것처럼 보인다. 몇 차례 등장하는 '댄스 홀'의 풍경이 그러하고 신여성의 '모던 치파오'가 그러하다. 그리고 <마로지가(馬路之歌)>와 <십자로구(十字路口)> 등 올드 상하이 영화의 포스터와 자오단(趙丹)・황쫑잉(黃宗英)과 같은 영화인에 대한 노스탤지어로도 읽을 수 있다. <까마귀와 참새>의 주인공 자오단은 펑샤오롄이 가장 좋아하는 배우라고 한다. 게다가 자오단의 영화에 대한 진지함과 몰입은 노스탤지어의 대상이 되기에 충분하다. 그러나 감독은 단순한 노스탤지어에 그치지 않고, 영화 제작 과정에서 일어나는 갖가지 난관과 에피소드를 놓치지 않는다. 아찬의 가정생활, 완위의 결혼, 감독과 스태프들의 애환, 국민당의 검열, 아르바이트 대학생의 고발 등이 무리 없이 펼쳐지고 있다는 점에서, 1940년대 후반의 영화인이 생존했던 현실 기억을 우리 앞에 소환하고 있다.

여성의 사회노동 참여는 '신여성'의 등장에도 불구하고 해방 이전에는 쉽지 않았다. <상하이 룸바>의 주인공 완위도 처음에는 인형에 불과했다. 그러나 내면의 열정과 과거의 연극 경험 그리고 <바람과 함께 사라지다>의 스칼렛의 연기에 자극을 받아 영화배우의 길로 들어선다. 그 험난한 길을 가는 과정에는 각종 난관이 놓여있고 완위는 결국 그 난관을 헤쳐나간다. 그러나 얼마나 많은 여성이 그 난관을 뚫고 나갔을지는 회의적이다. 영화 속의 한 아주머니가 하는 말, "다른 사람이 웃으라면 웃고 울라면 울어야 하는" 배우보다는 부잣집 마나님이 되는 것이 낫다는 말이 더 광범한 지지를 받았을 것이다.

샤오 사장이 바친 뇌물을 챙긴다. 세입자들은 더 이상 참을 수 없어서 허우이바이와 투쟁을 하기로 단결한다. 허우이바이는 경찰에게 사람들을 잡아가라고 전화를 했다가 국민당 정권이 산산이 무너지고 말았다는 소식을 듣게 된다. 허우이바이는 샤오잉을 데리고 허둥지둥 달아나고 화제즈는 집으로 돌아온다. 섣달그믐 저녁, 세입자들은 함께 모여 저녁밥을 먹는다. 폭죽소리가 울려 퍼질 때 모두는 이제 다시 암흑의 구시대는 돌아오지 않을 것이라 확신한다 (張駿祥・程季華, 1995: 15; 임대근, 2010의 요약에 근거해 수정).

2) 문화대혁명 트라우마의 환기

평샤오렌의 역사와 기억 복원 작업에서 중요한 것은 사회주의, 그중에서도 문화대혁명이다. 화원양방을 배경으로 상하이의 몰락한 부르주아 가정의 생활을 묘사한 <아름다운 상하이>는 어머니가 위독하게 되자 흩어져 살던 자식들이 옛집에 모이는 장면으로 시작한다. 오랜만에 만난 반가움도 잠시, 어머니 봉양과 부동산이라는 현실적인 문제137)는 과거의 기억과 중첩되며 첨예한 갈등을 형성한다. 특히 셋째와 넷째의 충돌이 두드러진다. 세 살 차이인 아룽(阿榮)과 샤오메이(小妹)는 초등학교 시절 문혁을 겪는다. 그들에게 문혁은 아버지138)에 대한 평가로 다가왔다. 문혁은 아룽과 샤오메이에게 '아버지에 대한 비판'이라는 시험문제를 강요한 것이다. 얼굴에 침이 뱉어지는 모욕을 견디지 못한 샤오메이는 선생님이 강요한 '정답(?)'을 쓰고 집에 돌아갈 수 있었지만, 아룽은 굳건하게 욕설과 매질을 견뎌냈다. 이는, 아룽이 삶의 지주였던 남편139)을 닮아서이기도 하지만, 어머니가 아룽을 편애하는 근거다. 아룽의 '마작 탐닉'과 샤오메이의 유학은 문혁 원체험과 관련되어 있을 가능성이 크다. 아룽의 직업은 변호사이지만, 그의 놀기 좋아하는(耽玩) 기질은 왕쉬(王朔)의 주인공들과 닮았다. '여자아이다움'과 나이 어림으로 인해 시련을 견뎌

137_ 이 문제는 첫째에게는 상하이 호구의 문제와 연결되어 있고, 둘째에게는 그동안의 봉사에 대한 경제적 보상의 문제가 중첩되어 있다.

138_ 아마도 대부르주아지 출신으로 사회주의 중국에서 갖은 고초를 겪었을 아버지는 결국 문혁 때 타살되고 만다. 그 경과는 확실치 않지만, 어머니의 기억에 의하면, 어느 날 끌려 나가 '젓가락에 꽂힌 사과'처럼 타살체로 버려지게 된다. 아버지는 전형적인 상하이인으로 보인다. 큰아들의 기억에 의하면 상하이탄에서 살아가는 도리를 '국수(面)' 세 그릇으로 형상화했다고 한다. 즉 "일할 때는 국면을 배치해야 하고, 사람 노릇할 때는 체면을 중시해야 하며, 친구를 사귈 때는 안면을 중시해야 한다(做事要擺場面, 做人要講體面, 交朋友要講情面)"(鈄江明, 2006: 73). 영화에서는 이 세 가지를 새로운 중국의 윤리라고 표현했다. 이는 영화에서 현실의 "음식 먹는 꼴이 점잖지 못함(吃相難看)"을 극복하고 새롭게 지향해야 할 목표로 설정되고 있다.

139_ 여성을 주인공으로 하면서도 남편에 의지할 수밖에 없는 여성을 선택하는 것은 페미니즘의 딜레마다. <상하이 여성들(假裝沒感覺)>에서 아샤 모녀의 해결책은 아샤의 아빠로부터 나오고 있다. 물론 가부장제 체제에서 그것을 거부하고 굶어 죽는 것보다는 그 체제 속에서 실권을 장악하는 것도 하나의 전술이라는 견해도 있다(김순진, 2006).

내지 못한 연약한 샤오메이는 결국 그 현장을 떠나는 선택을 했고, 그 원체험과 도피는 아룽에 대한 질시로 표현된다. 따라서 둘은 오랜만에 만난 첫 장면부터 충돌하고, 사사건건 반대편에 선다. 이른바 상대방에 의해 문혁 어투와 미국어투로 불리는 것의 대립이다.

망각하고 싶은 샤오메이의 원체험에 대한 트라우마는 어머니에 의해 소환되고 있다. 문혁이 더욱 고통스럽게 느껴지는 것은 남편을 빼앗아 간 조반파(造反派)가 문혁이 끝날 무렵 남편의 유품을 보내면서 샤오메이의 편지도 함께 보냈다는 점이다. 어머니는 그 편지를 막내딸의 손인형, 아버지가 따준 단풍잎과 함께 보관했다가 죽기 직전 막내딸에게 건네주면서 "역사는 잊힐 수 없지만 원한은 용서받을 수 있다(歷史是不會被遺忘的, 但是怨恨是可以寬容的)"라는 말을 남긴다. 역사가 후대에 온전하게 계승되기를 바라는 어머니의 마음은 중요하지만, 자신의 편지가 아버지를 죽음에 몰아넣었다는 자책감을 가지고 있을지도 모를 샤오메이의 트라우마는 전범재판의 피고처럼 냉정하게 다뤄지고 있다.

사실 샤오메이에게 이 기억은 망각하고 싶은 것이다. 영원히 불 밝히지 않고 어둠의 구석에 묻어놓고 싶은 것이다. 그러나 어머니가 말을 꺼내자 그녀는 곧바로 그 사건을 환기하게 된다. "1969년 초등학교 2학년에 막 올라가고 여덟 살 생일을 갓 쇠었을 때였어요." 여덟 살 때의 일을 이렇게 분명하게 기억하는 사람은 많지 않다. 그만큼 충격이 컸다는 말이다. 어머니의 기억은 그 내용을 보충한다. "네 편지를 받은 다음 날, 조반파는 아침에 아버지를 끌고 갔고 밤 11시쯤 나를 오라 해서 갔더니 아버지가 비온 땅에 누워 있었다." 펑샤오롄은 이렇게 아픈 기억을 어렵게 재현하고 있다. 그의 미덕은 아픈 기억을 들춰내면서도 어머니의 노스탤지어를 억압하지 않는다는 점이다. 베이베이(貝貝)의 '할아버지의 할아버지'가 외국에서 사 온 물건들을 바라보면서 과거를 회상하는 모습은 단순한 노스탤지어로 그치지 않아 보인다. 회중시계를 첫째에게 주고 모형 유성기를 증손녀에게 건네는 모습에 이르러서는 마치 후대에 역사를 전달하는 모습을 연상케 한다.

3) 여성의 이혼과 주거 문제

평샤오롄의 카메라는 잊히기 쉬운 일상생활을 놓치지 않고 있다는 점에서 아리프 딜릭의 개념 '역사들[140]'의 일부를 재현하고 있다고 봐야 한다. 1990년대 상하이 여성의 이혼과 주거의 문제를 다루고 있는 <상하이 여성들(假裝沒感覺)>(2001)의 줄거리는 다음과 같다. 계속되는 아빠의 외도로 더는 참을 수 없게 된 아샤(阿霞)의 엄마는 결국 이혼을 요구하고, 모녀는 집을 나오게 된다. 아샤와 엄마가 갈 곳은 외갓집밖에 없다. 아샤는 비좁은 팅쯔젠(亭子間) 생활에도 즐거워한다. 그러나 외삼촌의 결혼 때문에 생각지 못한 불편함을 겪게 된다. 외할머니의 제안으로 엄마는 아들이 딸린 라오리(老李)와 재혼하지만, 생활비 등의 문제로 또 짐을 싸서 나오게 된다. 다시 찾아간 외갓집은 상황이 더 좋지 않다. 엄마는 아샤를 위해 아샤의 아빠와 재결합까지 고려하지만, 아샤의 반대로 그 생각을 접고, 대신 아샤 아빠와 협상해서 집값을 받아내 모녀의 새로운 안식처를 마련한다.

이 영화를 보노라면, 1949년 이후 공공영역과 사적영역에서 '하늘의 절반'의 위치를 확보했던 중국 여성의 지위가 여전히 불안함을 알 수 있다. 아빠의 외도에 대한 기억을 떨치지 못하고 갈라선 엄마의 지위는 또 다른 사람의 인형이 될 수밖에 없다는 점에서 1920년대 루쉰이 우려했던 '집을 나간 노라'와 다를 바 없다.

이 영화는 삼대에 걸친 모녀의 이야기다. 'Shanghai Women'이라는 평범한 영어 제목과 '假裝沒感覺'라는 중국어 제목의 조합이 주는 미묘함에 주의하면서, 먼저 평샤오롄의 <창작노트>(2002)를 살펴보자. 고등학생의 글짓기 입상작품[141]을 각색한 이 영화는 여고생의 정감과 생활 실태에 초점을 맞추고 있다. 그리고 계속 살 곳을 찾아 헤매는 과정에서 감정적으로 돌아갈 곳이 없고 안정감이 없는 엄마와 딸의 모습을 통해 현대인이 직면하고 있는 곤혹과 거

140_ '역사들(histories)'이라는 개념은 해체론에 근거한 것으로, 이에 대해서는 이 글의 6장 참조.
141_ 徐敏霞, 「站在十幾歲的尾巴上」.

북함을 발견하고 있다. 아빠의 외도로 발단된 이야기는 아샤(阿霞)의 조숙한 성장을 요구하게 되고 엄마는 아샤에게 안정된 집을 구해주기 위해 계속 자신(의 욕망)을 억압한다. '마치 감각이 없는 사람처럼' 자신과 맞지 않는 남자와 결혼하여 형식적인 가정을 유지하려 하고, 심지어 애정이 식은 아샤 아빠와의 재결합도 고려해본다. 그러나 딸은 결국 용기 있게 '집'에 대한 세속적인 인식을 전복하고 엄마와 둘만의 '집'을 마련해 새로운 생활을 도모한다.

감독의 의도를 존중하는 차원에서 보면, 이 영화는 딸(아샤)의 눈에 비친 엄마의 이야기라 할 수 있다. 그러면 중국어 제목의 '태연한 척'은 두 가지로 해석이 가능하다. 우선, 전형적인 상하이 여성인 엄마는 아빠와 헤어진 후 친정으로 돌아가지만, 외할머니의 의도적인 냉대에 직면하고는 아샤를 위해 안정적인 '집'을 마련해주기 위해 짐짓 '태연한 척' 라오리와 결혼도 해보고 아샤 아빠와의 재결합도 생각해본다. 또 하나는 주어를 아샤로 보는 것이다. 엄마가 아빠와 헤어지고 새 남자를 만나 결혼하는 모습을 짐짓 '태연한 척' 바라보는 것이다. 다만 두 사람의 '태연한 척'은 소통되지 않는다. 마지막에 '일기 사건'으로 불거진 모녀의 갈등은 외할머니에 의해 소통이 되고 아샤는 엄마의 '태연한 척'의 '쉽지 않음'을 이해하게 되며 엄마에게 더는 '태연한 척'하지 말 것을 요구하게 된다.

또 다른 가능성도 있다. 주어를 외할머니로 가정해보는 것이다. 상하이 신구문화 융합의 산물로 보이는 외할머니는 딸과 외손녀의 두 번의 '돌아옴'에 대해 냉정하고 쌀쌀맞은 '못된' 노파의 모습을 '오불관언(吾不關焉)'의 담배 연기 속에 뿜어내고 있다. 세밀하게 보면 엄마의 두 차례의 '돌아옴'에 대한 외할머니의 대응에는 약간 차이가 있다. 첫 번째 돌아옴에 대해서는 책망이 주를 이룬다. 아무런 대책 없이 무작정 집을 나와 친정으로 돌아온 딸, 고등학생 손녀가 있으면서도 그보다 더 철없어 보이는 딸에 대한 우려로 외할머니는 담배를 피워댈 수밖에 없다. 자신이 죽으면 이 집은 아들에게 돌아갈 것이기에 마음을 독하게 먹고 딸을 몰아친다. 그 대책은 라오리와의 재혼이다. 두 번째 돌아옴에 대한 반응은 조금 미묘하다. 반복되는 딸의 돌아옴에 대한 확실한 대책 마련과 며느리에 대한 대처 방안이 함께 강구되어야 했다. 그리하여 딸에게 아샤 아빠와의 재결합을 권하면서 다른 한편으로는 아샤에게 엄마의 '쉽지 않음'을 이해시킨다. 상하이 여성의 특색 중의 하나인 정명(精明)함과 강인함은 엄마보다는 외할머니에게서 찾을 수 있다. 한 개인의 불행을 함께 공감(共感)하고 동일시(認同)하는 것은 정서적 위로가 되겠지만, 위기의식을 조장하는 측면도 있다. 딸의 불행을 '태연한 척' 바라보며 그녀를 대신해 출로를 모색하는 것은 간단치 않은 일이다.

결국 엄마의 조우를 '태연한 척' 바라보며 그녀를 위해 새로운 출로를 마련해주는 외할머니와, 자신의 현실을 고려해 마지못해 재혼하고 또 아샤의 아빠와 재결합하려는 엄마에게 힘을 북돋아 주는 아샤로 인해 엄마는 모녀만의 새로운 보금자리를 마련해 새로운 삶을 도모하게 된다.

이 영화는 '상하이를 묘사한 영화 가운데 인문학적 관심이 가장 많은 작품'(蒙漢藥, 2002: 34)으로 평가되기도 한다. 이를테면 아샤의 자전거를 쫓아가는 카메라는 우리에게 '붐비는 느낌'을 주고 있다. 또한 영화 속에서 아샤의 아빠, 라오리, 아샤의 외삼촌은 모두 집을 가지고 있는데, 엄마에겐 집이 없다. 상하이에 국한된 현상은 아니겠지만 부부가 같이 사는 집을 남편 명의로 분배(分配)하는 제도에 대해서도 고찰이 필요한 것으로 보인다.

4) 다양한 '역사들'과 소통

딜릭(Arif Dilrik)은 『포스트모더니티의 역사들』에서 서유럽 모던의 대문자 역사(History)를 비판하면서 이렇게 말하고 있다. "복수의 역사들은 민족의 목적론이나 하나의 근대성이란 목적론에 의해 정의되고 강제되는 하나의 역사(History)에 대항하며, 계급·인종·성에 관한 뿌리 깊은 전제들을 가지고 있다"(딜릭, 2005: 8). 이는 서유럽의 국민-국가(nation-state)의 역사만을 중시하던 것으로부터 서유럽 이외 지역의 기타 역사, 즉 하위계급의 역사, 백인이 아닌 소수 인종의 역사, 그리고 남성의 역사(his story)만이 아닌 여성의 역사(her story)도 포함하는 '역사들(histories)'을 가리킨다.

딜릭의 논의는 주로 유럽중심주의를 겨냥해서 제기된 것이지만, 우리는 그것을 일국 내의 중심-주변 상황에도 적용할 수 있을 것이다. 펑샤오롄의 '상하이 삼부곡'은 상하이에 관한 이야기를 주로 주거공간142)에 초점을 맞추어 전개하고 있기 때문에, 어설프게 상하이 노스탤지어나 주류 서사에 대한 직접적인 비판으로 연결할 수는 없다. 또한 삼부곡이라 해서 일관된 논리와 관점을 가지고 있는 것도 아니다. 그러나 그의 작품에서 상하이 노스탤지어나 거대 서사에 의해 억압되거나 숨겨진 역사들을 찾아보는 것은 어렵지 않다.

<상하이 기사>에서 펑샤오롄은 공산군의 상하이 입성 전후의 장면들을 재현함으로써 상하이 역사의 숭고했던 순간들을 환기한다. 사회주의 혁명, 특히 문화대혁명이 부정되거나 문화상품으로 소비되고 있는 현실에 대해 그 초심을 환기하는 것이다. 아울러 쑨원의 사진 아래 국민당의 부정부패 모습을 대비함으로써 숭고했던 대의가 변질했음을 비판하는 동시에, 숭고했던 사회주의 혁명도 변질할 수 있음을 경계하고 있다. <상하이 룸바>에서는 1949년에 나온 영화 <까마귀와 참새>의 제작과정을 재현함으로써 당시의 역사 상황을 복원하고자 한다. 감독은 단순한 노스탤지어를 구현하지 않기 위해 영화 제작 과정에서 일어나는 갖가지 난관과 에피소드를 놓치지 않는다. 감독과 스태프들의 애환, 국민당의 검열, 아촨의 가정생활, 완위의 결혼 등이 무리 없이 펼쳐지고 있다. 이리하여 노스탤지어가 아니라 1940년대 후반의 영화인이 생존했던 현실 기억이 우리 앞에 소환된다. 그 외에도 관방의 주류 서사에 억압된 개인의 트라우마, '해방'과 '개혁개방'을 거쳤음에도 여전히 남성중심적인 사회 메커니즘에서 여성의 이혼과 주거 문제 등은 해결을 기다리고 있다.

'역사들'은 대문자 역사에 대한 비판으로 유용하지만, 역사들 간의 대화와

142_ 이 글에서 초점을 맞추지는 않았지만, '상하이 삼부곡'을 상하이 주거공간의 변천이라는 각도에서 고찰할 수도 있을 것이다.

소통 또한 필요하다. 그러지 않으면 무질서와 혼란이 야기될 것이기 때문이다. 평샤오롄의 '상하이 삼부곡'에 공통으로 여러 차례 등장하는 단어가 있다. 그것은 '쉽지 않아(不容易)'라는 말이다. 아룽도 '쉽지 않고' 모두 쉽지 않다. 감독은 '쉽지 않은' 삶을 살아가는, 쉽지 않은 상하이인들의 이야기를 그려내고자 한다. 각자는 쉽지 않지만 다른 사람은 그것을 모른 채 자신의 '쉽지 않음'에 매몰된다. 결국 모두가 자신의 '쉽지 않음'에 함몰되어 그렇게 살아가는 것이다. 감독은 하나의 해결책을 제시한다. <아름다운 상하이>에서는 어머니가 자식들의 '쉽지 않음'을 소통시키는 역할을 해주고, <상하이 여성들>에서는 외할머니가 '일기 사건'으로 첨예해진 엄마와 아샤의 '쉽지 않음'을 소통시켜준다.143) 물론 모든 할머니 세대가 문제를 해결하는 여의봉을 가지고 있는 것은 아니다. 그것은 장시간 현실을 직시하고 타인에 대한 진실한 애정에 기초하면서 비전을 모색하는 혜안을 가진 현자에게 주어지는 것이다. <상하이 룸바>에서 아촨과 완위는 영화에 대한 사랑을 매개로 서로의 '쉽지 않음'을 소통하고 있다. 나이의 많고 적음이 절대적인 기준이 되는 것은 아니다.

143_ 물론 이를 상투적인 '해피엔딩'이라 비판하는 것도 가능하다.

11장
홍콩의 문화정체성 연구 일별

1997년 반환[144] 이전 '홍콩인'들은 식민지 주민으로서의 치욕감보다는 고도로 발전한 자본주의 사회의 시민으로서의 자부심을 느끼며 살아왔던 것으로 보인다. 그들은 중국인이라 하기에는 너무 오랜 기간 본국과 격리되었다. 그렇다고 식민종주국인 영국의 국민으로 편입될 수도 없었다. 반환 이전 홍콩인들은 넓은 의미의 중국에 대해서는 '동일성을 인식'하지만, 당시 대륙 정권에 대해서는 그럴 수 없었다. 특히 '문화대혁명' 이후 일부 급진 좌파를 제외하고 홍콩인은 대륙에 대해 공포감과 함께 '우월한 문명 의식'을 느끼고 있었다. '우월한 문명 의식'은 두 가지로 구성된다. 하나는 영국 식민통치의 잔재 가운데 민주주의 제도와 자유 의식이고, 다른 하나는 대륙에서 손상되었지만 홍콩에는 남아있던 중국 전통문화다. 사실 홍콩의 발전은 그것이 대륙으로 들어가는 편리한 문호라는 사실에 크게 빚지고 있다. 그리고 사회주의 개조 이후 홍콩은 '죽의 장막'의 틈새에 설치한 통풍구, 다시 말해 신생 사회주의 체제를 보호하기 위해 모두 닫아걸고 오직 하나만 열어둔 창구였다. 아편전쟁

144_ 1997년 7월 1일 홍콩에서 일어난 사건을 영국은 양도(handover) 또는 반환(return)의 타동사 용법)이라 하고, 중국은 회귀(回歸), 즉 홍콩이 모국의 품으로 돌아왔다고 한다. 반환이라는 표현은 홍콩인을 수동적 대상으로 설정하고 있고, 회귀라는 표현은 능동적 주체로 표현하고 있지만, 실질적으로 회귀를 결정한 것이 홍콩인이 아니란 점에서 명실상부한 주체라 할 수 없다. 이런 점을 감안해, 이 글에서는 반환이라는 표기를 사용한다.

패배 이후 영국에 할양되어 150년 넘게 식민지 상태에서 벗어나지 못했지만, 홍콩은 대륙과의 연계 속에서 경제적으로 발전할 수 있었고 인민공화국 경제 회복에 도움을 주었다. 베이징 쯔진청에 앉은 통치자의 눈에는 하잘것없는 작은 돌섬에 불과하지만, 해양의 관점에서 바라보면 아시아 각 지역을 정치적 경제적 문화적으로 연결하는, 일종의 '네트워크 도시'(하마시타, 1997)이다.

1. 홍콩의 문화정체성

1997년 7월 1일 반환 이후 23년만인 2020년 7월 1일 국가보안법이 공표됨으로써 항인치항(港人治港)과 일국양제(一國兩制)가 막을 내렸다. 반환 이전 홍콩은 식민지임에도 불구하고 '동방의 진주' 또는 '여의주'라고 불리면서 20세기 자본주의 발전의 정점 중 하나가 되었다. 그러나 여러 연구자는 홍콩인들의 주변성과 식민성을 지적하면서 '주변의 주변'(李歐梵, 2002), '몇 가지 다른 식민주의의 중첩'(也斯, 1995), 서유럽과 중국의 '이중적 타자'(임춘성, 2004)라고 명명했다. 특히 초우는 홍콩이 영국과 중국이라는 '식민자들 사이(Between Colonizers)'(Chow, 1992)에 놓였음을 예리하게 지적한 바 있다. 이는 대부분 문화정체성(cultural identity)과 관련된 것인데, 반환 이후 초점은 내셔널 정체성(national identity) 또는 에스닉 정체성(ethnic identity)으로 옮겨졌다.

홍콩인이란 누구인가? 우선 아래 장면을 보도록 하자.

1996년 12월 31일 홍콩 클럽의 송년회장, 신년을 알리는 카운트 다운이 끝나면서 사람들이 서로 포옹하고 환호하는 가운데 한 청년이 권총을 들고 단상에 올라와 이렇게 말한다. "내 행동은 1997년 이후 홍콩에서의 개인적 문화적 자유의 상실에 대한 저항입니다." 그리고 총을 입에 물고 자살한다.

위의 장면은 웨인 왕(Wang, Wayne) 감독의 <차이니즈 박스(Chinese Box, 中國

圃)>(1997)의 시작 장면이다. 자살한 사람은 학생운동가 윌리엄 윙으로, 자살 직전 자신의 행동은 배후세력이 없는 온전한 개인적 결정임을 밝혔다. 윌리엄 윙의 자살은 인민공화국으로의 반환을 앞두고 '공산 독재'에 말살될 홍콩의 '자유'를 지키기 위한 한 자유주의자의 절규라 할 수 있다. 홍콩의 반환을 대형 백화점의 경영진이 바뀌는 정도로 간주하던 홍콩 주재 기자 존 스펜서(Jeremy Irons 분)는 윌리엄 윙의 자살에 커다란 충격을 받고 홍콩을 제대로 이해하기 위해 반환 직전인 1997년 상반기의 홍콩 풍경을 디지털카메라에 담기 시작하면서, 특이한 홍콩 여성 진[145]을 발견하고 그녀를 심층 인터뷰한다.

여기에서 우리는 '홍콩인' 윌리엄 윙이 1997년 반환 이전의 홍콩의 특징을 '자유'라는 말로 인식하고 자신을 홍콩의 '자유'를 수호하기 위한 희생양으로 설정했음에 주목할 필요가 있다. 이렇게 보면 반환 이후 2003년부터 시작된 홍콩인의 시위는 윌리엄 윙의 절규에 대한 '뒤늦은 호응'이라 할 수 있겠다. 과연 영국의 식민통치를 '자유'와 연계하는 윌리엄 윙의 역사의식은 무엇일까? 154년의 영국 식민통치 시기에 그럴듯한 항영(抗英) 독립운동 한번 없다가, '영국이 양도(handover)'해서 '조국으로 반환'된 지 10년이 되는 시점부터 조국 정부를 대변하는 행정장관에 항의하는 홍콩인의 문화정체성은 무엇일까? 그들은 반환 이전의 식민지 홍콩을 진정 자유로웠다고 여기는 윌리엄 윙의 항의에 동의하는 것일까? 그들은 과연 인민공화국을 조국으로 여기기는 하는 것일까?

이 글에서는 윌리엄 윙과 같은 '홍콩인' 또는 '홍콩 화인(香港華人)'이라는 개념이 대략 1970년대에 형성된 것으로 본다. '홍콩 화인'은 외래 이민의 안주와 토착 주민의 대외 개방에 기초하여 새로운 사회의식이 형성된 것과 맞물려 있다. 그것은 영국과 중국의 주류 의식과는 다른 '홍콩 의식'이다(王賡武, 1997: 2). 왕경우의 '연해 화인(沿海華人)' 개념에서 발전한 '홍콩 화인'은 문화대

145_ 이에 대해서는 이 책 12장 3절을 참고하라.

혁명 이후 중국보다 '우월하고 문명적'[146]인 홍콩문화를 자각했다. 중국 영토의 일부분이면서 영국의 식민통치가 시행되던 시기 홍콩 거주민들의 국적 의식은 영국인, 중국인, 홍콩인으로 다양했다. 홍콩 거주민 가운데 자신을 홍콩인(Hong Konger)이라 생각했던 사람의 비율은 1984년 반환 결정 이후 약 30%였는데, 반환 이후에는 1997년 60%, 2016년 70%에 이르렀다(Hung, 2018). 또 다른 통계에 의하면, 1997년 42%에서 2020년에는 80%로 증가했다(Lee, 2022). 1997년 이후의 선택지에서 영국인이 빠졌고,[147] 반환 이후 대륙에서 온 신이민들이 대부분 중국인이라고 자처하는 것을 고려하면, 홍콩인으로 자리매김한 거주민의 숫자가 반환 이후 급격히 증가했음을 알 수 있다.

여기에서는 홍콩인의 정체성을 반환 전후 시점과 그 이후로 나누어 고찰하고자 한다. 앞당겨 말하면 반환 전후 시점에는 홍콩인 정체성이 수동적으로 드러난 반면, 21세기 들어서는 적극적으로 표현되고 있다. 이는 중국의 항인치항과 일국양제 정책의 적실성 여부와 관련이 있다.

2. 반환 이전의 홍콩 서사

흔히들 홍콩의 경제발전을 거론할 때 '결핍과 보상의 이원 대립'을 들곤 한다. 즉 정치적 자립의 결핍에 대한 보상심리로 경제적 이익을 추구했고 그 결과

146_ 홍콩인의 우월한 문명의식 또는 '반(反)중국 로컬리즘'이 노골적으로 드러난 예로 2012년 2월 1일 Apple Daily에 게재된 메뚜기 반대 광고를 들 수 있다. 그 표제는 <홍콩인은 충분히 참았어!(香港人, 忍夠了!)>였고 다음과 같은 내용이 열거되었다. "너희들이 독이 든 분유로 고통당하기 때문에 분유 사재기를 용인했어./ 너희들에게 자유가 없기 때문에 당신들이 홍콩으로 자유롭게 올 수 있도록 초대했어./ 너희들의 교육이 낙후되어 있기 때문에 우리의 교육 자원을 당신들과 나누었어./ 너희가 정자체를 모르니 아래쪽에 병신체를 써넣어줬어./ 홍콩에 오면 현지 문화를 존중해주시길 바라. 이러다가 홍콩은 거덜난다니까"(사우트먼 · 옌하이룽, 2021: 98 참조). 이 광고에 들어간 "10만 홍콩 달러는 1주일 동안 대중적 모금으로 마련된 것"이라 한다(사우트먼 · 옌하이룽: 103 참조).

147_ 홍호펑(2018)은 1985년 여론조사에서도 응답자의 3분의 2가 홍콩인이라고 응답했다고 했는데, 이 선택지에서 영국인은 빠져있다. 선택지에 영국인 유무가 중요하다.

성장을 이루었다는 것이다. "당신이 자신의 정치 지도자를 선택할 수 없다 하더라도 최소한 자신의 옷은 선택할 수 있다"(Abbas, 1997). 압바스(Akbar Abbas)의 언급은 홍콩의 '경제주의'와 '물질주의'에 대한 경멸감이 묻어있다. 이런 맥락에서는 홍콩의 경제적 성취가 뛰어날수록 그것은 자신의 경제 외적 결핍과 타락의 증거로 간주될 뿐이었다. 이에 대해 레이 초우는 '정치적 자결권이 없는 홍콩의 물질주의는 보상적 성격이고, 정치적 자결권을 가지고 있는 미국의 물질주의는 자연스러운 것인가'라는 질문을 던지면서 '결핍과 보상의 논리를 비판했다(Chow, 2013b: 208). 나아가 초우는 페미니즘의 관점에서 홍콩의 식민성을 바라볼 것을 요구한다. 아이우(艾蕪)와 원이둬(聞一多) 등의 대륙 남성 작가들은 "식민지로서의 홍콩의 위상에 초점을 맞춘다"(Chow: 209). 그러므로 이들은 홍콩이 구원이 필요하고 엄마의 보살핌이 필요하다고 말한다. 초우는 경제주의와 식민성, 그리고 그에 대한 대응인 보상 논리와 구원 동기를 홍콩의 기원으로 인정한다. 심지어 홍콩 수필가 하공(哈公)은 두 남자—영국과 중국—가 홍콩을 집단 성폭행하는 텍스트(Ha Gong, 1988: 326)에서, 식민지 개척자와 구원자 사이에 적대보다는 공모와 협력이 존재했음을 폭로하기도 했다. 제2차 세계대전 종전 이전 아이우와 원이둬의 반제(反帝) 주장은 정치적으로 옳지만, "1980년대와 1990년대에 중화인민공화국의 반제국주의 주장은 중국 제국주의를 은폐하는 주요 방법이 되었다. 중국 제국주의는 티베트 나아가 홍콩과 같은 지역에서 잘 알려져 있고 눈에 띄게 나타났다. '서양' 제국주의자들에게 손가락질함으로써 중국은 인민과 식민지화된 영토에 대한 폭력을 감추고 있다"(Chow: 210). 초우는 다음과 같은 문제를 제기한다. "익숙한 해석인 홍콩의 보상 논리와 구원 동기를 반복하지 않고 홍콩에 대해 생각하고 쓰는 방법이 있을까? 홍콩에 대한 경멸적인 결핍감이나 구세주의 필요성을 탓하지 않고 어떻게 홍콩의 독특함과 차이점을 설명할 수 있을까?" 그녀의 궁극적인 질문은 다음과 같다. "현대 도시문화의 개념화에 대한 새로운 통찰력을 제공하는 도시로서의 홍콩에 관한 것은 무엇인가?"(210) 영국 식민주의를 철저하게 청산해야 할 뿐만 아니라, 구세주와 소유자를 가장하는 중국 내셔널리즘의 신화를 불식해야 하는 것이 바로 현대 도시문화의 개념화에 새로운 통찰력을 제공하는 홍콩이 해결해야 할 두 가지 전제인 셈이다. 반환 이후 홍콩에 결핍된 것은 정치적 자결권뿐만 아니라 토지와 공간, 미래 해방 등의 전망이다.

초우는 다른 글에서 홍콩과 같은 '서양의 타자'를 보는 새로운 관점에 대해 이렇게 말하고 있다. "'원시적인 것은 우리 세계의 폭력인 '오리지널'에 빛을 비추는 '우화'이다. 그리고 '원시적인 것은 서양 혹은 동양이라는 '오리지널'을 향하는 것이 아니라 포스트콜로니얼 세계에서 생존을 향해 나아가는 통로를 표시한다"(초우, 2004: 299). 여기에서 '오리지널'은 우리 세계의 폭력이고 주요하게는 서양 제국주의와 중국의 전통을 가리킨다. 초우는 '원시적 존재'의 예로 '문화 사이의 통로에 마네킹처럼 서 있는 근현대 중국영화의 여성들'을 들고는, 우리가 종착점에 도달하기 위해서는 이 원시적인 존재의 우화처럼 휘황찬란하게 빛나는 모습을 통과해야 한다면서, 그 종착점이 동양 전통의 허물어진 기반과 서양 형이상학의 약화된 토대라는 종착점이라고 주장한다(초우: 298). 비서양의 전통을 단순한 '타자'가 아니라 '원시적인 것'으로 보는 관점이 서양 제국주의 또는 중국 전통이라는 '오리지널'의 토대를 전복할 수 있다는 것이다. 초우의 논리를 홍콩 서사와 결합해보면, 서양의 시선으로 홍콩을 이야기하거나 서양의 시선을 내면화한 중국의 시선으로 홍콩을 이야기하지 말아야 할 뿐 아니라 중국 전통의 시선으로 회귀하지 말 것을 당부하고 있다. 물론 그런다고 외부의 시선을 거부하는 홍콩만의 시선을 주장하는 것은 아니다. 홍콩을 있는 그대로 이야기하자는 것이다. 초우의 말로 바꾸면, 홍콩의 포스트식민 상황을 인지하고 "홍콩 식민지의 바로 그 근원을 적극적으로 생산하고 재창조하는"(Chow, 2013b: 211) 홍콩인의 '자기 글쓰기(self-writing)'를 모색하자는 것이다. 초우는 그 사례로 렁핑콴(梁秉鈞)의 시(詩)와 로다위(羅大佑)의 대중음악을 들었다.

이런 맥락에서 볼 때, 웡카와이(王家衛)의 <동사와 서독>에서 서독과 동사는 홍콩과 영국으로 유비(類比) 시킬 수 있다. 서독 구양봉의 귀향과 패업의 완성을 통해, 홍콩이 중국의 품으로 돌아가 다른 지역을 압도하며 홍콩식 발전 모델의 패업을 이룰 수 있을 것으로 읽어내는 독법은 홍콩이라는 '원시적인 것'이 중국이라는 '오리지널'을 전복할 수 있게 한다. 아울러 다른 사람에게 상처를 준 행위를 망각하고 자신의 상처만을 기억하는 동사 황약사를, 150년간의 식민통치에 대해 한 마디의 사과도 없이 홀홀 떠나면서 홍콩섬과 커우룬(九龍)반도의 소유권을 반환할 수밖에 없었던 상처만을 기억하는 영국으로 보는 것은 서양이라는 '오리지널'의 토대를 약화한다는 점에서 결코 지나친 상상은 아닐 것이다. 특히 서독 구양봉에 대한 위의 해석이 타당성을 가진다면 홍콩의 중국 반환은 식민지 또는 탈식민지로서가 아니라 지구적 도시(global city)로서 중국의 기타 도시에 모범으로 제시될 수 있을 것이고, 홍콩 연구는 도시문화 연구의 주요한 사례가 될 수 있다. 사실 1997년 중국 반환을 전후하여 홍콩은 전 세계 동아시아 전문가들에게 중요한 연구 주제가 되었다. 첨단의 자본주의 체제를 유지하던 홍콩이 '중국 특색의 사회주의' 체제를 견지하려는 중국으로 편입되면서, 다양한 정치, 경제, 사회, 문화적 변동이 예견되었고, 그에 대한 적응과정에서 나타나는 다양한 갈등 구조는 홍콩인들에게만 국한되지 않는, 지구적 연구과제라 할 수 있기 때문이었다.

문제는 그것을 어떤 위치에서 어떤 시선으로 접근하는가이다. '홍콩 이야기'를 고찰할 때 화자와 관점에 주의해야 함을 지적하고 있는 렁핑콴(也斯, 1995: 4)은 기존의 '홍콩 이야기'의 대표적인 예로 '국제도시 서사'와 '네이션 서사' 두 가지를 들고 있다. 전자의 예로 리콴유(Lee Kwan Yew. 李光耀)를, 후자의 예로 원이둬 등의 대륙 문인들을 들고 있다. 1997년 이전의 시점에서 전자가 현상 유지를 강조한다면 후자는 중국으로의 이상적인 반환을 권유하고 있다(也斯: 6). 그러나 렁핑콴은 이 두 가지 서사 모두를 단호히 거부한다. 그리고 홍콩에 관한 모든 서사는 홍콩의 맥락에서 벗어나지 않아야 할뿐더러, "지금

이곳의 우리 생각"(11)에 기반해야 한다는 것이다. 물론 그것이 보편성과 심층적 사고를 배제하는 것이어서는 안 되는 것도 지적하고 있다. 장정아도 '국제도시 서사'에 비판적이다. 그녀는 150년의 식민통치로 홍콩인이 '국제대도시' 담론을 스스로 수용하고 있음을 안타까워한다. "아무것도 없던 어촌에서 국제대도시로 성장한 홍콩의 기적은 영국의 식민 통치 덕분에 가능했다"라는 '국제대도시 담론'은 "식민주의를 정당화하고 중국에 대한 우월감을 강화하며 홍콩의 정체성 형성에 핵심 역할을 했다." 이는 반환 이후 중국이 홍콩인에게 약속한 "경제적 자유와 번영이 유지되는 경제도시"와 상통한다. 장정아는 "슬픈 아이러니는, 150여 년 홍콩인들이 만들어온 삶의 방식을 경마와 주식과 오락으로 환원시킨 이 담론을 그들 스스로도 기꺼이 받아들였다는 데 있었다"라고 평가한다(장정아, 2017: 113~14). 그러나 홍콩인들이 국제대도시 담론을 수용한 심층 기제는 그렇게 단순하지 않다.

홍콩이 반환되기 6~7년 전, 홍콩 반환을 한 식민자가 다른 식민자에게 양도하는 것으로 통찰한 초우는 '포스트식민'의 관점에서 홍콩의 '식민성'을 깊게 파고든다. 앞당겨 말하면, 홍콩인들이 국제대도시 담론을 기꺼이 받아들인 심층에 식민성이 자리하고 있다는 것이다. 사실 중국 각지에서 홍콩으로의 이주는 영국의 식민통치 이후 진행되었고[148] 현재 홍콩 거주민은 대부분 이주민 또는 이주민의 후손이다. 중국 각지에서 모여든 이주민은 "중국의 더 가혹한 여건을 피해 자발적으로(많은 이들이 목숨을 걸고) 왔다"(Chow, 2013b: 221).[149] 그래서 로콰이청(Lo, Kwai-cheung, 羅貴祥)은 홍콩의 "식민 주체는 자발적으로 식민통치에 가입하는 자율-선택 집단"(Lo, 1990: 163)이라고 명명한 바 있다. 표층적으로 볼 때 홍콩 이민자들은 '중국의 가혹한 여건'보다 영국의 식

148_ 홍콩의 인구는 1841년 7,500 명, 1931년 85만 명, 1945년 75만 명, 그리고 2018년 745만 명이다. https://ko.wikipedia.org/wiki/%ED%99%8D%EC%BD%A9#%EC%A3%BC%EB%AF%BC_%EB%B0%8F_%EC%9D%B8%EA%B5%AC (검색일자: 2023.09.06.)
149_ 그러므로 초우는 홍콩의 이주민을 미국의 라틴아메리카 출신 히스패닉 이민자 또는 서유럽의 동유럽 및 구소련 출신 난민과 비교하는 것이 적절하다고 말한다.

민통치가 더 낫다고 판단한 것이다. '중국의 가혹한 여건'은 초기에 청 왕조의 봉건 통치였고, 후기에는 권위주의적인 공산 정권의 지배였다. 이들은 "(영국의-인용자) 식민통치 하에서 고국보다 더 나은 삶을 살기 위해 홍콩에 영주권을 확립했다." 홍콩의 식민성은 "피식민자가 삶의 방식으로 적극적으로 사용했다"(Chow: 222). 그러므로 식민지 홍콩은 일반 식민지와 다른 몇 가지 특성을 보여준다. 하나는 식민지를 자발적으로 선택했으므로 홍콩인에게 '식민성'은 감내할 수밖에 없는 것이었다. 식민성은 본질적으로 폭력을 수반하므로, 식민성이라는 폭력의 내면화라 할 수 있다. 또 하나는 반환 이후 식민의 주체가 고국 정부로 바뀌었다는 점이다. 마지막으로 영국의 식민통치에는 거의 저항하지 않았던 홍콩인들이 중국 정부의 강압 통치에는 저항한다는 점이다. 초우는 식민성의 이중성에 주목한다. "주변화의 모든 비극을 수반하는 역사의 초개인적 조건인 식민성은 그럼에도 불구하고 기회의 한 형태가 될 수 있으며, 그 기회 속에서 억압의 일상적 경험은 대안적 형태의 자유를 향한 자의식적 추구와 맞물려 있다"(221)라는 것이다. 여기에서 주목할 것은 영국의 식민통치 시기에 형성된 이중적 식민성의 한 측면인 '대안적 형태의 자유를 향한 자의식적 추구'가 자본주의의 폐해에 반대하는 근거가 되었을 뿐만 아니라 반환 후 중국의 강압 통치에 저항하는 주요한 이론 토대가 되었다는 점이다.

홍콩 문제에 대한 초우 통찰의 핵심은 "홍콩이 영국 식민주의가 종결된 후 영토 주권상의 독립을 얻지 못할 것이라는 점"을 반환 이전에 예측한 것이다. 바꿔 말하면 "홍콩은 독립적 지위의 전망이 없다." 그러므로 영국과 중국의 두 식민자 사이에 놓인 홍콩의 포스트식민 상황은 이중과제를 가지게 된다. "홍콩은 중국 내셔널리즘/본토주의의 재차 군림에 굴복할 수 없다. 이는 홍콩이 과거에 영국 식민주의에 굴복할 수 없었던 것과 마찬가지다"(Chow, 1992: 93). 그러나 현실은 이전에 영국 제국주의에 순종했었고 다시 중국 내셔널리즘의 군림에 굴복하고 있다. 이제 홍콩에서 '항인치항'의 가능성은 사라졌다고 해도 과언이 아닐 것이다.

3. 반환 이후의 홍콩인 정체성

반환 이후 홍콩인 정체성을 내셔널 정체성과 에스닉 정체성 또는 지역적 정체성의 길항(拮抗)으로 파악하는 홍호평(Hung, 2018)은 홍콩인 정체성의 주체로 1970년대와 1980년대에 등장한 전후 베이비붐 세대와 '신중간계급'의 등장에 주목한다. 이들은 1930년대에 형성된 영국의 식민지 행정부, 영국 부르주아계급, 중국 부르주아계급으로 구성된 '지배 엘리트 연합체'에 반감을 품고 홍콩적 삶의 방식에 더 많은 가치를 부여하는 계층으로 성장했다. 여기에서 반환 전과 후에도 '관료 엘리트'와 함께 여전히 '지배 엘리트' 그룹에 속하는 중국 부르주아계급에 주목할 필요가 있다. 푼(Alice Poon)에 따르면, 홍콩의 중국 부르주아계급은 주로 홍콩 부동산 개발업자들로 구성되어 있다. 이들이 토지를 독점하여 홍콩 경제를 지배하게 되면서 부의 과도한 집중과 빈부격차가 발생했고, 그 결과 토지 및 부동산 가격의 고공행진, 임대료 상승, 생필품 가격 상승, 공익사업과 공공서비스 요금 상승, 중소기업 퇴출, 시장 진입장벽으로 인한 창업 기회 박탈, 실업 등 온갖 문제가 발생해 홍콩의 경제력이 저하되었다(푼, 2021). 홍콩의 부동산 문제는 다른 사회구조적 요인과 결합해 홍콩 시민들, 특히 청년층의 불만을 촉발하게 된다.[150] 반환 이후 중국 정부는 홍콩을

150_ 이들은 애초 부동산 부문에서 첫 번째 금 항아리를 발견한 부동산 개발업에서 벌어들인 돈으로 공익사업·공공서비스 회사나 돈벌이가 될 만한 기업들을 사들였다. 이러한 분야를 넘나드는 인수의 가장 두드러진 예는 다음의 다섯 가지다. ① 청쿵홀딩스Cheung Kong Holdings, 長江實業은 1979년 파크앤숍 슈퍼마켓 체인을 비롯해 광범위한 사업을 운영하는 거대 재벌 허치슨 왐포아Hutchison Whampoa를 인수했다. ② 1980년부터 선훙카이 부동산은 공공버스 사업인 주룽버스(현재는 트랜스포트 인터내셔널 홀딩스 산하)에 대한 지배권을 점차 확대해갔다. ③ 헨더슨 랜드Henderson Land Development, 恒基兆業地産의 리자오지 회장은 1981년 상장하기 전에 도시가스 사업을 독점한 홍콩차이나가스의 지분을 매입했다. ④ 1985년 허치슨 왐포아는 전력 부문을 독점하고 있는 두 업체 중 하나인 홍콩전력을 인수했다. ⑤ 신스제발전은 1998년 홍콩 공공버스 독점 운영권(이전에는 차이나 모터 버스가 운영) 입찰에 참여하여 낙찰받고 2000년 헨더슨이 운영한 홍콩페리로부터 페리 서비스 면허를 취득했다(푼, 2021: 45~46 참조). "부동산과 공익사업, 공공서비스 사업을 병행하는 대기업은 모두 홍콩의 유력 가문이 지배하고 있다. 청쿵/허치슨 그룹의 리(리자청) 가문, 선훙카이 부동산 그룹의 궈 가문, 헨더슨 그룹의 리(리자오지) 가문, 신스제발전 그룹의 정(鄭) 가문, 워프/휠록 그룹의 바오와 우 가문, 그리고 CLP홀딩스 그룹의 카두리Kadoorie 가문이다"(푼: 48).

외부 세계로 향하는 창문으로 활용하려는 전략의 일환으로 홍콩의 중국 부르주아계급과 제휴했고, 그에 따라 홍콩의 경제적 상황은 반환 전과 크게 달라지지 않았다. 오히려 영국은 홍콩을 떠날 것에 대비해 식민지의 탈식민화 과정으로서 지역 민주주의와 자치라는 정치개혁을 시행했다. 이는 한편으로 식민지에서의 민주개혁이라는 모순된 정책을 시도한 것이지만, 다른 한편으로는 반환 이후 중국의 권위적 전체주의 체제에 저항할 수 있는 불씨를 만들었다 할 수 있다. 그러나 영국이 시행한 민주개혁은 '지배 엘리트' 그룹의 이익을 반영하는 직능선거구[151]를 채택했는데, 이는 영국과 중국이 합의한 산물로, 반환 전과 후 당국이 입법회를 장악하는 장치가 되었다. 결국 반환 이후 민주개혁을 지지하는 민주파가 홍콩의 지방 자치와 민주주의를 위해 보수적인 재계 엘리트와 중국 관료에게 저항하는 구도가 형성되었다.

앞에 소개한 2016년 홍콩대학의 여론조사에서 응답자의 70%가 홍콩인이라 응답한 것을 두고 홍호펑(Hung, 2018)은 홍콩인이 내셔널 정체성보다는 에스닉 정체성을 더 우선시한다고 평가했다. 이런 상황을 우려한 중국 당국은 홍콩의 지역적 정체성(local identity)을 위협한 분리주의 주장이라 공격하면서 '애국 교육' 프로그램[152]을 도입하려 했다. 중국 당국의 이런 강압은 홍콩인의 저항을 야기하고 홍콩 정체성의 강화로 이어졌다. 이른바 '중국 내셔널리즘과 홍콩 로컬리즘의 길항(拮抗)'이다.

기존의 '국제대도시' 담론을 비판하면서 이 땅을 지킬 가치가 있기에 여기서 살아가겠다는 스토리의 등장에 초점을 맞추어 반환 이후 '홍콩인 정체성의 새로운 변모 과정'을 추적하고 있는 장정아(2017)는 새로운 정체성 형성의 기원을 '도시 공간을 둘러싼 항쟁'에서 찾고 있다. 이 항쟁의 주체들은 우선 2006~2007년 '인민상륙행동'을 고안해내고 '인민규획대회'를 열어 도시 규획

151_ <홍콩 입법회 선거>. https://thewiki.kr/w/%ED%99%8D%EC%BD%A9%20%EC%9E%85%EB%B2%95%ED%9A%8C%20%EC%84%A0%EA%B1%B0 (검색일자: 2023.10.01.)
152_ 조슈아 웡 등은 이때 학민사조를 결성해 반대 운동을 펼쳤다.

의 폭력성과 관상(官商) 결탁을 비판함과 동시에 재개발계획의 주인은 인민이어야 한다고 주장한 '부두철거 반대 운동'에서 시작했다. 이 항쟁은 도시 거주민 모두에게로 확대된 도시권을 체현했는데 인민상륙행동 때 '본토호(本土號 The Local)'라 이름 붙인 배에 함께 타고 황후부두에 상륙하는 퍼포먼스에는 홍콩에서 사회적 차별을 당하는 이들—외국인 노동자, 대륙에서 온 신이민(新移民), 거류권 싸움을 하는 대륙 자녀, 그리고 철거·재개발 지역의 주민 등—을 참여시켰다. 한편 2011년 웡(Joshua Wong)과 람(Ivan Lam)이 주축이 된 '학민사조(學民思潮)' 그룹은 중국의 국민교육 과목 시행이 '중국인 되기'를 강요해 홍콩의 사상 자유를 훼손할 것으로 보고 국민교육 도입 철폐에 앞장섰고, 2012년에는 국민교육 반대 시위를 벌이고 입법회가 있는 타마르(添馬) 점거 등을 통해 행정장관 렁춘잉의 항복을 받아냈다. 부두철거 반대 운동과 국민교육 반대 운동은 2014년 행정 수반의 직선제를 요구하면서 79일 동안 도심을 점령한 우산혁명으로 이어지는 도시 공간 항쟁의 씨앗이었다. 우산혁명은 도심의 평화적 점령과 '유동(流動) 민주 교실'이라는 방식을 고안해냈지만, 지식인 중심의 온건파와 학생 중심의 강경파의 의견 대립으로 운동의 동력이 상실되어 79일간의 장정이 성과 없이 마무리되었다. '우산혁명'을 교훈 삼아 혁명 주체들은 각자 지역공동체로 돌아가 지역에서 자주적 권리를 실현하고 정치에 참여하며 도시를 바꿔나가는 움직임을 곳곳에서 전개함으로써 더 큰 공간을 만들어내고 있다. 이들은 '커뮤니티 시민헌장(社區公民約章)'을 만들고 지역사회 주민들의 관심사에서 출발하여 네트워크를 만들고 민주적 결정의 경험을 축적하여 정치적 기반을 만드는 움직임을 보인다. 이에 힘입어 독립영화 <십년>을 50여 개 단체가 34개 지역에서 동시다발적으로 무료 상영을 해 하룻밤에 6,000명의 시민을 끌어모으기도 했다.[153] 이들에게 홍콩은 내가 바꿔야 하

153_ 영화는 2015년 12월 17일 홍콩 百老匯 영화센터에서 개봉되었고, 매회 매진사태를 빚었다. 그러나 박스오피스 600만 홍콩달러의 성적을 돌파했음에도, 영화는 극장에서 내려져야 했다. 영화는 중국 관방으로부터 맹렬한 비난을 받았고 내지상영도 금지되었다(안영은, 2017:

고 바꿔낼 수 있는 일이 많기에, 함께 민주를 배우고 실천해나갈 사람들이 있기에 사랑할 땅이 되고 있다. 장정아는 이어서 삼수이포(深水埗) 지역의 도시권 운동에 초점을 맞춘다. 최근 도시 재개발은 흔히 젠트리피케이션의 방향으로 가기 마련인데, 이 지역의 재개발은 단지 보상 차원을 넘어서 현존하는 '공동체 경제'를 살릴 수 있는 방향을 지향하는데, 이는 사용가치를 중시하는 도시권 논의에도 부합하는 움직임이다. 이런 과정을 통해 삼수이포는 이제 문화유산의 거리로서 진정 '홍콩적인 특색'이 남아있고 공동체 경제가 살아있는 활기찬 지역으로 재조명되고 있다. 그 이후에도 2016년 노점 행상 단속에 항의하는 운동 등을 통해, 홍콩의 대안적 생활 방식과 생존 경로를 모색하는 과정에서 서비스 도시로 탈바꿈하려는 홍콩 정부의 도시 규획에 반대하며, 중국화에 저항하며 살아남을 방법에 대한 비장한 모색이 확산하면서, 홍콩에 오랫동안 존재해온 상점과 사람들에 대해 새롭게 주목하는 움직임을 보였다(장정아, 2017). 2019년 송환법 반대 시위와 2020년 국가보안법에 저항하는 운동은 이런 배경에서 진행되었다. 그러나 한창 불타오르던 저항 열기는 코로나 팬데믹으로 인해 소강상태로 접어들었고 국가보안법 공포로 차갑게 식어버렸다. 이제 민주파가 원하는 민주개혁은 긴 동면기에 접어들었다.

인민공화국이 홍콩 반환 시 내걸었던 일국양제는 이제 중국 내셔널리즘을 강조하는 '일국'과 홍콩 로컬리즘을 주장하는 양제로 분열되었고 양자 간의 대립은 강경한 억압과 격렬한 저항의 악순환으로 이어졌다. 전자는 국가보안법 시행이라는 강수를 둠으로써 표층적으로 진정 국면을 조성했고 후자를 주장하는 사람들은 당국에 체포되거나 해외로 망명함으로써 훗날을 기약하는 상황이 되었다. 로컬리즘은 분파[154]가 다양한데, 그중 급진적인 주장의 하나인 홍콩 독립 주장은 친완(Chin, Wan, 陳雲, 본명은 陳雲根)의 『홍콩 도시국

159~60 참조).

154_ 리청콴(Lee, 2022)은 '반(反)자본주의 로컬리즘' '반(反)중국 로컬리즘, 그리고 '홍콩의 정치적 자율성과 자결권을 주장하는 로컬리즘으로 구분했다.

가론(香港城邦論)』(2011)에 근거를 두고 있지만, 그 실현 가능성은 불투명하다. 대다수 홍콩인은 중국 내셔널리즘과 홍콩 로컬리즘 사이에서 유동하면서 생활하고 있는데, 양자 사이에서 유동하는 것 자체가 홍콩인의 정체성이라 할 수 있다.

'글로벌 중국'의 전망에서 "지난 20년 동안 홍콩에서 벌어진 일은 중국의 세계를 향한 개입주의적이고 억압적인 전환이자 체제의 정치경제적 절대명령(imperative)이 추동한 전환"이라고 보는 리칭콴(Lee, Ching Kwan, 李靜君)은 홍콩이 저항의 도시로 부상한 것을 이해하기 위해서는 "중국의 글로벌 부상과 외부를 향한 파워의 사용"과 "20년 동안 지속돼 온 아래로부터의 탈식민화(decolonization from below)"라는 서로 모순적인 두 궤도를 분석해야 한다고 주장(Lee, 2022)하면서, 우리에게 홍콩을 바라보는 거시적 시야를 요구한다. 전자와 관련해 리칭콴은 중국의 홍콩 정책이 반환 이전에는 글로벌 경계 지역으로서의 홍콩의 독특한 지위를 용인하고 활용하고자 하던 것에서 반환 이후에는 개입주의로 전환한 점에 초점을 맞춘다. 개입주의적 전환의 주요 원인으로 동유럽에서 벌어진 '색깔 혁명(color revolution)'과 2008년의 경제위기를 들면서, 두 사건으로 중국은 대륙뿐 아니라 홍콩에 대한 통제력을 강화해야 한다는 과제를 도출했다는 것이다.[155] 중국 당국(黨國)의 당국정책 전환은 반환 이전 '탈정치화의 문화(culture of depoliticization)' 상황에서 반환 이후 정치가 홍콩 연구의 중심 초점으로 부각한 것과도 관련이 있다.

2020년 7월 1일 공표된 국가보안법은 홍콩 <기본법>[156] 제23조에 국가보안법을 삽입한 것이다. 사실 홍콩 특별행정구의 지도자들이 경제 문제와 사스 등의 공공보건 문제를 제대로 해결하지 못했고 그로 인해 2003년 시위가 촉발된 점 때문에 홍콩을 직접 통제하려는 중국 당국은 <기본법>에서 중

155_ 이는 1956년의 백가쟁명(百家爭鳴) 백화제방(百花齊放) 정책이 동유럽의 자유화 운동의 영향을 경계하면서 반(反)우파 투쟁으로 전환한 것과 유사하다.
156_ <중화인민공화국 홍콩특별행정구 기본법>(1990.4.4. 제정, 2021.3.30. 개정).

국의 개입을 열어놓은 것에 근거해 일국양제를 무위로 돌리고 일국의 제약을 강화하려 했다. 앞에서 살펴본 홍콩인 정체성의 변모 과정 또는 민주개혁 운동은 중국 당국의 정책에 부합하지 않는 것이었다.

4. 포스트식민주의 관점에서 바라본 홍콩문화

홍콩의 포스트식민 문화에 대한 서술은 여러 논자에게서 보인다. 추유와이 (Chu Yiu-wai, 朱耀偉)는 홍콩의 포스트식민 담론이 주변성(marginality), 혼성성 (hybridity), 틈새성(in-between-ness), 제3공간(third space) 등의 중점을 가지고 있다고 분석했다(張美君·朱耀偉, 2002: 4). 렁핑콴(梁秉鈞, 필명 也斯은 홍콩 사회가 "몇 가지 다른 식민주의가 중첩"(也斯, 1995: 19)되었음을 지적한다. 명확하게 거론하지는 않았지만, 그것들은 영국-일본-영국-중국의 홍콩 지배와 연결된 것일 터이다. 그리고 더욱 중요한 것은 홍콩인들도 이런 타자로서의 의식을 내면화하여 자신의 문화를 멸시하고 깔보고 입에 올리지 않으며 심지어 그 존재를 소외시키고 무시한다는 점이다. 이런 상황에서 "홍콩은 명목적으로 식민지가 아닌 시각에도 사람들은 여전히 식민지 의식을 가지고 있을 가능성이 농후하다"(也斯: 20). 이런 문제점을 극복할 수 있게 해주는 것이 포스트식민주의 관점이다.

'식민지 홍콩 출신의 외국인'임을 자처하는 초우는 홍콩이 직면하고 있는 문제가 최근의 포스트식민 논쟁과 밀접한 관계가 있음을 변론하는데, 그 관건은 "홍콩이 영국의 식민주의 종식 후에도 영토 주권상의 독립을 얻지 못하리라는 것이다"(Chow, 1992: 153). 좀 더 구체적으로 살펴보도록 하자.

식민지로서의 홍콩의 곤경이 다른 전(前) 식민지와 비슷하다 하더라도 홍콩은 독립적 지위의 전망이 없다. 영국과 중국 사이에 놓여 홍콩의 포스트식민 상황은 이중적 불가능성을 가지고 있다. 홍콩은 중국 내셔널리즘/본토주의의 재차 군림에 굴복할 수 없다. 이는 바로 과거에 영국 식민주의에 굴복할 수 없었던 것과 마찬가지다(Chow: 153).

1997년 홍콩 양도 이전에 쓰인 글인 만큼 "독립적 지위의 전망이 없다"라는 진단은 날카롭다. 초우에게 홍콩 문제는 특수하다. 1997년 7월 1일부로 '홍콩은 조국으로 반환'되었지만, 초우는 그 반환 방식과 조국의 성격을 문제로 삼는다. 즉 홍콩은 자발적으로 '회귀'한 것이 아니라 타의에 의해 반환되었고, 그 조국은 이미 제국주의를 내면화하여 티베트에서 스스로 제국주의 정책을 펴고 있고, 타이완에 대해 제국주의적 침략을 감행하려는 조국이다. 그리고 텐안먼(天安門) 광장에서 자국 인민을 학살한 조국이기도 하다. 또한 최근 드러난 동북공정에서 주변국의 역사에 대해 제국주의적 태도를 가진 조국이다. 바로 이 점에 홍콩의 포스트식민 문화 해석의 어려움이 있다. 그녀는 근현대 홍콩 역사를 다중규정(overdetermination)의 관점에서 바라볼 것을 제안한다.

우리가 탐구와 뿌리의 모티브를 따른다면, 홍콩만큼 실존주의적 불안이 큰 중국 도시는 없을 것이다. 홍콩은 (중앙에서 먼-인용자) 남쪽에 있고, 영국에 의해 식민지화되었으며, 2차 세계대전 중 일본에 의해 점령되었고, 서화되고 상업화되었다. 이제 중국으로 '반환'된 근현대 홍콩의 역사는 항상 처음부터 선점되고 불가능해진 중국 정체성에 대한 탐구의 어떤 형태로 기록될 수 있으며, 가장 중요하게는 지울 수 없는 식민지 오염에 의해 기록될 수 있다. 그렇다면 홍콩의 중국 추구는, 홍콩이 노력할수록 '중국적임(Chineseness)'이 부족하다는 것을 드러내고 민중의 규범에서 벗어나는 것이라는 근본적인 허무함에 따라 판단될 것이다. 과거는 홍콩을 흔들리지 않는 열등의 저주처럼 따라다닐 것이다(Chow: 163).

중심에서 소외된 남방의 조그만 향나무 섬은 그 네트워크의 가치를 인지한 영국에 의해 식민지가 되었고, 오랜 기간 식민통치를 받아 오다가 2차 세계대전 와중에 일본의 식민통치를 받았다. 종전 후 다시 영국 식민지로 환원된 홍콩은 식민통치 덕분(?)에 충분히 서유럽화되고 상품화되어 '동방의 진주'라고 불리기도 했다. 오랜 기간 영국 특색의 자본주의 체제에 익숙해진 홍콩이 1997년 반환 후 '일국양제'라는 명목으로 중국 특색의 사회주의에 편입됨으로써 '실존주의적 불안'이 현실화되었다. 이른바 '조국'의 남방에 있을 때는 주목받지 못한 변방이었고 근현대 시기 대부분을 식민지로 보냈으며 정작 조국으로 반환된 후에는 중국적이지 않다고 타박받는 처지가 된 것이다. 초우는 근현대 홍콩의 역사를 감안할 때, 일방적으로 '중국 정체성'을 요구하는 것은 불합리하다고 본다. 중국과 영국 그리고 일본, 서양적임과 중국적임, 식민지의 열등의식과 근현대 글로벌 도시의 자본주의적 발전의 우월 의식 등을 '다각도의(multiangulated)' 관점에서 고찰할 것을 요구하고 있다.

홍콩에서 포스트식민 담론의 주요 이슈의 하나인 주변성(marginality)에 대한 논의가 활발하게 진행되었다. 그 주요 맥락은 피식민자로서의 홍콩이 1997년 이후에도 독립할 리 없으므로 홍콩은 정치적 측면에서만이 아니라 문화와 경제 방면에서도 '주변의 주변'(李歐梵, 2002: 170~71)을 벗어나기 어렵다는 것이다. 리어우판이 명확하게 지적하지는 않았지만, 근현대 중국은 서유럽의 주변이고, 홍콩은 주변인 중국의 주변이므로 '주변의 주변'이라는 것이다. 초우는 주변성의 특징을 이렇게 말하고 있다. "홍콩인 스스로 선택한 것이 아니라 역사에 의해 만들어진 이 주변화된 지위는 특별한 관찰 능력을 가져다주었다. 그리고 그것은 압박의 경험을 미화하고 싶지 않게 만들었다"(周蕾, 1995: 30). 주변은 이중성을 가지고 있다. 주변은 중심에 의해 타자화되지만, 중심에 항거하는 의미가 있을 수 있다. 그러나 주변성의 선포는 중심을 새롭게 긍정하는 확인에 불과하다. 주변성은 이중적 의미로 쓰이게 된다. "주변성은 처음에 또는 진정으로 중심에 저항하고 충돌하려는 잠재력을 가지고 주도적 스타일 이외의 시점(視點)을 가져다주기도 하지만, 또한 빠르게 중심에 편입되어 애초의 활력을 잃어버릴 수도 있다"(張美君·朱耀偉, 2002: 4). 이처럼 주변성은 중심에 저항하고 충돌하려는 잠재력과 중심에 편입될 가능성을 동시에 가지고 있다.

그러므로 초우는 주변성에서 한 걸음 더 나아가 '제3의 공간'을 제안한다. 그는 포스트식민 도시인 홍콩이 스스로 잡종이자 고아임을 인식하고 있다고 하면서, 홍콩에서의 독특한 문화 생산방식을 '특수한 협상'이라고 지칭했다. 이 특수한 협상은 중국과 영국이라는 두 침략자 사이를 드나들고 응대하면서 자아의 공간을 찾으려 노력해야지, 영국 식민주의 또는 중국 권위주의의 구차한 노리개로 전락해서는 안 되는 전략 아래 시행되어야 한다는 것이다 (Chow, 1992: 158). 그리고 그 공간을 '제3의 공간'이라 일컬으며 그것은 식민자 영국과 중국의 주류 내셔널 문화 사이에 존재한다고 했다. 이 '제3의 공간'을 이해하는 관건은 두 가지다. "첫째, 식민지로서 홍콩은 중국의 미래 도시의 삶의 모범 사례"라는 사실이다. 홍콩은 과거 150년 동안 '중국' 근현대화의 최전선을 달려왔다고 할 수 있다. 이에 대해서는 렁핑콴도 "대륙이 현재 직면하고 있는 문제는 바로 홍콩이 50년대에 직면했던 문제"라고 지적한 바 있다. "둘째, 대륙의 도시문화가 발전하면서 각 주요 도시에 대한 국가 정부의 간섭은 나날이 감소하고 있는데, 이러할 때 홍콩은 반대로 같은 정부의 침략과 압박에 직면해있다. 이는, 홍콩은 반드시 자주성과 독립된 사회라는 관념을 세워서 자신의 번영과 발전을 유지해야 함을 의미하고 있다"(Chow: 158). 영국과 중국의 사이에서 줄타기하며 확보해야 할 '제3의 공간'이 가능할지, 초우의 이론적 진단이 현실에서 얼마만큼의 힘을 가질 수 있을지는 미지수다. 반환 직후 홍콩 <기본법> 및 행정장관을 반대하는 홍콩인들의 집단 시위와 질서정연한 해산은 그 가능성과 한계를 보여주는 사례로 볼 수 있지만, 2019년부터 윌리엄 웡의 후인들에 의해 진행되고 있는 홍콩 시위는 초우의 이론적 진단이 현실로 드러난 것일 수도 있다.

'주변의 주변' 또는 '몇 가지 다른 식민주의의 중첩' 사이에 놓인 홍콩인들이 자신의 주변성과 식민성에 대한 성찰을 통해 다원적 문화의식을 만들어내지 못한다면, 그들은 그런 주변성과 식민성을 내면화하게 될 것이다. 이 경우 홍콩인들은 대륙 신이민, 베트남 보트피플, 필리핀 가정부들에게 폭군으로 변할 가능성도 배제할 수 없다(周蕾, 1995: 146). 홍콩의 현실에서 이들 소수자를 수용하는 것은 정부 등의 공적 영역도 아니고 가정의 사적 영역도 아니다. 프롯 찬(Fruit Chan, 陳果)의 <리틀 청(細路祥)>(1999)에서는 두 가지 장면을 보여주고 있다. 하나는 소수자 자신들의 커뮤니티이고 다른 하나는 종교다. 전자가 정서적 유대와 위안을 준다면 후자는 오락과 정신적 위무를 제공한다. 고든 매츄(Mathews, 2001)의 이론을 적용해보면, 그들은 거꾸로 종교 활동에서 오락과 정신적 위안을 구매(소비)하는 것이기도 하다.

12장
홍콩영화와 영화 홍콩

1. 홍콩영화와 1997년

장이머우(張藝謀)와 허우샤오셴(侯孝賢)이 알려지기 훨씬 전, 우리는 홍콩영화를 중국영화 전부로 알았고, 홍콩영화는 한국인의 주요한 오락거리의 하나였다. 초등학교 6학년 시절(1968년) 중학교 무시험 입학제도가 발표된 후 첫 휴일이었던 '제헌절', 입시에서 해방된 기쁨을 만끽하기 위해 친구들과 <삼인의 협객>(1966)을 감상한 것이 필자 기억 속의 첫 번째 홍콩영화였다. 이후 지미 웡은 '외팔이 시리즈'와 함께 나에게 친숙한 외국 배우가 되었고 1970년대의 브루스 리[157]가 그 뒤를 이었으며 그 후 재키 찬이 나왔다. 여기에 창처—킹후—추이 학의 무협영화, 그리고 진융—량위성—구룽 등 '무협소설의 영화화'를 더하면 홍콩의 궁푸 및 무협영화의 주요 흐름이 요약되는 셈이다.

우리에게 친숙한 오락으로 다가왔던 홍콩영화는 그 밖에도 SFX 영화, 코미디영화, 멜로드라마, 괴기영화 등 다양한 장르로 우리를 사로잡았고, 한때 할리우드에 버금가는 세계적인 영화산업의 메카였다. 이에 대해 중국 영화사가 루사오양은 다음과 같이 요약했다. "홍콩은 아시아의 주요한 영화기지로

157_ 2004년 개봉된 유하 감독의 <말죽거리 잔혹사>는 '이소룡세대에게 바친다는 감독의 의도가 잘 드러난 작품이다. 영화는 브루스 리에서 시작해 재키 찬으로 끝나는데, 영화 속 주인공 세대가 받은 홍콩영화의 세례를 여실하게 보여주고 있다.

지금까지 8천여 편의 영화를 촬영했다. 홍콩영화의 수출은 아시아에서 독점적이고 … 동남아 시장만 하더라도 1995년도 수익은 1억 3천만 달러에 이르렀다"(陸紹陽, 2004: 175). 흔히 홍콩을 '문화의 사막'이라고 일컬을 때의 '문화'는 영화문화를 가리킨 것은 아니었다. 왜냐하면 홍콩에서 영화는 100년이 넘었고, 1930년대부터 상하이의 영향을 받아 활발하게 발달했으며, 중화인민공화국 건국 이후 상하이 영화인들의 남하로 홍콩은 중국영화의 새로운 중심지가 되었기 때문이다.[158] 이렇게 볼 때 홍콩영화는 '문화의 사막'이라는 정의에 포함되지 않는다.

　규모 면에서 단지 할리우드에만 첫 번째 자리를 양보할 뿐인 홍콩영화의 주류는 오락영화였다. 오락영화를 비롯한 대중문화를 학적 연구 대상으로 삼을 수 있었던 것은 '문화연구' 덕분이다. 대중문화를 "지배이데올로기를 쉽게 재생산해내는 이데올로기의 제조기"로 보는 구조주의의 평가(스토리, 2000: 13)에서 벗어나, "우리 자신의 상상적 자아도피"라고 파악하는 말트비(Richard Maltby)는 대중문화를 "집단적 소망과 욕망을 위장된 형태로 표현"하는 것으로 이해한다. 그는 대중문화의 공과(功過)를 이렇게 정리한다. "대중문화의 죄가 우리의 꿈을 빼앗아서 그것을 다시 포장하여 우리에게 되판 것이라면, 대중문화의 공로는 그것이 없었다면 결코 알 수 없었을, 더 많고 다양한 꿈들을 가져다준 것이라고 할 수 있다"(Maltby, 1989: 14; 스토리, 2002: 13 재인용). 홍콩영화가 홍콩인의 고상하고 우아한 꿈을 빼앗았는지는 별도의 논의가 필요할 것이지만, 홍콩영화야말로 홍콩인에게 '많고 다양한 꿈들을 가져다준' 대중문화였다는 점에 대해서는 의심의 여지가 없는 듯하다.

158_　이를테면 '쇼 브라더스(邵氏兄弟)'는 1961년 기준으로 10개의 스튜디오, 16개의 야외세트, 3개의 더빙스튜디오, 현상소, 기숙사를 보유했고 전속 연기자가 1,500여 명, 전속 스탭이 2,000여 명에 달하는 등 전무후무한 영화왕국을 이루었다. 60년대에 쇼 브라더스가 제작한 연간 편수는 40여 편에 달했고, 보유극장도 홍콩을 비롯해서 타이완, 동남아, 캐나다, 미국에 이르기까지 143개에 달했다. 그런가 하면 TV 시대를 맞아 TV B에 대대적인 투자를 하여 제1 대주주가 되기도 했다(김지석·강인형, 1995: 33~34).

오락영화 위주의 홍콩영화는 1970년대 말 60명이 넘는 신인 감독이 데뷔하면서 뉴웨이브(New Wave)[159] 영화를 통해 작가영화의 새로운 국면을 보여 주더니, 1990년대에는 뉴웨이브 2세대 감독이랄 수 있는 웡카와이 붐이 <2046>(2004)까지 이어지는 한편, 1990년대 말에는 프룻 찬의 '97 삼부곡과 '기녀 삼부곡' 등 홍콩 에스노그라피 텍스트가 뒤를 이었다.

한국의 아시아영화 전문가 김지석은 홍콩영화의 강점으로 세 가지를 꼽고 있다. 첫째 중국문화와 서양문화의 공존에서 비롯된 합리성과 다양성, 둘째 전 세계에 광범위하게 펼쳐진 화교 관객층, 셋째 그 어떤 아시아 국가보다도 뛰어난 제작의 효율성(김지석, 2000: 62)이 그것이다. 그 가운데에서도 동남아 화인은 지리적으로 가깝다는 요인 외에도 4천만에 가까운 인구[160]가 홍콩영화 발전에 지대한 공헌을 한 것으로 보인다.

1997년 홍콩 반환이라는 각도에서 홍콩영화를 고찰할 때 김지석·강인형(1995)의 작업을 주목할 필요가 있다. 『香港電影 1997—홍콩영화의 이해』라는 제목에서 알 수 있듯이, 이들은 1997년 반환의 관점에서 홍콩영화를 바라보고 있다. 이들에 의하면 1970년 이후의 홍콩영화는 대부분 홍콩인의 정체성과 긴밀한 관계를 맺고 있는 것으로 볼 수 있다. 이를테면 "인내와 금욕주의, 철저한 자기 수련으로 대표되는 이상적인 중국인상"(김지석·강인형, 1995: 37)을 만들어낸 브루스 리의 영화가 홍콩영화의 지구화(globalization) 방향을 대

159_ 1970년대 말 홍콩 뉴웨이브 영화의 배경에는 량수이(梁淑怡)라는 탁월한 기획·제작자가 뒷받침하고 있었다. 그는 '후이브라더스쇼'와 '73시리즈' '수퍼스타' 시리즈 TV영화(연출자의 재량권을 최대한 존중) 등을 통해, 앤 후이(許鞍華), 옌하오(嚴浩), 추이학(徐克) 등의 감독을 배양했고 그들 중 상당수가 영화계로 입문했다(김지석·강인형: 42). 1970년대 말 동아시아에서 홍콩 뉴웨이브 영화의 영향에 주의를 기울일 필요가 있다. 타이완의 '신랑차오(新浪潮)'의 대표인 허우샤오셴과 에드워드 양(楊德昌) 등과 그리고 중국 대륙의 5세대 감독들이 홍콩 뉴웨이브 영화의 영향을 받았다는 구체적이고 직접적인 증거를 말할 수는 없지만, 시간적으로 그리고 테크닉 측면에서 서로 참고했을 가능성은 부인할 수 없다.
160_ '화교화인(華僑華人)연구보고서(2016년)'에 따르면 전 세계에 분포한 화교는 6000여만명이며, 이 중 동남아 화교가 4264만명으로 전체 화교의 73.5%를 차지한다. 「[차이나리포트] "중국 대신 동남아로…" 4200만 화교 경제권에 주목하라」, 『아주경제』, 2017.3.30. https://www.ajunews.com/view/20170329083725846

표하고 있다면, 젊은 층들이 "자신들이 속한 사회와 문화를 직접적으로 거론하는 광둥어영화에 관심을 돌리기 시작"(김지석·강인형: 38)한 것은 '지역화(localization)'와 관련된 부분이라 할 수 있다. 1984년 덩샤오핑(鄧小平)과 마가렛 대처의 회담으로 1997년 반환을 구체적으로 의식하게 된 1980년대에, 새로 등장한 뉴웨이브 감독들의 알레고리 작품은 말할 것도 없고 그 밖의 홍콩영화도 '반환'과 연계시켜 해석할 수 있다. 이는 물론 중국과 타이완의 영향권에서 벗어나 홍콩 고유의 정체성을 찾으려는 움직임을 포함하는 '홍콩영화의 현대화'[161] 방향과도 관련이 있었다.

홍콩 뉴웨이브의 선두주자인 앤 후이(Ann Hui, 許鞍華)는 '베트남 삼부작'의 감독으로도 유명하다. <내객(來客)>(1978), <우비엣 이야기(The Story of Woo Viet, 胡越的故事)>(1981), <투분노해(投奔怒海)>(1982)가 그것이다. 이 작품들은 1975년 베트남이 패망한 뒤 베트남을 탈출한 화교들의 비극적인 삶을 그리고 있다. 앤 후이 영화의 강점은 베트남을 진지하게 영상에 담으면서 이를 1997년 홍콩에 대한 알레고리로 연결하고 있는 점일 것이다.

한편 코미디영화 중 1980년대 최고 히트작이자 역대 최고 흥행작의 하나이기도 한 <최가박당(最佳拍檔: 최고의 파트너)>시리즈(1편 1982, 2편 1983, 3편 1984)는 1980년대의 홍콩인들의 사회적 심리변화[162]를 적절히 반영한 것으로 평가되지만, 1989년에 내놓은 <신최가박당>은 1997년을 의식하고 중국에 아부하다가 오히려 홍콩인들의 자존심을 자극하여 관객의 외면을 당했다. 아이러니하게도 중국과의 관계가 가까워지면서 홍콩인의 위기의식이 더욱 고조된

161_ '홍콩영화의 현대화' 기획은 고유의 정체성 추구 외에도 스튜디오시스템의 시대→독립프로덕션 시스템의 시대, 본토 배경의 시대극→서유럽화·도시화한 배경의 장르영화라는 두 가지 흐름을 포함하고 있다.

162_ 홍콩은 1972년에 주식시장이 활황장세를 맞으면서 미래에 대해 어느 정도 자신감을 가지기도 했지만 1973년부터 홍콩 사회에 내재된 사회문제들이 불거져 나오기 시작했다. 범죄 증가, 불법 이주민과 홍콩주민 간 갈등의 본격화, 인플레의 심화와 실업률의 증가로 사회불안이 증대했다. 1980년대 초반의 자신감이 중반 이후 위기감으로 변화하기 시작했다(김지석·강인형: 37 참조).

셈이다. 또한 홍콩영화의 특수성이 잘 발휘된 괴기영화도 홍콩인들의 위기의
식과 불안한 심리상태나 정서를 은연중에 반영한 것으로 읽을 수 있다. 홍콩
인들은 중국인들을 자신과 유사한 친숙한 이웃으로 느끼면서도 때로는 마치
귀신을 대하듯 낯선 감정을 느끼기도 하는 것이다. 이는 모순적이며 변화무
쌍한 홍콩인들의 대중국관을 반영한 셈이다(45, 47).

우리에게 홍콩 영웅영화의 원조로 알려진 <영웅본색(英雄本色)> 시리즈
는 전통적인 무협-궁푸영화 주인공 캐릭터의 현대화로 볼 수 있다. 존 우(John
Woo, 吳宇森)가 감독한 1편과 2편은 "특수효과나 스턴트 효과의 극대화를 통한
폭력의 지나친 미학화, 극단적으로 감상적인 스토리, 무용 동작 같은 총격전,
양식화된 명예 지상주의, 무협영화에서 보편적인 명예·배신의 테마 등은 관
객들의 정서를 충분히 자극 … 지하세계의 의리와 명예를 강조 … 향상된 여
성의 지위에 대한 반작용 … 영국 총독부의 레임덕 현상의 반영"(50) 등의 평
가를 받기도 한다. 특히 <영웅본색 I>이 개봉된 1986년은 홍콩인들의 미래
에 대한 불안감이 증폭된 시기이기도 하다. 홍콩인들은 '폭력의 낭만적 표현'
에 열광했다. 영화에서 보여주는 의리와 폭력의 미묘한 결합에 카타르시스를
느낀 것이다. 특히 주인공 초우윤팟(Chow Yun-Fat, 周潤發)은 물질주의에 함몰
되었다가 자기 운명에 도전하는 '낭만적 영웅'으로 출현하여 불안한 홍콩인들
에게 있어 순간적이나마 대리만족을 충족시켜 주었다. 그의 이미지는 과거
검술영화 주인공의 친숙한 이미지에 오늘날 홍콩인들이 느끼는 불안감을 교
묘히 결합했기 때문에 대중들의 호응을 받을 수 있었다(김지석, 1996: 192~93).

이와 달리 1편과 2편의 제작에 참여한 추이 학이 감독한 제3편은 '석양의
노래(夕陽之歌)'라는 부제를 달면서 1974년의 사이공을 배경으로 삼아 표면적
으로는 공산화 직후 사이공을 배경으로 삼은 액션 멜로드라마이지만, 심층적
으로는 다가오는 홍콩 반환이라는 주제를 중첩하고 있다. 독일의 중국학자
크라머(Stefan Kramer)는 추이 학에 대해 높은 평가를 아끼지 않는다. "동남아뿐
만 아니라 전 세계의 영화관에서 대성공을 거두었고 비평가와 젊은 관객들을

사로잡'은 바 있는 추이 학의 영화는 "암시와 상징 속에서 민감하게 전달되는 은유적 표현이 돋보이며 인간의 생명력을 강조하는 스피디한 카메라워크와 편집이 아주 탁월하다"라는 평가를 받는 '고품격 오락영화'가 주종을 이룬다. "그의 새로운 미학은 다양한 스타일을 혼합했을 뿐만 아니라 스피디한 몽타주 기법을 사용함으로써 관객들에게 기교적인 최고의 영상을 선사했다. 그리고 홍콩의 현실과 전통적 영웅 이야기, 사실적인 액션 스릴러와 다채로운 안무의 무대극을 두루 섭렵함으로써 대중영화와 예술영화 사이의 경계를 의도적으로 파괴했다"(크라머, 2000: 329~30). <영웅본색 III>에서도 기존의 오락 영화에 홍콩 사회와 연관된 주제를 결합했다.

한편 홍콩영화를 보다 보면 국제도시의 명성에 걸맞게 외국인이 많이 등장하는데, 그 가운데 동남아인들도 심심찮게 볼 수 있다. 그뿐만 아니라, 중국의 화난(華南) 경제권과 동남아를 중개해온 홍콩의 역사적 역할(하마시타, 1997)로 인해 동남아가 자주 등장하고 있다. 다시 말해, 홍콩영화에는 동남아 이야기가 적지 않게 서사되고 있다. 물론 홍콩영화의 동남아 서사는 동남아에 대한 순수한 관심이라기보다는 자기중심적인, 즉 동남아에 거주하는 화인[163]과 홍콩에 이주한 동남아인에 초점이 맞춰져 있다.

아래에서는 웡카와이의 <동사와 서독>을 망각과 기다림의 서사 관점에서, 웨인 왕의 <차이니즈 박스>를 변화 없기를 바람과 희망 없는 변화의 관점에서 살펴본 후, 홍콩영화에 재현된 홍콩인의 정체성을 웡카와이와 프룻 찬의 영화를 중심으로 살펴보려 한다. 이어서 반환 이후 홍콩의 중국화 상황을 <십년>을 통해 살펴본 후 마지막으로 홍콩영화에 나타난 동남아를, 홍콩에 이주한 동남아인과 동남아에 거주하는 화인으로 나누어 고찰하고자 한다.

163_ 원종민은 "중국이나 대만의 국적을 유지하고 있는 사람을 화교라고 할 수 있다. 중국이나 대만의 국적을 가지고 있지는 않지만 중국계 혈통을 이어가면서 언어와 문화 등에서 중국적 정체성을 유지하며 살아가는 사람들은 華人이라고 부른다'라고 하였다(원종민, 2004: 1). 또한 조흥국은 화교를 overseas Chinese로, 화인을 ethnic Chinese로 구별했다(조흥국, 2000: 22).

2. <동사와 서독>: 망각과 기다림의 서사

고독하고 불안하며 사랑에 버림받은 현대 도시 젊은이들의 심리상태를 특유의 영상으로 그려내고 있는 홍콩의 영화감독 왕카와이는 그의 특이한 무협영화 <동사와 서독>(1994)에서 중국으로 반환되기 직전의 홍콩의 상황을 독특한 방식으로 묘사하고 있다. 시나리오 작가 출신답게 왕카와이의 작품은 그 구성이 튼실하다. 그리고 "대부분의 작품이 도시 주변부 인간에게 각별한 애정을 보이고 있으며, 홍콩의 일상을 특유의 세기말적 분위기 속에서 집요하게 추적한다"(크라머: 326). 특히 그는 반환을 앞둔 홍콩인들의 불안한 심리에 초점을 맞추어 '홍콩인다움(HongKonger-ness)'이란 무엇인가'라는 질문을 끊임없이 던지고 있다. 비슷한 시기에 개봉한 <충칭의 삼림(重慶森林)>(1994)에서는 두 쌍의 엇갈린 사랑 이야기를 매개로 하여, 영국 황실의 제복을 벗어 던짐으로써 식민통치의 종결을 선언하였고, 시한이 된 통조림을 통해 잉글랜드에 의해 가공된 홍콩의 조차기간이 끝났음을 상징적으로 보여주었다. <타락한 천사(墮落天使)>(1995)에서는 파트너 교환의 문제를 통해 잉글랜드의 식민 지배로부터 중국으로 반환되는 과정의 어려움을 예견하기도 하였다.

<동사와 서독>은 근현대 최고 작가의 하나인 진융의 작중인물들을 모티프로 삼았지만, 신세대 감독답게 그들을 해체하여 새롭게 읽어내고 있다. 알다시피 동사(東邪, 黃藥師)와 서독(西毒, 歐陽峯)은 남제(南帝, 段皇爺), 북개(北丐, 洪七公), 중신통(中神通, 王重陽)과 함께 진융 작품 특유의 오각형 구조164)를 형성하며 『사조영웅전(射雕英雄傳)』(『영웅문』 1부)과 『신조협려(神雕俠侶)』(『영웅문』 2부)의 주요한 강호(江湖) 배경이자 이야기를 이끌어가는 주요한 틀을 구성하고

164_ 진융의 또 다른 작품인 『소오강호(笑傲江湖)』의 오악(五嶽)—태산(泰山), 화산(華山), 형산(衡山), 항산(恒山), 숭산(嵩山)—과 『천룡팔부(天龍八部)』의 오족(五族)—송(宋, 漢族), 요(遼, 契丹族), 서하(西夏), 대리(大理), 연(燕)—등도 비슷한 구조로 되어 있다. 특히 『천룡팔부』의 가장 주요한 인물인 샤오펑(蕭峰)의 자결 장면(50회)은 그 자체로 대단한 감염력을 가지고 있으면서도, 작가가 '오족공화(五族共和)'의 대중화(大中華) 관념(중화 네이션 대가정)을 선양하는 것은 아닌가 하는 의구심을 자아내기도 한다.

있다. 웡카와이는 진융의 작품에서 결코 주인공이 아니었던 악랄한 서독과 괴팍한 성격의 동사를 주인공으로 삼았다. 그뿐만 아니라 'Ashes of Time'이라는 영문 제목에서 짐작할 수 있듯이 시간도 해체하고 있다. 이를 통해 홍콩인다움이란 무엇인가라는 질문을 다른 방식으로 던지고 있다.

영화는 대부분 주요 화자인 구양봉(張國榮 분)의 독백으로 진행되고 있다. 그는 훗날 서쪽 지방의 패자가 되어 서독이라 불리고 영화에서 자신의 피고용인이었던 북개 홍칠공(張學友 분)과 결투를 벌이다 함께 죽게 된다. 그는 젊었을 때 '천하를 제패(打天下)'하려고 바쁘게 돌아다니다 실연의 상처를 입는다. 서로 사랑하는 사이였던 애인(張曼玉 분)이 자신의 형과 결혼한 것이다. 결혼 전날 뒤늦게 함께 떠나자고 권유하지만 여인은 끝내 거부한다. 구양봉은 이 아픔을 망각하려 자신을 사막에 유배시키고 해결사 일을 하면서 냉철하게 돈벌이에 몰두한다. 우리가 실연의 상처를 망각하기 위해 고향을 떠난 구양봉의 형상을 홍콩과 연결하는 것은 그다지 어렵지 않다. 조국으로부터 격리된 채 중국의 전통문화는 메말라가고 새로운 서양문화는 아직 뿌리내리지 못한 문화의 '사막'에 유배된 홍콩, 죽의 장막의 안과 밖을 연결하는 유일한 통로인 홍콩은 중개무역을 통해, 식민지이면서도 종주국을 능가할 정도로 경제가 발달했다.

영화에서 구양봉의 첫 번째 고객은 모용연(林靑霞 분)이다. 그(녀)는 대연국(大燕國)[165]의 공주로, 망국(亡國)의 수복이라는 책임을 어깨에 짊어지고 있고 그 때문에 남장을 하고 다닌다. 먼저 모용연(慕容燕, 남)은 구양봉에게 자신의

165_ 연(燕)은 전국(戰國)시대 말 진시황(秦始皇)에게 멸망된 나라이다. 형가(荊軻)가 진시황을 암살하려 한 사건은 바로 연의 태자 단(丹)이 계획한 것이었다. 진시황이 6국(魏, 韓, 趙, 燕, 齊, 楚)을 멸망시키고 대륙을 통일한 후 6국의 후예들은 수복을 위해 갖은 노력을 기울였다. 진한(秦漢) 사이에 패권을 다투었던 항우(項羽)와 유방(劉邦)은 진(秦) 타도를 대의명분으로 삼아 이들 6국의 후예들의 수복 노력을 이용하여 자신의 세력을 넓혀갔던 인물들이다. 한(漢)나라가 건국된 후 6국의 후예들은 대부분 복국(復國)의 의지를 꺾었지만 모용(慕容)씨의 연(燕)만큼은 대대로 수복의 유명(遺命)을 이어갔다. 이에 관한 자세한 이야기는 진융의 『천룡팔부(天龍八部)』의 모용복(慕容復) 부자에 관한 서술에서 잘 나타난다.

여동생을 저버린 황약사(梁家輝 분)를 죽여 달라고 하고, 다음에 모용언(慕容嫣, 여)은 오빠가 자신을 황약사와 떼어놓았다고 하면서 오빠를 죽여 달라고 한다. 구양봉은 두 남매 사이에서 곤란한 처지가 되면서도 그들이 '상처받은 사람'임을 알아챈다. 군이 '정신분석학'의 잣대를 들이대 보자면, 조국 연(燕)나라를 수복하려는 모용연(남)이라는 초자아(superego)는 자신이 좋아하는 사람을 따라가고 싶은 모용언(여)의 이드(id)를 억압하려는 것이다. 이것은 홍콩인의 양면성, 다시 말해 오랫동안 기다렸으면서도 망각하고 싶은 중화제국으로 회귀해야 하는 당위와, 대(大)브리튼 제국을 따라가고 싶은 바람이 빚은 갈등의 형상으로 읽을 수 있다. 모용연/모용언(중국어 발음은 같다)이 훗날 최고의 검법인 독고구검(獨孤九劍)을 익혀 강호에 우뚝 서게 된 것은 홍콩의 독립에 대한 환상으로 읽을 수 있다.

또 다른 주인공 동사 황약사는 분방한 애정 행각을 벌인다. 그는 한 여인을 사랑하게 되는데, 그녀는 현재 다른 남자의 부인이면서 남편의 동생을 그리워하고 있다. 알고 보니 황약사가 사랑하는 여인이 그리워하는 남자는 다름 아닌 자신의 절친한 친구 구양봉이었다. 그는 구양봉을 질투하는 한편, 여인의 그리움의 대상이 되는 기분을 맛보기 위해 다른 친구(장남무사, 梁朝偉 분)의 부인인 도화(桃花, 劉嘉玲 분)와 사랑을 나누었고, 또 다른 친구 모용연(남)의 여동생 모용언(여)을 희롱하여 그녀가 자신을 사랑하게 만든다. 그러나 대리만족은 진정한 욕망의 충족이 아니다.166) 결국 사랑하는 여인이 죽자 그는 그녀가 구양봉에게 보낸 취생몽사(醉生夢死)주를 마시고 모든 것을 망각하고 동쪽으로 떠난다. 자신이 사랑한 여인이 좋아했던 복숭아꽃(桃花)만 기억에 간직한 채.

다시 한번 모용연/모용언으로 돌아가자. 그(녀)는 황약사를 욕망하면서도 그 욕망을 거세하고자 한다. 그러면서 그 욕망을 이기지 못한 채 구양봉을 황

166_ 물론 욕망의 속성은 그것이 충족되어도 새로운 욕망을 욕망하는 법이다.

약사로 오인하고(아마도 고의로) 그와 정사를 벌인다. 그런데 황약사의 신분으로 오인된 구양봉은 문득 자유로움을 느낀다. 자신의 연인이 그렇게 원하던 말('사랑해')도 쉽게 튀어나오고, 모용연/모용언을 자신의 연인으로 환상하면서 욕망을 추구한다. 2인이 벌이는 4인의 정사! 구양봉의 몸을 빌려 황약사와 사랑을 나누는 모용연/모용언, 그 모용연/모용언의 손을 형수의 애무로 받아들이는 구양봉. 여기에서 현실과 가상은 착종되면서 해체된다.

시간의 선후는 있지만 똑같이 취생몽사주를 마셨으면서도 동사와 서독은 다른 양상을 보이고 서로 다른 방향을 향한다. 기억하고 싶지 않은 것을 모두 망각한 채 동쪽의 도화도(桃花島)로 은거하는 황약사, 그리고 기억 속에서 줄곧 기다려왔던 환상을 간직한 채 고향인 서쪽의 백타산(白陀山)으로 돌아가 패자가 되는 구양봉. 여기에서 동과 서의 공간은 교체되고 그럼으로써 해체된다. 앞에서도 언급했지만, 서독의 귀향과 패업의 완성을 통해, 홍콩이 중국의 품으로 돌아가 다른 지역을 압도하며 홍콩식 발전 모델의 패업을 이룰 수 있을 것으로 읽어내고, 다른 사람에게 상처를 준 자신의 행위는 망각하고 자신의 상처만을 기억하고 있는 황약사를, 150년간의 식민통치에 대해 한 마디의 사과도 없이 훌훌 떠나면서 홍콩섬과 커우룬(九龍)반도의 소유권을 양보할 수밖에 없었던 상처만을 기억하고 있는 대영제국으로 보는 것은 결코 지나친 상상이 아닐 것이다.

3. <차이니즈 박스>: 변화 없기를 바람과 희망 없는 변화

웨인 왕(Wayne Wang, 1949년생) 감독은 자신의 출신 때문인지 중국계 미국인의 삶을 주요한 소재로 다루고 있다. 그중에서도 에이미 탄(Amy Tan, 譚恩美)의 동명 소설을 각색한 <조이럭 클럽(The Joy Luck Club, 喜福會)>(1993)은 미국에 이주한 네 중국인 여성의 마작 모임의 이름을 제목으로 삼아 그들의 이민 및 정착 과정을 다큐멘터리 방식으로 서술하였다. 그리고 어머니 세대와 딸 세대의 차이를 부각하되 궁극적으로 서로 이해하게 된다는 감상주의적 결말로 이끌었다.

웨인 왕의 다른 작품에 비해 그다지 주목을 받지 못한 <차이니즈 박스>(1997)는 1997년 7월 1일 반환을 전후한 약 6개월간의 홍콩 풍경을 보여주고 있다는 점에서 우리의 관심을 끌 만하다. 1997년 제작이라는 점은 이 영화의 생생한 현장감을 짐작하게 해준다. 특히 오리아나호[167]의 출항, 덩샤오핑의 죽음, 학생의 분신자살, 웨일즈 경비대의 철수 등의 TV 중계 장면과 디지털카메라로 잡은 흔들거리는 홍콩의 풍경은 '극영화 속의 다큐멘터리' 방식으로 우리를 식민시대 오욕의 현장이자 일상적인 자본주의적 삶의 터전인 홍콩으로 안내하고 있다.

감독은 홍콩에 거주하고 있지만 영원히 이방인일 수밖에 없는 존 스펜서의 일과 사랑을 통해 홍콩의 심층을 보여주고자 하였다. 우리도 흔들거리는, 그래서 불안감을 가중하는 존의 디지털카메라의 렌즈를 따라 가보자. 존은 15년간 홍콩에 거주하고 있는 영국인 주재 기자다. 그는 홍콩에 관한 저서도 퍼낼 만큼 일가견을 가지고 있는 홍콩 전문가다. 그는 자신의 저서에서 홍콩을 '성실한 창녀'로 비유하였다. 이는 홍콩이 세계 최고 수준의 경제발전을 이루었음에도 그 이익을 영국이 향유하고 있는 측면을 지적한 것이다. 마치 주인을 위해 열심히 달리고 물어뜯는 연습을 하는 투견처럼. 그러므로 그는 홍콩의 중국 반환은 포주가 바뀌는 것일 뿐, 다른 것은 '변함없을 것'으로 예견한다.

존의 바람은 홍콩에 거주하고 있는 대부분의 서양 기업인들의 관점을 대변하고 있다. 그들은 홍콩을 '대형 백화점' '돈 제조기' '대형 카지노'로 인식하고 있다. 그러므로 자본주의의 천국인 홍콩의 경영진이 바뀌어도 그 메커니즘이 유효하기를 희망하고 있다. 이런 시각은 홍콩 기업인들도 공유하고 있

167_ 영화 속에서 홍콩에 근무하던 영국인들이 귀국하면서 승선한 배의 이름.

다. 아니 그들은 한술 더 떠서 기존의 '홍콩-영국'의 합작선을 '홍콩-영국-중국'으로 확대하고, 나아가 대영제국과 중화제국의 합작으로까지 확장하여 자본주의의 지구화를 실현하는 방안 마련에 골몰하고 있다.[168]

홍콩의 중국 반환을 6개월 앞둔 1996년 12월 31일, 존의 바람을 비웃기라도 하듯, 홍콩 클럽의 송년회에서 학생운동가 윌리엄 윙이 권총으로 자살한다. 그것은 반환 후 개인적 문화적 자유가 상실될 것에 대한 저항의 표현이었다. 존은 이 사건에 충격을 받고 그동안 자신이 이해하고 있던 홍콩에 대해 의문을 가지게 된다. 그는 백혈병으로 시한부 인생을 선고받았음에도 불구하고 '홍콩 제대로 이해하기'의 일환으로 반환 전의 홍콩의 다양한 일상을 친구와 함께 비디오에 담게 된다. 그 과정에서 특이한 복장과 행동의 진(張曼玉 분)을 만나게 되고 그녀를 심층 인터뷰한다. 처음에는 그녀에게 홍콩 반환 후의 모습이라든가 자유 등에 관해 어떻게 생각하는지를 물어보려 했지만, 그녀의 특이한 인생 역정이 식민지 홍콩의 속성과 깊은 관련이 있다는 사실을 깨닫고 개인 인터뷰를 진행한다.

진은 부모를 따라 대륙에서 홍콩으로 이주하였다. 어려서 아버지한테 겁탈당한 후 창녀 생활을 한다고 했다. 그러나 얼굴의 상처 때문에 그나마도 여의치 않다. 그녀를 인터뷰하던 중 존은 우연히 그녀의 다른 이력을 알게 된다. 바로 학창 시절 사랑하던 영국인 남자친구로부터 버림을 받은 일이다. 두 사람은 서로 좋아했고 연애편지를 넣어두던 비밀 편지함도 공유했었다. 그러나 남자친구 아버지의 회사는 직원 및 그 가족들이 홍콩인들과 관계를 맺는 것을 엄금하고 있었다. 결국 남자친구는 전학했고 그녀는 남자친구의 명의로 된, 사실은 그의 아버지가 쓴 절교 편지를 받게 되었다. 진은 그 충격을 이기지 못해 자살을 기도하였다. 현재 그녀는 모든 것을 체념한 채 거리에서 모조 명품을 파는 일을 하고 있다.

168_ 이와 비슷한 관점으로, '중국 대륙-홍콩-타이완 주식회사'라는 시각으로 세 지역을 연구 분석한 흥미로운 저작으로 van Kemenade(1997)을 들 수 있다.

존은 진을 통해 홍콩에 대한 이해를 심화시켜 나간다. 홍콩에 대한 이해가 심화할수록 비비안에 대한 사랑도 깊어만 간다. 비비안(輩俐 분) 역시 대륙 출신의 홍콩인이다. 그녀의 어머니는 아직 대륙에 남아있고 딸이 행복한 가정을 꾸리기만을 소망하고 있다. 비비안은 그 꿈을 마이클과 실현하고자 한다. 동거 초 호스티스 노릇을 한 비비안의 도움을 받은 것으로 보이는 마이클은, 비비안을 마담으로 내세워 술집을 경영하면서 중국과의 합작에도 참여하고 있는 주목받는 홍콩 원주민 경영인이다. 그는 비비안에게 '사랑한다'라고 속삭이지만 청혼하지는 않는다. 동반자 관계를 원하는 비비안은 그러므로 그에게 거부당한다. 이는 중국이 홍콩을 '동방의 진주'라고 추켜세우지만 홍콩을 진정한 동반자로 인정하는가의 문제와 연결할 수 있다. '일국양제'라는 전대미문의 해법으로 홍콩 반환의 기본 틀(box)을 마련한 덩샤오핑이었지만, 두 체제 사이의 구체적인 관계까지 설정할 수는 없었다. 결국 자신을 진심으로 사랑하고 원하는 존을 선택하는 비비안은 홍콩에 대한 제3의 해법, 즉 홍콩의 자주적 독립으로 읽을 수도 있다.

진과 비비안의 홍콩에 내일은 별다른 희망이 없다. 남자친구에게 버림받은 진, 존이 떠난 후의 비비안, 그들에게 홍콩은 그저 삶의 현장일 뿐이다. 그들 앞에는 여전히 생계를 위한 시련이 남아있다. 그것은 영국의 통치를 받았으면서도 그에 귀속될 수 없었던 과거의 홍콩과 중국으로 반환되면서도 특별행정구로 남는 미래의 홍콩, 그리고 그 변화 과정에서 별다른 기대와 희망을 품지 못하는 홍콩인들의 일상적인 모습이기도 하다.

4. 웡카와이 영화와 홍콩인의 정체성

웡카와이의 영화는 대부분 1960년대를 배경으로 삼고 있지만 기본 아우라는 1990년대에 속한다. 흔들리는 렌즈, 파편적 서사, 콜라주, 반쯤은 즉흥적인 창작방식, 주크박스 음악의 대량 사용, 자폐적 독백 등에서 관중들은 어렵지 않게 영화를 1990년대와 대응시킬 수 있다(潘國靈·李照興, 2004: 5 ~ 6). 특히 <아페이 정전(阿飛正傳)>의 쉬자이(旭仔)는 1960년대 홍콩의 젊은이를 묘사하면서도 그것이 1960년대에 한정되지 않는 문화적 코드(반항 등)로 자리 잡았고 이후 웡카와이 영화의 원형이 되었다. <충칭의 삼림>의 주인공들과 <동사와 서독>의 동사와 서독은 각각 최근과 고대의 쉬자이로 볼 수 있다. 특히 동사는 다른 사람에게 사랑받는 느낌을 알기 위해 여러 사람에게 상처를 주었다. 그리고 후기 영화 <2046>은 <아페이 정전>의 속편이라 해도 과언이 아니다(물론 <花樣年華>의 속편이라 할 수도 있다).

웡카와이 영화의 특징의 하나는 반환을 앞둔 홍콩인들의 불안한 심리에 초점을 맞추어 '홍콩인다움'이란 무엇인가라는 질문을 끊임없이 던지고 있는 점이다. <충칭의 삼림>에서는 두 쌍의 엇갈린 사랑 이야기를 매개로 하여, 영국 황실의 제복을 벗어 던짐으로써 식민통치의 종결을 선언하였고, 시한이 된 통조림을 통해 잉글랜드에 의해 가공된 홍콩의 조차기간이 끝났음(금발여인이 배신자 서양 남성을 처단)을 상징적으로 보여주었다. <타락한 천사>에서는 파트너 교환의 문제를 통해 영국의 식민 지배로부터 중국으로 반환되는 과정의 어려움을 예견하기도 하였다. 이 두 편은 자매편이라 할 수 있는데, 그 흔적은 곳곳에서 찾을 수 있다. 특히 두 편에 등장하는 가네시로 다케시(Kaneshiro Takeshi, 金城武)는 양쪽에서 모두 허즈우(何志武)이고 번호도 223호이다. 다만 <충칭의 삼림>에서는 실연당한 경찰로 등장하지만 <타락한 천사>에서는 농인 탈옥수로 분장하고 있다. 그리고 비슷한 분위기의 음악이 배경으로 깔린다. 그리고 후기 영화 <2046>에서는 반환 후 50년이 지난 시점인 2046년이란 시간과 '오리엔트 호텔' 2046호실이라는 공간을 배경으로 삼아 이야기를 전개하고 있다.

그동안 몇 차례의 단기 여행을 통한 '관찰'에 의하면 이른바 '홍콩인'은 홍콩인과 이야기할 때 대부분 광둥어(廣東語, Cantonese)를 사용하는 것으로 보인다. 푸퉁화(普通話, Mandarin)를 배우지 않은 사람은 말할 것도 없지만, 영어와 푸퉁화를 능통하게 구사하는 지식인들도, 외국인과 함께 있는 자리에서조차 자기네들끼리는 광둥어로 한다. 언어가 '내셔널 정체성'의 일부분인 것은 틀림없는 사실이지만, 홍콩인에게는 더욱 두드러지게 나타나는 것이다. 언어만으로 홍콩인의 정체성을 운위할 수는 없지만, 광둥어 사용은 홍콩인 정체성의 중요한 요소라고 할 수 있겠다. 정체성을 의식하는 홍콩인들은 대부분 이름을 광둥어 발음으로 표기한다. 일찌감치 국제도시의 명성을 날린 홍콩이기에 영어식 이름을 가진 사람도 많지만 그들도 성만큼은 광둥어로 표기한다(앞에 언급한 윌리엄 웡을 보라).

<충칭의 삼림> 첫 번째 이야기 후반부에서 허즈우가 카페에서 금발여인에게 다가가 건네는 첫 마디는 "파인애플을 좋아하세요?"였다. 그런데 그는 우선 광둥어로 묻고는 금발여인이 아무 반응이 없자 "오, 본지인이 아니군(She must be foreign)"이라 독백하고는 일어, 영어 그리고 마지막으로 궈위(國語, 타이완의 표준어)로 묻는다. 여기에서 본지인이란 물론 홍콩인을 가리킨다. 그는 다섯 살에 타이완에서 왔는데도 스스로를 본지인이라고 생각하고 있다. 광둥어 구사 능력은 본지인 판명 여부의 시금석인 셈이다.[169]

홍콩을 바라볼 때 빠뜨릴 수 없는 분야가 소비다. 그런데 매츄(Gorden Mathews)는 홍콩에서의 소비를 문화적 정체성과 연결해 '문화 슈퍼마켓(cultural supermarket)'이라는 개념을 제시한다. 그는 소비를 경제적인 행위로만 국한하지 않고 문화적인 일이기도 하다고 하면서, 소비는 상품을 교환하는 일에 그치지 않고 의미이자 기호이기도 하다고 해석한다. "홍콩에서는 문화적 정체성에 대한 고려 없이 소비를 완전히 이해하는 것은 불가능하다"라는 것이다. 이는 "특정한 문화와 네이션에 속한다는 생각"을 뛰어넘어 "지구적 문화 슈퍼마켓에서의 소비자가 되는 것"(Mathews, 2001: 287)과 관계가 있다. 우리는 일반 슈퍼마켓에서 상품을 소비하듯이, 문화 슈퍼마켓에서 정보와 아이디어를 소

169_ 이와는 달리, 타이완에서 태어났음에도 불구하고 고향을 물어보면 부모의 고향(특히 대륙)을 대는 사람도 많다. 정체성도 어떤 측면은 후천적으로 만들어질 수 있음을 알 수 있다.

비한다. 그런데 문화 슈퍼마켓에서의 소비는 일반 슈퍼마켓에서의 소비의 기초가 된다.

<타락한 천사>의 허즈우는 밤마다 다른 사람의 가게를 무단으로 빌려 밑천 안 드는 장사를 하는데, 우연히 전화 거는 여자를 만나 자신이 가게가 되어 그녀를 받아들인다. 그런데 그녀는 필요한 '위안'이라는 정서를 소비(구매)하고는 아무런 미련 없이 떠난다. 마치 슈퍼마켓에서 필요한 물건을 소비(구매)하고 떠나듯이. <충칭의 삼림>에서 경찰 223호에게는 파인애플 통조림이 사랑이고 경찰 663호에게 사랑은 주방장 샐러드로 다가온다. 이들에게 사랑은 마치 슈퍼마켓에서 구매할 수 있는 상품과도 같다.

<충칭의 삼림>에서는 또한 반복적으로 '선택'의 문제를 거론하고 있다. "오늘 그녀는 파인애플을 좋아하지만 내일은 다른 것을 좋아할 수 있다"(금발여인). "오늘 그녀는 나를 좋아하지만 내일은 다른 사람을 좋아할 수 있다"(경찰 223호). "오늘 그녀는 주방장 샐러드를 좋아하지만 내일은 다른 것을 좋아할 수 있다"(경찰 663호). 경찰 663호의 여자친구가 떠난 이유는 다양성(diversity)에서 연유했다. 그러나 현실은 그와 상반되게 진행되었다. 홍콩인에게 '항인치항(港人治港)'은 허울 좋은 명목일 뿐 그들에게는 자율적 선택의 자유가 없다.

웡카와이는 '다양한 선택'에서 한 걸음 더 나아간다. 그는 '콜라주' 기법을 사용하여 첫 번째 이야기가 진행되고 있을 때 이미 두 번째 이야기의 조각을 삽입시켰다. 영화에서 "첫 번째 경찰과 두 번째 경찰, 이 스튜어디스와 저 스튜어디스, 이 금발여인과 저 금발여인은 모두 호환될 수 있다"(潘國靈·李照興: 20). 이는 한편으로는 포스트모던한 텍스트를 연상시키지만, 다른 한편으로는 영국이 중국으로 치환되어도 별 차이가 없음을 암시하는 것으로 읽을 수 있다. 그는 홍콩인다움을 광둥어의 사용, 문화적 슈퍼마켓, 표면적으로는 다양한 선택권을 준 것 같지만 실제로는 별다른 선택권이 없는 홍콩과 홍콩인을 영상으로 표현하고 있다.

5. 프룻 찬의 영화와 홍콩 뒷골목의 에스노그라피

1990년대 홍콩영화를 운위할 때 웡카와이(1958년 생)와 프룻 찬(1959년 생)은 좋은 대비가 되고 있다. 하나는 '뿌리없음(rootlessness)'[170]으로 다른 하나는 '풀뿌리 성격(grassrootness, 草根性)'으로 홍콩을 재현하고 있기 때문이다. 두 사람은 연배가 비슷하고 데뷔작 <몽콕 카르멘(旺角卡門)>[171](1988)과 <마지막 혈투(大鬧廣昌隆)>(1993)가 주목을 받지 못했다는 공통점 외에는 여러 가지 면에서 대조적이다. 성명작 <아페이 정전>과 <메이드 인 홍콩(香港製造)>의 출시는 7년의 차이가 있다. 웡카와이는 홍콩 영화산업의 장점을 한껏 활용하고 일급 배우들을 캐스팅하면서 각 배우의 또 다른 개성을 발굴해내는 반면, 프룻 찬은 저예산과 연기 경험이 없는 신인배우 캐스팅의 독립영화식 노선을 고수하고 있다.[172]

중국 영화사가 루사오양은 홍콩영화의 특징으로 '다원성' '풀뿌리 성격' '상업성' '유행성'을 언급하면서 그중 '풀뿌리 성격'의 대표로 앤 후이와 프룻 찬을 들었다. 특히 프룻 찬에 대해 이렇게 언급하고 있다. "그의 영화의 시점(視點)은 <메이드 인 홍콩>부터 <홍콩의 할리우드(香港有個荷里活)>까지 줄곧 홍콩의 평민 백성에서 벗어난 적이 없다. 그는 엄숙하고 냉정한 서사와 독립적이고 자주적인 비판 정신으로 집요하게 홍콩 보통 사람의 전기를 쓰고 그들의 심성(心聲)을 전달하고 있다"(陸紹陽, 2004: 177). 또한 쓰뤄(司若, 2004)는 프룻 찬의 영화를 "현대 도시 제2의 역사"라고 평가하기도 했다.

사실 프룻 찬은 주류 홍콩영화에서 벗어난 채 홍콩 사회에 진정한 관심을

170_ 여기에서의 '뿌리 없음'은 근거가 없다는 의미가 아니라, 홍콩을 이야기하면서도 홍콩에 국한되지는 않는, 다시 말해 전 세계 대도시라면 모두 적용될 수 있다는 의미로 사용했다.

171_ 국내에서는 <열혈남아>로 출시되었다.

172_ 최근에는 약간의 변화가 있다. <홍콩의 할리우드>에는 저우쉰(周迅)이, 그리고 <인육만두>에서는 토니 렁(梁家輝)이 출연하고 있다. 이에 대해 프룻 찬의 경향이 바뀌었다는 지적이 있을 수 있지만, 한두 명의 스타급 배우를 쓰는 것으로 전체를 평가하는 것은 자칫 '아기까지 버리는 우를 범할 수 있다. 중요한 것은 프룻 찬이 자신의 영화 세계를 어떻게 구축해가고 있는가이다.

가지는 감독이다. "홍콩 독립영화 역사의 전설을 창조"[173]한 바 있는 <메이드 인 홍콩>(1997)을 찍으면서부터 그는 화려한 국제도시로서의 홍콩보다는 뒷골목의 어두운 그림자 속에서 생활하는 '문제 청소년' '주변인' '하위 타자(subaltern)' 군상에 착안해 리얼리즘 풍격으로 파편화된 영상을 그려내고 있다. 그리고 자연스레 1980년대 이래 홍콩 사회의 뜨거운 감자인 반환 문제를 담아내고 있다.

프룻 찬의 초기작으로, 공공옥촌[174]에서 성장한 '문제 청소년' 이야기를 다룬 <메이드 인 홍콩>(1997), 영국 군대에 복무하다가 부대 해산으로 강제 퇴역한 중국인 군인들의 출로 문제를 다룬 <불꽃이 유난히 많았던 작년(去年煙花特別多)>(1998), 몽콕(旺角) 뒷골목에 사는 9살 청자이(祥仔)와 불법체류 소녀 아펀(阿芬)이 목도한 사회의 급격한 변화를 담은 <리틀 청(細路祥)>(1999)이 있는데, 이들은 각각 청소년, 중년, 소년을 주인공으로 삼아 1997년 반환을 전후한 시점의 홍콩의 뒷골목 풍경을 그려냄으로써 '97 삼부작' 또는 '과도기 삼부작'으로 불리기도 한다.

또한 '기녀 삼부작'의 두 작품 <두리안 두리안(榴蓮飄飄, Durian Durian)>(2000)과 <홍콩의 할리우드(香港有個荷里活, Hollywood Hong Kong)>(2002)에서는 홍콩과 중국을 직접 연결하는 매개로 기녀 샤오옌(小燕)과 둥둥(東東 또는 紅紅)을 등장시키고 있다. 하나는 헤이룽장(黑龍江)성에서 오고 다른 하나는 상하이에서 왔다. 똑같은 기녀라도 두 사람은 다르다. 샤오옌은 단순히 몸을 팔아 돈을 벌어 고향으로 돌아가지만, 둥둥(홍홍)은 홍콩 남성들을 등쳐서 번 돈을 가지고 미국으로 가려고 한다. 샤오옌은 돈을 벌기 위해 하루에 수십 명의 손님을 받기도 하지만(마지막 날의 38명은 최근 반년간의 신기록이라 했다) 둥둥은 자유롭게 놀러 다니면서 대상을 물색해서 관계를 맺고 미성년자와 매춘을 했

173_ 제작비 50만 홍콩달러, 8만 피트의 재생 필름, 제작진 5명(陸紹陽, 2004: 195).
174_ 公共屋村: 홍콩 정부가 중하층계층의 시민에게 임대해준 싼 가격의 아파트촌. 공공옥촌 한 동에 수천 가구가 거주하고 주민은 수만 명에 이른다.

다고 공갈 협박을 해서 금품을 갈취한다. 그중 하나는 거절했다가 손을 잘리는 수모를 당하기도 한다.

여기에서는 '97 삼부작'의 마지막 작품인 <리틀 청>을 중심으로 홍콩 뒷골목을 에스노그라피적 재현의 각도에서 재구성해보고자 한다. <리틀 청>은 감독의 어릴 적 이야기이기도 하면서 청자이가 보고 듣고 살아가는 몽콕 뒷골목의 이야기다. 영화는 1996년 겨울부터 1997년 봄까지 영국이 아직 홍콩을 통치하던 시기를 배경으로 삼았다. 첫 장면은 TV에서 방영하는 광둥어 오페라(粤劇)와 함께 청자이의 독백으로 시작하고 있다. 9살의 청자이는 스스로 이미 세상의 이치를 터득했음을 선언한다. 그동안 관찰의 결과 아빠의 식당, 필리핀 가정부의 일, 엄마의 마작, 브라더 청의 노래 등 어른들의 활동 목적이 모두 돈 때문이라는 사실을 간파한 것이다. 청자이는 돈이 사람들 마음속에서 꿈이자 이상이고 심지어 미래라는 것도 알게 되었다. 그래서 자기 동네 사람들이 열심히 돈벌이하는 것을 탓하지 않는다. 그리고 자신도 예외가 아님을 담담하게 토로하고 있다. 이렇게 볼 때 청자이는 몽콕 뒷골목의 '내부 관찰자'인 셈이다.

앞당겨 말하면 아홉 살의 청자이가 영화에서 1년 가까이 관찰한 결과는 자신이 터득했다고 생각한 세상 이치에서 벗어나는 것들이었다. 할머니의 죽음이 그랬고 필리핀 가정부와의 이별은 돈으로 해결할 수 없는 것이었으며 동업자 관계가 끝난 아편과의 헤어짐도 가슴 아픈 상처로 남게 된다. 자신도 우연히 할머니에게서 들은 형 이야기로 인해 돈벌이보다는 '형 찾기'에 몰두한다.

그런데도 청자이가 터득한 세상 이치는 상당 부분 유효하다. 그의 관찰에 의하면 1996년 이곳 사람들은 매우 조급했고 걸핏하면 돈 때문에 다퉜다. 데이비드와 케니 형제도 재산권 분쟁을 벌이고 있다. 그 형제는 이전에 이웃들이 부러워할 정도로 의가 좋았지만 지금은 모친이 공동명의로 구매한 건물 때문에 다투고 있다. 결국 비열한 형 데이비드가 건물을 차지하고 고상한 동

생 케니는 부인과 외국으로 떠난다.[175]

청자이는 학교에 다니면서 아버지 식당의 배달을 맡아 거리 곳곳을 헤집고 다닌다. 우선 학교에서는 반환 준비 장면이 두 번 나온다. 푸퉁화 학습과 오성홍기 게양 시범이 그것이다. <첨밀밀(甛蜜蜜)>에서는 홍콩에 온 대륙인이 열심히 광둥어를 배우는 모습을 보여주는 것에 반해, 반환을 앞둔 시점을 다루고 있는 <리틀 청>에서는 초등학교에서 푸퉁화를 학습하며 오성홍기를 게양하고 국기에 대한 경례의식을 가르치고 있다. 그 외에도 장례식장, 마작 도박장, 이발소, 체육관, 유곽 등이 등장한다. 아울러 너저분한 거리와 뒷골목은 일상적인 삶의 현장이다.

홍콩 반환이 임박하면서 청자이는 친구이자 동업자인 아펀과 커우룬(Kouloon, 九龍)에 놀러 갔다가 언쟁을 하게 된다. 아펀은 말한다. "쟝(江) 주석이 홍콩은 우리 것이라 했어!" 이에 대해 청자이는 단호하게 부정한다. "너희 것이 아니라 우리 것이야!"라고 다행히 이들의 언쟁이 다툼으로 번지지는 않았지만 청자이에게 홍콩은 중국 대륙과 하나일 수 없는 독립 공간이다. 그리고 청자이 아버지가 청자이를 으르면서 하는 말은 "먹을 것도 없는 대륙에 보내버린다"였다.

영화 후반부로 가면서 청자이는 점차 명랑함을 상실해간다. 할머니의 죽음, 필리핀 가정부의 떠남, 아펀과의 헤어짐 등에다가 아버지의 억압이 강도를 더해간다. 영화 마지막 장면에서 <메이드 인 홍콩>의 주인공 3명의 모습을 슬쩍 비춰줌으로써 청자이의 미래가 중차오(中秋)일 것임을 암시하고 있다. 중차오는 공공옥촌과 뒷골목에서 성장한 주변부 청소년들의 하나로, 영화는 그들의 "갇혀 있는 듯한 몸부림을 반영"(列孚, 2002: 43)하고 있다. 청자이가 자신의 문제로 고민하자 아펀이 관찰자의 역할을 이어받는다. 그녀는 지금 뒷골목에 살지만 홍콩에 온 지 얼마 되지 않는 불법체류자다. 그녀의 눈에 청자

175_ "비열함은 비열한 자의 통행증이고 고상함은 고상한 자의 묘비명이다" – 北島의 시 「回答」의 첫 구.

이가 속한 세계는 동경의 대상이다. 그곳에 들어가고 싶어 하지만 결국 꿈을 이루지 못하고 경찰에 붙잡히고 만다.

아펀의 가족은 구성원과 배역 그대로 <두리안 두리안>에도 출연하고 있다. 영화 내적 시간은 3개월짜리 관광비자가 유효한 것으로 보아 <리틀 청>보다 약간 앞서 있다. 아펀은 <두리안 두리안>에서는 주인공 샤오옌(小燕)을 관찰한다. 샤오옌은 고향 헤이룽장(黑龍江)성으로부터 돈을 벌기 위해 홍콩에 왔다. 그녀는 밑천이 들지 않는 장사인 기녀 노릇을 한다. 시간과 돈을 절약하기 위해 대부분의 식사를 도시락으로 때우는 샤오옌은 관광비자의 시한 때문에 하루에 수십 명의 손님도 마다하지 않고 돈을 번다. 그리고 고향으로 돌아가 사업을 하려고 한다. 홍콩의 북진을 연상시키는 구상이다. 두리안은 과일의 왕으로 불린다. 껍질 벗기기가 어렵고 냄새도 고약하지만 그런 어려움을 견디고 참맛을 느끼는 순간에 커다란 즐거움을 주는 과일이다. 고난의 하층 타자에게 감독이 보내는 희망의 메시지로 읽을 수 있다.

국제도시 홍콩에는 수많은 외국인이 거주하고 있고 그 가운데 동남아인이 주류를 이룬다. 일반적으로 홍콩영화에서 동남아인은 그다지 큰 비중을 차지하지 못하지만 상당히 많은 영화에서 '슬쩍슬쩍' 등장하고 있다. 그에 반해 프룻 찬은 <리틀 청>에서 주인공 집에서 가정부로 일하는 필리핀 여성을 비교적 따듯한 시선으로 약간의 편폭을 할애하고 있다. 이 영화에서 필리핀 가정부는 연로한 할머니의 보모로 고용됐지만, 초등학생 청자이를 보살피고 식당 일까지도 돕는다. 불평도 제기하고 특근 수당을 달라고 주장하지만 할머니와 청자이를 정성스럽게 돌본다. 이로 인해 청자이에게서 그에 부응하는 대접을 받는 것으로 보인다. 그리고 감독은 필리핀 남편의 외도로 인해 고민하는 그녀의 모습을 카메라에 담는 데도 인색하지 않다. 홍콩에서 필리핀 가정부의 존재는 '가정부로서의 경계를 벗어나지 않도록 하기 위해 마련된 다양한 규율과 통제, 직업의 인종화, 필리핀인 커뮤니티를 통한 자기통제와 탈섹슈얼리티(de-sexualization) 과정'을 통해 만들어진다. "필리핀 가정부는 홍콩인의 가정이라는 친밀한 공간에 있지만 없는 존재처럼 행동해야 하고, 노동을 통해 가정의 재생산—궁극적으로는 홍콩사회의 재생산—과정에 참여하지만 가정과 사회라는 공간에서 소외된 사람이다. 이들의 사적/사회적 정체성은 필리핀에 있는 가족, 필리핀이라는 상상적 모국과의 관계에서 완전히 회복되고 유지된다"(윤형숙, 2005: 141). 그러나 어릴 때 '식모 언니'의 기억이 있는 필자로시는 생활에서의 유대가 빚어내는 현상을 이 영화에서 볼 수 있었다. 이는 청자이의 가정이 중하층에 속하기 때문에 가능했던 것이 아닌가 싶다. 청자이에게 필리핀 가정부는 엄마와 아빠보다 가까운, 그래서 힘든 일이 있을 때 달려가 품에 안기기도 하고 그녀가 떠날 때 이별을 현실로 받아들이지 못하는 힘든 모습을 보이는 것이다.

<홍콩의 할리우드>는 우언과 상징이 가득한 작품이다. 성완(上環) 할리우드(荷里活)가에 세워진 주상복합 건물 할리우드 플라자와 판자촌 다칸춘(大磡村)을 대비시키면서 이야기가 진행된다. 이 영화에서 두드러지는 것은 엽기적 상상력의 동원이다. 제작진 소개를 돼지고기에 찍는 도장으로 대신하는 것도 그렇고 손목을 잘랐다가 붙이는 것도 그렇다. 웡츠캉(黃志强)은 둥둥에게 걸려 손목을 잘린다. 그는 잘린 손목을 주워 중국의 전통 의술로 붙이지만 같은 날 잘린 다른 사람의 손을 잘못 붙여서 왼손이 두 개가 된다. 영화 말미에는 오른손이 둘인 사람이 등장한다. 굳이 '홍콩 반환과 관련지어 해석해보면, 잘려 나간 것은 홍콩이었고 그것을 중국이 붙여보려 하지만 기형적인 형태가 되고 만다.

프룻 찬의 엽기적 상상력은 <리틀 청>에서 본격적으로 등장한다. 청자이에게 음료를 배달시키고 돈을 지급하지 않는 데이비드에게 '오줌으로 만든 차'로 복수하고, 음료를 가로채는 데이비드에게 기녀 누나는 '생리대 티백'으로 골탕을 먹이고 있다. 아편은 훗날 데이비드의 당뇨병이 '오줌 차' 때문이라고 자책하기도 한다. 또한 <인육 만두>에서는 불로장생용 건강식과 미용식으로 '부화 직전의 알'과 '태아 만두'가 등장하기도 한다. 엽기적 상상력은 그

가 더럽고 붐비고 어둡고 타락한 홍콩의 뒷골목과 문제 청소년, 불법체류자, 기녀, 외국인 등의 하위주체 홍콩인을 다루면서 자연스레 체득한 극복과 해학의 미학이라 할 수 있다.

6. <십년>: 홍콩의 중국화에 대한 성찰

반환 이후 홍콩의 영화 텍스트에서 홍콩의 공간 및 역사에 대한 영화 기억이 어떻게 나타나고 있는가, 그리고 이러한 영화적 기억은 홍콩의 정체성과 어떠한 연관을 가지는가를 살펴보는 것은 반환 이후 홍콩 정체성 연구에 유용하다. 한때 할리우드에 버금가는 명성을 누렸던 홍콩영화는 반환 후 2003년 CEPA(Clsoer Economic Partnership Arrangement) 협정을 통해 중국 시장에 진출했지만, 이는 거꾸로 '홍콩의 중국화'를 촉진해 '중국-홍콩 시장의 단일화'를 초래했다.[176] 이런 흐름에 반발해 일부 홍콩 출신 감독들은 홍콩의 정체성을 찾기 위해 "영국의 식민지 기간 홍콩이라는 특정한 공간에서 형성된 홍콩의 도시 풍경과 홍콩의 주변부에 살아가는 평범한 소시민의 일상을 주목"(김정구, 2020: 214)한다. 조니 토(杜琪峰)의 <참새(Sparrow)>(2008)는 2007년 스타 페리의 철거 사건에서 영감을 받아 만들어진 성완(Sheung Wang, 上環)의 풍경 기억을 보여주었고, 아이비 호(岸西)의 <크로싱 헤네시(月滿軒尼詩)>(2009)는 홍콩의 오랜 역사를 지닌 완차이(灣仔)의 공간 기억을, 알렉스 로(羅啓銳)의 <세월신투(歲月新偷)>(2010)는 아이의 눈을 통해 백혈병에 걸린 형을 병든 식민지 홍콩으로 은유함으로써 영국 식민 시기의 기억을 표상했다. 제시 창(曾翠珊)의 <거대한 푸른 연못(大藍湖)>(2011)은 신계(新界) 지역을 배경으로 역사 속에서 치환된 기억과 모호한 노스탤지어를, 안슨 막(麥海珊)의 다큐멘터리 <부유하는 도시의

176_ 鍾寶賢은 1988년부터 1993년 사이 양안 정책의 변화에 따라 '타이완의 자금, 홍콩 제작, 내지 촬영'의 영화가 일시를 풍미했다고 진단했다. 이에 대해서는 종보현(2014: 7부 양안삼지의 통합 부분)을 참고하라.

모퉁이에서 우리는 노래를 부르지(在浮城的角落唱首歌)>(2012)는 홍콩의 독립 예술계 탄생 지역인 관탕(觀塘)에 대한 기억 및 1989년 천안문 사건의 충격과 당시 홍콩 노동자 거주지에 대한 기억을 소환하고 있다.

홍콩 출신 감독들이 자신의 정체성에 질문을 던지기 시작한 흐름 속에서 2015년 독립 영화 <십년>이 탄생했다. <십년>은 영화가 제작된 2015년으로부터 10년 뒤인 2025년을 배경으로 삼아 홍콩의 중국화에 대한 비판적 성찰을 그려낸 단편 에피소드 5편으로 구성된 옴니버스 영화이다. 5편의 표제와 감독은 다음과 같다. 1부 <엑스트라/ 부과(Extra, 浮瓜)>(郭臻 감독, 1985년생), 2부 <종말의 계절/ 겨울 매미(End of Season, 冬蟬)>(黃飛鵬 감독, 1991년생), 3부 <방언(Dialect, 方言)>(歐文傑 감독, 1981년생), 4부 <분신자살(Self-Immolator, 自焚者)>(周冠威 감독, 1979년생), 5부 <본토 달걀(Local Egg, 本地蛋)>(伍嘉良 감독, 1981년생). <엑스트라/ 부과>는 언론과 정치 활동의 자유를 제한하는 국가안전법의 도입을 위한 정치적 음모를 담았고, <종말의 계절/ 겨울 매미>는 사라져가는 홍콩의 모든 것을 표본으로 만드는 남녀를 다루었으며, <방언>은 푸퉁화 사용이 의무화된 가운데 광둥화(廣東話)밖에 모르는 택시 운전사가 겪는 곤경을 그렸고, <분신자살>은 홍콩인으로 살기 위해 분신을 선택하는 이야기이며, <본토 달걀>은 중국식 교육을 받은 자녀들이 관리들이 준 위법 목록에 해당하는 것을 발견해 사진을 찍어 고발하는 이야기를 통해 '검열의 폐해를 무거운 분위기 속에 코믹하게 그렸다. 초등학생으로 구성된 소년군의 모습은 노동자와 농민 그리고 중고등학생이 주축이었던 문화대혁명 시절의 홍위병을 연상하게 한다.

안영은은 <십년>의 주된 정조를 '공포'로 읽어내면서, <십년>이 홍색 체제에 대한 공포가 만들어 낸 암울한 예언서라고 주장했다. 나아가 그녀는 바디우(Alain Badiou)가 언급한 '국가의 통제에 억압된 존재'의 '어떤 가능성의 창조'라는 맥락에서 <십년>을 하나의 '사건'으로 취급한다. 그녀가 보기에 <십년>은 『환구시보(環球時報)』에 의해 '사상 바이러스'로 규정됨에도 불구하고 2016년 홍콩 금상장(金像獎) 영화제 대상 수상이라는 쾌거를 거두게 됨으로써 사건화하게 된다(안영은, 2017: 141). <십년>은 2014년 우산운동 및 2016년 어묵운동과 함께 "자신들의 불안에 맞선 실질적 행동에 돌입하게 되는"(안영은: 136) 사건이라는 것이다. 5편의 에피소드에서 알 수 있다시피, 홍콩인들의 불안과 공포의 근저에는 '홍색 체제'에 국한되지 않는 '중국화(Sinicization)' 또는 '재중국화(re-Sinicization)'의 문제가 놓여있다.

홍콩인은 영국에 할양된 후 일본의 점령 기간을 포함해 153년의 식민통치를 받아왔고, 1997년 반환 후 20여 년의 일국양제를 겪었다. 153년은 거의 다섯 세대가 살아온 시간이다. 다섯 세대에 걸쳐 형성된 홍콩 의식을 20여 년 만에 '중국화'하려는 것 자체가 어불성설일 수 있다. 그러나 '중국적임'을 강요받고 있는 것이 홍콩의 현실이다. 국가보안법이 홍콩의 질서를 위한 것임을 보여주기 위한 정치 공작을 감행하는 당국의 극권(極權) 통치로 홍콩인들은 일상생활의 소통 도구인 언어부터 식품인 달걀까지 많은 것을 잃어버렸다. 그에 대한 반항은 검열과 국가보안법으로 인해 입도 뻥긋할 수 없고, 부당한 강압에 저항하면 억류와 폭행을 당하게 된 상황에서, 자유와 민주를 지향하는 홍콩인이 선택할 수 있는 방식은 '분신자살'이다. 또한 점차 중국화되어가는 홍콩에서 불도저에 밀려 사라지는 것들을 채집해 '표본'으로 남기기도 한다. 국가의 억압 장치에 무기력한 개인이 선택할 수 있는 저항 방식은 비폭력 저항이다. '표본 채집'과 '분신자살'이라는 최후의 방식을 선택하면서도 그들은 희망의 끈을 놓지 않는다. 그것은 절망이 아니라 용기를 가지고 존엄을 지키는 행위이다. 재개발로 철거되기 직전 삶의 터전을 상실한 두 남녀의 선택은 사라져가는 홍콩적인 표본을 채집하는 것이었고 심지어 자신도 표본으로 남기고자 한다. 문화대혁명도 버텨냈고 6·4도 겪었지만 2025년의 홍콩 상황을 지켜낼 수 없는 한 노파의 선택은 분신자살이었다. <십년>에서 표상된 2025년의 홍콩은 어떤 희망도 찾기 어려운 디스토피아 그 자체였다.

7. 홍콩영화에 재현된 동남아인과 동남아 화인

동남아와 동남아인은 홍콩영화에 자주 등장한다. 1970년대 홍콩의 경제가 발전하기 전 필리핀은 한동안 홍콩인의 동경의 대상이었던 적도 있었고, 1970년대 중반 사이공 함락은 홍콩인에게 커다란 충격을 주었을 뿐만 아니라, 1997년 반환을 앞두고 수많은 홍콩인에게 20년 전 사이공의 최후를 연상시켰다. 1970년대 들어 오히려 경제난을 겪게 된 필리핀의 노동력 송출정책은 지리적으로 가까운 홍콩의 노동력 부족 현상과 맞아떨어져 필리핀 여성의 가정부 취업이 대대적으로 이루어져 '菲傭'이라는 신조어가 나올 정도가 되었고 이 대열에 인도네시아 여성이 합류한 것도 이미 상당한 시간이 지났다. 19세기 동남아 인력 송출의 중개지였던 홍콩으로 이제 동남아인들이 취업 이주한다는 사실은 역사의 아이러니가 아닐 수 없다.

홍콩에 이주한 동남아인은 영화에서 그다지 큰 비중을 차지하지는 못했다. 그러나 상당히 많은 영화에서 '슬쩍슬쩍' 등장하고 있다. 이전에는 인식하지 못했지만, 이 글을 쓰기 위해 다시 본 영화들 속에서 상당히 많은 영화에 동남아인들이 등장하고 있다. 스티펀 초우(Stephen Chow, 周星馳)와 재키 청(Jacky Cheung, 張學友)이 파트너로 등장하는 경찰 코미디 영화 <커리와 고추(咖喱辣椒)>에서는 필리핀 여성이 매춘부로 등장한다. 또한 한국에서 상당한 호응을 받았던 <무간도(無間道)> 시리즈 제2편에서 잠시 등장하는 태국은 마치 홍콩이라는 중원(中原)에서 실패한 영웅이 권토중래(捲土重來)를 위해 일시 도피하는 변방으로 설정되고 있다. 화인들이 경제력을 장악하고 있는 동남아는 홍콩인들에게 속국 또는 변방으로 인식될 수 있고, 홍콩에 이주한 동남아인들은 중심지에 온 변방인으로 치부될 것이다. 다른 한편으로는 이렇게 생각해볼 수도 있다. 홍콩영화에서 동남아와 동남아인들을 보여주는 것은 현실적으로 그들의 존재를 인식하는 것이지만, 그들을 슬쩍슬쩍 비추는 것은 '의도적 축소'일 수 있다. 실제로 그들에게 많은 일을 의존하면서도 그것을 인정하고 싶지 않은 무의식이 그 밑바탕에 있는 것은 아닐까?

홍콩으로 이주한 동남아인의 반대편에 동남아로 이주한 화인이 놓여있다. 중국인의 동남아 이주는 11세기부터 시작되었지만 현재의 동남아 화인은 19세기 홍콩을 경유해 이주한 자가 대부분이고 현지에서 홍콩을 통해 고향으로 송금하는 경우가 많았다(하마시타, 1997: 18). 홍콩을 거쳐 동남아 현지로 이주했고 또 홍콩을 거쳐 고향과 연결되는 끈을 가지고 있다면, 동남아 화인에게 홍콩은 특별한 의미를 가질 수밖에 없다. 인구 7백만의 홍콩에서 영화산업이 발달할 수 있었던 또 하나의 근거는 4천만이 넘는 동남아 화인이었던 셈이다. 수많은 동남아의 화인은 실제로 홍콩영화의 든든한 백그라운드인 동시에 영화에도 자주 등장한다.

'고품격 오락영화' 감독으로 평가받는 추이 학은 <영웅본색 Ⅲ>에서 전편의 오락성에 홍콩 사회와 연관된 주제를 결합했다. 영화는 장즈창(張之强, 일명 마크, Chow Yun Fat, 周潤發 분), 장즈민(張之民, Leung Ka-fai, Tony, 梁家輝 분), 저우잉제(周英傑, Mui Yim-fong, Anita, 梅艶芳 분)의 우정과 사랑이 주조를 이루지만, 동남아 화인이라는 각도에서 주목할 캐릭터는 바로 장즈민의 아버지이다. 영화의 첫 장면은 감옥에 갇힌 사촌을 구하려고 홍콩에서 돈을 가지고 사이공에 온 마크가 사이공 공항에서 세관원들의 검사에 걸리지만 저우잉제의 도움으로 간신히 벗어나면서 베트남 당국의 부정부패한 모습을 보여준다. 그리고 출옥한 즈민과 함께 전동삼륜차를 타고 가다 만난 여학생들은 시위를 가로막는 군부대를 향해 폭탄을 던지고 사살된다. "시위학생들이 잔인하게 진압당하는 장면은 같은 해(1989년-인용자) 베이징 천안문 광장의 아픈 기억을 되살리는 동시에 1997년 중국으로 반환 뒤에 있을지도 모를 홍콩의 암울한 미래를 보여준다"(크라머, 2000: 330). 그리고 경찰과 군대의 전투로 점철되는 함락 직전의 사이공은 부정부패의 모습으로, 그리고 그 당연한 귀결인 혁명으로 다가오고 있었다.

우선 지적할 것은, 이 영화에서 베트남은 철저히 타자화되고 있다는 점이다. 세관원들의 부정부패는 말할 것도 없고, 학생들의 숭고한 희생조차도 여전히 바뀌지 않는 베트남의 모습을 보여주는 도구로 비춰질 뿐이다. 국가장치인 군대와 경찰은 개인의 이익을 위해 혈안이 되어 있고 때로는 서로 총부리를 겨누기도 한다. 구체적 인물로 등장하는 추바(Chu ba, 初八)조차도 중국어를 할 줄 몰라 말귀를 못 알아먹는 얼간이처럼 그려지고 있다. 자신의 나라에서 다른 나라 말을 할 줄 몰라 당황스러운 경험은 동아시아 각국에서 지금도 지속되고 있다. 이 영화는 베트남을 배경으로 설정했음에도 불구하고 철저하게 홍콩 이야기를 하는 셈이다. 즈민의 아버지만 약간 예외인 셈이다.

베트남 화인인 즈민의 아버지는 20여 년간 사이공(西貢)에서 인애당(仁愛堂)이라는 한약방을 경영해왔다. 그는 자신의 분신이나 다름없는 인애당을 결코 떠나려 하지 않는다. 그러나 아들과 조카의 성화에 못 이겨 할 수 없이 사이공을 떠나게 된다. "아민의 아버지가 사이공을 떠나지 않으려 했던 이유도 1997년을 의식한 때문"(김지석·강인형, 1995: 74)으로 보인다. 즈민 아버지의 변은 이렇다. "1997년에 대륙이 홍콩을 회수하게 되면 마찬가지로 돌아와야 하는 것 아니냐? 베트남에서 수십 년간 전쟁을 치렀지만 지금도 여전히 별일 없잖니?" 자그마치 24년 후의 일을 현재와 중복시키고 있다. 그는 마치 아무리 큰 난리가 일어나도 고향을 등질 수 없는 사람처럼 연연해한다. 그렇다고 이를 '현지국민적 정체성'과 연계시키는 것은 섣부른 일일 것이다.[177] 결국 그는 "모든 게 명이로군, 사람이 할 수 있는 일은 조금도 없어."라고 체념하고 아들과 조카를 따라나선다. 아들의 성화에 못 이겨 할 수 없이 떠나면서도 다시 돌아올 것을 염두에 두고, 설사 자신이 돌아오지 못하더라도 인애당의 소멸을 견딜 수 없기에 베트남 전쟁고아 추바에게 문단속, 청소, 맑은 날 약재 말리기 등 가지가지 당부를 잊지 않는다. 그러고도 대청에 걸어둔 <사이공 인애당>이라는 현판 앞에서 발길이 떨어지지 않는다. 이를 알아차린 추

177_ 왕겅우(Wang, Gung-wu, 王賡武)는 1911년 이후 동남아 화인사회에서 형성되었던 중국민족적 정체성(Chinese nationalist identity)이 1950년 이후 현지국민적 정체성(local national identity)으로 발전되었다고 말한다(조흥국, 2004: 16 참조).

바가 그것을 떼어 다른 짐과 함께 꾸려준다. 마지막 떠나는 순간 추바에게 비상금을 주면서 하는 말, "시국이 안정되면 곧 돌아오마"였다. 그리고 추바와 눈물의 포옹을 하고 독촉하는 아들과는 기어코 말싸움을 하고

즈민 아버지의 경우에도 베트남과의 연계는 생업으로서의 약국과 조금 친근한 점원 추바뿐이다. 추바가 꾸려준 현판은 20여 년이 넘은 베트남 생활의 집약처럼 보인다. 그러기에 세관원들이 현판을 쪼갤 때 심장을 도려내는 듯했고 쪼개진 현판을 기어코 가지고 가 홍콩의 집에 걸어두는 것이다. 그러나 사고로 세상을 등지기 전까지 아들 및 조카와 행복한 시간을 보내는 장면에서 베트남은 그에게 더는 '돌아가야 할 곳'이 아니다. 여기까지 보면 그는 중국 네이션 정체성을 강하게 유지한 화인으로 귀결된다.

앤 후이의 베트남 삼부작의 하나인 <우비엣 이야기>는 1975년 베트남 패망 후 탈출한 화교들의 비극적인 삶을 그리고 있다. 우비엣은 월남전에 참전했다가 사이공 함락 후 홍콩으로 피난 온 베트남 화인이다. 그는 옛 펜팔 친구의 도움을 받아 일본 위조여권으로 미국에 가려 한다. 그는 어렵사리 일본어를 배우고 거금을 들여 위조여권을 발급받아 미국행 비행기에 오르지만, 중간 기착지인 필리핀 마닐라에서 같은 처지의 베트남 화교 선칭(沈靑)이 인신매매단에 팔려가는 것을 구하려고 미국행을 포기하고 살인청부업자의 길로 들어선다. 그런데 이들의 배후에 있는 것은 필리핀 화인 종사장을 정점으로 하는 폭력조직이었다. 우비엣은 돈을 벌기 위해, 선칭은 외로운 홍콩 생활에 적응하지 못하고 그곳을 벗어나기 위해 미국행을 결심하지만, 그들은 미국 대신 필리핀으로 가게 되고, 선칭은 끝내 그곳을 벗어나지 못하고 만다.

왕카와이 영화에도 동남아가 몇 차례 등장한다. <충칭의 삼림>의 'Midnight Express'의 주방에서 일하는 필리핀인들이 몇 장면 등장하는데 그중 하나는 가수가 꿈이다. <아페이 정전>에는 필리핀이 상당한 편폭으로 등장한다. 영화에서 명확하게 설명하지는 않지만, 주인공의 생모는 필리핀 화인으로 보인다. 주인공은 그래서 필리핀을 동경하고 결국 홍콩 생활을 정리하고 필리핀으로

떠난다. 그러나 그토록 열망하던 생모와의 만남이 이루어지지 않은 채 필리핀에서 삶을 마감한다. 그에게 필리핀은 동경이자 죽음이었다. 이 영화 역시 필리핀에 대한 관심은 그다지 없어 보인다. 다만 앞의 두 영화와는 달리 두 번인가 등장하는 열대 수림의 아름다운 모습을 통해 현실 공간과 대립적인 공간을 설정하고 있다. 그러나 마닐라의 현실 공간은 매춘과 절도 그리고 폭력 등으로 얼룩져 있다. 그리고 영화의 주요 인물과 구체적인 관계를 맺는 필리핀인은 등장하지 않는다. 이 영화에서 과거와 미래는 생모에게서 중첩되어 있다. 영화 속의 1960년대의 홍콩에게 과거(생모)는 모국이다. 모국인 중국은 홍콩을 전쟁의 배상으로 떼어주고는 전혀 돌보지 않았다. 그러나 1990년대의 홍콩인은 그 일을 그다지 서운해하지 않는 듯하다. 오히려 그들은 1997년 이후 자신을 돌보던 영국이 과거로 변해 자신들을 버려둘 것을 걱정하고 있다.

13장
타이완의 새로운 문화정체성

타이완은 1987년 계엄이 해제되기 전까지 대륙을 수복[還我江山]하겠다는 국민당 정강(政綱)의 억압 아래 일치된 모습을 보였지만, 계엄 해제 후 내성인(內省人)[178]과 외성인(外省人), 원주민(고산족)의 문제, 커자(客家)인 문제 등으로 복잡한 에스닉의 문제를 드러냈다. 1987년 타이완의 계엄 해제는 세계체계(world system)의 관점에서 보면 '포스트냉전(post cold-war)'의 문제의식과 연계된다. 1987년 고르바초프가 페레스트로이카를 선언하고 1989년 베를린 장벽이 무너지며 소비에트 연방이 해체되고 동유럽 사회주의권이 와해하면서 '포스트냉전' 시기로 진입했다. 이로 인해 자본주의 진영과 사회주의 진영 간의 대립으로 표상된 냉전체제가 무너졌고, 이제는 '역사적 사회주의'가 된 이른바 '현실 사회주의'가 붕괴한 것이다. 그렇지만 포스트사회주의 시기에 각 사회주의 국가들이 취한 대응이 각양각색이었던 것처럼, 포스트냉전의 양상도 가지가지라 할 수 있다.

178_ 타이완에서는 '본성인'이라는 표현을 선호하지만, 이 글에서는 객관성을 유지하기 위해 '내성인'으로 표기한다.

1. 포스트식민주의 논쟁

1987년 계엄 해제 전후 가장 큰 정치적 사건이 1986년 '민주진보당' 창당이었다면, 가장 큰 문화적 사건은 타이완 각 대학에 타이완문학 관련 학과 또는 대학원을 설립한 것이었다. 1997년 전리(眞理)대학에 최초의 학과(臺灣文學系)가 설립되었고 1999년 청궁(成功)대학에 대학원 석사과정(臺灣文學硏究所碩士班)이 개설되었으며, 2000년에는 교육부에서 19개 국립대학에 관련 학과 및 대학원 개설을 독려했고, 타이완대학, 칭화(淸華)대학, 청궁대학, 정즈(政治)대학, 타이완사범대학, 중싱(中興)대학에 타이완문학 전공 박사과정이 개설되었다. 아울러 2003년에는 타이난(臺南)에 '국립타이완문학관'이 건립되었다(陳國偉, 2018: 55~56). 이러한 제도적 뒷받침에 힘입어 타이완문학의 정체성을 모색하는 움직임이 본격화되었다.

타이완문학의 정체성을 모색하는 시도는 포스트식민·포스트모던 논쟁으로 표현되었고, 그 효시는 1992년 추구이펀(邱貴芬, 1997)의 「『타이완 발견』: 타이완 포스트식민 담론을 구축하다」라는 글이었으며, 1995년 『중외문학(中外文學)』의 주편 랴오빙후이(廖炳惠)의 추동으로 논쟁이 활발해졌다. 이 논쟁은 학제적 성격을 띠고 정체성, 네이션 구축, 에스닉의 융합 또는 항쟁, 언어 등의 문제를 다루었다(陳國偉: 57).

그 가운데 타이완 정체성과 관련해 주목할 만한 논자인 천팡밍(陳芳明)은 타이완 포스트식민 담론의 대표 논자인데 「포스트모던 또는 포스트식민: 전후 타이완문학사의 한 해석(後現代或後殖民: 戰後臺灣文學史的一個解釋)」에서 1980년대 이후 타이완은 포스트식민 시기에 속한다고 하면서, 포스트모던은 당시의 문화 상황을 형용하기에 부족하고 그 해체 주체의 주장은 타이완이 일본 통치와 국민당 통치 체제를 거친 후 어떻게 주체성을 재건하느냐는 정치 의제를 해결할 수 없다고 했다(陳芳明, 2002). 그는 또 다른 글에서, 일본 강점기가 '식민' 시기라면 국민당 통치 시기는 '재(再)식민' 시기이고 1987년 계엄 해제 이후는 '후(後)식민' 시기라는 전복적인 주장과 함께, 타이완의 당면 과제는

'탈식민(去殖民, decolonization)'이고 역사 기억의 재건이며, 그것은 '타이완의식'과 '에스닉 기억' 및 '젠더 기억'이라고 주장했다. 그의 근거는 이렇다. "계엄체제가 타이완섬의 문화 주체에게 끼친 손해가 일본 강점기 식민체제에 못지않다. 전전(戰前)의 식민 시기이든 전후의 계엄 시기이든 통치자들은 타자를 배제하는 방식으로 타이완 본지의 언어와 역사, 정치와 문화 등을 철저하게 무시하고 억압했다"(陳芳明: 110~11). 그의 논리는 명쾌한 만큼 단순하다. 이는 철저하게 해방 이전의 타이완 주민, 즉 내성인의 입장이라 할 수 있다. 이 입장은 당연하게도 식민체제와 계엄체제의 주체인 일제와 국민당을 역으로 배제하고 있다. 일제를 배제하는 것은 별문제가 없지만 국민당은 문제가 다르다. 흔히 외성인으로 일컫는 이들을, 천팡밍은 배제 대상으로 설정하고 있다. 현재 시점으로 볼 때 그것이 가능할까? 식민체제와 계엄체제에 의해 잊힌 역사 기억을 재건하는 것과 해방 이후 실존했었던 역사를 말소하는 것은 별개의 일이다. 천팡밍은 이 두 가지를 뒤섞고 있다. 그리고 대중화(大中華) 서사를 거부하더라도, 타이완과 대륙의 관계 설정은 타이완이 반드시 해명해야 할 과제다.

2. 세계화문문학, 사이노폰문학, 세계문학
: 문화횡단 관점에서 바라본 타이완문학

추구이펀은 21세기 지구화의 충격 아래 타이완문학이 국제학술계에서 고립을 피하고 문화횡단(跨文化, cross-cultural) 연구와 관련된 문학 이론 틀을 개발하는 것이 중요한 과제라고 하면서, 1990년대 이래 새로 일어난 문화횡단적 문학 이론인 '세계화문문학(world literature in Chinese)' '사이노폰문학(Sinophone literature)' '세계문학(world literature)' 개념을 타이완문학 연구와 연계시켜 가능성을 타진하고 있다(邱貴芬, 2019: 132). '세계화문문학'은 중국 대륙에서 제출된 개념이고, '사이노폰문학' 이론은 재미 중국학자인 스수메이(史書美)의 주장이며, '세계문학은 담로쉬(David Damrosch)의 정의를 바탕으로 삼는다.

중국 학계에서는 대륙 바깥에서 화문(華文)으로 창작된 작품을, 1982~1986 사이에는 '타이완·홍콩 문학'으로, 1986~1993년에는 '타이완·홍콩·마카오 그리고 해외화문문학'으로, 1993년에 '세계화문문학'으로 명명했다. 이론적인 면에서 세계화문문학에 중국 대륙문학을 포함해야 하는지에 대해서는 여전히 모호하지만, "실천적인 문학연구에 있어서 세계화문문학 연구는 대부분 중국 대륙 이외의 작가와 작품을 주요 대상으로 하고 있다"(邱貴芬: 267). 추구이펀은 연구 분야이자 방법으로서 세계화문문학의 중요한 의미를 네 가지로 간추린다. 첫째, '중국문학만 독존(獨尊)하는 연구 풍토에 도전했다. 둘째, 시야를 문화횡단으로 넓혀주었다. 셋째, 화문문학의 현지적 성격을 인정했다. 넷째, 화문문학 연구는 화문문학의 보편적 미학 또는 중국 문화가 각 지역의 화문문학에 미친 영향을 해석할 뿐만 아니라, 미학 형식 뒤에 있는 이데올로기 즉 문학 생산 영역의 복잡한 권력 구조를 파헤치게 되었다(270). 추구이펀이 간추린 세계화문문학 개념은 타이완문학의 독자성을 주장하는 입장이 개재되어 있음을 알 수 있다. 그와 달리, 대륙에서 세계화문문학을 제창한 의도는 이 개념을 통해 세계 도처에 산재하는 화문문학을 통합하려는 것임을 간과해서는 안 될 일이다.

추구이펀은 사이노폰문학의 제창자인 스수메이의 논술을 검토하면서, "'사이노폰문학'과 '중국문학'의 관계는 '상호보완'이 아닌 '대항'"(271)이고 "'사이노폰'의 핵심 개념은 전통적인 중문학 연구 분야 구조에서 중국 대륙문학의 독존적 위치에 도전할 뿐만 아니라, '반중국중심(against China-centrism)'을 비판 동력으로 삼아, 중국 내외의 화어 공동체 창작에 반영된 중국의 문화패권을 검토하는 것"(271~72)으로 읽어낸다. 그녀는 사이노폰문학을 세계화문문학과 비교해서 다음과 같이 정리한다. 첫째, 양자 모두 중국 대륙문학 포함 여부에 대해 논의하지만 대륙문학은 주요한 연구대상이 아니다. 둘째, 양자 모두 학문 분야 안에서 '중국문학이 지닌 패권적 위치에 도전하고 중국 본토 이외의 화문문학연구가 중국문학에 종속된 상태를 전복하려고 한다. 세계화문문학 연구자들은 '상호보완'적인 것으로, 사이노폰 연구자들은 '대항(oppositional)'적인 태도를 취해 '중국 중심에서 벗어나는 것'을 핵심 개념으로 삼는다. 셋째, 양자는 '문화횡단'적인 연구 방향으로 '국가문학' 연구방식을 대체한다. 넷째, 양자는 모두 '비교'의 관점을 취하고 있으며, 문학작품의 이해는 반드시 현지의 역사적 상황에서 이루어져 작품의 '현지성'을 검토해야 함을 강조한다. 세계화문문학 연구자들은 화문문학의 공통성을 강조하고 탈역사하는 경향을 지녔지만, 사이노폰문학은 '중국 중심'의 문화와 정체성에 도전할 것을 주장한다. 다섯째, '디아스포라'를 핵심 개념으로 여기기 때문에 세계화문문학의 연구대상은 종종 화인 이민과 후대의 화문 창작이다. 하지만 사이노폰문학은 '디아스포라 반대'의 개념으로 관련된 담론을 진행하고 있다. 마지막으로 세계화문문학과 비교하여 사이노폰은 한어문학의 다중 언어 상태 구조를 더욱 강조한다. 이들은 사이노폰 작품 텍스트 속에서 현지 언어 및 소수 에스닉 언어와 한어 사이의 대립과 그 속에서 언급되는 사회적, 문화적, 정치적 의미를 두드러지게 드러낸다(邱貴芬: 276~77 요약).

사실 추구이펀은 스수메이의 사이노폰문학에 대해 호의적이지는 않다. 사이노폰문학이 "한편으로는 1990년대 이후 서양 학계에서 성행한 '앵글로폰' '프랑코폰' '히스패닉폰' 등과 같은 포스트식민 개념에 호응해 큰 소리를 내고, 다른 한편으로는 비중국 출신의 한문학 연구자들이 서양 한학 연구 학계에서 목소리를 낼 수 있는 공간을 개척해 그들의 연구 시각과 방법의 독특한 점을 드러내 보였다"(277)라고 보기 때문이다. 그녀는 사이노폰문학을 서양 중국연구 학계의 포스트식민 연구 경향의 하나로 간주하고 그것이 미국 중국연구 학자들의 논의에 불과할 뿐, 타이완문학 연구에 적합한 연구 시각과 방법이 아님을 넌지시 지적하고 있음을 알 수 있다.

추구이펀이 세계문학의 이론적 근거로 삼는 담로쉬는 세계문학에 대해 다음과 같은 정의를 내렸다. "세계문학은 결코 세계 각지에 있는 모든 문학작품을 아우르는 것이 아니다(그것은 마땅히 '문학'이라는 단어로 개괄해야 한다). 또한 모든 국가의 문학작품 경전으로 구성되는 것도 아니다. 그것은 지역을 넘어 유통되고 그 문화 원산지 밖에서 활발한 생명력을 지닌 문학작품을 말한다"(Damrosch, 2003: 4; 邱貴芬: 278 재인용). 이는 문학작품의 이동, 그 과정에서 관련된 메커니즘 그리고 작품이 원산지를 벗어나 다른 문화 독자들에게 읽힐 때 겪는 문화 협상 과정에 관심을 기울인다. 이렇게 볼 때 담로쉬의 "세계문학은 '유통과 읽기의 양식(a mode of circulation and of reading)'이다"(Casanova, 2004). 담로쉬 외에 추구이편은 카사노바(Pascale Casanova)의 『문자의 세계공화국』(Casanova, 2004)과 모레티(Franco Moretti)의 『원거리 읽기』(Moretti, 2013) 등을 참조체계로 소환한다.

21세기 지구화의 충격 아래 타이완문학이 국제학술계에서 고립을 피하기 위해서는 문화횡단적 문학 이론 틀을 개발해야 한다고 보는 추구이편이 '세계문학'에 경도되는 것은 자연스럽다. 추구이편이 보기에 '세계화문학'은 중국이라는 중심에 얽매여 있고, 그것을 비판하며 대립각을 세우는 '사이노폰문학'은 미국의 중국연구 학자들의 탁상공론에 불과하다. 그러므로 '세계화문학'과 '사이노폰문학'의 문화횡단적 이론틀에서 타이완문학의 독자성을 확립하기는 어려운 일이고, 작품의 이동과 유통을 기본 조건으로 삼는 '세계문학'이야말로 타이완문학이 정치적 고립을 탈피하고 문화횡단적으로 나아갈 최적의 이론틀인 셈이다. 그녀가 간추린 '세계문학'의 연구주제를 보면 그 지향은 더 분명하게 드러난다. 그녀가 볼 때 세계문학 공간 속의 '중심'은 이제 '중국'이 아니다. '서양'의 인정 메커니즘(스웨덴의 노벨문학상, 영국의 맨 부커상의 운영 시스템, 신흥 글로벌 도서 판매 사이트의 독자 평가 등)이 어떻게 움직이는지, 주변문학이 세계문학 공간을 형성하는 주류 메커니즘과 어떻게 협상하는지, 문학의 여행과 번역의 정치, 세계문학의 '장르' 문제, 번역될 수 없는 것으로서의 시와 세계문학의 관계, 신매체나 다매체가 문학 여행과 맺는 관계 등이 일반적으로 관심을 받는 연구주제이다(邱貴芬: 281).

사이노폰문학에 대한 추구이편의 불편함은 타이완문학이 여러 개의 사이노폰문학이 만나는 장(field)이라고 주장하는 소장학자 잔민쉬(詹閔旭)와 쉬궈밍(徐國明)의 글에서 지속되고 있다. 잔민쉬와 쉬궈밍은 타이완문학을 사이노폰문학의 상위개념으로 설정하면서, 타이완 원주민문학과 말레이시아 화인문학 등의 사이노폰문학이 타이완문학장에서 타이완문학과 어떻게 만나는지를 고찰한 바 있다(詹閔旭·徐國明, 2015). 하지만 그들의 글은 꼼꼼한 자료 검토와 치열한 문제의식으로 무장한 것처럼 보이지만, 타이완의 양대 신문(『聯合報』와 『中國時報』)의 문학상을 받은 두 작가—瓦歷斯·諾幹과 陳大爲—를 분석 대상으로 선택함으로써 안이함을 드러냈다. 더 중요한 문제는 그들이 타이완문학을 사이노폰문학의 하위범주, 즉 사이노폰 타이완문학으로 설정하지 않고, 타이완문학이 여러 개의 사이노폰문학이 만나는 장이라 주장함으로써 또 다른 중심주의—타이완 중심주의—의 시각을 노정하고 있다는 점이다.

3. 협상과 접합

김순진은 타이완을 여러 개의 에스닉 집단이 어우러진 사회로 본다. 타이완에서 보편적으로 받아들이고 있는 주된 에스닉 집단은 '외성인' '민난인(閩南人)' '커자인' '원주민(原住民)'으로 나뉜다. 이를 크게 양분하자면 한인(漢人)과 원주민으로 나눌 수 있으며 한인은 다시 외성인과 본성인/내성인으로, 본성인/내성인은 민난인과 커자인으로 나눌 수 있다. 그렇지만 타이완 현대사와 문학계에 가장 큰 영향을 주는 구분은 본성인/내성인과 외성인이다(김순진, 2012: 318). 논자에 따라 내성인의 범주는 다양하다. 1949년을 기준으로 타이완에 거주하던 모든 인구—민난인, 커자인, 원주민—를 지칭하기도 하고, 거기에서 원주민을 뺀 인구를 지칭하기도 하며, 원주민만이 내성인에 해당한다는 논자도 있다. 이로 볼 때 내성인이라는 개념은 모호하므로 민난인, 커자인 등의 분류가 타당해 보인다.

천수이볜(陳水扁) 정부 시절 타이완 에스닉을 4개로 분류한 바 있다. 리밍(李明)은 천수이볜 정부가 선거에 활용하기 위해 타이완의 에스닉을 4종으로 분류했다고 분석했다. 인구 70%를 차지하는 푸라오런(福佬人, 민난어 사용), 15%의 커자런(커자어 사용), 10%의 외성인(주로 베이징어), 5%의 원주민(원주민어)(李明, 2011: 17). 그러나 에스닉의 기준[179]을 혈통과 언어로만 볼 필요는 없다. 올드 상하이에서 쑤베이라오(蘇北佬)를 차별(韓起瀾, 2004)한 것은 출신 지역이 에스닉 판별의 기준이 되기도 한 경우다. 이 글에서 에스닉 용법은 후자에 해당한다.

이를 토대로 천수이볜 정부는 타이완의 문화정체성을 다음과 같이 규정한 바 있다. "타이완문화는 중국문화의 일부분이 아니라, 대륙문화, 일본문화, 원주민문화로 이루어진 다에스닉 문화다"(Wu, Chin-fa, 2004). 에스닉 차원에서 보면, 내성인, 외성인, 커자인, 원주민이 함께 거주하는 상황이고, 역사적으로 중국, 일본과의 관계를 고려한 규정이라 할 수 있다. 이전의 계엄 시기에 외성인이 다른 에스닉을 억압한 것은 사실이지만 그렇다고 그들을 타이완에서 배제할 수는 없는 노릇이다. 결국 이들을 모두 아우르는 것이 타이완의 문화정체성이고, 그들에 의해 창작되는 문학이 타이완문학이라 할 수 있다. 이 글에서 타이완의 독립 또는 대륙과의 통일을 예견할 수도 없고 어느 한쪽을 지지할 수는 더더욱 없다. 중요한 것은 계엄 해제 이후 포스트냉전 시기에 들어선 시점의 타이완이라는 시공간에서 타이완문학의 정체성은 내성인과 외성인, 커자인과 원주민이 창작한 문학작품이 어우러져 이뤄질 것이라는 점이다. 역사 기억의 재건은 화해(解寃)에 있지 복수(結怨)에 있는 것이 아닐 것이다.

179_ 왕푸창(王甫昌)은 에스닉을 구분하는 두 가지 기준으로 공동의 문화 또는 공동의 조상과 뿌리를 지녀야 한다는 점, 그리고 독특한 사회 집단으로서의 특성을 지니고 있음을 자신들과 제3자가 모두 인정해야 한다는 점 등을 들고 있다. 또한 에스닉은 상대적인 정체성을 지니고 있으며 약세자/소수자의 공동체 상상의 특징을 지니고 있다고 지적하면서, 에스닉을 네이션과 국가라는 큰 단체와 가족 혹은 지역 단체의 중간에 위치한 것으로 유사가족 혹은 확대된 가족이라는 공동체로 분류하고 있다(왕푸창, 2008: 37~56 참조).

나아가 지구성(globality)이라는 중심으로 집중(convergence)되는 방향과 지역성(locality)이라는 다양성으로 발산(divergence)되는 방향이 타이완 또는 타이베이라는 글로컬 공간(glocal space)에서 협상하고 있다면 전통과 근현대화, 중국과 서양, 모던과 포스트모던, 식민과 포스트식민, 냉전과 포스트냉전 등의 문제도 상호 대립적 '지양'으로 바라볼 것이 아니라 양자를 어떻게 '접합(articulation)' 또는 '짝짓기(coupling)'하는가 또는 그것들이 어떻게 혼성(hybrid)되어 있는지를 살피는 것이 중요할 것이다.

베이징 쯔진청에 앉아서 내려다보는 황제의 눈에 멀리 보이는 고구마 모양의 타이완섬이나 가물거려 잘 보이지도 않는 홍콩섬은 그다지 중요하지 않았다. 그래서 강희제는 즉위 후 골치 아팠던 타이완을 정복(1638)하고는 타이완 주민 소개령을 고민했고, 청일전쟁 패배 후 타이완을 일본에 내줬던 것도 타이완의 지정학적 가치를 이해하지 못했기 때문이었으며, 아편전쟁 패배 후 배상금과 함께 홍콩을 할양한 것도 '네트워크 도시'의 가치를 인지하지 못했기 때문이었다. 오히려 이들의 가치를 알아본 것은 포르투갈과 영국 등의 해양 세력이었다. 오랜 항해 끝에 발견한 섬은 '아름다움(Formosa)' 그 자체였고 해양에서 바라본 홍콩은 동아시아 네트워크의 중심이었다. 개혁개방 이후 중국 경제를 이끄는 내부 동력이 장강(長江) 델타와 주강(珠江) 델타라면, 외부 동력은 해외 화인자본이라 할 수 있다. 홍콩은 주강 델타 지역의 중심에, 타이완은 화인자본의 핵심에 놓여있다.

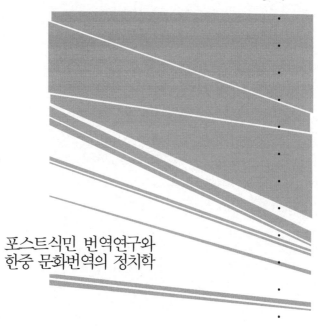

3 부

포스트식민 번역연구와
한중 문화번역의 정치학

14장
번역연구에 대한 역사적 고찰

번역연구는 문화연구와 긴밀한 관계를 맺고 있다. 1970년대 '문화적 전환(cultural turn)' 가운데 하나가 번역 전환(translation turn)이었다. 바스넷(Susan Bassnett)은 '문화연구에서의 번역적 전환(the translation turn in cultural studies)'이라 했고, 표현을 바꾸면 '번역연구에서의 문화적 전환(the cultural turn in translation studies)'이다. 텍스트 제작자가 '문화연구'를 학습하게 되면 문화콘텐츠 제작에 도움이 되겠지만, 텍스트를 분석하는 외국문학 전공자가 '문화연구'와 결합한 다면, 그 분야 중 하나는 '번역연구'일 것이다. 이 부분에서는 번역연구 역사의 윤곽을 살펴본 후, '번역과 관련한 철학적 성찰을 전개'함으로써 '번역연구의 서문(Prolegomena)'을 썼다고 평가받는 베냐민의 역사적 번역철학과 학제적 번역연구의 새로운 장을 연 로빈슨(Douglas Robinson)의 포스트식민 번역연구의 성과를 검토하고자 한다.

1. 번역연구의 흥기와 학제적 연구로서의 번역연구

일반적으로 번역이란 '원천언어(source language)' '일차언어' '출발언어'의 텍스트를 '목표언어(target language)' '이차언어' '도착언어'로 바꾸는 과정에서 다음의 두 가지 사항을 제대로 이행하면 되는 것으로 인식되었다. 첫째는 두 언어 사이의 표면적 의미가 대체로 유사해야 한다는 점이고, 둘째는 원천언어의 구조를 가능한 한 유지하되 목표언어의 구조를 심하게 왜곡시켜서는 안 된다는 점이다(바스넷, 2004: 28). 이는 좁은 범위의 번역 개념이다. 이 맥락에서 번역은 창조적인 과정이 아니라 '기계적'인 과정이고 누구나 할 수 있는 '부차적 행위'이며 '낮은 위상의 업무'였고, 번역자는 원저자의 '하인'으로 인식되었다. 이는 "원저자가 봉건주의적 군주로 행세하며 번역자에게 충성을 강요하는 계층적 관계를 형성해온 입장"(바스넷: 31)이다. 그런데 서유럽에는 번역에 대한 또 하나의 입장이 존재하고 있다. 이를테면 페르시아 시인들의 시를 자의적으로 번역해도 된다는 입장이다. 번역자에게 원작의 열등한 문화에 대한 모든 책임에서 벗어나도록 하는 또 다른 계층적 관계를 형성해온 입장은 앞의 입장과 함께 19세기 식민 제국주의의 성장에 부합한다는 것이 바스넷의 통찰이다(31). 바꿔 말하면, 서유럽 텍스트를 비서유럽 지역으로 번역할 때는 주인-하인의 관계를 요구하되, 비서유럽 텍스트를 서유럽으로 번역해올 때는 자의적으로 번역해도 된다는 이중성, 즉 제국과 식민지의 불평등이 일찍부터 존재하고 있었다는 것이다. 여기에서 중점적으로 고찰하는 '포스트식민 번역연구'는 '번역의 불평등한 권력관계'에 초점을 맞추어 비판한다. 먼저 번역연구의 역사적 윤곽을 살펴보자.

'번역연구'는 'translational studies'의 번역어다. 흔히 '번역학'이라고도 번역하지만, '학제적 통섭 연구'를 의미하는 'studies'의 원래 의미를 살려 '번역연구'로 번역하는 것이 타당하다. '번역연구'는 한편 '문화연구에서의 번역 전환'이라는 언급이 나올 정도로 문화연구 영역에서 파생되었지만, 다른 한편 '번역연구에서의 문화적 전환'이라는 언급은 번역연구 또한 독립적인 자기 자신의 전환점을 가지고 있다는 점을 부각하고 있다. 번역의 역사는 언어와 문자의 역사만큼이나 장구하지만 '번역연구'의 역사는 길지 않다. 바스넷에 따르면, '번역연구'는 1970년대 후반 세계무대에 등장해 점차 주목을 받기 시작했고 1980년대에 그 터전을 다졌으며 1990년대에는 독자적인 학문으로 자리매김했다(11). 그보다 앞서, 1959년 야콥슨(Roman Jacobson)이 번역을 '동일 언어 간 번역(intralingual translation)' '언어 간 번역(interlingual translation)' '기호 간 번역(intersemiotic translation)'으로 설명한 것(Jacobson, 1959; 먼데이, 2006: 2 재인용)이 근현대 번역에 대한 최초의 본격적인 정의라 할 수 있다. 1965년 캣포드(J. C. Catford)가 '언어학적 번역 불가능성'이라는 문제(Catford, 1965)를 거론한 이래 괄목할 만한 발전을 이룬 번역연구는 이제 언어의 등가적 번역에 그치지 않고, "텍스트가 한 문화에서 다른 문화로 전이되는 과정을 탐구"(바스넷: 3)하는 영역으로 자리를 잡았다. 학문으로서의 번역연구는 홈즈(James S. Holmes)가 "번역 현상 및 번역과 관련된 복합적인 문제들"을 연구하는 학문을 '번역연구'라 명명(Holmes, 1972; 먼데이: 3 재인용)한 것이 그 효시라 하겠고, 1978년 르페브르(André Lefevere)도 "번역작을 생산하고 서술하는 과정에서 제기되는 문제들"을 다루는 학문으로서 '번역연구'라는 명칭을 제안하면서, 번역연구의 목적을 "번역 작품을 만들어 내기 위한 지침으로도 사용될 수 있는 포괄적 이론을 만들어 내는 것"이라고 했다(Lefevere, 1978: 234~35; 바스넷: 27, 35 재인용). 1980년대까지만 해도 번역연구는 번역에 대한 문화적 접근 방식과 언어학적 접근 방식을 뚜렷이 구분했는데, 점차 그 구분이 사라지고 있다. 특히 "언어와 이데올로기에 대한 강조로 인해 번역연구라는 주제를 보다 넓은 의미의 포스트식민주의 담론으로 논의"(바스넷: 5)할 수 있게 되었다. 번역연구는 '불균형한 권력관계'라는 포스트식민주의 핵심 주제의 영향을 받아 '원작'과 '번역작'의 불평등 관계에 초점을 맞추면서 '문화횡단(transculturation)' '문화번역(cultural translation)' '접촉지대(contact zone)' '자기 에스노그라피' 등의 주제 의식을 창안하면서 새로운 단계로 나아가고 있다.

포스트식민주의 이론을 '번역연구'와 연계시킨 『번역과 제국: 포스트식민주의 이론 해설』(Robinson, 1997)은 로빈슨의 역작이다. 그는 책 「서론」에서 '단어 대 단어(word to word)'와 '의미 대 의미(sense to sense)' 번역의 고대적 구분의 최근 성장을 다음과 같이 소개하고 있다. 하우스(Julian House)는 '주어진 텍스트가 번역이라는 사실을 환기하는 번역'을 '드러난(overt) 번역'이라 했고 '수용언어로 원문 그대로를 옮겼다고 가장하는 번역'을 '숨은(covert) 번역'이라 구분했다(House, 1977; 로빈슨, 2002: 7 재인용). 또한 베누티(Lawrence Venuti)는, 슐라이어마허(Friedrich Schleimacher)가 '독자를 저자에게 데려가는 것'과 '저자를 독자에게 데려가는 것'이라고 부른 것을 각각 '외국화(foreignizing) 번역'과 '자국화(domesticating) 번역'이라 명명했다(Venuti, 1995; 로빈슨: 7 재인용). 이제 번역은 원문의 오류, 왜곡, 일탈 등이 없는 정확한 번역을 문제 삼는 등가성 원리를 기준으로 삼는 차원을 뛰어넘어, '번역이라는 사실을 환기하는가'와 '원문 그대로라고 가장하는가'의 문제가 되었고, '저자 중심의 외국화 번역'인가 '독자 중심의 자국화 번역'인가의 문제가 되었다.

로빈슨은 번역에 대한 언어학적이고 문학적인 접근법들에 대해서도, "언어학자와 문학비평가들이 모두 사회의 권력과 신념 체계에 관심을 보임으로써 복잡하게 성장해 왔다. … 언어학자들은 번역 과정을 '혼잣말을 하는 프로토콜들(think-aloud protocol)'을 통해 연구함으로써 심리언어학자가 되고, 문학비평가들은 번역 과정을, 예를 들면 발터 벤야민(1923), 하이데거(1947) 혹은 데리다(1985) 등의 복잡한 철학적 이론들을 연구함으로써 해석학자들이 된다"(로빈슨: 7~8)라고 본다. 이미 번역은 여러 학문 영역과 교섭하고 있었고, 많은 학자가 번역의 중요성을 간파하고 있었음을 지적한 것이다. 로빈슨은 이에 그치지 않고, 번역연구가 "1980년대 중반에서 후반, 인류학과 민족지학, 식민주의 역사에서 탄생한, 번역에 대한 새로운 중요한 접근법인 포스트식민주의 번역 이론 혹은 제국과 관련된 번역연구의 논의"(8)에서 이미 '학제적이고 융합적인 연구 분야가 되었고, 위에서 거론한 오랜 이원론들이 부적절한 것으로 증명되었음도 지적했다.

번역연구가 인류학, 에스노그라피, 포스트식민주의와 결합해 '포스트식민 번역연구'라는 접근법이 나오게 되었다. '문화번역'은 바로 제1세계의 인류학자와 제3세계 '원주민' 사이의 '언어소통'과 '의사소통'의 문제에 주목하고 나아가 '문화 간 충돌'에 관심을 가지면서 발생한 토픽이다. 더 정확하게 표현하면, '포스트식민 번역연구'는 번역연구가 포스트식민주의 이론을 주체적으로 수용한 결과가 아니라, 포스트식민주의 이론가들이 자신의 연구를 수행하다가 두 번째나 세 번째 영역으로 번역연구를 다루면서 형성되었다. '문화번역'의 개념은 이처럼 인류학과 에스노그라피에 빚지고 있다. 아사드(Talal Asad)에 따르면, 1950년대 이후 사회인류학의 독특한 작업의 하나가 '문화번역'이었다고 한다(Asad, 1986: 141; 로빈슨: 10 재인용). 그러므로 번역연구는 포스트식민주의의 접근을 주체적으로 수용해야 한다. 문제는 제국주의의 식민화에도 번역이 활용됐고, 탈식민화에도 문화 간 불평등을 가로지르는 번역 문제가 중요한 이슈라는 점이다. 물론 탈식민화 과정에서 원주민과 의사소통하려는 인류학자의 의도와 이해가 항상 긍정적인 결과로 귀결된 것만은 아니었다는 점도 지적해두어야 한다. 포스트식민 번역연구의 전반적인 쟁점과 이론 등에 대해 3절에서 구체적으로 살펴볼 것이다.

바스넷은 번역연구의 역사를 개괄하면서, 비유럽계 학자들이 제기한 세 가지 번역 전략에 주의를 기울인다. '충실과 등가라는 용어의 재정의' '번역자의 가시성을 강조하는 중요성' '번역을 창조적인 다시 쓰기로 보려는 초점의 전환'이 그것이다. 이런 전략을 통해 번역자는 텍스트를 원천 텍스트에 더는 종속시키지 않은 채 원저자와 텍스트를 원래 형태의 고정된 기호들로부터 자유롭게 하는 이, 즉 이제는 원천 텍스트에 종속되지 않으면서 동시에 원저자 및 원천 텍스트와 궁극적인 목표 언어권의 독자 사이의 가교 역할을 하기 위해 명시적으로 최선을 다하는 해방자로 여겨진다(바스넷: 18 ~ 19). 심지어 "번역은 식민주의적인, 그리고 포스트 식민주의적인 정황에서 문화의 정체성 형성이라는 역학 속으로 들어가는 가시적 입구의 역할을 한다"(Viswanatha and Simon, 1999: 162; 바스넷: 19 재인용)라고 하여, 번역이 새로운 문화정체성 형성의 기점이라는 주장도 제기되었다.

이런 흐름 속에서 르페브르와 베누티 등은 훨씬 더 넓은 문화와 역사의 틀 안에서 번역이 갖는 함축적 의미에 관해 탐구하기 시작했다. 르페브르의 '굴절 이론'과 베누티의 '가시적 번역자'에 대한 견해는 주목할 만하다. 르페브르의 굴절 이론은 부르디외(Pierre Bourdieu)의 '문화 자본' 개념에서 파생된 '문화 격자' 개념을 골자로 하는데, '문화 격자'는 번역자의 창의성을 강조하는 차원에서 제기되었다. "번역시 발생하는 문제들은 적어도 두 언어간의 불일치로 인한 것만큼이나 개념상의, 그리고 텍스트상의 격자들의 불일치에서 기인한다"(Lefevere, 1999: 76; 바스넷, 22 재인용). '문화 격자'는 르페브르가 후기 연구에서 번역의 은유에 관한 자신의 관심을 원저자와 번역자 모두에게 제약을 가하는 이른바 개념적이고 텍스트적인 격자판(格子板)에 대한 탐구로까지 확대하면서 제기한 개념으로, 이는 번역이 반영이기보다는 굴절이라는 자신의 견해를 발전시킨 것이다.

한편 베누티는 번역자의 창의성과 번역물에 드러나는 번역자의 '가시적 (visible) 존재'를 강조(Venuti: 199)함으로써, 그동안 '부차적으로 인식되었던 번역자의 존재'를 "가시적으로 솜씨 있게 조작을 가하는 번역자, 즉 문화와 문화, 언어와 언어간을 중재하는 창의적인 예술가로 대체"(바스넷: 23)하는 데 이바지했다. 이런 맥락에서 번역자는 '파괴적 작가(Levine, 1991)'로 묘사되어, '문화 변화의 강력한 대행자'로 간주되기도 했다. 국내에 『번역의 윤리』라고 번역 · 출간된 『번역의 스캔들』(1998)에서, 베누티는 번역이 "글쓰기 형태로서는 폄하되고 저작권법으로 불이익을 받으며, 학계에서 홀대받고, 출판사, 회사, 정부, 종교 단체 등에 이용"(베누티, 2006: 9)당하는 '부당한 대우'를 '스캔들'이라고 표현하고 있다. '부당한 대우'를 받는 원인에 대해 다음과 같은 답변을 내놓는다. "부분적으로는 번역이 지배적인 문화적 가치 및 제도의 권위를 흔들 수 있는 사실들을 폭로하기 때문이다. 그리고 번역의 위협 앞에서 지배적인 가치들과 제도들은 충격 조절을 위하여 자신들의 경찰적 기능을 발휘하려 들기 때문이다. 즉 이들은 스스로를 지탱하기 위하여 자신들의 번역 사용에 관련된 진실들을 은폐하려 하며, 이 때문에 번역은 억압되는 것이다"(베누티:

10). 베누티는 번역이 억압당하는 현상을 '스캔들'로 규정하고, 번역과 번역이 처해 있는 상황 사이의 관계를 조사함으로써 스캔들의 본질을 밝히고자 했다.

바스넷은 1990년대 번역연구의 특징을 "번역의 역사와 관행과 철학에 관한 탐구를 다른 지적인 학문 분야들과 결합한 일련의 새로운 제휴의 수립"(바스넷: 24)으로 요약한다. 새로운 제휴는 번역연구와 포스트식민주의 이론 간의 연계가 대표적이고, 번역연구와 코퍼스 언어학 간의 연계, 번역연구와 젠더연구(gender studies) 간의 연계 등이 있다. 이에 대해 사이먼(Sherry Simon)은 언어가 단순히 실재를 거울과 같이 반영하는 것이 아니라 '의미의 형상화에 개입'하기 때문(Simon, 1996; 바스넷: 24 재인용)이라고 설명한 바 있다. 젠더연구가 규범적인 관습을 형성하는 방식들에 질문을 제기함으로써 통일된 문화 개념에 도전했듯이, 번역연구도 여러 타학문과의 제휴를 통해서 원천 문화에서 목표 문화로 번역할 때 발생하는 일들에 대해 질문을 던진다. 바스넷은 번역연구의 역사를 검토하면서, 번역연구의 다양한 방법을 상호 연결해주는 공통 요소들을 추출한다. "다양성의 강조, 원문에 대한 불충실이나 배반과 같은 진부한 번역 용어의 거부, 번역자의 조작 능력에 대한 강조, 그리고 번역을 원천과 목표 간의 공간을 잇는 교량 건설로 보는 관점"(바스넷: 24~25) 등을 그 공통 요소로 본다. 오늘날 21세기에는 정치적이고 지리적이며 문화적인 경계가 근현대사의 그 어느 때보다도 유동적이고 덜 구속적으로 인식되며, 그러한 경계를 넘나드는 사람들의 이동이 점증하고 있다. 이러한 세계에서 중간자이자 매개자인 번역자의 역할은 그 어느 때보다도 큰 의미가 있다.

2. 발터 베냐민의 역사적 번역철학

포스트식민 번역연구(postcolonial translation studies)의 기원 또는 문화번역적 사유의 근간이라 평가되는 베냐민(Walter Benjamin)[180]은 번역을 단순한 언어적 전환으로 설정한 것을 뛰어넘어, 그것을 역사적 관점에서 궁극적으로 철학적인 것에 귀결시키고 있다. 그의 '역사적 번역철학'은 오늘날까지도 수많은 '번역연구' 학자들에게 이론적 영감의 원천이 되고 있음을 감안한다면, 그의 길지 않은 에세이 「번역자의 과제」(1923)는 지속해서 재해석되어야 할 것이다. 베냐민의 「번역자의 과제」를 "번역 관련 논의에 빠질 수 없는 고전"으로 인정하는 이명호는 베냐민으로부터 포스트구조주의적 해석과 포스트식민주의적 이론으로 분화한다고 본다. "캐롤 제이콥스(Carol Jacobs), 폴 드만(Paul de Man), 자크 데리다(Jacques Derrida), 사뮤엘 웨버(Samuel Weber)로 대변되는 탈구조주의적 해석이 벤야민의 번역 개념에서 개별언어(들)을 넘어서는 언어 일반의 작용(차이 혹은 차연)과 언어적 보완성(supplementality)을 읽어낸다면, 테자스비니 니란자나(Tejaswini Niranjana), 레이 초우(Rey Chow), 호미 바바(Homi Bhabha) 등 탈식민주의 이론가들은 불균등한 권력관계가 관통하는 구체적인 역사적 맥락에서 이루어지는 문화 간 접촉, 이동, 횡단, 변형을 이론화할 자원을 그에게서 찾는다"(이명호, 2010: 233~34). 이 글에서 관심을 가지는 포스트식민 번역연구는 주로 후자 계열의 연장선에 놓여있다.

베냐민 번역철학의 핵심어는 번역 불가능성, 충실성, 외국화 번역 등이다. 우선 많이 거론되는 그의 말을 보자.

낯선 [원작의] 언어의 마력에 걸려 꼼짝 못하고 있는 순수언어를 번역자 자신의 언어를 통해 해방시키고 또 작품 속에 갇혀 있는 언어를 그 작품의 재창작(Umdichtung)을 통해 해방시키는 것이 번역자의 과제이다. 이 순수언어를 위해 번역자는 자신의 언어의 낡은 장벽을 무너뜨린다(벤야민, 2008: 139).

베냐민의 번역 불가능성은 가능성이 잠재된 불가능성이다. 현재는 불가능하지만 끊임없는 노력을 통해 가능해질 불가능성이다. 그러기에 그것은 '장차

180_ 예전에는 '벤야만'이라 표기했으나, 최근 국립국어원 외래어 표기에서 '베냐만'으로 표기하고 있고, 이 글은 이를 따른다. 단, 기존 도서에서의 표기는 그대로 두었다.

번역 가능한 현재의 불가능성'인 셈이다. 베냐민은 이를 '순수언어'라고 명명했다. 베냐민의 '순수언어'에 대해 이명호는 다음과 같이 독해한다. "번역은 원작(the original)을 다른 언어로 옮기는 행위이지만, 옮김의 대상이 되는 것은 원작 그 자체가 아니라 원작 속에 잠재되어 있는 가능성이다. 벤야민이 '순수언어'(pure language)라 부르는 이 가능성은 원작 속에 들어 있지만 원작으로 종결되지 않는 자질이면서 동시에 표상 가능한 의미질서로 환원될 수 없는 자질이다"(이명호: 235). 베냐민의 맥락에서 '순수언어'는 원천(origin)에 해당한다. 베냐민은 바로 원작 또는 원본(source text)이 원천 즉 '순수언어'가 아니라는 단순한 사실을 환기하고 있는 셈이다. '순수언어'는 의미 전달을 통해서는 도달할 수 없는 본질적인 것으로, '파악할 수 없는 것, 비밀스러운 것, 시적인 것'을 이루는 "진리의 언어"이자 "진정한 언어"(벤야민: 134)인 것이다. 원본과 번역본이라는 이항 구도에 근원적 원천인 '순수언어'를 설정해 그것들이 성좌를 구성할 가능성을 열어둔 것은 수많은 포스트식민 번역연구 학자들에게 이론적 영감의 원천이 되었다. 이는 원본→번역본이라는 이항의 단순 구도를 원천→원본, 원천→번역본의 과정을 추가해 원천−원본−번역본이라는 삼항의 유기적 구도로 바꾼 것이기도 하다.

최성만은 베냐민의 사상을 전기와 후기로 나눈다. 초기에는 형이상학적·신학적으로 정향(定向)된 언어철학, 후기에는 유물론적으로 정향된 역사철학으로 분류하고, 초기와 후기를 관철하는 모티프를 언어이론으로 설정한다. 그리고 한 걸음 더 나아가 언어이론이 벤야민 사상의 한 모티프라기보다 그의 사상 전체의 토대(최성만, 2008: 6)라고 본다. 베냐민의 번역론은 초기 언어이론이 후기 미메시스 이론으로 나아가는 과정에 놓여있다. 최성만은, 베냐민이 「번역자의 과제」에서 "번역을 번역의 원전에 의존해 있으면서 동시에 그로부터 상대적으로 독립한 하나의 고유한 '형식(Benjamin, 1972~89: 9; 최성만: 17 재인용)으로 파악"했고, "번역에 대해 문학창작에 버금가는 의미와 지위를 부여하고 번역의 궁극적 과제를 '진리의 언어'를 드러내는 데 있다고 보면서 번역의 정신을 철학적인 정신에 귀속"(17~18)시켰다고 판단한다. 최성만은 베냐민이 번역에 관해 근본적인 철학적 성찰들을 전개할 뿐이라 하고 베냐민의 번역론을 '사변적 번역철학'으로 범주화하면서, '원작과 번역의 관계' '직역과 의역의 대립과 화해' '모국어의 생산적 변형' '원작의 언어를 번역자의 언어로 재현하기'의 네 가지 토픽으로 나누어 분석하고 있다. 아래에서 구체적으로 검토해보자.

베냐민은, 예술작품이 지향하는 것은 수용자가 아니라 진리 내용인 것처럼, 번역이 지향하는 것은 독자가 아니라 원작이라고 선포한다. 한 걸음 더 나아가, 원작 속에 들어있는 어떤 요소, 번역 불가능한 요소를 지향한다고 인식한다. 그러므로 번역 행위는 원작에 종속되면서도 독자적인 성격을 갖는 어떤 작업이라고 볼 수 있다. 베냐민은 수용자의 의미 지향적 해석과 번역을 비판하는 점에서 원작에 대한 충실성, 즉 '직역(Wörtlichkeit)'의 원칙을 어느 사상가보다 더 강조한다. 그리고 원작처럼 읽히는 번역은 좋은 번역이 아니라고 하고, '구문(構文) 번역에서의 직역'의 중요성을 강조한다. 아울러 베냐민은 번역이 일정한 역사적 시기에 원작의 언어와 번역자의 언어 사이를 매개하는 역할을 한다고 주장한다. 원작의 언어는 번역자의 언어와 마찬가지로 불충분한 언어이고, 또 시간이 흐르면서 원작도 역시 변화하기 때문에 원작의 언어 역시 번역자의 언어와 마찬가지로 결함 있는 언어라는 점에서 번역의 독자성과 창조성을 이야기할 수 있고 또한 모든 번역은 '잠정적'이라고 말할 수 있다. 결국 번역을 가능케 하는 것은 언어들 사이의 원초적 '근친성'이고, 번역이 지향하는 대상은 원작의 의미가 아니라 원작이 담고 있는 '순수언어(die reine Sprache)'이다. 이에 따라 원작과 번역의 관계는 언어들 사이의 원초적 근친성에 바탕을 둔 상보적 관계로 특징지어진다. 그리고 번역자의 과제는 원작에서 상징적으로 표현되는 '순수언어'를 번역자의 언어로 표현함으로써 원작의 언어를 '보완'하는 데 있다. 그런데 '순수언어'는 번역 불가능하므로 '순수언어'의 번역이 궁극적인 과제로 번역가에게 주어지게 된다.

직역과 의역의 관계에 대해 베냐민은 자유의 원칙을 직역의 충실성 원칙에 바탕을 둠으로써 전통적인 이해를 전도한다. 이에 대해 베냐민은 아래와 같이 설명한다.

> 번역의 자유는 전달되어야 하는 의미를 통해 그 정당성을 획득하는 것은 아니다. 이러한 전달의 의미로부터 해방되는 것이 바로 충실성의 과제이다. 오히려 번역의 자유는 순수언어를 위해 번역자의 언어에서 실증되어야 한다. 낯선 [원작의] 언어의 마력에 걸려 꼼짝 못하고 있는 순수언어를 번역자 자신의 언어를 통해 해방시키고 또 작품 속에 갇혀 있는 언어를 그 작품의 재창작(Umdichtung)을 통해 해방시키는 것이 번역자의 과제이다. 이 순수언어를 위해 번역자는 자신의 언어의 낡은 장벽을 무너뜨린다. 루터, 포스, 횔덜린, 게오르게는 독일어의 경계를 확장했다(Benjamin: 19; 최성만: 25 재인용).

번역에서의 자유와 충실성은 대립적 관계가 아니라는 것이 베냐민의 주장이다. 위의 인용문에서 알 수 있듯이, 전통적으로는 원문(출발언어: source language)과 번역문(도착언어: target language)의 관계로만 설명하던 번역 행위가, 베냐민에게서는 원문과 번역문의 심층에 순수언어를 설정하고, 번역의 과제는 궁극적으로 순수언어를 지향하는 것으로 전환되고 있다. 순수언어는 번역의 충실성이 향하는 본래적 대상일 뿐만 아니라, 번역에서 자유의 원칙은 그러한 충실성을 위해 동시에 원전을 해방한다는 원칙으로 입증됨으로써, 두 원칙의 화해가 이루어진다.

'루터 등이 독일어의 경계를 확장했다'라는 진단은 오늘날 번역연구의 용어로 번역하면, '외국화(foreignizing) 번역'을 일컫는다. '외국화 번역'이란, '자국화(domesticating) 번역'의 짝 개념으로, '독자를 저자에게 데려가는 번역'이다. 바꿔 말하면, 독자의 이해 수준에 맞춰 도착언어의 문맥에 따라 번역하는 것이 아니라, 원작의 저자가 말하고자 하는 내용을 출발언어의 문맥에 충실하게 번역하고, 그에 따라 일반 독자는 이해하기 어려워진다. 베냐민은 번역 작품을 읽는 독자도, 시를 읽는 독자와 그림을 감상하는 관람객 그리고 교향악을 듣는 청중과 마찬가지로, 번역 작품을 대할 것을 요구하고 있음을 알 수 있다. "왜냐하면 어떤 시도 독자를 위해, 어떤 그림도 관람객을 위해, 어떤 교향악도 청중을 위해 있는 것이 아니기 때문이다"(베야민: 121). 번역 작품도 독자를 위해 존재하는 것이 아니다. 베냐민은 루터 등이 독일어를 원작의 언어에 닮게 만들려고(직역) 노력함으로써 독일어를 변형하고 낯설게 만드는 과정을 통해 독일어를 확장하고 풍부하게 했음에 주목한다. 베냐민은 "외국어의 수단을 통해 자신의 언어를 확대하고 심화"해야 한다는 판비츠(Rudolf Pannwitz)의 말을 인용해 '모국어의 생산적 변형', 즉 번역문의 모국어를 원전의 언어를 향해 확장 · 변형하는 것이 번역의 과제와 생산적 기능임을 강조했다. 이 또한 '순수언어'라는 심층 또는 제3항을 전제하기에 가능한 일이다. 왜냐하면 번역의 과제는 원작이 담고 있는 '순수언어'를 번역자의 언어로 표현하는 것이기 때문이다.

원작이 자신의 '사후의 삶' 속에서 원작의 언어와 함께 변화하는 것을 베냐민은 '사후에 성숙하는 과정'이라 일컬었다. '사후에 성숙할 가능성이 있는 '그 무엇'은 원작 속에 가능태로 잠재해 있다. 그러므로 번역의 과제는 원작 속에 가능태로 잠재해 있는 '그 무엇'을 현재화(顯在化)하는 것이다. 그런데 '사후에 성숙'하는 것은 원작 속의 '그 무엇'만이 아니다. 베냐민이 보기에는, 번역 또한 원작의 '사후의 삶'을 이루는 중요한 요소일 뿐만 아니라, 문화의 매개, 언어의 매개에서 결정적 역할을 한다는 점이 드러난다. 이렇게 보면, 베냐민은 포스트식민 번역연구의 핵심어인 '문화번역'의 토픽까지 염두에 두었음을 알 수 있다. 원작의 번역은 단순한 언어번역에 그치는 것이 아니라 원작이 속한 문화를 담지하는 언어 전체를 번역하는 것이다.

베냐민의 「번역자의 과제」는 번역의 선험적 필연성을 설파한 이론이다. 그리고 번역의 대상은 원작의 의미가 아니라, 오히려 그 원작에서 의미를 넘어서는 것, 곧 '번역할 수 없는 어떤 것'이다. '순수언어'는 표현될 수 없으므로 번역과 해석의 대상이 된다. 바꿔 말하면, 언어화되지 못한 것을 언어화하는 일이 번역의 과제이자 나중에 미메시스의 본래적 과제가 된다. 원작의 언어가 불충분하고 번역에 의해 보충되어야 하듯이, 자연의 '말 없는 언어'는 인간의 언어로 번역되기를 요구하고, 이 요구를 바로 예술가가 감지하는 것이다. 이 언어 발견, 언어 부여의 작업에서 예술·해석·비평·번역은 작품의 '사후의 삶'에 속한 형식들로서 각각의 고유한 특징이 있으면서 모두 창조적인 행위들이다. 이들은 모두 '완성하는 미메시스(vollendende Mimesis)'이다.

테자스위니 니란자나는 베냐민의 번역가의 과제를 '역사가의 과제'로 읽어냈고, 로렌스 베누티는 독자에게 자국 언어로부터 낯선 거리를 유지할 수 있는 성찰적 시선을 제공하는 것이 '번역의 윤리'라는 명제를 베냐민으로부터 습득했다. 호미 바바의 이주민의 과제와 타자성으로서의 이국성 또한 베냐민의 번역가의 과제와 순수언어에 힘입은 바 크다.

3. 더글라스 로빈슨의 포스트식민 번역연구

더글라스 로빈슨은 '번역연구에 대한 오랜 이원론들'이 "1980년대 중반에서 후반, 인류학과 에스노그라피, 식민주의 역사에서 탄생한, 번역에 대한 새로운 중요한 접근법인 포스트식민주의 번역 이론 혹은 제국과 관련된 '번역연구'의 논의에는 부적절한 것으로 증명되고 있다"(로빈슨, 2002: 8)라고 단언한다. 이전 단계에 제1세계 인류학자가 제3세계 원주민 지역에 들어가 현지조사하고 참여 관찰한 기록인 '에스노그라피'가 '언어와 의사소통'에 문제가 있다고 판단하고 양자의 '문화 간의 충돌에 관심을 가짐으로써' '포스트식민 번역연구가 부차적인 문제처럼 발생했다는 것이다. 여기에는 "'포스트식민'의 조건과 이를 부상하게 만든 최근 이론 개념이 내재되어 있다. 리엔하르트와 겔너 같은 인류학자들에서 아사드, 파비언, 시걸에 이르기까지, 이들 저작에 담겨 있는 중요한 변화들 중 하나는 인류학자의 '원주민'에 대한 이해가 이전에 생각한 것만큼 그렇게 간단한 문제가 아니라는 다소 염려스러운 인식이다. 이것은 인식이 전체론적으로 변모된 것으로, 이러한 문제들을 전체 영역의 일부로서 사회정치적이고 경제적인 권력뿐만 아니라 제국의 역사에 토대를 두고 있다고 보는 것이다"(로빈슨: 14 ~ 15). '포스트식민 번역연구'는 바로 포스트식민주의와 번역연구 사이에 다리를 놓는 기획인 셈이다. "포스트식민주의는 문화와 문화간의 차이에서 시작하여 점진적으로 문화가 언어에 의해 매개된다는 것, 그리고 지속적으로 그들이 연구해야 하는 가장 중요한 통문화적 현상들 중의 하나가 번역이라는 사실을 인식한다"(10). '포스트식민 번역연구'는 또한 '통문화적 의사소통의 인류학적 연구'에도 빚지고 있다. 이들은 번역 문제를 "'제1' 세계와 '제3' 세계, '현대'와 '원시', 식민주의자와 피식민지인들 간의 사회·정치적 상호 작용과 모든 의사소통의 주요 쟁점"(11)이라고 인식하기 때문이다. 이렇게 보면, '포스트식민 번역연구'는 단순하게 식민지와 관련된 '번역연구'에 그치지 않고 제국주의가 주변화를 통해 타자를 통제하는 모든 현상을 그 연구대상으로 아우르게 된다.

로빈슨은 '포스트식민 번역연구'의 진행 과정을 세 단계로 나누고 있다. "'식민화'의 채널로서의 번역, 식민주의의 붕괴 이후에도 '잔존하는 문화 간의 불평등'을 위한 피뢰침으로서의 번역, 그리고 '탈식민화(decolonialization)'의 채널로서의 번역"(15)이 그것이다. 첫 번째 단계의 주체가 과거의 서유럽 제국이라면, 두 번째 단계는 현재의 조정 상태를 가르킨다. 마지막 세 번째 단계는 미래에 원주민이 주체로 정립되는 단계라 할 수 있다. 이는 그가 포스트식민주의 연구 영역으로 설정한 범주와 일정 부분 겹친다. 구체적으로 보면, 첫째, '독립 후 연구(post-independence studies)'에서 포스트식민주의는 독립 후 서유럽의 전(前)식민지들의 역사를 살피는 한 방식이고, '(서)유럽의 식민화 이후 연구(post-European colonization studies)'에서 포스트식민주의는 서유럽의 역사와 과거 4, 5세기 동안에 서유럽이 정치적·문화적 영향을 끼친 영역을 살펴보는 한 가지 방식이다. 그리고 '권력-관계 연구(power-relations studies)'에서 포스트식 민주의는 지리적·언어적 전치(displacement)와 지배와 복종으로 서로 얽혀 있는 동력에 의해 야기된 심리·사회적 변형들인 통문화적 권력을 바라보는 방식으로, 그것은 한 문화가 다른 문화에 의해 통제되는 방식을 설명하려는 것이다(28～29). 특히 '권력-관계 연구'는 "모든 문화/사회/국가/민족들과 다른 문화/사회/국가/민족 간의 권력 관계 연구"를 가리키는데, 여기에서 "포스트식민은 정치적이고 문화적 권력 관계에서 20세기 후반의 관점"을 일컫고, "모든 인간의 역사"를 포괄한다(27). 앞에서 거론한 '포스트식민 번역연구'의 세 단계는 '권력-관계 연구'와 긴밀한 관계를 맺고 있다. '권력-관계 연구'는 번역의 불평등에 대한 연구이기도 하다. 바꿔 말하면, '식민화'의 채널로서의 번역 단계에서 식민주의자들은 피식민 민중들을 통제하고 '교육'하고, 전반적으로 형성하기 위해 번역을 이용했지만, '탈식민화 채널로서의 번역' 단계에서는 식민주의자들의 통제와 교육을 거부하고 원주민들이 주체적으로 번역에 임한다는 것이다.

포스트식민주의 번역이론가인 자크몽(Richard Jacquemond)은 프랑스와 이집트의 접촉에 초점을 맞추어 헤게모니 문화와 피지배 문화 사이의 번역 불평등에 대해 논술했다. 그에 의하면, 헤게모니 문화는 피지배 문화 속에서 번역에 의해 재현되는데, 그 번역은 그 역의 경우보다 수적으로 훨씬 많고 폭넓은 독자 대중에게 흥미로운 것으로 인식되며 그들이 헤게모니 문화에서 나왔기 때문에 선택된다고 한다. 피지배 문화도 헤게모니 문화에서 번역에 의해 재현되기는 하지만 이 번역은 그 역의 경우보다 수적으로 훨씬 적고 어렵고 전문가의 관심에만 적합하며 헤게모니적 전형들에 순응하는 것만 선택된다(Jacquemond, 1992; 로빈슨: 52～53 요약 재인용). 자크몽의 번역 불평등의 명제는 미국과 한국의 접촉에도 적용할 수 있을 것이다. 수많은 영문서의 번역출판과 할리우드 영화의 개봉이 번역 불평등의 대표사례다. 그런데 번역의 불평등은 헤게모니 문화와 피지배 문화 사이에만 일어나는 것은 아니다. 이를테면 중국과 한국의 관계를 헤게모니 문화와 피지배 문화로 규정할 수 없지만, 양국 문화의 두터움(cultural thickness)의 차이에서 비롯된 번역 불평등의 흐름이 존재하고 있다.

차크라바르티와 같은 경우, 유럽과 비유럽의 불평등을 극복하기 위해 다음과 같은 해결책을 제시한다. "'유럽', 근대 제국주의와 (제3세계의) 민족주의가 그들의 협력적인 모험과 폭력에 의해 보편화시킨 그 '유럽'을 지방화하는(provincializing) 기획이다." 이 기획의 일부로서 차크라바르티는 학자들에게 "근대성의 역사 속에 그것이 수반하는 양가성, 모순, 힘의 사용, 비극과 아이러니들을 써넣을 것을 요청한다." 유럽(더욱 넓게는 제1세계)의 역사 '내부'에 "근대성의 승리에서 그 수사적 전략의 설득적 힘만큼이나 도움이 된 억압과 폭력"을 구현하는 것이다(Chakrabarty, 1992: 20, 21; 로빈슨: 36 재인용). 이에 대해 로빈슨은 다음과 같은 설명을 덧붙이고 있다. "서구를 지방화하는 것은 중심과 지방간의 위계 질서를 무너뜨리는 것이다. 이 위계 질서는 식민주의하에서, 그리고 식민주의 이후에 문화와 원시, 질서와 혼돈, 통일성과 다양성 사이의 위계 질서의 전형으로 모든 곳의 다양성과 이질성을 보기 위한 것이다"(36~37). 서유럽을 지방화한다는 것은 그동안 서유럽과 비서유럽을 중심-주변 또는 보편-특수의 구조로 보는 권력-관계를 해체하고, 서유럽을 '그것들 가운데 하나(one of them)'로 간주해 비서유럽과 대등한 것으로 설정하는 것이다. 15세기 말 자본주의가 이슬람의 포위망을 뚫고 육로와 해로로 뛰쳐나와 비서유럽 지역을 침략하고 수탈하면서 백인의 자본주의 문명의 우월성을 강조함으로써 헤게모니를 형성했고, 비서유럽인들을 '타자들'로 호명함으로써 서유럽의 헤게모니를 관철시킨 역사를 우리 모두는 잘 알고 있다. 서유럽의 식민 헤게모니와 호명은 독립 이후에도 잔존한다.

니란자나는 피식민 인도인의 호명이 번역을 통해 가능했다고 생각한다. "인도 텍스트의 유럽식 번역은 '교육받은' 인도인들을 서양의 독자들에게 제공하기 위해 마련된 것으로, 전체가 오리엔탈리즘 이미지로 가득 차 있다"(Niranjana, 1992: 31). 그러므로 로빈슨은 "그녀에게 포스트식민주의 기획은 피식민 경험이 있는 민족들이 지속적으로 탈식민화하도록 재호명하기 위해 원주민 텍스트들과 그 주체들을 재번역해야 할 필요성"(41~42)이라고 설명한다. '원주민을 재호명하기 위한 재번역'은 어떤 전략이 필요할까? 그것은 다름 아닌 '문화번역'이다. '문화번역 또는 '문화 간 번역'에 대해서는 초우의 논의를 중심으로 다음 장에서 구체적으로 논술하고자 한다.

15장
트랜스내셔널 문화횡단과 문화번역의 정치학

제임슨(Fredric Jameson)으로부터 에스니시티(ethnicity) 문제를 재조정했다(restructure)는 평가를 받는 레이 초우는 그동안 인류학 등의 학문 분야에서 횡행했던 불평등과 불균형에 대한 근본적인 반성과 성찰로 『원시적 열정』의 제3부를 시작한다. 그녀는 인류학적 파악 없이는 비서양을 쓰고/생각하고/말할 수 없는 상황(Dipesh Chakrabarty), 인류학은 모던 서양의 '타자의 문화'에 대한 독백(Bernard McGrans), 일방통행하는 에스노그라피(James Clifford) 등의 비판을 인용한다. 그런 연후 '새로운 인류학'은 서양의 타자의 눈에 비친, 서양의 타자의 수공품에 반영된 서양 그 자체에 관한 인류학이라는 타우식(Michel Taussig)의 말로 자기 생각을 대신 표현한다(Chow, 1995: 175). 초우는 '타문화'를 연구하기 위해 현지에 가서 현지인과 라포(rapport)를 맺고 최소한 1년 이상 머물며 참여관찰의 질적 연구방법을 수행하는, 인문·사회과학의 꽃이라 자화자찬한 인류학이 근본적으로 서양 중심이었고, 서양인의 관점에서 현지인을 타자화한 것이었음을 설명해내고 있다. 그녀의 대안은 명료하다. 서양이 타자로 설정했던 현지인의 관점에서 서양을 바라보고 현지인 자신의 문화를 바라보는 '자기 에스노그라피'가 그것이다. 물론 서양 인류학자들이 범했던 문화제국주의와 그에 대한 반발인 토착주의를 경계하면서 말이다.

1. 새로운 인류학과 문화 간 번역

초우는 '새로운 인류학'을 정립하기 전 인류학이 처한 상황을 "과거 수 세기에 걸친 서양 제국주의와 식민주의에 의해 생겨난 인류학적 상황의 교착(膠着)"(초우, 2004: 265)이라 본다. 제국주의 시기 인류학과 에스노그라피의 방법과 실천은 실제로 식민 지배 강화와 '타자' 문화의 조직적 파괴에 봉사했다는 것이다. 여기에 중요하게 작용한 기제는 관찰자와 관찰 대상이라는 이항 대립구조에 내재하는 불평등이다. 불평등은 서양 모델의 특권화와 비서양의 주변화로 표현되었다. 이에 대해 초우는 문화번역 과정의 불균형에 대한 아사드(Talal Asad)의 글을 인용한다.

> 문화번역의 과정은 불가피하게 권력의 상황─전문지식이라는 권력, 국가권력, 국제적인 권력─에 휘말려 있다. … 이런 상황에서 조사해보아야 할 흥미로운 의문은 … 담론에 의한 실천 및 비담론적 실천 양자를 상상하는 '문화번역의 과정에 권력이 어떻게 파고드는가 하는 것이다(Asad, 1986: 163; 초우, 2004: 266 재인용).

서양과 제3세계 사이 문화번역 과정의 불균형 원인은 권력 상황이다. 전문지식의 권력, 국가권력, 제국주의적 권력 등은 에스노그라피스트의 '문화번역' 과정에 끊임없이 개재하고 있다. 그러므로 지식의 편성과 분배가 근본적으로 불균형하고 불공평하다는 사실을 인식하는 것이 포스트식민주의의 전제이다. 초우는 이 교착상태에 개입하기 위해 문화횡단적 교류라는 주제 의식을 가지고 중국영화를 대상으로 삼아 '에스노그라피' 이론을 '문화번역' 이론과 연관 짓는다. 그녀는 "민족지 및 번역이라는 학술용어와 관련된 여러 갈등을 확실히 분절하고 다양한 번역이론에 대한 철저한 논의를 통하여 이른바 기원적이라는 것에 대한 우리의 관습적 편견과 문화번역에서 그런 편견이 지니는 함의를 조명"(초우: 11)하고자 한다. 그녀가 보기에 중국영화, 특히 5세대 영화는 '에스노그라피'이자 '여러 문화 사이의 번역'으로 고찰할 수 있는 텍스트다. 이런 진단은 "영화는 일종의 포스트모던적인 **자기**-서술(self-writing) 혹은 **자기** 민족지(autoethnography)이면서 또한 포스트콜로니얼 시대의 **문화간** 번역의 한 형태"(11 ~ 12. 강조-원문)라는 인식에서 비롯된다. 그녀가 보기에 지금까지의 에스노그라피는 불평등한 '문화번역'이었다. 서유럽 관찰자가 비서유럽 관찰 대상을 주관적으로 재현했기 때문이다. "보는 것은 권력의 한 형식이며 보여지는 것은 권력 없음의 한 형식이라고 하는"(32) 그런 시각성(visuality)을 매개로, 그녀가 제기하는 대안은 그동안 '보여지는(to-be- looked-at)' 대상이었던 토착민이 '보는 주체'로 새로 탄생하는 것이다.

초우의 '문화번역(cultural translation)' 또는 '문화 간 번역(translation between cultures)'에 관한 성찰은 우선 프랫(Mary Louise Pratt)의 『제국의 시선—여행기와 문화횡단』에 빚지고 있다. 프랫에 따르면, 문화횡단(transculturation)은 "변경의 종속된 집단이 지배적인 문화나 식민지 본국의 문화에 의해 자신들에게 전해 진 것들로부터 무언가를 창안하거나 선택하는 방식"(프랫, 2015: 32 ~ 33)을 가리킨다. 이는 프랫이 쿠바의 사회학자인 오르티스(Fernando Ortiz)가 아프리카계-쿠바인의 문화에 관한 선구적인 연구를 수행하면서 1940년대에 만든 표현을 가져와 '접촉지대'의 문화현상을 설명한 것이다. '접촉지대(contact zone)'란, "지배와 복종, 식민주의와 노예제도 등과 같이 극도로 비대칭적인 관계 속에서, 또는 이러한 것들이 오늘날 전 세계를 가로질러 계속해서 유지되고 있는 것과 같이 극도로 비대칭적인 관계가 초래한 결과 속에서 이종 문화들이 만나고 부딪히고 서로 맞붙어 싸우는 사회적 공간이다"(프랫: 32). 서유럽 제국들의 침략으로 식민지가 된 비서유럽 지역의 거주민들은 서유럽 제국주의에 의해 상상되고, 발명되고, 구성되고, 조직되었다. 프랫은 식민지 거주민의 입장을 강조하게 된다.

'접촉지대'는 무게중심과 관점의 기준을 이동시킨다. 접촉지대는 역사적으로 지리적으로 분리되어 있던 사람들이 함께 등장하는 시공간을 생각하게 하고 더불어 그들의 궤도가 교차하는 지점을 환기시킨다. '접촉'이라는 표현은 침략자의 시각에서 정복과 지배를 설명하려 할 때 손쉽게 무시되거나 억압되는 상호적이고 즉흥적인 만남의 차원을 특히 강조한다. '접촉'의 관점은 주체들이 상호적인 관계에 의해서, 그리고 상호적인 관계 안에서 구성되는 방식을 강조한다. 그것은 식민자와 피식민자, 여행하는 사람과 '여행되는 사람(travelees)' 사이의 관계를 서로 무관하고 분리된 상태로 다루는 대신, 근본적으로 비대칭적인 권력의 관계 안에서 함께 등장하고 서로 영향을 주고받으며 이해(利害)와 행위가 함께 맞물린 상태로 다룬다(프랫: 35).

'접촉(contact)'이란 개념은 '의도(intention)'와 무관하다. 물론 의도적 접촉도 없지 않지만, '접촉'은 의도와 무관한 주체들의 상호 관계로 이루어진다. 식민자/피식민자와 여행하는 사람/여행되는 사람은 접촉지대에서 '우연히' 접촉한다. 접촉지대에서는 접촉언어(contact language)가 필요하다. 여행하는 사람이 여행지의 언어를 학습하든, 여행되는 사람이 여행자의 언어를 학습하든, 그것은 장기적인 시간을 요구하는 일이고, 당장 '소통'을 위해서는 '접촉언어'가 필요한 법이다. 그러므로 피진, 크레올 등의 이중언어 또는 중간언어가 탄생하게 된다. 접촉언어는 제3의 언어라 할 수 있다. 접촉지대에서 형성되는 문화는 '접촉문화(contact culture)'다. '접촉문화'는 접촉지대에서 식민자/여행하는 사람의 문화와 피식민자/여행되는 사람의 문화가 접촉해 문화적으로 번역된 '제3의 문화'다. 프랫은 접촉지대에서 식민화된 주체가 식민자의 표현과 맞물린 방식으로 스스로를 재현하는 것을 '자가 기술 민족지(autoethnography)' 또는 '자가 기술 민족지적인 표현(autoethnographic expression)'이라고 명명했다. '자가 기술 민족지'는 '자기 민족지'라고도 한다. "자가 기술 민족지는 대화체와 이중언어를 빈번히 활용한다. 그래서 수용자들에게도 자가 기술 민족지 텍스트들은 혼종적으로 보이게 된다"(37).

프랫의 주된 문제의식은 "어떻게 비유럽 지역을 여행한 유럽인들이 남긴 여행 책자들이 '본국의' 유럽인들을 위한 제국의 질서를 만들었고, 또 제국의 질서 속에 본국의 유럽인들을 위한 자리를 제공할 수 있었는지 살펴보는 것"(프랫, 23)이었다. 그러나 프랫은 『제국의 시선—여행기와 문화횡단』에서 피식민자의 자기 에스노그라피보다 식민자의 여행기를 주요 텍스트로 설정함으로써, 식민자의 접촉 의도를 재확인하는 수준에 머무르고 말았다. 프랫이 강조하는 '극도로 비대칭적인 관계'의 '이종 문화들'이 만나는 '사회적 공간'은 훨씬 광범위할 수 있다. 특히 '접촉지대의 언어들', 예를 들어 접촉언어인 피진, 크레올 등의 이중언어들은 '문화번역'의 중요한 지점들이다. 이 책의 16장에서 다루고 있는 한중 간 '문화번역'도, '극도로 비대칭적인 관계'라는 부분을 잠시 괄호 치면, '이종 문화들이 만나는 사회적 공간'의 문화현상으로 간주할 수 있다.

최근 번역연구 분야에서는 언어를 중심으로 하는 일반 번역과 달리 번역의 문화적 맥락에 주목하는 '문화번역'이 주목을 받고 있다. '포스트식민 번역연구'의 가장 중요한 항목인 '문화번역' 또는 '문화 간 번역'은 '문화연구' 인류학/에스노그라피, '포스트식민연구' '번역연구'를 매개하는 접촉지대에 놓여있다.

2. 문학 글쓰기와 시각성

초우는 『원시적 열정』 1부 서두에서 한 남성 작가의 시각적 조우라는 개인 경험에 대한 기록을 꼼꼼히 독해하면서 제3세계 중국에서 새로운 문학 담론이 어떻게 시작되었는지를 검토한다. 그녀는 먼저 하이데거의 「예술작품의 기원」과 베냐민의 「기술복제 시대의 예술작품」 등의 논의를 통해, 새롭게 출현한 서유럽의 모더니티가 시각성(visuality)에 기초하고 있고 그들이 영화 예술의 효과를 '주먹질' '충격'이라고 묘사했음을 떠올린다. 바티모(Gianni Vattimo)는 이를 '방향감 상실(disorientation)'이라 분석했다(Vattimo, 1992: 45~61; Chow, 1995: 6 재인용). '방향감 상실'과 관련된 바티모의 진단은 심층 논의가 필요하겠지만, 초우는 제3세계 지식인 루쉰의 경우가 그들과 달랐음에 주목한다. 물론 '압도적 전달력'으로 관객을 무력화하는 영화 매체의 구속(media bound) 앞에서 문자 매체에 익숙한 지식인이 방향감을 상실한 것은 당연한 일일 것이다. 그런데 슬라이드라는 매체에 의해 전달되는 구경거리(spectacle)의 힘을 경험한 일에 관한 루쉰의 설명(루쉰, 2010: 23)에 대한 기존의 해석은 처형당한 희생자나 수동적인 관찰자의 냉담함과 무기력함과 의식 계몽의 길로 접어든 작가에게 초점을 맞추었다. 초우는 기존 해석의 일면성을 지적하면서, 시각성과 권력의 관계 나아가 포스트식민 제3세계에서 비판적이자 새로운 영화 매체의 역할(Chow, 1995: 6)에 대한 관심을 촉구한다.

이른바 '환등기 사건'을 통해 루쉰 또한 방향감 상실을 경험했겠지만, 그것은 주로 영상 매체에 의한 확장과 증폭에 의한 것이었다. 그러므로 초우는 "루쉰의 반응은 시각과 권력의 관계에 대한 지표"(초우, 2004: 23)로 독해할 수 있다고 생각한다. 초우는 루쉰이 영상 매체를 보고 충격을 받았음에도 왜 영상 매체가 아니라 문자 매체를 통해 인민을 계몽하고자 했을까 하는 질문을 제기한다. 그녀가 찾은 대답은 이러하다. 루쉰의 개인적 경험을 위대한 작가가 글을 쓰기 시작했는지에 관한 서사로 만든 것은 낮아진 문학의 위상을 높이고 문학의 특권을 유지하고픈 1920~30년대 작가들의 소망의 표현이었을 것인데, 이런 관습은 루쉰의 '시각적 조우'를 무시한 것이다. 그녀는 다음과 같은 질문으로 이 관습에 균열을 낸다. 루쉰은 왜 글을 쓰기 시작한 이유를 설명하기 위해 영화를 본 경험을 예로 들었을까? "영화관객으로서 루쉰 자신의 관점에서 볼 때, 그가 '보고' '발견한' 것은 처형의 잔혹함이나 구경꾼들의 표면상의 냉혹함만은 아니다, 영화라는 미디어 자체가 가지고 있는 잔혹하고 **날것 그대로**의 힘이다"(초우: 26. 강조-원문). '날것 그대로의 힘은 영화라는 새로운 매체의 투명성이고 처형이라는 폭력성 나아가 영화 매체와 처형의 폭력성의 친연성을 나타내는 파시즘을 가리키며, 스크린 앞 방관자들의 반응도 파시즘의 일부임을 가리킨다. 초우는 루쉰이 받은 충격에 이처럼 처형과 매체 그리고 관객들의 반응까지 아우르는 파시즘이 포함되었다고 해석한다.

초우는 시각적 조우를 환기함으로써 문학 전향을 언급한 루쉰이 받았을 법한 두 가지 충격을 읽어낸다. 그것은 중국인이 구경거리에 불과하다는 '국민의식'과 문학의 전통적 역할을 영화에게 빼앗길 것이라는 예감이다. 초우는 이를 '억압된 양가성(suppressed ambivalence)'이라 명명한다. 그것은 "근대에 있어서 문학의 시작을 알리는 몸짓 자체가 문학적 글쓰기의 자기완결성이나 유효성을 부정하고 있다'라는 맥락에서, "미디어에 의해 매개된 표상이 역사적 변화 속에 각인"된 '양가성'이다(31). 한편으로는 트랜스내셔널한 제국주의 시대에 중국이 겪는 고난을 통해 '중국인임(being Chinese)'에 눈을 뜬 것이고, 다른 한편으로는 글쓰기를 통해 문화를 지배해온 지식인이 자신의 우월한 지위를 잃을지도 모른다는, 즉 '문학의 탈중심화'에 대한 위기의식이다.

마치 '의식의 흐름' 소설을 읽는 것처럼 수많은 논자의 주장을 섭렵하며 여러 가지 문제를 제기하는 저서에서 초우는 시각성, 섹슈얼리티, 에스노그라피 등의 주제 의식으로 5세대 영화를 고찰한다. 이 지점에서 다음과 같은 질문을 던질 필요가 있다. 5세대 영화를 본격적으로 논의하기 전 그녀가 서두에 루쉰의 문학 글쓰기의 기원에 대해 장황하게 분석하는 이유는 무엇일까?

첫째, 중국 근현대문학은 그 시작부터 영화의 시각성에 빚지고 있었고 루쉰과 그의 계승자들이 문학 특권의 전통적인 관습을 유지하고자 분투했지만, 문학 매체가 점차 영상 매체에 자리를 내준 것은 역사적 사실이다. 중국영화사에서 1930년대 상하이 영화[181]가 첫 번째 정점이었다면 1980년대 5세대 영화는 두 번째 고조이자 '열광적 황금기'(류원빙, 2015)이다. 초우는 근현대 중국에서 문학이 수행한 역할[182]을 충분히 이해하고 문학의 특권적 지위가 관습

181_ 폴 피코위츠는 5·4운동과 1930년대 상하이 영화의 관계에 대해 다음과 같이 평가했다. "5·4운동기의 문학가와 지식인들은 대부분 영화라는 미디어에 대한 진지한 고찰을 거부했다. … 1910년대와 1920년대 초 5·4운동을 상하이 영화 스튜디오로 '파급시키려는 노력은 전혀 하지 않았다'(Pickowicz, 1993: 296; 초우: 33 재인용).

182_ "20세기 중국 지식인들이 직면했던 주요 과제의 하나를 생각해보라! 그것은 제국주의의 진통

적으로 유지되고 있는 상황에서 5세대 영화에 대한 글을 쓰기 위해 근현대문
학 글쓰기의 기원에서 '시각성'의 중요성을 환기하는 것으로 볼 수 있다. 초우
는 문화횡단적 교류라는 문제의식으로 중국영화를 대상으로 에스노그라피 이
론을 '문화번역' 이론으로 보완하고자 한다. 이는 그동안 인류학 등의 학문 분
야에서 횡행했던 불평등과 불균형에 대한 근본적인 반성과 성찰에 기인한다.
불평등과 불균형은 '과거 수 세기에 걸친 서양 제국주의와 식민주의에 의해
생겨난 인류학적 상황의 교착(膠着)'으로 외연되었다. 초우의 기본적인 문제의
식은 이 교착상태에 개입하기 위해 중국영화를 대상으로 '에스노그라피' 이론
을 '문화번역' 이론과 연관 지어 재정의하려는 것이다. 초우는 또한 "중국의
근현대가 영화에 의해서 전사[183]되는 것을 문화번역으로 다루어 왔다"(초우:
272~73)라고 본다. 그녀가 보기에 지금까지의 에스노그라피는 불평등한 '문
화번역'이었다. 서유럽 관찰자가 비서유럽 관찰 대상을 주관적으로 재현했기
때문이다. "보는 것은 권력의 한 형식이며 보여지는 것은 권력 없음의 한 형
식이라고 하는 그런 시각성에 관한 사고방식은 … **반(反)오리엔탈리즘 비평**
의 기초'가 되고 있다"(초우: 32. 강조-원문). 그러나 반오리엔탈리즘 비평은 유
럽의 지배적이고 착취적인 응시로 정의되는 패권을 응시하다가 유럽에 관한
지식을 증대시킨 결과를 초래함으로써 의도와는 달리 오리엔탈리즘에 공헌했
다. 그러므로 에드워드 사이드로 시작된 반오리엔탈리즘 비평은 의도와는 달
리 큰 효과를 내지 못하고 있는 실정이다. 초우가 제기하는 대안은 그동안 '보
여지는' 대상이었던 토착민이 보는 주체로 새로 탄생하는 것에 초점을 맞추는
것이다. 그녀가 "궁극적으로 논하려는 것은, 영화는 일종의 포스트모던적인
자기-서술(selfwriting) 혹은 자기에스노그라피(auto-ethnography)이면서 또한 포스
트콜로니얼 시대의 문화 간 번역의 한 형태이기도 하다는 것이다"(11~12). 이

속에서 국민문학을 건설하는 것이었다"(Chow, 1993: 102).

183_ 여기에서 '전사(轉寫, transcription)'는 1970년대 '뉴 저먼 시네마' 연구에서 엘제서(Thomas
　Elsaesser)가 독일 영화를 '방대한 전사 과정'의 결과물로 결론지은 것을 받아들인 것으로,
　초우는 중국영화도 '거대한 전사 과정'이라고 응용했다.

런 우회로를 경과해서 초우는 제3세계의 포스트식민 정치 상황에서 시각성의 문제에 초점을 맞춘다. 누가 보고 누가 보여지는가?

둘째, 초우는 중국 문화사에서 글쓰기가 주류였다는 점을 지적한다. 루쉰 또한 혁신적 매체인 영상의 충격을 받고 국민의식을 계몽하겠다는 포부를 가지게 되지만, 그가 선택한 매체는 혁신적 영화가 아니라 전통적 문학이었다. 초우는 이를 '문학으로 도피'라 하면서 "시각이미지가 가하는 위협은 언제나 그를 괴롭혔을 것"(27)이라 추정한다. 초우의 추정에 동의한다면 루쉰의 목각 판화에 관한 관심과 타잔 영화 애호는 이때의 영상 충격과 관련이 있을 것으로 해석할 수 있다. 하지만 당시 루쉰의 반응은 "시각적인 것을 거부해버리는 것이 아니라, 시각이 주는 고통을 참고 견디면서 문학으로 회귀"(29)한 것이다. 이는 표층적으로 '의학에서 문학으로의 전향'이지만, 심층적으로는 '전통으로의 재전향'이다. "그것은 문자문화로서의 문화를 재확인하는 것이며 문자문화란 쓰기와 읽기 중심의 문화이고 영화와 의학을 포함하는 테크놀로지의 대극에 위치한 문화인 것이다"(34). 문학으로의 도피 또는 전통으로의 회귀와 관련해 나병철은 다른 가능성을 제시한다. "시각적 폭력 앞에서 피식민자의 문학은 과연 어떤 방식으로 대응할 수 있었을까. 루쉰의 문학의 결심이 서재로의 도피가 아니라 인격적 폭력에 대한 복수를 수행한 비밀은 무엇인가. … 피식민자가 표상체계의 절망에 갇혔다면 어떻게 3・1운동이 가능했으며 카프(KAPF) 같은 저항문학을 생성할 수 있었는가"(나병철, 2020: 31). 그리고 그 대답을 '탈식민적 저항의 비밀인 양가성'(호미 바바)과 '권력의 시선에 대한 타자의 응시'(자크 라캉)에서 찾는다. 그는 시각적 충격에 대항하는 저항의 가능성을 탐색하며 '응시를 표현하는 은유의 형식'을 제시함으로써 영상 매체와 변별되는 문학 매체의 의미를 부여한다(나병철: 35). 우리는 영상 매체의 시각적 폭력에 대한 대응에 대해 초우의 해석과 나병철의 해석 두 가지가 있음을 알 수 있다. 전자는 새로운 매체인 시각이미지의 충격을 갈무리하면서 문학으로 도피 또는 전통으로 회귀한 것이고, 후자는 시각적 충격에 대항하는 저항의 가능성을 모색한 것이다. 초우는 한 걸음 나아가 시각성의 문제를 포스트식민 상황과 연계한다.

3. 보여짐(to-be-looked-at-ness)의 정치학과 원시적 열정

초우는 불균형하고 불평등한 포스트식민 상황에 개입하는 첫걸음을 '보여짐의 중요성(the primacy of to-be-looked-at-ness)'에 대한 고찰로 시작한다. 그녀는 전통적으로 에스노그라피가 객관성을 표방해왔음에도 불구하고, 실은 주관적 기원을 가진 일종의 표상이라는 사실에 주목한다. 그동안 에스노그라피의 관찰 대상이었던 사람들이 포스트식민 시대에 자신의 문화를 에스노그라피식으로 기술하는 과업을 적극적으로 떠맡을 때 '에스노그라피의 주관적 기원'은 새로운 에스노그라피로 나아가는 토대가 된다는 것이다. '에스노그라피의 주관적 기원'에 관한 초우의 논의는, 인류학/에스노그라피가 문학이라는 아비와 사회과학이라는 어미 사이에서 태어났으면서도 아비의 혈통은 부인하고 어미만을 인정하고 있다는 점을 고백하며 '에스노그라피의 문학적 성격'을 강조하는 기어츠(Clifford Geertz)의 논의(기어츠, 2014)와 닮았다. 한 걸음 더 나아가 초우는 '에스노그라피의 주관적 기원'을 또 하나의 핵심어인 '시각성'과 연계시켜 다음과 같이 논술한다.

> 예전에 민족지의 대상이 되었던 것의 '주관적 기원'은 시각적으로 어떻게 전달되는가? 민족지의 대상이 되었던 것의 '주관적 기원'은 바라보는 행위를 통해서라기보다는 '보여지는 것'이라고 불러도 좋은 것을 통해서 전달되는 것은 아닐까? '보여지는 것'은, 예전에는 민족지의 대상이 되었던 문화의 '대상'으로서의 지위를 정의하는 시각성(visuality), 지금은 민족지의 대상이 되었던 문화가 자기를 표상하는 경우의 주요한 측면이 되는 시각성이라고 불러도 무방한 것을 통해서 전달되는 것은 아닐까?(초우: 269~70).

여기에서 초우는 관점의 전환을 촉구하고 있다. 서유럽 관찰자의 '바라보는' 관점이 아니라 제3세계 관찰 대상인 '보여지는(to-be-looked-at-ness)' 대상이 스스로 표상하는 시각성을 가지라고 요구하고 있다. 초우는 제임슨(Fredric Jameson)의 시각이미지와 멀비(Laura Mulvey)의 '시각적 즐거움(visual pleasure)'에 기대어 자신의 시각성 논의를 전개하고 있다.

제임슨은 '내셔널 우언(national allegory)'론을 제3세계문학을 보는 새로운 시각으로 제시했지만, '제3세계의 보편성이라는 숲을 보되 각 지역의 특수성이라는 나무를 보지 않으려 한다라는 비판에 부딪히기도 했다. 그는 시각이미지가 '적나라하고 포르노그래피적이라는 관점'을 제시한다. "시각적인 것은 본질적으로 포르노그래피의 성질을 지닌다. 시각적인 것은 결국 넋을 잃고 정신없이 매료되게 만든다. … 포르노 영화는 이렇게 영화 일반에 잠재되어 있는데, 마치 알몸을 보듯이 세계를 응시하라고 요구한다"(제임슨, 2003: 13). 제임슨은 이상의 명제에 기초해 "시선의 지배와 시각적 대상의 풍부함 사이에서 권력과 욕망에 대한 모든 싸움이 일어나게 마련"(제임슨: 14)이라고 하면서 시각의 폭력성과 권력을 간취해냈다. 제임슨의 논의에 이어 초우 또한 '시각의 폭력성'과 '시각적 권력'에 주목한다. "본다고 하는 행위는 벌거벗은 육체에 대한 투사(projection)로부터 분리될 수 없다. 본다는 것은 이론적으로 말해서 폭력의 일차적 동인(agency)이다. 그것은 수동적 희생자의 위치에 놓인 타자를 시각적으로 관통하는 행위이다. 그렇다면 이미지란 스스로를 타자 속에다 드러내는 공격적인 광경이다. 그것은 공격당한 자의 장소이다. 더욱이 이미지는 공격에 의해 파괴되고 노출된 뒤에 남겨진 것이다"(초우, 2005: 52). 우리가 무심결에 지나친 수많은 보고 보여지는 행위 가운데에는 이처럼 적나라하고 포르노그래피적인 투사, 그리고 폭력과 권력이 내재되어 있다. 그러므로 우리가 일상생활에서 누군가에게 보여지는 것을 의식하고는 "뭘 봐?"라는 반응을 보이는 것은, 보는 사람의 의도와는 무관하게, 시각적 폭력에 대한 정당한 반응으로 이해할 수 있다. 물론 이 정당한 반응은 자칫 시비로 이어지는 위험을 내포하게 된다. 초우는 한 걸음 더 나아가, 시각적 이미지가 "암묵적으로 전투가 벌어지고 저항전략들이 협상되는 장소"(초우: 53)라는 사실에 주목한다. '이미지가 저항전략들이 협상되는 장소'라는 말은, 대중문화가 지배문화와 저항문화가 협상하고 투쟁하는 장소라는 그람시(Antonio Gramsci)의 성찰과 맞닿아 있다. 그런데 초우는 지배문화에 의해 오염되고 왜곡된 이미지에 대항해 비판적 담론이 제시하는 대안적인 풍경 가운데 하나가 억압된 희생자로서의 타자의 '주체성'을 탐구하는 것이라 분석한다. 하지만 지배문화의 오염된 이미지에 억압된 타자의 주체성을 탐구하는 것은 "심층과 감춰진 진실과 내면적 목소리를 중시하는 정치로써 이미지의 권력관계, 즉 표층에서 행해지는 정치적 행위에 대항"(53)하려는 문제점을 드러내게 된다. 그러나 '이데올로기 효과'가 이미지를 통해서 발휘된다는 사실을 간과한 비판적 담론은 '이미지의 힘'을 간과하고 방치함으로써 지배문화에 그것을 넘기고 말았다. 그러므로 초우는 지배문화가 장악하고 있는 시각 권력과 이미지의 힘을 활용할 수 있는 전술 창안에 몰두한다. 앞당겨 말하면 초우가 창안한 전술은 '자기에스노그라피'이다. 이에 대해서는 잠시 후 살펴보자.

초우는 '시각적 즐거움'의 젠더 불평등에 대한 멀비(Mulvey, 1985[1975]: 303~15; 초우, 2004: 270 재인용)의 논의를 인류학적 상황에서 보충해 '시각은 에스노그라피적 불평등의 기원도 잉태하고 있다'라는 성찰을 추가함으로써, 보여지고 있다는 상태는 비서양문화가 서양문화에 보여지는 방식에 편입되는 것만이 아니라, 보여지고 있다는 상태가 비서양문화 스스로 자기를 표상하고 에스노그라피화하는 적극적인 방식 일부를 이루고 있다는 점을 지적했다. 이런 과정을 통해 "'보여지는 객체'는 이제 바라보고 있는 '보는 주체'를 쳐다보고 있다"(초우, 2004: 271). 호미 바바의 용어로 바꾸면 '응시(gaze)'다.

이상의 논의를 바탕으로, 초우는 『원시적 열정』에서 '중국영화'를 '에스노그라피'이자 여러 미디어 사이의, 문화 사이의, 그리고 여러 학문 영역 사이의 '전사(轉寫, transcription)', 즉 '옮겨쓰기'로 이론화하고 있다. 그녀는 '지적인 학문 영역'의 산물인 에스노그라피의 탈(脫)전문화를 주창하고, 그에 따라 방대한 문화적 정보를 대중적으로 번역할 필요성을 피력하고 있다. 여기에서 '전사'는 1970년대 '뉴 저먼 시네마' 연구에서 엘제서(Thomas Elsaesser)가 독일영화를 '방대한 전사 과정'의 결과물로 결론지은 것을 받아들인 것으로, 초우는 중국영화도 '거대한 전사 과정'이라고 응용한 것이다. 이런 맥락에서 초우는 중국의 근현대가 영화에 의해서 전사되는 콘텐츠를 문화번역으로 설정했다고 볼 수 있다.

궁극적으로 초우가 강조하려는 것은 '원시적인 것(the primitive)'으로서의 여성이다. 사실 초우의 '원시적 열정'에서 '원시적인 것'은 모호하다. 초우는 "서양 모더니즘이라는 형식의 발명이 비서양의 땅과 사람들을 계속해서 **원시화한다는 것**(primitivization)과 표리일체를 이룬다"(초우: 41～42. 강조-원문)라는 점에 착안해, 제임스 조이스, D. H. 로렌스, 헨리 밀러 같은 '고고한 모더니스트 '반란자들'의 유명한 작품들이 "서양의 의미체계가 타자를 원시화함으로써 스스로를 근대화되고 고도로 테크놀로지화된 위치에 올려놓는 과정의 일부"(42)가 되는 것과 비슷한 맥락에서, '제3세계'에도 유사한 원시화의 움직임이 있음을 지적해낸다. 그것은 중국 내에서 "원시적인 것—서벌턴(subaltern), 여성, 아동 등—을 포착함으로써 확실하게 중국 근대문학은 '근대적'인 것이 되었다"(43). 원시적인 것은 제1세계와 제3세계를 막론하고 '매혹의 원천'인 셈이다. 그 가운데에서 '여성'은 그 외설스러움으로 인해 가장 주목을 받았다. 원시적인 것은 소수적인 것, 주변적인 것과 통한다고 볼 수 있다. 이렇게 볼 때, 초우의 '원시적 열정(primitive passion)'은 소수/주변적인 것이 새로운 문화를 만들어 낼 가능성을 가리키는 것으로 이해할 수 있다. 제1세계 주체와 제3세계 대상의 위치를 전복해보면, 소수/주변적인 것은 다수/중심적인 것을 장시간 바라보며 자기화하며 새로운 것을 만들어 낼 가능성을 가지고 있다. 이를테면 한류(K-pop)는 대중문화의 중심부인 미국과 미국 대중문화의 변전소 역할을 한 일본을 장시간 모방하는 과정에서, 한국적 타자를 스스로 원시화함으로써 한국적 '원시성을 지닌 매혹'을 '근현대화되고 고도로 테크놀로지화된 위치'에 올려놓은 것으로 해석할 수 있다는 것이다.

초우의 '원시적 열정'은 일종의 '감정 구조'이기도 하다. 그것은 "문화적 위기의 순간에 출현한 **동시진행적이고 동시대적인** 표상구조"(73. 강조-원문)다. '원시적 열정'은 '문학언어로부터의 해방과 문학 대중화를 동시에 의미하는 민주화 과정에 의해 구조화된다. 이는 '중국영화'를 '에스노그라피'이자 여러 미디어 사이의, 문화 사이의, 그리고 여러 학문 영역 사이의 '전사(轉寫)'로서 이론화하면서 '지적인 학문 영역의 산물인 에스노그라피의 탈(脫)전문화를 주창하고, 그에 따라 방대한 문화적 정보를 '대중적'으로 번역할 필요성을 피력하는 것과 밀접하게 연계되어 있다.

초우의 결론은 이렇다. "원시적 열정의 다양한 요소가 일체화되어 근현대 중국문화의 탁월한 원시적 존재인 여성을 표상하고 있다"(46). 그녀는 "영화—특히 '제3세계'에서 만들어졌거나 '제3세계'에 관한 영화—에는 학문 영역으로서의 인류학과 에스노그라피의 기초를 이루고 있는 관찰자와 피관찰자, 분석과 현상, 주요한 내러티브와 원주민 정보제공자, 즉 '제1세계'와 '제3세계'라는 **전통적 분류를 변화시키는 힘**이 있다"(54. 강조-원문)라고 주장한다. 그러므로 우리는 사회적으로 억압받는 여성에 초점을 맞추어 새로운 시각 테크놀로지로 원시적인 것의 획기적인 매혹을 접합하고 있는 '5세대 감독의 영화'에 주목하게 된다. 앞당겨 말하면, 천카이거가 '제1세계'와 '제3세계'라는 '전통적 분류를 변화시키는 힘'을 보여주었다면, 장이머우는 시각 테크놀로지와 원시적인 것의 매혹의 접합을 통해 적극적으로 섹슈얼리티를 '표층화'하고 있다.

4. 에스노그라피 이론과 번역이론의 접합

초우는 기본적으로 베냐민과 니란자나의 번역이론을 수용해 에스노그라피 이론과의 접합을 시도한다. 그녀는 우선 'Wörtlichkeit'의 번역과 '오리지널(원작)'

을 문제 삼는다. '글자 그대로', '단어와 단어가 일 대 일로 대응하는 것' 정도의 의미가 있는 독일어 'Wörtlichkeit'를 영역본에서는 'literal'이라고 번역했는데,[184] 초우는 두 단어의 미묘한 차이에 주목한다. 즉 후자는 전자의 '번역 겸 보충(translation-cum-supplement)'(Chow, 1995: 186)이라는 것이다. 영어의 'literal'은 그 단어를 엄격히 따른다는 의미 외에 '사실 그대로인, 상상력이 없는, 은유가 없는, 깊이가 없다는 뜻의 결여'의 의미가 있다고 하면서, 후자가 베냐민의 'Wörtlichkeit'의 정확한 의미를 도출하고 있다고 추정한다. "즉 참된 번역이란, 말 하나하나를 번역할 뿐 아니라 축어적이고 깊이 없이 소박하게 번역하는 것을 뜻한다"(초우: 278). 그러므로 참된 번역은 '은유적'인 것과 대립하지만, 초우는 '제3의 영역(a third area)'으로 나아간다. "이 '문자 그대로의' 영역은 '적절한' 범주와 '형상적(figural)'/'은유적(metaphorical)' 범주 사이에서 데리다와 드만(Paul de Man)이 암시한 명확한 경계(boundary)를 결여하고/하거나(and/or) 초과하고 있다"(Chow: 186). 여기에서 초우는 베냐민이 '번역가의 과제'라고 설정한 '추가적이면서도 모자란 어떤 것을 전달'하는 것을 읽어낸다. "벤야민에게 번역행위는 언어 '자신'의 불가능성에 대한 확인이 아니라, 제2의 언어에서 다른 어떤 것을 나타내게 되는 '의도'의 **해방**이다"(초우: 279. 강조-원문). 그 '의도'는 '순수언어'다. "낯선 [원작의] 언어 마력에 걸려 꼼짝 못하고 있는 순수언어를 번역자 자신의 언어를 통해 해방시키고 또 작품 속에 갇혀 있는 언어를 그 작품의 재창작(Umdichtung)을 통해 해방시키는 것이 번역자의 과제이다. 이 순수언어를 위해 번역자는 자신의 언어의 낡은 장벽을 무너뜨린다"(벤야민, 2008: 139). 초우는 "'오리지널'과 '번역'은 서로를 옮기는 언어로서 '언어적 보완에 대한 동경'을 공유하며, 보다 큰 어떤 것을 향해 함께 몸짓한다"(초우: 281)라는 베냐민의 성찰에 동의한다. 초우의 '오리지널'과 '번역'에 관한 견해는 베냐민의 '사기그릇과 파편'에 관한 비유에 근거하고 있다. "번역도 원작의 의미에

184_ 최성만은 'Wörtlichkeit'를 '직역'으로 번역했으며, 정재서는 'literal' 'literalness'를 '축어적' '축어성'이라 번역했다.

스스로를 비슷하게 만드는 대신 애정을 가지고 또 그 세부에 이르기까지 원작이 의도하는 방식에 자신의 언어로 스스로를 동화시켜 원작과 번역 양자가 마치 사기그릇의 파편이 사기그릇의 일부를 이루듯이 보다 큰 언어의 파편으로 인식되도록 하지 않으면 안 된다"(벤야민: 137). 원작과 번역은 완성체인 사기그릇의 파편이다. '파편(破片)', 즉 '깨진 조각'이라는 번역이 정확하다면, 원작과 번역은 '순수언어'라는 사기그릇에서 떨어져 나간 조각이다. 현실감각을 가미해보면, 원작과 번역은 순수언어를 향해 나아가지만 궁극적으로 순수언어의 재현은 불가능하다.

라플랑슈(Jean Laplanche)는 베냐민의 번역이론을 '반(反) 에스닉중심적(anti-ethnocentric)'[185] 이론이라고 묘사했다. "벤야민은 위대한 '반(反) 에스닉중심적' 운동 … 또는 내가 번역의 '반(反)자기 또는 자기중심' 운동이라고 부르는 것에 참여한다. 번역이 자기 폐쇄적이고 타자를 자기의 조건에 억지로 맞추려 하기보다는, 오히려 타자를 향해 밖으로 나가는 운동에 참여한다(Laplanche, 1991: 201; Chow, 1995: 189 재인용)." '타자를 향해 밖으로 나가는 운동(a movement out towards the other)'은 기본적으로 서양 제국주의와 식민주의의 맥락을 거부하는 운동으로 이해할 수 있다. 그것은 유럽과 그 '타자'가 조우할 때 그리고 유럽이 '타자'를 번역할 때 유럽중심주의적인 지식 관념의 재생산을 거부하는 것이다. 니란자나는 제국주의에 오염된 번역을 구제하기 위해 '문화적 저항 (cultural resistance)'(Niranjana, 1992; Chow: 190 재인용)을 제안한다. 유럽의 '타자'를 유럽어로 번역하는 '오리엔탈리즘'을 '악(the bad)'으로 규정하고, "오리엔탈리즘적인 텍스트를, '타자'에 오리엔탈리스트 자신의 기호와 편견을 재각인시킨다는 이유로 제국주의적이고 에스닉중심적이라고 비판한다"(Niranjana, 1992;

185_ 초우(2004)에서 역자는 'anti-ethnocentric'을 '반(反)자민족중심주의적'(282)이라 번역했다. 아마도 뒷부분에서 "'anti-auto-or self-centred' movement of translation"(Chow, 1995: 189)의 번역과 연계시킨 것으로 보인다. 여기에서는 '자'는 불필요한 추가이고, ethno는 민족, 종족 등으로 번역됨으로 인해 혼선을 빚을 수 있으므로, '반(反) 에스닉중심적'으로 수정 번역했다.

Chow: 190 재인용). 니란자나에게 '선(the good)'에 해당하는 번역은 "'토착민'이 자기 자신의 민족지를 쓸 때 실천하는 '저항행위'다'(85). 니란자나는 번역을 대안적으로 '문제설정(problematic)'이자 '장(field)'(8)이고, '상호작용하는 읽기(transactional reading)'(42)이며, '혼성적(hybrid)' 행위(46)이고, 인용(citation)이자 다시 쓰기(rewriting)이며(172), 궁극적으로 '지워져야 할 것(what must be put under erasure)'으로(48) 자리매김하고 있다.

초우는 니란자나의 번역론에 대해 '동맹을 맺으려는 대화'를 전제한 비판을 진행하고 있다. 니란자나가 "언어에서 다른 기호체계로의 번역이라는 문제"와 "에스닉 문화를, 에스닉 문화에 선행하는 문학적·철학적인 기반으로부터 근현대의 대중문화형식으로 번역하는 문제"를 질문하지 않은 채 버려둔다는 점(Chow: 191)을 지적한다. 더 중요한 것은 초우의 '문화 간 번역'은 서양과 동양 사이의 불균형적이고 위계적인 권력관계와, '오리지널'과 '번역' 사이의 불균형적이고 위계적인 권력관계를 역전시키는 것에 초점을 맞추고 있는 반면, 니란자나는 전자의 위계적인 권력관계를 역전시키는 데는 성공했지만, 후자의 불균형적이고 위계적인 권력관계를 역전시키는 데는 실패했다는 점이다. 니란자나는 정치적이고 문화적인 위계적 권력관계는 비판했지만, 번역 과정에 내재한 위계적 권력관계에는 관심을 기울이지 않았다는 것이다. 초우의 '문화 간 번역'은 양자가 밀접한 연관이 있음을 인지하고 문화번역의 위계적 권력관계에 초점을 맞추었다.

5. 문화번역과 제3항

초우는 문화번역에 대한 자신의 관심을 두 가지로 요약한다. 첫째, 어떤 형태로든 '오리지널'의 가치를 안정시키지 않고도 '문화번역'을 이론화할 수 있는가? 둘째, 번역을 은연중에 깊이, 즉 '심오한 의미'를 지향하는 해석으로 바꾸지 않는 방식으로 '문화번역'을 이론화할 수 있는가?(초우: 287; Chow: 192) 이를 위해 초우는 두 가지를 제안한다. 그녀는 옐제서에 기대어 한 기호체계에서 다른 기호체계로의 번역, 즉 문화를 영화 미디어로 번역하는 것도 번역 범주에 포함시킬 것을 제안한다. 그리고 문화번역에서 대중문화 고찰의 중요성을 강조한다. 그 이유는 여러 가지가 있지만 초우에게 "주된 이유는 '제1'세계와 '제3'세계 사이의 힘의 불균형"(초우: 288) 때문이다. 흔히들 '제1세계'는 '기원'이고 '제3세계'는 '타자'라고 설정하고, 유럽과 비유럽의 불균형을 비판하면서 기원으로서의 유럽을 해체하거나 유럽의 타자의 기원을 복원시키려 하지만, 초우는 거기에 그치지 않고, "우리가 현재 이해하고 있는 기원 개념과 타(자)성 개념 양자를 철저하게 분해"(초우: 288~89)할 것을 요구한다. 이런 분해 작업을 가능하게 하려면, 파비안(Johannes Fabian)이 말하는 '문화들의 동시대성'(Fabian, 1983; Chow, 1995: 194 참조)을 인정하고, 서양 사회뿐 아니라 비서양 사회에서도 우연히 발생해온 '상호 기호학적 변용'을 고찰해야 한다. 가장 '원시적'인 사회에까지 투입된 우리 미디어인 대중문화는 동시대성을 피하기 어렵게 만든다. '원시적인' 것은 '또 다른 시대'의 것이 아니라 바로 우리의 동시대의 것이다(Chow: 194).

초우는 '문화의 동시대성'을 받아들여야 할 필요성을 라플랑슈가 번역이라는 맥락에서 제출한 '제3항'의 필요성에서 가져온다. 라플랑슈는 '항이 두 개 있는 경우'에는 번역자를 중심에 두는 일('ethnocentrism')에 굴복하게 되든가, 아니면 번역되는 것을 중심에 두는 일에 굴복하게 된다고 하면서, "번역(그리고 해석)이 [처음 두 개 항의] 주관성에서 빠져나가기 위해서는 제3항이 있어야 한다"라고 주장했다(Laplanche: 207; Chow: 194 재인용). 베냐민이 원작과 번역의 이항 대립을 극복하기 위해 '순수언어'를 설정했듯이, 초우는 파비안과 라플랑슈를 참조해서 번역자와 번역되는 것 외에 '문화의 동시대성'이라는 '제3항'을 제출한다. '제3항'은 "우리의 미디어를 통해서 이루어지는 문화의 공시성에 대한 인정인 동시에 서양의 '원시적 타자'들도 마찬가지로 불평등한 권력배분이라는 일반화된 상황에 붙잡혀 있다는 것, 그리고 자기들의 내부에서 지배와 위계의 구조를 적극적으로 (재)생산하고 있으며 그런 구조는 유럽 제국주의와 똑같이 비유럽 문화의 역사에서도 전형적으로 나타난다는 것을 인정하는 것이기도 하다"(초우: 289~90). 번역에서 오리지널과 번역 사이에 원천이라는 제3항을 설정한 것과 마찬가지로, 문화의 공시성이라는 차원에서 유럽 제국주의 국가와 비유럽 국가 사이에 문화의 동시대성이라는 제3항을 설정함으로써 유럽 지배-비유럽 피지배의 단순 대립 구도에 머물지 않고, 유럽 내부에도 피지배계급이 있고 비유럽에도 지배계급이 있다는 사실을 우리에게 환기하고 있다.

문화번역에 대한 초우의 잠정적인 결론은 다음과 같다.

진정한 문화번역은, 보기에는 무한하지만 실제로는 환원적인 두 항—동양과 서양, 오리지널과 번역—의 순열을 뛰어넘고, 그 대신 양자를 모두 당대 세계문화에서, 완전한 유물론자, 그리고 십중팔구 똑같이 부패하고 똑같이 퇴폐적인 참가자로 보아야만 가능하다. 이것은 궁극적으로 우리가 오늘날 인류학이나 민족지로 이해하고 있는 학문 영역의 시각적 인식론의 기반을 철저히 해체하는 것을 의미한다(Chow: 195).

초우의 '문화 간 번역'은 서양과 동양 사이의 불균형적이고 위계적인 권력관계와, '오리지널'과 '번역' 사이의 불균형적이고 위계적인 권력관계를 역전시키는 것에 초점을 맞추고 있다. 그리고 그 경로로 에스노그라피의 시각적 인식론의 철저한 해체를 주장하고 있다. 여기에서 하나 짚고 넘어갈 것은 초우의 논술에 동아시아 권역 내 '문화 간 번역'에 대한 구체적인 언급이 없다는 점이다. 그러나 그녀가 '문화 간 번역'을 "전통에서 근대로, 문학에서 시각성으로, 엘리트문화에서 대중문화로, 토착적인 것에서 외국의 것으로, 외국의 것에서 토착적인 것으로 등등의 변화를 비롯해서 광범위한 행위 전체를 포함하는 것"(초우: 286)으로 설정한 것으로 미루어보아, 그것으로 동아시아 권역

내 광범한 횡단과 소통을 포괄하는 데 적용하는 것은 어려움이 없을 것으로 보인다.

6. 장이머우의 욕망 삼부작: 섹슈얼리티의 에스노그라피

영화를 '포스트모던한 자기 에스노그라피(postmodern autoethnography)'이면서 '포스트식민 시대 문화간 번역의 한 형태'라고 인식하는 초우는 『원시적 열정』 2부에서 5세대 감독의 초기 대표작에 대해 독특한 관점으로 꼼꼼한 독해를 시도한다. 그녀의 독특함은 우선 영화를 에스노그라피로 설정하는 데서 드러난다. 그리고 테크놀로지화된 시각성이 중국 근현대성에 미친 영향에 주목하고 5세대의 사회 비판에 초점을 맞추는 것도 그녀의 독특함이다. 나아가 당시 검열에서 자유롭지 않았던 장이머우의 영화를 섹슈얼리티(sexuality)의 관점에서 탁월하게 분석하는 것도 독특함의 또 다른 표현이다. 이 부분에서는 '시각 테크놀로지'와 '원시적인 것의 매혹'의 접합을 통해 적극적으로 섹슈얼리티를 '표층화'하는 장이머우에 대한 초우의 독특한 견해를 '섹슈얼리티의 에스노그라피'라는 관점에서 살펴보고자 한다.

장이머우는 극단적인 상찬과 비판[186]을 한 몸에 아우르고 있다. 초우는 양극단을 가늠하면서 그에 휘둘리지 않고 초기 삼부작을 대상으로 '장이머우 영화의 특정한 성격'을 밝히고자 한다. <붉은 수수밭(紅高粱)>(1988), <쥐더우(菊豆)>(1990), <홍등(大紅燈籠高高掛)>(1991)의 '욕망 삼부작'의 배경은 '억압적인 봉건 중국'이고 그것은 '불합리하고 거만한 나이 지긋한 남성 인물로 표상된다. 그들은 '특권적으로 권력을 남용'하고 여성을 학대한다. "장이머우에게 여성은 상당히 전형적인 성적인 신체이며, 사회의 굴레에 묶여 있어 해방될 필요가 있는 존재이다"(초우, 2004: 217). 장이머우는 봉건 중국을 대표하는 남

186_ 비판은 대개 깊이의 결여, 오리엔탈리즘, 여성 착취를 겨냥한다(초우, 2004: 228~30).

성들에게 억압받는 여성의 신체를 절묘한 영상 색채를 통해 관능적으로 표상한다.

앞에서도 언급했지만, 초우는 장이머우의 영화를 '신종 에스노그라피'로 설정한다. 하지만 그것은 기존의 에스노그라피와는 달리 '중국에 대한 상상적 글쓰기'이고 때로는 '에스닉 관습과 관행'을 창안하기도 한다. 이에 대해 다이진화는 이중의 정체성과 이중의 독해 사이에서 동양과 서양, 본토와 세계를 교묘하게 봉합했다고 비판했고(다이진화, 2007: 291),[187] 자 제인 잉은 "동양적인 이국취미를 서양 관객에게 파는 것"(Zha, 1993: 329; 초우: 265 재인용)이라 하며 장이머우의 영화에 분노하기도 한다. 그러나 초우는 디테일의 중요성이 진정성에 있는 것이 아니라 의미작용 방식(mode of signification)에 있다고 하면서 장이머우가 도입한 '에스닉 관습과 관행'을 신종 에스노그라피의 중요한 요소로 꼽는다. 장이머우는 "사물, 등장인물, 내러티브를 그것들 자체를 위해서가 아니라 '에스니시티'의 집단적이고 환각적인 의미작용을 위해 사용한다"(Chow: 144). 이는 사실(fact)보다는 '시적 진실'을 중시하는 것과 상통한다. 이렇게 볼 때 실재 여부를 문제 삼는 것은 더는 문제가 되지 않는다. 이는 롤랑 바르트가 신화론이라 명명한 의미작용이다. 초우는 가마 탄 신부 놀리기, 발 안마, 관 가로막기 등 장이머우가 창안한 '에스닉 디테일'이 봉건 중국

187_ 다이진화의 장이머우론에 대해서는 이 책의 3장을 참조하라. "장이머우는 중국 '포스트식민 문화의 잔혹한 현실'을 누구보다 잘 인지했고 세계무대로 나가기 위해서는 '동방적 경관(Oriental spectacle)'이 필요함을 인식하여 '이중적 정체성' 전략을 활용해 성공을 거두었다. 그는 이중의 정체성과 이중의 독해 사이에서 동양과 서양, 본토와 세계를 교묘하게 봉합했다. 그러나 다이진화가 보기에 장이머우의 성공이 가져온 결과는 세계로 향하는 창이라기보다는 그 시야를 가리는 거울이다. 거울에 비친 모습은 대국으로 굴기(崛起)하는 중국이 아니라 서양이라는 타자에 의해 구성된 동방의 이미지였고, 서양 남성 관객이 요구하는 욕망의 시선에 영합한 동방의 여인이었다. 그것은 결코 중국의 본토문화일 수 없는, 상상되고 발명된 중국의 이미지인 것이다. 여기서 주목할 것은 '서유럽 오리엔탈리즘과 유럽 이외 지역의 '셀프 오리엔탈라이제이션'의 공모 관계다. 장이머우는 누구보다도 '전략으로서의 셀프 오리엔탈라이제이션' 운용에 뛰어났다. 그것은 정치적 검열이 존재하고 자율적 시장이 형성되지 않은 제3세계에서 재능과 야망을 품은 감독이 선택하게 마련인 생존 전략이라 할 수 있다."

을 의미하기 위해 존재한다고 읽어낸다. 다음으로 초우는 장이머우의 영화에서 '자기 에스노그라피'의 가능성을 발굴해낸다. 장이머우는 '시간을 초월한 과거의 중국'을 '회고적이고 상상적인 양식으로 우리에게 제시'함으로써 '신화적'인 '의미작용'을 일으키는 동시에, '인류학, 에스노그라피, 페미니즘에 의해 각인된 근현대성에 의해 구축된 중국'을 제시한다. 그것은 또한 과장되고 희화화된 '중국'이기도 하며, 그 안에서 과거는 과잉되고 불합리한 의례와 관습의 형식으로 멜로드라마화된다(초우: 220). 이것은 영화 형식 및 의미작용 방식과 함께 장이머우 에스노그라피의 세 번째 요소가 된다.

초우는 장이머우 에스노그라피의 특성을 비릴리오(Paul Virilio)에 기대어 '새로운 토착성'이라 명명하고, 장이머우가 여성성에 초점을 맞춰 새로운 토착성을 구축했다고 본다. 여성성은 과거의 폭력 및 혼돈과 새로 쓰기 및 계몽의 가능성의 모순이 공존한다는 점에서 '원시적인 것(the primitive)'의 원형이다. 여성은 가부장제의 야만성을 견뎌왔기에 해방을 기다리는 인간의 본질을 드러낸다. "여성은 그 순수함이 회복되어야 하는, 부당하게 대우받고 비방당하고 착취당하는 **고귀한 야만인**이다"(Chow: 146. 강조-원문). 그러나 장이머우의 에스노그라피에서 여성이 '고귀한 야만인'으로 출연하는지에 대해서는 의문이 든다. 초우는 장이머우가 원앙호접파의 내러티브 전략을 계승해 여성을 시각적으로 전시한다고 보는데, 원앙호접파 소설과 달리 장이머우의 영화는 '사실적인 묘사'를 빌미로 삼아 '포르노그래피적인 환상으로 관객의 향락 가능성을 확대한다고 분석한다(초우: 222). 사실 장이머우 에스노그라피의 시각적 전시와 관련해 배우 궁리(鞏俐)의 공헌을 빼놓을 수 없다. 궁리의 공헌은, 이를테면 <황토지> 추이차오 역의 쉐바이(薛白)와 <아이들의 왕> 라이디 역의 장차이메이(張彩梅)가 궁리의 배역을 연기했으면 어떠했을까를 상상하는 것만으로 충분하다. 자신의 영화적 에스노그라피의 운반자로서 여성을 교묘하게 진열하기 위해 장이머우는 '오이디푸스화로 불러온 모더니즘적 구상을 최대한 이용할 뿐 아니라, 궁리라는 배우를 최대한 활용한 것이다. "장이머우가 생각하는 여성의 육체는 살아 있는 에스노그라피 박물관이어서, 한편으로는 '중국문화'를 진열하면서 동시에 다른 종류의 기원, 즉 인간의 섹슈얼리티의 기원을 말해주는 증거가 된다"(초우: 80)라는 초우의 진단에는 궁리라는 배우의 역할이 추가되어야 할 것이다.

물론 장이머우는 <황토지>를 찍을 때, '중국식 영화 제작'과 '싸워보겠다는 의욕'을 가지고 '단순히 그리고 의도적으로 다르다는 것'(張藝謀, 1992: 94; 초우, 2004: 232, 233 재인용)을 보이려 한 적이 있었다. 초우는 이를 '고의적인 뽐내기' 또는 '자기가 남과 다르다는 것을 도전적으로 과시하는 태도'라 명명했다. 장이머우는 "<붉은 수수밭>에서 나는 전통적인 영화제작방식과 싸운다거나 그것을 거스르려고 애쓰지 않았다"(張藝謀: 94; 초우: 232 재인용)라고 천명했지만, 중국 당국은 '집안의 허물을 밖으로 드러낸' 장이머우에 대해 상영금지 조치를 풀지 않았다. 초우는 당국의 상영금지 조치가 그들의 입장에서는 '지성적'이라고 평가했다. 장이머우 영화가 "별종의 의미작용에 관여한다"라고 판단했고 그 의미작용은 중국에 불리한 것이기 때문이었다. 이렇게 보면, 장이머우는 천카이거 등의 동료들과 함께할 때 가졌던 비판의식을, 감독으로 독립한 후 내버렸다고 추정할 수 있다. 일부 평자들은 <책상 서랍 속의 동화(一個都不能少)> 이후 장이머우가 당국과 타협했다고 지적하지만, 그 단초는 데뷔작 <붉은 수수밭>에서부터 내장되어 있었다. 다만 장이머우 초기의 도전적 태도에 심기가 거슬렸던 '지성적' 당국이 장이머우에 대한 선입관을 바꾸는 데 일정한 시간이 걸렸던 셈이다.

초우의 장이머우 분석의 백미는 그의 영화가 중국 남성이 '여성의 물신화'를 통해 '자기 하위주체화'를 드러내 중국의 근현대성과 에스니시티 담론을 구성한다고 본 점이다.

오이디푸스화의 전형인 친부 살해의 반복적인 연상—신체적 발기부전, 상징적 거세, 아버지의 궁극적인 죽음—은 중국의 근현대성과 자기 하위주체화(self-subalternization)인 '에스니시티'에 대한 해석을 구성한다. 즉, 우리는 아버지가 없고 중국은 권력을 박탈당했다는 것을 느끼게 된다. 중국은 근현대 국가 세계에서 하위주체이다. 동시에, 이러한 자기 하위주체화는 여성에 대한 물신화, 즉 시각 전술을 통한 자기 이국화(self-exoticization)로 더 정확하게 기술될 수 있는 물신화를 분명히 동반한다(Chow: 148).

초우의 해석은 '오이디푸스화→자기 하위주체화→여성의 물신화/자기 이국화'로 요약할 수 있다. 부연해보면, 근현대 중국 남성은 반(反)봉건을 위해 봉건을 대변하는 부친을 살해했지만, 그로 인해 근현대 국가 세계에서 권력을 박탈당해 하위주체가 되었다. 하위주체는 중국의 근현대성과 에스니시티 담론을 구성한다. 하지만 하위주체인 중국 남성은 피해자 지위에 만족하지 못하고 자신보다 하위인 주체 즉 여성을 발굴하고 그들을 물신화한다. 여성의 물신화는 시각 전술을 통한 자기 이국화[188]와 상통한다. 물론 장이머우가 이처럼 정치한 이론적 모색을 거쳐 영화를 찍었다고 단정할 수는 없다. 원래 작가에게는 직관이, 비평가에게는 해석이라는 고유한 영역이 존재하기 때문이다. 또한 초우의 해석이 텍스트 독해의 유일한 모범은 아니다. 초우의 해석은 장이머우의 텍스트를 두텁게 만드는 해석의 일환이라 할 수 있다. 바꿔 말해, 장이머우의 초기 삼부작은 초우의 정치한 해석에 힘입어 두터운 텍스트(thick text)가 되었다.

188_ 자크몽(Richard Jacquemond)은 이집트의 노벨상 수상 작가 마푸즈(Nagīb Mahfūz)의 작품을 분석하면서, 마푸즈가 서유럽의 정전(canon)에 순응하는 유럽적 가치를 추구하고 이집트 사회의 파노라마적인 비전에 대한 유럽의 기대를 만족시킴으로써 성공했다고 분석하면서 '이국화와 자연화라는 모순적인 동시에 보완적인 특성의 더욱 미묘한 계략'을 거론한 바 있다 (Jacquemond, 1992: 153; 로빈슨, 2002: 57 재인용).

16장
중국의 한국문학작품 번역 출판을 통해 본
문화번역과 문화횡단

중국의 개혁개방 이후 활발해진 한중 문화교류는, 한류 현상으로 인해 한국→
중국의 흐름이 주된 것처럼 보이지만, 그것은 대중문화에 국한된 현상일 뿐
이다. 한류 이외의 분야, 즉 교육과 번역 그리고 관련 서적의 출판 수량에서
보면 중국→한국의 흐름이 압도적이다. 한국과 중국의 문화교류는 외형적으
로 전형적인 번역의 불평등 관계를 노정하고 있다. 물론 한국과 중국의 관계
를 피지배 문화와 헤게모니 문화로 규정할 수 없고 양국 문화에서 헤게모니
를 행사하는 것은 영어권 문화라 할 수 있으며 한중 문화교류는 지구적 시야
에서 볼 때 피지배 문화 사이의 교류로 자리매김할 수 있다. 그런데도 양국
문화의 두터움(thickness)의 차이에서 비롯되는 불균형의 흐름을 부인하기 어렵
다. 이 부분에서는 중국의 한국문학 번역·출판에 대한 고찰을 통해 한중 문
화교류의 문제점과 대안을 모색했다.

1. 한중관계와 한국인의 중국 인식

'비판적 중국연구'를 수행하는 목표 가운데 하나는 한국인의 중국 인식을 심
화·확대하는 것이다. 하지만 전공자를 위한 학술서와 일반 독서 대중을 연
계하는 일은 그리 간단하지 않다. 베냐민(Walter Benjamin)이 「번역자의 과제」

(1923)에서 말한 것처럼, 독자를 위해 전문지식을 친절하게 풀어서 서술하는 저자가 드물 뿐만 아니라, 책의 내용을 노랫말이나 드라마 대사처럼 독자에게 전달하기는 거의 불가능하기 때문이다. 독자 대중과 소통하기 위해서는 그들의 입맛에 영합해야 하므로, '자본화'와 '오락화'를 특징으로 하는 '문화의 상품화' 추세를 따라야 하지만 그 또한 비판적 연구자들에게는 쉽지 않은 일이다. 반중(反中)과 혐중(嫌中)의 흐름이 심상치 않은 요즈음, 지중(知中)과 여중(與中)의 성찰이 절실히 요구된다.

대륙 옆의 반도라는 지정학적 이유로 한국은 중국과 오랜 교류를 이어왔다. 또 같은 이유로 근현대 100년의 공백을 뛰어넘은 수교 이후 중요한 무역 상대국으로 자리 잡는 등 긴밀한 관계를 맺고 있다. 그런데도 중국을 강 건너 불구경하듯 바라보거나 '짱꼴라'[189]라 부르며 맹목적으로 무시하고 혐오하는 한국인의 숫자가 적지 않다. 최근에는 수교 이전의 적대 관계로 돌아가는 것 아닌가 하는 우려도 자아내고 있다. 한국인의 중국 인식을 역사적으로 고찰해보면, 전통 중국에 대한 관습적 존중으로부터 서양의 중국위협론의 영향을 받아 중국 혐오로 나아가는 경향을 읽을 수 있다. 소름 돋는 반공주의의 질곡에 사로잡혀 있던 한국인들에게 마오쩌둥과 사회주의 중국을 처음으로 소개한 이는 리영희 선생이었다. 그러나 리선생의 노력은 강고한 군사독재정권의 삼엄한 경계망 속에서 일반 대중에게 전파되고 유통되기에는 역부족이었다. 그 와중에 민항기 사건과 고르바초프의 페레스트로이카 선언이 있었고, 급기야 베를린 장벽이 무너졌으며, 이후 1992년 드디어 한중수교를 맺음으로써 새로운 한중 관계가 수립되었다.[190]

189_ <표준국어대사전>에 따르면, "일제 강점기에, 중국 사람을 낮잡는 뜻으로 이르던 말"로 풀이했는데, chankoro에서 왔다고 밝히고 있다. <위키백과>에 따르면 청나라 때 만주족의 노예라 칭하는 한족(漢族)을 '청국노(淸國奴)'라 했는데, '청국노의 민남어(閩南語) 발음 'Chheng-kok-lô'가 일본어 '창꼬로(ちゃんころ)'로 표기되었다고 한다(<짱깨>, 위키백과). 중국어 청귀누→민남어 Chheng-kok-lô→일본어 창꼬로(ちゃんころ)→한국어 짱꼴라의 변환 과정으로 유추할 수 있다.

190_ 이 단락은 임춘성(2021b: 378)의 서술 내용을 토대로 수정 보완.

근 1백 년의 공백과 진영 모순을 건너뛴 채 진행된 새로운 한중관계는 다사다난한 과제를 안고 있다. 한중관계는 1992년 수교 이후 지금까지 30여 년 동안 양적으로 비약적으로 팽창한 동시에 양국 간의 체제와 문화의 차이 때문에 우여곡절을 겪어왔다. 한국무역협회 통계자료에 따르면, 한국과 중국 간의 무역총액은 1992년 약 64억 달러에서 2021년 3,015억 달러로, 약 30년 만에 약 47.27배 증가했다(정종호, 2022: 「부록」 <표 1> 참조). 우여곡절의 대표적 사례로 2003년 동북공정, 2005년 전통문화 원조(元祖) 논쟁, 2010년 천안함 피격 사건, 2015년 한중 FTA 공식 발효, 2016년 고고도 미사일 방어체계(THAAD) 배치와 그에 이은 한한령(限韓令) 등을 들 수 있다. 한국도 민주화운동 등 커다란 변화를 겪었지만, 개혁개방 이후 중국의 변화는 천지개벽(天地開闢)에 비유할 만하다. '대국굴기(大國崛起)'라는 중국 관방 레토릭은 국내외에 설득력을 확보했고, '대국굴기'를 바라보면서 그것을 '슈퍼차이나'로 전유(專有)하는 한국 언론매체의 인식 변화는 가히 상전벽해(桑田碧海) 수준이라 할 만하다. 그러나 일반 한국인의 중국 인식은 중국의 거대한 변화를 제대로 수용하지 못하고 있다. 그러는 사이 중국은 G2로 부상했고 21세기 들어 세계의 공장에서 세계의 시장으로 바뀐 중국은 허름한 지하철 약장수에서 큰 손의 유커(遊客)로 한국 면세점을 싹쓸이했다. 시진핑(習近平) 집권 이후 세계 곳곳에서 미국과 대치하고 있는 중국을 바라보면, 도광양회(韜光養晦)의 단계를 통과하고 칼집에서 칼을 빼든 양검(亮劍)의 단계로 접어들었음을 알 수 있다. 그런데도 한국인 상당수는 중국을 제대로 인식하지 못하고 맹목적인 혐중(嫌中)을 뇌까리고 있다. 특히 해방 이후 한국 사회를 주도해온 보수주의자들은 중국의 거대한 변화가 기존 친미 정책에 균열을 일으킨다고 여기고 끊임없이 중국의 굴기를 깎아내렸다. 그 결과 한중수교 이후 우호적이었던 한국인의 중국 인식은 점차 비호감으로 돌아서고 기어코 혐오의 수준에 이르고 말았다.

한중관계에는 여러 가지 복잡한 변수가 작용한다. "미중 전략적 경쟁의 심화, 중국의 급속한 성장에 따른 한중 간 비대칭성 확대, 북한 및 북핵 문제의 고착화, 젊은 세대를 중심으로 확산되고 있는 반중·반한 정서 등의 주요 변수에 의해 움직이게 될 미래 한중 관계는 '경쟁'과 '갈등'의 양상으로 전개될 소지가 다분하다"(정종호: 23~24). 그러나 한국 보수언론의 끈질긴 선전선동으로 자본주의 사회의 모든 문제를 중국 문제로 돌리는 '짱깨주의'가 판치는 한국 사회에서 반중과 혐중 정서는 역대 최고점을 찍고 있다. 자본주의 사회의 모든 문제를 중국 문제로 돌리는 것과 중국의 문제점을 지적하고 비판하는 것은 층위가 다르다. 그런데도 청년 세대의 혐중 정서는 원인 분석이 어려울 정도로 만연되고 최근 대학 신입생 모집에서 중국 관련 학과는 고전을 면치 못하고 심지어 학과명 변경 또는 폐과 수순을 밟고 있다.

반중과 혐중의 흐름이 심상치 않은 한국의 당면 과제는 중국을 제대로 아는 것(知中)이고 중장기 과제는 '중국과 더불어(與中)' 사는 것이다. 지중은 친중(親中)과는 다르고, "국익의 최대화 관점에서 중국을 적극적으로 활용하는" 용중(用中)(최원형, 2022)과도 다르다. 사드 배치와 한한령(限韓令)을 겪은 현시점에서 한국의 지중은 중국의 지한(知韓)과 동보(同步)적일 필요가 있다. 우리만 중국을 이해한다고 한중관계가 수월해지는 것은 아니고 중국이 먼저 바뀌기만을 기다릴 수도 없기 때문이다. 또한 한국 정부와 비교하면 중국 정부의 정책이 중국 인민에게 영향력이 있다는 이유로, "한중 국민 상호 간의 인식 악화 문제를 해결하는 공은 일차적으로 중국 측에 있다고 말할 수 있다"(조영남, 2022: 407)라는 진단은 한국 중심의 일면적 분석이다. 아울러 복잡한 국제관계에서 한국과 중국의 관계에만 초점을 맞출 수도 없지만 그렇다고 한중관계에 미국을 절대 변수로 놓아서도 안 된다. 물론 현재의 미중 갈등으로 인해 한국의 선택지가 넓지 않음에도 집중할 부분은 집중해야 할 것이다. 전통 근린국가이자 주요 무역 상대국을 제대로 아는 일은 피할 수 없는 과업이다.

그러나 지중만으로는 부족하다. 여중(與中)은 지중의 기초 위에 중국과 더불어 공존하고 상호 존중하는 한중관계를 형성하기 위한 기본자세라 할 수 있다. 유세종은 공존의 지혜로 "내가 손해 보고 내어주기도 하고, 또 상대가 내어주게 만들기도 하는, 이중삼중의 면밀한 부동이화(不同而和)"(유세종, 2022: 3)의 정신을 제시했다. '부동이화'는 『논어(論語)』의 '화이부동(和而不同)'을 재구성한 것으로, 이는 '서로의 차이를 인정하면서도 공동의 목표를 추구'하는 '구동존이(求同存異)'의 정신(이희옥 · 최선경, 2022)과 상통한다. 박민희도 '균형잡힌 중국관'을 가지고 맹목적인 '혐중'을 반대하며 '중국과 중국인에 대한 공정한 이해와 동행'(박민희, 2020)을 추구할 것을 주장했다. 이는 쉽지 않은 일이지만 우리가 지향하고 달성해야 할 과제임이 틀림없다. 날로 복잡해지는 주변 환경에 '복잡계의 산물'인 인간 주체는 복잡하게 대응해야 한다. 공부를 게을리 하며 복잡한 것을 단순화하는 것은 우익 보수가 가는 길이다. 공부를 제대로 하는 사람은 복잡한 문제를 복잡하게 고찰하고 복잡하게 대응한다. 그로 인해 대중과 괴리되는 경향을 경계하면서, 복잡한 중국 공부를 포기해서는 안 될 것이다.

"오늘날의 한국에서 비판적 중국연구를 제대로 수행하기 위해서는 한편으로 근대 이후 세계를 지배해온 유럽중심주의를 비판해야 하고, 다른 한편으로 중국중심주의를 경계해야 한다. 전자는 제국주의와 오리엔탈리즘을 양산했고, 후자는 대외적으로 반제를 외치면서 대내적으로 수많은 '내부 식민지(internal colonialism)'를 양산했음을 인지해야 한다"(임춘성, 2022: 270). 이는 비판적 중국연구의 과제로 제기한 것이지만, 한국인의 공정한 중국 인식을 위해서도 극복해야 할 과제다. 특히 '유럽중심주의의 프리즘으로 왜곡된 중국관'은 끊임없이 '중국위협론'과 '중국위험론'을 부추겨 반중과 혐중 정서를 조장해왔음을 잊지 말아야 한다. 중국을 공정하게 이해하는 지중(知中) 공부를 토대로 오랜 지정학적 근린국가인 중국과 더불어 살 지혜를 함께 모색해야 할 것이다. 지중 공부와 여중은 당연하게도 중국과의 원활한 소통을 전제로 하지만, 그 전에 양국이 '환대하고 감사하는'191) '참된 이웃'의 입장에서, '내가

191_ 인간관계의 '환대와 감사의 변증법'에 대해서는 임춘성(2017: 6장 3절)을 참조하라.

손해보고 내어주기도 하고, 또 상대가 내어주게 만들기도 하는' 호수(互酬: reciprocation)의 마음가짐을 다져야 할 것이다.

2024년은 개혁개방 46주년이자 인민공화국 건국 75주년인 해이다. 그리고 한중수교 32주년이란 숫자 또한 빠트릴 수 없다. 청일전쟁 이후 100여 년의 공백을 딛고 새로 시작한 한중관계는 새로운 단계에 접어들었다. 사드 갈등은 한중 양국에 서로를 새롭게 인식할 것을 강요한 바 있다. 한발 앞서 미국화의 길을 가고 있는 것은 결코 한중관계에서 우위를 점할 수 없음을 자각해야 한다. 이는 탈아입구(脫亞入歐)를 통해 서양화를 선점한 일본을 바라보는 한국인의 부정적인 시선을 통해서도 역지사지할 수 있다. 이 부분에서는 한중관계의 발본적인 성찰을 촉구하는 출발점으로 한중간의 번역과 번역비평 그리고 번역연구를 설정한다. 특히 한중 문학번역 가운데 중국의 한국문학 번역·출판에 대한 고찰을 통해 한중 문화교류의 문제점과 대안을 모색했다.

2. 포스트한류와 한국문학

한중 문화교류를 고찰하기 위해 트랜스 네이션(trans-nation), 탈영토(deterritory), 트랜스 경계(trans-border) 등의 문제의식이 요구된다. 여기에서는 이들 문제의식의 구체적 구현으로 최원식의 '포스트한류' 개념을 가져오고자 한다. 포스트한류란 '후기한류'와 '탈한류'의 중층적 의미로, 한류에 대한 기존의 문화패권주의적 발상을 기각하고 한류가 일류(J-pop)와 화류(C-pop)를 매개하여 비로소 동아시아 혹은 아시아를 독자적인 단위로 상상할 수 있게 만든다는 것이다. 그러므로 포스트한류 개념은 동아시아라는 권역에서 관찰해보면 한·중·일 모두 지금까지 자신의 나라를 이끌어왔던 대중문화에 대한 반발이 한류, 일류, 화류로 나타난 것이라는 성찰로 이어진다(최원식, 2007: 20~21). 이런 성찰은 자국중심주의를 뛰어넘어 동아시아 대중문화의 소통에서 자국 문화의 타국 문화 수용 맥락에 초점을 맞추었다는 점에서 소중하다. 이는 문화교류의 쌍방향적 특성을 인지하고 기존의 국가·젠더·인종·세대 등의 경계를 넘어 상호 소통의 희망을 내재할 때 가능한 법이다.

문학은 언어라는 장벽만 극복한다면 국가·젠더·인종· 등의 경계를 넘어 상호 소통의 희망을 주고받을 수 있는 훌륭한 장르다. 오리엔탈리즘의 혐의를 유보한다면, 우리가 세계 명작으로 읽어온 수많은 작품은 그 모범 사례가 될 수 있다. 수많은 고전(古典)과 경전(經典)뿐만 아니라 제3세계 작가의 최근작도 그러하다. "낯설고 먼 오스만투르크의 이야기(오르한 파묵[Orhan Pamuk]의 『하얀 성[Beyaz Kale]』-인용자)가 2000년대 한국 땅에서 보편의 공간을 열"(정홍수, 2007: 51) 수도 있다. 그러므로 한국문학이 진정 타국문학, 동아시아문학, 세계문학과의 소통을 희망한다면 포스트한류의 문제의식을 가져올 필요가 있다. 우선 엄숙문학과 대중문화 사이에 쳐둔 철벽을 열고, 한류를 미국 대중문화뿐만 아니라 일류 및 화류와 소통하며 형성된 문화로 파악하는 포스트한류의 문제의식을 수용해서, 한국문학이 일본문학과 중국문학을 매개하여 동아시아문학이라는 독자적인 단위를 상상할 수 있게 함으로써 동아시아문학 나아가 세계문학과의 소통을 도모할 수 있다는 것이다. 세계문학을 추상적 이념으로 간주하지 않고 '국민문학(national literature)들의 각축·경쟁의 장'(까싸노바의 말. 윤지관·임홍배, 2007: 46)으로 보는 것에 동의한다면, 인근 국민문학과 각축·경쟁하기 위해서라도 각국의 '국민문학과 양방향 또는 다방향으로 소통해야 할 것이다.

그러면 한국문학의 현실은 어떠한가? 한국의 '국민문학이 세계문학과의 소통을 희망한 지 오래지만, 중국문학과의 교류에 국한해 보면 그 소통은 요원해 보인다. 중국문학, 동아시아문학, 세계문학과의 교류는 양적으로 증가했을지 몰라도 그 질적인 성과를 운위하기에는 시기상조라 할 수 있다. 한국문학의 세계화 구호가 제기되어 이른바 노벨문학상 수상 프로젝트 비슷한 것이 가동되기도 했었다. 세계문학과의 소통 또는 세계화를 위해 자연스레 번역에 관심이 집중되었다. 국가 차원의 번역 지원이 문예진흥원 등을 통해 수행되다가 마침내 한국문학번역원이 설립되어 한국 문학작품의 외국어 번역을 전문적으로 담당하게 되었다. 한국문학번역원은 1996년 (재)한국문학번역금고로 출범해서 2001년 (재)한국문학번역원으로 확대했고 2005년 법정 기관화하면서 2006년부터 삼성동 독립청사 시대를 맞이했다. 또한 대산문화재단에서도 지속해서 번역을 지원해왔다.

그동안의 한국문학의 외국어 번역에 대한 평가는 이 글의 몫이 아니지만 한 평론가의 평가는 귀 기울일 만하다. 정여울(2007)은 한국문학 번역에 대해 많은 이야기를 하고 있다. '노벨상 홍역' '이벤트 중심적 사고' '세계문학의 메이저' '국적에 대한 과잉된 엄숙주의' 등은 그녀가 경계 또는 비판하는 데 사용한 용어들이다. 그리고 단순한 소통을 넘어 문화횡단을 기대하고 있다. 영문학자 김성곤(2008)은 '문화번역' 개념을 도입해 "문화적 경계를 넘어, 언어, 사고방식, 행동방식, 가치관 등에 숨어 있는 문화적 의미를 전달하고 교류하는 것"을 지향하면서 번역자를 '문화중재자(cultural mediator)'로 자리매김했다. 번역이 언어번역에 국한된 문제가 아니라 번역과 관련된 기제 문제 그리고 문화번역의 과제가 주목받고 있음을 알 수 있다.

3. 중국의 한국문학작품 번역·출판 현황

한국의 많은 작가의 대부분 작품은 중국어로 번역·출간되었다. 그런데 중국의 중문과 교수들은 대부분 한국문학작품에 대해 무지하거나 무관심하다. 이런 관찰을 통해 텍스트 번역뿐만 아니라 출발언어 국가와 도착언어 국가 사이의 문화를 소통·횡단시키는 기제가 필요함을 절감할 수 있다. 한국문학의 중국어 번역·출판은 번역·출판에 그칠 것이 아니라 문화의 소통과 횡단이라는 문제와 맞닿아 있어야 한다.

한국문학번역원의 개략적인 통계에 따르면 2007년까지 367종, 2017년까지 713종이 중국어로 번역·출간되었다. 외형적 숫자만 보면 양적으로 축적된 듯하지만, 그 내용을 꼼꼼히 들여다보면 그렇게 볼 수만도 없다. 한국문학 번역원 도서관에서 비공식적으로 받은 자료목록('중국어권 한국문학 번역 서지목록(2017)')을 일별하면, 1978년 중국의 개혁개방 또는 1992년 한중수교 이전에 출판된 목록에서는 협의의 '한국문학'에 속하는 도서는 거의 찾아보기 어렵다. 그리고 '조선문학'(북한문학), 중국 조선족문학, 김성종 등의 추리소설, 인터넷소설, 드라마소설, 동화, 만화, 기타 비문학 도서를 제외하면, 현재 중국에 번역·출판된 한국문학작품은 한국문학번역원과 대산문화재단에서 지원받은 목록과 대차 없을 것이다.

이는 중국의 한국 관련 학과의 상황과도 비슷하다. 한국의 대부분 대학에는 중국 관련 학과가 개설[192]되어있고 중국어뿐만 아니라 문학, 역사, 사상뿐만 아니라 정치·경제 등의 사회과학 그리고 최근에는 대중문화까지 강의하고 있다. 그에 반해 중국은 2008년 현재 45개 대학에 한국어 과정이 운영되고 있는데[193] 그나마 대부분 1980년대 이후에 개설되었고 산둥(山東), 둥베이(東北), 베이징(北京)-톈진(天津)에 집중되어 있으며, 그 소속 교원 가운데 한국문학 전공자는 51명에 불과하다(한매, 2008: 179~81). 게다가 관련 학과의 교과과정은 언어(language) 습득 위주로 구성되어 있다. 중국 대학에서 한국 연구는 일부 사회과학 분야를 제외하곤 영세성을 면치 못한 채 대부분 한국 측의 연구비 지원이 있어야 이루어지곤 한다. 이처럼 학술과 교육 차원에서 한중 교류는 극심한 불균형을 보인다. 유학생도 한국에서는 중국 유학생(2만여 명)이, 중국에서는 한국 유학생(5만 4천 명)이 외국 유학생 수 1위를 차지(김도희, 2008: 318)하고 있지만, 중국 인구가 한국의 20배가 넘는데도 한국 유학생 수가 세

192_ 권석환(2002)의 통계에 의하면, 2002년 현재 중국 관련 학과는 140여 개 대학에 설립되어 있는데, 4년제 대학 중 중어중문학과는 58개교이며, 중국어중국학과, 중국학과, 중국언어문화학과, 중국어과, 중국문화학과, 관광중국어과, 중국통상학부 등이 54개교에 이르며, 2년제 대학의 중국 관련 학과는 28개교, 최근에 개교한 사이버 대학에 중국 관련 3개의 전공이 있다고 한다(이종민, 2005: 469 재인용).

193_ 강보유(2007)에 의하면 70개 대학에 한국어 전공 학과가 개설됐다고 한다. 감소 추세에 있음을 알 수 있다.

배에 가까운 사실을 고려하면 이 역시 불균형을 면치 못하고 있다.

여기에서 한 가지 짚고 넘어갈 것은 한중 양국의 문학작품 번역에서 드러나는 불균형 상황이다. 한국의 출판계가 중국소설 번역에 드라이브를 걸면서 중국의 웬만한 작가들의 작품이 다수 번역되고 있는 상황과는 달리, 중국에서 한국문학은 극소수의 작품만이 자발적으로 번역·출판되고 있을 뿐이다. 앞에서 "한국의 많은 작가의 대부분 작품은 중국어로 번역·출간되었다"라고 언급한 사실은 한국문학번역원과 대산문화재단의 지원에 힘입은 바 크다. 한중 문학작품 번역·출판의 불균형은 출판 관행에서 뚜렷이 나타난다. 한국에서 외국 문학작품을 소개할 때면 한국어판 작가 서문과 옮긴이 후기 그리고 작품 해설이 들어가기 마련이다. 물론 출판사와 텍스트에 따라 편차가 있지만, 번역이 단순한 문자번역에 그치는 것이 아니라면 작가와 작품의 배경에 대한 이해를 돕기 위한 장치들이 필요할 터이고 그것이 바로 작가 서문과 옮긴이 해설 등이다. 그리고 사회적 관심은 신간 소개 또는 매체비평으로 반영되고 독자들의 관심은 출판 부수로 증명되기 마련이다. 그런데 중국에서 번역·출판된 한국문학작품을 개괄적으로 검토한 결과, 대부분 중국어판 저자 서문도 없이 최소 부수만 출판되었다. 그리고 한 출판사 편집인과의 인터뷰[194]에 따르면, 그들은 한국어를 모르는 상황에서 한국어 원작과 대조하지도 않은 채 중국어 번역문을 교열하는 수준에서 출판하고 있었고, 그런데도 한국문학번역원의 지원이 있으면 한국문학 시리즈를 기획·출판할 계획이 있으며 그럴 때 한국문학 전담 편집인을 고용할 수 있다고 했다. 이처럼 중국의 한국문학 번역·출판은 대부분 한국 측의 지원을 받아 이뤄지고 있다고 해도 과언이 아니다. 바꿔 말하면, 중국 출판계의 자발적인 추동력은 형성되어 있지 않은 셈이다.

194_ 上海譯文出版社의 한국문학작품 편집을 담당하고 있는 袁松月·管舒寧과의 인터뷰(2008년 7월 21일 출판사 회의실). 이들은 그동안 출판한 28종 가운데 2~3종을 제외한 나머지 작품의 중국어에 문제가 많았다고 평가했다.

'중국어판 작가 서문'과 '옮긴이 후기' 그리고 '작품 해설'의 세 가지가 절대적인 규범은 아니지만, 한국의 출판 관행이라는 점을 고려하면 하나의 지표는 될 수 있다. 그런데 지금까지 중국에서 출판된 작품에서 이 세 가지를 갖춘 번역서가 그다지 많지 않았다. 확인된 것만 꼽아보자면 다음과 같다. 첫째, '중국어판 작가 서문' '옮긴이 후기' '작품 해설'의 세 가지를 갖춘 번역서로 이호철의 『남녘 사람, 북녘 사람(Northerners, Southerners)』과 최수철의 『분신들』, 신경숙의 『외딴 방(A Room Apart)』을 들 수 있다. 이들에 대해서는 아래에서 구체적으로 언급하고자 한다. 그리고 타이완에서 출판된 황석영 소설집(黃晳暎, 1987)도 모범 사례의 하나다. 이는 타이완 광푸(光復)서점에서 출판된 '당대세계소설가독본' 시리즈의 하나로 기획된 것으로, 작가의 대표작 「섬섬옥수」, 「삼포 가는 길(The road to Sampo)」, 「한씨연대기(The Chronicle of a Man Named Han)」, 「객지(Far From Home)」가 번역·수록되었다. 시리즈 총서(總序)와 함께, 작품론(陳寧寧, 1987a)과 작가론(陳寧寧, 1987b)을 덧붙였다. 둘째, 두 가지를 갖춘 번역서로는 이청준의 『당신들의 천국(This Paradise of Yours)』(李淸俊, 2006), 진란(金冉)이 번역한 『흑암지혼—한국분단소설선』(尹興吉, 2004), 박명애가 번역한 『무궁화의 유혹: 한국당대중단편소설선』(尹大寧, 2002), 은희경의 『새의 선물(A Gift from a Bird)』(殷熙耕, 2007), 이문열의 『사람의 아들(Son of Man)』 등이 있다. 또한 이문열의 『젊은 날의 초상』은 역자 서문만 있지만 서문 속에 큰 편폭의 작품론이 포함되었다. 그 외의 역서들은 중국어판 작가 서문도 없이 역자 후기만으로 출판되었고, 심지어 역자 후기조차 없는 것들도 다수 있었다.

이를 통해 중국의 한국문학 번역·출판은 중국에서의 한국문학 연구와 독서에 대한 자생적 축적이 미미한 가운데 한국 측의 지원에 의존하고 있음을 알 수 있다. 그러면 아래에서 협의의 '한국문학' 번역 텍스트에 국한해 몇 가지 긍정적인 사례를 통해 앞으로의 번역·출판 방향을 가늠해보기로 하자.

우선 눈에 띄는 것은 이호철의 『남녘 사람, 북녘 사람』이다. 이 작품은 한국문학번역원의 지원을 통해 번역된 데다 출판 및 홍보 지원을 받은 중국 출판사의 적극적인 섭외를 통해 현지 언론에 8회 정도의 소개·인터뷰·평론 기사가 실렸다(李凌俊, 2004; 成天, 2004; 李雪林, 2004 외). 그러나 기사의 수준은 대부분 '보도자료' 수준에서 역자 후기(崔成德, 2003)에 의거하고 있다. 김동리 의 『무녀도(Picture of Sorceress)』의 경우에도 4회 정도의 기사(楊旭, 2004 외)가 현지 언론에 실렸는데, 그 가운데 재미있는 것은 「한국도 엄숙문학을 좋아한다(韓 國也愛嚴肅文學)」(黃鶯, 2003)라는 기사의 제목이었다. 이 제목은 중국과 한국의 동질성을 지적하고 있지만, 당시 한류가 유행했던 점을 고려한다면 '한국에는 대중문화만 유행하는 줄 알았는데, 한국도 엄숙문학을 좋아한다'라는 의미로 읽힌다. 작가 이호철이 중국 기자와의 인터뷰에서, 한국에서 그다지 유명하지 않았던 통속소설 『국화꽃 향기』가 당시 중국에서 베스트셀러가 된 현상에 대 해 질문을 받고는 그런 통속소설에 아무런 관심이 없다(李雪林, 2004)고 일축해 버린 것도 이런 중국적 맥락에 대한 의도적 무시로 이해할 수 있다.

다음으로 역자의 열정을 꼽을 수 있다. 최수철의 『어느 무정부주의자의 사랑(A Certain Anarchist's Love)』과 『분신들』은 박명애가 번역했는데, 역자는 작가 를 문학 선생님으로 사숙했고 한국의 천재작가를 중국에 소개하고 싶어 번 역·출판했음을 밝히고 있다(朴明愛, 2006). 박명애는 전자 번역서에서 권별 말 미에 해설을 달았고, 후자에서는 중국의 대표작가 모옌[195]의 서문(莫言, 2006) 을 받았으며 저자의 중국어판 서문(崔秀哲, 2006b)도 실었고 역자 해설과 함께 중국인 학자의 해설(宋炳輝, 2006)도 실음으로써, 체제 면에서 가장 완비된 번 역본을 출판했다. 그리고 모옌과 중국인 학자의 글에서 '한국의 카프카'라는 키워드가 나올 수 있는 여건을 만들었다. 중국어판 작가 서문조차 없는 다른 작품들과 비교할 때, 역자 역할의 중요성을 알 수 있다.

195_ 박명애는 모옌 작품의 한국어 역자이기도 하다. 7종 14권 이상을 번역함으로써 모옌 전문번 역가라 할 수 있다. 『술의 나라(1~2)』, 『탄샹싱(1~2)』, 『풍유비둔(1~3)』, 『티엔탕 마을 마늘종 노래(1~2)』, 『풀 먹는 가족(1~2)』, 『홍까오량 가족』, 『사십일포(1~2)』. 다만 번역 의 품질에 대한 평가는 별개의 문제다.

이 두 가지 사례는 자연스레 연구를 유발함으로써 진청위(金成玉, 1995)와 양젠룽(楊劍龍, 2007) 등의 성과도 나왔다. 전자는 이호철의 작품세계를 '문(門)'이라는 키워드를 통해 분석한 분량 있는 글이고, 후자는 상하이사범대학 양젠룽 교수가 중심이 되어 대학원생들과 함께 최수철의 작품을 토론한 내용을 전재한 것이다. 후자도 역자 박명애가 개재(介在)한 것으로 추정된다.

마지막으로 중국 출판사의 자생적 출판을 들 수 있다. 현재 확인된 사례는 신경숙의 『외딴 방』 정도다. 한국의 번역 지원도 받지 않고 출판 지원도 없이 출판되었음에도 초판 1쇄로 1만 부를 찍었는데 이는 한국문학작품의 일반적 인쇄 부수인 5,100부에서 6,100부에 비해 압도적으로 많은 부수임을 알 수 있다. 작가 서문(申京淑, 2006b)과 해설을 포함한 9쪽의 역자 서문(薛舟, 2006), 그리고 한국 평론가의 작품론(白樂晴, 2006) 번역까지 덧붙였다. 『외딴 방』은 중국의 한국문학 번역・출판의 상례에 비추어볼 때 특이한 존재다. 한국문학의 입장에서 볼 때 가장 바람직한 사례고, 이런 사례가 일회성으로 그치지 않고 지속할 수 있는 기제를 만드는 노력이 필요하다. 그에 대한 적절한 평가를 통해 상응하는 명예를 부여[196]하는 것은 격려의 일환으로 볼 수 있다.

4. 중국의 한국문학작품 번역・출판의 과제

이상의 논의를 바탕으로, 중국에서 번역・출판된 한국문학작품이 중국 독서계와 접맥하기 위한 몇 가지 과제를 도출해보도록 하자.

첫째, 작품 선정의 문제. 인문학에서 기준을 세우는 일은 모호하기 마련이다. '객관화・상대화'라는 용어는 자칫 담론 권력의 유희에 그칠 수 있다. 작품 선정은 가능한 다양한 관계자들의 여러 가지 의견을 청취하는 것이 좋을 것이다. 문학번역 사업이 '장기 지속' 과제라는 합의가 전제된다면, 어지간한

196_ 『외딴 방』은 한국문학번역원에서 시행하는 제8회 한국문학번역상 시상식(2007.12.13)에서 번역상을 받았다.

수준의 작품들은 모두 번역의 대상이 될 것이므로 문제는 우선순위일 것이다. 일차적으로 한국문학 전문가들이 장기 지속의 번역과제를 선정한 후, 관계자들의 2차 회의를 통해 우선순위를 결정하는 방법이 있겠다. 관계자들이란 작가와 한국문학 전공자, 번역자, 심사자(해당 외국 문학 전공자와 원어민 전문가), 현지 출판관계자 등을 들 수 있다. 가능하다면 1차 선정위원회는 한국문학 전공자들이 중심이 되어 장기적 번역과제를 선정하고, 2차 선정위원회는 번역자, 해당 외국 문학 전공자와 원어민 전문가, 현지 출판관계자들이 모여 현지에 적합한 작품의 우선순위를 결정하는 것이 필요하다. 장기 과제에서 빠지는 작품들은 자유 공모 방식으로 보완할 수 있을 것이다.

둘째, 작품성 검증. 중국에서 번역을 운위할 때면 옌푸(嚴復)의 기준을 거론하곤 했다. 그는 대표 역서 『천연론』에서 유명한 '신(信)' '달(達)' '아(雅)'라는 번역의 세 가지 기준을 제시했고 그 자신도 그 기준에 맞춰 번역했다. 각각 '충실성' '가독성' '우아함'으로 독해할 수 있는 '신' '달' '아'는 학술서 번역의 유용한 기준일 뿐 아니라 문학작품의 번역에도 활용할 수 있다. 거기에 문학의 심미적 기준이랄 수 있는 '함축성과 '상징성'을 의미하는 '흥(興)'197) 정도를 추가할 필요가 있다.

셋째, 심사의 기준과 제도. 한국문학번역원의 경우 공모 시와 결과물 제출 시 심사를 하고 있다. 필자도 여기저기의 이런저런 심사에 참여해 보았지만, 결과물이 나온 상황에서는 통과를 전제한 보완적 심사를 하기 마련이다. 엄격하게 심사를 해보기도 했지만 혼자 엄격한 기준을 내세우는 것이 소수 견해가 되기 쉽고 해당 기관(대개는 국가기관)의 담당자들도 별로 환영하지 않는 눈치였다. 그리고 까다로운 심사자에게는 이후에 심사를 흔쾌하게 맡기기 어려운 것도 인지상정(人之常情)일 것이다. 이런 점들까지 고려해 심사기준과 제도를 정비할 필요가 있다. 최소한의 기준—이를테면 번역·출판 후 도착언

197_ 『시경(詩經)』의 부(賦)·비(比)·흥(興)의 흥.

어 국가에서 한국문학과 한국을 이해하는 데 도움이 되면서 순통한 도착언어로 번역하는 것 등이 담보되어야 한다—을 설정해서 그 기준을 엄격하게 준수해야 한다. 점수제로 환산해서 기준 점수 이하를 탈락시키는 것도 한 방법일 것이다. 다년도 번역과제에 1~2회의 중간심사를 도입하거나 심사자 수를 증원하는 방법도 고려할 만하다. 특히 심사자에게 '이 상태로 현지에서 출판해도 좋은지'에 대한 의견을 묻는 것이 필요하다. 이와 관련해서 한국문학번역원의 점수 부여 방식에 대한 보완으로 '출판 가능' '출판 추천' '수정 후 출판 가능' '출판 불가' 등의 기준(박혜주, 2007: 71)을 적용하는 것도 고려해야 한다. 원어민 심사자도 한국문학번역원의 사업을 잘 이해하고 성실하게 심사해줄 도착언어 국가의 현지 전문가 풀을 확보하는 것도 중요하다. 이와 관련 국가번역시스템 구축을 위한 '번역평가 기준표'(박경희, 2007: 86)와 문학번역 평가시스템을 위한 심사지(박혜주: 84~93) 등에 기초해 심사기준과 제도를 가다듬을 필요가 있다.

넷째, 에이전시 또는 중재자의 필요성. 한국문학번역원은 유사 업무기관과의 협조를 통해 현지 홍보 활동을 강화할 필요가 있다. 이를 통해 현지 관계자들과의 네트워크를 구축하고 적극적인 홍보를 수행할 수 있다. 홍보 전략 가운데 중국 주류 담론과의 연계가 필요하고, 현지 평론가들의 토론회를 조직하는 것도 바람직하다.

다섯째, 중국 출판 기제에 대한 이해. 중국에서 출판 관리는 기본적으로 중국공산당 중앙위원회의 선전부에서 담당한다. 이는 우리 군사독재정권 시절의 문공부와 대동소이하다 할 수 있다. 현재 선전부의 간섭은 예전 같지는 않지만 오랜 기간 검열을 받다 보면 자신도 모르게 출판사 자체의 내부검열 또는 편집인 자신의 자기검열 등이 작동할 수 있다. 선전부에서 일일이 지시하지 않아도 '이 부분은 현 중국 사회에 적합하지 않다'라는 식의 검열 기제가 존재한다는 것이다. 또 하나 주지할 것은 출판사에 전문 인력이 많은 점이다. 이들의 전문성은 학자와 편집을 겸하는 인력이 풍부하다는 것으로 표현된다.

그러나 한국문학 전문가는 그리 많지 않다. 그러므로 한국문학의 가치와 맥락을 이해하는 편집자의 배양도 염두에 두어야 한다.

여섯째, '한국문학 번역원(Korea Literature Translation Institute)'에서 '한국 문학 번역원(Korea Institute of Literature Translation)'으로의 확장. 한국문학번역원의 현재 업무는 기우뚱하다. 그것은 한국문학의 외국어 번역에 국한되어 있는 사실에 기인한다. 이 기우뚱함을 바로잡으려면 그리고 문화교류의 쌍방향성을 고려한다면 외국문학의 한국어 번역도 한국문학번역원의 업무로 아울러야 한다. 이에 대해 영역 확장 또는 그로 인한 혼란 야기 등의 비판이 있을 수도 있지만, '한국문학의 외국어 번역'과 '외국문학의 한국어 번역'의 두 날개를 가짐으로써 더욱 균형 있는 문학번역의 소임에 충실할 수 있다. 나아가 한국문학 번역의 목표 가운데 하나인 '한국문학 세계화'를 위해서도 '외국문학의 한국화'가 병행되어야 하는 법이다. 후자를 구현하는 방법 가운데 하나는 '외국문학 번역상'의 제정이다. 현재 한국의 출판계는 자기 동력을 가지고 외국 작품을 선택해서 한국 독자에게 알리고 있는 만큼, 별도의 번역 지원보다는 결과물에 대한 장려가 효과적일 것이다.

5. 원활한 소통과 횡단을 위하여

이상으로 중국의 한국문학 번역·출판 현황을 고찰하고 이후 활발한 번역·출판을 위해 몇 가지 과제를 제시해보았다.

대부분 국가에서는 도착언어 국가에서 출발언어 국가의 텍스트를 번역하는 것이 자연스러운 현상인데, 한국문학의 중국어 번역은 출발언어 국가인 한국에서 추동하고 있다는 점이 특이하다. 이 특이함은 순기자연(順其自然)을 기다리지 않고 인위적인 촉진작용을 하는 것과 연계되어 있다. '번역연구'에서 번역의 외국화(foreignization)와 자국화(domestication)에 대한 논의가 있다. 전자가 출발언어에 충실함을 강조한다면 후자는 도착언어의 맥락에 동화시키는 것을 중시하는 것이다. 외국화주의(foreignism) 번역이론가들은 자국화 번역을 최악의 번역으로 간주(더글러스, 2002: 188)하지만, 한국 측에서 촉진하는 한국 문학의 중국어 번역은 수용 문화에 동화되는 자국화 번역에 가깝고 한 걸음 나아가 '현지 적응'이라는 과제를 의식해야 한다.

서두에서 말했지만, 현재 한중 문화교류는 심각한 불균형 상태를 드러내고 있다. 한류(K-pop)가 유행하기 이전에 중국인들은 일류(J-pop)와 칸토 팝(Canto-pop)을 즐겼었고 지금은 중국 대중문화에서 자신들의 기호품을 찾았다고 보아야 한다. 자랑스러운 중국인 장이머우가 있고 '화인의 빛(華人之光)' 리안이 있는데 굳이 한국의 대중문화에 열광할 필요가 없어진 것이다. 베이징 올림픽을 훌륭하게 마무리한 후 더는 부러운 시선을 '바깥(外)'으로 향할 필요가 없어졌다. '가운데'(中國)만으로 충분하게 되었다. 중국식 블록버스터(大片)가 국제적으로 공인받고 있는 시점에 <대장금>에 열광했던 스스로에 대해 혐오감을 느낄 수도 있을 것이다. 더 중요한 것은 한류 이외의 분야, 교육과 번역 그리고 관련 서적의 출판 수량에서 보면 중국→한국의 흐름이 압도적이라는 점이다. 포스트식민주의 번역 이론가인 자크몽(Richard Jacquemond)은 프랑스와 이집트의 접촉에 초점을 맞추어 헤게모니 문화와 피지배 문화 사이의 번역 불평등에 대해 논술했다. 그에 의하면, 헤게모니 문화는 피지배 문화 속에서 번역 때문에 재현되는데, 그 번역은 그 역의 경우보다 수적으로 훨씬 많고 폭넓은 독자 대중에게 흥미로운 것으로 인식되며 그들이 헤게모니 문화에서 나왔기 때문에 선택된다고 한다. 피지배 문화도 헤게모니 문화에서 번역 때문에 재현되기 마련인데, 이 번역은 그 역의 경우보다 수적으로 훨씬 적고 어렵고 전문가의 관심에만 적합하며 헤게모니적 전형들에 순응하는 것만 선택된다(Jacquemond, 1992; 로빈슨, 2002: 52~53 요약 재인용). 한국과 중국의 문화교류는 외형적으로 전형적인 번역의 불평등 관계를 드러내고 있다. 물론 한국과 중국의 관계를 피지배 문화와 헤게모니 문화로 규정할 수 없고 양국 문화에서 헤게모니를 행사하는 것은 영어권 문화라 할 수 있으며 한중 문화교류는 지구적 시야에서 볼 때 피지배 문화 사이의 교류로 자리매김할 수 있다. 그런데도 양국 문화의 두터움의 차이에서 비롯되는 흐름을 부인하기는 어렵다. 중요한 것은 교류에서 드러나고 있는 불균형과 불평등을 직시하는 것이다.

한중 문화교류의 불균형은 문학작품 번역에서 심각하게 드러나고 있다. 중국 문학작품이 한국에 대량으로 번역·소개되는 것과는 달리, 한국 문학작품은 한국의 지원 없이는 제대로 소개되지 않고 있다. 문학 범주에 국한해 보면 한중 교류의 근본적인 패러다임을 수정해야 할 시점이다. 이를 위해, 앞에서 말한 여섯 가지 외에도, 중국의 담론 권력에 주목할 필요가 있다. 큰 윤곽으로 볼 때 현재 중국 문학계 또는 평론계에는 한국문학의 자리는 미미하다. 지금은 문을 닫았지만 상하이의 대표적인 인문사회과학 전문 서점이었던 지펑수뎬(季風書店)에는 일본문학 전용 서가는 있어도 한국문학은 전용 서가는커녕 작품이 진열조차 되어있지 않았다. 이는 한국문학의 성과가 중국에 홍보가 되지 않은 탓도 있지만 서유럽문학에 경도된 한국 문학계의 풍토에도 원인이 있다. 해방 이후 한국 문학계는 영미문학과 프랑스문학 그리고 그 영향을 받은 한국문학의 연합체가 주도해왔다. 바꿔 말하면, 영미문학과 프랑스문학으로부터 영양분을 공급받아 한국 문학계를 양육하다 보니, 기타 문학에 대한 전반적 경시 풍조가 만연했다. 한국문학을 대표하는 학자와 평론가들의 중문학 이해는『삼국연의』에 묶여 있고 근현대에서도 루쉰을 벗어나지 못하고 있다. 중국의 학자와 평론가들의 상황도 대동소이하다. 이런 상황을 타파하고 한중 문화의 소통을 위해서는 양국의 담론 권력 주체들의 만남이 이뤄져야 한다. 한국의 국문학자들이 중국 학자들의 글을 직접 읽고 필요한 부분을 인용할 수 있고, 중국의 평론가들에게도 한국 학자들의 글이 읽히고 논의되는 지적 풍토가 조성되어야 할 것이다. 동조든 비판이든 상호 간에 읽기를 통한 이해가 선행되어야 교류가 이뤄질 수 있는 법이다. 자신의 것을 들이대는 수준이 아니라 상대방에 대한 진지한 관심이 필요한 시점이다. 최근 양국 작가들의 대면은 개방적 자세로 양적 축적이 지속한다면 진정한 소통의 성과를 기대할 수 있을 것이다. 이런 과정을 통해, 한국의 중문학자가 중국에 번역된 한국 문학작품과 연구 성과를 검증하고 한국의 한국문학자도 한국에 번역된 중국 문학작품과 연구 성과를 점검함으로써, 상호 이해와 소통으로 나아갈 수 있을 것이다. 그것이 한중 문학 교류의 지름길이고 나아가 세계문학과 소통하는 한국문학으로 나아가는 길이다.

17장
진융 소설 번역을 통해 본 한중 문화번역의 정치학

1. 두터운 문화 텍스트를 읽는 즐거움과 쓰는 괴로움

진융에 관한 이야기를 나누는 것은 즐거운 일이지만 그에 관한 글을 쓰는 것은 고통스럽다. 고통의 첫 번째 이유는 강호에 와호(臥虎)와 장룡(藏龍)이 많기 때문이다. 내가 그동안 만난 대부분의 중국인 가운데 진융을 모르는 사람이 없었고 게다가 저마다 자신의 독특한 견해를 가지고 있었다. 그래서 진융을 화제에 올리면 최소한 한두 시간은 열띤 대화를 하기 마련이었다. 한국의 대표적 진융 사이트인 <곽정과 양과>[198]를 보면 그와 유사한 느낌이 든다. 그곳을 서핑하다 보면 상당한 공력을 느낄 수 있는 글들을 자주 접하게 된다. 이처럼 수많은 고수가 운집해있는 강호에 뭔가 새로운 것을 제시하기란 쉽지 않은 일이다. 그러므로 진융에 대한 글을 쓴다는 것은 그저 내가 여러 차례 읽으면서 들었던 느낌과 틈틈이 떠올랐던 생각을 밝히고 그것들이 과연 가능한 '초식'인지에 대해 강호 고수들의 의견을 듣고자 함이다.

고통스러움의 또 한 가지 이유는 글을 쓰기 위해서는 자신이 좋아하는 것을 분석하고 편집해야 하는데 그 과정에서 대상에 대한 경외심이 없어지기 때문이다. 진융 연구에 발을 들여놓기 전 내 침대 머리에는 항상 『金庸作品集』

198_ https://cafe.daum.net/kim0 지금은 카페지기의 부재중으로 아쉽게도 개점 휴업 상태다.

가운데 한 권이 놓여있었다. 자기 전 1시간 정도 진융의 작품을 음미하는 즐거움은 그 무엇과도 바꿀 수 없었다. 때로 보던 책을 누군가 치워버리기도 하지만 그에 개의치 않고 다음 권을 집어들 수 있었다. 이야기 줄거리를 파악한 상황에서 다음 이야기에 대한 호기심으로 조급할 필요도 없었고 어떤 장을 넘겨도 읽는 재미의 차이가 별로 없었기 때문이다. 특히 절묘한 표현과 플롯을 접할 때의 즐거움은 횟수를 더해도 그 묘미가 떨어지지 않았다.

그러나 진융 연구를 시작하면서 그 즐거움은 사라지고 말았다. 시간에 쫓겨 과제를 완수해야 하는 대상을 잠자리에까지 가지고 갈 사람은 많지 않을 것이기 때문이다. 그래서 나는 진융을 심층적으로 연구하려다 오히려 즐거움을 잃고 말았다. 그러나 바꿔 생각하면 진융 작품만큼 재미있게 그리고 꼼꼼하게 읽은 텍스트가 많지 않다. 때로는 주인공의 성장 과정에, 때로는 지고지순한 사랑에, 때로는 문화화된 무협에, 그리고 절묘한 중국어 표현에 매료되곤 했다. 매번 읽을 때마다 재미를 느끼는 지점이 다르다는 것은 텍스트의 층위가 두텁다(thick)는 것이다. 진융의 작품은 '문화적 두터움(cultural thickness)'을 가진 텍스트라 할 수 있다. 이는 다양하게 해석될 수 있는 복합적인 의미구조로 이루어졌다는 의미다.

'두터움'은 기어츠(Clifford Geertz)의 맥락에서 힌트를 받은 개념이다. 기어츠는 『문화의 해석』에서 인류학의 에스노그라피 작업의 방법론으로 '중층 기술 또는 두터운 기술(thick description)'을 제시했다. 이것은 기어츠가 라일(Gilbert Ryle)에서 빌려온 개념이다. 라일은 눈의 경련과 윙크에 대한 '현상적' 관찰은 동일한 해석에 이를 수 있지만(현상 기술, thin description), 그 현상의 이면에 위계적으로 연결된 여러 층위의 의미구조가 존재하는 것을 인지하고 그것을 파악하려 할 때 '두터운 기술'[199]을 한다고 했다. 기어츠는 이 개념을 에스노그라피 작업에 적용했다. 인류학자가 현지조사에서 당면하게 되는 상황이란

199_ 번역자는 '중층 기술'이라고 옮겼다.

"여러 겹의 복합적인 의미구조이며, 이 개개의 의미구조들은 서로 중복되면서 복잡하게 얽혀 있다"(기어츠, 1996: 20). 그러므로 인류학자는 그 상황을 사후에 설명하기 위해 조사 당시 상황을 파악하기 위한 다양한 조사 작업을 해야 한다는 것이다. 이 글에서는 다양하게 해석될 수 있는 복합적인 의미구조를 가진 텍스트를 '두터운 텍스트(thick text)'로 상정하고, 그런 텍스트가 가지는 문화적 함의를 '문화적 두터움'으로 설정했다. 진융의 작품은 '문화적 두터움을 가진 두터운 텍스트'라 할 수 있다.

2. '20세기중국문학'의 '조용한 혁명'과 홍콩문학

우리가 '중국 근현대문학'의 윤곽조차 제대로 파악하지 못하고 있을 1950년대 중엽, 그리고 대륙에서는 사회주의 개조 및 건설의 메아리가 '반우파(反右派) 투쟁'으로 변질하고 있을 무렵, 홍콩에서는 '20세기중국문학'의 '조용한 혁명'이 시작되었다. 처음에는 중국의 연구자들조차 주목하지 않았다. 그러나 수많은 독자를 확보한 이 문학혁명은 통속문학에 대해 편견이 있던 학자와 교수들을 강박(强迫)하여 그것에 관심을 가지지 않을 수 없도록 했다. 그것은 다름 아닌 진융의 무협소설이었다. 식민지 홍콩에서 싹을 틔워 분단의 땅 타이완을 휩쓴 진융의 무협소설은 1980년대에는 역으로 대륙에 상륙했다. 중국 대륙에 불어닥친 '진융 열풍'은 그의 이름을 모르는 중국인이 거의 없게 할 정도로 강렬했다. 이제 진융의 무협소설은 '중국적임(Chineseness)'[200]을 구성하는 하나의 요소가 되었다.

진융은 1955년 첫 작품 『서검은구록』을 발표하면서 무협소설 애독자들의

200_ Chineseness의 번역어는 다양하다. 네이버 사전에는 '중국적임' '중국스러움'으로 표기되어 있고, 중국학계에서는 '中國性'이라는 번역어를 수용해 '중국성'으로 음역하는 경향이 있다. 이 글에서는 Chineseness가 Chinese의 명사형이고, Chinese가 '중국적' '중국의'라는 의미를 지닌 형용사라는 점을 고려해, '중국적임'으로 번역했다.

관심을 끌었고 이듬해 『사조영웅전』의 발표는 그의 작가적 명성을 반석 위에 올려놓았다. 1955년부터 약 16년간 진융은 12편의 장편과 3편의 중편을 발표했다. 이 작품들은 다른 사람의 작품을 '중복(重復)'하지 않았음은 물론이고 자기 자신의 작품도 중복하지 않았다. 작가로서 성공을 거두고 대협(大俠)이라는 칭호를 받을 정도로 명성을 누리던 1974년 그는 돌연 봉필(封筆)을 선언하여 세간을 놀라게 했다. 그 후 진융은 일반인의 고정관념을 깨고 10여 년의 공력을 기울여 신문 연재 시 미비했던 점들을 수정했다. 1994년 그의 작품집 36권이 베이징 싼롄(三聯)서점에서 출간되었고, 같은 해 진융은 베이징대학에서 명예교수직을 받았으며, 아울러 '20세기 중국소설 대가' 서열에서 루쉰과 선충원(沈從文) 등에 이어 4위에 자리매김하기도 했고, 이듬해에는 베이징대학 중문학부 대학원에 '진융 소설 연구'라는 과목이 개설되기도 했다.

그의 무협소설의 가장 큰 특징은 대부분 구체적인 역사 배경을 가지고 있다는 점이다. 그는 실제의 역사 사건을 강호(江湖)라는 가상의 세계와 결합해 그 속에서 생활하고 성장하는 핍진(逼眞)한 형상들을 그려냈다. 우리에게 '영웅문 3부작'으로 알려진 '사조삼부곡'의 주인공, 곽정(郭靖)과 황용(黃蓉), 양과(楊過)와 소용녀(小龍女), 장무기(張無忌)와 조민(趙敏) 등은 송(宋)-원(元) 교체기로부터 원(元)-명(明) 과도기라는 역사 배경과, 동사(東邪)－서독(西毒)－남제(南帝)－북개(北丐)－중신통(中神通)이라는 무림의 대종사(大宗師)가 좌지우지하는 강호의 환경 속에서 우리에게 살아 숨 쉬는 생생한 모습을 보여준다. '역사-강호-인성'의 삼중구조는 진융 소설의 특징적인 측면이다. 이 외에도 여러 작품이 명(明)-청(淸) 교체기를 배경으로 삼아 활발한 시대 분위기를 작품의 배경으로 삼고 있음도 지적되어야 할 것이다.

그의 소설의 또 다른 특징은 작품에서 묘사되는 강호와 협객(俠客)들이 '근현대적인(modern) 정보'를 지니고 있다는 점이다. 그의 작품에 등장하는 인물들은 고대 중국인의 옷을 입고 과거의 시공간에 살고 있지만 그들의 사유 방식과 행동양식은 근현대인의 그것과 유사하다. 그러므로 그들에게서 우리는 인생에 대한 우환(憂患) 의식을 발견할 수 있고 20세기 인류 문명이 지닌 비관주의와 회의 정신을 읽어낼 수 있다. 특히 주인공들이 대부분 고아로 설정된 점은 위의 특징들을 부각하기 위한 장치로 읽을 수 있다. 아울러 진융 소설은 중국의 한자 문학이 창조해낸 예술적 상상력이 극치에 이르렀음을 상징하고 있다. 국내 번역본이 이 부분을 얼마나 구현해낼 수 있는지가 일반 독자들이 진융을 제대로 이해하는 관건의 하나라 할 수 있다.

진융의 작품이 가지는 문학사적 의미는 통속문학과 엄숙문학 사이의 경계와 영역을 허물어버림으로써 무협소설을 예술의 전당에 올려놓았다는 점이다. 아울러 5·4 신문학에 억압되었던 '본토문학'의 전통을 부활시킨 점도 함께 꼽아야 할 것이다. 1990년대에 이름있는 학자들이 진융에 관한 글들을 속속 발표했고 전문 연구서가 출판되기도 했다. 국제 규모의 '진융 학술토론회'도 개최되었을 뿐만 아니라 '진쉐(金學)'라는 용어가 나올 정도다. '진융 현상'은 신시기(新時期) 전기에 있었던 '왕숴(王朔) 현상'이나 '『폐도(廢都)』 현상'과는 그 맥을 달리하는 문화사적 사건으로 보아야 한다. 1955년 신문 연재 때부터 지금까지 반세기 넘게 지속해서 독자층을 확대 재생산하면서 단순한 저널리즘적 흥미 유발에 그치지 않고 학문적 연구대상으로 그 영역을 넓히고 있다. 우리는 진융의 작품을 재미있는 무협소설로만 볼 것이 아니라 중국의 전통문화와 근현대인의 인성과 심리가 내재된 문화 텍스트로 인정해야 할 것이다. 그것은 중국 문학의 전통 형식을 보유하면서도 근현대적인 내용을 풍부하게 보유하고 있는 '중국 본토문학'의 집대성자다. 그러므로 진융 소설은 타이완과 홍콩 그리고 대륙에 이르기까지, 나아가 해외의 화인들뿐만 아니라 외국 독자들을 보유함으로써 대중성을 확보하고 있다.

진융의 작품은 대륙과 홍콩, 타이완 그리고 여러 지역의 화인들을 통합하는 기제의 가능성을 가지고 있다. 1955년 신문에 연재되면서부터 수많은 중국인이 그의 작품을 애독했고, 작품들이 끊임없이 연속극과 영화로 재생산되는 것을 보면 중국인들이 진융을 매개로 하여 다시 통합되는 것은 아닐까 생각해보지 않을 수 없다. 이런 현상들은 '국민문학(national literature)으로서의 진용 소설'의 가능성을 우리에게 암시하고 있다.

그런데 우리는 진용 문학의 탄생지인 홍콩과 관련해 진용의 작품을 고찰할 필요가 있다. 사실 우리에게 홍콩문학은 생소하다. 더구나 1997년 중국으로 반환된 홍콩이기에 지금은 그 의미가 반감될 수 있다. 그러나 홍콩문학은, 독립 개념으로든 중국문학의 하위개념으로든, 분명 존재했고 지금도 그에 대한 논의가 끊이지 않고 있다. 홍콩문학에 대한 이슈는 두 가지다. 하나는 작품이 '홍콩의' 문학인가 '홍콩에서의' 문학인가 하는 공간의 문제이고, 다른 하나는 '홍콩 본토의식' 유무이다. 본토의식은 홍콩문학의 정체성과 연결된다. 전자의 이슈에 대해 렁핑콴(梁秉鈞, 필명 也斯)은 화자와 관점에 주의해야 함을 지적하고 있다. '누가 어떤 위치에서 이야기하는가'가 중요한 셈이다. 렁핑콴은 기존의 두 가지 서사—'국제도시 서사'와 '중화 국민 서사'—를 단호히 거부한다. 그리고 홍콩에 관한 모든 서사는 홍콩의 맥락에서 벗어나지 않아야 한다고 말한다. "지금 이 곳의 우리의 생각"에 기반을 두어야 한다고 주장한다(也斯, 1995: 11). 중국 편입 이후 재국민화(re-nationalization)가 진행된 지 20년이 넘는 시점에 렁핑콴의 주장은 설득력이 약화되었지만, 진용 문학에 대해서는 여전히 유효하다. 진용의 텍스트는 홍콩 컨텍스트와 과연 어떤 관계를 맺고 있을까?

진용은 1955년부터 약 16년간 '홍콩에서' '12편의 장편과 3편의 중편'[201]을 발표했다. 그러나 진용 작품은 홍콩에서 창작되고 발표되었음에도 홍콩과 직접적인 관련이 없다. 그의 텍스트들은 내용이나 배경에서 홍콩을 다루고 있는 것이 하나도 없다. 그러므로 앞의 논의에 따르면, 진용 작품은 '홍콩의'

201_ 『서검은구록』(1955), 『벽혈검』(1956), 『설산비호』(1957), 『사조영웅전』(1957), 『신조협려』(1959), 『비호외전』(1959), 『의천도룡기』(1961), 「백마소서풍」(1961), 「원앙도」(1961), 『천룡팔부』(1963), 『연성결』(1963), 『협객행』(1965), 『소오강호』(1967), 『녹정기』(1969), 「월녀검」(1970).

문학이 아니라, '홍콩에서의' 문학인 셈이다. 그러나 반드시 지적해야 할 점은, 진융 소설이 '홍콩에서의' 문학에 속함에도 불구하고 그것이 중국을 대표하고 있다는 점이다. 이는 대륙에 중화인민공화국이 들어서면서 이른바 '대중문화'를 자본주의의 퇴폐적 산물로 규정하고 모두 금지함으로써 영화와 무협소설로 대표되던 대중문화는 타이완과 홍콩으로 건너갈 수밖에 없었던 역사와 밀접한 관련이 있다. 신중국 건설 이후 개혁개방 이전까지 타이완과 홍콩의 대중문화가 중국을 대표하게 되었다. 특히 대륙과 교류가 없었던 한국에서는 홍콩영화가 중국영화로 수용되었다.202) 홍콩문화는 영화와 문학에서 대중성이라는 특성을 아우르면서 독특한 풍격(風格)을 갖추고 있다. 그런데 우리가 주목해야 할 또 한 가지는 "동아시아의 현대문화는 홍콩영화를 빼놓고는 이야기할 수 없으며, '홍콩문학'이라는 말이 이미 20년 전에 등장한 것처럼, 새로운 동아시아의 도시문학이 이곳에서 탄생했다"(후지이, 2002: 7~8)라는 말처럼, 홍콩문화는 영화와 문학에서 대중성이라는 특성을 아우르면서 독특한 풍격을 갖추기 시작했다. 그 독특한 풍격은 "본지 작가와 외래 작가의 병존, '통속문학'(주로 대중적 취미를 근거로 함)과 '엄숙문학'(내용의 심화와 기교의 創新을 추구)의 병존, 좌파 작가와 우파 작가의 병존, 컬럼의 잡문(雜文)을 주요 장르로 함'(黃維樑, 1997: 548) 등의 특징을 가지고 있다. 이렇게 볼 때 진융의 무협소설은 홍콩문학의 독특한 풍격에 상당한 영향을 받았다. 특히 '통속문학과 엄숙문학의 병존'은 최근 진융의 무협소설을 논할 때 자주 언급되는 '아속공상(雅俗共賞)'의 경지를 일컫는 말인데, 이는 홍콩의 개방적이고 혼종적 분위기에

202_ 다음의 글은 저자의 직접 경험을 토대로 서술한 것이다. "장이머우와 허우샤오셴이 알려지기 훨씬 전, 우리는 홍콩영화를 중국영화의 전부로 알았고 홍콩영화는 한국인의 주요한 오락거리의 하나였다. 초등학교 6학년 시절(1968년) 중학교 무시험 입학제도가 발표된 후 첫 휴일이었던 '제헌절', 입시에서 해방된 기쁨을 만끽하기 위해 친구들과 『삼인의 협객』을 감상한 것이 내 기억 속의 첫 번째 홍콩영화였다. 이후 지미 웡(Jimmy Wong, 王羽)은 '외괄이 시리즈'와 함께 나에게 친숙한 외국 배우가 되었고 1970년대의 브루스 리(Bruce Lee, 李小龍)가 그 뒤를 이었으며 그 후 재키 찬(Jackie Chan, 成龍)이 나왔다"(임춘성 · 홍석준 외, 2005: 187~88). 당시에는 홍콩영화라고 인지한 것이 아니라 중국영화라고 생각했었다.

힘입은 바 크다 할 수 있다.

3. 『사조영웅전』 꼼꼼하게 읽기

진용 무협소설의 번역 상황을 고찰하기 전, 우리에게는 『영웅문』 1부와 3부로 알려진 그의 대표작 『사조영웅전』과 『의천도룡기』를 꼼꼼하고 두텁게 읽어보자. 먼저 『사조영웅전』을 읽어보자.

첫째, '역사의 허구화'와 '허구의 역사화'. 대부분 구체적인 역사 배경을 가지고 있는 것은 진용 무협소설의 커다란 특징이고, 왕조 교체기라는 과도기를 선택한 것은 작가의 탁월한 식견을 보여준다. 우리는 『사조영웅전』을 통해 송과 금의 남북 대치, 사막에서 성장해가는 몽골 부족의 모습을 구체적으로 이해할 수 있다. 한 걸음 더 나아가 진용은 역사를 형해화한 모습으로 제시하는 것이 아니라, 재미있는 이야기와 결합해 보여주고 있다. 예를 들어 몽골 사막의 역사 영웅 칭기즈 칸의 인간적인 삶의 면모에 대한 묘사가 그것이다. 역사를 허구(fiction)와 결합한 것이다. 그에 그치지 않고 '화산논검(華山論劍)' 등의 허구적 이야기는 소설 전체를 규정하는 배경이 됨으로써 독자들이 '사실'로 느끼게 만들고 있다.

둘째, '화산논검'의 전통과 '건곤오절(乾坤五絶)'은 『사조영웅전』의 강호 배경을 구성한다. 화산은 오악(五嶽) 가운데 서악(西嶽)으로, 오경(五經)에서는 『춘추(春秋)』에 해당한다. 그렇다면 화산논검은 '역사 평가'라는 함의를 가지게 된다. 1차 화산논검의 직접적인 동기가 『구음진경』으로 야기된 강호의 혼란을 막고자 함이었음을 상기한다면, '역사 평가'라는 의미는 더욱 확고해진다. 화산논검의 주역들은 당대 고수 중의 고수인 건곤오절이다. 동사 황약사는 사악하면서도 바름을 가지고 있다. 서독 구양봉은 독랄하지만 자기 나름의 기준과 절제가 있다. 남제 단황야(훗날 일등대사)는 존귀한 황제이면서도 사랑하는 여인에 대한 질투에 눈이 먼 필부(匹夫)의 모습을 보여준다. 북개 홍칠공은 개방의 방주로서 호방한 성격과 대의명분을 추구하지만 식탐이 있다. 그리고 중신통 왕중양은 전진교(全眞敎)를 창시한 실제 역사 인물이다. 이들은 주인공들과 긴밀한 관계를 맺으면서 강호 배경을 형성하고 있다.

셋째, 대협(大俠)의 성장 과정. 이 소설의 주된 줄거리는 신세대 영웅인 곽정과 황용의 성장 이야기다. 역사와 강호는 이들의 성장 과정 및 그에 얽힌 인물들의 이야기와 긴밀하게 연계되면서 생생한 삶의 현장으로 바뀐다. 성실하지만 우둔한 곽정과 영민하고 총명한 황용의 만남과 성장에 관한 이야기는 몇 번을 읽어도 손에 땀을 쥐게 한다. 주인공 곽정과 반면 인물 양강의 이름은 '정강의 치욕(靖康之恥)'을 잊지 말라는 취지에서 구처기가 지어준 이름이다. "남들이 한 번 하면 나는 열 번 한다"라는 '자신을 아는 밝음(自知之明)'과 굳건한 의력(毅力), "불가능한 것을 알고도 행한다(知不可爲之而爲之)"라는 정의(正義)로움, 멸사봉공(滅私奉公) 등은 곽정의 성격을 형상적으로 나타내고 있다. 특히 무술 수련 과정에서 초기에는 거의 진전이 없다가 '항룡(降龍) 18장'을 익히면서 비약적인 발전을 이루는 모습은 진용의 또 다른 특색인 '무공의 개성화'를 잘 보여주고 있다. 곽정은 흡사 항룡 18장을 위해 태어난 사람 같다. 어눌하고 순박하지만 우둔하고 치졸한 아이가 대협으로 성장하는 과정, 그것이 바로 『사조영웅전』의 '평범한 영웅'의 이야기인 셈이다. "나라와 백성을 위하는 자가 대협(爲國爲民 俠之大者)"이라는 말은 곽정에 대한 적절한 평어라 할 수 있다. 『사조영웅전』의 진정한 주인공은 전쟁 영웅 칭기즈 칸이 아니라 평범한 영웅 곽정인 셈이다.

넷째, 지고지순한 사랑과 다양한 내공의 사랑. 곽정과 황용의 성장 과정에 빠뜨릴 수 없는 부분이 두 사람의 사랑 이야기이다. 어쩌면 작가가 꿈꾸었을 법한 두 사람의 만남은 그야말로 천의무봉(天衣無縫)의 경지를 구현하고 있는 듯하다. 더 중요한 것은 작가가 그들을 현실 생활에서 이탈시키지 않는다는 점이다. 화쟁 공주와의 혼인 문제는 곽정의 성장 과정에서 당연히 제기될 수 있는 것이었고, 황약사와 강남칠괴의 갈등은 쌍방의 독특한 개성으로 인해 그 필연성을 보장받고 있다. 그로 인해 곽정과 황용이 겪는 위기는 현실에서 괴리되지 않고, 그 위기를 겪는 과정은 우리에게 지고지순한 사랑의 '새로운 경지를 체험(更上一層樓)'시켜준다. 『사조영웅전』의 속편이기도 한 『신조협려』에서, 곽정과 황용은 양양(襄陽)성을 지키다 순국하게 된다. 성 함락 직전 황용은 곽정에게 탈출을 제안하지만 곽정은 의연하게 백성과 함께 할 것을 선언한다. 이때 황용은 곽정에게 언젠가 이런 일이 있을 줄 알았다고 하면서 함께 순국한다. 대협 곽정의 성격을 다시 한번 확인하면서 곽정의 홍안지기(紅顔知己)이자 반려(伴侶)로서의 황용, 그리고 두 사람이 개인적 차원의 애정을 공동체의 운명으로 승화시킨 최고 경지를 보여준다. 진현풍과 매초풍 또한 상대방에 대한 지극한 사랑이라는 면에서 어떤 연인에게도 뒤지지 않는다. 황약사의 아내 사랑, 단황야의 유귀비 사랑, 영고와 주백통의 사랑 등은 사랑에도 장기간에 걸친 내공(內功) 수련이 필요함을 알려주고 있다. 그 밖에도 목염자의 이루어지지 않은 애절한 사랑 이야기까지 곁들여지면서, 진융은 독자에게 다양한 사랑의 양상을 보여준다. 목염자의 유복자 양강과 그의 스승 소용녀의 지고지순한 사랑 이야기는 『신조협려』에서 이어진다. 그들은 사제(師弟) 간의 사랑이라는 금기를 뛰어넘고 두 사람의 명성을 우려한 황용의 안배에 따라 헤어졌다가 16년의 기다림 끝에 죽음을 뛰어넘어 재회하게 된다.

다섯째, 중국문화 교양 입문서이다. 2천 년이 넘는 시간과 광대한 대륙의 공간에서 수많은 사람의 신고(辛苦)를 통해 이루어진 중국의 문화를 펼쳐놓는다. 13경으로 대표되는 철학, 25사의 역사, 당시(唐詩)와 명청 소설 등의 문학, 그리고 서화(書畵), 바둑, 음악, 의술, 다도(茶道)와 주도(酒道) 그리고 음식 등의 문화는 우리의 접근을 쉽게 허용하지 않는다. 중국의 문화 전체가 진융의 작품에 들어있다고 말하는 것은 과장이지만, 중국문화 입문에 유용한 경로가 진융 소설이라는 말은 거짓이 아니다. 베이징대학 천핑위안(陳平原, 1992) 교수는 중국 20세기 무협소설에서 가장 두드러진 '문화적인 맛'으로 '불교'를 꼽고는 그것 없이 무협소설은 한 걸음도 나아가기 어렵다고 했다. 그리고 문학작품의 도움을 받아 불교를 초보적으로 이해하려는 사람이 있다면 그에게 진용의 무협소설을 추천한다고까지 했다. 『사조영웅전』에서도 모두(冒頭)의 설서(說書: 공연을 하듯이 청중에게 이야기하는 전통 장르) 장면, 전진교에 대한 이야기, 황용을 통해 소개되는 문사철(文史哲) 지식들, 칭기즈 칸과 악비(岳飛) 등에 관한 역사 사실 등 그 예는 이루 헤아릴 수 없을 정도다. 특히 재미있는 점은 '무공의 문화화', 즉 무공에 문화를 결합한 부분이다. 이를테면 항룡 18장과 『주역(周易)』의 관계, 공명권과 도가의 관계 등등이 그것이다. 화교들이 2세 또는 3세를 교육할 때 진용의 소설을 교본으로 삼는 경우가 많다는 이야기 또한 과장이 아니다. 진용은 이들 정보를 계몽적으로 훈시하지 않고 '즐거움 가운데 가르침을 얹는'(寓敎於樂) 방식을 취하고 있기 때문이다.

이상의 독법은 두드러진 예에 불과하다. 그 밖에도 독자의 기호에 따라 여러 각도에서 읽을 수 있다. 구처기와 강남칠괴의 18년에 걸친 내기 약속 등에서 볼 수 있는 사나이의 신의, 황약사의 기문팔괘와 일등대사의 일양지 치료 등을 통한 최고의 경지 등에 초점을 맞출 수도 있다. 상대적으로 사시(史詩) 전통이 취약한 중국 문학사의 공백을 메울만한 영웅 사시로 보는 것도 그 한 가지 사례이다. 중요한 것은 우리가 진용의 소설을 재미있게 읽으면서 자연스레 중국문화의 어떤 부분을 이해하게 되고 나아가 중국인의 어떤 특성 나아가 중국적임(Chineseness)을 이해할 수 있게 된다는 것이다. 이런 면에서 진용의 작품은 재미와 의미라는 두 마리 토끼를 한 손에 거머쥔, '아속공상(雅俗共賞)의 경지를 구현하고 있는 '문화소설'이라 할 수 있다.

4. 『의천도룡기』 두텁게 읽기

2007년 『의천도룡기』 8권이 완역 출간됨으로써 '사조삼부곡' 24권이 완간되었다. 1986년 출간된 '영웅문' 시리즈 18권이 원문의 약 60~70% 정도로 번역된 반면, '사조삼부곡'은 완역이라는 점에서 그 의미가 크다.

『의천도룡기』의 주인공 장무기는 『사조영웅전』의 유가(儒家)적 협객인 곽정, 『신조협려』의 도가(道家)적 협객인 양과와는 다른 불가(佛家)적 협객이라 할 수 있다. 곽정이 '나라와 백성을 위하는 대협'을 지향하는 인물이고 양과가 유유자적하면서 자신의 개성을 추구하는 형상이라면, 장무기는 다른 사람의 단점보다는 장점을 기억하며 심지어 부모를 죽인 원수에게도 자비를 베푸는 모습을 보여준다. 진융은 다른 소설에서 협객의 의미에서 벗어난 비협(非俠)의 경지(『연성결』의 적운, 『협객행』의 석파천)를 보여주기도 하고, 심지어 무술도 할 줄 모르고 협의와는 거리가 먼 반협(反俠)의 인물 형상(『녹정기』의 위소보)도 창조했다. 그는 '삼류'라고 폄하되는 무협 장르에서 이처럼 개성이 강한 인물을 창조함으로써 무협소설의 품격을 향상했다.

대부분의 진융 소설이 그러하듯이 『의천도룡기』도 여러 층위에서 읽을 수 있는 '두터운 텍스트'다. '두텁게 읽기'는 진융 독서의 즐거움을 배가시켜 줄 것이다.

첫째, 진융의 소설을 '역사 이야기'로 읽을 수 있다. 우리는 '사조삼부곡'을 통해 송(宋)과 금(金), 원(元)의 역사를 익힐 수 있다. 『사조영웅전』은 칭기즈 칸의 흥기 과정과 금의 멸망 과정을 보여주고, 『신조협려』는 양양(襄陽)성 전투를 통해 원이 송을 멸망시키는 과정을 배경으로 삼았으며, 『의천도룡기』는 원 쇠퇴기에서 시작해서 명 건국까지의 과정을 파란만장하게 보여주고 있다. 앞의 두 소설과 마찬가지로 『의천도룡기』에서도 주인공 장무기는 역사 인물들과 조우한다. 훗날 명 태조가 되는 주원장과 항원 투쟁의 선봉장인 서달·상우춘 등이 그들이다. 진융이 역사를 가져오는 방식은 단순하게 시간만 지시하는 것이 아니라, 실제 역사 인물을 등장시켜 소설 속 인물과 직접적인 관계를 맺게 만든다. 바꿔 말하면 허구의 주인공들을 실제 역사 사건에 편입시키고 역사 인물들을 허구와 연계시킨다. 진융은 역사와 허구를 절묘하게 결합함으로써 역사소설의 품위와 무협소설의 재미를 겸비하게 했다.

여기서 한 걸음 더 나아가보자. 소설에서는 원나라를 극복 대상으로 그렸지만, 13세기 '세계체계(world system)'는 '팍스 몽골리카(Pax Mongolica)'였다. 따라서 항원(抗元) 투쟁은 오늘날 '팍스 시니카(Pax Sinica)'의 입장에서 보면 소탐대실이었다. 중국 내 한족의 패권을 확립하기 위해 '팍스 몽골리카'의 일부인 원나라에 저항함으로써 세계체계 내 대중화(大中華)의 패권 가능성을 배척하는 결과를 가져왔으니 말이다. '사조삼부곡' 시기의 진용은 훗날 『천룡팔부』나 『녹정기』에서 보여주는 '오족공화(五族共和)',[203] 즉 '중화 네이션 대가정'의 인식 수준에 이르지 못했기 때문에, 몽골족과 거란족을 이민족으로 간주해 극복 대상으로 설정함으로써 '팍스 몽골리카' 세계체계를 붕괴하는 데 일조한 셈이다. 대한족중심주의의 일단을 볼 수 있다.

다음으로 이 소설은 '욕망과 집념에 관한 이야기'로 읽을 수 있다. 소설에는 저마다의 욕망을 가진 수많은 유형의 인물이 등장한다. 소설 내 모든 사달의 주모자인 성곤과 장무기의 의부인 사손은 복수의 일념으로 살아가는 사람이다. 성곤은 사랑하던 여인을 빼앗긴 복수를 위해, 사손은 가족을 잃은 복수를 위해 일생을 바친다. 또한 명교에 대한 멸절사태의 복수심, 장무기에 대한 조민의 적극적인 일편단심, 주지약에 대한 송청서의 집착과 기효부를 잊지 못하는 은리정의 집착 등은 인간의 속성을 파노라마처럼 보여준다. 특히 어려서 장무기에게 물린 기억을 평생 잊지 않고 그를 찾아다니는 아리는 장무기 본인을 확인한 후에도 기억 속의 장무기를 찾아 떠난다. 정신분석학적 분석이 필요한 인물이다. 아울러 명나라를 세워 황제 자리에 오른 주원장의 정치적 욕망도 주목의 대상이다. 그는 민간에서 명교에 들어가 세력을 쌓고 자신의 상관들을 권모술수로 처리해서 최고 지위에 오른다. 우리는 그를 통해 저급하고 추악한 정치 드라마의 속성을 볼 수 있다. 주원장의 형상은 '독하지

203_ 오족공화: 쑨원의 삼민주의(三民主義) 가운데 내셔널리즘의 요체. 처음에는 '멸만흥한(滅滿興漢)'이었지만 후에 '오족공화(五族共和)'로 바꾸었다. 이는 한(漢)족과 만(滿)·몽(蒙)·회(回)·장(藏)의 5대 에스닉이 중국을 구성하는 에스닉임을 동등하게 인정하자는 것이다. 구체적 정책으로 대외적으로는 네이션 해방을 제창하고, 대내적으로는 중국 내의 각 에스닉의 평등을 추구했다. 그러나 오족공화는 쑨원의 취지와는 달리, 한족중심주의를 분식하는 수단으로 전락하곤 했다.

않으면 대장부가 될 수 없다(無毒不丈夫)'[204]는 속담의 진수를 보여준다.

셋째, 『의천도룡기』는 앞의 두 작품과 마찬가지로 '성장에 관한 이야기'다. 착하지만 병약했던 아이가 험난한 시련을 거쳐 명교의 교주이자 무림지존으로 성장하는 이야기다. 장무기의 개성을 파악하는 핵심어는 '부드러움(柔)'이다. 그는 순리를 따르며 자비를 베풀며 살지만, 그의 부드러움은 유약하지 않고 외유내강하다. 그러기에 기효부의 딸 양불회를 아버지 양소에게 데려다 줄 수 있었다. 그러나 사랑 앞에서는 우유부단한 편이다. 그는 마지막에 조민과 결합하면서도 주지약을 떨쳐버리지 못하고 아소와 아리를 잊지 못한다. 장무기의 성장 과정에서도 기연은 등장한다. 다른 무협소설과 달리, 진융은 인물의 성격에서 오는 필연적 요소와 정밀한 세부 묘사를 절묘하게 결합해 우연성을 극복하고 있다. 영화 촬영 기법을 활용한 세부 묘사는 독자들에게 생동한 명장면들을 선사한다. 21장의 광명정 전투, 24장의 무당산 삼청전의 전투, 그리고 36장의 소림사 세 고승과의 대결은 그 대표적인 예다.

넷째, '강호라는 가상세계에 관한 이야기' 또한 빠뜨릴 수 없다. 이는 무협소설의 요체다. 텍스트에서 강호인들은 도룡도와 의천검을 얻으려고 혈안이다. 나중에 밝혀지는 비밀에 의하면, 곽정이 만들었다는 한 쌍의 도검 속에는 각각 악비(岳飛)의 병서와 『구음진경』이 들어있었다. 사손은 도룡도를 손에 넣기 위해 수십 명의 무고한 인명을 살상하고 빙화도로 떠나고, 장무기의 부모는 사손과의 의리와 도룡도의 비밀을 지키기 위해 자결한다. 강호인치고 도룡도와 의천검에서 자유로운 사람은 없어 보인다. 진융이 그려낸 강호는 소림·무당·아미·화산·곤륜·공동의 육대문파와 명교로 대변되는 '정(正)과 사(邪)의 대립'으로 구성되어 있다. 그런데 진융은 이들을 변화의 관점에서 서술한다. 정파에도 악인이 있을 수 있고 사파에도 선인이 있을 수 있으며, '정이 사가 될 수 있고 사 또한 정이 될 수 있다'라는 교훈을 잊지 않는다.

204_ '無毒不丈夫'는 원래 '無度不丈夫'라는 설이 있다. 중국어에서 毒과 度는 성조는 다르지만 발음이 같다. 이에 대해서는 <곽정과 양과> 사이트의 无忌의 해설을 참조

이상이 텍스트 전체에 걸친 이야기라면, 아래에서는 세부적인 부분으로 들어가 보자.

장무기가 익힌 무공은 '무공의 개성화와 문화화'의 경지를 구현하고 있다. 그가 구양진경, 건곤대나이,[205] 태극권·태극검 등 최고의 무공을 연마하는 과정은 가히 '전기적(傳奇的, romantic)'이라 할 수 있지만, 진융은 그 과정을 개성화하고 문화화한다. 그는 남들이 평생 걸려도 제대로 익히지 못하는 건곤대나이를 구양진경의 내공에 힘입어 몇 시간 만에 숙달하는 과정에서 과욕을 부리지 않는 개성을 드러낸다. 또한 태극검은 장무기의 부드러움과 잘 어울리는 무공인 동시에 '마음으로 검을 부리는' '이의어검(以意馭劍)'의 경지를 제시하고 있다. 초식보다 검의(劍意)[206]의 중요성을 강조하면서 무공은 문화로 바뀌고 사상으로 승화한다.

마지막으로 우리는 진융의 소설을 재미있게 읽으면서 자연스레 중국문화의 어떤 부분을 이해하게 되고 나아가 '중국인의 어떤 특성'(some Chineseness)을 체득할 수 있게 된다. 특히 『의천도룡기』에서는 배화교라 일컬어지는 조로아스터교의 중국 전래와 발전 상황에 관한 종교 문화와 의술에 관한 정보가 두드러진다. 이런 면에서 진융의 소설은 재미와 의미라는 두 마리의 토끼를 잡을 수 있는, '두 날개의 문학사'를 체현하고 있는, '아속공상(雅俗共賞)'의 경지를 구현하고 있는 '문화 텍스트'라 할 수 있다.

진융은 세 번째 개정판을 완간했는데, 이는 비판의 여지가 있다. '조건이 되면 끊임없이 완성도를 높이는 것이 작가의 본분'(2007년 11월 2일, 진융 인터뷰)이라는 작가 자신의 해명에도 불구하고, '작가의 손을 떠나며 시작되는 텍스트의 여행'이라는 수용미학의 입장에서 보면, 3판 개정본의 시도는 화사첨족(畫蛇添足)의 우를 범한 듯 보인다. 그동안 진행된 비평과 연구를 무화시킬

205_ 건곤대나이: 페르시아 명교에서 창안했다는 무공 심법(心法). 근본 도리는 사람의 잠재력을 격발시켜 커다란 힘을 발휘케 하는 것이다. 주인공 장무기는 『구양진경』으로 익힌 내공을 건곤대나이의 도움으로 자유롭게 발휘할 수 있게 된다.
206_ 검의에 대해서는 『소오강호』의 풍청양의 活學의 가르침을 참조하라.

수 있을 뿐만 아니라 독자들의 이해에 혼란을 주기 때문이다.

5. 한국의 '영웅문' 현상

중문학자 이치수(2001)는 한국의 중국 무협소설 번역·소개의 역사를 '김광주 시대' '와룡생/위룽성 시대' '김용/진융 및 기타 시대'의 세 시기로 나눈다. 무협소설 번역가이자 작가인 박영창도 똑같이 '한국의 중국 번역 무협'을 '김광주시대' '와룡생/위룽성 시대' '김용/진융 시대'로 구분했다(박영창; 이진원, 2008: 103~5 참조). 진융은 위룽성에 이어 중국 무협소설 유행의 또 하나의 고조를 대표한다. 1986년에 '영웅문' 시리즈가 출판되면서 그해 가장 많이 팔린 외국 번역소설로 꼽혔고 1986년부터 1989년에 이르는 3년간 '飛雪連天射白鹿, 笑書神俠倚碧鴦'의 14부와 「월녀검」이 모두 번역되었다. 몇 년 되지 않은 기간에 외국 작가의 작품이 모두 번역 소개된 것은 그 예를 찾아보기 어려운 경우로, 우리나라의 번역문학사상 특기할만한 사건이었다(이치수, 2001: 77~78). 진융에 관한 학술 연구도 적잖이 진행되어 그 문화적 가치를 인정받은 점도 특이하다. 21세기 들어 다시 출판된 『사조영웅전』(2003), 『신조협려』(2005), 『의천도룡기』(2007)는 판권계약을 통한 번역이라는 측면에서 무협소설 번역의 새로운 지평을 열었다. 더욱 중요한 것은 이전 판본과 비교할 때 원전에 충실한 완역이라는 점이 평가되어야 한다. 그런데 문제는 이른바 '영웅문 키드'가 이제는 '원전에 충실한 완역'에 환호하지 않는다는 점이다. 왜 그럴까? 앞당겨 말하면, '영웅문 현상'은 한국의 고유한 현상으로, 진융 작품의 '문화적 두터움'과는 거리가 있는 문화현상으로 파악해야 한다.

한국의 '영웅문 현상'에서 특이한 점은 진융의 작품이 모두 번역되었음에도 독자들은 유독 '영웅문' 시리즈에 집착한다는 사실이다. '영웅문'의 원작인 '사조삼부곡이 흥미로운 작품인 것은 틀림없지만, 문화적 측면에서 『소오강호』, 『천룡팔부』, 『녹정기』로 이어지는 후기 대작들이 훨씬 풍부한 내용을 가지고 있다. 주인공인 협객의 성격만 보더라도, 유가적 협객(원승지·곽정), 도가적 협객(양과), 불가적 협객(장무기)을 거쳐, 협객의 일반적 의미에서 벗어나는 비협(非俠)적 인물(적운·석파천)과 심지어 시정잡배에 가까운 반협(反俠)적 인물(위소보)로 변천해가는 계보만으로도 그 전복적 성격을 미루어 짐작할 수 있다. 그뿐만 아니라 진융의 작품에는 수많은 역사 사건과 문학작품 그리고 문화적 요소들로 충만하다. 중국 불교 공부에 입문하려면 진융의 작품을 읽으라는 천핑위안(陳平原, 1992)의 권고는 과장이 아니다. 송말부터 명 건국까지의 역사를 재미있게 읽으려면 '사조삼부곡'에서 시작하고 명말 청초의 역사 공부는 『녹정기』와 함께하면 좋을 것이라는 권유는 필자의 심득(心得)에서 비롯된 것이다. 그러나 이처럼 다양하게 해석할 수 있는 복합적인 의미구조를 가진 진융 텍스트의 '문화적 두터움'은 장르문학으로서의 무협소설 애독자들의 독서를 방해하는 요소로 작용했을 가능성이 크다. 다시 말해 '영웅문 키드'들은 무협지 '영웅문'으로 충분할 뿐, 그 문화적 수준을 향상해야 이해할 수 있는 중국의 문사철과 제반 문화, 중국 상상, 전통 만들기, 젠더 정체성과 내셔널 정체성 등의 주제에는 관심이 없었을 가능성이 크다는 것이다.

그동안의 관련 담론을 보면 중국 무협소설에 대한 오해를 읽을 수 있다. 그것은 다름 아닌 '김용의 영웅문'을 중국을 대표하는 무협소설로 간주하고 그것을 독파하면 중국 무협소설을 정복한 것으로 착각하는 것이다. 이런 논리는 주로 한국 무협소설의 독자성을 주장하는 논자들의 담론에 등장한다. 전형준(2003)은 좌백 이후 한국의 무협소설을 '신무협'으로 파악하고 그것을 워룽성·진융·구룽(古龍)에 대한 전복으로 자리매김하면서 전복의 문화적 의미를 탐색하고 있다. 그는 후속 작업(전형준, 2007)에서 무협소설이라는 장르문학을 '문학'으로 승격시켜 진지하게 '평론'하고 있다. 이진원(2008)은 한국에서 창작·번역된 무협소설과 그에 관한 평론 및 연구를 총망라하면서, 한국 무협소설이 중국 무협소설의 단순한 번역 또는 번안에서 유래한 것이 아님을 밝히기 위해 그 기원을 조선 시대 또는 그 이전까지 소급하여 영웅소설이나

군담소설에서 무협소설의 맹아를 발견하려 한다. 그리고 중국 무협소설의 영향과 무관한 일제강점기의 역사무예소설을 그 후예로 삼고 1980년대의 창작무협소설과 1990년대의 신무협을 그 '창조적 계승'으로 설정하며 그 흐름을 '한국적 무협소설'로 명명한다. 한국 무협소설은 바로 이 '한국적 무협소설'과 중국 무협소설을 모방하여 창작한 '중국식 창작 무협소설'로 구성된다는 것이다.207) 그러나 무협소설에서 '한국적' 정체성을 모색하는 이진원의 시도는 그가 이론적 근거의 한 축으로 기대고 있는 전형준이 보기에는 "자신을 서구라는 타자와 동일시하는 서구 지향적 무의식과 자신을 중국이라는 타자와 구별하고자 하는 민족주의적 무의식, 얼핏 상반되는 것으로 보이는 두 가지 무의식의 공모"(전형준, 2008)일 뿐이다. 한국 무협소설의 기원과 맥락을 발굴하려는 이진원의 노력은 서유럽 지향의 무의식과 내셔널리즘 지향의 무의식이 공모한 결과가 된다. 그런데 전형준이 '전복'이라 명명한 내용이 명실상부한 '전복'인지도 대조가 필요하다. 그에 의하면, "한국의 신무협은 현실도피와 대리만족이라는 기존 무협소설의 틀을 초월하거나 전복하고 생에 대한 진지한 성찰과 실존적 탐구를 나름대로 의미 있게 수행했다"(전형준, 2008). 그뿐만 아니라 신무협은 문학 수준의 향상, 내용과 형식 면에서의 독자성, 근현대성과 포

207_ 이진원의『한국무협소설사』(2008)로 인해 우리는 한국 무협소설이라는 독자적인 연구 영역과 그 역사에 관한 연구서를 가지게 되었다. 구체적으로 보면, 이 책은 기존 한국에서 창작·번역된 무협소설과 그에 관한 평론 및 연구를 최초로 망라했다는 장점이 있다. 기존 연구 가운데 박영창의「중국 무협지 번역의 역사」는 '한국의 무협소설'을 '김광주' '워룽성(臥龍生)' '창작무협' '진용' '재판 중국무협' '창작무협 부흥'의 여섯 단계로 나누었는데, 절반이 중국 무협소설의 번역 및 번안이고 나머지 절반 가운데 하나는 모방이다. '한국 무협소설'은 '중국 무협소설과 떼려야 뗄 수 없는 관계를 맺고 있다. 이진원의 저서에서도 기원을 모색하는 1장과 2장을 제외한 3장과 4장의 12절 가운데 '한국적 무협소설'과 직접 연관된 부분은 네 절―14. 80년대 무협소설의 새바람; 18. 한국적 무협소설, 그 모색의 길; 19. 신무협의 등장; 20. 판타지와 신무협의 공존―뿐이다. 영향 관계를 서술한 부분―12. 중국·일본 무협소설의 영향 속에 성장한 한국 무협소설―까지 포함해도 다섯 절에 불과하다. 한국 무협소설은 순수한 창작만으로 자신의 역사를 구성하기에는 아직 빈약함을 역설적으로 드러내고 있다. 그러므로『한국무협소설사』에서 중국식 창작 소설이 다수를 차지하고 있고 중국 무협소설 번역·수용의 역사를 서술 범위에 끌어안을 수밖에 없었다.

스트근현대성 그리고 문화적 동시대성을 갖추고 있다는 것이다. 그러나 한국 신무협이 전복했다는 대상으로 한국의 무협소설 외에 중국 무협소설 작가들 까지 포함한 것은 섣부르다. 특히 진융의 작품을 현실도피와 대리만족이라는 틀에 단순 대입하는 것은 온당치 않다. 나아가 한국 신무협이 전복한 내용이 무엇인지에 대한 구체적 분석이 뒤따라야 할 것이지만, 전형준의 글에서는 찾아보기 어렵다.

이진원과 전형준이 비교 대상으로 삼은 '김용의 영웅문'은 사실 '진융의 사조삼부곡'을 번역한 '소설 영웅문'인데, 이는 완역이 아니라 양적으로 60~ 70% 수준의 번역이었고 그 문체라든가 문화적 측면까지 평가하면 50% 이하 의 조악한 번역물이다. 그러므로 '김용의 영웅문'은 '진융의 사조삼부곡'과는 다른 별개의 텍스트이자 한국의 문화현상으로 이해해야 한다. 김광주의 『정 협지』를 번안소설이라 한다면, '영웅문' 또한 축약이나 생략했다는 측면에서 또 다른 번안소설이라 할 수 있다. 한국에서 '영웅문'의 번안·출판은 이전 단계 무협지의 도식적 성격을 깨뜨린 사건이었지만, 원작의 의미와 재미를 상당히 훼손시켰다는 것이 이 글의 판단이다. 그리고 '김용'에 관한 담론도 '영웅문' 3부작(원문 기준 각 4권)에 초점을 맞추어 이야기하고 있고 조금 더 범위를 넓혀 『소오강호』(4권), 『천룡팔부』(5권), 『녹정기』(5권) 등의 대작 장편 정도까지 언급하고 있을 뿐이다. 진융 작품의 문화적 두터움이 이들 6부의 대작에 구현된 것은 분명하다. 그러나 『서검은구록』(2권), 『벽혈검』(2권), 『협 객행』(2권), 『설산비호』(1권), 『비호외전』(2권), 『연성결』(1권) 등의 장편과 「월 녀검」(30쪽), 「원앙도」(52쪽), 「백마소서풍」(104쪽) 등의 중단편을 빼고 진융의 작품세계를 운위하는 것은 문제가 있다. 특히 『협객행』의 문자해독능력 (literacy)에 대한 신랄한 풍자, 『연성결』의 인간의 처절한 욕망에 대한 철저한 해부, 『비호외전』의 미완의 종결 등의 '문화적 두터움'은 한국 독자와 연구자 들에게 제대로 수용되어야 하고 그에 대한 적절한 평가가 이루어져야 할 것 이다.

'영웅문' 시리즈는 진용 텍스트의 두터움을 충분히 번역하지 못하고 그 표층인 무협 층위만을 번역한 점에서 '문화번역'의 부정적인 사례가 되고 말았다. 출판사가 주도했을 표층 번역은 당시 독서 시장의 요구에는 부응했을지 몰라도, 그로 인해 우리는 중국에 대한 심화 학습의 기회를 놓치고 말았다. 그리고 21세기의 새로운 완역은 독자에게 외면당했다. 대중문화에 각인된 문화를 다시 번역하는 일은 단순하지 않다. 진용 사례에서 알 수 있다시피 상업적 번역은 표층에 머물기 때문이다. 그리고 일단 오역되면 바로잡기가 쉽지 않다. 영웅문에 길든 '영웅문 키드'들이 새로이 완역된 '사조삼부곡'에 그리 관심을 기울이지 않은 것이 그 증거다.

6. 에스닉과 네이션 그리고 국가주의

진용 텍스트를 제대로 '번역'하기 위해서는 그 국가주의적 맥락도 함께 볼 필요가 있다.

중국 근현대 무협소설이 태동하던 시점에 '민족'은 네이션(nation)과 에스닉(ethnic) 두 층위로 해석될 수 있었다. 전자는 외적의 침입에 대한 중국 네이션(Chinese nation)을, 후자는 만주족에 대한 한족(Han ethnic)을 가리킨다. 사실 중국문화라는 것이 한족 중심의 56개 에스닉의 혼성문화라는 사실은 오늘날 상식이라 할 수 있다. 그러나 근현대 무협소설의 태동기인 1910년대에는 반제(反帝)와 반만(反滿)이 착종되어 있었고 중국인 대부분은 전자보다 후자를 더 중요한 것으로 인식했다. 이 두 가지는 쑨중산에 의해 삼민주의(三民主義)의 가장 중요한 부분을 구성하는 '민족주의'로 개괄되었다. 쑨중산 민족주의의 핵심은 중국 경내의 각 에스닉이 '일률적으로 평등해지는 것'이었다. "종족 혁명에서 민족 자결로, 불평등 조약 승인에서 불평등 조약 폐지로, 오족 공화에서 각 민족의 일률적 평등으로, 쑨중산의 민족주의는 여기에서 최고 수준에 도달하였다"(리쩌허우, 2005a: 521). 요컨대 쑨중산은 일찌감치 에스닉 간의 갈등을 극복하고 다수를 차지하는 한족 중심의 중화 네이션의 국민국가(nation-state) 건설을 주장했다. 그리고 국민국가 체제로 제국주의에 대항할 계획이었다.

태동기의 근현대 무협소설에서도 '민족문화 고양'이 제기되었지만 그것은 중화 네이션으로까지 승화하지 못한 한족 중심주의(Han-centricism)를 크게 넘어서지 못했던 것으로 보인다. 진융의 전기 대표작인 '사조삼부곡도 한족이 북방 소수민족—만주족, 거란족, 몽고족—의 침입을 받고 그에 대항하는 과정을 그렸다. 여기에서 진융은 이민족에 대한 한족의 저항이라는 주제를 통해 한족중심주의의 주제를 적나라하게 드러냈다. 쑨중산의 '오족공화'의 경지는 진융의 후기 작품에서 구현되고 있다.

진융은 처녀작 『서검은구록』에서부터 에스닉 문제를 의제화하고 있다. 만주족 황제 강희(康熙)는 공식적으로 한족 혈통이 50% 섞여 있었다. 강희의 손자인 건륭(乾隆)이 한족 대신의 아들이었다는 민간 전설을 바탕으로 쓴『서검은구록』은 네이션 개념이 형성되지 않은 상황에서 에스닉을 풍자하고 있다. 좀 더 구체적으로 살펴보면, 청나라의 기반을 안정시킨 강희제는 재위 기간이 60년에 달했다. 당시 강희제의 아들들은 황태자 자리를 차지하려고 알게 모르게 쟁투208)를 벌였다. 그러나 강희제는 황태자 선정에 신중하여 황자의 능력뿐만 아니라 황손의 됨됨이까지 고려했다. 강희 58년 8월 13일, 넷째 황자 윤정(훗날 雍正帝)의 측비가 해산했다. 윤정은 기다리던 아들이 아니라 딸을 낳자 매우 실망했다. 며칠 후 한족 대신 진세관이 아들을 낳자 사람을 시켜 데려오라 했다. 그런데 안고 들어간 것은 아들이었는데 데리고 나온 것은 딸이었다. 진세관의 아들이 바로 건륭이라는 것이다. 『서검은구록』에서 반청(反淸)단체인 홍화회의 우두머리는 진세관의 둘째 아들인 진가락이다. 그러므로 청 황제 건륭과 반청조직의 우두머리인 진가락은 부모가 같은 친형제인 셈이다. 그러나 이들에게는 '중국 네이션'의 개념이 없었다. 오직 한족과 만주

208_ 이를 소재로 많은 텍스트가 만들어졌다. 그 가운데 <보보경심(步步驚心)>이 볼 만하다.

족이라는 에스닉이 있었을 뿐이다. 그러므로 동생은 형에게 만주족 황제를 관두고 한족 황제를 하라고 핍박하고, 형은 마지못해 수락했다가 결국 동생을 배신하고 만주족 황제로 만족한다. 우리는 유전학적으로는 한족인 청 황제가 자신이 한족임을 확인한 후에도 만주족을 선택한다는 줄거리를 통해, 역으로 '에스닉'도 구성된다고 해석할 수 있다.

작품 연대기로는 『서검은구록』보다 나중이지만 시대 배경은 그보다 앞선 『천룡팔부』는 북송 철종(哲宗) 시기 윈난(雲南)의 대리(大理)국을 중심으로 이야기가 전개되면서, 한족의 북송, 거란족의 요, 돌궐족의 서하, 그리고 선비족 모용가의 비전으로서의 연(燕)까지 5족의 5국이 공간 배경을 이루고 있다. 역사적으로는 북송이 중심이지만 작품 내 시간 1094년은 북송의 멸망(1126년)까지 30년 남짓 남은 시점으로 북송과 요의 갈등은 극단을 향해 달리고 있었다. 작품의 제1 주인공 교봉은 무림의 최대 조직인 개방 방주로 등장한다. 한인으로 자란 교봉은 알고 보니 거란족 출신의 소봉이었다. 이때부터 그는 극심한 정체성 혼란을 겪는다. 30년 넘게 한족으로 살아온 교봉이 자신을 거란족 소봉으로 조정하는 과정은 간단치 않았다. 처음의 황당함은 점차 포기로 바뀌고 어느 순간부터는 자신의 양부모와 사부를 해친 대악인을 추격하게 된다. 교봉은 우여곡절 끝에 거란족 소봉의 정체성을 인정하지만 그렇다고 다른 거란족처럼 한족을 미워할 수는 없다. 교봉으로 자라서 두 개의 네이션/에스닉 정체성 사이에서 혼란을 겪다가 결국 소봉으로 죽는 그는 여전히 다음의 의문을 해결하지 못한다. '한인 중에서 선한 사람이 있는 반면 악한 사람이 있고, 거란인 중에도 선한 사람이 있는 반면 악한 사람이 있다. 왜 한인과 거란인으로 나뉘어 서로 살상을 서슴지 않는 것일까?' 그의 죽음은 요의 침략을 막지만 결국 북송은 망하고 남쪽으로 옮겨간 남송은 훗날 원에 멸망당했다. 소봉의 문제제기는 결국 개인 차원에서 해소되었을 뿐이다.

여기에서 다음과 같은 문제를 제기할 수 있다. 『천룡팔부』의 시대 배경인 송 시절은 아직 네이션 개념이 형성되지 않았다. 그런데 교봉/소봉은 그 출생의 특이함으로 인해 요와 송 양국의 네이션 정체성과 거란족과 한족의 에스닉 정체성을 경험하게 된다. 『서검은구록』의 시대 배경인 건륭 시절도 그렇고 아래에서 살펴볼 『녹정기』의 배경인 강희 시절도 마찬가지로 네이션 개념이 존재하지 않았다. 그러므로 우연히 두 개의 네이션/에스닉 정체성을 경험한 교봉/소봉은 시대를 앞선 인물이었고, 그러므로 그가 비극적 결말을 맞이하는 것은 진정한 비극적 영웅의 캐릭터에 부합한다.

진용의 마지막 장편 『녹정기』는 그 제목부터 풍자적이다. 제1회에서 해설하고 있는 것처럼 '축록중원(逐鹿中原)'과 '문정(問鼎)'이 내포하고 있는 것은 천하의 주인이 되려는 것이다. 그러나 녹정공(鹿鼎公) 위소보는 평천하(平天下)의 큰 뜻과는 거리가 먼 인물이다. 그가 어려서부터 품었던 '큰 뜻'은 여춘원(麗春院) 옆에 여하'원, 여추'원, 여동'원을 열어 주인이 되는 일이었다. 그는 모십팔을 만나기 전 12~3년 동안 '여춘원적 세계관'을 가지고 살아왔다. 여춘원은 기생집이다. 기생집이란 여성의 육체와 남성의 금전이 만나는 곳이다. 특히 위소보에게 있어 그곳은 생존 투쟁의 현장이었다. 그런데 우연히 들어간 황궁도 위소보에겐 기방과 다를 바 없었다.

『녹정기』 결말 부분은 네이션과 에스닉 차원에서 볼 때 대단히 의미심장하다. 강토를 안정시키려는 만주족 황제 강희와 반청복명(反淸復明)의 천지회 사이에서 거취를 정하지 못하다가, 마침내 일곱 부인과 함께 퇴출하는 위소보는 마지막으로 어머니 위춘방을 찾아간다. 그리고 자신의 생부에 관해 물어보니 위춘방의 대답이 걸작이다. 당시 자신을 찾는 손님이 많아서 누구의 씨인지 모르겠다는 것이다. 그녀에 따르면 위소보는 한(漢)·만(滿)·몽(蒙)·회(回)·장(藏) 가운데 하나이겠지만, 작가는 위소보를 마치 '오족공화'의 합작품인 것처럼 그리고 있다. 작가는 여기서 리얼리즘의 원칙을 위반하고 있다. 앞서 언급한 것처럼, 강희 시대에는 네이션 개념이 없었음에도 위소보를 오족공화의 산물, 다시 말해 중화 네이션의 상징으로 내세운 것은 작가의 의식을 작중 인물에 불어넣은 것이다. 더구나 위춘방은 '손님 중에 러시아놈이나 서양놈은 없었냐'는 위소보의 질문에 벌컥 화를 내면서 '그놈들이 여춘원에 왔더라면 빗자루로 쫓아냈을 거다'라고 답한다. 이는 오늘날의 상황에 견주어 보면 이해가 될법하지만, 위소보는 만주족이 한족을 학살한 '양주(揚州) 도살(1645)이 일어난 지 10년 후쯤 태어난 것으로 추정 가능한데, 양주 기방에서 일한 위춘방이 만주족보다 외국인을 더 증오했다는 것은 리얼리즘에 부합하지 않는다(田曉菲, 2002). 결국 진용은 『녹정기』에서 에스닉의 문제를 고의로 국가주의로 전환하고 있음을 알 수 있다.

7. 한중 문화번역의 정치학

동아시아에서 한류(K-pop) 열풍이 불면서 한국 사회에도 동아시아 대중문화 교류에 대한 관심이 고조되었다. 초기의 한류 평가는 애국주의적·저널리즘적·선정적인 수사가 많았지만, 동아시아 내에서 일류(日流, J-pop)와 칸토 팝(Canto-pop)의 존재를 인지하고 '지구적 문화(global culture)'의 시좌를 획득하면서 한류에 대한 관심은 주로 '트랜스 내셔널 문화 흐름들'에 초점을 맞추는 방향으로 연구가 진행되었다. '트랜스 내셔널 문화 흐름들'이란 현대 세계의 세계주의(cosmopolitanism)적인 문화 형태들이 그 속에서 번성하고 경쟁하며, 오늘날 인문과학들의 그 많은 진리를 좌절시키는 바로 그런 방식으로 서로를 먹이로 삼는 그 흐름들(아파두라이, 1996: 90)을 가리킨다. 그리고 그 배경에는 '탈영토화(deterritorialization)'의 문화적 역학이 존재한다. '탈영역화'로 번역되기도 하는 '탈영토화'라는 용어는 "초국가적 기업들, 자본 시장들뿐만 아니라 민족 집단들, 당파적인 운동들, 정치적 형성물들에도 적용된다. 이들은 점차 특정한 영토적 경계들과 정체성들을 초월하는 방식으로 작동하고 있다"(아파두라이: 91). 아파두라이는 '트랜스 내셔널'이라는 개념을 세계의 구석구석을 뒤덮는 것을 의미하는 '지구적' 및 국민국가라는 단위를 전제로 하는 '국제적(international)'과 변별한다. 그것은 국가의 규제나 구속력을 쉽사리 뛰어넘은 자본이나 기업의 거시적인 움직임뿐만 아니라 이민이나 여행에 의한 인간 이동의 가속화라든지 미디어 커뮤니케이션 기술의 발달로 통제하기 어려운 사람·상품·정보·이미지의 미시적인 연계까지 염두에 두고, 국가의 틀에서는 파악하기 어려운 국경을 넘는 문화의 새로운 흐름·관계·상상력이 계속 만들어지고 있음을 강조하는 말이다.

'트랜스 내셔널'이라는 문제의식으로 '한류'를 보게 되면 초기의 단방향적 영향이라는 평가를 넘어서게 된다. 조한혜정(2005)은 한류를 1990년대 아시아 지역에서 일고 있는 '탈경계적'·'트랜스 내셔널' 문화 생산과 유통 상황의 하나로 파악하고 이를 통해 미국이 중심이 되는 지구화 이외의 다른 가능성을 모색할 수 있는 대상으로 고찰했고, 강내희(2007)는 1980년대 민주화 운동의 맥락과 연결해 '신자유주의 세계화'와의 모순적 관계 속에서 한류를 재해석했다. 이들의 연구는 저급한 내셔널리즘 또는 문화패권주의적 관점에서 한류를 과장 해석한 초기 단계의 평가보다 진척된 것이다. '포스트한류'(최원식, 2007)의 문제의식도 이러한 성찰과 무관하지 않다.

이 글에서는 '한류' 현상을 참조체계로 삼아 '동아시아 대중문화의 교류'라는 큰 틀 속에서 진융 무협소설의 한국 수용과 번역을 고찰했다. 이는 문화의 속성이 쌍방향이라는 점을 참작한 것이다. 알다시피, 한류 속에는 전통적으로 중국문화의 요소와 일제강점기 일본문화의 요소 그리고 해방 이후 미국의 대중문화 요소 등이 혼재되어 있다. 따라서 중국인들과 일본인들이 열광하는 '한류' 콘텐츠 가운데에는 우리가 수용해 '토착화'한 중국적 요소와 일본적 요소가 있다고 추정할 수 있다. 더 치밀한 분석이 뒷받침되어어야겠지만, 중국인이 좋아하는 한류 콘텐츠 분석을 통해 양국의 '근현대' 토착화 경험의 비교·대조가 가능하다. 이에 대한 효과적 설명을 위해 '동아시아 대중문화의 횡단'이라는 시좌가 요구되고 나아가 '문화 간 번역'의 문제가 대두된다. 트랜스 내셔널 문화횡단과 소통의 시대에 문화 간 번역은 필수적인 과제다.

근현대 우리의 중국관은 전통 중국에 대한 관습적 존중과 근현대 중국에 대한 근거 없는 우월감으로 요약할 수 있는데, 특히 후자의 인식은 홍콩·타이완의 대중문화에 대한 편견과 대륙에 대한 매카시즘에 근거한 것으로, 우리는 그것을 극복해야 할 과제를 가지고 있다. 따지고 보면, 우리 생활 속에는 의식하지 못하는 가운데 중국 대중문화가 자리잡고 있다. 여기에서 중국은 홍콩과 타이완을 포함하는 넓은 의미의 중국이다. 왜냐하면 해방 이후 개혁개방 이전까지 중국 대륙은 대중문화의 불모지였기 때문이다. 대륙의 사회주의 정권은 대중문화에 적대적이었다. 그러므로 이 시기 중국의 대중문화는 주로 홍콩과 타이완을 중심으로 발전했다. 요컨대 중국이 자본주의 시장경제와 밀접한 관계를 맺은 것은 개혁개방 이후이고, 그 이전 한국 사회에 수용된 중국 대중문화는 홍콩과 타이완의 그것이었던 셈이다. 따라서 개혁개방 이전 홍콩문화(Canto-pop)에 속하는 홍콩영화와 진융의 무협소설은 한국에 중국 문화(C-pop)로 수용되었다.

진융의 작품은 1980년대 중국의 캠퍼스를 점령하고 1990년대부터 중화권에서 교학과 연구의 대상이 되면서 이른바 '경전화(經典化)' 작업이 진행되었고 (吳曉黎, 2000) 전문 연구서만 해도 백 권을 넘게 헤아리면서 '진쉐(金學)'란 신조어까지 출현했다. 2천 년이 넘는 중국문학사에서 작가 또는 작품에 '학'이라는 말을 붙인 것은 『홍루몽(紅樓夢)』 연구를 '홍학(紅學)'으로, 루쉰 연구를 '루쉰학'이라 명명한 정도였다. 1994년 베이징대학에서 진융에게 명예교수직을 수여하고 같은 해 '싼롄서점(三聯書店)'에서 『진융작품집』 36권을 출간한 것은 진융에게 『홍루몽』과 루쉰에 버금가는 지위를 부여한 징표라 할 수 있다. 베이징대학과 싼롄서점은 역사와 전통을 자랑하는 유수의 대학이고 출판사이므로 그 문화적 수준이 증명된 셈이다. 다른 한편, 그 정치적 의미도 들여다볼 필요가 있다. 중국의 최고 학부인 베이징대학에서 명예교수직을 수여하고 중국공산당 중앙위원회 선전부 산하의 싼롄서점에서 그의 '작품집'을 출판했다는 것은 그 '선전' 가치가 있음을 방증하는 것이기도 하다. 중화권에서 진융의 작품은 무협소설에서부터 애정소설, 역사소설, 문화적 텍스트 등의 다양한 스펙트럼을 가지고 있다. 그러나 한국의 '영웅문 현상'은 그 스펙트럼에서 무협적 요소를 가져와 조악하게 재구성된 텍스트에 의존한 사실을 확실하게 인지해야 한다.

앞서도 언급했듯이 한국의 '영웅문 현상'은 텍스트의 문화적 두터움을 충분히 번역하지 못했다. 심층 번역인 '문화 간 번역'이 이루어지지 않은 탓에 우리는 진융 소설을 통해서 중국문화를 깊게 이해할 수 있는 기회를 놓치고 말았다. '문화 간 번역'은 대중문화 텍스트에 각인된 타국 문화를 자국 문화 맥락으로 가져오는 일이다. 타국 문화를 제대로 가져오기 위해서는 타국 문화의 맥락에 들어가 그것을 심층적으로 이해하는 것이 필수적이다. 텍스트 번역에서 컨텍스트의 이해를 요구하는 것은 바로 이런 이유에서다. 혐중과 혐한의 정동이 난무하는 시대에 한국과 중국의 문화횡단과 소통은 양국 국민이 함께하고자 하는 의지를 갖추고 쌍방향의 들고나는 행위를 반복하고 그 반복의 차이를 축적함으로써 가능할 것이다.

진융 소설은 1950년대 신문에 연재되면서부터 수많은 중국인이 그의 작품을 애독하고 끊임없이 연속극과 영화로 재생산되고 있다. 지금도 TV에서 지속해서 재방송되는 것을 보면 그의 작품이 '중국적임(Chineseness)'의 어떤 부분을 잘 파악해 형상화했다고 말할 수 있을 것이다. 그리고 대륙과 홍콩, 타이완 그리고 여러 지역의 화인(華人)들을 통합시키는 기제의 가능성도 가지고 있다. 아울러 1990년대 동아시아에서 환영을 받았던 한류가 이제 포스트한류를 고민하고 있고, 무라카미 하루키가 동아시아에서 광범하게 수용되고 있는 문화횡단의 시대에, 진융의 작품도 동아시아 문화교류의 관점에서 고찰할 필요가 있다. 이때 진융 텍스트가 근현대적으로 해석한 중국 전통문화의 두터움은 동아시아 문화를 풍부하게 만들 콘텐츠이기도 하지만, 자칫 중화주의를 강조하는 '내셔널 서사'와 '중국 상상'(유경철, 2005) 또는 '전통의 부활'(林春城, 2005)을 강화하는 기제가 될 수 있음도 경계해야 할 것이다. 위에서 고찰한 오족공화 서사를 통한 국가주의 표상은 독자들에게 또 다른 대국으로 부상하고 제국으로 나아가는 중국을 합리화할 수 있는 기초를 만들어주고 있음을 직시해야 한다. '중국몽', 일대일로(一帶一路) 등은 그 연장선에 있다고 봐도 무방할 것이다.

18장
리쩌허우 저작의 학술번역에 대한 비평

이 부분에서는 번역연구(translation studies) 및 번역비평(translation criticism)의 관점에서 리쩌허우(李澤厚)의 번역서를 대상으로 삼아 중한 학술번역을 검토하고자 한다. 리쩌허우의 번역서를 대상으로 삼은 이유는 그의 저서가 대부분 번역된 데다가, 필자 또한 그 가운데 한 권을 번역한 경험이 있어 리쩌허우의 사상과 스타일을 어느 정도 이해하고 있다고 생각하기 때문이다. 개인 경험으로 미루어 볼 때, 리쩌허우의 문장은 난해하다. 그 원인으로 '문언문과 백화문의 혼용' 외에, '문장의 호흡이 지나치게 길고', 원전을 단장취의(斷章取義)식으로 인용해 자신의 논의 전개에 종횡으로 배치하되 그 출처를 생략하는 경우가 많으며, 도치문을 빈번하게 사용(임춘성, 2005: 771)하는 것을 들 수 있다. 여기에서 드는 예문은, 주로 오역이 되겠지만, 필자가 리쩌허우에 본격적인 관심을 가지고 그에 관한 글(임춘성, 2014c; 2016; 2021b)을 쓰다가 번역문을 인용하는 과정에서 원문과 대조해본 결과 '우연히' 발견한 것들이다. 이 부분에서는 '우연히' 발견한 오역들을 분석한 후 중국어 학술번역에서 주의할 점을 언어번역과 문화번역으로 나누어 귀납적으로 정리하고자 한다. 그 전에 2018년 완역된 『루쉰전집』의 의의를 번역연구의 관점에서 일별하고자 한다.

1. 『루쉰전집』 완역에 부쳐

2018년 『루쉰전집』의 완역은 진융 소설의 번역과는 다른 차원에서 중한 문학 번역의 한 획을 그었다. 『루쉰전집』 번역은 2007년 한국의 루쉰 전공자들을 중심으로 '루쉰에 직면(直面)'하는 자세로 신중하게 시작되었다. 이들은 그동안 몇 종의 '선집'은 있었지만 '전집' 완역본이 없었다는 만시지탄과 함께 더딘 걸음으로 번역 작업을 수행했다. 중국 런민(人民)문학출판사의 1981년 판본과 2005년 판본을 저본(底本)으로 삼아 국내외 연구 성과를 두루 참조했다. "이 과정에서 몇 년 동안 매월 한 차례 모여 번역의 난제에 대해 토론을 벌였고 상대방의 문체에 대한 비판과 조율의 과정을 거쳤다. 그러므로 원칙상으로는 문집별 역자의 책임번역이지만 내용상으로 모든 위원들의 의견이 문집마다 스며들어 있다"(한국 루쉰전집번역위원회, 2010: 17). 번역에 착수한 지 3년 만에 제1권을 출간했고 만 11년째인 2018년 총 20권을 완간했다. 12명으로 구성된 번역위원회 내부에 갈등이 없지 않았겠지만, 11년을 한마음으로 번역과 토론을 진행해온 위원들의 노고에 감탄하지 않을 수 없다. 완역본 출간은 한국의 루쉰 애호가들에게 커다란 선물이 될 것이고, 토론 과정을 거쳐 얻은 심득(心得)은 '한국의 루쉰 연구(Luxun's studies in Korea)'에 군건한 초석이 될 것으로 기대한다. 전집 완간은 종점이 아니라 출발점이다! 번역자들의 꼼꼼한 독서에 기초한 한국의 루쉰 연구는 이제 출발 지점에 선 것이다. 왕푸런의 루쉰(반봉건 혁명의 한 거울), 첸리췬의 루쉰(선구자의 영혼), 왕후이의 루쉰(역사적 중간물, 절망에 반항), 왕샤오밍의 루쉰(비껴서기)에 못지않은, 한국의 루쉰 연구자들이 전유해낼 루쉰을 기대해 본다.

'외래어 표기'와 관련해 한 가지 거론할 것은 '현대인'과 '과거인'의 구분 기준이다. 번역위원회에서 상위 원칙으로 삼은 <국립국어원>의 '외래어 표기법'에는 "중국 인명은 과거인과 현대인을 구분하여 과거인은 종전의 한자음 대로 표기하고, 현대인은 원칙적으로 중국어 표기법에 따라 표기하되, 필요한 경우 한자를 병기한다"라고 되어있다. 그리고 『루쉰전집』의 <일러두기>를 보면 "중국의 인명은 신해혁명(1911년) 때 생존 여부를 기준으로 현대인과 과거인으로 구분"한다고 해 '신해혁명'을 현대의 기점으로 삼았음을 알 수 있다. 신해혁명 기점설에 대한 명확한 근거를 제시하지는 않았지만, 이는 '중국 최초의 공화국'인 '중화민국' 건국의 계기가 된 '신해혁명'에 의미를 부여하는 민두기의 기준을 암묵적으로 따른 것으로 이해할 수 있다. '생존 여부'라는 말을 부가해 약간의 여지는 남겨두었지만, 정치사적 기준을 추수했다는 비판을 면하기 어렵다. 나아가 '미완의 혁명'이라 평가받는 '신해혁명'이 중국 근현대사에서 시기 구분의 '압도적 기점'이 될 만큼의 구실을 했는지도 진지한 성찰이 필요하다. 참고로, 중국 근현대문학사 범주에서 기점을 1898년(黃子平·陳平原·錢理群, 1985), 1892년(范伯群, 2007), 1890년(嚴家炎, 2010), 1868년(朱壽桐, 2010), 1851년(王德威, 2003), 1840년(임춘성, 2013a)으로 주장하는 견해가 속출하는 만큼, 중국 근현대의 기점에 대해 진지한 성찰이 필요하다.

『루쉰전집』의 완역 출간은 한국에서 중국 근현대 지식인의 저작으로는 거의 최초[209]로 보인다. 진융의 경우 모든 작품이 번역됐지만, 아쉽게도 전집의 형태는 아니다. 학자 가운데 '전집'의 형태는 아니지만, 주요 저서 대부분이 국내에 번역된 중국 학자로 리쩌허우와 왕후이를 들 수 있겠다. 아래에서는 리쩌허우의 국내 번역서를 대상으로 중한 학술번역을 검토하고자 한다.

209_ 국립중앙도서관 소장자료에서 『林語堂全集(1-6)』(조영기 역, 영일문화사, 1977)을 검색할 수 있다. 권별 표제는 다음과 같다. 1. 生活의 發見, 2. 女傑 則天武后, 3. 暴風속의 나뭇잎, 4. 잠자는 獅子, 5. 生活의 智慧, 6. 北京好日. https://www.nl.go.kr/NL/contents/search.do?srchTarget=total&pageNum=1&pageSize=10&insiteschStr=&schQuery=&mainSrchField=1&kwd=%EC%9E%84%EC%96%B4%EB%8B%B9%EC%A0%84%EC%A7%91 (검색일자: 2023. 06.19.) 하지만 중국 <百度>에서 林語堂全集을 검색해보면 여러 판본이 있는데, 그 가운데 30권으로 나온 東北師範大學出版社의 『林語堂名著全集』(1994)의 분량이 가장 방대하다. https://book.douban.com/subject/1947700/ (검색일자: 2023.06.19.) 이로 미뤄볼 때 한국의 『林語堂全集(1-6)』은 선집(選集)으로 봐야 한다.

2. 원문-번역문 대조·검토와 수정 제안

그동안 중문 도서를 몇 차례 번역하면서 '있는 글자 빠트리지 말고 없는 글자 추가하지 말아야 한다'라는 나름의 원칙을 깨우쳤다. 그러나 독자들에게 의미 전달을 잘하기 위해, 추가와 생략 그리고 구조 변경을 할 수도 있다. 단 신중 해야 한다. 중국어는 세간의 오해와는 달리 규칙이 대단히 엄격한 언어다. 예 외가 많지 않다는 점에서는 영문법보다 더 엄격하다 할 수 있다. '고립어'라는 특성으로 인해 어순을 엄격하게 준수해야 하고, 이에 따라 도치를 함부로 용 인하지 않고 도치할 때는 반드시 명백한 이유가 있다. 아울러 중국어 구문을 분석할 때 허사(虛詞)의 문법적 기능을 소홀히 취급하는 경향이 존재한다. 전 치사/개사(介詞)의 빈어(賓語),[210] 접속사/연사(聯詞)의 호응과 전후 내용, 구조조 사 '的'의 수식어와 중심어(修中構造), 그리고 허사에 속하지는 않지만 양사(量 詞)의 중심어도 대단히 중요한 문법 요소이다. 그러면 '언어번역과 문화번역의 변증법적 접합'이라는 기준을 염두에 두고, 아래에서 원문과 번역문을 대조해 그 문제점을 적시한 후 수정 번역문을 제안하고자 한다.

예문 1)『중국고대사상사론』

원문: 思想史研究所應注意的是, 去深入探究沉積在人們心里結构中的文化傳統, 去 探究古代思想對形成, 塑造, 影響本民族諸性格特征(國民性, 民族性)亦卽心理結构和 思維模式的關系(李澤厚, 1994b: 295).

번역문: 사상사 연구에서 주의해야 할 것은 인간들의 심리구조 가운데 침전되어 있는 문화전통 속으로 깊이 파고들어 탐구하는 것이다. 그리고 고대 사상이 중국 민족의 여러 가지 특징(국민성·민족성), 즉 심리구조와 사유모델을 형성하고 구 조하고 영향을 주었는가 하는 관계를 탐구하는 데 있다(리쩌허우, 2005a: 571).

210_ 중국어의 '빈어', 즉 '손님이 되는 말'은 영문법의 '목적어', 즉 '동작의 대상이 되는 말'과는 다른 '형태적 개념'이다.

토론: 이 문장의 기본 구조는 "사상사 연구에서 주의해야 하는 것은 A를 심층 탐구하고 B를 탐구하는 것이다."이다. 먼저 '深入探究'를 병렬구조(깊이 파고들어 탐구하다)로 볼지 수중(修中)구조(심도 있게 탐구하다)로 볼지가 문제가 된다. 역문은 병렬구조로 봤지만, 이 글에서는 수중구조로 봤다. 의미 전달에 큰 차이는 없다. A에 해당하는 구문은 비교적 간단하다. 즉 "인간들의 심리구조에 침적되어 있는 문화 전통"이다. 여기에서 인간은 집단명사인 만큼 굳이 '인간들로 번역할 필요는 없다. B는 비교적 복잡하다. 특히 개사 '對'의 빈어(賓語)가 '절'로 구성되어 있다. 직역하면 "본 네이션의 제반 성격 특징(국민성, 민족성), 즉 심리구조와 사유 모델을 형성하고 빚어내고 영향을 준 것에 대한 고대사상의 관계"가 된다. 개사구조를 포함한 'a+b(개사+빈어)+c'의 구문은 'a의 b에 대한 c'로 번역하는 것보다는 'b에 대한 a의 c'로 번역하는 것이 순통(順通)하다. 하지만 이 문장의 내적 구조는 고대사상이 …을 형성하고 빚어내고 영향을 준 것에 대한 관계인 만큼, "…을 형성하고 빚어내고 영향을 준 고대사상"으로 번역해도 무방하다. '영향을 주다'는 '을'이라는 조사보다는 '에'와 호응한다. 아울러 nation의 번역어인 '민족'은 '네이션'으로 바꾼다. 이상의 논의를 반영해 번역하면 아래와 같다.

수정문: 사상사 연구에서 주의해야 할 점은 인간의 심리구조에 침적(沈積)되어 있는 문화 전통을 심도 있게 탐구하고, 중국 네이션의 여러 성격 특징(국민성, 국족성), 즉 심리구조와 사유 모델을 형성하고 빚어내고 그것들에 영향을 준 고대 사상을 탐구하는 것이다.

예문 2) 『중국고대사상사론』
원문: 我以爲, 展現爲文學, 藝術, 思想, 風習, 意識形態, 文化現象, 正是民族心灵的 對應物, 是它的物態化和結晶体, 是一种民族的智慧. 這里所用"智慧"一詞, 不只是指 某种思維能力, 知性模式. 它不只是Wisdom, intellect; 而是指包括它們在內的整体心

理結构和精神力量, 其中也包括倫理學和美學的方面, 例如道德自覺, 人生態度, 直觀才能等等(李澤厚, 1994b: 295).

번역문: 문학, 예술, 사상, 풍습, 의식형태, 문화현상으로 전개된 것은 바로 민족심(民族心)의 대응물이고 또한 민족심의 현실적 구체화이자 결정체이며, 일종의 민족적 지혜라고 나는 생각한다. 여기서 사용한 '지혜'라는 개념은 단순한 사유능력이나 지성적 모델을 지칭한 것은 아니다. 그것은 지혜(wisdom)나 지성(intellect)일 뿐만 아니라, 지혜와 지성을 그 속에 포함한 전체 심리구조와 정신역량을 가리키는 것으로 또한 그 속에 윤리학과 미학적 측면, 예를 들면 도덕적 자각, 인생에 대한 태도, 직관능력 등을 담고 있다(리쩌허우, 2005a: 571~72).

토론: '我以爲' 다음의 내용이 길면 '나는 다음과 같이 생각한다'로 번역하면 읽기에 편하다. 의식형태는 '이데올로기'의 중국식 번역어다. '관념형태'라고도 한다. 이는 한국어에서 '사상' 또는 '이념'으로 번역하는 것보다 원어의 뜻에 더 가까운 느낌을 준다. 여기서 문제는 외국식 번역어를 '무비판적으로 수용'해도 되는가이다. 이를테면 'roman'을 일본어에서 음역해 '浪漫(일본식 독음은 로만)으로 번역했고, 이를 한국과 중국에서 무비판적으로 수용해 오늘날 '낭만' '랑만'이 되었다. 또한 '西歐'도 '西歐羅巴'의 약칭이고, '歐羅巴'(어우뤄바)는 'Europe'의 음역이다. 한국어에서는 그 한자어를 '무비판적으로 수용'해 한국식 독음인 '서구' 또는 '구라파'로 상용하고 있다. '浪漫'과 '西歐'는 일본과 중국에서 음역한 것을 한국에서 '무비판적으로 수용'한 예다. 'ideology'를 의식형태로 번역하는 것은 의역인데, '사상'이나 '이념'보다 원뜻에 가까우므로 '비판적으로 수용'해도 좋을 것이다. 단 학계의 합의 전까지는 '이데올로기'를 외래어로 수용하는 것도 방법이다. '心靈'을 '심'으로 번역한 것은 단순화의 혐의가 있다. 한국어의 '영혼'이 좋을 듯하다. '物態化'의 의미는 물상화(物象化)와 비슷하다. 物象은 '자연계 사물의 형태'이다. '物態化'는 '자연계 사물 형

태로 바뀌다'의 의미다. '不只是'는 부분 부정이다. '~만은 아니다'로 번역해야 한다. '整体'는 '전체'보다는 '총체'가 좋다. '人生態度'와 '直觀才能'은 각각 '인생 태도'와 '직관적 재능'으로 바꾼다. 이상의 내용을 반영해 번역하면 아래와 같다.

수정분: 나는 다음과 같이 생각한다. 문학과 예술, 사상과 풍습, 이데올로기와 문화 현상으로 전개된 것은 네이션 영혼의 대응물이고 그것의 물상화이자 결정체이며 일종의 네이션 지혜다. 여기에서 사용하는 '지혜' 개념은 사유능력과 지성 양식에 그치지 않는다. 그것은 지혜(wisdom)와 지성(intellect)에 그치지 않고, 그것들을 포함한 총체적 심리구조와 정신역량이다. 또 그 안에 윤리학과 미학의 측면, 예컨대 도덕적 자각과 인생 태도 그리고 직관적 재능 등을 포괄한다.

예문 3) 『중국고대사상사론』

원문: 雖然進入階級社會, 經歷了各種經濟政治制度的變遷, 但以血緣宗法紐帶爲特色, 農業家庭小生産爲基础的社會生活和社會結構, 却很少變動. 古老的氏族傳統的遺風余俗, 觀念習慣長期地保存, 積累下來, 成爲一种极爲强固的文化結構和心理力量(李澤厚, 1994b: 297).

번역문: 계급사회에 진입하고 각종 경제·정치제도의 변천을 거쳤지만, 혈연적 종법의 유대를 특색으로 삼고 농업가정의 소생산을 기초로 하는 사회생활과 사회구조는 거의 변동되지 않았다. 아주 오래된 씨족전통의 낡은 풍습과 습관은 오랜 시간 보존되고 누적되어 매우 강력한 문화구조와 심리적인 역량이 된다(리쩌허우, 2005a: 575).

토론: 역문에서는 몇 개의 단어를 생략한 채 번역했다. 1행의 '雖然'과 2행

의 '遺風'과 '觀念'이 그것이다. '雖然'은 문장 끝에서 '거쳤지만'으로 번역해 '비록'이라는 말을 굳이 넣지 않아도 의미 전달에 지장은 없지만, '遺風'과 '觀念'을 생략한 것은 문제가 있다. 역문에서는 '습관'으로 옮겼는데, 이는 '관념과 습관'으로 번역하는 것이 좋다. '長期地'는 '장기적으로', '极爲'는 '대단히'로 번역하는 것이 좋다. 이상의 내용을 반영해 번역하면 아래와 같다.

수정문: 비록 계급사회에 진입해 각종 경제적·정치적 제도의 변천을 거쳤지만, 혈연적 종법 유대를 특색으로 삼고 농업 가정의 소생산을 기초로 하는 사회생활과 사회구조는 거의 변동되지 않았다. 오래된 씨족 전통의 유풍과 낡은 풍속, 관념과 습관이 장기간 보존되고 누적되어 대단히 강고한 문화구조와 심리적 역량이 되었다.

예문 4)『중국근대사상사론』

원문: 如果說, 龔自珍給較遠的晩晴(十九世紀九十年代至二十世紀初年)煽起了浪漫的熱情; 那末, 魏源就給緊接着他的七八十年代留下了現實的直接主張. 而馮桂芬的特點在於: 他承上啓下, 是改良派思想的直接的先行者, 是三四十年代到七八十年代思想歷史中的一座重要的橋梁(李澤厚, 1994c: 47).

번역문: 궁쯔전이 비교적 먼 만청(1890년대~20세기 초) 시기에 낭만적 열정을 불러일으켰다면, 웨이위안은 바로 자신의 뒤를 이은 1870~1980년대에 현실적이고 직접적 주장을 남겨 주었고, 펑구이펀의 특징은 중간 다리 역할을 한 것에 있다(리쩌허우, 2005b: 111).

토론: 원문의 밑줄 부분을 완전히 빼먹었다. 아마도 구문이 좀 복잡해 건너뛴 것으로 추측할 수 있다. '교량이다'를 '교량 역할을 한다'로 순통하게 바꿨다. 수정문은 다음과 같다.

수정문: 궁쯔전이 비교적 먼 만청(1890년대~20세기 초) 세대에게 낭만적 열정을 불러일으켰다면, 웨이위안은 바로 자신의 뒤를 이은 1870~1880년대 세대에게 현실적이고 직접적인 주장을 남겨 주었고, 펑구이펀의 특징은 앞 세대를 계승해 뒷세대를 열어준, 개량파 사상의 직접적인 선행자이자, 1830~40년대부터 1870~80년대까지 사상의 역사에서 중요한 교량 역할을 한 점에 있다.

예문 5) 『중국현대사상사론』

원문: ①但是, 就在當時, 當以社會發展史的必然規律和馬克思主義的集體主義的世界觀和行爲規約來取代傳統的舊意識形態時, 封建主義的"集體主義"却又已經在改頭換面地悄悄地開始滲入. ②否定差異, 泯滅個性的平均主義. 權限不淸, 一切都管的家長制, 發號施令, 唯我獨尊的"一言堂", 嚴格注意尊卑秩序的等級制, 對現代科技敎育的忽視和低估, 對西方資本主義文化的排拒, 隨着這場"實質上是農民革命"的巨大勝利, 在馬克思主義的社會主義或無産階級集體主義名義下, 被自覺不自覺地在整個社會以及知識者中延漫開來, 統治了人們的生活和意識(李澤厚, 1994d: 39).

번역문: 하지만 사회발전사의 필연의 법칙과 마르크스주의의 집단주의 세계관과 행위규범이 전통의 낡은 이데올로기를 대신하던 당시에, 봉건주의적 '집단주의'가 이미 상당히 뒤바뀐 모습으로 유유히 여기에 침투하기 시작했다. 차이를 부정하고 개성을 말살하는 평균주의(平均主義), 권한이 명확하지 않고 모든 것을 관할하는 가부장적 호령을 발표하면서 유아독존하는 '독판치기'(一言黨), 존비의 질서에 엄격하게 주목하는 등급제, 현대 과학 기술 교육에 대한 경시와 낮은 평가, 서구 자본주의 문화에 대한 배척 등은, '실제로는 농민혁명'인 거대한 승리에 수반하여 마르크스주의적 사회주의나 프롤레타리아트 집단주의라는 명목으로 의식적·무의식적으로 전체 사회와 지식인들 사이에서 만연하기 시작했으며 사람들의 생활과 의식을 통치하게 되었다(리쩌허우, 2005c: 82).

토론: 원문 기준 9행의 분량이 두 문장으로 구성되었다. ① 悄悄地를 '유유하'로 번역한 것은 적절치 않다. 천지개벽의 사회주의 혁명이 성공해 낡은 이데올로기를 청산하던 시점에 낡은 이데올로기의 하나인 봉건주의적 '집단주의'가 겉모습과 태도를 바꾸어 '살그머니' 스며들기 시작한 상황을 묘사한 것이다. ② 두 번째 문장의 주어는 여섯 개—평균주의, 가부장제, 일언당, 등급제, 홀시와 저평가, 배척—로 구성되어 있고, 앞의 세 개는 각각 병렬부호(,)로 연결된 두 개의 수식어의 수식을 받고 있다. 번역문은 그 구조를 무시하고 뒤섞어 번역했다. 수정문은 아래와 같다.

수정문: 그러나 사회발전사의 필연적 법칙과 마르크스주의의 집단주의적 세계관과 행위규범이 전통의 낡은 이데올로기를 대신하던 바로 그 시점에, 봉건주의적 '집단주의'가 겉모습과 태도를 바꾸고 살그머니 스며들기 시작했다. 차이를 부정하고 개성을 말살하는 평균주의, 권한이 불분명하고 모든 것을 관할하는 가부장제, 명령을 내려 시행하는 유아독존식의 '일언당', 존비질서에 엄격히 주의를 기울이는 등급제, 현대 과학 기술 교육에 대한 무시와 과소평가, 서양 자본주의 문화의 배척은 이 '실질적으로는 농민혁명'의 거대한 승리에 따라, 마르크스주의적 사회주의 또는 프롤레타리아 집단주의라는 명목 아래 의식적 무의식적으로 사회 전체 및 지식인 사이에 만연되기 시작해 사람들의 생활과 의식을 지배했다.

그리고 '轉換性的創造'(李澤厚, 1994d: 45)를 역문에서는 '창조적 전환'(리쩌허우, 2005c)으로 번역했는데, 리쩌허우에 따르면 전환을 통해 창조에 도달하는 의미이고, 다른 글에서 '혁명적 창조' 등과 대조적으로 사용되고 있으므로, 이 글에서는 원문의 의미를 살려 '전환적 창조'로 번역한다. 리쩌허우가 주장하는 '전환적 창조'는 이전에 운위되던 '혁명적 창조'나 '비판적 창조'가 아니다. '전환적 창조'는 "일종의 '개량적 창조'로, 조급하게 파괴하고 혁명할 필요 없이, 점진적으로 학습하고 개량함으로써 새로운 것을 창조하는 것이다. 경제면에서뿐만 아니라 정치면과 문화면에서도 이것이야말로 정(情)과 리(理)에 맞는 실용이성인 것이다"(李澤厚, 2014: 228~29).

예문 6) 『미의 역정』

원문: 但要注意的是, 對使用工具的合規律性的形体感受和在所謂"裝飾品"上的自覺加工, 兩者不但有着漫長的時間距离(數十万年), 而且在性質上也是根本不同的. 雖然二者都有其實用功利的內容, 但前者的內容是現實的, 后者則是幻想(想象)的; 勞動工具和勞動過程中的合規律性的形式要求(節律, 均匀, 光滑等)和主体感受, 是物質生産的産物; "裝飾"則是精神生産, 意識形態的産物. 盡管兩者似乎都是"自然的人化"和"人的對象化", 但前者是將人作爲超生物存在的社會生活外化和凝凍在物質生産工具上, 是眞正的物化活動; 后者則是將人的觀念和幻想外化和凝凍在這些所謂"裝飾品"的物質對象上, 它們只是物態化的活動. 前者是現實的"人的對象化"和"自然的人化", 后者是想象中的這种"人化"和"對象化". 前者与种族的繁殖(人身的擴大再生産)一道构成原始人類的基础, 后者則是包括宗敎, 藝術, 哲學等胚胎在內的上層建筑. 当山頂洞人在尸体旁撒上礦物質的紅粉, 当他們作出上述种种"裝飾品", 這种原始的物態化的活動便正是人類社會意識形態和上層建筑的開始. 它的成熟形態便是原始社會的巫術礼儀, 亦卽遠古圖騰活動(李澤厚, 1994a: 10).

번역문: 주의해야 할 점은, 사용하는 도구가 합법칙적인 형태인지에 대한 느낌과 '장식품'에 대한 자각적인 가공 사이에는 기나긴 시간의 간극(수십만 년)이 있으며, 양자의 성격 역시 근본적으로 다르다는 것이다. 양자 모두 실용적이고 공리公利적인 내용을 지니고 있지만, 전자의 내용은 현실적인 것이고 후자의 내용은 환상(상상)적인 것이다. 노동도구와 노동과정에 있어서, 합법칙적인 형식의 요구(리듬·균일성·매끄러움) 및 주체의 느낌은 물질생산의 산물이다. 한편 '장식'은 정신생산의 산물, 의식형태의 산물이다. 비록 양자가 모두 '자연의

인간화와 '인간의 대상화'인 것처럼 보이지만, 그렇지 않다. 전자는 생물적 존재를 뛰어넘는 존재로서, 진정한 물화物化 활동이다. 후자는 인간의 관념과 환상을 외재화하여 '장식품'이라는 물질 대상에 응집시킨 것으로, 단지 물태화物態化 활동이다. 전자는 현실에서의 '인간의 대상화'와 '자연의 인간화'이며, 후자는 상상에서의 '인간의 대상화'와 '자연의 인간화'다. 전자는 종족의 번식(몸의 확대 재생산)과 더불어서 원시인류의 토대를 구성하며, 후자는 종교·예술·철학 등을 그 내부에 배태하고 있는 상부구조다. 산딩둥인이 시체 곁에 광물질의 붉은 가루를 뿌리고 앞에서 서술한 여러 가지 '장식품'을 만든 것과 같은 원시적인 물태화 활동이 바로 인류사회의 의식형태 및 상부구조의 시작이다. 그것의 성숙한 형태가 바로 원시사회의 무술巫術의례, 즉 상고 시대의 토템 활동이다(리쩌허우, 2014: 11 ~ 12).

토론: 원문에서 '對'의 빈어는 합법칙성까지로 걸어주는 것이 좋고, '在所謂"裝飾品"上的自覺加工'은 '이른바 '장식품' 상의 자각적 가공'이 좋다. 군이 '장식품에 대한'으로 번역할 필요가 없다. '한편'과 '그렇지 않다'는 불필요한 추가로 보인다. 앞에서 언급한 대로, 중국어는 접속사 사용이 인색해 생략된 경우가 많으므로 앞뒤 문맥에 따라 접속사에 해당하는 의미를 추가해주어야 한다. 특히 '순접'과 '역접'을 잘 구분해야 한다. 대조 구문('전자~, 후자~')에서 후자 다음에 '則'이 사용되면 대개 역접이다. 리쩌허우의 문장에서는 거의 100% 그러하다. '盡管~, 但是~'의 구문 가운데 군이 '그렇지 않다'를 삽입하는 것은 사족처럼 보인다. '山頂洞人'을 '산딩둥인'으로 표기하든지, '산정동인'으로 표기하든지 관계는 없지만, 괄호 안에 한자를 병기하는 '산정동인(山頂洞人)'으로 표기하는 것이 의미 전달에 순통하다. 이상의 내용을 반영해 번역한 수정문은 아래와 같다.

수정문: 주의할 것은, 사용 도구의 합법칙성에 대한 형태적 느낌과 이른바 '장식

품 상의 자각적인 가공이라는 양자 사이에는 기나긴 시간적 간극(수십만 년)이 있었을 뿐만 아니라 양자는 성격상으로도 근본적으로 다르다. 비록 모두 실용 공리적 내용을 가지고 있지만, 전자의 내용은 현실적인데 후자는 환상(상상)적이다. 노동도구와 노동과정 중의 합법칙적인 형식 요구(리듬, 균등함, 매끄러움 등)와 주체의 느낌은 물질생산의 산물이지만, '장식은 정신생산·이데올로기의 산물이다. 비록 양자는 모두 '자연의 인간화'이자 '인간의 대상화'인 것 같지만, 전자는 초생물적 존재로서의 인간의 사회생활을 물질생산도구로 외화 시키고 그것에 응집시킨 것으로 진정한 물화 활동이지만, 후자는 인간의 관념과 환상을 이른바 '장식품'이라는 물질대상으로 외화 시켜 그것에 응집시킨 것으로 그것들은 물태화/물상화 활동이다. 전자는 현실적 '인간의 대상화'이자 '자연의 인간화'이고 후자는 상상 중의 '인간화'이자 '대상화'다. 전자는 종족의 번식(몸의 확대 재생산)과 함께 원시 인류의 토대를 구성하지만, 후자는 종교, 예술, 철학 등의 맹아를 포함한 상부구조다. 산정동인(山頂洞人)이 시체 옆에 광물질의 붉은 가루를 뿌리고 상술한 각종 '장식품'을 만들 때 이런 원시적 물상화 활동이 바로 인류 사회의 이데올로기와 상부구조의 시작이었다. 그 성숙한 형태가 바로 원시 사회의 무술(巫術) 의례, 즉 상고시대의 토템 활동이었다.

예문 7) 『미의 역정』

원문: 在對象一方, 自然形式(紅的色彩)里已經積淀了社會內容; 在主體一方, 官能感受(對紅色的感覺愉快)中已經積淀了觀念性的想象, 理解. 這樣, 區別于工具制造和勞動過程, 原始人類的意識形態活動, 亦卽包含着宗敎, 藝術, 審美等等在內的原始巫術礼儀就算眞正開始了(李澤厚, 1994a: 11).

번역문: 대상의 측면에서는, 자연 형식(붉은 색채) 안에 이미 사회 내용이 누적-침전(적전積澱)되었다. 주체의 측면에서는, 감각의 느낌(붉은색에 대한 유쾌한 감각) 안에 이미 관념적인 상상과 이해가 누적-침전되었다. 이렇게 해서 도구

제작 및 노동 과정과는 구별되는, 원시인류의 의식형태 활동 즉 종교·예술·심미審美 등을 포함한 원시 무술의례가 진정으로 시작된 셈이다(리쩌허우, 2014: 13~14).

토론: '官能感受'를 '감각의 느낌'으로 번역하는 것은 충분치 않다. 그대로 번역하면 '관능적 느낌'인데, 이는 역문의 의미와 매우 다르다. 불필요한 쉼표를 많이 사용했다. 아마도 원문에서 쉼표를 사용한 부분에서는 역문에서도 쉼표를 사용한 것으로 보이는데, 꼭 그럴 필요는 없을 것이다. 왜냐하면 중국어에서 쉼표는 의미작용을 하기보다는 쉬어가는 역할, 즉 형식 기능에 속하기 때문이다. '積澱'을 '누적-침전'으로 번역한 것은 두 글자를 풀어 각각 그에 어울리는 단어를 찾아 번역한 것으로, 역자의 고심을 엿볼 수 있는 부분이다. 참고로 『학설』(노승현 옮김)과 『역사본체론』(황희경 옮김)에서는 '적전'을 '침적(沈積)'으로, 『화하미학』(조송식 옮김)과 『비판철학의 비판』(피경훈 옮김)에서는 '축적'으로 번역했다. 사실 '적전(積澱)'은 국어사전에 수록되지 않은 만큼, '침적' 또는 '축적'을 오역이라 할 수는 없다. 하지만 여기에서는 저자의 조어(措語)를 존중하는 차원에서, 그리고 발터 베냐민이 「번역자의 과제」에서 언급했던 "(원작의) 낯선 말이 사후에 성숙하는 과정"(벤야민, 2008: 129)을 드러내기 위해 '적전'을 한자 병기해서 사용하는 것도 고려할 만하다. 이상의 내용을 반영해 번역한 수정문은 아래와 같다.

수정문: 대상의 측면에서는 자연 형식(붉은 색채)에 이미 사회적 내용이 적전(積澱) 되었고, 주체의 측면에서는 관능적 느낌(붉은색에 대한 감각적 유쾌) 속에 이미 관념적 상상과 이해가 적전 되었다. 이렇게 도구 제조 및 노동과정과 구별되는 원시 인류의 이데올로기 활동, 즉 종교, 예술, 심미 등을 포함하는 원시 무술 의례가 진정으로 시작된 셈이다.

예문 8) 『미의 역정』

원문: 其實, 仰詔, 馬家窯的某些几何紋樣已比較淸晰地表明, 它們是由動物形象的
寫實而逐漸變爲抽象化, 符号化的. 由再現(模擬)到表現(抽象化), 由寫實到符号化, 這
正是一个由內容到形式的積淀過程, 也正是美作爲"有意味的形式"的原始形成過程.
卽是說, 在后世看來似乎只是"美觀", "裝飾"而幷无具体含義和内容的抽象几何紋樣,
其實在当年却是有着非常重要的内容和含義, 卽具有嚴重的原始巫術礼儀的圖騰含
義的. …(중략)… 可見, 抽象几何紋飾幷非某种形式美, 而是: 抽象形式中有内容, 感
官感受中有觀念, 如前所說, 這正是美和審美在對象和主体兩方面的共同特点. 這个
共同特点便是積淀: 内容積淀爲形式, 想象, 觀念積淀爲感受. 這个由動物形象而符号
化演變爲抽象几何紋的積淀過程, 對藝術史和審美意識史是一个非常關鍵的問題(李
澤厚, 1994a: 23～24).

번역문: 실제로 양사오와 마자야오의 어떤 기하무늬들은 그것이 동물 형상의
사실적인 묘사로부터 점차 추상화·부호화된 것임을 비교적 확실하게 보여주
고 있다. 재현(모방)에서 표현(추상화)으로, 사실적인 묘사에서 부호화로의 과정
은 바로 내용에서 형식으로의 누적-침전 과정이다. 이는 바로 '의미 있는 형식'
으로서의 미美가 처음으로 형성되는 과정이기도 하다. 즉 후세에 보기에는 다만
'미관'이나 '장식'일 뿐 구체적인 의미와 내용을 전혀 지니고 있지 않은 듯한
기하무늬가 사실 그 당시에는 매우 중요한 내용과 의미를 지니고 있었다. 즉
원시 무술의례로서의 중대한 의미를 지니고 있었던 것이다. '순수'형식인 듯한
기하무늬는 원시 인류의 느낌에 있어서 균형·대칭의 형식적 쾌감을 훨씬 벗어
나 복잡한 관념과 상상의 의미를 내포하고 있었다. 무술의례의 토템 형상은
점차 단순화·추상화되어 순수 형식의 기하무늬(부호)가 되었지만, 그것의 원시
토템으로서의 의미는 사라지지 않았다. 또한 기하무늬가 늘 동물 형상보다 도기
의 표면을 더 많이 채웠던 것으로 보아 그러한 의미는 도리어 강화되었다. …(중
략)… 추상적인 기하무늬는 결코 어떤 형식미가 아니다. 추상 형식에는 내용이

담겨 있고, 감각기관의 느낌에는 관념이 담겨 있다. 앞에서 말했듯이 이것은 바로 대상과 주체 두 측면에 있어서 미와 심미의 공통된 특징이다. 그 공통 특징은 바로 누적-침전이다. 내용은 누적-침전되어 형식이 되고, 상상과 관념은 누적-침전되어 느낌이 된다. 동물 형상이 부호화되어 추상적인 기하무늬로 변하는 누적-침전의 과정은 예술사와 심미의식에 있어서 매우 중요한 문제다(리쩌허우, 2014: 45~46).

토론: '淸晰地'는 '확실하게' 보다는 '또렷하게'가 더 좋을 듯하다. '符號'는 'sign'의 번역인 만큼 한국어 맥락에서는 '기호'가 좋다. '누적-침전'은 앞에서 지적한 것처럼 '적전'으로, '原始形成過程'은 '처음으로 형성되는 과정'보다는 '원시적 형성과정'이 문장 구조를 드러내고 간결하다. '卽具有嚴重的原始巫術礼儀的圖騰含義的.'에서는 '圖騰'의 의미를 무시하고 '중요한'으로 번역했다. 이는 '중대한 원시 무술(巫術) 의례의 토템적 의미를 가지고 있었던 것이다.'로 번역하는 것이 타당하다. 여기에서 '可見'은 그다음의 내용을 알 수 있다는 의미인 만큼, 뒤의 내용이 길 경우 '우리는 다음과 같은 사실을 알 수 있다.'라고 번역하는 것도 좋다. '有'를 '담겨 있다'로 번역한 것은 과도하지만 크게 문제가 되지는 않아 보인다. 하지만 동사술어 積淀 뒤의 '爲'는 개사로, 개사의 빈어와 함께 앞 술어의 보어로 처리하는 것이 좋다. 마지막으로 원문은 명백히 '審美意識史'인데 '심미의식'으로 옮겼다. 판본의 문제가 아니라면, '심미의식의 역사'로 옮겨야 할 것이다. 이상의 내용을 반영해 번역한 수정문은 아래와 같다.

수정문: 실제로 양사오(仰韶)와 마자야오(馬家窯)의 어떤 기하문양들은 그것이 동물 형상의 사실적 묘사에서 점차 추상화·기호화된 것임을 비교적 또렷하게 보여주고 있다. 재현(모방)에서 표현(추상화)으로, 사실적 묘사에서 기호화로의 과정은 바로 내용에서 형식으로의 적전 과정이다. 이는 바로 '의미 있는 형식으

로서 미(美)의 원시적 형성과정이기도 하다. 즉 후세에 보기에는 그저 '미관'이나 '장식'일 뿐 구체적 의미와 내용을 전혀 지니지 않은 듯한 기하문양이 사실 그 당시에는 매우 중요한 내용과 의미를 지니고 있었다. 즉 중대한 원시 무술(巫術) 의례의 토템적 의미가 있었다. '순형식인 듯한 기하문양은 원시인들의 느낌에는 균형과 대칭의 형식적 쾌감을 훨씬 벗어나 복잡한 관념과 상상의 의미를 내포하고 있었다. …(중략)… 우리는 다음과 같은 사실을 알 수 있다. 추상적 기하문양은 결코 모종의 형식미가 아니라, 추상적 형식 속에는 내용이 있었고 감각기관의 느낌 속에는 관념이 있었다. 앞에서 말한 것처럼 이는 바로 대상과 주체 두 측면에서의 미와 심미의 공통 특징이다. 이 공통 특징이 바로 적전이다. 내용은 형식으로 적전 되고 상상과 관념은 느낌으로 적전 된다. 동물 형상이 기호화되어 추상적인 기하문양으로 변하는 적전 과정은 예술사와 심미의식의 역사에 매우 관건적인 문제다.

예문 9) 『미의 역정』

원문: 如果說, 以李白, 張旭等人爲代表的'盛唐', 是對旧的社會規范和美學標准的冲決和突破, 其藝術特征是内容溢出形式, 不受形式的任何束縛拘限, 是一种還沒有确定形式, 无可仿效的天才抒發. 那末, 以杜甫, 顔眞卿等人爲代表的'盛唐', 則恰恰是對新的藝術規范, 美學標准的确定和建立, 其特征是講求形式, 要求形式與内容的嚴格結合和統一, 以樹立可供學習和仿效的格式和范本. 如果說, 前者更突出反映新興世俗地主知識分子的'破旧', "冲決形式"; 那么, 后者突出的則是他們的'立新', "建立形式"(李澤厚, 1994a: 135).

번역문: 이백과 장욱 등을 대표하는 '성당'은 옛 사회 규범 및 미학 기준에 대한 파괴와 돌파로서, 그 예술적 특징은 내용이 형식을 압도하여 형식의 어떠한 속박과 제한도 받지 않으며 아직 형식이 확정되지 않은 모방할 수 없는 천재성의 발로라고 할 수 있다. 한편 두보와 안진경 등을 대표로 하는 '성당'은

새로운 예술 규범 및 미학 기준을 확정·수립했고, 그 특징은 형식을 중시하며 형식과 내용의 엄격한 결합과 통일을 요구함으로써 학습하고 모방할 수 있는 격식과 본보기를 세운 것이다. 전자가 신흥 세속지주 지식인의 '낡은 것의 타파破舊' '형식의 돌파'를 보다 두드러지게 반영한다고 한다면, 후자가 두드러지게 반영하는 것은 '새로운 것의 수립立新' '새로운 형식의 확립'이다(리쩌허우, 2014: 317~18).

토론: 원문은 두 개의 '如果A, 那末B'의 구문으로 이루어져 있다. 당연히 'A라면 B이다'로 번역해야 한다. 하지만 첫 구문은 A와 B의 내용이 길기 때문에 대조문으로 바꾸는 것이 순통한 한국어에 어울릴 것 같다. '以A爲B'는 초급 중국어에 나오는 구문으로, 'A로써 B를 삼다'라는 의미이고, 한국어 맥락에서는 'A를 B로 삼다'로 번역하는 것이 순통하다. 1행에서는 당연히 '이백과 장욱 등을 대표로 하는 성당'으로 번역해야 한다. '冲決'의 의미는 '(제방을) 무너뜨리다'이다. 이는 '파괴하다'보다는 '무너뜨리다'로 번역하는 것이 좋을 듯하다. 그리고 이 구문은 '성당은 옛 사회 규범과 미학 기준에 대한 무너뜨림과 돌파가 일어난 시기'라고 직역하는 것보다는 구조를 조정해서 '성당은 옛 사회 규범과 미학 기준을 무너뜨리고 돌파한 시기'라고 번역하는 것이 훨씬 순통하다. '溢出'을 '압도'로 번역한 것은 뉘앙스를 살리지 못한 것으로, '넘쳐난다'로 번역하는 것이 좋다. '舊'는 '옛'보다는 '낡은'이 좋다. 이상의 내용을 반영해 번역한 수정문은 아래와 같다.

수정문: 이백(李白)과 장욱(張旭) 등을 대표로 하는 '성당'은 옛 사회 규범과 미학 기준을 무너뜨리고 돌파한 시기로서, 그 예술적 특징은 내용이 형식에 담을 수 없을 만큼 넘쳐나 형식의 어떠한 속박과 제한도 받지 않는다. 그것은 미처 형식이 확정되지 않은 모방할 수 없는 천재성의 발로다. 반면 두보(杜甫)와 안진경(顏眞卿) 등을 대표로 하는 '성당'은 새로운 예술 규범과 미학 기준을 확정하고

수립한 시기로, 그 특징은 형식을 중시하며 형식과 내용의 엄격한 결합과 통일을 요구함으로써 학습하고 모방할 수 있는 격식과 본보기를 세운 것이다. 전자가 신흥 세속지주 지식인의 '낡은 것의 타파'와 '형식을 무너뜨림'을 두드러지게 반영했다면 후자가 돌출시킨 것은 '새로운 것의 수립'과 '형식의 건립'이었다.

예문 10) 『학설』(원제: 『己卯五說』)

원문: 簡單說來, 這矛盾在於: "內在超越說"一方面强調遵循儒學傳統, 否認外在超驗的上帝神明, ①把道德律令建立在"人心卽天心", "人性卽神性", 卽將內在心性作爲本體的基礎之上; 另一方面又模擬西方"兩個世界"(天堂與人世, 理念世界與現實世界, 本體與現象界)的構架, ②將此人"心", 人"性"說成是"超越"的(李澤厚, 2008: 133).

번역문: 간단히 말해서 이것의 모순은 다음과 같다. 그중 한 측면은 유학의 전통을 따를 것을 강조하여 외부에 존재하는 초경험적인 천지신명을 부정하고, 도덕명령을 "인간의 마음이 바로 하늘의 마음이고" "인간의 본성이 바로 하늘의 본성"이라는 것에 세웠다. 즉 (인간의) 내재적인 심성을 본체의 기초로 삼았다. 다른 한 가지 측면은 서양의 두 세계(천국과 인간 세상, 이념세계와 현실세계, 본체와 현상계)의 틀을 모방하여 이 사람의 '마음'과 다른 사람의 '마음'을 '초월적인 것'으로 설명했다(리쩌허우, 2005d: 14).

토론: ① 이 문장의 기본 구조는 把A建立在B的基礎之上, 'A를 B의 기초 위에 세운다'이고, B의 구조는 다시 將C作爲D, 'C를 D로 삼다'이다. 卽은 '즉' 또는 '다시 말해'로 번역할 수 있다. 그리고 在B的基礎之上은 개사구조로 建立의 보충어(補語)다. ② 이 문장의 구조는 將A說成B, 'A를 B라고 말하다'이다. 번역문은 B에 해당하는 此人"心", 人"性"에서 此가 人"心", 人"性" 모두를 수식하는 것을 이해하지 못했다. 이 단락은 머우쭝싼(牟宗三)의 '내재적 초월설'의 모순을 지적한 것이다. 그 모순은 한편으로 외재적 초경험적인 것을 부인하

면서도 다른 한편으로는 인심과 인성을 초월적인 것으로 상정한 점이다.

수정문: 간단히 말해서, 이 모순은 다음과 같은 점에 있다. '내재적 초월설'은 한편으로는 유학 전통을 따르고, 외재적 초경험적인 하느님의 신명을 부인하며, 도덕 명령을 '인심은 천심' '인성은 신성', 즉 내재적 심성을 본체로 삼는 기초 위에 세웠으며, 다른 한편으로는 서양의 '두 세계'(천국과 인간세, 이념세계와 현실세계, 본체와 현상계)의 틀을 모방하여 이 '인'심'과 '안'성'을 '초월적'이라고 하였다.

예문 11) 『학설』(원제: 『己卯五說』)
원문: ①它在中國如同在世界, 估計在今後一段時期仍將有重要影向. … 并結合總結它在中國的經驗敎訓, 從而考慮在現時代 ②如何與中國現實和傳統再次交融滙合, 便成了重要任務(李澤厚, 2008: 146).

번역문: 마르크스주의에 대한 평가는 한동안 계속해서 중국에 중요한 역향을 미칠 것이다. … 아울러 중국에서 마르크스주의의 경험과 교훈을 결합하고 총괄하여 오늘날 중국의 현실과 전통을 어떻게 다시 회합 융통시킬 수 있는가를 생각하는 것 역시 중요한 임무다(리쩌허우, 2005d: 33).

토론: ①에서 估計는 예측하다, 평가하다의 의미로, 뒷 부분에 걸린다. ②의 如何與中國現實和傳統再次交融滙合에서 개사 與의 빈어는 中國現實和傳統이고, 연사 和는 현실과 전통을 연결한다.

수정문: 그것(마르크스주의)은 세계에서와 마찬가지로 중국에서 앞으로도 한동안 중요한 영향을 미칠 것으로 예상된다. … 중국에서 그것(마르크스주의)의 경험과 교훈을 종합하여 총결산함으로써 현시대에 어떻게 중국의 현실 및 전통

과 다시 융합하고 회합할 수 있는지를 고려하는 것이 중요한 임무가 되었다.

예문 12) 『비판철학의 비판』
원문: 這个革命又正是在批判了康德, 黑格爾的古典唯心主義的"哥白尼式的革命"才可能取得的. 法國唯物主義把人從屬于自然, 德國古典唯心主義把自然從屬于人的精神, 馬克思主義的唯物主義則把自然屬于人對世界的能動的物質改造. 這也就是由自然本体論(法國唯物論)到意識本体論(德國古典唯心論)到人類學本体論(馬克思主義)(李澤厚, 2007: 214).

번역문: 이 혁명은 칸트와 헤겔의 고전적 관념론이라는 '코페르니쿠스적 혁명'을 비판하고 나서야 비로소 얻은 것이다. 프랑스 유물론은 인간을 자연에 종속시켰고, 독일의 고전적 관념론은 자연을 인간의 정신에 종속시켰으며, 마르크스의 유물론은 인간이 세계에 대해 능동적으로 벌이는 물질적 개조에 자연을 종속시켰다. 이는 또한 자연 본체론(프랑스 유물론)에서 의식 본체론(독일 고전 유심론)으로의 전환이며, 다시 인류학 본체론(마르크스주의)으로의 전환이다(리쩌허우, 2017: 232).

토론: 이 문장은 개사 '在'의 빈어인 '哥白尼式的革命'을 '批判了'의 빈어로 오인한 데서 비롯된 오역이다. 그리고 일반적으로 則는 앞 문장과 뒤 문장의 관계가 역접임을 나타낸다. '唯心主義/唯心論'을 관념론 또는 유심론으로 번역했는데, '관념론'으로 번역하는 것이 좋다. 이를 바로잡아 번역하면 아래와 같다.

수정문: 이 혁명은 또한 바로 칸트와 헤겔의 고전 관념론을 비판한 (마르크스의-인용자) 코페르니쿠스식 혁명에서만 획득할 수 있었다. 프랑스 유물론은 인간을 자연에 종속시켰고, 독일의 고전적 관념론은 자연을 인간의 정신에 종속시켰지

만, 마르크스의 유물론은 인간이 세계에 대해 능동적으로 벌이는 물질적 개조에 자연을 종속시켰다. 이는 또한 자연 본체론(프랑스 유물론)에서 의식 본체론(독일 고전 관념론)으로의 전환이며, 다시 인류학 본체론(마르크스주의)으로의 전환이다.

예문 13) 『논어금독』

원문: "有趣的是鄙人主張'西體中用', 而与傳統的和今日的'中體西用'者對立. 但'體旣爲科技工藝和生産力及方式, 則'中體西用'論者因允許和推行'西用', 其'中體'也必不能堅持而將逐漸改變, 不論其是否自覺是否自愿. 前章(16.3記)引陳寅恪'獨立精神, 自由思想卽其一. 而逐漸改變(改良而非革命)却又正是'西體中用'論所主張. 于是, '西體中用'竟可通過'中體西用'而實現自己, 如此弔詭, 豈非Hegel所謂歷史之'狡計'和可悲可喜之時代迷藏么?"(李澤厚, 2015: 366).

번역문: 흥미로운 것은 내가 주장하는 '서체중용'이 전통의, 그리고 오늘날의 '중체서용'과 대립된다는 것이다. 그러나 '체體'라는 것이 과학기술과 생산력, 그리고 생산양식을 의미한다면, '중체서용'론자도 '서용'을 인정하고 추진할 것이므로 '중체' 또한 견지할 수 없을 것이 분명하다. 따라서 '중체' 역시 점차로 바뀔 수밖에 없다. 스스로 의식하건 못하건, 원하건 원하지 않건 간에 말이다. 앞 장(16.3)에서 인용한 천인커의 '독립정신, 자유사상'이 그런 예다. 점차로 바꾼다는 것(개량이지 혁명이 아니다)은 바로 '서체중용'론의 주장이다. 이에 '서체중용'은 결국 '중체서용'을 통하여 자신을 실현할 수 있다(리쩌허우, 2006: 876~77).

토론: 이 문단에서는 우선 리쩌허우의 '서체중용'에 대한 이해가 선행되어야 하는데, 역자는 '서체중용'을 제대로 이해하지 못한 채 번역하고 있는 것으로 보인다. '鄙人'의 사전적 의미에는 자신을 낮추는 말과 식견이 천박한 사람의 두 가지 의미가 있는데, 전후 문맥을 고려해볼 때 여기에서의 '鄙人'은 1인

칭이 아닌데, 역문에서는 '내가'로 오역했다. '竟'에는 '마침내'와 '뜻밖에도'의 의미가 있고, 여기에서는 후자가 적합하다.

> 수정문: 흥미로운 것은 '식견이 천박한 사람들'이, '서체중용'이 전통적인 그리고 오늘날의 '중체서용'과 대립한다고 주장하는 점이다. 그러나 '체'가 과학기술 공업이자 생산력이고 생산양식이라면 '중체서용'론자들은 '서용'을 인정하고 추진할 것이고, 그들의 '중체' 또한 반드시 견지될 수 없게 되고 점차 바뀔 것이다. 스스로 의식하건 못하건, 원하건 원하지 않건 간에 말이다. 앞 장(16.3)에서 인용한 천인커의 '독립정신, 자유사상'이 그런 예다. 점차로 바꾼다는 것(혁명이 아니라 개량)은 바로 '서체중용'론의 주장이다. 이에 '서체중용'은 뜻밖에도 '중체서용'을 통하여 자신을 실현할 수 있게 된다.

3. 언어번역과 문화번역의 변증법적 접합

우리는 번역할 때 자신도 모르게 번역이 가능할 것이라는 사실을 전제하고 있다. 이 전제 위에서 얼마만큼 충실하게 하느냐가 훌륭한 번역의 기준이 되어왔다. '충실성'을 담보하려는 방법으로 '단어 대 단어의 번역을 강조하는 직역'과 '의미 대 의미의 번역을 강조하는 의역', '언어 간 번역(intra/inter-lingual translation)'과 '기호 간 번역(intersemiotic translation)'(Roman Jacobson)으로부터, '드러난(overt) 번역'과 '숨은(covert) 번역'(Julian House), '독자를 저자에게 데려가는' '외국화(foreignizing) 번역'과 '저자를 독자에게 데려가는' '자국화(domesticating) 번역'(Lawrence Venuti) 등 여러 가지 방안이 모색되었다. 하지만 발터 베냐민은 '충실성'과 '외국화/이국화' 이전에 '번역불가능성'을 전제한다. 그것은 가능성이 잠재된 불가능성이다. 현재는 불가능하지만 끊임없는 노력을 통해 미래 어느 시점에 가능해질 불가능성이다. 그러기에 그것은 '장차 번역 가능한 현재의 불가능성'인 셈이다. 물론 영원히 불가능할 수 있음도 배제하지 말아야 할 것이다. 베냐민은 이를 '순수언어'라 명명했다. "벤야민이 '순수언어(pure language)'라 부르는 이 가능성은 원작 속에 들어 있지만 원작으로 종결되지 않는 자질이면서 동시에 표상 가능한 의미 질서로 환원될 수 없는 자질이다." 그러므로 베냐민의 번역론은 '역사적 번역철학'이라 명명할 수 있다. 대부분 연구자가 '원본언어(source language)'에서 '목표언어(target language)'로 번역하는 현상에 초점을 맞춘 반면, 베냐민은 그에 사로잡히지 않고 양자의 심층에 자리하고 있는 순수언어, 즉 원천(origin)에 주목한다. 원본과 번역본이 보다 더 근원적인 순수언어를 번역할 가능성과 그것들이 성좌를 구성할 가능성을 동시에 열어두고 있다. 문화번역은 바로 그런 가능성을 구현할 방법이라 할 수 있다.

문화번역은 그간 언어·텍스트에만 치중했던 번역 관행을 비판적으로 성찰하는 과정에서 실천된다. 즉 언어를 충실하게 번역하는 가운데 특별한 단어나 구절을 언어적 환경과 문화적 맥락에 따라 원본 언어와 목표 언어 사이의 문화 차이를 고려해 번역을 수행해야 한다. 그러므로 문화번역은 언어번역을 전제로 삼아야 한다. 그동안 번역에서 제국주의의 지배 의도가 은폐되었기에 포스트식민 번역연구에서 그 의도를 폭로하는 것이 중시되었다. 하지만 제국주의적 의도의 폭로가 언어번역의 충실성을 왜곡하는 방향으로 나아가서는 안 될 것이다. 충실한 언어번역의 기초 위에 문화번역에 대한 고민이 필요하다는 것이 이 글의 논지이다.

이상의 논의를 토대로 이 글의 성과를 귀납하면 아래와 같다.

먼저 중국어 학술서의 언어번역은 다음과 같은 점에 유의해야 할 것이다. 2절 서두의 내용을 다시 정리하면, '있는 글자 빠트리지 말고 없는 글자 추가하지 말아야 한다'라는 충실성의 원칙을 토대로 삼고, 독자들에게 의미 전달을 잘하기 위해, 추가와 생략 그리고 구조 변경을 신중하게 할 수 있다. 중국어는 세간의 오해와는 달리 규칙이 대단히 엄격한 언어다. '고립어'라는 특성으로 인해 어순을 엄격하게 준수해야 하고, 이에 따라 도치를 함부로 용인하지 않고 도치할 때는 반드시 그 경우수를 제한하고 있다. 그리고 허사(虛詞)의 문법적 기능을 중시하고 준수해야 한다. 전치사/개사의 빈어(賓語), 접속사/연사의 호응, 그리고 전후 내용, 구조조사 '的'의 수식어와 중심어 확인, 그리고 양사(量詞)의 중심어도 중요한 문법 요소이다.

아울러 예문들을 분석하면서 얻은 문화번역과 관련된 성과는 아래와 같다.

첫째, 기존 번역어의 타당성 검토. '民族'을 이전 단계에서는 '민족'으로 번역했다. 하지만 '民族'의 원어인 'nation'이 주로 'state'와 긴밀한 관계를 맺고 있는 사실을 감지한 후, 1차 번역어를 만들었던 일본에서도 음역어로 대체하고 있고, 한국에서도 '국민(국가)'으로 바꾸는 추세이고 중어권에서도 '궈쭈(國族)'로 바뀌는 상황이므로, '民族'을 그대로 '민족'으로 바꾸는 것은 안이하다. 여기에서는 외래어에 관대한 한국어의 특성을 살려 '네이션'으로 표기했다.

둘째, 중국식 번역어의 비판적 수용. 또 하나의 문제는 중국식 번역어를 '무비판적으로 수용'해도 되는가이다. 'ideology'를 '意識形態'로 번역하는 것은 의역인데, '사상'이나 '이념'보다 원뜻에 가까우므로 '비판적으로 수용'해도 좋을 것이다. 단 학계의 합의 전까지는 '이데올로기'를 외래어로 수용하는 것도 방법이다.

셋째, 외국화 번역. '積澱'의 번역은 우리에게 외국화 번역의 사례를 사유하게 만든다. 국내 번역서에서 각각 '누적-침전' '침적' '축적'으로 번역한 것도 역자들의 고심을 엿볼 수 있는 부분이다. '적전(積澱)'은 국어사전에 수록되지 않았지만, 여기에서는 저자의 조어(措語)를 존중하는 차원에서, 그리고 발터 베냐민이 「번역자의 과제」에서 언급했던 "(원작의) 낯선 말이 사후에 성숙하는 과정"을 드러내기 위해 '적전'을 그대로 사용했다. 이 경우 '적전'은 외국화 번역의 사례가 된다.

넷째, 자국화 번역. 똑같은 원본을 중국어와 한국어 맥락에서 각각 다르게 번역하는 경우에는 한국어 맥락으로 바꿔주는 것이 좋다. 중국어를 한국어에 길들이는 것이라 할 수 있다. 이를테면 '符號'는 'sign'의 번역어인 만큼 한국어 맥락에서는 '기호'가 좋고, '唯心主義'는 '관념론'으로 바꿔주는 것이 좋을 것이다.

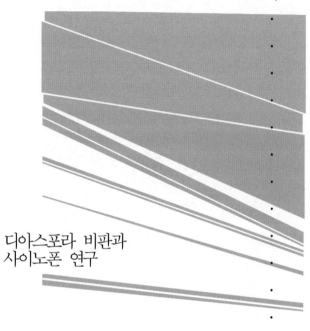

4부

디아스포라 비판과 사이노폰 연구

19장
레이 초우의 '중국적임' 비판과 디아스포라 글쓰기

레이 초우는 공식적으로 사이노폰 연구를 거론하지는 않았지만, '중국적임'에 대한 치열한 비판과 디아스포라 중국 지식인이 '디아스포라의 유혹'에 빠지는 것을 경계함으로써, 스수메이의 '중국적임 비판과 '디아스포라 반대' 주장의 선성(先聲) 역할을 했다. 이 부분에서는 '중국적임'을 이론적 문제로 다룬 초우의 담론을 살펴보고자 한다. 이어서 서양의 제3세계 연구의 두 가지 편향인 '오리엔탈리즘'과 '제3세계주의'에 대한 초우의 비판을 고찰한 후 '디아스포라 유혹'에 빠져 '가면 쓴 헤게모니'를 가지고 제1세계에서는 소수자 코스프레를 하고 제3세계에서는 강자의 모습을 연출하는 제3세계 출신의 디아스포라 지식인의 이중적 모습을 비판하는 초우의 논의를 사이노폰 주제 의식과 연계해 고찰하려 한다.

1. 중국적임에 대한 이론적 검토
초우는 '중국적임(Chineseness)'[211]을 이론적 문제로 다루기에 앞서 '중국적(Chinese)'이라는 단어를 문제 삼는다. 초우는 데리다(Jacques Derrida)의 '대리보충

211_ 이 용어의 함의에 대해서는 421쪽의 각주 200을 참조 바람.

(supplément)' 개념을 가져와 중국의 사례에서 '에스닉 대리보충(ethnic supplement)'의 문제의식이 두드러짐을 지적해낸다. 데리다 자신도 '위험천만'하다고 판단한 대리보충은 두 의미를 간직하고 있다. 하나는 과잉 또는 잉여다. "보충은 첨가이고 잉여이고 또 다른 충만함을 풍부하게 하는 충만함이고 현전의 **과잉**(comble)이다. 그것은 현전을 겸하는 동시에 현전을 축적한다. 이런 식으로 예술, **테크네**(techné), 이미지, 대리 표현, 계약 등은 자연을 보충하고 이러한 일체의 겸직 기능으로부터 풍부해진다. 이런 유의 대리 보충성(supplémentarité)은 일체의 개념적 대립을 일정한 방식으로 규정한다"(데리다, 2010: 361-강조는 원문). 다른 하나는 부족함 또는 결여다. "그러나 대리 보충은 부족함을 보충할 뿐이다. 그것은 다른 무엇을 대체하기 위해서만 첨가될 뿐이다. 그것은 개입하거나 **다른 어떤 자리를 대신하여** 슬며시 끼어든다. 즉 그것이 무엇인가를 메운다는 것은 어떤 빈 곳을 메운다는 것이다. 만약 그것이 무언가를 대리 표현하고 이미지를 만든다면 그것은 그에 앞서 존재하는 현전의 결함 때문이다. 부족함을 메우고 보좌하는 이 대리 보충은 보조자이며, **어떤 것을 대신하는** (tient-lieu) 하위심급이다"(데리다: 362-강조는 원문). 이 두 가지는 떼어 생각할 수 없다. "대리 보충(supplément)은 **보완**(complémen)과 달리 일종의 '**외부적** 첨가'이다"(362-강조는 원문).

초우에 따르면, 사회주의, 모더니제이션, 내셔널리즘과 같은 국제 관행뿐만 아니라 모더니티, 모더니즘, 페미니즘, 영화 이론, 문화연구 등과 같은 '일반적이고 이론적인 쟁점들'에 '중국적'이라는 단어로 대리보충을 하면 원래의 의미가 변형된다. 그 변형은 두 방향으로 진행된다. "일반적으로 새로운 유형의 담론이 학계 사이에서 인기를 얻으면 중국 관련 주제를 연구하는 학계는 조만간 '중국적' 반응을 만들어낸다고 확신할 수 있다. 이런 '중국적' 반응은 한편으로는 당면한 이론적 문제의 일반화로 인해 주목받을 기회를 활용하고, 다른 한편으로 중국 특유의 역사적 문화적 특성에 의해 그 방향을 바꾸게 한다"(Chow, 2013: 62). '이론적 일반화'가 '중국 관련 주제'의 '부족함 또는 결여를 보충'할 때 '전환적 창조'의 가능성이 있지만, '중국적' 특성의 과잉으로 방향을 바꾸면 '새로운 유형의 담론'에서 '일탈하며, 제3세계주의로 귀결되곤 한다.

'에스닉 대리보충'은 여러 역사적 요인이 다중규정된(overdetermined)된 결과인데 그중 결정적인 요인은 서양 문화의 스며드는 헤게모니(pervasive hegemony of Western culture)와 그에 대한 '피해자의 논리'다. 영토주의와 군사력으로 무장한 서양 자본주의는 과학기술의 발전과 지리상의 발견에 힘입어 비서양 국가를 침략함으로써 세계체계의 헤게모니[212]를 확립했다. 그 결과 서양의 문물이 보편적 기준이 되고 비서양 사회의 문물은 보편적 기준에 의해 재해석되고 그 기준으로 해석할 수 없는 것은 특수한 예외적 사례로 치부되곤 한다. 이와 관련해 초우는 학술 연구의 사례를 들어 다음과 같이 지적한다. "전자(서양 문화-인용자)는 지적 또는 이론적 문제를 다루는 것으로 생각되지만, 후자(비서양 문화-인용자)는 지적 또는 이론적 문제를 다룰 때도 지정학적 리얼리즘으로 그러한 문제를 특성화하고 내셔널 위치나 에스닉 위치 또는 문화적 위치를 통해 지적 및 이론적 내용을 안정화하고 고정할 것이 의무적으로 요구된다"(Chow: 63). 이를테면 테리 이글턴의 『문학이론 입문』(Eagleton, 1983; 2008; 이글턴, 1989; 2006)[213]은 기본적으로 영국문학에 관한 이론서인데도 한국 문학

212_ 헤게모니는 '지적·도덕적 지도력'이라는 어원적 의미와 '무력의 우세'라는 파생적 의미를 담고 있다(아리기, 2008: 76). 양자가 조화를 이루면 헤게모니가 세계체계 내에서 원만하게 작동하지만, 그러지 못할 경우 '체계의 카오스(systemic chaos)'에 빠지게 된다. 이는 조직화가 완전히, 그리고 명백히 치유 불가능할 정도로 부재하는 상황을 가리킨다. 이런 상황이 발생하는 이유는, 갈등이 강력한 상쇄 경향들의 작동 범위를 넘어 증폭되기 때문, 아니면 새로운 행위 규칙·규범군을 대체하지 않고 그 위에 부과되거나 그 내부에서 성장하기 때문, 또는 이 두 가지 환경이 결합되기 때문이다./ 체계의 카오스가 증가하면, 질서─구질서, 신질서, 어떤 질서든!─에 대한 요구가 점점 더 통치자들 사이에서나 피지배자들 사이에서, 또는 양자 모두에게서 일반적이 되는 경향이 있다. 체계 전체에 걸친 이런 질서의 요구를 충족시킬 위치에 있는 어떤 한 국가 또는 국가들의 집단도 세계헤게모니적이 될 기회를 얻게 된다(아리기, 78).

213_ 국내에서는 초판의 번역본(정남영, 김명환, 장남수 옮김, 창비, 1989)과 개정판의 번역본(김현수 옮김, 인간사랑, 2006)이 모두 출간되었다.

도의 필독서 목록에서 빠지지 않는다. 반면 한국문학이나 중국문학 관련 도서는 반드시 서양 문학이론의 기본 내용을 숙지한 기초 위에 '한국(적)' 또는 '중국(적)'이라는 수식어를 덧붙여야 한다. 그런데도 서양문학 전공자들은 거들떠보지도 않고 한국문학도나 중국문학도'만 읽는다. 이것이 '서양의 패권적 관행'이다. 이런 관행은 학문 세계뿐만 아니라 우리의 일상생활에도 만연해있다. 우리는 이를 서양중심주의 또는 유럽중심주의라고 부를 수 있다.

'에스닉 대리보충'의 과잉은 서양의 패권적 관행에 대한 반발로 볼 수 있다. 그러나 그 반발이 지나치면 목욕물을 버리다 아기까지 버리는 오류를 범하기에 십상이다. 우리는 중국 신민주주의 혁명과정에서 '반제'의 과제가 과잉되어 '반서양'으로 확대된 사례를 보아 알고 있다. '에스닉 대리보충'도 '이론적 일반화'를 추구하기보다는 중국에 유리한 방향으로 전환된다. 초우는 "중국의 모든 것은 다소 나은 것으로 환상된다. 존재 기간이 더 길고, 더 지성적이며, 더 과학적이고, 더 가치 있고, 궁극적으로는 비교할 수 없"(Chow: 65)는 수준으로 표현된다고 지적한다. 초우가 '에스닉 대리보충'이라 명명한 '중국적'이라는 단어의 이면에는 근현대 역사 과정에서의 '피해자의 논리'가 놓여있고, 이 '피해자의 논리'는 제국주의 침략에 대한 대응을 정당화하면서 문화적 본질주의(cultural essentialism), 즉 중국중심주의(Sinocentrism)로 전환되었다. 그러므로 근현대 이후 만연한 서양의 패권적 관행에 대항해 제기된 '중국적'이라는 에스닉 대리보충은 드물게 '전환적 창조'를 이룬 경우를 제외하곤 '문화적 차이'를 주장하는 중국중심주의에 함닉되고 말았다.

중국이 서양과 달리 '문화적 차이'를 가진다는 주장의 핵심에 '중국적임'이 놓여있지만, 이 주장의 인식론적 허점은 "중국이 동질적으로 통일적이고 하나의 음성으로 말한다는 주장"(Chow: 66)에서 비롯되었다. 그러나 이런 인식론적 허점은 중국의 소수 에스닉에 대한 연구, 티베트의 해방에 대한 지속적인 요구, 신장 및 네이멍구의 간헐적인 시위, 정치 및 국가 자치에 대한 타이완의 반복적 주장, 반환 후 홍콩의 민주 정부와 법치를 위한 공동의 노력 등에 의해 드러나고 있다. 아울러 중국 본토에 구속되는 단일론으로서의 '중국적임'의 개념은 데이비드 옌호 우(David Yen-ho Wu), 이안 앙(Ien Ang), 앨런 춘(Allen Chun) 등 중국 디아스포라 문제에 관심을 가진 학자들에 의해 심문되고 비판되었다(Wu, 1991: 159-79; Ang, 1994: 1-18; Chun, 1996: 111-38).

초우에 따르면, 시간이 흐르면서 한학(Sinology)은 완고한 엘리트주의적 관행으로 굳어졌는데, 거기에는 다음과 같은 가정이 전제된다. "문화적 차이에 대한 의도된 표현을 고정하기 위해 사용하는 바로 그 개념인 중국적임이 본질적으로 비교할 수 없고 따라서 역사를 넘어선다"(73)라는 가정이 그것이다. 이렇게 중국적임은 서양과는 다른 문화적 차이를 주장하기 위해 제기되었지만, 그 문화적 차이는 다름을 지적하는 것에 그치지 않고 중국적임의 우월함을 증명하기 위한 수단으로 전락하고 말았다. 이제 중국적, 중국적임, 그리고 이를 이론화하는 한학/중국학은 학문적 연구 대상에서 일탈해 중국을 찬양하는 레토릭으로 타락하는 지경에 이르렀다.

2. '오리엔탈리즘 우울증'과 '제3세계주의적 환상' 비판

홍콩 출신의 미국인임을 자처하는 초우는 '현대(contemporary)214) 문화연구에서 개입의 전술을 다룬 자신의 책(Chow, 1993; 초우, 2005)을, 하버드대학이라는 상징자본을 등에 업은 미국인 중국학자(American Sinologist)가 제3세계에 속하는 중국 출신 시인의 시집을 혹평한 것을 문제 삼는 것으로 시작한다. 하버드대학 교수 오언(Stephen Owen)은 베이다오(北島)의 시(Dao, 1988)가 '안락한 에스니시티(cozy ethnicity)'를 추구하여 서양 독자의 입맛에 영합하는 '제3세계' 시인의

214_ *Writing Diaspora*의 옮긴이들은 한국어 번역본(초우, 2005)에서 modern을 '근대'로, contemporary를 '현대'로 번역했다. 그 외에도 ethnic을 '민족'으로, people을 '국민'으로 번역했다. 이 책에서는 modern을 서유럽의 맥락에서는 모던으로, 동아시아 맥락에서는 근현대로, contemporary를 최근 또는 당대로, nation을 네이션으로, ethnic을 에스닉으로, people을 민중으로 번역했다. 강조하지만, 필자의 번역은 다른 번역을 억압하지 않는다.

작품이라고 공격하면서, 비서양 시인이 쓴 시 가운데 다수는 더는 진정한 내셔널 정체성을 갖지 못할뿐더러 "너무 쉽게 번역될 수 있다"라고 불만을 토로했다(Owen, 1990: 29, 32; Chow, 1993: 1 재인용). 현대 중국의 작가들이 자국의 국민적 문화유산을 희생시키면서 피해자로서의 경험을 상품화하는 '번역'을 하고 있다면서 베이다오의 시를 비판한 오언은 제3세계 출신의 베이다오가 "서양에 스스로를 내다 판다"고 비난했는데, 이는 베이다오가 "'자기 이익(self-interest)' 때문에 초국가적 문화의 상업화 경향에 굴복했다고 비판"한 것이다. 초우는 오언의 베이다오 비판이 "미국의 여러 학자가 1980년대의 자유화된 중국에 대해 표명한 경멸감을 대표하는 것"이라 하면서, 오언이 "'자기 이익'이라는 가혹한 판단기준을 스스로에게는 적용하지 않음으로써 확실한 권력의 형태를 이룬다"라고 예리하게 지적한다(초우, 2005: 15~16). 한 걸음 더 나아가 초우는 오언의 베이다오 비판이 '동아시아 연구 분야에 깊숙이 뿌리박혀 있는 오리엔탈리즘의 영속화'와 관련되었음을 간파해낸다. 오언의 베이다오 비판과 초우의 오언 비판은 벌써 30여 년 전에 진행된 것이지만, 이 글에서 관심을 가지는 지점은 바로 사이드(Edward Said)에 의해 오리엔탈리즘 비판이 이뤄졌음에도 불구하고 지금도 지속되는 것으로 보이는 '오리엔탈리즘적 비평', 즉 오리엔탈리즘으로 비서양 문화를 논단하는 비평의 존재와 그 대처 방안이다.

초우는 오언의 베이다오 비판에 내재한 문화정치학을 사이드의 오리엔탈리즘 비판과 프로이트의 우울증 분석을 결합해, '오리엔탈리즘 우울증(Orientalist melancholia)'(Chow, 1993: 4)이라 명명했다. 이에 대해 초우는 다음과 같이 해설한다. 중국학자 오언은 '중국'을 사랑하는데, 중국문화의 살아 있는 구성원인 베이다오의 존재는 중국학자 오언에게 자신의 상실감을 외재화하여 비난을 퍼부을 수 있는 대상을 제공한다. 프로이트가 '자기 자신'을 향한 비난이라고 본 우울증 증상은 이제 타자에게서 구체적인 비난의 대상을 발견한다. 바꿔 말하면, 미국 학계에서 오언은 중국을 전유함으로써 자신의 입지를 군혀왔는데, 베이다오의 출현으로 오언의 미국 내 지위가 불안해졌다는 것이다. 이 불안의 근원은 오언이 통찰하고자 노력해왔던 과거의 중국—혁명 중국—이 소멸하고 있으며, 또 중국학자 자신이 버려지고 있다는 현실이다. 그러므로 새로운 중국과 함께 등장한 베이다오와 같은 '제3세계' 작가가 이제는 피억압자가 아니라 억압자로 등장하여, '제1세계' 중국연구자인 오언으로부터 애정의 대상을 박탈하는 공세를 취한다는 것이다.

이처럼 1980년대 이후 자유화된 중국, 바꿔 말하면 개혁개방 시기의 중국 또는 포스트사회주의 중국을 경멸하는 미국인 중국학자에게 내재된 오리엔탈리즘에 대한 비판이 필요하다. 이들은 "비서양 문화의 전문가들이 수행하는 작업을 경시하고 무시한다"(Chow: 3). 그러나 비서양 문화, 즉 제3세계에 관한 지식은 주로 비서양 문화의 전문가들에 의해 생산된다. 이 지점에서 분기(分岐)가 생긴다. 미국인 중국학자의 오리엔탈리즘과 비서양 문화의 중국학자들의 내셔널리즘이라는 갈림길이다. 초우는 "내셔널리즘과 같은 특수주의는 결코 보편주의에 대한 심각한 비판이 될 수 없다. 그 역도 성립할 수 없다. 양자는 공범자이기 때문이다"(Sakai, 1989: 105; Chow, 1993: 5 재인용)라는 사카이(酒井直樹)의 성찰을 인용하면서, "오리엔탈리즘과 내셔널리즘 또는 토착주의 같은 특수주의는 같은 동전의 양면이라는 것이며, 한쪽의 비판은 다른 쪽의 비판 없이는 이루어질 수 없다"(Chow: 5)라는 사실을 환기한다. 오리엔탈리즘에 기반한 미국인 중국학자의 연구와 내셔널리즘에 기반한 중국학자들의 연구가 모두 일면적이고 양자는 중국이라는 현실을 호도하는 점에서 동전의 양면을 구성한다.

초우의 논술로부터 우리는 '비판적 중국연구'가 직면한 두 가지 과제를 추출할 수 있다. 하나는 중국의 외부, 즉 서양과 미국의 중국학자들에게 공통된 오리엔탈리즘에 대한 비판이고, 다른 하나는 중국 내부, 즉 토착적 중국학자들[215)]이 공유하는 내셔널리즘에 대한 비판이다. 초우는 다음과 같이 요약한다.

중국 및 동아시아 연구에 필요한 비판적 에너지를 제공한다는 것은 문화제국주의의 유산이라는 큰 맥락 안에서(그 맥락을 무시하는 것이 아니라) 나르시시즘적 가치생산의 문제를 명확하게 밝히는 일이다. 나르시시즘적 가치생산과 문화제국주의 중에 하나만 밝혀서는 진정한 개입이라고 하기에 부족하다. 동아시아 연구에서 앞으로 수행해야 할 작업은 무엇이 '진정으로' 동아시아의 역사적 쟁점인지를 이야기하기 위해 오리엔탈리즘 비판을 비껴가는 것이 아니다. 대신에 그 '진정성'의 신화를 상호 강화적인 보편주의와 특수주의의 역사 안에 자리매김하고 우리는 따져야 한다(초우, 2005: 25).

중국 외부로는 오리엔탈리즘을 비판하고, 중국 내부로는 내셔널리즘을 극복하는 것, 바꿔 말하면 보편주의와 특수주의의 문제점216)을 파악해 문화제국주의의 맥락 안에서 나르시시즘적 가치생산의 문제를 규명하는 일이야말로 비판적 중국연구와 비판적 동아시아 연구를 위해 필요불가결한 일이다.

　　스티브 오언의 사례가 오리엔탈리즘에 연관된 것이라면, '마오주의(Maoism)'는 '제3세계주의'와 관련되어 있다. 마오쩌둥의 신민주주의 혁명이 성공하고 1949년 중화인민공화국이 건국되자 서양에서는 마오쩌둥의 혁명에 대한 환상이 널리 퍼졌다. 딜릭은 서양의 마르크스주의적 분석에서 공통으로 발견되는 마오쩌둥에 대한 해석을 '제3세계주의적 환상—마오쩌둥은 서양에서 배신당한 마르크스주의의 약속을 이행한 중국판 마르크스의 화신이라는 환상—이라는 용어로 요약한다(Dirlik, 1983: 186; Chow, 1993:. 10 재인용). 하지만 환상은 오래가지 않는 법. 마오주의가 제3세계주의적 환상이라는 사실을 깨닫게 되자 과도한 찬양은 경멸로 바뀌었다. 과도한 찬양이 경멸로 급변하는 것도 문제지만, 더 심각한 문제는 지나간 환상에 사로잡혀 있는 문화비평가다. 그는 자본주의 미국에 살면서 자본주의를 싫어한다. 자신이 그 시스템 속에서 생

215_ 물론 토착적 중국학자들을 추수하는 외국학자들도 포함한다.
216_ 서유럽 보편주의와 중국 특수주의의 길항에 대해서는 임춘성(2018)을 참조하라.

활하고 연구를 수행함에도 그의 지향은 자본주의와 반대되는 사회질서다. 초우는 이런 비평가를 마오주의자로 명명했다. 그는 "도덕적 엄정함을 통해 권력을 획득해가는 지식인"(초우, 2005: 28)으로, "마오주의자의 전략은 주로 자신의 수사를 가능케 해주는 물질적 힘을 수사적으로 거부"(초우: 27)한다. 그러므로 그는 사회주의 중국을 동경하며 찬미하지만, 포스트사회주의 중국에 대해서는 그럴 수 없다. 이른바 "서벌턴의 신성화"(26)다.

초우는 '제3세계주의적 환상'을 가진 마오주의자를 오리엔탈리스트의 '특별한 형제'라고 부른다. 양자는 중국 현실을 직시하지 못하고 왜곡한다는 점에서 닮았다. "위대한 오리엔탈리스트는 살아 있는 '제3세계' 토착민이 자신의 애정의 대상인 고대의 비서양 문명을 잃어버린 데 대해 비난하는 반면, 마오주의자는 동일한 토착민이 자신의 이상을 체현하고 이행해준 데 대해 찬양한다"(29). 이처럼 제3세계의 동일한 현실에 대해 오리엔탈리스트는 비난을, 마오주의자는 찬양을 표시하지만, 둘은 자신의 주관적 욕망으로 현실을 가늠한다는 점에서 닮았다. 심지어 그들은 변화하는 현실을 인지하면서도 자신의 기대를 접지 않는다. 예를 들어, "1970년대 마오주의자에게 본토의 중국인은 그 '후진성'에도 불구하고 서양의 인간형에 대한 청교도적 대안이자 꿈의 실현이었다." "그러나 1980년대와 1990년대에 마오주의자는 자신이 신성화한 그 중국이 눈앞에서 무너지는 것을 지켜보면서 환멸을 느끼게 되었다." 그러다가 "1990년대 미국학계의 '문화연구'에서 마오주의자는 단숨에 재생되고 있다." "마오주의자는 바로 그 '경멸받는' 타자를 자신의 연구 대상으로 전화하며, 몇몇 경우에는 자신과 동일시한다. 감탄과 도덕주의의 혼재 속에서 마오주의자는 때때로 비서양문화의 모든 구성원을 일반화된 '서벌턴'으로 변모시키며, 이번에는 이것을 사용하여 같은 방식으로 일반화된 '서양을 질타한다"(29~30). 이렇게 마오주의자는 '일반화(generalization)'와 '자기 서벌턴화(self-subalternization)'를 통해 권력과 권위를 얻고자 한다. 그러나 그들의 행위는 진정한 피억압자의 항의와 정당한 요구의 말까지도 박탈해버린다는 의미에서

'표상으로서의 폭력(violence as representation)'이다. "그것은 우리가 누군가를 대신해서 말할 때마다 그녀에게 우리 자신의 (은연중에 남성적인) 질서 감각을 새겨 넣는다는 것을 시사한다"(Armstrong and Tennenhouse, 1989: 25; Chow, 1993: 14 재인용). 마오주의자는 '누군가를 대신해서 말하기'를 정당화하지만 그것은 '표상으로서의 폭력'이다. 마오주의자는 인민을 대신해서 말한다고 하지만 실제로는 인민을 침묵하게 만들고 그들에게 자기 생각을 각인해 따르게 한다. 마오주의자는 인민에게 결여된 것을 채워준다고 하지만 "정작 자신들이 '동양'을 경력 쌓기의 도구로 삼으면서 생기는 폭력성은 외면하고 있다." 초우의 목표는 바로 "이 다중결정 순환의 생산성(the productivity of this overdetermined circuit)에 개입"(Chow: 15)하는 것이다.

그러면 어떻게 개입할 것인가? 초우는 장기적인 헤게모니 투쟁, 특히 지적인 권력을 통해 형성된 헤게모니 투쟁에 대해 회의적이다. 그녀는 '기생적 개입(parasitical intervention)'의 전술을 제안한다. 우선 푸코의 "'지식' '진실' '의식' '담론'의 영역에서 [지식인을] 권력의 대상이자 도구로 전환하는 권력 형태"(Foucault, 1977: 208; Chow, 1993: 16 재인용)에 대한 지식인의 저항에 관한 논단에 기대어, 지식인에게 헤게모니를 획득하려 하지 말고 그것에 대항하라고 말한다. '뿌리 깊은 다수의 정치적 반동 세력'에 의해 '계속해서 강화되는 오래된 이데올로기'가 주도하는 현실에서 비판적 지식인이 취할 수 있는 전략(strategy)과 전술(tactics)은 제한되어 있다. '지배 헤게모니를 획득하려 하지 말고 그것에 대항'하는 것이 전략이라면, "지배적 문화와 사귀고 그 속에서 살아가"(초우, 2005: 46)기는 초우가 권하는 전술이다. 일종의 장계취계(將計就計) 전술로, '기생적 개입'의 핵심이다. 초우는 그람시의 유기적 지식인의 헤게모니 투쟁을 전제하면서도 거대한 지배 이데올로기와 헤게모니를 다투다 '자랑스럽게 나아가 부서지지 말고', 자신의 진지를 확보할 것을 권하는 것으로 보인다. 당장 지배적 문화를 전복할 주체적 역량도 부족하고 객관적 정세도 좋지 않은 상황에서 취할 수 있는 전술은 그리 많지 않다. 더구나 그녀는 영토적 정당성도 문화적 중심성도 주장할 수 없는 홍콩에 사는 사람이 자신의 '문화정체성'과 교섭하기 위해 스스로가 수행해야 할 '기회주의적 역할'을 잘 이해하고 있다. 홍콩에서 태어나 자라고 미국 대학의 교수로 살아가는 초우는 중국 정부뿐만 아니라 미국의 중국학자로부터 '중국적임'을 요구받는 과정에서 '디아스포라 글쓰기(writing diaspora)'라는 구체적인 방법을 찾아냈다. '디아스포라 글쓰기'의 부분 목표는 "중국과 홍콩 그리고 기타 등지에서 민주주의와 인권을 위한 운동을 계속 지지하면서까지 '중국적임'과 같은 자신의 에스니시티에 대한 굴복을 궁극적인 기의로 간주하는 것을 배우지 않는 것이다"(Chow: 25). 한편으로는 스스로 끊는다고 해서 끊어지지 않는 '중국적임'에 굴복하지 않고, 다른 한편으로는 오리엔탈리즘적 편견에 저항하는 글쓰기, 바꿔 말하면 두 가지 중심주의—중국 중심주의와 서유럽 중심주의—의 영속화에 저항하는 글쓰기가 초우의 '디아스포라 글쓰기'인 셈이다.

3. 디아스포라 논의

초우의 디아스포라 논의를 고찰하기 전, 기존의 디아스포라 논의에 대해 살펴볼 필요가 있다. 디아스포라는 지구화(globalization)의 주요 지표의 하나인 이주(migration)의 결과물이다. 헬드(David Held) 등은 '지구적 변환(global transformations)'을 다루는 동명의 대작에서 '정치적 지구화' '군사적 지구화' '무역 지구화' '금융 지구화' '기업 활동 지구화' '문화적 지구화' '환경 지구화' 등과 함께 '이주의 지구화'를 다루고 있다. 그들은 인간의 이동과 한시적·영구적인 지리적 재배치를 뜻하는 이주를 '두드러져 보이는 지구화의 형태'로 파악한다(헬드 외, 2003: 445). 아파두라이(Arjun Appadurai)는 글로벌 세계의 주요한 특징을 '과거와의 전면적인 단절'로 파악하면서 매체(media)와 이주(migration)를 두 가지 중요한 분석 개념으로 삼아 "이 양자의 결합이 현대적 주체성을 구성하는 자질의 하나인 **상상력의 작업**에 어떤 영향을 미치는가를 탐구"(아파두라이,

2004: 10-강조 원문)하고 있다.

디아스포라는 이주와 커플링(coupling) 개념이라 할 수 있다. 명확하게 선을 긋기는 어렵지만, 이주가 송출지를 떠나 유입지에 정착하기까지의 과정이라면, 디아스포라는 이주민의 '이주, 차별, 적응, 문화변용, 동화, 공동체, 내셔널 문화와 내셔널 정체성 등'의 다양한 경험을 포괄하면서 그들간의 연관성을 설명할 수 있는 개념(윤인진, 2003: 102)이라 할 수 있다. 디아스포라는 어원적으로 그리스어 동사 'speiro'(to sow: [씨를] 뿌리다)와 전치사 'dia'(over: ~을 넘어서)에서 유래되었다. 1990년대에 들어서 디아스포라 연구가 활발해지면서 유대인의 경험뿐만 아니라 다른 네이션의 국제이주, 망명, 난민, 이주 노동자, 에스닉 공동체, 문화적 차이, 정체성 등을 아우르는 포괄적인 개념으로 사용되고 있다.

'국경을 넘어 씨를 뿌리는 행위'인 디아스포라는 힘을 가지고 자발적으로 경계를 넘느냐 아니면 불가피하게 경계 밖으로 쫓겨나느냐에 따라 그 양상이 달라진다. 일례로, 고대 그리스인들에게 디아스포라는 이주와 식민지 건설을 의미했지만, 그와 대조적으로 유대인, 아프리카인, 팔레스타인인, 아르메니아인들에게 디아스포라는 집합적 상흔을 지닌 불행하고 잔인한 의미를 지닌다(Cohen, 1997: ix). 사프란(Safran, 1991)은 후자에 초점을 맞추어, 디아스포라를 "국외로 추방된 소수 집단 공동체"라고 정의했다. 사프란은 이런 디아스포라의 특성으로 모국에 대한 집합적인 기억, 거주국 사회에서 수용될 수 있다는 희망의 포기와 그로 인한 거주국 사회에서의 소외와 격리, 모국에 대한 정치적, 경제적 헌신, 모국과의 지속적인 관계 유지 등을 들고 있는데, 이는 '협의의 디아스포라 개념'이라 할 수 있다.

그런가 하면, 모국으로 귀환하려는 희망을 포기했거나 처음부터 그러한 생각을 갖지 않은 이주민 집단도 디아스포라로 간주할 수가 있다(Clifford, 1994). 무딤베와 엥글의 표현에 따르면 디아스포라는 "정치적 이유로 거주국 사회에 동화될 수도 없고 동화하려고 하지 않으며 그렇다고 그들 자신이 고안해낸 이상화된 기원지로 귀환할 수 없는 사람들의 공동체"(Mudimbe & Engle, 1999: 6)라는 것이다. 이런 시각에서 디아스포라는 동화할 수도 없고 동화를 거부하는 사람들의 망명 상황과 같다. 또한 그레월(Grewal, 1995)과 량(Ryang, 2002)은 디아스포라가 이동성보다는 부동성의 측면을 갖는다고 본다. 즉 디아스포라는 자신의 의지에 반해서 또는 자신이 어찌할 수 없는 외부요인에 의해서 갇혀 있는 상태라는 것이다.

최인범은 이상의 논의를 종합해 기존의 디아스포라 개념의 공통적인 속성을 다섯 가지로 요약했다. 1) 한 기원지로부터 많은 사람이 두 개 이상의 외국으로 분산한 것, 2) 정치적, 경제적, 기타 압박 요인에 의하여 비자발적이고 강제적으로 모국을 떠난 것, 3) 고유한 민족문화와 정체성을 유지하고자 노력하는 것, 4) 다른 나라에 사는 동족에 대해 애착과 연대감을 갖고 서로 교류하고 소통하기 위한 초국적 네트워크를 만들려고 노력하는 것, 5) 모국과의 유대를 지키려고 노력하는 것(Choi, 2003: 11).

이상의 논의는 디아스포라 현상을 송출국이라는 기원과 연계지어 논의를 개진했다. 이와 달리 아파두라이는 '디아스포라 공공 영역들(diasporic public spheres)'이라는 개념을 제시한다. 그는 근현대의 '대량 이주가 "대량으로 유통되는 이미지와 가상적인 대본들 혹은 대중적 감각 등의 급속한 흐름과 연합될 때, 세계는 현대적 주체성의 생산에 있어서 새로운 방식으로 불안정을 갖게 된다'라고 하면서, "재빨리 옮겨 다니는 이미지들과 탈영토화된 관객들이 만나"는 상황이 '디아스포라 공공 영역들'을 창출한다고 주장했다. 이 영역들은 "중요한 사회 변화의 핵심 결정자로서 국민국가의 지속적인 중요성에 의존하는 이론들을 혼란에 빠뜨리는 현상들"(Appadurai, 1996: 4)이다. 그러므로 디아스포라 상황에 놓인 이주민들을 국민국가의 관점에서 분석하는 것은 어불성설이다. 이글에서 초점을 맞추는 '해외 이주 중국인'도 시간의 경과에 따라 국가 정체성이 변화하는 상황—화교, 화인, 華裔—을 염두에 두지 않고 그들을 통합적 시각으로 분석하는 것은 문제가 많다. '동남아 중어문학의 토착화 과정'을 예로 들어보면 다음과 같다.

> 중국적 특색이 농후한 화교문학에서, 거주국의 국적을 취득함에 따라 몸은 거주국 국민이지만 마음은 여전히 중국에 매여 있는 화인문학의 단계, 그리고 거주국에서 태어나고 자란 자신의 현실을 인정하고 소재국의 내셔널 정체성의 토대 위에서 중국적 특수성(ethnic identity)을 추구하는 화예문학의 단계로 접어든 것이다. 이 토착화 과정은 당연하게도 모순으로 충만한 자기조정의 과정이라 할 수 있다. 인구 면에서 세계 최대의 다수자인 중국인이 거주국으로 이주한 후에 소수자로 바뀐 현실을, 화교문학 단계에서는 인정하지 않았고, 화인문학 단계에서는 현실을 받아들이긴 했지만 그리 탐탁지 않게 여겼다면, 화예문학 단계에서는 그것을 수용한 후 중어문학의 특색을 어떻게 구현할까라는 데 초점을 맞춘 것으로 이해할 수 있다(임춘성, 2017: 209. 용어 조정).

화교문학의 단계가 중국 정체성을 유지하는 단계라면, 화인문학 단계는 '피동적 토착화'의 단계고 화예문학 단계는 '자각적 토착화'의 단계라 할 수 있다. '피동적 토착화'와 '자각적 토착화'의 단계에 놓인 사람들을 여전히 이주 중국인으로 간주하는 것은 일면적이고 폭력적이다. '디아스포라 공공 영역들'은 송출국과 거주국의 접촉지대(contact zone)이다. 나아가 여러 송출국의 이민들이 접촉한다. 접촉지대는 '극도로 비대칭적인 관계'의 '이종 문화들'이 만나는 '사회적 공간(프랫, 2015)이다. 이 공간에서 이종 문화들은 주도권을 노리기 마련이다. 지구적 이민 도시 뉴욕의 경우 이민 초기 주도권 경쟁 상황이 치열했다. "뉴욕이라는 도시의 주도권은 원주민(imagined Indian)→이주민 1세대(Yorker)→이주민 2세대(New Yorker)→새로운 이주민(new New Yorker)에 의해 장악된 것으로 볼 수 있다. 오늘날 우리는 그들 모두를 뉴요커로 인식하고 있다. 세계 경제와 문화의 중심도시 뉴욕은 이처럼 세계 각지에서 몰려온 이민들에 의해 건설되었다"(임춘성, 2017: 285～86). 알다시피 뉴요커가 된 이민 행렬이 시간의 선후에 따라 '요커-아이리쉬-유대인-프렌치/도이치-이탈리아-흑인/히스패닉/아시안'으로 구성되었다. 중국의 대표적 이민 도시 상하이의 경우도 마찬가지다. "외지인이 상하이에 와서 신이민이 되고, 신이민은 일정 기간이 지나면 신상하이인이 되며 신상하이인은 다시 라오상하이인으로 되는 과정, '외지인-신이민-신상하이인-라오상하이인'의 과정이 지속되면서 상하이는 새로운 생기와 활력을 유지하게 되는 것이다."[217] 상하이는 주로 국내 이주가 중심이었지만, 신이민이 신상하이인이 되기까지의 '일정 기간' 동안 '디아스포라 공공 영역'의 범주에 머물게 되는 것은 '지구적 이주'의 경우와 비슷하다.

요컨대, 이민이 정착지의 주민이 되는 과정에 '일정 기간' '디아스포라 공공 영역'을 거치기 마련인데, 이 영역은 '극도로 비대칭적인 관계'의 '이종 문화들'이 만나는 '사회적 공간'으로, 주도권 경쟁이 치열하게 벌어지는 동시에 이종 문화들이 혼종하는 접촉지대다. 그러므로 디아스포라 공공 영역을 기존의 국민국가 이론으로 분석하는 것은 디아스포라 상태의 이민을 억압한다. 그들의 정체성을 올바로 규명하기 위해서는 '다각도의(multiangulated) 다중규정(overdetermination)' 관점에서 고찰할 필요가 있다.

4. 디아스포라의 유혹과 '가면 쓴 헤게모니'

초우는 스스로 '홍콩 출신의 미국인'임을 고백하고 있는데, 이는 우리에게 두 가지 사실을 알려준다. 첫째, 그녀는 중화(인)민(공화)국 공민이 아니라는 사실이고, 둘째, 하지만 홍콩을 포함한 중국에 지대한 관심이 있다는 사실이다. 초우의 중국연구는 중국공산당의 정통성에 의문을 제기한다. 특히 1989년 톈안먼 사건을 '학살'로 규정하면서, 중국공산당을 "분산된 대중의 정치적 통합을

217_ 이 책의 '9장 상하이의 정체성과 노스탤지어' 3절 부분 참조

목표로 삼았지만 이제는 대중운동에 제동을 거는 기능밖에 갖지 않은 무장한 관료집단'(초우, 2005: 128)이라고 정의한다. 나아가 중화인민공화국이 해외 이주 중국인들에게 요구하는 '중국적임'의 국가주의적 성격에 대한 비판을 '디아스포라 지식인(diasporic intellectual)'의 과제로 설정한다. 1960년대와 1970년대에 "고전적인 이민 도시"이자 "디아스포라와 조국의 접합점"(Pan, 1990: 363, 373; Chow, 1993: 20 재인용)인 홍콩에서 자란 초우에게 '중국적임'과 '중국화(sinicization)'의 문제는 또 하나의 마오주의자의 망령으로 다가온다. 문화대혁명 초기 주장(珠江)을 통해 홍콩항까지 떠내려온 사체들에 대한 보도, 정치적 혼란상, 친영 상업방송에서 일하던 직원의 피살, 그리고 중국의 대규모 기아 소식 등을 접했던 초우가 다른 미국인 중국학자처럼 중국 사회주의에 대해 환상을 가질 수 없었던 것은 당연하다. 나아가 그녀는 영국 식민주의와 중국공산당이라는 두 개의 지배적 문화 사이에 끼어 있는 홍콩의 주변적 위치를 자각했고 주변인에게 허용된 관찰자적 특권으로 '억압의 이상화'에 회의할 수 있었다. 이런 그녀에게 '중국적임'과 '중국화'와 같은 통합적 개념은 마오주의자의 변용된 내셔널리즘으로 다가올 수밖에 없었다. 그녀가 볼 때 '중국적임'은 "가장 깊이 뿌리 박힌 '유대'의 감정에 의해 작용하며, 심지어 사회적 소외를 감수하더라도 디아스포라 지식인이 집단적으로 저항해야 하는 폭력의 근원에 있다"(Chow: 25). 그리고 두 문화가 만났을 때 문화변용(acculturation)은 쌍방향으로 작동하는 기제임을 이해한다면, '중국화'가 얼마나 공허한 것인가를 알 수 있을 것이다. 중국화는 비(非)중국화 또는 탈(脫)중국화와 함께 쌍방향으로 진행되는 것인데, 후자를 무시하고 전자만을 강조하는 것은 일면적이다.

이 지점에서 우리가 잊지 말아야 할 것은 토착민/원주민(native), 여기에서는 중국 대륙에 거주하는 중국 인민(Chinese people)의 존재다. 이들은 중국 내에서도 해외에서도, 자의든 타의든 침묵하고 있다. 예전에는 제국주의 식민자가 억압했지만, 지금은 중화'인민'공화국과 중국공산당이 제국주의 식민자를 답습해 중국 인민을 억압하고 있다. 초우는 '토착민은 어디로 갔는가?'라는 화두를 던지며 서양 지식인들이 비서양 토착민들을 취급하는 방식을 점검하며 '억압된 희생자'로서의 중국 인민의 문제를 제기한다. 서양 지식인들은 비서양 토착민들을 '단순화'하는 경향이 있지만, 그들이 직면한 것은 "토착민이 더 이상 자신의 틀 안에 머물러 있지 않다는 불편한 사실이다"(초우, 2005: 51~52). 식민자로서의 정치적 권력과 관찰자로서의 시각적 권력을 아우른 서양 지식인들이 '자신의 틀 안에 머물지 않는' 토착민을 다루는 방식은 두 가지이다. 하나는 억압이고 다른 하나는 억압된 희생자로서의 토착민의 주체성을 탐구(초우: 53)하는 것이다. 초우는 전자의 사례로 제국주의 시대의 서양 인류학자와 1980년대 이후 미국인 교수가 중화인민공화국 출신의 중국 지식인을 바라보는 태도—"공산주의 중국의 '토착민'이라면 당연히 그 국가의 공식적인 정치적 이데올로기를 충실하게 따라야 한다는 가정"(50)—를 들었다. '디아스포라 공공 영역의 문제제기는 이런 태도를 억압적이라 간주하고 비서양 토착민/이민의 주체성을 탐구하는 비평을 시도한다.

그런데 해외 이민에게 '중국적임'을 강요하는 중화(인)민(공화)국의 여러 가지 노력은 서양 지식인들이 '자신의 틀 안에 머물지 않는' 토착민을 억압하는 방식과 닮았다. 토착민이 서양의 억압에 저항하는 방식이 반제(反帝)라면, 해외 이민이 '중국적임'에 저항하는 방식의 하나가 '디아스포라 반대'라 할 수 있다.

초우는 '디아스포라의 유혹에 맞서서' '디아스포라 상황의 제3세계 지식인'의 문제에 초점을 맞춘다(146). 그녀는 '중국적임'이 "가장 깊이 뿌리 박힌 '유대'의 감정에 의해 작용하며, 심지어 사회적 소외를 감수하더라도 디아스포라 지식인이 집단적으로 저항해야 하는 폭력의 근원에 있다"라고 쓰고 있다. "따라서 '디아스포라 글쓰기의 부분 목표는 중국과 홍콩 그리고 기타 등지에서 민주주의와 인권을 위한 운동을 계속 지지하면서까지 '중국적임'과 같은 자신의 에스니시티에 대한 굴복을 궁극적인 기의로 간주하는 것을 배우지 않는 것이다"(Chow, 1993: 25). 즉 혈연에 기초한 유대에 의해 야기된 '중국적임'이

디아스포라의 존재 기반이지만, 그것은 일종의 보편주의—한번 중국인은 국적과 관계없이 영원히 중국인이다—와 중심주의로 작용하면서 중화인민공화국 내의 모든 공민은 말할 것도 없고 해외 이주민—이른바 '화교' 또는 '화인'—까지도 중국 또는 중국적임에 충성할 것을 강요한다는 점에서 폭력적이다. 그러므로 디아스포라 지식인은 이 모순적인 연대에 개입하고 저항할 수 있는 담론을 생산해야 한다고 단언한다. 그러나 현실에서 '디아스포라 상황의 제3세계 지식인'은 유럽중심주의와 중국중심주의의 사이에서 표류하고 헤게모니의 유혹을 받는다.

> '제3세계' 지식인들에게 디아스포라의 유혹은 이 **가면 쓴 헤게모니**에 있다. 내가 중국연구에서 남성주의적 입장이라 부르는 것과 마찬가지로, 계급투쟁과 젠더투쟁의 담론을 포함한 '소수자 담론'에 대한 제3세계 지식인의 의존은, 서양에서 자신을 '에스닉'과 '소수자'로 계속 정당화하는 반면, 국내에서 '에스닉'에 대한 그들의 부성애를 베일로 가린다. 그들의 손에서, 소수자 담론과 계급투쟁은, 특히 그들이 다른 나라, 다른 문화, 다른 성, 또는 다른 몸의 이름을 취할 때, 지식인들의 이익을 위한 담론 교환의 주요 기능이 되는 기표(signifiers)로 변한다 (Chow, 1993: 118. 강조-인용자).

초우는 중국적임에 기반한 디아스포라를 보편주의와 중심주의에 충성을 강요한다는 점에서 폭력적이라고 비판하고 있다. 이는 스수메이의 '가치로서의 디아스포라' 비판[218]과 상통한다. 초우의 주장은 현존하는 상황을 다룬다는 면에서 스수메이가 '역사로서의 디아스포라'로 표현한 상황을 문제로 삼고 있다. 구체적으로 초우는 '역사로서의 디아스포라 상황'에 놓인 제3세계 지식인의 이중적 정체성을 문제 삼는다. 알기 쉽게 미국에 이민 간 중국 지식인을 예로

218_ 이에 대해서는 다음 장 참조

들어보자. 초우는 '디아스포라 상황의 제3세계 지식인'이 미국 거주지에서는 자신의 소수자성을 강조하고, 출신지 중국에서는 거주지 미국의 헤게모니를 내세우는 양면성을 지적하고 있다. 여기에서 '가면 쓴 헤게모니(masked hegemony)'란, 미국과 같은 문화적 헤게모니 국가에서 "'제3세계' 여성문화를 포함한 '제3세계' 문화에 대한 자기성찰 없는 후원은 국내에 틀어박혀 있는 사람들에 대한 디아스포라 상황의 지식인들의 헤게모니를 은폐하는 가면"(Chow: 118)이 된다는 맥락이다. '가면 쓴 헤게모니'를 운용하는 '디아스포라 상황의 제3세계 지식인'은 한편으로는 미국 내 담론지형에서 (소수 에스닉의) 원천(original)을 활용해 주류 담론에 들어가려 하고, 다른 한편으로는 미국 담론의 헤게모니를 등에 업고 출신지에서는 영향력을 확대하려고 한다. "중국장(China field)에서 남성중심주의자의 입장이 서양에게는 여성으로, 중국 여성에게는 아버지로"(Chow: 107) 임하는 것과 유사하다. 이는 커다란 유혹이 아닐 수 없고, '디아스포라 상황의 제3세계 비판적 지식인'은 담론 권력 강화와 명망 확산에 도움을 줄 수 있는 이런 유혹을 거절해야 할 것이다. 미국 대학에 적을 두고 중화(인)민(공화)국을 오가는 중국계 학자들은 '가면 쓴 헤게모니'의 혐의에서 자유롭지 않다.

5. 반제(反帝)의 층위로 격상된 디아스포라 반대

초우는 자신의 '중국적임' 비판과 디아스포라 반대를 '반제(反帝)'의 층위로 격상시켰다. 알다시피, 반제는 반봉건(反封建)과 함께 마오쩌둥의 신민주주의 혁명의 양대 과제였다. 이 두 가지는 반봉건(半封建)과 반식민(半殖民)의 이중억압에서 헤쳐나오기 위해 제출된 이중 과제였다. 반식민 상태에서 벗어나기 위한 반제의 과제는 제국주의와의 구망(救亡) 전쟁을 수행하는 데 훌륭한 지침을 제공했지만, 어느 순간 제국주의 반대는 서양 반대로 확산했고 그 과정에서 봉건과 재결합했다. 이 지점이 초우가 우려한 '중국화'의 지점이다. '중국화'는 중국이 외래 문물을 수용할 때 도저하게 작동해 온 기제라 할 수 있다. 중국은 사회주의를 수용해 '중국적 사회주의' '중국 특색의 사회주의'로 변화시켰고, 자본주의를 수용해 '중국 특색의 자본주의'를 시행하고 있다. 중국은 과거에도 수많은 외래 문물을 받아들여 마치 용광로처럼 중국 문물로 변모시킨 경력을 가지고 있다. 1850년대 태평천국운동에서 서양의 기독교를 '배상제회'로 변용하고, 1940년대 민족형식논쟁에서 새 술을 새 부대에 담지 못하고 헌 부대, 즉 구형식을 이용한 것 등이 그런 사례였다. 문제는 '중국화' 과정에서 봉건 이데올로기가 침투하기 쉽다는 점이다.

제국주의를 반대하며 어렵사리 수립한 내셔널 정체성이 이제는 중국 인민과 해외 화인을 옥죄는 질곡이 된 셈이다. 변용된 내셔널리즘으로 무장한 중국의 마오주의자들은 스스로 인민을 대표한다고 하지만 실제로는 인민을 침묵시키고 인민에게 자기 생각을 주입했다. 이른바 '표상으로서의 폭력'이다. 그리고 이를 해외 화인에도 요구했다. 그러므로 초우는 중화인민공화국이 해외 이주 중국인들에게 요구하는 '중국적임'의 국가주의적 성격의 비판을 '디아스포라 지식인'의 과제로 설정한다. 해외 화인에게 '중국적임'을 강요하는 중화인민공화국의 여러 가지 노력은 제국주의 시기 서양 지식인들이 '자신의 틀 안에 머물지 않는' 토착민을 억압하는 방식과 닮았다. 토착민이 서양의 억압에 저항하는 방식이 반제(反帝)라면, 해외 이민이 '중국적임'에 저항하는 방식의 하나가 '디아스포라 반대'라 할 수 있다. 마오쩌둥은 이중 과제를 제시했으면서도 실행 과정에서 하나에 치중한 오류를 범한 반면, 초우는 균형감각을 잃지 않고, 두 가지 문제를 해결하려는 치열함을 견지하고 있음을 알 수 있다.

20장
스수메이의 사이노폰 연구

중화인민공화국 학자들은 중국 대륙 내의 문학을 '한어(漢語)문학(Chinese literature)' 이라 하고 대륙 밖의 중국어 문학을 '화문(華文)문학(literature in Chinese)'이라 일 컬었다. 화문문학이 문자에 초점을 맞춘 것이라면, 언어에 초점을 맞춰 '화어 (華語)문학'이라 하고, 창작 주체에 초점을 맞춰 '화인(華人)[219]문학'이라고도 한다. 한어문학은 대륙에서 다수자 문학이지만, 화문문학/화인문학은 현지(거 주국)에서 소수자 문학이다. 스수메이 등은 다수자 문학으로서의 '한어문학'과 대립하는, 소수자 문학으로서의 '사이노폰[220] 문학(sinophone literature)'을 차별 화할 필요성을 주장하고 있다. 이 부분에서는 중국 근현대문학의 '자발적 타 자'라는 관점에서 '사이노폰문학'을 고찰하려 한다. 우선 기존의 한족 중심의 중국 근현대문학사 담론의 배제와 복원 그리고 팽창 경향을 약술한 후 스수 메이의 논술을 중심으로 사이노폰 연구와 사이노폰문학 연구를 탐토(探討)하 고, 주요 쟁점인 '중국적임(Chineseness)' 비판과 '디아스포라 반대(against diaspora)' 에 초점을 맞춰 비판적으로 고찰하고자 한다.

219_ 해외 이주 중국인의 범칭인 '화인'은 다시 화교(華僑, overseas Chinese)-화인(華人, ethnic Chinese)-화예(華裔, Chinese ethnic)의 단계로 나눌 수 있다(임춘성, 2017: 204 참조).
220_ 이 글에서는 원발음을 존중해 '사이노폰'으로 표기한다. 중국어권에서는 '華語語系'로 번역한 다. 이에 대한 비판은 이재현(2021) 참조

1. 중국 근현대문학사 담론: 배제에서 복원 그리고 팽창으로

중국 근현대문학사[221] 담론의 변천은 배제와 복원 그리고 팽창의 과정이었다. 푸코는 "어떤 사회에서든 담론의 생산을 통제하고, 선별하고, 조직화하고 나아가 재분재하는 일련의 과정들—담론의 힘들과 위험들을 추방하고, 담론의 우연한 사건을 지배하고, 담론의 무거운, 위험한 물질성을 피해 가는 역할을 하는" "배제의 과정들"(푸코, 1998: 10)이 존재한다고 했다. 푸코는 배제의 외부적 체계 또는 원리로 '금지' '분할과 배척' '진위의 대립'을 들었고, '진위의 대립'에 근거한 '진리에의 의지'가 "다른 담론들에 … 강제적인 힘으로서 일종의 압력을 가하는 경향이 있다고 믿는다"(푸코: 15)[222]라고 했다. 여기에서 '진리'는 '상대적 합리성'의 다른 명칭이다. 매 시기 "나눔을 통해 스스로 정립하는 동일자"는 "그 나눔의 경계 바깥으로 밀려나는 타자"(59)를 배제하는데, 그때 동일자가 내세우는 기준이 '합리성'이다. 그러나 이 '합리성'은 역사 시기를 관통하는 '절대적 합리성'이 아니라 시대마다 바뀌는 '상대적 합리성'이라는 것이 푸코의 합리적 핵심이다. 이렇게 볼 때 중국 근현대문학사 담론은 푸코의 '배제의 과정들'을 고찰할 수 있는 좋은 사례라 할 수 있다. 그것은 시대의 '가능성의 조건들' 아래 '담론의 형성과 변환'(62)의 과정으로 진행되었다. 아래에서 대표적인 중국 근현대문학사 담론의 기준인 '상대적 합리성'의 내용을 추출해보고 담론과 그 '상대적 합리성'이 어떻게 변천해왔는지도 검토해보자.

1933년 처음 제기된 '신문학사' 담론은 '신문학'의 생존을 위해 '통속문학'(구문학, 전통문학, 특히 전통 백화문학, 본토문학, 봉건문학 등)을 배제했다. 5·4 시기 소수자(minority)였던 '신문학'은 당시 주류였던 '구문학'을 비판했으며 간고한 과정을 거쳐 담론 권력을 확보한 후 '구문학'을 배제했다. 이때 '신문학사' 담론이 내세운 '상대적 합리성'의 지표는 5·4의 시대 정신인 '과학과 민

221_ 이 글에서는 '신문학' '셴다이문학' '진셴다이(近現代)100년문학' '20세기문학' '셴당다이(現當代)문학' '두 날개 문학' 등 계속 미끄러져 온 기표를 일단 '근현대문학'으로 고정한다. 여기에서 '근현대'는 '서유럽 모던'에 상응하는 '동아시아 근현대'의 맥락으로 사용한다.

222_ 푸코는 또한 배제의 내부적인 과정들로 주석, 저자, 과목들(disciplines)를 들고 있다.

주'였고 그 형식은 '백화문'이었다. 1949년 건국 이후 제출된 '셴다이[223]문학사' 담론은 중국공산당의 비호를 받아 '우파문학'과 '동반자문학'을 억압했다. 구문학 배제와 우파문학 억압은 중국 근현대문학의 다양한 가능성을 스스로 배제한 꼴이 되었다. 이들이 제시한 '상대적 합리성'의 지표는 1927년 '혁명문학 논쟁'에서 비롯되고 '좌익작가연맹'에서 확산된 '선전선동 문학'이었고 1942년 「옌안 문예 연설」에서 규범화된 '인민문학'이었다. 이는 바꿔 말하면 '정치화된 국민문학(politicized national literature)'이었다. 개혁개방의 '신시기'에 접어들어 사상해방을 맞이한 학계는 1985년 '20세기중국문학사' 담론을 제창함으로써 '셴다이문학'에 의해 억압되었던 '우파문학'과 '동반자문학'을 해방했다. 이들의 '상대적 합리성'은 '국민 영혼의 개조'라는 사상 계몽적 주제를 가진 '반제반봉건 국민문학'이었다. 그리고 21세기 벽두에 '두 날개 문학사' 담론이 제기되면서 '신문학'에 의해 지워진 '구문학'을 복권했다. 이때의 '상대적 합리성'은 '순문학과 통속문학의 두 날개 문학'이었다.[224] 그러나 '반제반봉건 국민문학'과 '두 날개 문학'이라는 '상대적 합리성'은 충분하게 확산되지 못한 채 '국민화 담론'에 기반한 '팽창적 국가주의'의 검열에 직면한 것이 작금의 현실이다.

이 지점에서 '중국 근현대문학'에 대한 '비판적 시야'가 필요하다. '두 날개 문학사' 담론이 '순문학과 통속문학의 두 날개로 함께 나는 문학사'라는 '상대적 합리성'을 제기함으로써 중국 근현대문학은 최소한 근현대 시기[225]

223_ 중국 대륙에서 '셴다이(現代)'는 영어의 'modern' 또는 'contemporary'와 무관한 개념이었다. 그것은 1919년부터 1949년까지의 '신민주주의혁명 시기'를 가리키는 특정한 정치 개념이고, '진다이(近代: 구민주주의혁명 시기)'·'당다이(當代: 사회주의 개조 및 건설 시기)'와 함께 중국 '근현대'를 구분하는 삼분법의 하나였다(임춘성, 2013a: 17 참조).

224_ 이상의 중국 근현대문학사 담론에 대해서는 임춘성(2013a: 제1장) 참조.

225_ 근현대문학사에서 이전의 관행이었던 1917년 기점이 부정된 지 오래고 범위도 지속해서 확장되고 있다. 기점 면에서 첸리췬 등의 '20세기중국문학사'가 1898년을 기점으로 제시했고 판보췬(范伯群, 2007)은 1892년으로 앞당겼으며 옌자옌(嚴家炎, 2010)은 1890년으로 설정하고 있다. 왕더웨이(王德威, 2003)에 따르면 1851년 태평천국 시기로 앞당겨진다. 판보췬이 고대문학과 근현대문학의 환승역이라 비유했던 『해상화열전』을 기준으로 본다면 '5·4 기

중국 대륙에서 생산된 모든 문학 텍스트를 포괄하는 것으로 보였다. 그러나 사이노폰문학의 관점에서 바라보면, 기존의 중국문학은 한족(Han-ethnic) 중심의 한어문학이다. 즉 똑같이 중국 경내에서 생산되었더라도 한어로 창작되거나 번역되지 않으면 중국문학으로 '식별'되지 않았다. 방언문학도 마찬가지다. 판보췬이 중국 고대문학과 근현대문학의 환승역이라 극찬한 한방칭의 『해상화열전』은 애초에 오어(吳語)로 창작되었다. 장아이링의 한어 번역이 없었어도 똑같은 대접을 받았을지는 의문이다. 이와 관련해 21세기 들어 새롭게 구성되고 있는 중국 근현대문학사는 주목이 필요하다. 신문학사에서 구문학을 지웠고 셴다이문학사는 좌익문학사였지만, 20세기중국문학사에서 우파문학을 복권했고 두 날개 문학사에서 통속문학을 복원시켰다. 여기까지는 이른바 '국민국가(nation-state)'의 범위라 할 수 있다. 그런데 21세기 들어 중국 근현대문학사는 트랜스 내셔널(trans-national)하게 팽창하고 있다. 주서우퉁(朱壽桐)의 '한어신문학'이나 옌자옌(嚴家炎)의 '20세기중국문학'은 각기 '언어(漢語)'와 '사람(華人)'을 기준으로 내세워 가능한 넓은 범위를 지향한다. 주서우퉁은 표준 한어, 즉 만다린을 기준으로 내세움으로써 중국 내 소수 에스닉 언어와 방언으로 창작된 작품을 배제했지만 한어로 쓰인 모든 작품을 포괄했고, 옌자옌은 어떤 언어로 쓰였든 화인이 창작한 작품이면 모두 포괄했다. 소수 에스닉 언어와 방언도 당연히 포함된다.

주서우퉁과 옌자옌의 주장은 최근 중국의 팽창주의와 궤를 같이한다. 여기서 팽창주의는 페이샤오퉁(費孝通)의 「중화 네이션의 다원일체 틀(中華民族的 多元一體格局)」(1988)에 근거한 중화인민공화국의 '국민화 담론'에 기초한다. 페이샤오퉁은 이렇게 논단했다.

중화 네이션이라는 용어는 현재 중국 강역 안에서 네이션 공동체 의식을 갖춘

점'보다 사반세기 거슬러 올라간 셈이다(임춘성, 2013a: 66 참조).

11억 인민을 지칭하기 위한 것이다. 그것은 50여 개 에스닉 단위를 포괄하는 것으로서 '다원'이며, 중화 네이션은 '일체'이다.[226)]

국민화 담론은 다원과 일체의 상관관계, 국가와 네이션의 상관관계, 중화 네이션의 역사적 형성 근거를 다루고 있다. 페이샤오퉁의 '다원일체'론은 통합을 지향하는 중국, 중국적임, 중국문화의 이론적 근거가 된 동시에 '팽창적 국가주의'의 이론적 배경이 되고 있다. 우리는 여기에서 한 걸음 더 나아간 쉬쉰(徐迅)의 '대중국' 개념에 주목할 필요가 있다. 쉬쉰은 대륙에서 거론되고 있는 '대중국' 개념이 '정치중국-경제중국-문화중국'의 단계로 구성되어 있음을 지적하고 있다. 그에 의하면, '정치중국'은 국가 주권을 영유하고 영토 경계를 가지는 중국을 가리키고, '경제중국'은 세계 각국에 분포해 있는 화인을 가리키는데 그들은 경제와 상업을 유대로 연계된 공동체다. '문화중국'은 유가문화 전통의 영향을 받은 지역까지 가리킨다. 경제중국의 범위는 주권 중국을 초월하고 문화중국은 화인이 있는 거의 모든 동남아국가로 확장될 뿐만 아니라 심지어 다수의 중국 이민이 있는 미국까지도 포함하게 된다(徐迅, 1998: 153). 바꿔 말하면, '정치중국'은 한족과 중국 강역 내의 소수 에스닉을 가리키며, '경제중국'은 홍콩·마카오·타이완의 해외 장기 거주 화교가 포함되는 '협의의 중화 네이션'을 지칭하고, 마지막으로 '문화중국'은 협의의 중화 네이션에 중국 국적을 포기한 해외 화인까지도 포괄하는 '광의의 중화 네이션'을 의미한다.

　'국민화 담론' 및 '광의의 중화 네이션' 주장에 반해, 스수메이가 수창(首唱)한 사이노폰 개념은 중국과 중국적임의 바깥을 자처한다. 통합적인 중국적임

226_ 費孝通主編(1999) 참조. 원문에서는 '中華民族'과 '小數民族'을 모두 '民族'으로 표기했지만, 양자의 층위가 다르다는 점을 부각하기 위해 이 글에서 다원의 층위는 에스닉(ethnic)으로, 일체의 층위는 네이션(nation)으로 바꿨다. 중국 최초의 인류학자로 일컬어지는 페이샤오퉁이 초기의 다원주의로부터 일통(一統)으로 나아가는 이론적·정치적 맥락에 주의할 필요가 있다.

개념으로는 한족을 제외한 55개 에스닉 문화와 해외 이주민 문화를 포괄할 수 없다고 보기 때문이다. 스수메이는 포스트식민 연구, 트랜스내셔널 연구, 글로벌 연구, 중국연구 그리고 에스닉 연구 등의 성과에 기반해 '사이노폰 연구'를 새로운 학제적 이슈로 제출했다. 아래에서는 우선 스수메이의 사이노폰 연구와 사이노폰문학 연구에 대해 살펴보고, 사이노폰 연구의 주요 쟁점인 '중국적임 비판과 '디아스포라 반대'에 대해 검토하고자 한다.

2. 사이노폰 개념의 유래와 내용

스수메이가 2007년 영문 저서『시각성과 정체성: 태평양을 횡단하는 사이노폰 접합』(Shih, 2007)[227]을 출판한 후, 이론 개념이자 연구방법으로서 '사이노폰'이 체계적인 논술로 출현했고, 국제학계에서 광범위하게 유전(流傳)되고 인용되었다.

스수메이는 천후이화(陳慧樺, 陳鵬翔)의 최초 용례와 두웨이밍(杜維明) 등의 '중국적임'에 대한 성찰적 사유 등의 연장선에서, UCLA 동료인 리오네(François Lionett)가 1990년대 서양 학계의 포스트식민 사조의 충격 아래 제창한 '프랑코폰문학(Francophone literature)' 개념으로부터 중요한 계발을 받아 사이노폰 개념을 제출했다. '프랑코폰문학'과 '사이노폰문학'은 각각 '프랑스문학' 또는 '중국문학'의 문화패권을 비판 대상으로 삼고 이들 문학 전통이 내장하고 있는 '중심 대 주변'의 계서(階序)를 전복시키려 하며, '주변 문학'의 각도에서 프랑스 또는 중국 '국민문학'의 본위주의와 연구 방법에 도전한다. 물론 '프랑코폰

227_ 중어 번역본은 타이베이에서 출간되었는데, 영문 원서와의 꼼꼼한 대조가 필요하다(史書美, 2013). 최근 한국에서도 번역본이 출간되었다(스수메이, 2021a). 하나 짚고 넘어갈 것은 'articulation'의 번역이다. 그동안 국내에서는 'articulation'을 '분절'(들뢰즈·가타리, 2001; 초우, 2005), '절합'(프룩터, 2006) 등으로 번역했고, 최근에는 '접합'으로 번역하는 추세에 있다. 언어학에서는 '조음'(調音)으로 번역하기도 한다. 그 외에도 ethnic, nation, ethnic Chinese, Chinese diaspora, overseas Chinese 등의 번역에 대해서도 변별적 검토가 필요하다.

문학이 '프랑스문학'과 다르듯이, '사이노폰문학'도 '중국문학'과 다르다(邱貴芬, 2021: 274~75). 하지만 사이노폰문학은 프랑코폰문학과 창작 주체 방면에서 근본적인 차이점이 있다. 프랑코폰문학이 주로 과거 프랑스 식민지에서 피식민지인이 프랑스어로 창작한 작품을 가리키는 반면, 사이노폰문학은 중국인이 해외로 이주해 정착한 지역에서 '중국어파(Sinitic)'[228] 언어로 창작한 작품을 주로 가리킨다. 프랑코폰 문학의 창작 주체는 대부분 프랑스인이 아니지만, 사이노폰문학의 창작 주체는 대부분 해외 이주 중국인[229]이다.

스수메이는 '사이노폰 세계문학'(Sinophone world literature)을 논하기 전, 우선 내셔널리즘(중국식 내셔널리즘이든 타이완 한인의 내셔널리즘이든)을 내려놓기를 권한다(王德威·史書美, 2017: 76).[230] 바꿔 말하면, 스수메이는 사이노폰 연구에서 내셔널리즘을 배제하고 있다. 왜일까? 알다시피, 내셔널리즘은 한족 중심의 국가주의를 조장하는데, 스수메이의 사이노폰은 중국적임에 반대하기 때문이다.

스수메이는 『시각성과 정체성』에서 리안(李安)의 <와호장룡>으로 사이노폰 논의를 시작한다. 스수메이가 듣기에, 영화 속에서 홍콩인 초우윈팟(Chow, Yun-fat, 周潤發), 말레이시아 화인 미쉘 여(Michelle Yeoh, 楊紫瓊), 중화인

228_ 'Sinitic'은 스수메이가 '중국어'와 변별하기 위해 사용하는 개념이다. 이 글에서는 한국 위키백과에서 '중국어파'라고 번역한 것을 따랐다. '중국어파'는 '티베트버마어파'와 함께 '중국티베트어족'을 구성한다. https://ko.wikipedia.org/wiki/%EC%A4%91%EA%B5%AD%EC%96%B4%ED%8C%8C (검색일자: 2021.03.11.) 중국어파 언어에는 표준 중국어(푸통화 또는 만다린) 외에도 중세 중국어에서 유래한 언어들과 민어 계열의 언어들이 포함된다.

229_ 해외 이주 중국인(화교-화인-화예)의 정체성을 단일하게 디아스포라로 간주하는 것은 문제가 많다. "동남아 화교-화인-화예의 '중국적임(Chineseness)'은 여전히 문제적이다. 왜냐하면 애초에 해외로 이주한 화교 단계의 '연해 중국인'들은 고향을 버리고 떠난 것이 아니라 언젠가는 금의환향할 것으로 생각했기에, 화인 단계에서 '현지 국적'을 취득하더라도 정착보다는 '체류'에 가까운 의식을 가지고 있었던 것이다. 이처럼 돌아가지 않을 것을 인지하면서도 금의환향을 상상하는 이중성을 가지고 있던 화인 단계에서 화예 단계로의 전환은 주목을 요한다. 화예 단계에서는 '체류 현실을 직시하고 '금의환향 상상'을 접고 현지 국적 취득에 그치지 않고 자발적으로 현지인으로 동화되고자 하기 때문이다'(임춘성, 2017: 214).

230_ 스수메이는 박물관 들어가기 전 배낭을 맡기듯이 사이노폰 연구에 진입하기 전 내셔널리즘을 내려놓기를 권한다.

민공화국 공민 장쯔이(Zhang, Zi-yi, 章子怡), 타이완인 장전(Chang, Chen, 張震)의 중국어파 언어의 악센트가 각기 다르지만, 외국인에게는 같은 '중국어(Mandarine/ Hanyu)'로 들리는 상황을 예로 들면서 '사이노폰'과 '중국어(Chinese)'의 차이를 지적한다. 한 걸음 더 나아가 각기 다른 지역 출신의 배우들을 모두 하나의 중국인 즉 한족(漢族, Han-ethnic)으로 간주하는 상황을 문제 삼는다. 이는 지구 화(globalization)의 문제점이기도 하다. 지방(local)의 다중적 맥락을 소거하는 지 구화의 문제점 말이다. "가장 거대하고 가장 중요한 맥락으로서 지구적인 것 은 사이노폰의 지정학적 특정성들 및 그것의 지역-내(intra-area) 동학을 쉽게 소거할 수 있다"(Shih, 2007: 7). 사이노폰의 문제의식은 바로 다양한 중국인과 다중적인 중국 문화가 단일한 한족과 중국적임으로 통합되는 상황에 대한 문 제제기이다.

'중국인(Chinese)'이란 에스닉하고 문화적이고 언어적인 표지로 통하는 내셔널한 표지(marker)인데, 왜냐면 중국에는 공식적으로 56개 에스니시티가 있고, 또 네 이션을 가로질러 아주 다양한 언어들과 방언들이 있기 때문이다. 중국어는 일반 적으로 국가에 의해 부과된 표준화된 언어, 즉, 한족의 언어, 한어(漢語, Hanyu)에 다름 아닌 것으로 통용되거나 이해된다. 대체로 우리가 이해하는 한, 중국인은 대개 한족에 국한되고 중국 문화는 대체로 한족 문화를 가리킨다. 중국인 (Chinese)이라는 것은, 다른 에스니시티들, 언어들, 문화들을 배제하면서 한족을 가리키는 한에 있어서만 에스니시티의 범주로서 기능한다. '에스닉 중국인 (ethnic Chinese)'이란 심각하게 부적절한 명칭이다. 왜냐면, 중국적임이란 하나의 에스니시티가 아니라 많은 에스니시티들이기 때문이다. 에스닉화된 환원주의 의 이러한 과정에 의해, 중국적임에 대한 한족-중심의 구성 작용은 미국인들을 무조건 백인 앵글로색슨과 그릇되게 등치(等値)하는 것과 다르지 않다(Shih: 24).

사실 우리가 흔히 중국인이라 명명하는 실체는 단일하지 않다. 특히 에스닉의 관점에서 볼 때, 이른바 '중국인'은 한족을 포함해 56개로 '식별'된 에스니시티들로 구성되어 있다. 그렇다면 중국문화는 한족을 포함한 56개 에스닉 문화들로 구성된 셈이다. 그러나 일상생활에서 중국인은 대부분 한족과 등치되고, 중국문화는 대부분 한족 문화를 가리킨다. 이는 "중국 내에서 소수자를 억압하는 '한족(Han ethnic)－중화 네이션(Chinese nation)－중국(China state)'의 '삼위일체 정체성'"(임춘성, 2017: 210)[231]이라 할 수 있다. 따라서 중국인을 한족으로 이해하는 것은 미국인을 앵글로색슨족으로 이해하는 것과 다르지 않다. 이런 현상은 중국 국내에 국한되지 않고 해외 이주민에게도 적용된다. 스수메이는 바로 '해외 이주 중국인'과 중국 내 한족 이외의 '소수 에스닉 중국인'의 목소리에 귀를 기울이고자 한다. 앞당겨 말하면, 전자는 디아스포라에 대한 새로운 성찰―화인은 중국인가?―을 요구하며, 후자는 '내부 식민지(internal colonialism)'의 문제의식을 환기한다. 그리고 스수메이의 문제제기는, 본인의 의도와 무관하게, 궁극적으로는 사이노폰의 범주에 중화인민공화국을 배제하게 된다는 점을 지적해두어야 한다.

3. 사이노폰 공동체와 사이노폰 연구의 과제

'사이노폰 연구'는 중국과 중국적임의 주변에 놓인 사이노폰 문화와 사이노폰 공동체에 관한 연구다. 사이노폰 문화는 수 세기에 걸친 이주와 정착의 역사 과정을 통해 지정학적인 '한족땅(漢地, China proper)'의 바깥과 세계 여러 곳에 놓여있다. 스수메이는 '한족땅' 이외의 사이노폰 공동체 형성과정에 세 종류가 있다고 인식한다. 첫째, 중국의 '대륙 식민주의(continental colonialism)'[232] 식

231_ 2017년에는 'nation'을 '국족'으로 번역했었는데, 여기에서는 혼란을 피하고자 '네이션'으로 표기한다.

232_ '한족땅'을 넘어선 광대한 지역―몽골, 신장, 티베트 등―에 대한 청의 군사 정복과 정치적 식민화에 관한 치밀한 연구는 지난 200년 동안 세계사에서 중국의 역할―희생자의 역할로부터 제국의 역할에 이르기까지―에 대한 새로운 개념을 창출했다. 유럽의 모던 제국 모델

통치 아래에 있는 중국 내 소수 에스닉. 둘째, 정착 식민. 중국 이민자들이 중국 국경 밖에서 모인 사이노폰 공동체가 현지 원주민을 식민 통치한다. 사이노폰 이론으로 타이완 원주민 문학을 토론하는 것은 바로 이런 논술의 대표이다. 셋째, 이민의 이주. 화인 이민은 거주국의 소수자 에스닉이 된다. 스수메이가 관심을 가지는 대상은 '중국어파 언어의 문화'와 중국 내의 '내부 식민지 문화'다. 다시 말해 사이노폰 연구는 중국 밖의 중국어 공동체와 문화뿐만 아니라 만다린이 채택되거나 부과된 중국 내 소수 에스닉 공동체와 문화를 연구 대상으로 삼고 있다. 이러한 언어 공동체는 주로 대륙 식민주의, 정착민 식민주의, 이주의 세 가지 상호 연관된 역사적 과정을 통해 형성되었으며, 이 과정은 서로 교차하거나 겹칠 때가 있다(Shih, 2013a: 24).

스수메이의 세 종류의 사이노폰 공동체는 각각 기존 관념에 문제를 제기한다. 첫째, 청(淸)과 이를 계승한 중화민국과 중화인민공화국이 대륙형 식민지를 경영했다는 점이다. 그동안 중화인민공화국은 반(半)식민지의 경험을 근거로 피해자 코스프레를 하면서 제3세계를 세력화해왔다. 하지만 스수메이의 주장에 따르면, 청 이후 중국은 서양의 해양형 식민주의와는 다른 대륙형 식민주의를 경영해왔다. 이는 반제반봉건의 이중 혁명을 완성했다고 자부해온 중국의 역사 해석에 균열을 일으킨다. 이에 대해 이재현은 '구망의 계몽 압도' 테제에 잠복해있는 '한족 중심주의'를 예리하게 지적해낸다. 그는 '중국 특색의 제국주의'라는 관점에서 '구망의 계몽 압도' 테제가 구망, 계몽, 근현대성 등을 논의하면서 '내부 식민지'의 존재를 무시하고, 그것을 은폐하는 효과를 낳는다는 점을 비판하고 있다. '중국 특색의 제국주의'는 스수메이가 사이노폰 공동체 형성의 세 가지 역사 과정으로 간주한 현상을 이재현이 전유해 새

은 해양 식민주의지만, 청은 '대륙 식민주의'라는 것이 그 핵심이다. '대륙 식민주의'에 대해서는 스수메이(2020: 449~51) 참조. 신청사에 대한 간결한 개요는 웨일리 코헨의 서평(Waley-Cohen, 2004: 193~206. Print)을 참조하라. 또한 퍼듀의 포괄적인 책(Perdue, 2005)도 참조하라.

롭게 제안하는 개념이다. 이 가운데 대륙 식민주의에 국한해 보면, 동북 삼성(만저우), 네이멍구(남몽골), 신장(동투르키스탄), 시짱(티베트) 등을 청나라가 병합한 이후, 중화민국을 거쳐서 중화인민공화국에 계승되어 오늘날 이른바 중국의 법적, 정치적, 군사적 영토가 되었다(이재현, 2021a: 77~78 발췌 요약). 우리는 반제 구망이 반봉건 계몽을 압도했다는 역사 인식이 상당 부분 한족 중심의 서술이었다는 사실을 환기하고 그에 대한 비판적 관점을 견지하면서 중국 근현대사 인식의 '전환적 창조'를 추구함으로써 그동안 은폐되었던 제국의 역사(imperial history)와 함께 소수 에스닉에 대한 '식민지 연구(colonial studies)'를 확대·심화해야 할 것이다. 이 지점에서 간과하지 말아야 할 것은 중화민국과 중화인민공화국 공히 직면한 내우외환의 문제가 있었다는 점이다. "하나는 제국주의 열강의 침략을 막는 것이었고, 다른 하나는 중화제국의 내부 분열을 피하는 것"(조경란·왕리슝, 2008: 156)이었다. '반제구망'이라는 과제는 전자에 대응하기 위한 것이고 '내부 식민'은 후자를 방지하기 위한 것이었다. 왕리슝은 제국주의 열강의 침략을 막기 위해 국가 차원의 내셔널리즘이 필요했지만, 그것은 소수 에스닉 차원의 쇼(小)내셔널리즘을 부추겨 내부 분열을 조장했기에, 전자를 활용하고 후자를 억제하기 위해 '중화 네이션'이라는 개념을 만들었다고 분석했다(조경란·왕리슝: 157). 우리는 이제 '반식민반봉건'이라는 사회 구성체와 내부 식민지를 경영하는 '대륙형 식민주의'(스수메이) 또는 '중국 특색의 제국주의'(이재현)라는 이중성을 염두에 두어야 할 것이다. 마오쩌둥의 반제반봉건의 이중과제에서 반봉건이 약화되었듯이, 그동안 후자에 대해 중국 내외의 연구자들이 관심을 기울이지 못해온 만큼 '내부 식민지' 문제에 주의를 기울여야 할 것이다.

둘째, 타이완을 한족의 정착 식민지로 설정한 점이다. 스수메이는 한족이 17세기 타이완에 정착해 다수자가 된 상황을, 자신의 이민국, 즉 중국으로부터 독립하려는 의지를 가졌다는 점에서, 영국의 식민지였던 미국과 유사하다고 보고 있다. 나아가 현재 타이완의 상황을 프랑코폰 퀘벡(Francophone Quebec)

과 비교한다. 퀘벡에서 약 82% 인구가 프랑코폰을 사용하는데 애초 프랑스-캐나다인의 정체성이 '조용한 혁명'[233]을 통해 현지화된 현대 퀘벡인의 정치성에 자리를 내주었다. 이와 비슷하게, 타이완에서도 80% 남짓의 인구가 표준 한어인 귀위(國語)를 사용하는데 국민당 체제에서 부여된 '획일적인 중국 정체성(uniform Chinese identity)'이 점차 '현지화된 신 타이완인 정체성(a localized New Taiwanese identity)'에 자리를 내주고 있다는 것이다. 스수메이는 한 걸음 더 나아가, 타이완을 15세기 포르투갈 식민지 카페 베르지(Cape Verde)나 상 토메(São Tomé)와 비교한다. 이 지역은 이른바 루소폰(Lusophone) 사회로, 다양한 이민자와 아프리카인이 '혼혈 코뮤니티'(a mixed-race community)를 형성했던 곳이다(Shih, 2007: 28~29 요약). 이상을 종합하면 스수메이는 1662년 정성공(鄭成功)이 타이완의 네덜란드 동인도회사를 격파하고 타이완을 점거하면서 한족의 식민 정착이 시작된 것으로 보고 있다. 당시 정성공 일가의 반청(反淸)은 식민지 미국의 독립 의지와 비슷했지만 1683년 청에 복속되었다. 1948년 국민당이 공산당에게 패퇴해 타이완으로 물러나면서 명말청초의 역사가 반복되었다. 국민당은 '중국 정체성'을 강요했지만 계엄 해제 후 점차 '현지화된 신 타이완인 정체성'이 주류가 되었다는 것이다. 그 주요한 표지는 다언어 사회[234]

233_ 1959년, 17년간 퀘벡에서 정권을 장악했던 뒤플레시스의 죽음은 국민연합의 몰락을 의미했다. 1960년 퀘벡 의회선거에서 르사쥬(Jean Lesage)가 이끄는 자유당이 승리한 후 퀘벡 주민들은 새로운 시각에서 퀘벡을 보게 되었으며 캐나다와 세계 속에서 그들이 처해 있는 상황을 새롭게 인식했다. 그리하여 총체적이고 획기적인 변화가 퀘벡 사회에서 시작되었는데, 이것을 두고 '조용한 혁명'이라 한다(이지순, 2006: 1, 2). 퀘벡사회에 많은 변화와 개혁을 몰고 온 '조용한 혁명'은 무엇보다 문화적 혁명의 성격이 컸다. 연극, 샹송 등에서 문화적 흥분을 표출했고 새로운 그룹의 시인들, 소설가들, 지식인들, 출판사들, 잡지들이 이데올로기의 신속한 변화를 드러냈었다. 그중 가장 큰 정신적인 변화는 그들을 지배해왔던 카톨릭 종교와 보수적인 전통 등에 대하여 돌아보고 퀘벡의 본질 및 정체성을 추구하면서 점차 퀘벡인으로서 자신감을 찾아갔다는 점이다(이지순, 15). 이지순은 '조용한 혁명'기의 퀘벡 영화를 정체성 획득과 구현의 도구로 보면서, 이 시기 주요 영화가 '퀘벡의 잃어버린 본질 추구' '퀘벡 정체성에 나타난 멜랑콜라' '새로운 정체성의 모색' 등을 표현하고 있다고 분석한다.

234_ 실제로 필자가 2018년 9월부터 6개월간 타이중에 머물 때 고속열차에서 귀위, 민난어, 하카어, 영어로 안내방송을 진행했다. 통일파의 한 원로학자는 필자와의 대담에서 언어의 다양성이 통일에 방해가 된다며 불편한 심기를 감추지 않았다.

의 '혼혈 커뮤니티'라 할 수 있다.

셋째, '해외 이주 중국인'은 그동안 중화(인)민(공화)국의 든든한 전대(錢袋) 역할을 했다. 따라서 중화(인)민(공화)국은 '해외 이주 중국인'을 자국민으로 간주해 조국에 대한 충성을 요구해왔는데, 스수메이의 주장에 따르면, 해외 이주 중국인은 이미 거주국에 거주하는 소수 에스닉이 되었다는 것이다. 그들을 '디아스포라 중국인(diasporic Chinese)'으로 볼지 아니면 '거주국의 소수 에스닉'으로 간주할지가 쟁점이 되는 것이다. 앞당겨 말하면, 스수메이는 후자의 입장에 서서 디아스포라를 반대한다. 이에 대해서는 4절에서 상세히 논의할 것이다.

스수메이는 사이노폰을 '다각도의(multiangulated) 다중규정(overdetermination)'[235] 관점에서 고찰하고자 한다. 딜릭이 말했듯이, "다중규정이란, 모든 역사적 사건들을 만드는 데에는 여러 가지 원인들—무한대가 아닌 여러 가지—이 관여한다는 것을, 또 역사적 경험의 이러한 구성요소는—무한대가 아닌—여러 가지 기능들을 갖는다고 기대될 수 있다는 것을 예민하게 인정하는 것과 다르지 않다"(Dirlik, 1997: 102~3; Shih, 2007: 7 재인용). 또한 윌리엄스(Raymond Williams)는 다중규정을 "다중적 요소에 의한 결정"이라고 간단명료하게 정의하면서, '다중규정'이 "역사적으로 살았던 상황과 진정성 있는 실천의 복잡성"을 잘 분석하는 데 도움을 줄 수 있다고 했다(Williams, 1977: 82~89; Shih, 2007: 7 재인용). 딜릭과 윌리엄스의 정의를 따라 스수메이는 사이노폰 현상을 역사, 정치, 문화, 경제 등의 다중적 범주에 의해 규정되는 현상으로 설정했다. '사이노폰 연구'는 사이노폰문학 연구를 중심으로, 포스트식민 연구, 초국적 연구, 글로벌 연구, 중국 연구, 에스닉 연구 등 다양한 학문적 분야와 담론의 교

235_ overdetermination을 그동안 주로 '과잉결정'으로 번역했는데, 한국어 '과잉결정'은 부정적 의미가 강하다. 그와는 달리, '중첩규정'이란 번역어를 사용하는 것도 가능할 것이다. 중국어 번역본은 '多元決定'이라 표기하고 있다. 여기에서는 史書美의 취지를 존중해서 '다중규정'이라는 번역어를 채택했다. 참고로, 신영복은 'overdetermination'을 '상호결정'으로 번역하기도 했다(신영복, 2015: 195).

차점에 자리잡고 있다.

스수메이는 사이노폰 개념화의 두 가지 포인트로 '디아스포라 반대(against diaspora, 反離散)'와 함께 '개방적이고 변화하는 언어 공동체'를 든다. 먼저 후자에 대해 살펴보면, 사이노폰은 개방적 공동체다. 그것은 발화자의 인종이나 국적에 근거하지 않고, 발화자가 사용하는 언어에 따라 정의한다. 영어를 말하는 사람이 반드시 영국인이나 미국인이 아닌 것처럼, 사이노폰의 구성원도 국적이 중국인일 필요가 없다. 대다수 공동체는 다언어적이므로 언어로 정의하는 공동체는 필연적으로 경계의 불확정성 또는 개방성을 가지게 된다(Shih, 2013b: 55~56).

스수메이는 사이노폰 연구 과제를 세 가지로 개괄한다. 첫째, 수 세기 전부터 지금까지 중국을 떠난 다양한 이민자 연구를 조직하는 개념으로 '디아스포라 중국인'이 잘못된 개념임을 폭로함으로써, '중국' 및 '중국적임'과 같은 본질주의적 개념과는 다른 조직화 개념을 제안할 수 있다. 다양성, 차이, 크레올화, 혼종성, 이종 교배 등과 같은 엄격하게 재접합(rearticulization)된 개념은 역사, 문화 및 문헌에 대한 보다 복잡한 이해를 구현할 수 있다. 에스닉 연구, 프랑코폰 연구 및 앵글로폰 연구와 같은 '폰' 연구, 포스트식민 연구, 트랜스내셔널 연구 및 추가적인 관련 탐구는 비교 방식으로 사이노폰 연구를 끌어낼 수 있다(史書美, 2017: 48~49). 디아스포라에 반대하는 사이노폰 연구의 관점은 '중국' 및 '중국적임'과 같은 본질주의적 개념을 거부하고, 현지 이민자의 관점에서 새롭게 바라보고 있다.

둘째, 사이노폰 연구는 우리에게 '원(源)'과 '류(流)'(roots and routes)의 관계에 대해 새롭게 사고하게 만든다. '근원'이라는 관념은 여기에서 현지적으로 간주한다. 그것은 조상으로부터 전래한 것이 아니다. 그리고 '류'는 가원(家園, home-ness)에 대한 더 융통성 있는 해석으로 이해된다. 유랑 또는 돌아갈 집이 없다는 의미가 아니다. '가원'을 '근원'과 분리하는 것은 특정한 시간과 특정한 지정학적 공간에서 하나의 정치 주체로서 현지의 생활 방식을 깊이 있게 동일시해야 한다는 사실을 인식하는 것이다. '가원'을 거주지와 연계시키는 것은 현지 선택의 정치 참여이고 윤리를 중시하는 표현이다. 반면 노스탤지어, 중산계급에 속하는 1세대 이민이 주장하는 귀속감 없음은 그들의 강렬한 보수주의 심지어 인종주의를 드러내는 것이다(史書美: 49).

셋째, 사이노폰 공동체는 네이션 경계를 넘어 자신들의 원래 국가와 정주국을 대면할 때 양자택일할 필요 없이 비판적 입장을 취할 수 있다. 중국계 미국인은 동시에 중국과 미국에 대해 비판적 태도를 가질 수 있다. 사이노폰은 하나의 개념으로서 국가주의와 제국주의 압력에 굴복하지 않는 비판적 입장에 가능성을 제공하고, 다원협상적이고 다원적 비평에 가능성을 제공한다. 이리하여 사이노폰은 방법이 될 수 있다. 사이노폰은 시작부터 공동체, 문화, 언어에 관한 역사적이고 경험적인 범주였고, 지금 그것은 또한 일종의 인식론으로 새롭게 밝혀졌다(Shih, 2013b: 56~57).

아래에서는 그동안 연구가 일정 정도 축적된 사이노폰문학 연구에 대해 살펴보도록 하자.

4. 사이노폰문학 연구

스수메이의 논술에 따르면 '사이노폰문학'과 '중국문학'의 관계는 '상호보완'이 아닌 '대항' 관계이다. 스수메이는 중국문학이 '중국적임'으로 대일통(大一統)하려는 관점을 거부하고 사이노폰문학의 관점에 설 것을 주장한다. 사이노폰문학의 관점이란 무엇보다도 사이노폰 공동체에 속하는 소수자(minority)의 관점이다. 스수메이가 제기한 '연구 방법이자 인식론으로서의 사이노폰' 입장에서 보면, 그 핵심 개념은 전통 중문 문학의 학과 구조에서 중국 대륙문학의 독존적 위치에 도전할 뿐만 아니라, '중국중심주의 반대(against China-centrism)'를 비판 동력으로 삼아, 중국 내외의 사이노폰 공동체 창작에 반영된 중국의 문화 패권을 비판적으로 검토하는 것이다(Shih, 2013b: 33).

스수메이는 다수자 문학으로서의 중국문학과 대립하는, 소수자 문학으로서의 사이노폰문학을 차별화할 필요성(Shih, 2013a: 20)을 주장하는 동시에, '사이노폰문학'과 '화문문학'의 차이에도 주의를 기울인다. '사이노폰문학'은 현지 문화 특색을 반영한 언어의 변이를 가리키고, 그 공동체는 푸퉁화, 광둥화, 푸젠어, 커자어, 차오저우화 등등을 사용하는 '사이노폰' 언어의 공동체를 포함한다. 그러나 '화문문학'은 이른바 '표준 중국어(standard Chinese)'를 사용한 창작이다(史書美, 2017: 21). 스수메이가 보기에, 사이노폰문학은 기존의 '화문문학' 범주와 어느 정도 중첩되는 것으로 보이지만 그것과는 근본적으로 다르다. 다음 인용문에서 스수메이가 거론하는 사이노폰문학의 다양한 양상을 살펴보자.

'중국어(Chinese)'라는 단어는, 언어를 국적 및 에스닉 고유성과 동치시키도록 오용되어 왔고, 관변의 단일어주의(official monolingualism)는 언어적 이질성을 무시하고 억압했다. 이와는 대조적으로 사이노폰의 개념은 소리뿐만 아니라 문자에서도 다언어 사용을 피력한다. 19세기 미국에 이주한 사람들이 사용한 지배적인 중국어파 언어는 광둥어였으며, 그들은 스스로를 '중국인'이 아니라 '당인(唐人)'이라고 칭하고, 그들의 게토(ghetto)도 차이나타운이 아닌 '당인가(唐人街)'라고 칭했다. … 20세기 초 샌프란시스코에서 '사십육자가(四十六字歌)'와 같은 사이노폰 미국 문학은 광둥어로 발음되고 쓰였다. 홍콩 사이노폰문학은 고안된 광둥어 문자로 오랜 세월 동안 광둥어와 만다린 사이를 오가며 협상해왔다. 주류 사이노폰 타이완 문학은 혹로어(河洛語, Hoklo)와 만다린 사이의 교섭 현장이다. 사이노폰 말레이시아의 작가와 영화제작자들은 광둥어(廣東話, Cantonese), 푸젠어(福建話, Hokkien), 차오저우어(潮州話, Teochew), 만다린과 기타 다른 문자와 소리 등을 운용했다. … 회족(回族)은 비록 중국에서 가장 많이 동화된 이슬람 소수자 집단으로 간주되지만, 사이노폰 회족 작가들은 종종 아랍어를 사용하거나 환기시킨다. 사이노폰 말레이시아 문학에서 작가들은 중국어파 언어들에 말레이어, 영어, 그리고 때로는 타밀어를 혼용한다. 마찬가지로, 사이노폰 미국 문학은 100년 이상 존속된 문학 전통으로, 항상 암묵적 또는 명시적 대화 상대자로서 대다수의 언어인 영어를 상정하고 있다(스수메이, 2020: 457~58).

우선 지적할 것은 우리가 중국어(Chinese)라고 알았던 이민자들의 언어는 만다린에 국한된 것이 아니라 각종 방언을 포함한 '중국어파 언어(Sinitic language)'였다는 점이다. 그것은 광둥어부터 시작해 푸젠어, 차오저우어, 커자어 심지어 혹로(福佬)어까지 다양한 스펙트럼을 가지고 있었다. 게다가 다양한 스펙트럼의 '중국어파 언어'가 미국, 홍콩, 타이완, 말레이시아 등에서 현지어와 교섭해 나타나는 사이노폰문학의 다양한 혼종화 양상은 단일어로 통합하기 어려운 상황을 드러낸다. 특히 현지어와의 교섭 과정에 다양한 변이 과정이 수반될 수밖에 없다. 홍콩 사이노폰문학에서 광둥어와 만다린 사이에서 고안된 광둥어 문자라든가, 혹로어와 궈위(國語)의 교섭 결과인 사이노폰 타이완 문학, 나아가 사이노폰 말레이시아 작가들이 광둥어, 푸젠어, 차오저우어, 만다린 등의 중국어파 언어들에 말레이어, 영어, 타밀어를 혼용하는 상황을 염두에 두면, 이들을 단일한 언어로 묶는 것이 얼마나 무리한 일인지를 알 수 있다. 그런데 그동안 중국(청-중화민국-중화인민공화국)은 이들을 '중국적임'으로 묶고 조국에 대한 충성을 강요해왔다. 또한 중국 내 소수 에스닉인 후이(回)족으로 분류되는 사이노폰 무슬림 작가들의 경우, 중국 공민으로서 그들에게 부과된 표준어 외에도 아랍어나 투르크어를 사용하기도 한다. 따라서 사이노폰문학은 현지화한/하는 작가들의 다양한 양상을 인정하고 그 자체를 존중하기를 우리에게 권하고 있다.

5. 디아스포라 반대의 문제

사이노폰 연구는 스수메이가 수창하고 왕더웨이[236]가 논의를 확산했지만, 양자의 차이는 분명해 보인다. 두 사람의 핵심 쟁점이 디아스포라와 중국적임인 만큼, 이에 대한 점검이 필요하다. 사실 디아스포라에 대한 판단은 중국적임에 대한 태도와 깊은 관련이 있다. 개괄적으로 보면, 스수메이는 중국적임에 대해 비판적인 반면, 왕더웨이는 그것을 부인하지 않고 새로운 기의를 부여하려고 한다.

스수메이에 따르면, 디아스포라는 그 종점이 있다. 이민이 안돈(安頓)되면 현지화하기 시작한다. 많은 사람이 2세대 또는 3세대에 이런 디아스포라 상태의 종결을 선택한다. 이른바 '조국'에 대한 미련은, 자각적이든 비자각적이든, 통상 현재에 융합되는 곤란을 반영한다(史書美, 2017: 47). 이민 후대가 더는 조상의 언어를 사용하지 않으면 그들은 이제 사이노폰 공동체의 구성 부분이 아니게 된다. 사이노폰은 변화하는 공동체이고 과도적 단계에 놓여있으므로 불가피하게 현지와 융합하고 나아가 현지의 구성 부분이 된다. 그러므로 사이노폰 개념은 '디아스포라'에 문제를 제기한다. 디아스포라를 가지고는 사이노폰문학을 토론할 수 없을 뿐만 아니라, 사이노폰 이론이 해외 이민 문학을 토론할 때, '낙엽이 뿌리로 돌아가는' 디아스포라적 태도가 아니라 '뿌리를 내리는' 현지 정체성을 강조하기 때문이다(史書美: 35~36). 한때 세계인의 이목을 사로잡았던 디아스포라 개념은 대개 1세대 또는 2세대에 국한되는 현상이라는 점에서 장기지속적인 학술 의제가 되기에는 부족하다. 더구나 해외 이주 중국인의 디아스포라가 중국 본토를 지향하게 되고 중국적임의 구속에서 벗어나기 어렵다고 설정한다는 점에서 스수메이의 사이노폰 개념과는 양립하기 어렵다. 디아스포라가 1세대 또는 2세대에 국한된 단기적 현상이라면, 사이노폰은 해외 이주 현상을 장기지속적으로 고찰하는 시도라 할 수 있다. 디아스포라의 특수한 예로 거론되는 하 진(Ha Jin)의 '영어로의 망명'은 이민 1세대가 현지 언어인 영어로 창작했다는 점에서 디아스포라의 필연성을 부정하

236_ 왕더웨이의 사이노폰 논의에 대해서는 다음 21장을 참조.

는 사례가 된다.

스수메이는 디아스포라를 우선 정착형 식민주의와 연계해 고찰한다. 그녀는 정착민을 "고향 제국의 디아스포라적 주체가 아니라 토착민들에 대한 식민지 개척자"로 간주하고 그들 정착민을 디아스포라 주체로 보는 것은 그들의 "식민적 폭력과 그에 수반되는 문화적 대량학살에 대한 치환(displacement)이자 부인"(스수메이, 2020: 452)으로 간주한다. 그러므로 그녀에게 정착형 식민주의는 "디아스포라의 어두운 밑면"인 셈이다. 스수메이의 견해를 모든 이주민에게 적용하기는 어렵지만, 최소한 정착형 식민주의에 있어서는 식민적 폭력을 디아스포라로 포장하기 어려운 것이 사실이다. 그러므로 스수메이는 '역사로서의 디아스포라'와 '가치로서의 디아스포라'를 분리해서 볼 필요성을 제기한다.

스수메이는 2017년 타이완의 『중국현대문학(中國現代文學)』에 게재된 왕더웨이와의 대담에서 '역사로서의 디아스포라'와 '가치로서의 디아스포라' 개념을 다시 제기했는데, 이는 왕더웨이의 디아스포라 인식과 첨예하게 대립한다. 스수메이에 따르면, "'역사로서의 디아스포라'는 매우 광범위한 것으로 모든 디아스포라 현상을 포함한다. '가치로서의 디아스포라'는 이러한 경험 속에서 추출한 이론 개념이다. 디아스포라가 가치가 되었을 때 이러한 가치관은 다른 사람에게 해를 입힐 수 있고, 이러한 디아스포라는 종결의 시간이 필요하다"(王德威·史書美, 2017: 83). 일반적으로 역사 현실은 인식의 대상이고 가치는 판단의 대상이다. 그렇다면 스수메이는 디아스포라를 인식 대상과 판단 대상으로 나누고 있는 셈이다. 스수메이는 '역사로서의 디아스포라' 현실은 인정하지만 '가치로서의 디아스포라'는 "과거 또는 고국에 대한 무한한 함닉(陷溺)"으로, 다른 사람에게 해를 끼칠 수 있으므로 어느 시점에 종결해야 한다고 주장한다. 스수메이는 '가치로서의 디아스포라'의 예로, '대륙을 수복'하겠다는 국민당의 대륙 심리(心態)를 든다. 그것은 "현재의 타이완에는 관심이 없고, 오로지 중국에만 관심을 가지는 것"(王德威·史書美: 83)이다. 대륙 심리의 극복은 타이베이 교외의 담수하(淡水河) 치수로 표현되었다. 그녀에 따르면, 국민당이든 민진당이든, 오염된 담수하를 깨끗하게 정리하는 것이 '가치로서의 디아스포라가 종결된 표현'이라는 것이다. 스수메이는 세계 각지의 화인 집단이 거주지에서 외래인으로 배척받는 것도 거주국 정부가 '가치로서의 디아스포라' 정책을 실행하기 때문이라 분석한다. 그녀에 따르면, '가치로서의 디아스포라'는 디아스포라 집단의 측면에서는 현지에 대한 책임이 모자라고, 다수자 입장에서는 배외적인 가치관이다. 그러나 우리가 봐야 할 것은 그 사람이 소속 사회에서 수행하는 특정한 역할과 정체성이다. 그러므로 스수메이의 맥락에서 '역사로서의 디아스포라'는 부인할 수 없는 현실이지만 디아스포라 현실을 과장하는 '가치로서의 디아스포라'는 조만간 종결해야 하는 이데올로기인 셈이다.

이에 대해 왕더웨이는 '역사로서의 디아스포라'와 '가치로서의 디아스포라'의 경계가 분명하지 않다고 지적하면서 '디아스포라의 정치적 잠재력과 능동성'이라는 '디아스포라 의식'의 중요성을 지적한다. 그는 홍콩의 도시국가론(城邦論)과 말레이시아 화인 사회 그리고 유대인의 이스라엘 건설을 예로 들면서, 그들의 디아스포라 의식이 말레이시아 화인 사회를 유지하고 이스라엘을 건국해 유대문화를 풍부하고 다원적으로 발전시킨 원동력으로 간주한다(王德威·史書美: 84~85). 그러나 왕더웨이의 사례에 대해 스수메이의 비판은 단호하다. 특히 이스라엘 건설의 본질을 유대인이 팔레스타인 토지를 잔혹하게 점령한 '정착 식민지(settler colony)'로 규정한다. 나아가 세계 각지의 유대인문화의 훌륭한 표현과 성과가 이스라엘 건국이 있어야 가능했던 것은 아니었다고 분석하고 시온주의(Zionism), 즉 유대복국주의는 문화계 유대인들도 반대하는 것임을 언급하면서 자신도 반대 의사를 분명하게 드러냈다(86).

스수메이가 디아스포라를 역사와 가치의 두 가지로 나누고, '역사로서의 디아스포라'의 현실을 인식하되, '가치로서의 디아스포라'의 이데올로기 작용을 비판하면서 적절한 시점에 그것을 종결해야 한다는 주장은 설득력이 있다.

그러나 한동안 많은 학자의 관심을 한몸에 받았던 디아스포라 개념인 만큼, 그에 대한 심층 고찰이 필요하다. 많은 학자가 연구해온 디아스포라 관련 성과를 무시하는 것도 문제려니와 단기간이긴 해도 이민 1세대와 2세대에게 존재하는 현상을 없는 것으로 간주하는 것도 문제이기 때문이다.

6. 문제제기

스수메이의 사이노폰 개념은 중국과 중국적임의 바깥을 자처한다. 통합적인 '중국적임' 개념으로는 한족을 제외한 55개 에스닉 문화와 해외 이주민 문화를 포괄할 수 없다고 보기 때문이다. 이런 점에서 스수메이의 사이노폰 개념은 급진적(radical)이다. 문학의 범주에서 보면, 최근 중국문학사 담론은 중국 대륙의 한어문학과 대륙 밖의 화어문학을 통합하고, 중국어로 창작된 화문문학과 중국인이 쓴 화인문학을 통합해 언어(漢語+華語)와 사람(漢人+華人)을 모두 아우르는 '대(大) 중국문학'을 지향함으로써 '팽창적 국가주의'에 호응하고 있다. 사이노폰문학은 이런 '대 중국문학' 이념과 그 심층에 자리하는 '국민화 담론' 및 '광의의 중화 네이션' 주장에 단호히 선을 긋고 자신을 자발적으로 타자화하고 있다. 사이노폰문학은 '중국문학'의 문화 패권을 비판 대상으로 삼고 중국문학 전통이 내장하고 있는 '중심 대 주변'의 계서를 전복하려 하며, '주변 문학'의 각도에서 중국 '국민문학'의 본위주의와 그 연구방법에 도전한다. 중국문학과 사이노폰문학의 궁극적 통합을 지향하는 왕더웨이와 달리, 스수메이는 '중국적임'을 비판하고 디아스포라에 반대한다. 중국적임과 디아스포라가 중국의 국민화 담론에 복무한다고 판단하기 때문이다.

그러나 사이노폰 개념은 그 급진적 성격으로 인해 또는 급진적 성격에도 불구하고, 몇 가지 문제점을 노정하고 있다. 첫째, 사이노폰 연구를 주장하는 학자들은 대부분 중국연구에 기반을 두고 있다. 독자성을 주장하는 스수메이도 학술적 베이스를 중국연구에 두고 있고 소속도 '아시아언어문화학과'이다.

중국연구에 뿌리를 둔 채 중국 바깥을 연구하는 이중적 성격, 나아가 사이노 폰 연구학과가 신설되지 않은 상황에서 사이노폰 연구를 수행하는 것은 사이노폰 연구가 궁극적으로 중국연구에 귀속될 가능성을 배제하기 어렵다. 이 책에서 '사이노폰 연구'를 다루는 것도 그런 혐의에서 자유롭지 못하다. 둘째, '중국적임'의 호명에서 '팽창적 국가주의' 비판은 가능하지만, '중국적임'에 잠재된 '중국 전통의 끈질긴 호출'을 무시하기는 어렵다. 중국을 단순한 '국민국가(nation-state)'라 하지 않고 '문명국가(civilization state)'라고 부르거나, 미국 문화를 샐러드 볼로 표상하는 것에 반해 중국 문화를 용광로에 비유하는 것은 오래된 3천 년 이상의 지속된 문화전통을 강조하는 것이다. 우리가 용광로의 비유가 한족 중심의 중화문화임을 지적하는 것은 가능하지만, 그것의 현실 지배력은 여전히 무시할 수 없음을 인지해야 할 것이다. 셋째, 디아스포라 반대는 무한히 반복 재생산되는 '가치로서의 디아스포라'를 반대하는 것이지, 현실적으로 존재하는 디아스포라를 무력화하는 것은 아니다. 실제로 디아스포라 개념이 천년 넘게 지속된 유대인의 이산 경험에서 비롯된 것처럼, 자신의 뿌리에 관심을 가지는 이주민도 있지만, 모든 이주민이 그런 것은 아니다. 그런 면에서 디아스포라 현상은 보편적인 개념이라기보다는 부분적인 현상을 지칭한다. 우리가 디아스포라를 다룰 때 이를 전제할 필요가 있다.

마지막으로, 그동안 중문학계에서 그다지 관심을 가지지 않았던 방대한 규모의 사이노폰 텍스트를 연구 범주에 포함해야 한다. 스수메이의 분류에 따르면, 타이완의 문학 텍스트, 동남아와 미주 등 해외 화인의 문학 텍스트, 그리고 중국 대륙 내의 소수 에스닉의 문학 텍스트를 섭렵하고 분석 연구하는 거대한 과제가 놓여있다.

21장
'왕더웨이의 통합의 정치학'에 대한 비판

왕더웨이(王德威)의 『시노폰 담론, 중국문학』(2018)은 내적 역량 강화의 방향에서 문학의 위기를 극복하려는 노력의 기록이라 할 수 있다. 포스트학(postology) 또는 포스트주의(postism)가 주류가 되고 제4차 혁명을 눈앞에 둔 21세기의 시점에 '문학의 필요성'에 대해 왕더웨이는 다음과 같이 답한다. "문학이 문자·의미·서사가 발휘하는 역량을 빌어서 단순한 것을 복합적인 것으로 만들고 상상을 증폭시킴으로써, 겉으로 보기에는 고정 불변한 역사 상황 속에서도 량치차오가 말한 바 '불가사의한' 가능성을 창조해낼 수 있다"(왕더웨이, 2018: 92). 그리고 이것이 바로 "문학이 공공 의제(agenda)에 참여하는 방식"이라고 확신한다. 그는 명제 선언에 그치지 않고 대륙과 타이완뿐만 아니라 해외에서 중국어(漢語+華語)로 쓰인 문학 작품을 섭렵하며 공공 의제에 참여하고 있다. 그가 거론하는 주요 작가들의 계보는 『현대 중문소설 작가 22인─상·하』(왕더웨이, 2014)[237])에 망라되어 있다.

237_ 상권에 주톈원(朱天文), 왕안이(王安憶), 중샤오양(鍾曉陽), 쑤웨이전(蘇偉貞), 핑루(平路), 주톈신(朱天心), 쑤퉁(蘇童), 위화(余華), 리앙(李昻), 리루이(李銳), 예자오옌(葉兆言), 모옌(莫言) 등 12인, 하권에 스수칭(施叔青), 우허(舞鶴), 황비윈(黃碧雲), 아청(阿城), 장구이싱(張貴興), 리위(李渝), 황진수(黃錦樹), 뤼이쥔(駱以軍), 리융핑(李永平), 옌롄커(閻連科) 등 10인에 대한 평론이 수록되어 있다. 참고로, 2002년 출간된 『跨世紀風華 當代小說20家』(麥田出版)에는 리융핑과 옌롄커가 빠져있다.

그는 『시노폰 담론, 중국문학』의 한글판 머리말에서 책의 내용을 네 가지로 분류했다. 만청/청말 소설이 보여주는 '억압된 근현대성', 혁명·계몽 담론과 대화상대로서의 '서정 담론', '포스트 유민 글쓰기' 및 디아스포라 정치·시학, 사이노폰 연구라는 사이노폰 바람의 향방이 그것이다. 왕더웨이의 연구는 '20세기중국문학'이 타자화시킨 만청(晚晴)문학과 서정 담론 그리고 해외 화인 문학을 복원시켜 이들을 '20세기중국문학과 대화시키고자 한다. 20세기중국문학의 역사에서 억압되고 탈구되어 뒤늦게 드러난 '만청문학의 근현대성과 혁명·계몽 담론에 억압된 '서정 담론'이 내부적 타자라면, 해외 화인들의 창작을 다루고 있는 '포스트 유민(遺民) 글쓰기'와 '사이노폰문학'은 외부적 타자다. '사이노폰문학'은 타이완계 미국인 왕더웨이가 미국 학계의 타자인 동시에 중화인민공화국의 타자라는 '이중적 타자'의 위치에서, 하버드대학 교수라는 상징자본을 등에 지고 본토를 통합하려는 야심 찬 기획이기도 하다.

1. '억압된 근현대성'과 서정 담론

왕더웨이는 "만청이 없었다면 5·4가 어디에서 왔겠는가?(沒有晚淸, 何來五四?)"라는 문제의식에 기초해, "만청문학은 태평천국 전후부터 쉬안퉁(宣統) 황제가 퇴위하기까지의 60년을 가리키는데 그 풍습과 유업이 5·4까지 지속적으로 드러났다"(王德威, 1998: 23)라는 주장을 펼친다. 앞당겨 말하면, 왕더웨이는 만청문학이 5·4문학에 의해 억압되었지만 양자가 긴밀한 연관성을 가지고 있다고 주장하고 있다. 왜냐하면 만청이 중국 근현대문학 홍기의 가장 중요한 단계이고 태평천국 이후 출현한 소설들에서 중국문학 근현대화의 각종 방식이 망라되어 있기 때문이다(王德威, 1995; 王曉明主編, 2003 참고). 왕더웨이는 만청문학의 역사적 지위를 복원하기 위해 '20세기중국문학의 근현대성(modernity)'이라는 문제를 제기하면서 지금껏 우리가 중국 근현대문학 논술이라고 인정한 5·4 지식인의 기준에서 벗어날 것을 주장했다. 만청소설은 5·4 기준에 의해 억압되고 압제된 대표적 장르이다. 그가 볼 때 20세기 중국문학의 근현대성은 계몽, 이성, 혁명 등의 맥락과 사소함, 퇴폐 또는 반동의 맥락이 있는데, 전자에 의해 억압된 후자도 20세기 중국문학의 근현대성을 구성하는 한 요소이므로 이를 탐색해서 복권시키는 것이 당연하다는 것이다. 이른바 '억압된 근현대성들(repressed modernities)'이다. 왕더웨이는 이를 세 가지 방향에서 접근하고 있다. 그것은 곧 활력을 잃어버릴 중국문학 전통 내에서 만들어진 왕성한 창조력이었고, 작가의 사고를 조종하고 이른바 근현대적 심리와 이데올로기를 담론하는 기제였으며, 19세기 말 이래 줄곧 의식적·무의식적으로 문학 정전에서 배제된 일련의 중국소설을 가리켰다(王德威, 2003: 39). 왕더웨이는 다른 글에서 이를 한 문학 전통에서 끊임없이 생장하는 창조력, 5·4 이래 문학 및 문학사 편찬의 자아 검열 및 억압 현상, 만청, 5·4 및 1930년대 이래 주류에 편입되지 못한 각종 문예 실험으로 조정했다(王德威, 1998: 33). 이렇게 보면 '억압된 근현대성'은 중국 근현대문학사에서 '주변화(marginalization)'되고 '타자화'된 현상이다.

주변화되고 타자화된 '억압된 근현대성들'을 복원하기 위한 왕더웨이의 전략은 이렇다. 기존의 문학사에서 5·4 담론에 의해 가려진 만청문학의 근현대성을 고찰하기 위해서는 '근현대적 탐구'와 '뒤늦음'에 초점을 맞출 것을 주문하고 있다. 그리고 이런 논의들이 아직은 가설 단계임을 분명히 하고 있다. 이를 전제로 왕더웨이는 만청소설의 '억압된 근현대성들'의 네 층위를 다음과 같이 서술하고 있다. 만청 작가들이 퇴폐를 편애했고, 시학과 정치에 대한 복잡한 관점이 혁신 및 혁명 같은 일반 관념과 어긋났으며, 넘치는 정감이 그들이 지향했던 이상 및 이성과 정반대 방향으로 나아갔고, 모방(mimicry)에의 경도가 모의(模擬) 지향의 재현 체계 흥기를 촉진했다(王德威, 2003: 40~41). 물론 '억압된'이라는 표현은 그것을 해방해야 한다는 전제를 하고 있다.

왕더웨이는 한 걸음 더 나아가 억압되어온 만청문학의 해방을 주장하는 것에 그치지 않고 그것이 근현대문학의 기원[238]이었음을 밝히고 있다. 특히

'협사소설/환락가소설, 협의소설/의협 · 공안소설, 견책소설, 공상과학 · 기담
소설' 등은 각각 '욕망, 정의, 가치, 진리'의 근현대성 담론에 대응하는 것으로
상정하고, 그것들이 소멸되지 않고 원앙호접파 소설, 신감각파 소설, 5 · 4 주
류 작가의 작품 속에 보존되었다가 중국 당다이(當代)소설에서 다시 번성하게
되었다(왕더웨이, 2018: 7)라고 분석한다. 만청소설을 당다이소설과 연계시켜
독해하는 과정을 통해 왕더웨이는 다음과 같은 세 가지 명제를 주장한다. 첫
째, "두 시기가 역사적, 환경, 정치적 동기, 또는 형식 실험 방면에서 표면적인
유사점이 있다"라는 것에 그치는 것이 아니라 "역사가 다시 말해질 가능성"
(왕더웨이: 44)이 있다. 둘째, 두 시기 소설 사이에 "일종의 대화 관계를 구축함
으로써 5 · 4 전범을 전복하고 그 대신 새로운 전범을 세우려고 하는 것"이
아니라, "서로 다른 시기와 서로 다른 장르 사이에서 끊임없이 주고받는 상호
작용을 강조하는 방법을 사용하고자 한다"(45). 셋째, 두 시기 소설을 비교 ·
대조하는 연구는 "문학사 시기 구분론 가운데 신흥과 전통, 현대와 전현대 등
그런 인위적인 구분에 대해 재검토하도록 해줄 것이다"(46). 왕더웨이의 궁극
적인 바람은 "이 두 시기에 내재되어 있는 대화와 교류에 주목하게끔 일깨워
주고, 이로써 기존의 현대 시기의 시작과 마감의 좌표를 해방시켜 주고 싶다"
라는 것이다. 이는 그가 도처에서 인용하고 있는 바흐친의 대화 이론에 근거
한 것이다. 그는 20세기중국문학사 내에서 별개 영역으로 치부되었던 것들—
만청소설과 5 · 4담론, 만청소설과 당다이소설, 계몽 · 혁명 담론과 서정 담론,
한어 문학과 화어 문학, 심지어 전통과 근현대 등—을 끊임없이 대화의 장으
로 불러내고 있다.

　　20세기중국문학사에서 '억압된 근현대성들'의 핵심은 당연히 '서정(抒情)'
이었고 이는 중국문학의 서정 전통과 연계되어 있다. 그러므로 왕더웨이가
만청소설과 함께 '서정(抒情)' 담론의 복원을 주장하고 있는 것은 당연하다. 그

238_ 왕더웨이는 "만청소설이 중국 '근현대'문학의 전주에 그치지 않고 그 이전 가장 활발했던
　　　단계였다"라고 주장하기도 했다(王德威, 2003: 36).

는 "문학의 명제라는 각도에서 출발하여 19세기 말, 20세기 및 21세기 초에 이르는" '장기 백 년' 동안 "문학 상상의 역사적 상태를 검토해보고, 또한 문학 실천의 수행 중에 존재했던 갖가지 명제의 가능성을 검토"(89)하고자 한다. 그가 문학 실천 또는 문학비평의 각도에서 지난 '장기 백 년'을 검토하며 얻은 결론은, 계몽과 구망(救亡) 또는 혁명과 계몽의 변증법적 관계에 '서정'을 추가함으로써 삼자의 대화 관계—보다 정확하게는 혁명·계몽과 서정의 변증법적 관계—를 복원하는 것이다. 그는 이를 위해 어원 추적부터 시작해 삼자/양자의 관계, 나아가 근현대와 고대의 대화 관계를 복원시키고자 한다. 그러므로 20세기중국문학이 그동안 명시적으로 소홀히 다뤘던 분야가 사실은 고대 전통을 계승했고 20세기에 들어와서도 루쉰, 왕궈웨이, 궈모뤄, 주광첸 등에 의해 암묵적으로 전승되었으며, 특히 1940~50년대에 서정의 사회적 역할에 대해 천착했던 선충원, 쑨리, 후펑, 후란청 등이 그 후계자임을 밝히고 있다. 나아가 마오쩌둥의 사(詞) 또한 중요한 예증으로 거론했다.

억압된 만청 소설의 근현대성과 서정 담론은 그동안 중국 근현대문학에서 소홀히 취급되어온 분야이기에, 그것들을 복원하자는 왕더웨이의 주장은 설득력이 있고 많은 이들의 공감을 얻고 있고 필자 또한 대체로 동의하는 편이다. 바꿔 말하면, 왕더웨이는 '20세기중국문학사'의 기점을 앞당기고 범주를 확대하고 있는 셈이다. 왕더웨이의 이런 시도는 '장기 20세기중국문학사'로 명명해도 좋을 것이다.

2. 포스트유민 글쓰기와 사이노폰 담론

만청소설과 서정 담론이 중국 근현대문학 타자화의 내부라면, 포스트유민 글쓰기와 사이노폰문학은 그 외부다. 왕더웨이는 우선 '해외문학의 삼민주의론'으로 논의를 시작한다. 모두 알다시피 이는 쑨원의 삼민주의를 패러디한 것으로, 삼민은 중국어 발음이 같은 이민(移民), 이민(夷民), 유민(遺民)을 가리킨다. 이민은 고향을 등지고 떠나 심신을 의탁할 세상을 찾는 것이고, 이민(夷民)은 이국의 통치를 받으면서 문화 정치의 자주적 권력을 상실하는 것이며, 유민은 하늘의 뜻을 어기고 새 나라에 저항하면서 예사롭지 않은 상황 속에서도 옛 나라에 대한 안타까움을 유지하는 것이다(왕더웨이, 2018: 173). 이 세 가지는 각기 시간과 장소의 제약을 받으며, 어쩔 수 없는 그 출현의 인과 관계가 있다. 하지만 왕더웨이는 화어의 '이민' '이민(夷民)' '유민' 문학에 머물지 말고 '포스트유민'의 관점을 가져야 한다고 주장한다. 알다시피 포스트(post)는 '후(後, after)'와 '탈(脫, de-)'의 상반된 의미를 접합(articulation)하고 있는 접두사다. 그러므로 포스트유민은 한편으로는 유민의 맥락을 계승하면서 그와는 다른 맥락을 창조하고 있는 것으로 이해할 수 있다. 왕더웨이의 말을 빌면, '포스트유민'은 기존의 유민 관념을 해체하면서 환기한다. 그리고 청에서 중화민국 다시 중화인민공화국이 되는 정치적 단절이 일어날 때마다 오히려 유민의 신분과 그 해석 방식이 한층 확장되고 복잡해졌다.

그는 포스트유민 담론을 사이노폰 담론과 연계시키는 징검다리로 화이(華夷)에 대한 새로운 해석을 추가하고 있다. 그는 중국 고대 역사에서 이(夷)에 부정적인 의미가 없었고 한족이 다른 종족을 일컫는 통칭이라는 전제 아래, 전통 화이론을 '끊임없이 상호 작용하는 담론'(왕더웨이: 11)으로 해석하고 있다. 앞당겨 말하면, 이는 원인과 결과를 전도시킨 것이다. 화이론은 결과적으로 '상호작용 담론'의 가능성을 가지지만, 애초에 중화(中華)가 외이(外夷)를 대화상대로 설정한 것은 아니었음을 왕더웨이는 의도적으로 간과하고 있다. 화이의 상호작용은 중화와 외이의 평화로운 문화 융합으로 이루어진 것이 아니라 대부분 전쟁과 침략에 의해 달성되었다. 물론 인류 생산도구의 발전을 무기가 선도해왔고 대부분의 문명 교류가 전쟁을 통해 진행되었지만, 한족이 외이 에스닉을 대화상대로 설정했다는 왕더웨이의 화이론 해석은 견강부회다. 다시 왕더웨이의 논술로 돌아가면, 전통적인 화이관이라는 갑옷을 입고 타지에 도착한 화인들은 처음에는 현지인들을 외이로 취급했지만, "뜻밖에도 타지에 있다 보니 처한 위치가 바뀌게 됨으로써 (현지 사람의 눈에는) 화인 자신이 타자·외인·이족—즉 오랑캐가 되어버렸다. 그러니 세월이 흐르고 흘러 다시 중원의 고국으로부터 상대적으로 타자와 외인이 되어버린 것은 더 말할 나위도 없다"(12). 왕더웨이의 입론의 출발점은 바로 이 지점이다. 타이완 출신의 미국인인 그는 미국 학계의 타자인 동시에 중화인민공화국의 타자라는 '이중적 타자'의 위치를 절감하면서, 미국 학계에는 '중화인민공화국 문학'을 배경으로 입지를 확대하고, 중국 양안 학계에는 '미국'의 담론 권력을 앞세워 자신의 영향력을 확대하고자 한다. 왕더웨이는 본인의 위치로 인해, 바꿔 말하면 해외에 있는 자신의 위치가 중국 내부자의 위치와 다르지 않았으면 하는 바람으로 인해, 전통적인 화이관을 의도적으로 왜곡하고 있는 셈이다.

사이노폰문학이 참조하고 있는 앵글로폰(Anglophone), 프랑코폰(Francophone) 등의 문학은 "각 언어의 종주국 외에 기타 세계 각지에서 종주국 언어로 글쓰기가 이루어지는 문학을 의미한다"(134). "이들 언어 계통의 문학이 강렬한 식민 및 포스트식민의 변증법적 색채를 띠고 있으며, 모두 19세기 이래 제국주의와 자본주의의 힘이 특정 해외 지역을 점거한 후에 형성된 언어적 패권 및 그 결과"(134)이다. 이런 문학은 "제국 문화의 잔류물"이 되고 "현지 작가에게 각인된 실어적 상처일 수도 있겠지만 동시에 일종의 새로운 유형의 창조가 될 수도 있다. 이방의, 같은 듯하면서도 같지 않은 모어적 글쓰기와 이질화된 포스트식민적 창작의 주체는 이처럼 잡다하고 불분명하며, 원 종주국 문학에 대한 조롱과 전복에 이르게 된다"(134~35). 앵글로폰 등의 문학은 제국주의 종주국의 필요와 강요에 의해 식민지에 보급된 영어 등의 언어로 글을 쓰는 식민지 원주민의 문학을 가리키지만, 이들을 참조체계로 삼은 왕더웨이의 사이노폰문학은 그와는 "상당히 다른 추세"를 가지고 있다. 왜냐하면 "19세기 이래 중국은 외부의 침략은 빈번했지만 전통적 의미에서의 식민 현상은 나타나지 않았다"(135). 오히려 "정치적 내지 경제적인 요소로 인하여 백여 년 동안 수많은 화인이 해외로 이민을 했는데, 특히 동남아에서 그들은 각종 공동체를 이루면서 자각적인 언어 문화적 분위기를 형성"했고, 그들은 "중문 글쓰기를 문화 전승의 표상으로 삼았"(135)던 것이다. 요약하면, 앵글로폰 문학이 잉글랜드의 식민지 원주민이 강압에 의해 영어로 창작한 문학을 가리킨다면, 사이노폰문학은 동남아로 이주한 중국인이 자각적으로 중국어로 창작한 문학을 가리키는 것이다. 그동안 이들의 중국어는 '화어'라 명명되었고, 20세기중국문학에서 배제되거나 방치되었다.

사이노폰의 관점은 우리에게 여러 가지 중국어로 다양한 목소리를 내는 현상에 주목하도록 만든다. 왕더웨이가 제창하는 사이노폰문학에서 중국문학은 '중국어(화어) 세계 속의 중국' '중국 속의 중국어(화어) 세계'라는 두 가지 층위를 포괄하게 된다. 전자는 중국을 전 세계 중국어(화어)의 언어적 맥락 속에 놓고서 각 지역·공동체·국가가 '주체'에서 '주권' 문제에 이르기까지 서로 주고받는 상호작용과 성쇠를 관찰하는 것이고 후자는 중국 내부의 중국어(한어) 및 기타 언어가 이루어내는 다양한 음과 복합적인 뜻을 가진 공동체에 대한 고찰을 강조하는 것으로, 주류 중국어(한어) 또한 단일한 언어가 아니라 '지역별로 제각각인 억양과 어휘'의 집합체라는 것이다. 따라서 소위 '표준'적인 중국의 소리는 끊임없이 도전을 받게 되어 있고 또한 끊임없이 응전하게 되어 있다(12). 이렇게 볼 때 왕더웨이는 사이노폰문학을 중국문학(Chinese literature, 漢語文學)과 해외문학(literature in Chinese, 華語文學)을 통합하는 하나의 변증법적 기점으로 간주함을 알 수 있다. 나아가 그는 사이노폰문학이라는 관념이 서로 다른 진영의 통찰과 '비통찰'을 조화시킬 수 있다고 생각한다.

왕더웨이의 사이노폰문학은 그 전사가 있다. 원래 '사이노폰'이란 개념은 스수메이의 『시각성과 정체성: 태평양을 횡단하는 사이노폰 접합』에서 최초로 제기되었고 그 이전에도 대략 내셔널리즘 계열과 포스트식민주의 계열의 담론이 존재했었다. 하나는 내셔널리즘 계열로, 두웨이밍의 '문화중국(文化中國)', 왕겅우의 '로컬적, 실천적 중국성(地方/實踐的中國性)', 리어우판의 '이동하는 중국성(遊走的中國性)', 왕링즈의 '중국과 거주지의 이중 지배 구조(中國/異國 雙重統合性)' 등의 이론이 여기에 속한다. 다른 하나는 포스트식민주의 계열로, 초우의 '반혈통적 중국성(反血緣中國性)', 이언 앙의 '중국어를 못하는 (반)중국 성(不能言說中文的(反)中國性)', 하진의 '영어로의 망명(流亡到英語)' 등의 성찰이 여기에 속한다. 전자는 화인의 디아스포라적 상황을 인정하되 그 속에서 실 낱처럼 이어지는 문명의 가닥을 찾아내고자 노력하고, 후자는 '정체성'의 정 치에 의문을 제기하면서, 공동체를 실천 또는 상상하는 합리성이나 합법성으 로서의 '중국'(혈연·언어·글쓰기·주권)을 해체하고자 하는데, 심지어 아예 뿌 리 자체를 뽑아버리려고 시도하기도 한다.

3. 이중적 타자의 통합의 정치학 비판

왕더웨이의 4가지 주장은, 한마디로 요약하면, 기존의 20세기중국문학에서 소홀히 취급했던 부분들을 되살리자는 것이다. 만청문학과 서정문학이 그 내 부 타자라면, 포스트유민 글쓰기와 사이노폰문학은 그 외부 타자다. 그는 이 들을 새롭게 발굴해 20세기중국문학의 내연을 풍부하게 만듦으로써 '장기 20 세기중국문학의 가능성을 제시하는 동시에 '20세기중국문학의 근간을 해체 함으로써 지구적 차원에서의 사이노폰문학을 제창하고 있다. 물론 그는 다음 과 같은 당부도 잊지 않는다. "내가 희망하는 시노폰 문학 연구는 경솔하게 차이를 만들어 내거나 제거하는 것이 아니다. 간격을 확인하고, 기회를 발견 하고, 가감을 관찰하는 것이다"(229). 그러나 우리는 그 지향의 궁극에는 지구 적 차원에서 한인(漢人)과 화인(華人)을 아우른 중국인이 창작한, 한어(漢語)와 화어(華語)를 아우른 중국어 문학이 놓여있음을 알 수 있다.

21세기 들어 중국근현대문학사는 새롭게 구성되고 있다. 이전의 관행이었 던 5·4기점이 부정된 지 오래고 범위도 지속적으로 확장되고 있다. 기점 면 에서 첸리췬 등의 '20세기중국문학사'가 1898년을 기점으로 제시했고 판보췬은 1892년으로 앞당겼으며 옌자옌은 1890년으로 설정하고 있다. 왕더웨이에 따르면 1851년 태평천국(太平天國) 시기로 앞당겨진다. 문학사 범위도 지속적으로 팽창하고 있다. 삼분법 시기의 셴다이문학사는 좌익문학사였지만, 첸리촨·천쓰허 등의 20세기중국문학사에서 우파문학을 복권시켰고 판보췬의 '두 날개 문학사'에서 통속문학을 복원시켰다. 여기까지는 이른바 '국가' 범위라 할 수 있다. 21세기 들어 중국근현대문학사는 자기 변신을 통해 초국적으로 팽창하고 있다. '중국문학'으로부터 '중국어(한어+화어)문학'으로 그리고 '중국인(한인+화인)문학'으로 자기 변신하고 팽창하면서 재구성 단계에 들어섰다. 괴테가 언급했던 세계문학은 이제 사이노폰문학과 비(非)사이노폰문학으로 양분될지도 모르는 국면에 직면한 셈이다. 왕더웨이의 사이노폰문학은 주서우퉁(朱壽桐, 2010)의 한어신문학과 옌자옌(嚴家炎, 2010)의 20세기중국문학을 통합하는 맥락을 가지고 있다. 좀 더 정확하게 말하자면, 중화인민공화국의 안과 밖에서 중국어(漢語+華語)로 창작하는 모든 중국인(漢人+華人)의 작품을 '사이노폰문학'의 기치 아래 하나로 통합하려는 것이다.

한국의 문학비평계에서 미국을 포함한 서유럽문학과 교배한 한국문학 평론가들이 담론 권력을 차지하고 있는 것과 비슷하게, 중국의 문학비평계도 '지구화'를 꿈꾸면서 미국 비평계와의 동맹을 지향하는 흐름이 있다. 일례로, 2008년 6월 우연히 참가했던 한 학술회의는 중국과 미국의 학자들이 중국 '셴다이(現代)'문학 연구와 교학에 대해 의견을 나눈 의미심장한 자리였다. 이틀에 걸쳐 34명이 발표한 이 학술회의는 '방법학' '진다이/셴다이/당다이 문학' '문화비평과 학제적 연구' '경전과 비(非)경전의 대화와 교전(交戰)' '해외문학, 화어 계통 문학연구' '교재, 커리큘럼, 교학방법' '종합토론' 등으로 나뉘어 진행되었다. 이 회의에는 주최측인 푸단대학의 천쓰허(陳思和)·롼메이젠(欒梅健), 상하이대학의 왕샤오밍·왕광둥(王光東), 하버드대학의 데이비드 왕(David Der-wei Wang, 王德威), 워싱턴대학의 링체이 천(Lingchei Letty Chen) 등이 참석했고, 그 외에 탕샤오빙(Tang Xiaobing, University of South California), 후터즈(Theodore

Huters, University of California, Los Angeles) 등의 미국 학자와 황쯔핑(黃子平, 香港浸會大學), 쉬쯔둥(許子東, 香港嶺南大學), 메이자링(梅家玲, 臺灣大學) 등의 홍콩-타이완 학자들이 참가했다. 한국에서는 개인 차원에서 필자와 박재우(한국외대)가 참석했다. 중국 내 학자로는 푸단대학과 상하이대학 교수들이 주류를 이루면서 판보췬·우푸후이(吳福輝) 등 원로를 비롯해 각지의 많은 학자가 참가했다(復旦大學中國語言文學系·上海大學文學院外, 2008). 중국을 중심으로 미국의 학자까지 포함한 중화권의 중국 셴다이문학 전공자들의 대회합은 '중미동맹'과 '중화 대가족'의 분위기를 띠었고, 그 핵심에 '중문학의 세계화'를 꿈꾸는 중국학자와 미국 내 담론 지형에서 원천(original)을 내세워 주류 담론에 들어가려는 중국계 미국 학자가 자리하고 있다. 왕더웨이는 후자의 진두(陣頭)에 자리하고 있다. 특히 왕더웨이는 하버드대학이라는 학벌자본을 등에 업고 중화(인)민(공화)국에서 헤게모니를 행사하는 동시에 중화(인)민(공화)국의 중문 텍스트를 근거로 미국 내 주류 담론 진입을 지향하고 있다.

이상을 종합하면, 왕더웨이는 중화(인)민(공화)국 바깥에서 '20세기중국문학'이 타자화시킨 만청문학의 억압된 근현대성과 서정 담론 그리고 해외 화인의 포스트유민 글쓰기와 사이노폰문학을 복원시켜 이들을 '20세기중국문학'과 대화시키고자 한다. 20세기중국문학의 역사에서 억압되고 탈구되어 뒤늦게 드러난 만청문학의 근현대성과 혁명·계몽 담론에 억압된 서정 담론이 내부적 타자라면, 해외 화인들의 창작을 다루고 있는 포스트유민 글쓰기와 사이노폰문학은 외부적 타자다. 특히 '사이노폰문학'은 타이완계 미국인 왕더웨이가 미국 학계의 타자인 동시에 중화(인)민(공화)국의 타자라는 '이중적 타자'의 위치(position)에서, 하버드대학 교수라는 상징자본을 등에 지고 본토를 통합하려는 야심 찬 기획이기도 하다. 그는 초우가 말한 '디아스포라 유혹'[239]에 빠져 제1세계인 미국에서는 소수자 코스프레를 하고, 중화(인)민(공화)국에서

239_ 이 책의 19장 4절을 참조하라.

는 강자의 모습을 연출함으로써 '가면 쓴 헤게모니'를 적절하게 활용하는 제3
세계 출신의 디아스포라 지식인의 이중적 모습을 보여주고 있다.

맺는 글

비판적 중국연구의 과제

2022년 10월 '중국공산당 제20차 전국대표대회'(이하 20전) 이후 당국(黨國) 체제의 중국과 중국공산당은 새로운 단계로 접어들었다. 정치국 상무위원 중심의 '집단지도체제'로부터 '시진핑(習近平) 일인 지배체제 구축'을 특정으로 하는 '20전'을 계기로 중국은 사회주의 현대화 국가의 전면 건설과 '중화 네이션'의 위대한 부흥을 구호로 내걸고 동아시아 지역 구도뿐만 아니라 미국 중심의 세계체계(world system)를 흔들고 있다.

기존의 미국 중심의 세계체계에 익숙하고 안존(安存)하는 이들에게는 중국의 변화가 불안한 형국의 주요 원인으로 다가오겠지만, 세계체계론의 관점에서 볼 때 미국 헤게모니의 동요는 이미 50년 전에 시작되었다. 1971년 달러의 금본위제 폐지가 그 표지라 할 수 있다. 아리기(Giovanni Arrighi)에 따르면, 네덜란드에서 영국으로, 다시 미국으로 옮겨간 세계체계의 헤게모니는 이미 지적·도덕적 우위를 잃은 상황이다. 이른바 '체계의 카오스(systemic chaos)'다. 이런 상황에서 미국이 계속 헤게모니를 행사할 수 있는 길은 거대한 경제력과 막강한 군사력에 의존하는 것이다. 그리고 그 결과는 기존 헤게모니 강국이 부상하는 신흥 강국을 억압하고 나머지 국가를 지배하는 '세계 제국(global empire)'의 출현이다(아리기, 2008).

우리는 지적·도덕적 헤게모니가 약화한 미국 중심의 세계체계를 거부하지만, 그렇다고 내셔널리즘으로 중무장한 중국이 신흥 헤게모니 국가로 부상하는 것도 달갑지 않다. 한국의 비판적 중국연구의 출발점은 바로 이 지점이다. 미국 중심의 유럽중심주의를 비판해야 할 뿐 아니라 중국중심주의 또한 비판해야 한다. 해방 이후 한국의 지식계는 유럽중심주의에 길들었다. 반봉건 계몽의 과제를 수행하기 위해 학습해야 할 선진 문물의 본산이 유럽이었다. 개화기에 모색되었던 동도서기론(東道西器論)은 뒷전으로 미루고 너도나도 서양 문물 습득에 열을 올렸고 그것이 지나쳐 '서양 지식 수입상'이라는 자조적 표현까지 등장했다. 유럽 선진 문물의 비판적 수용은 쉽지 않은 일이었지만 나름 성과를 거두었다. 일반화의 오류를 경계하며 요약하자면, 현재 한국에서 운위되는 학술 담론 가운데 진보와 보수를 막론하고 유럽중심주의에서 자유로운 것은 거의 없는 것으로 보인다.

이런 상황에서 제3세계 혁명을 성공한 중화인민공화국의 등장은 새로운 출로의 가능성을 제시했다는 면에서 참신했다. 지도자 마오쩌둥은 유례없는 당국(黨國) 국가를 세웠다. 그러나 그 지도이념인 마오쩌둥 사상은 자신의 이론적 연원인 마르크스-레닌주의에 대한 창의적이거나 자의적인 해석을 통해 창조적이거나 일탈의 길로 접어들었다. 그것이 창의적이고 창조적이었다면 중국은 '전환적 창조'의 길로 나아가 지적·도덕적 우위를 확보해 다른 나라도 그를 따라갔을 것이지만, 자의적이고 일탈의 길이었다면 마오쩌둥 사상은 제3세계주의로 귀결된다.

덩샤오핑을 거쳐 시진핑 시대에 이르러 마오쩌둥 사상은 변질했고, 중국 공산당은 창당 이념과 정신을 망각한 채 국가 경영에 매몰되었다. 이에 대한 자세한 설명은 여러 학자가 진행했으므로 여기에서는 '당국 자본주의'와 '당치(黨治)국가' 개념을 중심으로 살펴보고자 한다. 왕샤오밍은 개혁개방 이래 중국 사회의 기본 성격을 '당국 자본주의(party-state capitalism)'라고 규정한다. 그가 보기에 '당국 자본주의'는 '당국체제(party-state system)'와 '자본주의'로 구성되는데, 첫 단계인 덩샤오핑 시기에는 양자가 합작, 심지어 융합 관계를 이루었지만, 두 번째 단계인 시진핑 시기에는 "신노선을 추진하면서 당국체제의 핵심인 집권당 관료 집단은 새로운 부르주아 계급, 특히 '민영기업가'를 일대 위협으로 보기 시작했다. 이에 따라서 '당국체제'는 '자본주의'에 대한 통제의 고삐를 죄기 시작한다." 그는 덩샤오핑 시기의 기본 노선이 서유럽과의 합작을 통한 당국 자본주의의 순항이었다면 시진핑 시기의 신노선은 "정치적인 상호 대립과 경제적으로 수동적인 '디커플링', 심지어 군사적으로 잠재적인 충돌이 미중 또는 '당국-서구' 관계의 주요 부분을 구성했다"라고 진단했다(왕샤오밍, 2023: 189). '당국 자본주의'의 토대는 '당국 체제(party-state system)'이다. 자나디(Maria Csanadi)는 이를 '이행/전환 중인 복잡한 당-국 체계(complex and transforming party-state system)'(Csanadi, 2016)라고 명명했다. '당국 체제'는 "당조직(黨組)을 국가기관의 각 기구 안에 설치하는 방식으로 자신의 집정(執政)을 관철할 수 있는 시스템"으로, "당이 국가기관을 영도한다는 이른바 '당의 일원화 영도원칙'"의 기반이다(장윤미, 2023: 8). 그러나 개혁개방 시기에 국가 목표가 기존의 '계급투쟁'에서 '경제건설'로 전환되면서 중앙정부의 권한을 지방정부나 기업, 사회 각 영역으로 적절하게 이양하는 '중국식 분권화(放)' 정책이 시행되었다. 그리고 시진핑 시대 들어 중국 통치구조 전체와 정치 논리의 총체적 재편이 진행되면서, 국가의 행정 및 통치 영역은 법 규범에 따라 제도화하고 정치와 사상의 영역은 일원적 영도권을 가진 당이 독점하는 구조로 재편하고 있다. 이 모든 과정이 '당'을 주체로 하는, '당'의 관점에서 진행되고 있다. 당과 국가 간의 긴장이 내재되었던 기존의 당정체제는 당이 직접 국가를 통치하는 실질적인 '당치국가'로 빠르게 재조정되고 있다(장윤미: 11).

시진핑 신시대의 성격은 중국공산당 전국대표대회의 「보고」에 명확하게 드러나 있다. 2012년 제18차 전국대표대회가 '중국특색사회주의의 길'이라는 중국이 나아갈 확고한 '방향'을 정한 대회였다면, 2017년 제19차 전국대표대회는 '백년변국'이라는 시대 인식과 '신시대'라는 새로운 시대 구분으로 '전면적 소강사회 완성'과 '중화 네이션의 위대한 부흥'이라는 중국의 꿈을 천명하며, 중국의 '목표'를 새롭게 제시한 대회였다. 그리고 2022년 제20차 전국대표 대회에서는 이러한 중국의 꿈을 향해 '당의 전면적 영도' 아래 전 인민이 한 몸처럼 일치단결하여 매진해나가자는 '중국식 현대화'의 '방법'을 제시하고 있 다(340~41). 그러나 '당국 자본주의'와 '당치국가'를 특징으로 하는 시진핑 신 시대는 많은 식자들의 우려를 자아내고 있다. 시진핑 신시대를 '또 하나의 전 환'으로 바라보는 장윤미는 이런 우려를 다음과 같이 간추린다. 첫째, 시장경 제와 (대의)민주주의를 특징으로 하는 근현대화(modernization) 이론을 서유럽의 것으로 타자화하고 중국의 방식으로 근현대화를 이루겠다는 '중국식 근현대 화'의 방법은 '강국' 지향의 근현대화이자 '중화 네이션' 중심의 일국적 근현대 화의 성격이 짙다. "중국식 (근)현대화의 논의에는 자본주의 체제의 모순을 극 복하겠다는 것보다는 중국이 가진 시장 파워와 서구에 대항하는 담론 전략으 로 중국을 중심으로 한 세계질서의 표준과 규범을 만들고자 하는 욕망이 내 장되어 있다"(349). 둘째, 혁명시기와 사회주의 건설기, 그리고 개혁개방의 시 간을 거치며 찾아낸 '당의 전면적 영도'라는 결론은 중국공산당이 안정적인 집권을 지속해나갈 수 있는 최적의 답안일 수 있지만, 이로 인해 정당 고유의 정치적 기능이 경직되고 형식화되었다. "사회조직과 민간의 활동공간을 강력 하게 통제하면서 당과 인민 간의 정치적 긴장도 사라져버렸다. 당이 완전히 국가를 대체할 수 없음에도 불구하고, '당치국가'의 논리로 통치한다면 정당 으로서의 정치적 정체성과 역량을 상실하게 될 것이다"(351~52).

당국 체제에 기반한 당국 자본주의, 당의 일원화 영도원칙에 토대를 둔 당치국가를 특징으로 하는 시진핑 신시대가 인민의 정치적 경제적 문화적 요 구를 얼마나 충족시키며 나아갈지 예의주시할 일이다.

1. 유럽중심주의와 오리엔탈리즘 비판

유럽인들은 말할 것도 없고 근현대 비서양 사회의 지식인들은, '유럽(Europe)'[240]

의 '모던(modern)'241) 과정이 있었고 비서양 사회는 그것을 모범으로 삼아 다소 간의 특수성을 가미해서 '근현대' 과정을 겪은 것으로 이해해왔다. 이를테면 중국공산당이 '마오쩌둥 사상'을 '마르크스-레닌주의의 보편적 원리와 중국의 특수한 상황을 창조적으로 결합'했다고 평가하는 것이 대표적 사례다. 심지어 '모던'을 유럽인의 삶의 이해로 보고 유럽 이외 지역의 '근현대'는 그것을 모방한 것이므로 유럽 이외의 지역에서는 '의사(擬似)-근현대'와 '의사-탈근현대' 가 있을 뿐이라는 극단적 주장(이성환, 1994)도 있다. 그러나 이런 이해와 주장이 그동안 간과해 온 사실은 유럽의 모던이 유럽 내부에서 순수하게 형성·발전한 것이 아니라 '유럽과 유럽 외부의 관계'를 통해서 역사적으로 구성되었다는 점이다. 모던 이전의 유럽은 로마 문명의 주변이었고 이슬람 제국에 억압당했고 중국 문명에 개화되었던 역사가 있다. 이 부분을 간과하면 '유럽중심주의'에 함몰되기 마련이다.

'유럽중심주의(Eurocentrism)' 개념은 아민(Samir Amin)이 '자본주의 발전의 중심-주변부 또는 의존성 모델의 세계적 맥락'에서 1970년대에 처음 사용했다. 논자에 따라 '서양중심주의(Western-centrism)'라고도 하는데, 서양 문명에 기초하고 편향된 세계관으로, 유럽 식민주의와 제국주의를 변명하는 자세를 가리키기도 한다.242) 딜릭은 '유럽중심주의'를 '20세기의 역사 구성 원리'라고 하

240_ 유럽이라는 말은 그리스 신화에 나오는 페니키아 공주 에우로페(영어: Europa)의 이름에서 비롯되었다. 호메로스는 그리스 본토를 가리키는 개념으로 유럽을 사용했고, 헤로도토스 등은 그리스와 페르시아를 각각 유럽과 아시아로 구분해서 사용했다. 그러나 중세 초부터 15세기까지 유럽은 그리스적 전통과는 거의 단절되다시피 했다. 오늘날과 같은 유럽의 이념이 만들어진 것은 15~16세기 이후이다. 그것은 보편적 세계로서의 로마 가톨릭이 종교개혁과 종교전쟁을 통해 무너지며 그 세속적 대치물로 등장했다. 또 18세기의 계몽사상이나 프랑스혁명, 산업혁명 등이 그 정체성(正體性)의 기초를 마련했다. 그리하여 유럽은 지리적 단위로 서만이 아니라 합리성, 근대성, 진보를 상징하는 문화적 단위가 되었고, 이는 비유럽의 비합리성, 야만성, 정체성(停滯性)과 대립하는 것으로 인식되었다. 유럽은 절대적으로 근대의 산물이다(강철구, 2004: 30~33 참조).

241_ 국내 번역서에서 modern(ity)을 현대(성) 또는 근대(성)으로 번역하고 있는데, 여기에서는 유럽 사례에는 원어에 해당하는 'modern(ity)'의 한글 독음 '모던'/모더니타로 표기했음을 밝혀 둔다.

면서 다음과 같이 서술하고 있다. "구미인들은 세계를 정복했고, 지역의 이름을 다시 지었고, 경제와 사회와 정치를 재조정했으며, 시공간과 다른 많은 것들을 인식하는 전근대적 방식을 지우거나 주변부로 몰아냈다"(딜릭, 2005: 118). 이는 유럽의 역사기술에서만이 아니라 전세계적으로 지배적인 역사기술의 시간적·공간적 가정들에서도 마찬가지였다. 유럽중심주의는 제국주의를 통해 그 영향력을 확대했고, 2차대전 종식 후 식민지 시대가 종결되었음에도 유럽인뿐만 아니라 비유럽인도 유럽을 세계의 중심으로 인정하는 태도를 보이게 되었다.

유럽중심주의에 대한 비판은 어제오늘의 일이 아니다. 클라크(John James Clarke)는 동양사상이 서양사상을 계몽한 과정을 추적한 바 있고(클라크, 2004), 재닛 아부-루고드(2006)는 유럽이 패권을 차지하기 전인 13세기에도 이미 '세계체계(world system)'가 존재했음을 밝혔다. 『오리엔탈리즘』의 저자 사이드(Edward Said)는 프로이트의 마지막 저서인 『모세와 일신교』를 꼼꼼히 분석하는 과정에서, "일신교가 발생적으로 이집트적이었다면, 역사적으로는 유대적이었다"(사이드, 2005: 48)라고 함으로써, 헤브라이즘의 이집트적 기원과 모세의 이집트적 정체성을 밝히면서 이스라엘의 '성서 고고학'을 비판한 바 있다. 헬레니즘과 함께 유럽 문명의 양대 축이라 일컬어진 헤브라이즘의 기원에 이집트 문명이 자리하고 있다는 사실 자체가 유럽중심주의의 허구성을 반증한다. 딜릭은 유럽 모던의 대문자 역사(History)를 비판하면서 이렇게 말하고 있다. "복수의 역사들은 민족의 목적론이나 하나의 근대성이란 목적론에 의해 정의되고 강제되는 하나의 역사(History)에 대항"(딜릭, 2005: 8)한다. 그동안 타자화되었던 비서양 사회의 '역사'들'이 유럽 모던의 대문자 역사를 비판하고 그에 대항하는 것이야말로 진정한 포스트식민주의의 구현이라 할 수 있다.

스튜어트 홀은 서양과 비서양에 관한 지식이 사실과 판타지로 구성되었

242_ <유럽중심주의>. https://ko.wikipedia.org/wiki/%EC%9C%A0%EB%9F%BD%EC%A4%91%EC%8B%AC%EC%A3%BC%EC%9D%98 (검색일자: 2022.08.09.)

음을 적시하고, 서양인들이 복잡한 차이들을 무너뜨리는 일면적인 유형화 묘사를 통해 비서양을 대타자(the Other)로 재현하는 과정을 밝혔다. 그는 먼저 유럽을 지리적 개념으로 간주하고 역사 구성물로서 '서양'을 제시했다. 홀은 서양이라는 관념이 서양 사회를 반영했다기보다는, 오히려 서양이라는 관념이 서양 사회의 형성에 핵심적이었다고 보면서 '서양'이라는 관념의 이데올로기적 기능을 날카롭게 지적해낸다. 그에 따르면, '서양적' 사회는 발전된, 산업화된, 도시화된, 자본주의적인, 세속적인 그리고 모던한 사회다. 그 사회들은 중세와 봉건주의 붕괴 이후 특정한 일련의—경제, 정치, 사회, 문화적인—역사적 과정들의 결과였다. 이렇게 구성된 '서양'이라는 관념은 지식을 생산했으며 전세계적인 권력관계의 체계를 조직하는 요인임과 동시에 사고방식과 말하는 방식 전체를 조직하는 개념이자 재현 체계 나아가 평가 기준이 되었고, 이데올로기로서 기능하게 되었다(홀, 1996b: 183~84). 이는 '비서양 사회들'을 '타자화'하는 것과 동시에 진행되었다. 홀은 '서양'과 '그 외의 사회들' 즉 '비서양 사회들'의 개념을 그 중심에 가진 '재현' 체계의 형성과정 분석에 초점을 맞추는데, 그의 결론은 서양의 특수성이 비서양 사회들과의 만남 그리고 자기 비교에 의해 생산되었다는 것이다(홀: 185). 홀에 의하면, '유럽'의 점진적 통합, 경제발전을 향한 지속적인 도약, 강력한 네이션 스테이트 체계의 출현 그리고 여타의 모던 사회 형성에 대한 모습은, 마치 유럽이 내부로부터 자신의 발전에 필요한 모든 조건과 원료 그리고 동력을 제공받았던 것처럼 '순수하게 내적인' 이야기로 말해지지만, 이 과정 또한 외적이고 지구적인 존재 조건을 가지고 있었다. 오늘날 모더니티의 토대를 침식하고 변형시키고 있는 특정한 '지구화'의 유형(생산, 소비, 시장과 투자의 국제화)은 새로운 현상이 아니라 매우 긴 이야기의 최종 국면일 뿐이라는 것이다. 그리고 초기의 유럽 해상제국의 확장, 신세계에 대한 착취, 유럽인과는 매우 다른 새로운 인간들과 문명들과의 해후, 상업과 정복 그리고 식민화를 통해 그들을 유럽의 역동적인 발전을 위한 수단으로 이용한 것 등은 (때로 무시되기도 했지만) 모던 사회와 모던의 형성에 영향을 미친 핵심적인 삽화들이다(홀, 1996a: 14~15). 스튜어트 홀의 접근법은 '다인과론적 접근(multi-causal approach)'으로 요약할 수 있다. '다인과론적 접근'은 기존의 유럽중심적 서술을 지구적 맥락(global context)에 위치시킨다. 그리고 모던 사회를 유럽 내적 현상이 아니라 범세계적인 현상으로서 간주하며, 모던 세계를 단일한 역사적 변동이 아니라, 일련의 주요한 역사적 변동들이 가져온 예측되지 않고 예상할 수도 없었던 결과로 다룬다. 이런 입장에서야만 '서양 보편-비서양 특수'라는 '중심-주변'의 틀을 깰 수 있을 것이다. 또한 홀은 미셸 푸코의 '담론' 개념과 에드워드 사이드의 '오리엔탈리즘'에 기대어 15세기에서 18세기 말에 나타난 '서양과 그 외의 사회들'에 관한 담론을 분석한다.

서양의 특수성, 즉 '서양'이라는 정체성은 서양을 점차 독특한 유형의 사회로 주조하는 내적 과정, 즉 '서양 예외주의'에 의해서 뿐만 아니라, 다른 세계들과 유럽의 차이성, 즉 오리엔탈리즘을 통해 형성되었다. '유럽중심주의'는 이 '서양의 특수성'을 보편화하고 비서양 사회들을 타자화한 구성물인 셈이다. "그(서양과 비서양 사회들에 관한-인용자) 담론은 조야하고 지나치게 단순화된 구분을 이끌어내고 '차이difference'에 대한 과잉 단순화된 개념을 만들어낸다"(홀, 1996b: 188). 홀에 따르면, 서양과 비서양 사회들에 관한 담론의 결과인 유럽중심주의는 한편으로는 유대인과 동유럽인 그리고 여성 등에 대한 '내적 타자화'와 비서양 사회에 대한 '외적 타자화'를 통해 서양(또는 유럽)을 예외적인 존재로 구성하면서 비서양 사회를 야만화하는 이항 대립구조를 만들어냈다. 이에 따르면 서양은 발전된, 산업적, 도시적, 모던한 사회이고, 비서양은 비산업적, 농촌의, 저발전된 사회다.

오랜 기간 '유럽중심주의'의 이데올로기적 성격을 집요하게 해부해온 서양사학자 강철구는 알라타스(S. F. Alatas)에 근거해, '유럽중심주의'를 다음과 같이 정의한다. "그것은 이러한 유럽을 세계의 중심으로 생각하는 태도이다. 다른 말로 하면 비유럽 문명에 대한 유럽 문명의 독특성과 우월성을 주장하는 가치, 태도, 생각, 나아가 이데올로기적 지향을 의미한다고 할 수 있다"(Alatas, 2002: 761; 강철구, 2004: 33재인용). 강철구에 따르면, 유럽중심주의는 '유럽예외주의'와 '오리엔탈리즘'으로 구성된다. 전자가 유럽 자신에 대한 규정이라면 후자는 비유럽에 대한 규정이다. 강철구는 랜디스(D. S. Landes)에 의거해 유럽예외주의를 다음과 같이 설명한다. "유럽은 사유재산권을 발전시킴으로써 경제 발전이라는 개념을 유럽의 발명으로 만들었고 자율적인 도시를 만들어 기업활동과 시민적 자유를 확보했으며, 지역적·종교적 분열로 중앙집권적이고 권위주의적인 단일지배체제가 불가능하게 됨으로써 정치적 자유를 만들어냈다는 것이다. 또 중세의 비약적인 농업발전(1000~1500)은 신석기시대 이래 세계가 경험해보지 못한 것이라고도 주장된다"(Landes, 1999: 29~44; 강철구, 2004: 34~35 재인용). 유럽은 다른 지역과는 달리 선진적인 경제발전과 정치적 자유 등을 이뤄냈다는 것이다. 이런 특권 의식은 유럽 이외의 지역을 타자화하는 오리엔탈리즘과 동전의 양면을 이룬다. 에드워드 사이드에 의하면, "오리엔탈리즘이란 서양이 동양에 관계하는 방식으로서, 유럽 서양인의 경험속에 동양이 차지하는 특별한 지위에 근거하는 것"(사이드, 2007: 15)으로, "'동양'과 (대체로) '서양'이라고 하는 것 사이에서 만들어지는 존재론적이자 인식론적인 구별에 근거한 하나의 사고방식이다"(사이드: 16~17). 그리고 결론적으로 "오리엔탈리즘이란, 동양을 지배하고 재구성하며 억압하기 위한 서양의 방식", 구체적으로 "계몽주의 시대 이후의 유럽문화가 동양을 정치적·사회적·군사적·이데올로기적·과학적·상상적으로 관리하거나 심지어 동양을 생산하기도 한 거대한 조직적 규율"(18)이다. 이는 비유럽지역에는 발전도, 계몽도, 인권도 없다는 생각을 말한다. 오리엔탈리즘의 무서움은 그런 생각이 유럽인만이 아니라 비유럽인의 내면까지도 장악한다는 점이다. 고모리(小森陽一)는 오리엔탈리즘의 내면화를 "몇 세대에 걸친 지식인, 학자, 정치가, 평론가, 작가라는 오리엔탈리즘에 꿰뚫린 사람들이 반복 재생산한 표상=대리 표출(representation)에 의해 구성된 현상"(고모리, 2002: 12)이라고 규정한 바 있다. 유럽중심주의는 자신의 욕망을 휴머니즘으로 포장하므로, '선의의 제국주의'(존 스튜어트 밀)라고 불리고 피식민지 주민들은 그에 감사하면서 제국주의 전쟁에 자발적으로 동원되곤 한다.

　요컨대, 유럽이라는 개념은 유라시아대륙의 서쪽 귀퉁이라는 단순한 지리적 개념이 아니라, 역사적으로 구성되었다. 유럽중심주의는 유대인과 동유럽인 그리고 여성 등에 대한 '내적 타자화'와 비서양 사회에 대한 '외적 식민화'를 통해 유럽/서양을 예외적인 존재로 구성하면서 비서양 사회를 야만시하는 이항 대립구조를 만들어냈다. 바꿔 말하면, 유럽중심주의는 '비서양 사회'를 타자화하는 과정에서 발명되었고(invented) '비서양 사회'에 강요되었으며 '비서양 사회 사람들'은 그것을 내면화(internalization)했고 열심히 추종해왔다. '비판적 중국연구'는 그 미망에서 철저하게 벗어나야 한다.

2. '중국중심주의'와 '대한족주의' 비판

1895년 전후 영어의 네이션(nation)을 일본이 'minzuku'로 번역했고, 그 한자어 '民族'을 중국과 한국이 습용(襲用)했다. 이후 네이션은 한・중・일 삼국에서 '民族'으로 표기되었지만 각기 달리 발음되었다(임춘성, 2017: 165). 하지만 이후 중국에서는 에스닉(ethnic)의 층위도 '民族'으로 표기함으로써 혼란을 자초했다. 중화인민공화국의 '국민화 담론'의 초석을 다진 페이샤오퉁(費孝通)의 「중화민족의 다원일체 틀(中華民族的多元一體格局)」(1988)의 용례가 대표적이다. 이 글에서 페이샤오퉁은 '中華民族'과 '少數民族'243)으로 표기함으로써 네이션과 에스닉 층위를 의도적으로 혼용하고 있음을 알 수 있다.

　필자는 중국 소수 에스닉의 정체성을 규명한 글에서 다음과 같이 논술한 바 있다.

243_ 이 책에서는 혼란을 피하고자 중화 네이션, 소수 에스닉으로 표기했다.

중국 소수 에스닉의 정체성은 한족과의 관계 속에서 구성된다. 현재 94%에 달하는 한족(漢族, Han ethnic)과 그것이 중심이 되어 구성된 중화 네이션(Chinese nation) 그리고 그 정치형태인 중국이라는 국가(China state)는 소수 에스닉을 명명하고 소환해서 구성하는 대타자(Other)인 셈이다. 사실 55개 소수 에스닉은 바로 '한족−중화 네이션−중국'에 의해 역사적으로 '식별'되었음은 모두 아는 사실이다. … 소수 에스닉의 정체성은 한족 정체성과는 대립하지만 중화 네이션 정체성에는 포함된다. … 그러나 중화 네이션 정체성은 한족 정체성을 중심으로 구성되었기 때문에 중화 네이션 정체성 내에서 소수 에스닉은 주변에 위치할 수밖에 없다(임춘성, 2010: 218. 용어 조정).

중국 내에서 소수 에스닉을 억압하는 것은 "'한족(Han ethnic)−중화 네이션 (Chinese nation)−중국(China state)'의 '삼위일체 정체성'"(임춘성, 2017: 210)이고, 그 핵심에는 한족이 놓인 셈이다. 바꿔 말하면, '중국'과 '중화 네이션' 층위의 모든 담론과 실천의 기저에는 한족이 자리하고 있다.[244] '삼위일체 정체성'은 중국, 중국문화, 중국인다움의 기본구조를 구성하고 있고, 한족을 중국인으로 이해하게 만드는 기제이다. 그리고 국가는 그 기제를 정책으로 뒷받침하고 있다.[245] '삼위일체 정체성'은 한족이 다른 소수 에스닉을 '내부 식민자'로 만든 역사 사실을 은폐하고 있다. '내부 식민자' 문제는 장기간 지속되어 무의식 수준에 이르렀고 우리는 그것을 '내부 식민지적 무의식'이라 명명할 수 있다.

244_ 가라타니 고진은 '한족중심주의(중화주의)'라고 표기해 한족중심주의/대한족주의와 중화주의/중국중심주의의 기의가 동일함을 명시하기도 했다(가라타니, 2016: 170 참조).

245_ 중화인민공화국의 소수 에스닉 정책은, 동화와 융화의 차이는 있었지만, 크게 보아 통합의 방향에서 시행되었다. 소수 에스닉 식별과 정책, 국민화 이데올로기 등에 대한 논의(공봉진, 2010; 이강원, 2008; 박병광, 2000; 조경란, 2006; 최형식, 2007)에 대해서는 임춘성(2017: 176~81) 참조 특히 조경란은 19세기 말 '네이션 담론'이 생성될 당시 중국 내부의 타자이며 또 다른 의미의 '식민자'라고도 할 수 있는 소수 에스닉에게 '근대는 한족에게 동화 또는 식민지가 되어가는 과정이었다고도 할 수 있다고 하면서, 근대 중국은 조공국과 소수 네이션의 희생 위에서 발전한 측면이 있다(조경란, 2006: 74)고 했는데, 이는 '중국의 내부 식민자'에 대한 탁견이라 할 수 있다.

자본가가 노동자의 입장을 이해하기 어렵고, 남성이 여성의 처지를 이해하기 어렵듯이, 다수자인 한족은 소수 에스닉의 상황에 무지하다. 비판적 지식인도 예외는 아니다. 한족 지식인 가운데 소수 에스닉의 입장을 대변한 사람은 거의 없다. 비판적 지식인의 대명사라고 할 수 있는 "첸리췬의 '민간 이단 사상' 연구(錢理群, 2007; 한국어판: 첸리췬, 2012; 錢理群, 2017; 錢理群, 『未竟之路: 80年代民間思想研究筆記』 등)는 중국 사회주의 역사를 새로 쓸 만한 업적이지만, 그가 거론한 '민간 이단 사상'은 '한족(漢族)'의 '민간 이단 사상'에 국한되는 한계를 가진다"(임춘성, 2021b: 205).

거의 유일한 비판적 '한족' 지식인으로 평가되는 왕리슝(王力雄)이 '삼위일체 정체성'에 비판적일 수 있는 것은 그의 경력—창춘 출생, 황하 표류 중 티베트 문명 조우, 주자파 부친, 하방, 티베트 거주, 부인 체링 외저(Tsering Woeser, 중국명 唯色)와 만남 등—과 밀접한 관련이 있지만, 더 중요한 것은 당대 중국을 바라보는 그의 관점이다. 그는 포스트사회주의 중국이 자본주의를 수용하되 서양 진영에 편입되지 않고 오히려 위협적인 존재가 되었고 강대함을 추구하면서 국민 통제력을 강화했으며, 중국 민중도 민주세력으로 성장한 것이 아니라 독재정부를 지지하며 소수 에스닉을 억압하고 민주사회를 적대시하고 있다고 하면서, 이런 중국이 새로운 파시스트 제국이 되어 세계 평화를 위협하게 될 것을 걱정한다(조경란·왕리슝, 2008: 144). '세계 평화를 위협하는 새로운 파시스트 제국'의 출현에 대한 우려가 시진핑 시기 들어 가시화되고 있음을 볼 때 신권위주의 정권과 그에 부화뇌동하는 대중의 출현은 중국을 더는 사회주의 국가로 인정하기 어렵게 만든다. 나아가 그는 "중화민족(네이션)의 본질은 한족을 중심으로 한 대일통(大一統)이며, 다른 민족(에스닉)의 이질성을 부정하는 것"(조경란·왕리슝: 158. 괄호 부분은 인용자)임을 간파했고, 당국자들이 경계심을 가지고 다른 에스닉의 자립 가능성을 방해하며 정치적으로 억압하고 문화적으로 한족에 동화시켜 소수 에스닉의 반발이 갈수록 커지고 관계도 소원해졌다고 인식함으로써 변질된 종족주의인 대한족주의가 중국 내셔널리즘의 근간임을 설파하고 있다. 그러므로 왕리슝은 다음과 같이 전망한다.

중국의 민족주의(내셔널리즘)가 국내에서는 약소민족(에스닉)을 억압하는 종족 주의로, 국제사회에서는 민주주의를 위협하는 극단적 민족주의(내셔널리즘)으로 바뀌었을 때, 국제사회는 중국이 파시스트 강권의 전철을 밟지 않을까 우려하게 되겠죠. 저 역시 같은 우려를 갖고 있습니다(조경란 · 왕리슝, 2008: 159. 괄호 부분은 인용자).

대한족주의는 중국 내 소수 에스닉 거주지를 내부 식민지로 경영하는 '중국 특색의 제국주의'의 근거가 되고 있다. 이재현은 '중국 특색'이라는 기표와 기의를 문제 삼는다. 알다시피, '중국 특색의 사회주의'라는 중국 정부의 공식 표현 이래, 중국은 중국만의 독특한 경로와 방법이 있음을 누누이 강조해왔고 그 강조는 지금도 '중국몽' '일대일로' 등의 정책으로 진행 중이다. 이에 대해 이재현은 '중국 특색'이라는 수식어를 중국에 되돌려준다. "'중국 특색의' 국가물신주의 효과"(이재현, 2019: 197), "'중국 특색의 제국주의'에 내재한 소위 '대한족주의'의 본성", "'중국 특색의 구망'", "'중국 특색의' 근현대성 문제", "'중국 특색의 내셔널리즘'" 등이 그것이고, 이들은 "'중국 특색'의 허위의식 및 자기기만"(이상 이재현, 2021a: 75, 77, 84, 87, 78)에 기초하고 있다. 이들 용법에서 '중국 특색'이라는 수식어는 '한족 중심'이라는 진실을 은폐한다. 사실 내셔널리즘이 대부분 '허위의식 및 자기기만'에 기초하고 있으므로 이는 중국만의 문제는 아닐 것이다. 이재현의 비판에서 의미있게 다가오는 부분은 '중국 특색'이라는 수식어는 '한족 중심'이라는 진실을 은폐한다는 사실이다. 그가 주장하는 '중국 특색의 제국주의'는 '한족 중심의 식민지 확장'이라는 의미를 내포하고 현재 중국 강역에서는 '내부 식민지' 문제로 치환할 수 있다.

앞의 장들에서 살펴본 것처럼, 스수메이가 정의한 '사이노폰'의 범주는 첫째, 티베트와 같은 '중국 내 내부 식민지', 둘째, 타이완과 같은 '정착 식민지', 셋째, '중국에서 각 지역으로 이주하여 형성된 사이노폰 공동체'이다. 사이노폰의 세 가지 범주와 그 형성과정은 각각 기존 관념에 문제를 제기한다. 첫째, 청과 이를 계승한 중화민국과 중화인민공화국이 대륙형 식민지를 경영했다는 점이다. 이는 '반제반봉건'의 이중 혁명을 완성했다고 자부해온 중국의 관방 해석에 균열을 일으킨 셈이다. 둘째, 타이완을 정착 식민지로 설정한 점이다. 스수메이는 한족이 17세기 타이완에 정착해 다수자가 된 상황을 식민지 미합중국과 유사하다고 보고 있다. 나아가 현재 타이완의 80% 남짓의 인구가 표준 한어인 궈위(國語)를 사용하지만, 국민당 체제에서 부여된 '중국 정체성'이 점차 '신 타이완인 정체성'에 자리를 내주는 상황을 환기한다. 셋째, 중화민국과 중화인민공화국은 '해외 화인'을 자국민으로 간주해 조국에 대한 충성을 요구해왔는데, 스수메이의 주장에 따르면, 그들은 이미 거주국에 거주하는 소수 에스닉이 되었다는 것이다. 스수메이는 '역사로서의 디아스포라'는 인정하지만 '가치로서의 디아스포라'는 종결되어야 한다고 주장한다.

이재현은 스수메이가 설정한 세 가지 역사적 과정들을 '중국 특색의 제국주의'를 형성하는 역사적 과정들로서 전유하려고 한다(이재현, 2021a: 69). 이를 위해 대청제국의 '세계=제국'적 성격을 부각하면서, "동북 삼성(만주), 내몽골(남몽골), 신장(동투르키스탄), 시짱(티베트) 등"이 "각기 서로 다른 시기에 서로 다른 방식과 양상으로 청나라에 의해 병합, 포섭되었고, 그리하여 만주족이 통치하던 대청(大淸)이라는 다민족, 다언어 제국의 최대 판도는 중화민국을 거쳐서 중화인민공화국에게 계승되어 오늘날 소위 '중국의 정치적, 군사적 통치 영역'(70)으로 편입되는 과정을 꼼꼼하게 추적했다. 스수메이의 표현에 따르면, 이는 청 제국 시기의 '대륙형 식민주의'이고 오늘날의 시점에서 보면 '내부 식민지'이며, 이재현은 이를 '중국 특색의 제국주의'라고 명명한다. '중국 특색의 제국주의'는 그 이면에 '대한족주의'가 작동하고 있는 중국 내셔널리즘으로 포장해 서유럽과 일본의 제국주의 침탈에 반대하는 동시에 만주족,

몽골족, 위구르인, 티베트인들과 그들의 거주 지역에 대해 제국주의적 침탈과 병합을 계속 자행했다. 그러므로 이재현은 "반식민지-'피해자'로서의 중국만을, 혹은 '상처 입은 자'로서의 중국인만을 내세우는 것은 명백한 오류"(75)라고 확신한다.

이 지점에서 '세계=제국'의 문제의식을 살펴볼 필요가 있다. 가라타니(柄谷行人)는 '교환양식'이란 문제의식으로 세계사를 다시 고찰하면서 '제국의 원리'라는 문제를 제기했다. 역사적으로 세계=제국을 건설했던 국가에서는 세계 언어(lingua franca)와 세계 화폐 등 외에도 '제국의 원리를 부여하는 사상과 정통성, 종교적·에스닉 관용 등을 갖췄다'(가라타니, 2016: 96~100)는 것이다. 또 '몽골제국'을 진정한 의미의 '세계=제국'으로 간주하고, 대청이 "만주인 부족을 통합함과 더불어 몽골을 포함하는 유민세계 전체를 다스리는 한이면서 다른 한편으로 중국왕조로서의 정통성을 가지려고" 했다는 면에서, "원을 계승"했다고 보았다(가라타니: 182). 아울러 하마시다(浜下武志)의 논의(浜下武志, 2013)에 기대 청조의 '중화조공무역시스템'을 단순한 정치의례가 아니라 무역을 관리하는 시스템으로 간주했다. 중화인민공화국은 건국 초기 사회주의 이념의 대의명분을 가지고 제3세계의 대표 역할을 수행함으로서 '세계=제국'의 길을 지향했지만, 개혁개방 이후 덩샤오핑 시대에는 "진정한 사회주의는 공산당 관료들의 정치권력과 경제권력을 동시에 위협하는 이중적인 도전으로 간주"(마이스너, 2004: 629)됨으로써 알파형 사회주의 코스프레를 했고 시진핑 시대 들어서는 베타형 사회주의 코스프레를 하고 있다.

한편으로는 곳곳에 조차지(租借地)와 할양지(割讓地)가 즐비했던 차(次)식민지 또는 반(半)식민지 중국이 존재했고, 다른 한편으로는 만주, 몽골, 동투르키스탄, 티베트를 식민 경영한 제국주의 중국이 건재했다. 하지만 한국의 중국연구자 대부분은 중화인민공화국의 교과서를 따라 후자를 인지하지 못한 채 '반제반봉건 혁명론'에 함닉(陷溺)되었다. 지금부터라도 중국의 이중성—대외적으로는 반식민지 사회였지만 대내적으로는 제국주의 정권—을 제대로 인식해, 일면적인 중국연구에서 벗어나야 한다.

3. 제3세계 특수주의와 마오이즘

여기에서 한 가지 짚고 넘어갈 것은, 서양 보편주의의 산물인 오리엔탈리즘과 제3세계 특수주의의 관계다. 초우는 "오리엔탈리즘과 내셔널리즘 또는 토착주의(nativism) 같은 특수주의는 같은 동전의 양면이라는 것이며, 한쪽의 비판은 다른 쪽의 비판 없이는 이루어질 수 없다"(Chow, 1993: 5)라는 사실을 환기한다. 오리엔탈리즘에 기반한 미국인 중국학자의 연구와 내셔널리즘에 기반한 중국학자들의 연구가 모두 일면적이고 양자 모두 중국이라는 현실을 호도한다는 점에서 동전의 양면을 구성한다.

동아시아는 유럽 모던을 꾸준히 학습해왔다는 점에서 유럽 학습의 우등생이라 할 수 있다. 물론 우등생 내에서도 계서(階序)[246]는 있지만, 동남아시아, 중앙아시아, 라틴아메리카, 아프리카 등의 지역에 비하면 우등생임이 틀림없다. '유럽의 모더니제이션'이 지구화되는 과정에서 '동아시아 근현대화'는 외부에 의해 강제된 측면도 있었지만 다른 한편으로는 유럽의 모더니제이션을 자기화·내면화하는 과정을 겪기도 했다. '반제 구망'이라는 구호는 전자에 대응한 것이고, '반봉건 계몽'이라는 구호는 후자의 측면을 잘 나타내고 있다. 아울러 그 과정은 국정(國情)에 따라 다양하게 전개되었다. 한국과 중국은 '외부로부터 주어진 근현대화'와 '식민지 근현대화'를 공통분모로 하되, 1945년 이후 분기되어, 한국은 자본주의 근현대화가, 중국은 사회주의 근현대화가 '역사적으로' 조합되고 변이된 유형으로 볼 수 있다. 동아시아 근현대가 유럽 모던을 열심히 학습해 나름의 성과를 거둘 즈음, 유럽은 기존의 '모던'을 비판·해체하는 단계로 진입했다. 바로 이 지점에서 '동아시아의 아포리아'가

246_ 이른바 '안행(雁行)구조로 묘사되는 '일본 중심의 다층적 하청체계 구도.

출현한다. 동아시아가 유럽의 모던을 따라잡기 위해 한 세기 이상 분투했는데 유럽은 동아시아가 추구해온 그것을 다시 해체하고 있는 현실이 그것이다. 우리는 마오쩌둥의 '반제반봉건 혁명론'을 유럽의 모던을 따라잡으려는 노력으로 이해할 수 있다.

마오쩌둥의 '반제반봉건 혁명론'은 한 세기를 풍미했던, 중국에 국한되지 않았던 '제3세계 혁명론'으로 주목받았다. 마오쩌둥의 '반제반봉건 혁명론'은 중국의 근현대적 과제가 서양을 학습(반봉건)하는 동시에 서양을 배척(반제)해야 하는 이중적 투쟁임을 명시했다는 점에서 여전히 역사적·사상적 가치를 지닌다. 그러므로 아편전쟁으로부터 시작된 중국의 근현대가 태평천국운동, 변법유신, 신해혁명을 거쳐 신민주주의 혁명에 이르러서야 '부정의 부정'의 역사 발전과정을 완성했다는 평가(리쩌허우, 2005a: 753)는 타당성을 가진다. 중국 근현대 과제의 이중성에 대한 마오쩌둥의 인식이 전제되었기에, 리쩌허우의 '계몽과 구망의 이중 변주'라는 개괄이 나올 수 있었다. 또한 현실 사회주의권의 붕괴 이후 사회주의가 자본주의 발전의 특수한 형태라는 인식이 확산되면서 신중국 성립 이후 마오쩌둥의 혁명주의 노선을 '모더니티에 반(反)하는 근현대화 이데올로기'[247]로, 덩샤오핑의 실용주의 노선을 '모더니티를 추구하는 근현대화 이데올로기'로 개괄한 왕후이의 논단(汪暉, 1998)도 마오쩌둥의 이론에 빚지고 있다 할 수 있다. 그러나 전통 계승에 관한 태도로서의 반봉건은 그 방법론에서 외래 수용에 의존했고, 외래 수용에 관한 태도로서의 반제의 길은 '중국화'로 회귀했다. 다시 말해, 마오쩌둥 이래 중국 근현대의 이중적 과제의 해결책에서는 끊임없이 전통과 외래에 대한 태도 문제가 착종하고 있었다. 그리고 마오쩌둥이 제시한 이중과제의 궁극적 해결책은 '중국화로의 환원'이었다.

구체적으로 보면 마오쩌둥은 이론 차원에서는 이중 과제를 설정했으면서

247_ 이에 대해서는 임춘성(2021: 5장 2절 '자본주의적 모더니티에 반(反)하는 중국의 근현대성' 부분)을 참고하라.

도 실천 과정에서는 하나를 결락하거나 유보하는 오류를 범했다. '중국의 장기 근현대' 과정에서 최소한 세 가지 '이형동질(異形同質, allomorphism)'의 오류를 범했는데, 마오쩌둥은 첫째, '반봉건과 반제의 이중 과제'를 설정하고도 그것을 해결하는 과정에서 반봉건을 유보하고 반제를 주요 과제로 선택함으로써 '반제가 반봉건을 압도'한 상황을 연출했다. 둘째, 1942년 「옌안(延安) 문예좌담회에서의 연설」에서 '보급(普及)과 제고(提高)의 쌍방향적 관계'를 훌륭하게 개괄해놓고도 실행 과정에서는 '제고를 유보한 보급' 수준에 머물렀다. 셋째, 마오쩌둥은 근현대화의 목표와 사회주의적 열망이라는 이중 과제 가운데, 부지불식간에 사회주의 목표를 공업화에 종속시키는 길을 선택했다. 이는 사상가로서의 마오쩌둥이 통치자로서의 마오쩌둥에게 압도당했기 때문이다. 사상가로서의 마오쩌둥은 '반제와 반봉건' '보급과 제고' '근현대화와 사회주의 목표'라는 이중과제를 잘 인식하고 있었지만, 현실 정치를 지도하는 마오쩌둥은 이중과제를 추진할 역량이 부족했다. 이에 대해서는 첸리췬도 "사상의 실현은 곧 사상 자체와 사상가의 훼멸(毁滅)"(전리군, 2012 상: 23)이라 평가함으로써, 마오쩌둥이 사상과 행동의 일체화를 추구하는 과정에서, 현실과 타협해야 하는 실천을 중시하다가 철저한 비타협의 초월적인 사상을 훼멸시켰다고 했다. 통치자로서의 마오쩌둥은 중국 현실에서 가능한 과제를 추진하다 보니, '반봉건을 유보한 반제'와 '제고를 유보한 보급'에 역점을 둘 수밖에 없었으며, 표층적으로는 사회주의적 열망을 내세웠지만 자신도 모르게 그것을 공업화에 종속시키고 말았다. 바꿔 말하면, '변증법적 통일'이라는 미명 아래 복잡한 모순을 단순한 과제로 바꿨다. 이는 가치 지향으로서의 모더니티/근현대성이 역사 과정으로서의 모더니제이션/근현대화에 매몰된 것과 유사하다(임춘성, 2021b: 221~22). 사상가/이론가로서의 마오쩌둥은 근현대 중국의 이중 과제(반제와 반봉건), 사회주의 중국의 이중과제(근현대화의 목표와 사회주의적 열망), 새로운 인민문학의 이중 과제(보급과 제고)를 훌륭하게 추출했지만, 혁명가/통치자로서의 마오쩌둥은 이중과제에서 우선순위를 정할 수밖에 없었고 그런 선택은 상호 대립적이면서도 상호의존적인 이중과제 가운데 하나를 주요 과제로 삼았으며 그 결과 제3세계 특수주의의 편향으로 귀결되고 말았다. 이는 '마오쩌둥의 3대 이형동질의 오류'이고, 그것은 중국의 제3세계 특수주의의 핵심에 자리하고 있다.

4. 에스닉 변동과 내부 식민지

중국과 같이 다(多) 에스닉으로 구성된 국가에서 중앙정부는 자신의 정치경제 구조를 주변부로 확산하고자 한다. 모던 이래 산업화라는 구조적 분화의 장기적 결과로 주변부의 에스닉 변동(ethnic change)이 발생할 것으로 예측하는 것을 사회변동의 '확산 모델(diffusion model)'이라 하는데, 중심부의 주류 에스닉이 자신의 정치경제 구조를 주변부 에스닉에 강제적으로 확산하는 것은 단기간에 효과를 얻기 어렵고 때로는 주변부 소수 에스닉의 반발을 불러일으키기도 한다. 그러므로 확산 모델로는 사회변동 특히 에스닉 변동을 설명하기 어렵다. 헥터(Michael Hechter)는 에스닉 변동을 설명하기 위해 '내부 식민 모델'을 제시한다. '내부 식민자'의 문제는 그 연원이 오래되었다. 헥터에 따르면, '내부 식민자' 개념을 최초로 사용한 사람은 레닌(V. I. Lenin)이었고, 그람시(Antonio Gramsci)도 그에 대해 논의했다. 이후 라틴아메리카 사회학자들이 이 개념을 사용해 그들 사회의 아메리카 원주민 지역을 설명했다. 헥터는 기존의 사회 변화 모델, 이를테면 산업화 이전과 산업화, 그리고 산업화에 따른 구조적 차별화, 네이션-스테이트(nation-state)의 형성 등이 해명하지 못하는 심각한 사회 변화를 해명하는 데 유용한 모델로 '내부 식민자' 모델을 제시했다(Hechter, 1975). 기존의 식민지 개념이 '자본주의 발전의 최고 단계'라는 서양의 제국주의가 비산업화되고 저발전된 비서양 사회를 무력으로 정복한 결과물이라면, 내부 식민지는 해외 식민지 발생 이전부터 존재했다. 이를테면 UK (United Kingdom)[248]의 산업 및 상업 중심지에는 잉글랜드 노동자와 아일랜드 노동자

진영이 존재하는데, 전자는 자신이 지배 네이션의 일원이라고 생각하며 후자를 자신의 생활 수준을 낮추는 경쟁자로 간주하면서 혐오한다. 이는 미국에서 '흑인'을 대하는 '가난한 백인들'의 태도와 유사하다. 이처럼 내부 식민지 문제는 에스닉(ethnic) 문제와 긴밀하게 연결되어 있다.

헥터는 '에스닉 변동'이라는 개념으로 국가 발전의 중요한 과정을 설명하고자 한다. 에스닉 변동이란 "두 집단 체계에서 문화적으로 종속된 집단이 자신의 에스닉 정체성을 문화적으로 지배적인 집단의 정체성과 일치하도록 재정의하려는 의지"(Hechter: 341)를 의미한다. 그는 기존의 사회변동의 '확산 모델'이 구조적 분화(산업화)의 장기적 결과로 주변부의 에스닉 변동이 발생할 것으로 예측하는 것에 반해, '문화적 노동 분업(cultural division of labor)'이 제도화되면 주변부 에스닉 정체성이 분화 이후에도 지속될 것임을 시사하는 국가 발전의 '내부 식민 모델(internal colonial model)'을 제시한다. 헥터는 문화적으로 이질적인 사회에서 국가 발전을 촉진하는 조건의 유형 가운데 에스닉에 초점을 맞춰 잉글랜드인과 켈트족을 각각 중심부(core) 에스닉과 주변부(periphery) 에스닉으로 설정해 '다변량 통계 분석(multivariate statistical analysis)' 방법으로 연구했는데, 이 결과물인 저서 『내부 식민주의』는 국제사회학회(International Sociological Association)에서 20세기 최고 저서의 하나로 선정하기도 했다.[249]

헥터의 연구에서도 알 수 있다시피, 내부 식민주의라고 불리는 불균등한 발전 패턴은 최초의 산업 사회에서 발전했고, 그것은 실제로 산업 사회에서 국가 발전의 형태일 수 있다(Hechter: 350). 그리고 내부 식민주의는 제3세계와 사회주의 국가에서도 일어날 수 있다. 이는 중화인민공화국의 사례를 통해 알 수 있다. 알다시피, 인민공화국은 56개 에스닉으로 구성되어 있지만, 그 가운데 한족(Han ethnic)의 비중이 압도적으로 커서, 전체 인구의 90% 이상을 차

248_ 흔히 영국으로 통칭되는 UK는 England, Scotland, Wales, Northern Ireland로 구성되는데, 'United Kingdom of Great Britain and Northern Ireland'의 약어다. 이 글에서는 잉글랜드, 브리튼, UK를 구별해서 사용한다.

249_ <Michael Hechter>. https://en.wikipedia.org/wiki/Michael_Hechter (검색일자: 2023.10.19.)

지한다. 현재 인민공화국의 측면에서 보면, 지난 3천 년의 역사는 한족의 형성과 확산 과정이라 할 수 있다. 바꿔 말하면, 황하 유역에 기원을 둔 한족이 지속해서 주변부 소수 에스닉을 통합하는 과정이었다. 문화정치적으로는 한족이 90%가 넘지만, 생물학적으로는 한족과 소수 에스닉이 계속 혼합하는 과정, 즉 '한족화(sinicization)'의 과정이었다. 소수 에스닉을 중화제국으로 통합하는 흐름은 청조(淸朝)에 두드러졌고 중화민국과 중화인민공화국은 청조의 강역을 계승했다. 청의 통합 흐름을 '대륙 식민주의(continental colonialism)'라고 한다. 이 과정을 스수메이는 다음과 같이 요약했다.

> 대담한 팽창주의 정책으로 청나라의 대륙 식민주의는 '한족 땅의 두 배가 넘는 영토를 획득했으며, 그리고 그토록 엄청나게 확대된 영토의 경계는 외몽골을 제외하고 중화인민공화국(1949년 건국)에 의해 합병되었다. 중화민국 대륙 통치 시기(1911~1949) 동안 티베트와 신장은 단지 상징적으로만 중국과 연결되어 있던 것처럼 보였지만, 중화인민공화국은 그들을 다시 식민화하면서 직접적인 중국의 통치 아래에 두었다(스수메이, 2020: 451).

스수메이가 '대륙 식민주의'라고 부르는 것의 산물인 티베트와 신장, 남몽골, 만저우 등은 현 중국 내부에 존재하며 이는 마이클 헥터의 '내부 식민지'와 유사하다. 한족 중심의 중국 중앙정부는 내부 식민지의 소수 에스닉을 통합하려는 노력을 기울였다. 인민공화국에 들어서 통합 노력은 강화되었다. 통합의 궁극은 '중화 네이션'이다. 조경란은 국민화 이데올로기와 중화 네이션 담론의 변천 과정에 초점을 맞추어 "중화민족 개념을 '국민화' 이데올로기로 보고 100년 동안의 '국민화' 기획에 구체적으로 민족, 중화민족, 중화민족다원일체구조론을 통해 ('보편적' 타자인) 소수민족을 어떻게 통제하고 관리하려 했는가"(조경란, 2006: 68)라는 문제를 비판적으로 검토했다. 그녀의 기본 관점은, 네이션 창출이 상당 부분 허구적이며 기실 국내적 헤게모니 문제와 맞닿아 있

다는 발리바르(Etienne Balibar)[250]의 지적을 귀담아들어야 하며 중국도 여기서
비켜갈 수 없다는 것이다. 그러므로 19세기 말 '네이션 담론'이 생성될 당시
중국 내부의 타자이며 또 다른 의미의 '식민자'라고도 할 수 있는 소수 에스닉
에게 '근대'는 한족에게 동화 또는 식민지가 되어가는 과정이었다고도 할 수
있다. 근대중국은 조공국과 소수 에스닉의 희생 위에서 발전한 측면이 있다
(조경란: 73~74). 쑨원의 5족공화론도 소수 에스닉과의 통합을 위해 나온 평등
구상이었지만, 신해혁명 후 정치지도자들의 입장에서 보면 그들에게 남겨진
과제는 전 네이션의 통합이었다고 할 수 있다. 따라서 신해혁명 이후 국민당
수뇌부는 중화제국의 틀을 국민국가의 틀로 수렴해 가야 하는 것에 상응하여
중화제국이라는 의식형태를 '국민화'에 어떻게 동원할 것인가가 가장 큰 관심
거리였다(75~76).

흔히들 중국은 소수 에스닉 우대 정책을 편다고 한다. 그 대표적인 예로
자치지역에서 소수 에스닉 언어를 허용하고 1가구 1자녀만 허용하는 '계획생
육(計劃生育)' 정책 시행 기간에도 소수 에스닉에게는 두 자녀를 용인하는 것을
들고 있다. 그러나 이와 같은 우대정책은 표층일 뿐이고 그 심층에는 통합정
책이 기조를 이루고 있다(임춘성, 2018: 177). 박병광은 에스닉 동화와 융화의
각도에서 중국 소수 에스닉 정책을 고찰했다. 그는 중국의 에스닉 정책을 평
등의 원칙, 구역자치의 원칙, 분리불가(分離不可)의 원칙, 통일전선의 원칙(毛里
和子, 1998: 47~50; 박병광, 2000: 428 재인용)으로 요약했다. 그는 정책 변화과정
을 온건적 융화정책 시기(1949~1957), 급진적 동화정책 시기(1958~1976) 그리
고 융화로 복귀한 개혁개방 시기로 나누고, 단계별 정책 목표로, 초기의 '영토

250_ 국민화: "경제의 재생산 자체에, 특히 개인의 교육에 혹은 가정구성이나 공중위생기구 등에
사적 생활의 모든 공간에 개입하는 국가가 출현하고 모든 계급의 개인들은 국민국가의 시민
의 지위에 즉 '동국인(nationals)'이라는 속성을 가지게 되는 것을 의미"한다(Balibar, 1991:
92; 조경란: 68 재인용). 조경란은 이어서 '명실상부한 국민화 성립의 지표로, 국가기구의
출현과 그것의 시스템적이고 추상적인 개입이라는 대전제와, 그것을 받아들이는 주체의 존
재 나아가 이들이 국가의 개입에 대해 능동적으로 공동체의식을 갖는 단계에 이르는 것을
들었다(조경란: 68).

적 통합', 2단계의 '정치적·사상적 통합', 개혁개방 시기의 '경제적 통합'으로 설득력 있게 분석했다(박병광, 2000: 442~43). 다른 글에서 박병광은 한족 지구와 소수 에스닉 지구 간 경제 편차에 초점을 맞추어 에스닉 변수를 도입해 지역격차 문제를 분석했다. 그에 의하면, 소수 에스닉 지구의 낙후와 빈곤 문제를 해결하는 것은 향후 소수 에스닉 사회에서 나타날 수 있는 체제이완 조짐에 대처하는 가장 직접적인 봉합책일 뿐 아니라 중국 개혁정책의 성패를 좌우할 가장 구체적인 관건이라 할 수 있다(박병광, 2002: 203). 그럼에도, 중국 정부는 내륙의 소수 에스닉 지구에서 산출되는 원자재를 싼 가격에 수매하여 제조업 중심의 동부 연해 지역으로 재배치했으며 한족이 집중 거주하는 동부 지역은 부가가치가 높은 소비재상품을 생산하여 높은 수익을 올릴 수 있었다. 드레이어(June Teufel Dreyer)는 이러한 경제 관계를 '내부 식민지(internal colony)'라 했다(Dreyer, 1992: 257; 박병광, 2002: 217 각주 34 재인용). 여기에 비판적 문화연구의 입장에서 추정해 보면, 중국 당국(黨國)의 정책 목표는 '문화적 통합'이라 할 수 있다. 베이징올림픽을 통해 그 정점을 드러내고 시진핑 신시대 들어 '중국특색사회주의의 길' '중화 네이션의 위대한 부흥' '중국식 현대화' 등으로 표현된 문화적 통합정책은, 개혁개방 이후 축적된 경제적 발전과 '당의 전면적 영도'라는 정치적 통합에 기초해 당치(黨治)를 강화하고 국내외의 국민을 문화적으로 통합시키려는 것이라 할 수 있다.

3천 년이 넘는 중국의 경사자집(經史子集) 텍스트를 무시하고 근현대 180여 년의 정치·경제·문화에 집중하는 것으로는 비판적 중국연구의 과제를 해결하기 어렵다. 그렇다고 『사고전서(四庫全書)』를 붙잡고 각개격파식으로 씨름하는 것도 능사는 아니다. 아울러 근현대 이후 지속해서 영향력을 행사해온 유럽중심주의를 비판적으로 극복하는 것도 쉬운 일이 아니다. 유럽중심주의는 중국연구뿐만 아니라 모든 학문 분야에 깊숙이 침투되어 가치판단의 기준으로 작용하고 있기 때문이다. 한국의 수많은 담론에서 유럽중심주의가

'특권적으로 강조'되는 사례는 무수히 많다. 서양의 많은 사상과 담론의 합리적 핵심을 비판적으로 수용하는 과제와는 별도로, 비서양 사회에서 유럽이나 서양의 사상과 담론이 보편적 기준으로 작동하고 있고 우리는 그것을 의식적·무의식적으로 수용해온 것이다. '전통문화의 창조적 계승'과 '외래문화의 비판적 수용'이라는 당연한 것처럼 보이는 시공간적 과제는 전통문화와 외래문화에 대한 가치판단, 창조와 비판이라는 방식의 다양성으로 인해 다각도의 (multiangulated) 다중규정(overdetermination)적 성격을 가질 수밖에 없다. 지금 여기(now and here)에 적실한 해결책도 시간의 고험(考驗)을 견뎌내지 못하기도 했고, 급박한 현실에서 당장은 요원해 보이는 해결책을 포기했을 때 뒤따라온 후과로 앞서 거둔 성과까지 말아먹은 사례를 우리는 잘 알고 있다. 또 다른 시행착오를 경계할 일이다.

■ 참고문헌

<한국문헌>

가라타니 고진, 2007, 『세계공화국으로』, 조영일 옮김, 도서출판 b.

_____, 2016, 『제국의 구조: 중심·주변·아주변』, 조영일 옮김, 도서출판 b.

갓셜, 조너선, 2014, 『스토리텔링 애니멀―인간은 왜 그토록 이야기에 빠져드는가』, 노승영 옮김, 민음사; Jonathan Gottschall, 2012, *The storytelling animal: How Stories Make us Human*, Boston: Houghton Mifflin Harcourt.

_____, 2023, 『이야기를 횡단하는 호모 픽투스의 모험』, 노승영 옮김, 위즈덤하우스; Jonathan Gottschall, 2021, *The Story Paradox: The Adventure of Homo Fictus*, New York: Hachette Book Groups Inc.

강내희, 2007, 「신자유주의와 한류: 동아시아에서의 한국 대중문화의 문화횡단과 민주주의」, 『중국현대문학』 제42호.

_____, 2013, 「세계 문화연구의 몇 가지 길」, 『유럽문화의 경계 넘가―아시아에서의 유럽문화』(자료집), 목포대학교 유럽문화연구소.

_____, 2014, 『신자유주의 금융화와 문화정치경제』, 문화과학사.

강보유, 2007, 「세계속의 한류: 중국에서의 한류와 한국어 교육 그리고 한국문화 전파」, 『한국언어문화학』 제4권 제1호.

강철구, 2012, 『역사와 이데올로기 1―서양 역사학의 유럽중심주의에 대한 비판적 검토』, 용의숲.

고모리 요이치, 2002, 『포스트콜로니얼―식민지적 무의식과 식민주의적 의식』, 송태욱 옮김, 삼인.

공봉진, 2010, 『중국 민족의 이해와 재해석』, 한국학술정보.

국립국어연구원, 『표준국어대사전』, http://stdweb2.korean.go.kr/

국립국어원, 「외래어 표기법」, 국립국어원, http://www.korean.go.kr/09_new/dic/rule/rule_foreign_index.jsp

권석환, 2002, 「한국의 중국어문학 교육 연구의 자체평가와 전망」, 『중국어문학연구』 제25집.

기어츠, 클리퍼드, 1998, 『문화의 해석』, 문옥표 옮김, 까치.

_____, 2014, 『저자로서의 인류학자—레비스트로스, 에번스프리처드, 말리노프스키, 베네딕트』, 김병화 옮김, 문학동네.

김경희, 2008, 「문화차이와 번역」, 『문화의 상대성과 번역의 등가성(한국문학번역원 제7회 한국문학 번역출판 국제워크숍)』, 한국문학번역원, 2008.6.18.

김계일 편역, 1987, 『중국민족해방운동과 통일전선의 역사』 I, 사계절.

김근 엮고 옮김, 2022, 『중국을 만든 문장들』, 삼인.

김남혁, 2016, 『메리 루이스 프랫, 제국의 시선』, 커뮤니케이션북스

김도희, 2008, 「한중 문화교류의 현황과 사회적 영향」, 『현대중국연구』 제9집 2호.

김성곤, 2008, 「번역의 어려움: '문화번역' 시대의 문학번역」, 『문화의 상대성과 번역의 등가성(한국문학번역원 제7회 한국문학 번역출판 국제워크숍)』, 한국문학번역원, 2008.6.18.

김수연, 2005, 「青樓를 통해 본 근대성 증후—『海上花列傳』과 『孽海花』를 중심으로」, 『중국소설논총』 제22집.

김순진, 2012, 「타이완 문학에서 드러나는 에스닉 상상과 국가 정체성」, 『중어중문학』 53집.

김순희, 2008, 「한일문학 번역의 문제점」, 『문화의 상대성과 번역의 등가성(한국문학번역원 제7회 한국문학 번역출판 국제워크숍)』, 한국문학번역원, 2008.6.18.

김용석, 2022, 「픽션: 전략적 기만 혹은 속임수」, 『한겨레』, 2022.2.9.

김정구, 2020, 「적대와 연대—홍콩 영화 <십년>(十年, 2015)과 지역 정체성의 (재)구성」, 『중국어문학지』 73호.

김정한, 2013, 『1980 대중 봉기의 민주주의』, 소명출판.

김지석, 1996, 『아시아 영화를 다시 읽는다』, 한울.

_____, 2000, 「동아시아 영화의 위상과 그 장래」, 『황해문화』 제27호.

_____ · 강인형, 1995, 『香港電影 1997년—홍콩영화의 이해』, 한울.

김현 편, 1989, 『미셀 푸코의 문학비평』, 문학과지성사.

김환표, 2012, 『드라마, 한국을 말하다』, 인물과사상사.

나병철, 2020, 『문학의 시각성과 보이지 않는 비밀: 시선의 권력과 응시의 도발』, 문예출판사.

난판, 2009, 「노래방과 MTV: 기술과 기계가 만들어낸 서정형식」, 중국 '문화연구 공부모임(신동순) 옮김, 임춘성 · 왕샤오밍 엮음, 『21세기 중국의 문화지도—포스트사회

주의 중국의 문화연구』, 현실문화.

니원젠, 2009, 「'장아이링 붐'에서 '상하이드림'까지」, 중국 '문화연구' 공부모임(김순진) 옮김, 임춘성 · 왕샤오밍 엮음, 『21세기 중국의 문화지도—포스트사회주의 중국의 문화연구』, 현실문화.

_____ · 쑨샤오중 외, 2014, 「중국의 TV드라마(좌담)」, 김서은 옮김, 임춘성 엮음, 『상하이학파 문화연구: 비판과 개입』, 문화과학사.

니웨이, 2014, 「당대 첩보드라마에 드러난 신앙과 문화적 징후」, 손주연 옮김, 임춘성 엮음, 『상하이학파 문화연구: 비판과 개입』, 문화과학사.

다이진화, 2007, 『무중풍경: 중국영화문화 1978~1998』, 이현복 · 성옥례 옮김, 산지니.

_____, 2009a, 『거울 속에 있는 듯—다이진화가 말하는 중국 문화연구의 현주소—여성 · 영화 · 문학』, 주재희 · 김순진 · 임대근 · 박정원 옮김, 그린비.

_____, 2009b, 『성별중국: 중국 영화와 젠더 수사학』, 배연희 옮김, 도서출판 여이연.

_____, 2009c, 「문화영웅 서사와 문화연구」, 중국 '문화연구' 공부모임(김정구) 옮김, 임춘성 · 왕샤오밍 엮음, 『21세기 중국의 문화지도—포스트사회주의 중국의 문화연구』, 현실문화.

다케우치 요시미, 2011, 『내재하는 아시아』, 윤여일 옮김, 휴머니스트

데리다, 자크, 2010, 『그라마톨로지』(개정판), 김성도 옮김, 민음사.

들뢰즈, 질 · 펠릭스 가타리, 2001, 『카프카: 소수적인 문학을 위하여』, 이진경 옮김, 동문선.

딜릭, 아리프, 1993, 「아시아-태평양권이라는 개념」, 『창작과비평』 제21권 제1호.

_____, 2000, 「역사와 대립되는 문화인가?—동아시아 정체성의 정치학」, 정문길 · 최원식 · 백영서 · 전형준 엮음, 『발견으로서의 동아시아』, 문학과지성사.

_____, 2005, 『포스트모더니티의 역사들—유산과 프로젝트로서의 과거』, 황동연 옮김, 창비.

따이진화, 2006, 『숨겨진 서사: 1990년대 중국대중문화 읽기』, 오경희 · 차미경 · 신동순 옮김, 숙명여자대학교 아시아여성연구소

레비-스트로스, 클로드, 1998, 『슬픈 열대』, 박옥줄 옮김, 한길사.

로빈슨, 더글러스, 2002, 『번역과 제국—포스트식민주의 이론 해설』, 정혜욱 옮김, 동문선

로젤, 스콧 · 내털리 헬, 2022, 『보이지 않는 중국—무엇이 중국의 지속적 성장을 가로막는가』, 박민희 옮김, 롤러코스터.

루쉰, 2010a, 『루쉰전집 1권 무덤/열풍』, 루쉰전집번역위원회(홍석표, 이보경) 옮김, 그린비.

_____, 2010b, 『루쉰전집 2권 외침/방황』, 루쉰전집번역위원회(공상철, 서광덕) 옮김, 그린비.

_____, 2015a, 『루쉰전집 8권 차개정잡문 / 차개정잡문 2집 / 차개정잡문 말편』, 루쉰전집번역위원회(박자영, 서광덕, 한병곤) 옮김, 그린비.

_____, 2015b, 『루쉰전집 11권 중국소설사략』(개정판), 루쉰전집번역위원회(조관희) 옮김, 그린비.

뤼신위, 2009, 「죗값과 대중매체, 외지 아가씨의 상하이 이야기: 텔레비전 다큐멘터리 <마오마오 고소사건>에 관하여」, 중국 '문화연구' 공부모임(임대근) 옮김, 임춘성·왕샤오밍 엮음, 『21세기 중국의 문화지도—포스트사회주의 중국의 문화연구』, 현실문화.

_____, 2014a, 「'하층(底層)'의 정치, 윤리, 그리고 미학—2011 난징 독립다큐멘터리 포럼의 발언 및 보충」, 천진 옮김, 『문화과학』 77호.

_____, 2014b, 「'농민공 조류'라는 문제의식」, 김혜주 옮김, 임춘성 엮음, 2014, 『상하이학파 문화연구: 비판과 개입』, 문화과학사.

류원빙, 2015, 『중국 영화의 열광적 황금기—어느 영화 소년의 80년대 중국영화 회고론』, 홍지영 옮김, 산지니.

리궈룽, 2008, 『제국의 상점—중화주의와 중상주의가 함께 꾼 동상이몽: 광주 13행』, 이화승 옮김, 소나무.

리어우판, 2007, 『상하이 모던—새로운 중국 도시 문화의 만개, 1930~1945』, 장동천 외 옮김, 고려대학교출판부.

리영희, 1977, 『8억인과의 대화』, 창작과비평사.

_____, 1983, 『10억인의 나라—모택동 이후의 중국 대륙』, 두레.

리쩌허우, 2005a, 『중국고대사상사론』, 정병석 옮김, 한길사.

_____, 2005b, 『중국근대사상사론』, 임춘성 옮김, 한길사.

_____, 2005c, 『중국현대사상사론』, 김형종 옮김, 한길사.

_____, 2006, 『논어금역—오늘의 눈으로 논어를 읽는다』, 임옥균 옮김, 북로드.

_____, 2014, 『미의 역정』, 이유진 옮김, 글항아리.

_____, 2016, 『화하미학』, 조송식 옮김, 아카넷.

＿＿＿, 2017, 『비판철학의 비판: 칸트와 마르크스의 교차적 읽기』, 피경훈 옮김, 문학동네.

마오둔, 1989, 『새벽이 오는 깊은 밤』, 김하림 옮김, 중앙일보사.

＿＿＿, 1997(1986), 『칠흑같이 어두운 밤도』(재판), 김하림 옮김, 도서출판 한울.

마오쩌, 2014, 「혁명역사 정극의 재건: '총알받이'(炮灰)를 화두로 삼아」, 고윤실 옮김, 임춘성 엮음, 『상하이학파 문화연구: 비판과 개입』, 문화과학사.

마이스너, 모리스, 2004, 『마오의 중국과 그 이후(1, 2)』, 김수영 옮김, 이산.

먼데이, 제레미(Jeremy Munday), 2006, 『번역학 입문―이론과 적용』, 정연일·남원준 옮김, 한국외국어대학교 출판부.

밀워드, 제임스 A., 2013, 『신장의 역사―유라시아의 교차로』, 김찬영·이광태 옮김, 사계절.

바스넷, 수잔, 2004, 『번역학: 이론과 실제』, 김지원·이근희 옮김, 한신문화사.

＿＿＿, 2015, 『번역의 성찰』, 윤선경 옮김, 도서출판 동인.

바오야밍, 2009, 「소비공간 '바'와 노스탤지어의 정치」, 중국 '문화연구' 공부모임(노정은) 옮김, 임춘성·왕샤오밍 엮음, 『21세기 중국의 문화지도―포스트사회주의 중국의 문화연구』, 현실문화.

바일러, 대런, 2022, 『신장 위구르 디스토피아―중국의 첨단기술 형벌 식민지에서 벌어지는 탄압과 착취의 기록』, 홍명교 옮김, 생각의힘.

바흐찐, M., 1989, 『도스또예프스끼 시학―도스또예프스끼 창작의 제문제』(재판), 김근식 옮김, 정음사.

박경희, 2007, 『국가 번역시스템 구축을 위한 기초연구』, 한국문학번역원.

박민희, 2020, 「좌파 학생들이 묻다 '중국은 과연 사회주의인가?'」, 『한겨레』, 2020.10.28.

＿＿＿, 2021, 『중국 딜레마―위대함과 위태로움 사이에서, 시진핑 시대 열전』, 한겨레출판사.

박병광, 2000, 「중국 소수민족정책의 형성과 전개: 민족동화와 융화의 변주곡에 관하여」, 『국제정치논총』 제40집 4호.

＿＿＿, 2002, 「개혁기 중국의 지역격차문제: 한족지구와 소수민족지구간 경제편차를 중심으로」, 『국제정치논총』 제42집 1호.

박영복·최인화, 1999, 『제목으로 영화읽기』, 현암사.

박영창, 「중국 무협지 번역의 역사」. http://joongmoo.com/trans.htm

박자영, 2004, 「上海 노스탤지어: 중국 대도시문화현상 사례와 관련 담론 분석」, 『중국현대문학』 제30호.

박혜주, 2007, 『문학번역 평가 시스템 연구』, 한국문학번역원.

백나청, 1993, 「문학과 예술에서의 근대성 문제」, 『창작과비평』 제21권 제3호.

白壽彝 주편, 1991, 『중국통사강요』, 임효섭·임춘성 옮김, 이론과실천.

백승욱, 2006, 『자본주의 역사 강의』, 그린비.

_____, 2008, 『세계화의 경계에 선 중국』, 창비.

백영서, 2012, 「중국학의 궤적과 비판적 중국연구—한국의 사례」, 『대동문화연구』 제80호.

_____, 2023, 「대전환기 한국에서 '비판적 중국연구'의 재구성—제고와 보급의 길」, 『중국현대문학』 104호.

베누티, 로렌스, 2006, 『번역의 윤리—차이의 미학을 위하여』, 임호경 옮김, 열린책들.

베리, 크리스, 2015, 「한-중 스크린 커넥션: 파편들의 역사를 향하여(Sino-Korean Screen Connections: Towards a History in Fragments)」, 『세계 속의 한국 영화: 한국-중국-중앙 아시아 커넥션』(트랜스: 아시아영상문화연구소 2015년 심포지엄 자료집), 2015. 5.29~5.30.

벤야민, 발터, 2008, 『언어 일반과 인간의 언어에 대하여/ 번역자의 과제 외』, 최성만 옮김, 도서출판 길.

사우트먼, 베리·옌하이룽, 2021, 「홍콩 본토파와 '메뚜기론': 신세기의 우익 포퓰리즘」, 연광석 옮김, 백원담 엮음, 『중국과 비(非)중국 그리고 인터 차이나』, 진인진.

사이드, 에드워드, 2005, 『프로이트와 비유럽인』, 주은우 옮김, 창비.

_____, 2007, 『오리엔탈리즘』(개정증보판), 박홍규 옮김, ㈜교보문고.

_____, 2008, 『말년의 양식에 관하여』, 장호연 옮김, 도서출판 마티.

서경식, 2009, 「홀로코스트, 팔레스타인 그리고 조선」, 『한겨레』, 2009.3.6.

쉐이, 2014, 「문화정치적 관점에서 본 중국의 도시와 농촌」, 손주연 옮김, 임춘성 엮음, 『상하이학파 문화연구: 비판과 개입』, 문화과학사.

스수메이, 2020, 「사이노폰의 개념」, 조영현 옮김, 『중국현대문학』 95호.

_____, 2021a, 『시각과 정체성—태평양을 넘어서는 시노폰 언술』, 고혜림·조영경 옮김, 학고방.

_____, 2021b, 「디아스포라에 대한 반대: 문화 생산 장소로서의 사이노폰」, 이정구 옮김, 『중국사회과학논총』 3권 2호.

스토리, 존 엮음, 2000, 『문화 연구란 무엇인가?』, 백선기 옮김, 커뮤니케이션북스.

_____, 2002, 『대중문화와 문화연구』(제3판), 박만준 역, 경문사.

시그레이브, 스털링, 2002, 『중국 그리고 화교: 보이지 않는 제국, 화교 네트워크의 역사』, 원경주 옮김, 프리미엄북스.

신영복, 2004, 『강의—나의 동양고전 독법』, 돌베개.

_____, 2015, 『담론: 신영복의 마지막 강의』, 돌베개.

심광현, 2009, 『유비쿼터스 시대의 지식생산과 문화정치: 예술-학문-사회의 수평적 통섭을 위하여』, 문화과학사.

_____, 2014, 「중국문화연구가 던져 주는 기대와 반성」, 『중국현대문학』 제70호.

_____, 2017, 「칸트와 마르크스를 결합하려는 사상적 분투」, 리쩌허우, 『비판철학의 비판: 칸트와 마르크스의 교차적 읽기』, 피경훈 옮김, 문학동네.

쑤퉁, 2007, 『홍분』, 전수정 옮김, 아고라.

아널드, 매슈, 2006, 『교양과 무질서』, 윤지관 옮김, 한길사.

아리기, 조반니, 2008, 『장기 20세기: 화폐, 권력 그리고 우리 시대의 기원』, 백승욱 옮김, 그린비.

아부-루고드, 재닛, 2006, 『유럽 패권 이전—13세기 세계체제』, 박흥식·이은정 옮김, 까치.

아스만, 알라이다, 2003, 『기억의 공간』, 변학수·백설자·채연숙 옮김, 경북대학교 출판부.

아파두라이, 아르준, 2004, 『고삐풀린 현대성』, 차원현·채호석·배개화 옮김, 현실문화연구.

안영은, 2017, 「사건으로서의 「十年」—홍콩영화 「十年」에 대한 고찰」, 『중국현대문학』 제81호.

알뛰세, 루이, 1990, 『마르크스를 위하여』, 고길환·이화숙 옮김, 백의.

_____, 1991, 「이데올로기와 이데올로기적 국가장치」, 『아미엥에서의 주장』, 김동수 옮김, 솔.

앤더슨, 베네딕트, 2002, 『상상의 공동체: 민족주의의 기원과 전파에 대한 성찰』, 윤형숙 옮김, 나남.

에릭 홉스봄 외, 2004, 『만들어진 전통』, 박지향·장문석 옮김, 휴머니스트.

오창은, 2008, 「김훈 역사소설이 다다른 곳」, 『교수신문 批評』 제467호, 2008.1.28.

왕더웨이, 2014, 『현대 중문소설 작가 22인—상·하』, 김혜준 옮김, 학고방.

_____, 2018, 『시노폰 담론, 중국문학—현대성의 다양한 목소리』, 김혜준 옮김, 학고방.

王凌雲, 2020, 「문화번역 시각으로 본 한강 소설 중역본 연구」, 단국대학교 대학원 박사학위논문.

왕샤오밍, 2005, 「최근 중국의 문화연구」, 박자영 옮김, 『문화/과학』 42호.

_____, 2009a, 「새로운 '이데올로기 지형'과 문화연구」, 중국 '문화연구' 공부모임(박자영) 옮김, 임춘성·왕샤오밍 엮음, 『21세기 중국의 문화지도—포스트사회주의 중국의 문화연구』, 현실문화.

_____, 2009b, 「건축에서 광고까지: 최근 15년간 상하이의 공간 변화」, 중국 '문화연구' 공부모임(곽수경) 옮김, 임춘성·왕샤오밍 엮음, 『21세기 중국의 문화지도—포스트사회주의 중국의 문화연구』, 현실문화.

_____, 2010a, 「문화연구의 세 가지 난제—상하이대학 문화연구학과를 예로 하여」, 김명희 옮김, 『중국현대문학』 제55호.

_____, 2010b, 「상하이의 새로운 '삼위일체'」, 고윤실 옮김, 『문화/과학』 63호.

_____, 2014a, 『가까이 살피고 멀리 바라보기: 왕샤오밍 문화연구』, 김명희·변경숙·고재원·김소영·고윤실 옮김, 임춘성 해제 및 감수, 문화과학사.

_____, 2014b, 「문화연구 관점에서 바라본 중국 현대 초기 사상과 혁명」, 강내희·김소영 옮김, 임춘성 엮음, 『상하이학파 문화연구: 비판과 개입』, 문화과학사.

_____, 2018, 「중국혁명: '국가—사회' 복합체의 구성과 실패」, 박자영 옮김, 『문화/과학』 96호.

_____, 2023, 「중국 대륙의 문화연구가 직면한 도전과 요구」, 박자영 옮김, 『황해문화』 118호.

_____·임춘성, 2012, 「왕샤오밍-임춘성 인터뷰」, 朱杰·김소영 녹취 번역, 『오늘의 문예비평』 87호.

왕안이, 2009, 『장한가(1·2)』, 유병례 옮김, 은행나무.

_____, 2014, 『푸핑』, 김은희 옮김, 어문학사.

왕푸창, 2008, 『갈등의 정체성—현대대만사회의 에스닉 상상』, 지은주 옮김, 나남.

원용진, 2010, 『새로 쓴 대중문화의 패러다임』, 한나래출판사.

원종민, 2004, 「동남아 화인언어 연구의 현황과 전망」, 『화교의 역사와 문화』(제77차 정기 학술발표회 발표논문집), 중국학연구회.

원톄쥔, 2016, 『여덟 번의 위기—현대 중국의 경험과 도전, 1949-2009』, 김진공 옮김, 돌베개.

윌리엄스, 레이먼드, 2007, 『기나긴 혁명』, 성은애 옮김, 문학동네.

윌슨, 에드워드, 2005, 『통섭』, 최재천·장대익 옮김, 사이언스 북스

유경철, 2005, 「金庸 武俠小說의 '中國 想像' 硏究」, 서울대학교 박사학위논문.

유세종, 2005, 「식민지 상하이와 탈식민지 상하이의 비주류, 여성―魯迅 雜文, <쑤저우허(蘇州河)>, <죄欷(孽債)>을 중심으로」, 『중국현대문학』 제35호

_____, 2022, 「중국과 더불어(與中)―문학연구와 화두」, 『2022년도 한국중어중문학회 추계 연합학술대회』(자료집), 2022.11.5.

윤예영, 2020, 「학술적 글쓰기의 '대리보충'」, 『기호학 연구』 vol. 63.

윤지관·임홍배, 2007, 「세계문학의 이념은 살아 있다」, 『창작과비평』 138호

윤형숙, 2005, 「지구화, 이주여성, 가족재생산과 홍콩인의 정체성」, 『중국현대문학』 제33호

이강원, 2006, 「중국의 도시 기준과 대도시 진입장벽: 호구제도와 상하이」, 이일영 외, 『현대도시 상하이의 발전과 상하이인의 삶』, 한신대학교 출판부.

_____, 2008. 「중국의 행정구역과 지명 개편의 정치지리학―소수민족지구를 중심으로」, 『한국지역지리학회지』 14-5

이글턴, 테리, 2006, 『문학이론입문』, 김현수 옮김, 인간사랑.

이도은, 2013, 「『정글만리』 베스트셀러 돌풍 작가 조정래의 힘」, 『중앙 SUNDAY-MAGAZINE』, 2013.9.1.

이동연, 2017, 『문화연구의 종말과 생성』, 문화과학사.

이명호, 2010, 「문화번역의 정치성: 이국성의 해방과 이웃되기」, 『비평과 이론』 제15권 1호, 통권 26호.

이상빈, 2014, 「문화번역의 텍스트적 재현과 '번역'」, 『통번역학연구』 제18권 4호

이성환, 1994, 「근대와 탈근대」, 김성기 외, 『모더니티란 무엇인가』, 민음사.

이영미, 2012, 「한류 작품들의 한국대중예술사에서의 위상」(북미한국학대회 발표 요지문).

이와부치 고이치, 2004, 『아시아를 잇는 대중문화: 일본, 그 초국가적 욕망』, 히라타 유키에·전오경 옮김, 도서출판 또하나의문화.

이일영 외, 2006, 『현대도시 상하이의 발전과 상하이인의 삶』, 한신대학교 출판부.

이재현, 2016, 「세계관으로서의 삼농주의: 원톄쥔의 비판적 수용을 위하여」, 『문화/과학』 87호

_____, 2017, 「중국 문화연구의 아이스브레이커―임춘성, 포스트사회주의 중국의 문화정체성과 문화정치, 문화과학사, 2017」, 『진보평론』 73호.

_____, 2019, 「중국의 부상과 미중 패권 경쟁」, 『진보평론』 81호.

_____, 2021a, 「사이노폰 연구와 비판적 중국 연구」, 『중국사회과학논총』 3권 2호.

_____, 2021b, 「시진핑 '신발전' 체제의 정치적·경제적 본질」, 『마르크스주의 연구』 제18권 제4호.

이종민, 2005, 「중국전문가 양성과 어문학 교육자가 직면한 도전」, 『중국현대문학』 제32호.

이지순, 2006, 「'조용한 혁명'기 퀘벡영화에 나타난 정체성 연구」, 『프랑스문화예술연구』 제16집.

이진경, 2001, 「역자 서문」, 질 들뢰즈, 펠릭스 가타리, 『카프카: 소수적인 문학을 위하여』, 이진경 옮김, 동문선.

이진원, 2008, 『한국 무협 소설사』, 채륜.

이치수, 2001, 「중국무협소설의 번역 현황과 그 영향」, 『무협소설이란 무엇인가』, 예림기획.

이희옥, 2004, 『중국의 새로운 사회주의 탐색』, 창비.

_____·최선경 엮음, 2022, 『구동존이(求同存異)와 화이부동(和而不同)의 한중관계—수교 30년을 보는 한중학계의 시각』, 도서출판 선인.

임대근, 2010, 「상하이 영화 연구 입론(立論)」, 임춘성·곽수경 엮고 씀, 『상하이영화와 상하이인의 정체성』, 산지니.

_____·곽수경 엮고 씀, 2010, 『20세기 상하이영화: 역사와 해제』, 산지니.

임영호, 2015, 「스튜어트 홀과 문화 연구의 정치」, 스튜어트 홀, 『문화, 이데올로기, 정체성: 스튜어트 홀 선집』, 임영호 편역, 컬처룩.

임춘성, 1995, 『소설로 보는 현대중국』, 종로서적.

_____, 2000, 「중국문학의 근현대성 단상」, 『중국현대문학』 제18호.

_____, 2004, 「홍콩문학의 정체성과 탈식민주의」, 『중국현대문학』 제31호.

_____, 2006, 「이민과 타자화: 상하이 영화를 통해 본 상하이인의 정체성」, 『중국현대문학』 제37호.

_____, 2012, 「왕안이(王安憶)의 장한가와 상하이 민족지」, 『중국현대문학』 제60호.

_____, 2013a, 『중국 근현대문학사 담론과 타자화』, 문학동네.

_____, 2013b, 「조정래의 『정글만리』를 읽고」(2013.9.25.), <서남뉴스레터>.

　　　　http://seonamforum.net/newsletter/view.asp?idx=2156&board_id=21&page=1

_____, 2014a, 「엮은이 서문—상하이학파의 가능성」, 임춘성 엮음, 『상하이학파 문화연

구: 비판과 개입』, 문화과학사.

_____, 2014b,「문학인류학적 관점에서 고찰하는 상하이 민족지(1)—『해상화열전』」,『외국문학연구』제56호.

_____, 2014c,「포스트사회주의 중국의 비판적 사상의 흐름과 문화연구—리쩌허우-첸리췬-왕후이-왕샤오밍을 중심으로」,『중국현대문학』제69호.

_____, 2016,「리쩌허우의 '문화심리구조'와 '역사본체론'」,『중국연구』제67권.

_____, 2017,『포스트사회주의 중국의 문화정체성과 문화정치』, 문화과학사.

_____, 2018,「중국 특수주의와 서유럽 보편주의의 길항(拮抗)?—이재현의 서평에 답함」,『진보평론』제75호.

_____, 2021a,「중국공산당 100년과 중국 근현대문학—선전선동의 도구에서 개조와 검열의 대상으로」,『중국현대문학』제97호.

_____, 2021b,『포스트사회주의 중국과 그 비판자들—개혁개방 이후 중국 비판사상의 계보를 그리다』, 그린비.

_____, 2022a,「'끊임없는 반향'과 마오쩌둥 평가의 문제: 피경훈의 서평에 대한 답변」,『마르크스주의연구』제19권 제1호.

_____, 2022b,「'비판적 중국연구'를 위한 몇 가지 접근법과 과제」,『문화/과학』112호.

_____ 편역, 1997,『중국근현대문학운동사』, 한길사.

_____·곽수경 엮고 씀, 2010,『상하이영화와 상하이인의 정체성』, 산지니.

_____·왕샤오밍 엮음, 2009,『21세기 중국의 문화지도—포스트사회주의 중국의 문화연구』, 중국 '문화연구' 공부모임 옮김, 현실문화연구.

_____·홍석준 외, 2006,『홍콩과 홍콩인의 정체성』, 학연문화사.

장아이링, 2008,『색, 계』, 김은신 옮김, 랜덤하우스코리아(주).

장윤미, 2023,『당치(黨治)국가 중국: 시진핑 시대 통치구조와 정치의 변화』, 서강대학교 출판부.

장정아, 2003,「'홍콩인' 정체성의 정치: 반환 후 본토자녀의 거류권 분쟁을 중심으로」, 서울대학교 대학원 인류학과 박사학위논문.

_____, 2017,「국제대도시이기를 거부하다—홍콩의 도시공간운동」, 박철현 엮음,『도시로 읽는 현대중국 2: 개혁기』, 역사비평사.

장칭즈, 2013,「문학과 정의, 세계와 우리의 학술」, 고윤실 옮김,『중국현대문학』제65호.

전리군(錢理群), 2012, 『毛澤東 시대와 포스트 毛澤東 시대 1949-2009(상하)』, 연광석 옮김, 한울아카데미.

전명윤, 2021, 『리멤버 홍콩: 시간에 갇힌 도시와 사람들』, 사계절.

전형준, 2003, 『무협소설의 문화적 의미』, 서울대학교 출판부.

_____, 2007, 『한국무협소설의 작가와 작품』, 서울대학교 출판부.

_____, 2008, 「생의 진지한 성찰 보여준 신무협—한국무협소설이란 무엇인가를 생각하며」, 『중앙 SUNDAY-MAGAZINE』, 2008.3.16.

정문길 · 최원식 · 백영서 · 전형준 엮음, 1995, 『동아시아, 문제와 시각』, 문학과지성사.

_____ 엮음, 2000, 『발견으로서의 동아시아』, 문학과지성사.

정성진, 2023, 「'중국 특색 사회주의: 마르크스적 비판」, 『마르크스주의 연구』 제20권 제2호.

정여울, 2007, 「해석을 넘어 창조와 횡단을 꿈꾸다—한국문학의 번역, 그 현재와 미래」, 『창작과비평』 138호.

정영희, 2005, 『한국 사회의 변화와 텔레비전 드라마』, 커뮤니케이션북스

정종호 엮음, 2022, 『한중 수교 30년, 평가와 전망—갈등과 협력의 한중 관계, 상생의 길을 묻다』, 21세기북스

정홍수, 2007, 「세계문학의 지평에서 생각하는 한국문학의 보편성」, 『창작과비평』 138호.

정희진, 2020a, 「융합은 지향이 아니라 방식이다」, 『한겨레』, 2020.7.7.

_____, 2020b, 「절충은 융합이 아니다」, 『한겨레』, 2020.7.20.

제임슨, 프레드릭, 2003, 『보이는 것의 날인』, 남인영 옮김, 한나래.

_____, 2007, 『지정학적 미학: 세계 체제에서의 영화와 공간』, 조성훈 옮김, 현대미학사.

조경란, 2006, 「현대 중국의 소수민족에 대한 '국민화 이데올로기—중화민족론을 중심으로」, 『시대와 철학』 17권 3호

_____ · 왕리슝, 2008, 「중국의 주변문제, 티베트를 보는 다른 눈—한족 출신 양심적 지식인 왕리슝과의 대담」, 『역사비평』 85호

조문영 엮음, 2020, 『민간중국—21세기 중국인의 조각보』, 책과함께.

조영남, 2022, 「한중 관계 30년의 분석과 평가」, 정종호 엮음, 『한중 수교 30년, 평가와 전망—갈등과 협력의 한중 관계, 상생의 길을 묻다』, 21세기북스

조한혜정 외, 2005, 『'한류'와 아시아의 대중문화』, 연세대학교 출판부.

조흥국, 2000, 「동남아 화인의 역사와 정체성」, 『동남아의 화인사회—형성과 변화』, 전통

과현대.

종보현, 2014, 『홍콩 영화 100년사: 홍콩 영화 TV 산업의 영광과 쇠락』, 윤영도, 이승희 옮김, 그린비.

중국문화연구학회, 2015, 『중국 문화연구의 이론과 실제』(2015년 중국문화연구학회 춘계 학술대회 자료집), 2015.5.9.

진순신, 2000, 『시와 사진으로 보는 중국 기행』, 정태원 옮김, 예담.

진평원(陳平原), 2004, 『중국소설사―이론과 실천』, 이보경 · 박자영 옮김, 이룸.

쩡췬, 2014, 「상하이를 바라보는 방식」, 진성희 옮김, 임춘성 엮음, 『상하이학파 문화연구: 비판과 개입』, 문화과학사.

천광싱, 2012, 「경험으로 본 한국-대만의 지적 교류와 연대」, 최원식 · 백영서 엮음, 『대만 을 보는 눈―한국-대만, 공생의 길을 찾아서』, 창비.

천쓰허, 2008, 『중국당대문학사』, 박난영 · 노정은 옮김, 문학동네.

첸리췬, 2012, 『망각을 거부하라―1957년학 연구 기록』, 길정행 · 신동순 · 안영은 옮김, 그린비.

초우, 레이, 2004, 『원시적 열정―시각, 섹슈얼리티, 민족지, 현대중국영화』, 정재서 옮김, 이산
_____, 2005, 『디아스포라의 지식인―현대 문화연구에서 개입의 전술』, 장수현 · 김우영 옮김, 이산.

최성만, 2008, 「발터 벤야민 사상의 토대: 언어-번역-미메시스」, 발터 벤야민, 『언어 일반 과 인간의 언어에 대하여/ 번역자의 과제 외』, 최성만 옮김, 도서출판 길.

_____, 2014, 『발터 벤야민 기억의 정치학』, 도서출판 길.

최원식, 2007, 「포스트한류시대의 입구에서」, 『플랫폼』 7호, 인천문화재단.

최원형, 2022, 「[책&생각] 중국이란 폭풍우 속에서…'반중' 아닌 '용중'으로 길 찾아야」, 『한겨레』, 2022.8.12.

최재천, 2005, 「옮긴이 서문: 설명한다, 그러므로 나는 존재한다」, 에드워드 윌슨, 『통섭: 지식의 대통합』, 최재천 · 장대익 옮김, 사이언스북스

최형식, 2007, 「중국의 현대화와 민족주의」, 『시대와 철학』 18-4, 한국철학사상연구회

추구이펀(邱貴芬), 2021, 「'세계화문문학', '사이노폰문학', '세계문학'」, 김순진 옮김, 『중국 현대문학』 제97호.

크라니어스커스, 존, 2001, 「번역과 문화횡단 작업」, 김소영 · 강내희 옮김, 『흔적』 1, 문화

과학사.

크라머, 슈테판, 2000, 『중국영화사』, 황진자 옮김, 이산.

클라크, J. J., 2004, 『동양은 어떻게 서양을 계몽했는가』, 장세룡 옮김, 우물이 있는 집.

판보췬, 2015, 『중국현대통속문학사 上』, 김봉연·신동순·신홍철·유경철·임춘성·전
　　　병석 옮김, 차이나하우스

푸코, 미셸, 1989, 「저자란 무엇인가?」, 장진영 옮김, 김현 편, 『미셀 푸코의 문학비평』,
　　　문학과지성사.

＿＿＿, 1998, 『담론의 질서』, 이정우 옮김, 서강대학교 출판부.

푼, 앨리스, 2021, 『홍콩의 토지와 지배 계급―도시국가를 뒤흔드는 부동산 헤게모니』,
　　　조성찬 옮김, 생각비행.

프랫, 메리 루이스, 2015, 『제국의 시선―여행기와 문화횡단』, 김남혁 옮김, 현실문화.

프록터, 제임스, 2006, 『지금 스튜어트 홀』, 손유경 옮김, 앨피.

피경훈, 2021, 「'혐중(嫌中) 시대, 비판적 중국 읽기의 의미: 임춘성, 『포스트 사회주의 중
　　　국과 그 비판자들』에 대한 서평」, 『마르크스주의 연구』 제18권 4호.

하남석, 2016, 「1989 천안문 사건의 비판적 재해석―중국 지식인들의 논의를 중심으로」,
　　　한국외국어대학교 대학원 중국학과 박사학위논문.

하마시타 다케시, 1997, 『홍콩: 아시아의 네트워크 도시』, 하세봉, 정지호, 정혜중 옮김,
　　　도서출판 신서원.

한국 루쉰전집번역위원회, 2010, 「『루쉰전집』을 발간하며」, 『루쉰전집』 제1권, 그린비.

한국문학번역원, 2008, 『2007 한국문학번역원 사업연감』, 한국문학번역원.

한매, 2008, 「중국에서의 한국문학 교육 현황 및 문제점」, 『세계 속의 한국문학 그 현재와
　　　미래: 아시아, 환태평양 지역을 중심으로』, 한국문학번역원.

한방경/한방칭, 2019, 『해상화열전』(상하), 김영옥 옮김, 산지니.

한지은, 2014, 『도시와 장소 기억―근대역사경관의 노스탤지어를 이용한 상하이의 도심
　　　재생』, 서울대학교출판문화원.

허자오톈, 2018, 『현대 중국의 사상적 곤경』, 임우경 옮김, 창비.

홀, 스튜어트, 1996a, 「서문」, 스튜어트 홀 외, 『현대성과 현대문화 1』, 전효관·김수진
　　　외 옮김, 현실문화연구.

＿＿＿, 1996b, 「6장: 서양과 그 외의 사회들, 담론과 권력」, 스튜어트 홀 외, 『현대성과

현대문화 2』, 전효관·김수진 외 옮김, 현실문화연구.

_____, 2015, 『문화, 이데올로기, 정체성: 스튜어트 홀 선집』, 임영호 편역, 컬처룩.

_____ 외, 2000, 『모더니티의 미래』, 전효관·김수진 외 옮김, 현실문화연구.

홍석준, 2003, 「제2장 현장으로 가자」, 한국문화인류학회, 『처음 만나는 문화인류학』, 일
    조각.

황수민, 2008, 『린 마을 이야기—어느 공산당 간부의 눈을 통해 본 한 중국마을의 변화』,
    양영균 옮김, 이산; Huang, Shu-min, 1989, *The Spiral Road: Change in a Chinese Village
    Through the Eyes of a Communist Party Leader*, Boulder: Westview Press.

후자오량, 2005, 『중국의 문화지리를 읽는다』, 김태성 옮김, 휴머니스트

후지이 쇼조, 2002, 『현대 중국 문화 탐험—네 도시 이야기』, 백영길 옮김, 소화.

<유럽중심주의> https://ko.wikipedia.org/wiki/%EC%9C%A0%EB%9F%BD%EC%A4%91%
    EC% 8B%AC%EC%A3%BC%EC%9D%98) (검색일자: 2022.08.09.)

<중국문헌>

『茅盾文藝雜論集』, 1981, 上海: 文藝出版社.

『茅盾研究資料』(中), 1983, 北京: 中國社會科學出版社.

姜石景, 2005, 『深林之屋』, 조경희·손지봉역, 上海: 上海譯文出版社.

季丹, 2014, 「我醒着, 我看見, 我記得」, 『중국 다큐멘터리와 하층민, 그리고 여성』(제16회
    서울국제여성영화제 아시아 스펙트럼 자료집), 2014.6.2.

季羨林, 「在中國文化史上的敦煌學吐魯番學的地位和役割」, 『紅旗』 1986年第3期.

郭詩詠, 2007, 「眞假的界線—『色·戒』小說與電影對讀」, 李歐梵, 2008, 『睇色·戒: 文學·電
    影·歷史』, Hong Kong: Oxford University Press.

高曉聲, 1980, 「且說陳奐生」, 『人民文學』 1980年第6期.

曠新年, 2006, 「張承志: 魯迅之後的一位作家」, 『讀書』 2006.11.30.

_____, 2008, 「一位中國作家的孤獨旅程－理解張承志」, 『杭州師范大學學報(社會科學版)』
    2008.7.15.

_____, 2015,「從『心灵史』看張承志的寫作」,『文藝爭鳴』2015.6.25.

邱貴芬, 1997,「『發現臺灣』: 建構臺灣後殖民論述」,『仲介臺灣・女人: 後殖民女性觀點的臺灣閱讀』, 臺北: 元尊文化.

_____, 2019,「「世界華文文學」,「華語語系文學」,「世界文學」: 以楊牧探測三種研究台灣文學的跨文學框架」,『台灣文學學報』第三十五期.

邱明正主編, 2005,『上海文學通史(上下)』, 上海: 復旦大學出版社.

歐陽麗花, 2012,「『海上花列傳』的研究特徵分析」,『邢臺學院學報』第27卷第1期.

屈萬里, 1980,『尚書釋義』, 臺北: 中國文化大學出版部.

金東里, 2002,『巫女圖』, 韓梅・崔胤京譯, 上海: 上海譯文出版社.

金庸, 1994, 『金庸作品集』(1～36), 北京: 三聯書店.

金周榮, 2006,『洪魚』, 金蓮蘭譯, 上海: 上海譯文出版社.

金成玉, 1995,「朝向民族統一的"門"—評析韓國作家李浩哲的小說世界」,『東北亞論壇』1995年第4期.

南帆, 2001,『双重視域—當代電子文化分析』, 南京: 江蘇人民出版社.

魯迅, 2005a,「中國小說史略」,『魯迅全集』第8卷, 北京: 人民出版社.

_____, 2005b,「中國小說的歷史的變遷」,『魯迅全集』第9卷, 北京: 人民出版社.

唐金海, 孔海珠編, 1983,『茅盾專集』第一卷, 福州: 福建人民出版社.

戴錦華, 1999,『隱形書寫: 九十年代中國文化研究』, 南京: 江蘇人民出版社.

_____, 2006a,『霧中風景: 中國電影文化 1978-1998』(2版), 北京: 北京大學出版社.

_____, 2006b,『性別中國』, 臺北: 麥田出版.

_____, 2008,「時尙・政治・國族—『色 | 戒』的文本內外」,『영화『色 | 戒』현상』(한국중국현대문학학회 2008년도 정기학술대회 발표자료집), 한국중국현대문학학회, 2008. 7.3

_____主編, 2000,『書寫文化英雄—世紀之交的文化研究』, 南京: 江蘇人民出版社.

_____主編, 2012,『光影之憶—電影工作坊2011』, 北京: 北京大學出版社.

陶家俊, 2010,「後伽達默爾思潮的文學人類學表徵—論毒刺反應論之後的文學研究」, 徐新建主編,『人類學寫作』, 成都: 四川大學出版社.

鄧金明, 2011,「作爲方法的"文學上海"—上海与文學關系的反思与重建」,『學術界』第163期.

_____, 2013,「"上海"的"本質化"与"反本質化"—評『上海作爲方法: 探索一种"反思性上海學"的可能性』」,『博覽群書』第2013年第12期.

羅萌, 2010,「『海上花列傳』的空間表述—"長三書寓"與"一笠園"」,『現代中文學刊』2010年第6期.

樂雯(瞿秋白), 1985,「『子夜』和國貨年」, 唐金海, 孔海珠編,『茅盾專集』제2권 상책, 福州: 福建人民出版社.

欒梅健, 2009,「1892: 中國現代文學的起源—論『海上花列傳』的斷代价值」,『文藝爭鳴』2009年第3期.

勞拉・斯・蒙福德, 林鶴, 2000,『午后的愛情与意識形態: 肥皂劇女性及電視劇种』, 林鶴譯, 北京: 中央編譯出版社.

馬良春・張大明編, 1983,『三十年代左翼文藝選編』, 四川: 人民出版社.

莫言, 2006,「蟬聲嘹喨—崔秀哲小說序」,『分身人』, 瀋陽: 春風文藝出版社.

茅盾, 1983,『茅盾研究資料』中, 北京: 中國社會科學出版社.

_____, 1984a,『茅盾全集』第三卷, 北京: 人民文學出版社.

_____, 1984b,「『子夜』寫作的前前後後」,『我走過的道路』中冊, 香港: 三聯書店.

毛里和子, 1998,『周緣からの中國: 民族問題と國家』, 東京: 東京大學出版會.

毛澤東, 1971,『毛澤東選集 第一卷』, 北京: 人民出版社.

文振庭編, 1987,『文藝大衆化問題討論資料』, 上海: 文藝出版社.

朴明愛, 2006,「關於崔秀哲的'蟬之鳴'」,『分身人』, 瀋陽: 春風文藝出版社.

朴婉緒, 2006,『孤獨的你』, 박선희・하동매역, 上海: 譯文出版社.

_____, 2007,『裸木』, 金蓮蘭譯, 上海: 譯文出版社.

潘國靈・李照興主編, 2004,『王家衛的映畫世界』, 香港: 三聯書店(香港)有限公司.

白樂晴, 2006,「『單人房』的追問與成就」,『單人房』, 北京: 人民文學出版社.

樊玉梅・劉上生, 2006,「『海上花列傳』靑樓世界的都市文化特徵」,『湖南文理學院學報』(社會科學版) 2006年第2期.

范伯群, 2007,『中國現代通俗文學史』(揷圖本), 北京: 北京大學出版社.

浜下武志, 2013,『朝貢システムと近代アジア』, 東京: 岩波書店.

北京師範學院歷史系中國近現代史敎研室, 1985,『簡明中國近現代史詞典(上下冊)』, 北京; 中國靑年出版社.

費孝通主編, 1999,『中華民族的多元一體格局』(修訂本), 北京: 中央民族大學出版社.

史書美, 2013,『視覺與認同: 跨太平洋華語語系表述・呈現』, 楊華慶飜譯, 蔡建鑫校訂, 臺北: 聯經.

_____, 2017,『反離散: 華語語系研究論』, 臺北: 聯經.

司若, 2004, 「現代城市的第二歷史—略論香港陳果的'游民'電影」, 『當代作家研究』 2004年第1期.

徐迅, 1998, 『民族主義』, 北京: 中國社會科學出版社.

薛舟, 2006, 「譯序」, 『單人房』, 北京: 人民文學出版社.

成天, 2004, 「李浩哲和他的『南邊的人, 北邊的人』」, 『讀者導報』.

邵燕君, 2003, 『傾斜的文學場—當代文學生産机制的市場化轉型』, 南京: 江蘇人民出版社.

宋炳輝, 2006, 「樹上的卡夫卡—讀韓國當代作家崔秀哲的小說「蟬」」, 『分身人』, 瀋陽: 春風文藝出版社.

宋偉杰, 1999, 『從娛樂行爲到烏托邦衝動: 金庸小說再解讀』, 南京: 江蘇人民出版社.

申京淑, 2006a, 『單人房』, 薛舟·徐麗紅譯, 北京: 人民文學出版社.

_____, 2006b, 「致中國讀者」, 『單人房』, 北京: 人民文學出版社.

申欣欣·張昭兵, 2008, 「西風美雨話'靑樓'—『海上花列傳』中名妓及高級妓院社會功能硏究」, 『海南广播電視大學學報』 2008年第4期.

安吉拉·默克羅比, 2006, 『后現代主義与大衆文化』, 田曉菲譯, 北京: 中央編譯出版社.

安德魯·古德溫(Andrew Goodwin), 2001, (英)加里·惠內爾(Garry Whannel)編著, 『電視的眞相』, 魏礼慶·王麗麗譯, 北京: 中央編譯出版社.

也斯, 1995, 『香港文化 Hong Kong Culture』, 香港: 靑文書屋.

_____(梁秉鈞, 1995, 「形象香港」, 『梁秉鈞詩選』, 香港: 香港作家出版社.
    http://www.hkpoem.org/maps/%E9%A6%99%E6%B8%AF/%E4%B9%9F%E6%96%AF
    %EF%BC%88%E6%A2%81%E7%A7%89%E9%88%9E%EF%BC%89%E3%80%88%E5
    %BD%A2%E8%B1%A1%E9%A6%99%E6%B8%AF%E3%80%89/(검색일자: 2023.09.06.)

約翰·費斯克, 2006, 『理解大衆文化』, 王曉珏, 宋偉杰譯, 北京: 中央編譯出版社.

楊劍龍, 2007, 『上海文化與上海文學』, 上海: 上海人民出版社.

_____·朴明愛等, 2007, 「表現現代人內心的焦灼和憂慮—崔秀哲小說創作之硏討」, 『淮陰師范學院學報(哲學社會科學版)』 2007年第1期.

楊金福, 2006, 『上海電影百年圖史1905~2005』, 上海: 文匯出版社.

楊揚·陳樹萍·王鵬飛, 2008, 『海派文學』, 上海: 文匯出版社.

楊旭, 2004, 「金東里小說女性意識淺窺」, 『中華讀書報』, 2004.11.1.

嚴家炎主編, 2010, 『二十世紀中國文學史(上中下)』, 北京: 高等敎育出版社.

嚴復, 1898, 『天演論』(원저 T. H. Huxley, *Evolution and Ethics and other Essays* 가운데 "Evolution"

관련 부분만 번역).

呂新雨, 2003,『紀錄中國: 當代中國新紀錄運動』, 北京: 三聯書店.

_____, 2008,『書寫与遮蔽—影像, 傳媒与文化論集』, 桂林: 廣西師范大學出版社.

_____, 2012,「"底層"的政治・倫理與美學 —2011南京獨立紀錄片論壇上的發言與補充」,『紀錄片專題』 2012年第5期.

_____, 2013,『鄉村与革命—中國新自由主義批判三書』, 上海: 華東師范大學出版社.

呂正惠, 2013,「橫站, 但還是有支點」, 王曉明,『橫站: 王曉明自選集』, 台北: 人間出版社.

葉舒憲, 2010,『文學人類學教程』, 北京: 中國社會科學出版社.

吳保和, 2011,『中國電視劇史教程』, 北京: 文化藝術出版社.

吳仕民主編, 2008,『中國民族政策讀本』, 北京: 中央民族大學出版社.

吳奚如, 1987,「吳奚如回憶"左聯"大衆化工作委員會的活動」, 文振庭編,『文藝大衆化問題討論資料』, 上海: 上海文藝出版社.

吳曉黎, 2000,「90年代文化中的金庸—對金庸小說經典化與流行的考察」, 戴錦華主編,『書寫文化英雄: 世紀之交的文化研究』, 南京: 江蘇人民出版社.

沃爾夫岡・伊瑟爾, 2011,『虛構與想像—文學人類學疆界』, 陳定家・汪正龍 等譯, 長春: 吉林人民出版社; Wolfgang Iser, 1991, *Das Fiktive und Das Imaginäre: Perspektiven literarischer Anthropologie*, Frankfurt: Suhrkamp Verlag.

溫儒敏外, 2005,『中國現當代文學學科概要』, 北京: 北京大學出版社.

王嘉良, 1989,『茅盾小說論』, 上海: 上海文藝出版社.

王賡武主編, 1997,『香港史新編 上下冊』, 香港: 三聯書店(香港)有限公司.

王劍叢・汪景壽・楊正犁・蔣朗朗 編著, 1991,『臺灣香港文學研究述論』, 天津: 天津教育出版社.

王德威, 1995,「被壓抑的現代性—晚清小說的重新評价」, 胡曉眞譯,『中國現代文學國際研討會論文集: 民族國家論述 — 從晚清・五四到日據時代臺灣新文學』, 臺北: 臺灣中央研究院文哲研究所籌備處.

_____, 1998,『如何現代, 怎樣文學?—十九・二十世紀中文小說新論』, 臺北: 麥田出版.

_____, 2001,『衆聲喧嘩以後』, 臺北: 麥田出版.

_____, 2003,「被壓抑的現代性—晚清小說的重新評价」, 王曉明主編, 2003,『二十世紀中國文學史論(上)』, 上海: 東方出版中心.

_____, 2006,「海派文學, 又見傳人—王安憶的小說」,『如此繁華』, 上海: 上海書店出版社.

_____ · 史書美, 2017, 「'華語語系與台灣主題論壇」, 『中國現代文學』 32期.

王力雄, 1991, 『黃禍』. http://book.edoors.com/book/7640

_____, 2006, 『遞進民主』, 台北: 大塊文化出版.

王安憶, 1997, 『心靈世界: 王安憶小說講稿』, 上海: 復旦大學出版社.

王瑤, 1982, 『中國新文學史稿(上)』, 上海: 上海文藝出版社.

王海洲主編, 2002, 『鏡像與文化—港臺電影研究』, 北京: 中國電影出版社.

王曉明, 2001, 『無法直面的人生—魯迅傳』(修訂版), 上海: 上海文藝出版社.

_____, 2012, 『近視與遠望』, 上海: 復旦大學出版社.

_____, 2013, 『橫站: 王曉明自選集』, 台北: 人間出版社.

_____主編, 2000, 『在新意識形態的籠之下: 90年代的文化和文化分析』, 南京: 江蘇人民出版社.

_____主編, 2003, 『二十世紀中國文學史論(上下)』, 上海: 東方出版中心.

_____主編, 2014, 『電視劇與當代文化』, 北京: 三聯書店.

_____ · 周展安編, 2013, 『中國現代思想文選(I · II)』, 上海: 上海書店出版社.

汪暉, 1998, 「當代中國的思想狀況與現代性問題」, 『文藝爭鳴』 1998年第6期.

熊月之, 2002, 「上海人的過去 · 現在與未來」, 『上海人』, 台北: 學林出版社.

_____ · 周武主編, 2007, 『上海: 一座現代化都市的編年史』, 上海: 上海書店出版社.

袁求實編著, 1997, 『香港回歸大事記 1979-1997』, 香港: 三聯書店香港有限公司.

劉登翰主編, 2000, 『香港文學史』, 北京: 人民文學出版社.

劉復, 1934, 「讀『海上花列傳』」, 『半農雜文』 第1冊, 北平: 星云堂書店.

劉再復等, 2000, 『金庸小說與二十世紀中國文學』, 香港: 明河社.

劉昉, 2011, 「文學的人類學研究範式—評漢德勒和西格『簡 · 粵斯汀以及文化的虛構』」, 『文藝研究』 2011年第7期.

陸紹陽, 2004, 『1977年以來中國當代電影史』, 北京: 北京大學出版社.

尹大寧等, 2002, 『木槿花的誘惑』, 박명애역, 上海: 上海文化出版社.

尹興吉等, 2004, 『黑暗之魂—韓國分斷小說選』, 金冉譯, 上海: 上海譯文出版社.

殷熙耕, 2004, 『漢城兄弟』, 한진건 · 금지아역, 北京: 作家出版社.

李歐梵, 2002, 『尋回香港文化』, Hong Kong: Oxford University Press.

_____, 2008, 『睇色 · 戒: 文學 · 電影 · 歷史』, Hong Kong: Oxford University Press.

李凌俊, 2004, 「"往事是我的財富"」, 『文學報』, 2004.1.15.

李默, 2010, 「現代都市与"狭邪"的交匯点—試論『海上花列傳』都市叙述的主觀性前提与客觀基础」, 『蘇州教育學院學報』 2010年 第2期.

李明, 2011, 「世界臺灣研究的發展與前瞻」, 『창조와 비전: 대만학 수립의 새로운 지향』, 한국외국어대학교 대만연구센터, 2011.5.20.

李文烈, 1997, 『人的兒子』, 枚芝譯, 北京: 學林出版社.

_____, 2006, 『靑春肖像』, 金泰成·金成玉譯, 北京: 文化藝術出版社.

李雪林, 2004, 「"文學是扎根於人性的"—訪韓國作家李浩哲」, 『文學報』, 2004.7.7.

李野, 2003, 「談張愛玲對『海上花列傳』的研究」, 『中文自學指導』 2003年第2期.

李淸俊, 2006, 『你們的天國』, 金冉譯, 上海: 上海譯文出版社.

李陀, 1999, 「當代大衆文化批評叢書·序」, 宋偉杰, 『從娛樂行爲到烏托邦沖動—金庸小說再解讀』, 南京: 江蘇人民出版社.

_____, 2015, 「<大衆文化研究譯叢>序」, 『雪崩何處』, 北京: 中信出版集團.

_____·崔衛平·賈樟柯·西川·歐陽江河·汪暉, 2007, 「『三峽好人』: 故里·變遷與賈樟柯的現實主義」, 『讀書』 2007年2月號, 北京: 三聯書店.

李澤厚, 1994a, 『李澤厚十年集(第一卷) 美的歷程 附: 華夏美學 美學四講』, 合肥: 安徽文藝出版社.

_____, 1994b, 『李澤厚十年集(第三卷上) 中國古代思想史論』, 合肥: 安徽文藝出版社.

_____, 1994c, 『李澤厚十年集(第三卷中) 中國近代思想史論』, 合肥: 安徽文藝出版社.

_____, 1994d, 『李澤厚十年集(第三卷下) 中國現代思想史論』, 合肥: 安徽文藝出版社.

_____, 2007, 『李澤厚集: 批判哲學的批判: 康德述評』, 北京: 三聯書店.

_____, 2008, 『李澤厚集: 歷史本體論·己卯五說』, 北京: 三聯書店.

_____, 2015, 『論語今讀』, 北京: 中華書局.

李浩哲, 2003a, 『南邊的人, 北邊的人』, 崔成德譯, 上海: 上海譯文出版社.

_____, 2003b, 「致中國讀者」, 『南邊的人, 北邊的人』, 崔成德譯, 上海: 上海譯文出版社.

林春城, 2005, 「作爲近現代傳統之復活的金庸武俠小說」, 『中語中文學』 第36輯, 韓國中語中文學會.

_____, 2008, 「華流在韓國」, 『華文文學』 2008年第6期.

_____, 2011, 「關于韓中文化溝通與跨越的考察—以韓國文學作品在中國飜譯出版現狀爲中心」, 『學術界 Academics』 第157期.

_____, 2012, 「商榷"漢語文學"和"華人文學"對幾部近現代文學史著作的思考」, 『文藝研究』

2012年第2期.

_____, 2014,「觀察與展望新世紀韓中電視劇」, 王曉明主編, 2014,『電視劇與當代文化』, 北京: 三聯書店.

_____, 2019,「韓中文學飜譯和文化飜譯的政治學」,『漢學研究通訊』第38卷, 中華民國 國家 圖書館 漢學研究中心.

_____・王光東編, 2013,『新世紀韓國的中國現當代文學研究』, 上海: 復旦大學出版社.

_____編, 2021,『韓國漢學中的上海文學研究』, 上海: 遠東出版社.

張家偉, 2000,『香港六七暴動內情』, 香港: 太平洋世紀出版社有限公司.

張美君・朱耀偉編, 2002,『香港文學@文化研究』, Hong Kong: Oxford University Press.

張承志, 1991,『心靈史』, 廣州: 花城出版社.

_____, 2012,『心靈史(改定版)』(自費出版).

張新穎・金理 編, 2009,『王安憶研究資料(下)』, 天津: 天津人民出版社.

張愛玲, 2009,「國語本海上花譯後記」, 韓邦慶,『海上花落. 國語海上花列傳2』, 張愛玲注譯, 北京: 北京十月文藝出版社.

張英進, 2008,『影像中國—當代中國電影的批評重構及跨國想像』, 胡靜譯, 上海: 上海三聯書店.

張藝謀, 1992,「高粱地的傳說: 一支生命的讚歌」, 焦雄屏 編,『紅高粱』(電影/中國名作選10), 臺北: 萬象圖書股份有限公司.

張駿祥・程季華, 1995,『中國電影大辭典』, 上海: 上海辭書出版社.

章萱珺, 2008,「『海上花列傳』中的女性形象」,『文學教育(上)』2008年第8期.

狄霞晨, 2022,「韓國漢學家眼中的文學上海」,『중국현대문학』제100호.

錢理群, 2007,『拒絶遺忘—"1957年學"研究筆記』, Hong Kong: Oxford University Press; 첸리췬, 2012,『망각을 거부하라—1957년학 연구 기록』, 길정행・신동순・안영은 옮김, 그린비.

_____, 2017,『爝火不息: 文革民間思想研究筆記(上下卷)』, Hong Kong: Oxford University Press.

_____,『未竟之路: 80年代民間思想研究筆記』(미출간).

_____・吳福輝・溫儒敏・王超氷, 1987,『中國現代文學三十年』, 上海: 上海文藝出版社.

_____・溫儒敏・吳福輝, 1998,『中國現代文學三十年(修訂本)』, 北京: 北京大學出版社.

田曉菲, 2002,「從民族主義到國家主義—『鹿鼎記』, 香港文化, 中國的(後)現代性」, 吳曉東・計璧瑞編, 『2000'北京金庸小說國際研討會論文集』, 北京: 北京大學出版社.

鄭培凱, 2007, 『色戒的世界』, 桂林: 廣西師範大學出版社.

齊紅·林舟, 1995, 「王安憶放談」, 『作家』 1995年第10期.

趙稀方, 2003, 『小說香港』, 北京: 三聯書店.

鍾寶賢, 2004, 『香港影視業百年』, 香港: 三聯書店(香港)有限公司.

周蕾, 1995, 『寫在家國以外』, 米家路等譯, Hong Kong: Oxford University Press.

朱壽桐主編, 2010, 『漢語新文學通史(上下卷)』, 廣州: 廣東人民出版社.

仲呈祥·陳友軍, 2010, 『中國電視劇歷史教程』, 北京: 中國傳媒大學出版社.

池麗君, 2010, 「徘徊在現代性門前一『海上花列傳』文本意義研究」, 『福建師大福清分校學報』
　　　2010年第4期.

池子華, 「中國民工潮的歷史考察」, 『社會學研究』 1998年第4期.

陳國球編, 2000, 『文學香港與李碧華』, 臺北: 麥田出版.

陳國偉, 2018, 「文化翻譯與跨國語境: 臺灣文學與文化研究的當代轉向」, 『臺灣文學研究在韓國:
　　　歷史情感與東亞連帶』, 台中: 國立中興大學.

陳寧寧, 1987a, 「民衆的代言人」, 『黃晳暎: 當代世界小說家讀本32』, 臺北: 光復書局.

＿＿＿, 1987b, 「'參與文學的旗手黃晳暎」, 『黃晳暎: 當代世界小說家讀本32』, 臺北: 光復書局.

珍妮弗·克雷克, 2000, 『時裝的面貌: 時裝的文化研究』, 舒允中譯, 北京: 中央編譯出版社.

陳莉, 2004, 「香港電影中的排泄物情結」, 『當代電影』 122.

陳文婷, 2008, 「女性自主意識的覺醒与現代意蘊一對『海上花列傳』中女性的解讀」, 『信陽農業
　　　高等專科學校學報』 2008年第4期.

陳芳明, 2002, 『後殖民臺灣: 文學史論及其周邊』, 臺北: 麥田出版.

陳伯海·袁進主編, 1993, 『上海近代文學史』, 上海: 上海人民出版社.

陳思和, 2002, 「論海派文學的傳統」, 『杭州師範學院學報』 2002年第1期.

＿＿＿, 2003, 『中國現當代文學名篇十五講』, 北京: 北京大學出版社.

＿＿＿主編, 1999, 『中國當代文學史教程』, 上海: 復旦大學出版社.

陳映芳, 2002, 『在角色与非角色之間一中國的青年文化』, 南京: 江蘇人民出版社.

＿＿＿主編, 2006, 『棚戶區: 記憶中的生活史』, 上海: 上海古籍出版社.

陳雲, 2011, 『香港城邦論』, 香港: 天窗出版社.

陳青生主編, 2009, 『畫說上海文學』, 上海: 上海文藝出版社.

陳平原, 1992, 『千古文人俠客夢』, 北京: 人民文學出版社.

陳昕, 2003, 『救贖与消費──當代中國日常生活中的消費主義』, 南京: 江蘇人民出版社.

崔成德, 2003, 「譯後記」, 『南邊的人, 北邊的人』, 上海: 上海譯文出版社.

崔秀哲, 2005, 『一個無政府主義者的愛情(上下)』, 朴明愛·具本奇譯, 北京: 作家出版社.

_____, 2006a, 『分身人』, 朴明愛譯, 瀋陽: 春風文藝出版社.

_____, 2006b, 「前言」, 『分身人』, 瀋陽: 春風文藝出版社.

七格·任曉雯, 2010, 『神聖書寫帝國』, 上海: 上海書店出版社.

托尼·雷恩, 1993, 「前景: 令人震驚!」, 李元譯, 『電影故事』, 1993年第4期.

鮑德里亞, 2000, 『消費社會』, 劉成富·全志鋼譯, 南京: 南京大學出版社.

包亞明·王宏圖·朱生堅等, 2001, 『上海酒吧──空間, 消費与想象』, 南京: 江蘇人民出版社.

布爾迪厄, 1997, 「場的邏輯」, 『文化資本與社會鍊金術──布爾迪厄的訪談錄』, 包亞明譯, 上海: 上海人民出版社.

馮艷, 2014, 「女性, 底層和紀錄片」, 『중국 다큐멘터리와 하층민, 그리고 여성』(제16회 서울 국제여성영화제 아시아 스펙트럼 자료집), 2014.6.2.

皮埃爾·布迪厄, 2001, 『藝術的法則』, 劉暉譯, 北京: 中央編譯出版社.

韓邦慶, 1993, 「『海上花列傳』·例言」, 『海上花列傳』, 臺北: 百花洲出版社.

_____, 2009a, 『海上花開. 國語海上花列傳1』, 張愛玲注譯, 北京: 北京十月文藝出版社.

_____, 2009b, 『海上花落. 國語海上花列傳2』, 張愛玲注譯, 北京: 北京十月文藝出版社.

海宴, 2007, 『瑯琊榜』, 北京: 朝華出版社.

胡大平, 2002, 『崇高的曖昧──作爲現代生活方式的休閑』, 南京: 江蘇人民出版社.

韓起瀾(Emily Honig), 2004, 『蘇北人在上海, 1850-1980』, 盧明華譯, 上海: 上海古籍出版社.

胡適, 1996, 「『海上花列傳』·序」」, 『胡適文存』 第3集, 合肥: 黃山書社.

黃晳暎, 1987, 『黃晳暎: 當代世界小說家讀本32』, 陳寧寧譯, 臺北: 光復書局.

_____, 2005, 『故園』, 장건위·양학미역, 上海: 上海譯文出版社.

黃鷺, 2003, 「韓國也愛嚴肅文學」, 『都市快報』, 2003.10.30.

黃維樑, 1997, 「香港文學的發展」, 王賡武主編, 『香港史新編(下冊)』, 香港: 三聯書店.

侯外廬, 1985, 『韌的追求』, 北京: 三聯書店.

侯翰如, 2001, 「從海上到上海──一種特殊的現代性」, 『2000上海雙年展』, 上海: 上海書畫出版社.

<영어문헌>

Abbas, Ackbar, 1997, *Hong Kong: Culture and Politics of Disappearance*, Hong Kong: Hong Kong University Press.

Alatas, S. F., 2002, "Eurocentrism and the Role of the Human Sciences in the Dialogue among Civilizations," *The European Legacy*, Vol. 7, No. 6.

Armstrong, Nancy and Leonard Tennenhouse, 1989, "Introduction: Representing Violence, or 'How the West Was Won'," in Nancy Armstrong and Leonard Tennenhouse, eds., *The Violence of Representation: Literature and the History of Violence*, London; New York: Routledge.

Ang, Ien, 1994, "On Not Speaking Chinese," *New Formations* 24 (winter): 1-18

Appadurai, Arjun, 1996, *Modernity at Large—Cultural Dimensions of Globalization* (Eighth Printing 2008), Minneapolis, Minn.: University of Minnesota Press.

Arnold, Matthew, 1960, *Culture and Anarchy*, London: Oxford University Press.

Asad, Talal, 1986, "The Concept of Cultural Translation in British Social Anthropology," in James Clifford and George E. Marcus, eds., *Writing Culture: The Poetics and Politics of Ethnography*, Berkeley & LosAngeles: University of California Press.

Balibar, Etienne, 1991, "The Nation Form: History and Ideology," in Etienne Balibar and Immanuel Wallestein, *Race, Nation, Class*, London; New York: Verso.

Benjamin, Walter, 1968, "The Task of the Translation: An Introduction to the Translation of Baudelaire's Tableaux parisiens," in Hannah Arendt, ed., *Illuminations: Walter Benjamin Essays and Reflections*, New York: Harcourt, Brace & World, Inc.

_____, 1972~89, *Gesammelte Schriften*, Bd. Ⅳ/1, Frankfurt: Suhrkamp.

Boyer, M. Christine, 1994, *The City of Collective Memory: Its Historical Imagery and Architectural Entertainment*, Massachusetts: The Mit Press.

Casanova, Pascale, 2004, *The World Republic of Letters*: trans. M. B. DeBevoise, Cambridge: Harvard University Press.

Catford, J. C., 1965, *A Linguistic Theory of Translation*, London: Oxford University Press.

Chakrabarty, Dipesh, 1992, "Postcoloniality and the Artifice of History: Who Speaks for 'indian' Pasts?," *Representations* 37 (winter).

Choi, Inbom, 2003, "Korean Diaspora in the Making: Its Current Status and Impact on the Korean Economy," in Fred Bergsten & Inbom Choi, eds., *The Korean Diaspora in the World Economy*, Washington, DC: Institute for International Economics.

Chow, Rey, 1992, "Between Colonizers: Hong Kong's Postcolonial Self-writing in the 1990s," *Diaspora: A Journal of Transnational Studies*, vol. 2, No. 2(Fall): 151-70. DOI:https://doi.org/10.1353/dsp.1992.0011

_____, 1993, *Writing Diaspora: Tactics of Intervention in Contemporary Cultural Studies*, Bloomington: Indiana University Press.

_____, 1995, *Primitive Passion: visuality, sexuality, ethnography, and contemporary Chinese cinema*, New York: Columbia University Press.

_____, 2013a, "On Chineseness as a Theoretical Problem," in Shu-mei Shih, Chien-hsin Tasai, and Brian Bernards, eds., *Sinophone Studies: A Critical Reader*, New York: Columbia University Press.

_____, 2013b, "Things, Common/Places, Passages of the Port City: *On Hong Kong and Hong Kong Author Leung Ping-kwan*," in Shu-mei Shih, Chien-hsin Tasai, and Brian Bernards, eds., *Sinophone Studies: A Critical Reader*, New York: Columbia University Press. (같은 표제로 *differences* 5, no. 3 (Fall 1993)에 게재. 1995년 「香港及香港作家梁秉鈞」(『寫在家國以外』, 董啓章等譯, Hong Kong: Oxford University Press)으로 번역되었다.

Chun, Allen, 1996, "Fuck Chineseness: On the Ambiguities of Ethnicity as Culture as Identity," *boundary* 2 23, no. 2 (summer): 111-38.

Clifford, James, 1994, "Diasporas," *Cultural Anthropology* 9(3).

Cohen, Robin, 1997, *Global Diaspora: An introduction*, Seattle: University of Washington Press.

Csanadi, Maria, 2016, "China in Between Varieties of Capitalism and Communism," Institute of Economics(Discussion Papers), Centre for Economics and Regional Studies, Hungarian Academy of Sciences, Budapest.

Damasio, Antonio, 2010, *Self Comes to Mind: Constructing the Conscious Brain*, New York: Pantheon.

Damrosch, David, 2003, *What Is World Literature?*, Princeton and Oxford: Princeton University Press.

Dao, Bei, 1988, *The August Sleepwalker*, trans. Bonnie S. McDougall, London: Anvil Press Poetry.

Dilrik, Arif, 1983, "The Predicament of Marxist Revolutionary Consciousness: Mao Zedong, Antonio Gramsci, and the Reformation of Marxist Revolutionary Theory," *Modern China* 9.2.

_____, 1997, *After the Revolution: Waking to Global Capitalism*, Hanover and London: Wesleyan University Press.

Dreyer, June Teufel, 1992, "Ethnic Minorities in Mainland China Under Teng Hsiao-ping," in Bih-jaw Lin and James T. Myers, eds., *Forces for Changes in Contemporary China*, Taiwan: Institute of International Relations.

Eagleton, Terry, 1983(2008), *Literary Theory: An Introduction*, Minneapolis, Minn.: University of Minnesota Press.

Fabian, Johannes, 1983(2008), *Time and the Other: How Anthropology Makes Its Object*, New York: Columbia University Press.

Foucault, Michel, 1977, "Intellectuals and Power: A Conversation between Michel Foucault and Gilles Deleuze," in *Language, Counter-Memory, Practice: Selected Essays and Interviews*, edited, with an introd., by Donald F. Bouchard; translated from the French by Donald F. Bouchard and Sherry Simon, Ithaca: Cornell University Press.

Habwachs, Maurice, 1980, *The Collective Memory*, New York: Harper & Row.

Ha Gong, 1988, "The Legalization of Rape," trans. Don J. Cohn, Renditions 29/30.

Hall, Stuart, 1992, "Cultural Studies and Its Theoretical Legacies," in Lawrence Grossberg et al., eds., *Cultural Studies*, London: Routlege.

Hechter, Michael, 1975, *Internal Colonialism: The Celtic Fringe in British National Development, 1536-1966*, Berkeley: University of California Press.

Holmes, James S., 1972, "The Name & Nature of Translation Studies." https://docenti.unimc.it/elena.digiovanni/teaching/2020/22450/files/the-name-and-nature-of-ts-holmes (검색일자: 2024.01.17.)

Huang, Shu-min, 1989, *The Spiral Road: Change in a Chinese Village Through the Eyes of a Communist Party Leader*, Boulder: Westview Press.

Hung, Ho-Fung, 2018, "Hong Kong identity," in Weiping Wu and Mark W. Frazier, eds., *The SAGE Handbook of Contemporary China*, vol.1 Ch.32, London: SAGE Publications.

Jacobson, Roman, 1959, "On Linguistic Aspects of Translation." https://web.stanford.edu/

~eckert/PDF/jakobson.pdf (검색일자: 2024.01.17.)

Jacquemond, Richard, 1992, "Translation and Cultural Hegemony: The Case of French-Arabic Translation," in Lawrence Venuti, ed., *Rethinking Translation*, London & New York: Routledge.

Jameson, Fredric, 1989, "Nostalgia for the Present," *South Atlantic Quaterly* 88 (2, Spring): 517-37.

Johnson, Richard, Deborah Chambers, Parvati Radhuram, Estella Tincknell, 2004, *The Practice of Cultural Studies*, London: SAGE Publications.

Iser, Wolfgang, 1991, *Das Fiktive und Das Imaginäre: Perspektiven literarischer Anthropologie*, Frankfurt: Suhrkamp Verlag.

Landes, D. S., 1999, *The Wealth and Poverty of Nations: why some are so rich and some so poor*, New York and London: W.W. Norton.

Laplanche, Jean, 1991, "The Wall and the Arcade," in *Seduction, Translation, Drives*: a dossier compiled by John Fletcher and Martin Stanton, with trans. Martin Stanton, London: Institute of Contemporary Arts.

Leavis, F. R., 1930, *Mass Civilization and Minority Culture*. file:///C:/Users/moong/Downloads/ READING%201%20-%20Leavis%20-%20Mass%20Civilization%20and%20Minority%2 0Culture%20(1).pdf (검색일자: 2024.01.17.)

_____& Denys Thompson, 1977, *Culture and Environment*, Westport, CT.: Greenwood Press.

Leavis, Q. D., 2000(1978), *Fiction and the Reading Public*, London: Pimlico.

Lee, Ching Kwan, 2022, *Hong Kong: Global China's Restive Frontier*, Cambridge: Cambridge University press.

Lefevere, André, 1978, "Translation Studies: The Goal of the Discipline," in James S. Holmes, Josè Lambert and Raymond van den Broeck, eds., *Literature and Translation*, Louvain: ACCO.

_____, 1999, "Composing the Other," in Susan Bassnett and Harish Trivedi, eds., *Postcolonial Translation: Theory and Practice*, London and New York: Routledge.

Levine, Suzanne Jill, 1991, *The Subversive Scribe*, Saint Paul, Minn.: Graywolf Press

Lo, Kwai-cheung, 1990, "Crossing Boundaries: A Study of Hong Kong Modern Fiction from the Fifties to the Eighties"(M. Phil. Thesis), Hong Kong: University of Hong Kong.

Maltby, Richard, 1989, *Dreams for Sale: Popular culture in the 20th century*, London: Harrap.

Mathews, Gorden, 2001, "Cultural Identity and Consumption in Post-Colonial Hong Kong," in Gorden Mathews and Tai-lok Lui, eds., *Consuming Hong Kong*, Hong Kong: Hong Kong University Press.

McCracken, G. D., 1988, *Culture and Consumption: New Approaches to the Symbolic Character of Consumer Goods and Activities*, Bloomington: Indiana University Press.

McLennan, Gregor, 2014, *Sociology, Cultural Studies and the Cultural Turn*, The Palgrave Handbook of Sociology in Britain, 510~35. Doi:10.1057/9781137318862_23

Moretti, Franco, 2013, *Distant Reading*, London and New York: Verso.

Mudimbe, V. Y. & Sabine Engle, 1999, "Introduction," *Diaspora and Immigration, The South Atlantic Quarterly* special issue 98(1/2).

Mulvey, Laura, 1985, "Visual Pleasure and Narrative Cinema," in Bill Nichols, ed., *Movies and Methods* vol. 2, Berkeley and Los Angeles: University of California Press.

Niranjana, Tejaswini, 1992, *Siting Translation: History, Post-Structuralism, and the Colonial Context*, Berkeley & Los Angeles: University of California Press.

Owen, Stephen, 1990, "The Anxiety of Global Influence: What Is World Poetry?," *The New Republic*, November 19.

Pan, Lynn, 1990, *Sons of the Yellow Emperor: The Story of the Overseas Chinese*, London: Seeker and Warburg.

Perdue, Peter D., 2005, *China Marches West: The Qing Conquest of Central Eurasia*, Cambridge: Belknap-Harvard UP.

Pickowicz, Paul G., 1993, "Melodramatic Representation and the 'May Fourth' Tradition of Chinese Cinema," in Ellen Widmer and David Der-wei Wang, eds., *From May Fourth to June Fourth: Fiction and Film in Twentieth-Century China*, Cambridge, Mass.: Harvard University Press.

Robertson, Roland, 1992, "Globalization and the Nostalgia Paradigm," in *Globalization: Social Theory and Global Culture*, London: Sage Publications.

Robinson, Douglas, 1997, *Translation and Empire: Postcolonial Theories Explained*, Manchester, U.K.: St. Jerome.

Safran, William, 1991, "Diaspora and Beyond: There is No Home for Koreans in Japan," *Review of Korean Studies* 4(2).

Sakai, Naoki, 1989, "Modernity and Its Critique: The Problem of Universalism and Particularism," in Masao Miyoshi and H. D. Harootunian, eds., *Postmodernism and Japan*, Durham: Duke University Press.

Shih, Shu-mei, 2007, *Visuality and Identity: Sinophone Articulations across the Pacific*, Berkeley & Los Angeles: University of California Press.

_____, 2010, "Theory, Asia and the Sinophone," *Postcolonial Studies*, 13: 4, 465-84.

_____, 2013a, "Introduction: What Is Sinophone Studies?," in Shu-mei Shih, Chien-hsin Tasai, and Brian Bernards, eds., *Sinophone Studies: A Critical Reader*, New York: Columbia University Press.

_____, 2013b, "Against Diaspora: The Sinophone as Places of Cultural Production," in Shu-mei Shih, Chien-hsin Tasai, and Brian Bernards, eds., *Sinophone Studies: A Critical Reader*, New York: Columbia University Press.

Simon, Sherry, 1996, *Gender in Translation: Cultural Identity and the Politics of Transmission*, London and New York: Routledge.

Storey, John, 2001, *Cultural Theory and Popular Culture: An Introduction*(3rd Edition), Harlow, England; New York: Prentice Hall; 존 스토리, 2002, 『대중문화와 문화연구(제3판)』, 박만준 역, 경문사.

Svevo, Italo, 2009(1959), *Zeno Cosini*, übers, v. Piero Rismondo, Reinbek bei Hamburg: Rowohlt Taschenbuch Verlag.

Turner, Bryan S., 1994, "Nostalgia, Postmodernism and Critique of Mass Culture," in *Orientalism, Postmodernism and Globalism*, London: Routledge.

van Kemenade, Willem, 1997, *China, Hong Kong, Taiwan, Inc.—The Dynamics of a New Empire*, New York: A. Knopf.

van Laer, Tom, Ko de Ruyter, Luca M. Visconti, and Martin Wetzels, 2014, "The Extended Transportation," *Journal of Consumer Research* 40.

Vattimo, Gianni, 1992, "Art and Oscillation," in *The Transparent Society*, Baltimore: Johns Hopkins University Press.

Venuti, Lawrence, 1995, *The Translator's Invisibility: A History of Translation*, London & New York: Routledge.

Viswanatha, Vanamala and Sherry Simon, 1999, "'Shifting Grounds of Exchange': B. M. Srikantaih and Kannada Translation," in Susan Bassnett and Harish Trivedi, eds., *Postcolonial Translation: Theory and Practice*, London and New York, Routledge.

Waley-Cohen, Joanna, 2004, "The New Qing History," *Radical History Review* 88.

Williams, Raymond, 1977, *Marxism and Literature*, Oxford and New York: Oxford University Press.

Wu, Chin-fa(吳錦發), 2004, "An Alternative View on Taiwan and Its Cultural Diversity: Ecological, Sociological, and Geographical Perspectives," Proceedings for Taiwan Imagined and Its Reality—An Expectation of Literature, History, and Culture, November 18–20, 2004, Center for Taiwan Studies, Department of East Asian Languages and Cultural Studies, University of California, Santa Barbara,

Wu, David Yen-ho, 1991, "The Construction of Chinese and Non-Chinese Identities," *Daedalus* 120, no. 2 (spring): 159–79.

Zha, Jane Ying, 1993, "Excerpts from 'Lore Segal, Red Lantern, and Exoticism," *Public Culture* 5, no. 2(Winter).

Zhang, Yingjin, 2002(Second Printing 2003), *Screening China: Critical Interventions, Cinematic Reconfigurations, and the Transnational Imaginary in Contemporary Chinese Cinema*, Ann Arbor: The University of Michigan Press.

Zhang, Zhen, ed., 2007, *The Urban Generation—Chinese Cinema and Society at the Turn of the Twenty-first Century*, Durham and London: Duke University Press.

찾아보기

용어 및 작품 등

<인 명>